TONGLU NIANJIAN

2011

（总第15卷）

桐庐县地方志编纂委员会　编

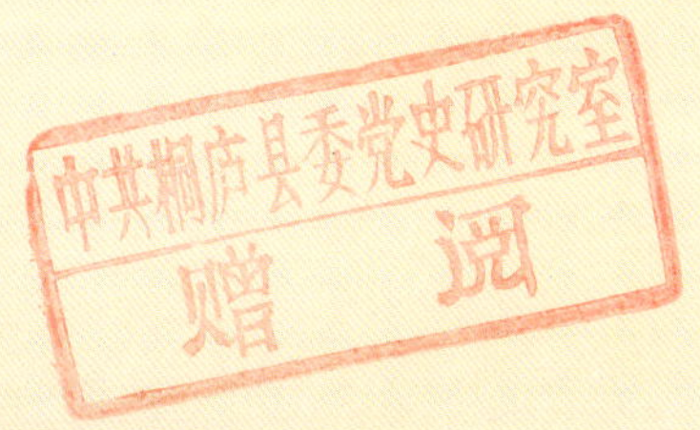

方志出版社

图书在版编目(CIP)数据

桐庐年鉴.2011/ 桐庐县地方志编纂委员会编. —北京：方志出版社，2011.10

ISBN 978-7-5144-0266-7

Ⅰ.①桐… Ⅱ.①桐… Ⅲ.①桐庐县 -2011- 年鉴 Ⅳ.①Z525.54

中国版本图书馆 CIP 数据核字(2011)第 208835 号

桐庐年鉴(2011)

编　　者：桐庐县地方志编纂委员会

责任编辑：陈曦　李沛

出 版 者：方 志 出 版 社

（北京市建国门内大街 5 号中国社会科学院科研大楼 12 层）

邮编　100732

网址　http://www.fzph.org

发　　行：方志出版社发行部

(010)85195814　85196281

经　　销：新华书店总店北京发行所

法律顾问：北京市大禹律师事务所

印　　刷：杭州富春印务有限公司

开　　本：787×1092　1/16

印　　张：27.5

字　　数：908 千

版　　次：2011 年 10 月第 1 版　　2011 年 10 月第 1 次印刷

印　　数：0001～1000 册

ISBN　978-7-5144-0266-7/K·216　　　定　价　120.00 元

桐庐县地方志编纂委员会

主　　任：陈国妹

副主任：程春明　吴玉凤　方　颖

成　　员：华　健　潘胜华　申屠群雄　叶林茂　金世勇　王玲玉
周一明　仰忠明　汪玉成　赵华丰　吴爱群　郑萍萍
孙峰民　俞　谷　黄建军　冯贤良　毛振农　朱文珍

《桐庐年鉴》编辑部

主　　编：郑萍萍

副主编：骆国庆

编　　辑：（以姓氏笔画为序）
王建中　叶　红　叶雪珍　吴爱林　张　红

编辑说明

1.《桐庐年鉴》是中共桐庐县委、桐庐县人民政府主办的集资料、信息和知识于一体的年度资料性文献，旨在全面系统地记载桐庐县经济建设和社会发展的历史进程，为读者了解桐庐、建设桐庐提供丰富、翔实的信息资料。

2.《桐庐年鉴（2011）》是创刊以来出版的第15部年鉴。本年鉴全面反映2010年全县人民在中共桐庐县委、桐庐县人民政府领导下，坚持以科学发展观为统领，迎难而上，克难攻坚，努力完成经济和社会发展的各项任务，加速“潇洒桐庐”建设，以及在发展中遇到的新情况、新矛盾。

3.《桐庐年鉴（2011）》采用分类编辑法。保持卷首、百科、卷尾三个基本组成部分和类目、分目、条目三个层次的框架结构。卷首设特载、大事记、总述；百科等21个类目；卷尾设文献、名录、专刊等。

4. 本年鉴所采用的稿件，均由桐庐县各部门、各乡镇（街道）提供。稿件由专人撰写，领导审核，文后署作者名。凡涉及全县性国民经济和社会发展的数据，均以桐庐县统计局提供的为准。各部门、乡镇（街道）提供的数据，由于资料来源和统计口径的不同，请读者使用时注意。

5. 本年鉴中的特载、文献中的重要文件辑录按原文登录；县级主要机构及负责人名录，由县委组织部提供；专刊中的国家属部门、省级和省属部门、杭州市级的获奖名单由各部门单独提供；县级的获奖名单以县四套班子公布的文件为准。

6.《桐庐年鉴（2011）》随文照片由撰稿人提供。

7.《桐庐年鉴（2011）》编纂工作在中共桐庐县委、桐庐县人民政府的领导下，得到全县各部门、乡镇（街道）和有关单位的大力协助和支持，广大编纂人员为年鉴撰稿、编辑、校对付出了辛勤劳动，在此深表谢意。同时，恳请广大读者，对书中的疏漏和失误之处批评指正。

《桐庐年鉴》编辑部

2011年9月

2010年5月6日，全国政协原副主席张怀西（左一）一行到桐调研农村生活污水治理工作。　　胡军　摄

2010年3月20日，杭州·桐庐第二届山花节在横村镇阳山畈开幕。浙江省政协主席周国富，副主席陈艳华、黄旭明，杭州市政协主席孙忠焕等出席。　　胡军　摄

2010年3月24日，中共浙江省委常委、杭州市委书记黄坤明（左二），杭州市委副书记王金财（左一）视察桐庐。

胡军　摄

2010年6月7日，浙江省人大常委会副主任王永明（前中）到桐庐调研。

陶元　摄

2010年11月4日，浙江省政协党组副书记、常务副主席、浙江树人大学董事长斯鑫良（前右二）视察浙江树人大学桐庐校区建设工作。 胡军 摄

2010年12月10日，浙江省政协副主席陈艳华（中）带队到桐庐考核验收省级森林城市创建工作。
胡军 摄

2010年10月15日，国防大学教授、海军少将、军事战略学博士研究生导师张召忠到桐作《周边形势与军事热点》专题讲座。

徐伟泉　摄

2010年6月7日，浙江省军区司令员傅怡少将（右二），市委常委、杭州警备区司令员李大清（右三）一行到桐检查民兵整组工作。

徐伟泉　摄

2010年3月2日，杭州市人大常委会主任王国平（右二）一行到桐庐调研学前教育工作。　　胡军　摄

2010年8月14日，杭州市委副书记、代市长邵占维（左一）到桐调研经济社会发展情况。　　陶元　摄

2010年12月2日，桐庐县人民政府与浙江工商大学举行合作办学签约仪式。 胡军 摄

2010年7月1日，桐庐县道徐七线（横村至钟山段）改建工程开工。 李春 摄

2010年12月4日，桐庐县通过国家级生态县验收。　　何小华　摄

2010年4月16日，杭州·莪山首届“三月三”畲族文化节开幕。　　陶元　摄

2010年8月11日，361° 中国乒乓球俱乐部超级联赛（桐庐赛区）比赛在县体育馆举行。

胡军　摄

2010年10月，中国快递协会授予桐庐县“中国民营快递之乡”称号。　　骆国庆　摄

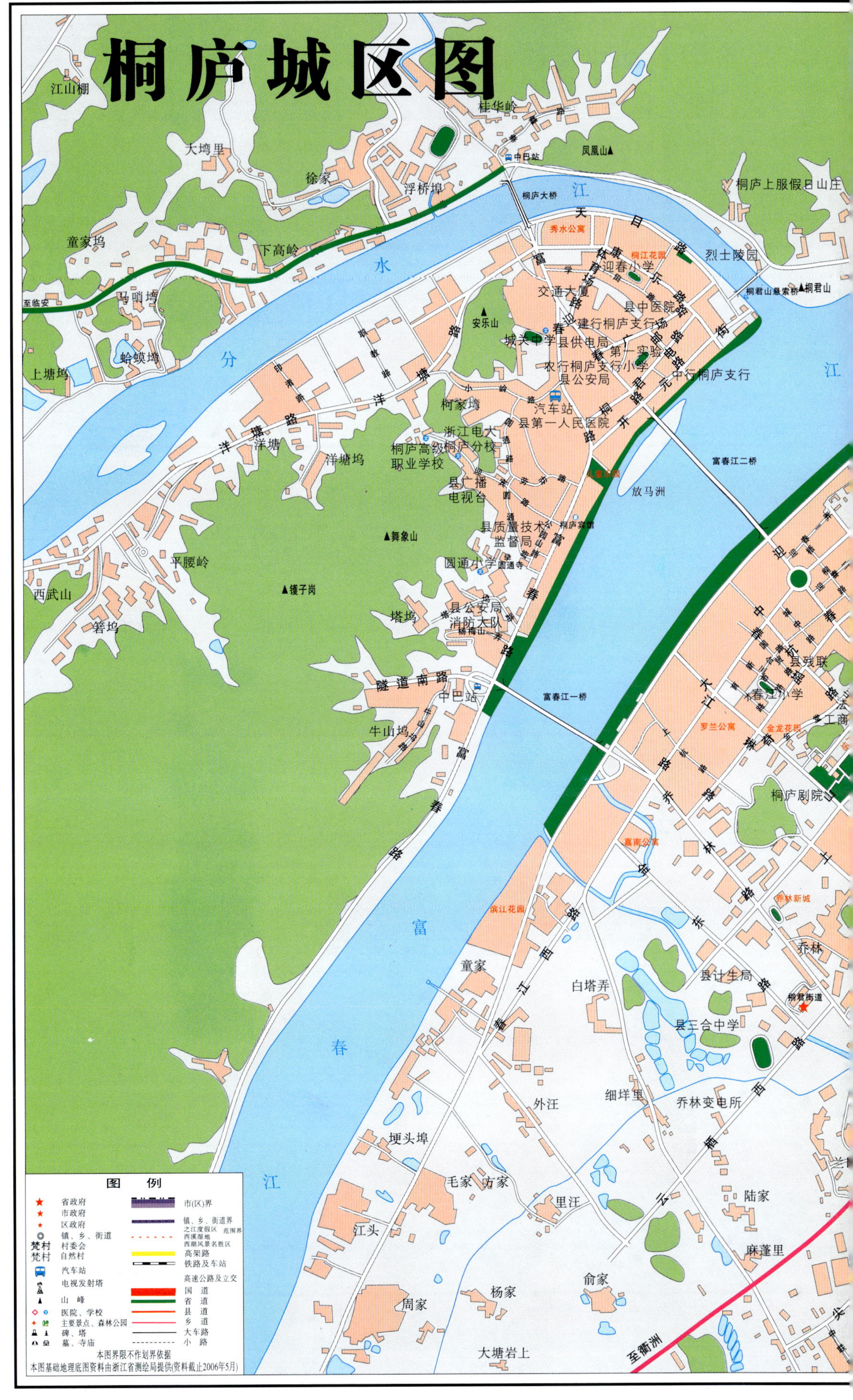
桐庐城区图
江山棚
大塆里
徐家
浮桥埠
桂华岭
凤凰山
中巴站
桐庐大桥
桐庐上服假日山庄
童家坞
下高岭
秀水公寓
天目路
迎春小学
桐江花园
烈士陵园
桐君山悬索桥
桐君山
至临安
马哨坞
水
分
蛤蟆坞
上塘坞
交通大厦
县中医院
安乐山
建行桐庐支行
城关中学
县供电局
第一实验
农行桐庐支行小学
县公安局
中行桐庐支行
江
柯家坞
汽车站
县第一人民医院
浙江电大桐庐分校
桐庐高级职业学校
洋塘
洋塘坞
洋塘路
富春江二桥
放马洲
县广播电视台
舞象山
县质量技术监督局
圆通小学
平腰岭
西武山
镬子岗
箬坞
塔坞
县公安局消防大队
隧道南路
中巴站
牛山坞
富春江一桥
迎春南路
县残联
春江小学
工商
罗兰公寓
金龙花园
桐庐剧院
嘉南公寓
乔林新城
滨江花园
富
童家
白塔弄
县计生局
乔林
桐君街道
县三合中学
春
外汪
细垟里
乔林变电所
埂头埠
毛家
方家
里汪
陆家
江
江头
麻蓬里
俞家
周家
杨家
大塘岩上
至衢洲
图例
省政府
市政府
区政府
镇、乡、街道
村委会
自然村
汽车站
电视发射塔
山峰
医院、学校
主要景点、森林公园
碑、塔
墓、寺庙
市(区)界
镇、乡、街道界
之江度假区 范围界
西溪湿地
西湖风景名胜区
高架路
铁路及车站
高速公路及立交
国道
省道
县道
乡道
大车路
小路
本图界限不作划界依据
本图基础地理底图资料由浙江省测绘局提供(资料截止2006年5月)

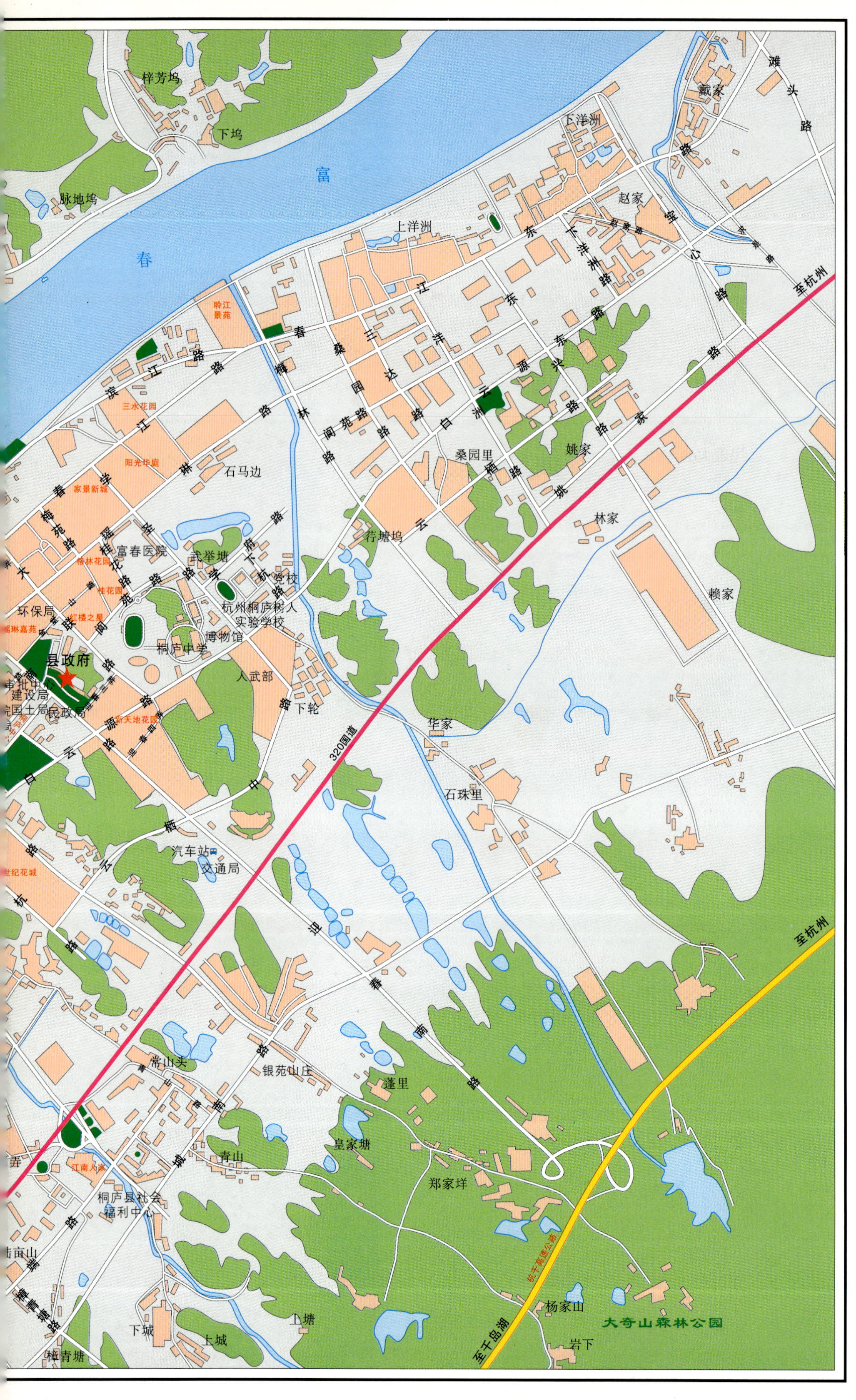

梓芳坞
下坞
脉地坞
富
春
江
滩头路
藏家
下洋洲
赵家
上洋洲
宝心路
至杭州
聆江景苑
滨江路
春江路
梅林路
桑园路
三达路
洋洲路
东兴路
下洋洲路
东源路
三水花园
阳光华庭
家景新城
学圣路
林路
石马边
闻苑路
白云源路
姚家路
桑园里
姚家
林家
赖家
春学路
梅苑路
大桂花路
富春医院
武举塘
府前路
杭州桐庐树人实验学校
党校
桂林花园
桂花园
红楼之星
环保局
闻苑路
博物馆
桐庐中学
县政府
建设局
国土局
民政局
人武部
新天地花园
下轮
白云源路
华家
石珠里
320国道
汽车站
交通局
中杭路
迎春南路
杭路
至杭州
常山头
银苑山庄
蓬里
皇家塘
青山
城南路
郑家垟
江南人家
桐庐县社会福利中心
杭千高速公路
杨家山
大奇山森林公园
上塘
下城
上城
岩下
至千岛湖
梧青塘

目　录

特　载

大 事 记

总　述

农业经济

工业经济

交通运输

城市建设与管理

国土资源管理　环境保护

劳动　人事

邮电　通信

财政　税务

金融　保险

商贸　旅游

经济管理

党　政

民主党派　群众团体

政　法

武　　装

教育　科技

文化　体育

新　闻

卫生事业

社会事业

乡镇　街道

文　献

名　录

专　刊

特　　载

坚持统筹发展　加速转型升级　努力实现潇洒桐庐"十二五"精彩开局

——在县委十二届九次全会暨县政府十四届九次全体(扩大)会议上的讲话

中共桐庐县委书记　戚哮虎

(2010年12月27日)

同志们:

现在,我代表县委常委会向全会作报告。

这次会议的主要任务是:深入学习贯彻党的十七届五中全会、省委十二届八次全会及杭州市委全会精神,回顾总结"十一五"特别是今年工作,审议通过《中共桐庐县委关于制定桐庐县国民经济和社会发展第十二个五年规划的建议》,研究部署下一个五年特别是2011年任务,进一步动员全县上下解放思想、克难攻坚,继续开创"潇洒桐庐"科学发展新局面,努力实现"十二五"精彩开局。

一、认真总结成绩,拼搏带来新收获

回眸"十一五",收获伴随着艰辛,成功凝结着心血。"十一五"是桐庐发展史上不寻常,也不平凡的五年,是负重拼搏、自信奋进的五年,是转危为机、成效明显的五年。五年来,我们经历了百年一遇的国际金融危机,经历了宏观形势的深刻变化,经历了经济发展的"寒冬"。但无论形势如何复杂多变,艰难波动,县委常委会带领全体党员干部和广大群众始终坚持以科学发展观为统领,围绕"共建潇洒桐庐、共享品质生活"的目标,深入实施"工业强县、环境立县、开放活县、和谐兴县"四大战略,发扬革命加拼命的精神,务实苦干、开拓创新,胜利完成了"十一五"规划确定的主要目标任务。预计2010年,实现全社会生产总值196亿元,增长12%;工业销售产值528亿元,增长15%,其中规模工业销售产值357亿元,增长20%;全社会固定资产投资115亿元,增长30%;财政总收入22.5亿元,其中地方财政收入12.5亿元,分别增长27.6%和31.6%;城镇居民人均可支配收入23760元,农村居民人均纯收入11500元,分别增长9%和10.5%。与2005年相比,规模工业销售产值、财政总收入、地方财政收入、自营出口、固定资产投资等均实现了翻番以上;生产总值、居民收入也均大幅增长,接近翻番,县域综合实力显著增强。五年来,我们还先后荣获"国际花园城市"、"国家级生态县"、"国家卫生县城"、"中国科学发展示范县"、"中国民营经济最具活力县"、"中国民营经济首选投资县"、"国家级平安畅通县"、"中国优秀旅游名县"、"中国民营快递之乡"、"中国水力发电设备制造基地"、"中国笔类出口基地"、"中国毛衫出口制造基地"等一系列"国字号"荣誉,发展环境明显改善,潇洒桐庐的知名度、美誉度、竞争力、影响力持续提升。

回眸 2010,耕耘收获了喜悦,奋斗成就了新业。今年以来,面对千帆竞发的咄咄态势,全县上下围绕争先进位总体目标,扎实苦干,奋发有为,经济和社会各项事业取得显著成绩。一是工业经济在转型中提质。始终坚持"工业强县"战略不动摇,扎实开展"园区整合提升年"、"技术改造见效年"、"项目推进督察年"三大行动,工业转型升级步伐加快;"一区七园"基础设施建设投入 1.8 亿元,履约清理力度进一步加大,开发区与新城建设管理体制进一步理顺,平台支撑不断夯实;坚持传统产业改造提升与新型工业引进培育两轮驱动,装备制造、压延加工、建材等新型工业占全县规模工业比重达 56%,产业结构不断优化;突出项目服务与督察,狠抓开工率与投产率,完善重大工业问题协调例会制度,全县 102 个重点工业项目开工率达 90%,竣工投产率达 40%以上;突出创新驱动,电子商务进企业和品牌建设三年行动计划深入推进,狠抓节能减排工作,万元生产总值综合能耗下降 2%,化学需氧量和二氧化硫排放量分别削减 4.8%和 7.4%,发展方式不断转变;创新招商模式,把握招商重点,新引进招商引资项目 150 个,协议引资 70.3 亿元,增长 10.2%,实际招商投入 51 亿元,增长 12.5%,实到外资 1.06 亿美元,增长 10.4%。二是"三农"工作在统筹中提效。建立统筹城乡区域发展"1+6"政策体系和"一办八组"工作机构,统筹发展体制机制进一步健全;新发展和调优特色产业 1.68 万亩,三大林业产业带初步形成;大力发展节庆旅游和休闲观光农业,成功举办第二届山花节,农家乐接待游客 84.4 万人次、实现收入 5220 万元;新认定市级农业龙头企业 7 家、省级示范性农民专业合作社 3 家,"雪水云绿"茶获第七届中国国际茶业博览会金奖;集体林权主体改革基本完成,土地流转工作深入推进,新增土地流转面积 7291 亩,完成杭州市下达指标的 121.5%。"清洁桐庐"、农村生活污水和农家乐污水治理、农村困难家庭危旧房改造、安全饮用水、村庄连片整治等民生品牌工程纵深推进;江南镇获浦村创建"一绕六线"高速公路沿线新农村建设示范村工作有力推进,芦茨、阳山畈两大风情小镇一期工程完成;农村宅基地和农民住房置换县城公寓房工作全面启动,农民集聚置换公寓动工建设。全面开展区县协作,深入推进"联乡结村"活动,全年共实施市县级帮扶项目 122 个,到位帮扶资金 1371.83 万元,城乡统筹工作有力推进。三是现代服务业在发展中提速。现代服务业发展三年行动计划全面推进,完成投资 54.1 亿元,同比增长 64.9%,占限上投资比重 54.1%,第三产业后劲进一步增强。杭州潇洒休闲运动公园、天溪湖休闲旅游度假区等旅游综合体加快建设,传统景区改造提升成效显现,励骏大酒店、东方文化园君山宾馆、开元名都大酒店等高星级酒店进展顺利,明年将陆续开业,旅游业态转型步伐加快;君悦大厦、利时百货、现代物流中心等商贸服务业项目进展顺利,"万村千乡"市场工程积极推进,乡镇连锁超市和村级便利店实现全覆盖,商贸流通业加快发展;迎春商务区楼宇招商深入推进,意向入驻项目 174 个,其中已注册企业 28 家。中国抽纱刺绣名家名品展、首届文化创意节等活动成功举办,文博园建设前期工作顺利开展,第三产业活力倍增。四是城镇品位在建管中提高。凤川—江南新城、杭黄高铁桐庐站场综合体、迎春南路核心区块等规划进一步完善;下轮、荇塘坞、芝溪垄等区块拆迁完成;迎春南路、富春路、春江路、瑶琳路、白云源路等城市主干道改造工程主体竣工,滨江景观和市政配套、320 国道综合整治、中心广场改造提升等工程主体完成;商务区景观、梅林溪景观河道等工程加快实施;数字城管平台投入使用,城市管理能力切实增强。深入推进扩权强镇改革,分水、横村、富春江、江南等中心镇建设力度进一步加大,发展活力不断增强。五是发展环境在和谐中提优。深入开展"创业型县"和"充分就业县"创建活动;进一步完善社会保障政策,社会保险和医疗保险参保人数稳步上升,城北老年公寓和保障性住房工程开工建设。深入实施"文化惠民"工程,乡镇综合文体站实现全覆盖;推进教育精细化管理,开展"三爱"师德师风建设活动,教育资源进一步优化;国家基本药物制度全面实施,乡(镇)村卫生一体化管理改革顺利完成;徐七线(横村至钟山段)改造工程高效推进,桐庐至杭州城际公交通车运营;圆满完成"环沪护城河"世博安保工作,完善 110 社会联动机制,开展社会治安严打整治,加强校园安全防范措施,群众安全感不断增强;"十小"行业整规工作顺利完成,"安全生产年"活动有效推进;深化"县委书记大接访”，开展“信访积案化解年”活动，努力排查化解矛盾纠纷，“平安桐庐”、“法治桐庐”建设成果进一步巩固。深化全民国防教育，加强后备力量质量建设，民兵预备役队伍完成多样化军事任务的能力明显提高。六是执政能力在加强中提升。深入开展“学英雄、当先锋，贴民心、促发展”为主题的“春江先锋”创先争优活动，党员干部创业创新、争先进位的自觉性和坚定性不断增强。以学习贯彻党的十七届五中全会精神为重点，全面推进学习型党组织建设，加强和改进干部教育培训，干部队伍政治理论素养和科学文化素质切实提高。抽调大批干部参与重点项目、信访一线、征地拆迁、驻点招商挂职锻炼，在克难攻坚中锤炼干部。拓展“网组片”工作，推行“厂站结对”服务模式，实施“党员议事会”和“五议两公开”制度，开展“创先争优、服务民生”党员志愿活动，党员干部推动科学发展、破解民生难题的能力不断增强。深化干部人事制度改革，健全干部考核评价体系，队伍建设朝着科学化、民主化、制度化方向发展。全面开展以“治庸治懒、提能增效、狠抓落实”为主题的“深化作风建设年”活动，对党员干部作风方面存在的突出问题动真格，治理力度不断加大；深化“千局万站优化发展环境”活动，开设“聚焦政风行风”电视专题，建立勤政谈话制度和效能投诉信息化办理机制，狠抓工程建设领域突出问题专项治理，进一步促进作风转变和效能提升。

面对复杂多变的宏观形势，面临转型升级的艰巨任务，我县经济社会发展能够取得这样的成绩，实属不易，令人鼓舞。我们要感谢人大、政协、统一战线、人民武装、群团组织等各条战线围绕中心，服务大局；我们要感谢各乡镇（街道）和机关部门的迎难而上、勇挑重担；我们也要感谢社会各界特别是广大企业家的大力支持和通力合作；我们更要感谢全县各级党组织、广大党员干部群众的齐心协力、艰苦奋斗。

二、冷静分析当前，发展面临新形势

明年是“十二五”规划的第一年，如何闪亮开局、精彩起步，意义重大。看到成绩的同时，我们必须清醒地认识到发展面临的压力和挑战。一是面临转变经济发展方式的挑战。国际金融危机影响深远，贸易保护主义不断升级，外需持续疲软，转变经济发展方式变得更为紧迫。在区位优势不明显、引进好项目有难度、现有产业结构调整压力大的情况下，如何实现既要扩量、又要提质，是摆在我们面前亟需破解的重大课题。二是面临国家调整完善宏观经济政策的挑战。中央经济工作会议提出，明年宏观经济政策的基本取向是积极稳健、审慎灵活，除继续实施积极的财政政策外，货币政策由原来的宽松转为稳健，企业融资难度进一步加大。三是面临要素制约加剧的挑战。土地、节能减排刚性约束不断增强，二氧化碳减排也将作为约束性指标纳入国民经济和社会中长期发展规划，我县地处钱塘江上游的特殊地域环境，项目选择难、引进难、推进难等问题将更加突出。四是面临维护社会和谐稳定难度加大的挑战。随着体制机制的深化改革、社会结构的深刻变化和民主法制建设的深入推进，利益关系进一步调整，社会矛盾进一步突显。一些重大项目的推进和相关新政策的实施，也可能引发一些新的矛盾和冲突，维护社会和谐稳定的压力增大。五是面临干部能力素质与新形势新要求不完全相适应的挑战。干部队伍迎接新挑战、接受新知识的进取意识还有待进一步增强，抓项目、促发展的攻坚能力还有待于进一步提升，敢于担责、勇于创新的精神和勇气还有待于进一步强化，优化作风、廉洁自律的意识还有待于进一步加强。

县委十二届九次全会暨县政府十四届九次全体（扩大）会议会场

当然，经济社会发展从来就不是一帆风顺的，面对着发展中的严峻考验和巨大压力，我们更要坚定信心，始终保持昂扬向上的工作斗志。我们要看到，发展中也面临着国内外形势趋稳回升、杭州市委统筹城乡区域发展前所未有的推进力度以及市域总体规划、新一轮土地利用总体规划调整逐步到位等难得机遇。我们还应该看到，“十一五”期间经济社会发展取得了巨大成就，桐庐科学发展的基础更实、后劲更足、活力更强，实现新跨越的上升通道全面打开。以“四大战略”、“五位一体的潇洒桐庐”为标志,发展战略体系更为科学完善;以万亩工业平台的打造、商务区的建设招商、传统产业的改造提升和现代服务业的发展壮大为标志,综合竞争力显著增强;以滨江区块、邮电路、迎春南路农居点、下轮区块等拆迁难题的攻克和迎春南路精品示范街、滨江商住综合体建设为标志,城市品位大幅提升;以“清洁桐庐”三年行动计划、农民生活污水和农家乐污水治理等民生工程为标志,城乡面貌大为改观;以全县存款余额突破200亿元、财政总收入超过20亿元和农民人均纯收入超过万元、城镇居民人均可支配收入超过2万元为标志,富民强县基础更加坚实;尤其是随着一批带动性较强的大企业和产业集群的加快崛起,一批事关经济发展和民生福祉的重点项目逐渐进入收获期,桐庐已经站在了蓄势待发、实现跨越的新起点。我们更应该看到,五年的创新开拓、务实苦干创造了一批弥足珍贵的宝贵经验和精神财富,值得我们继承和弘扬。一要继续大力弘扬解放思想,敢想敢干的精神。过去我们所取得的每一点成就,都离不开解放思想。如果不解放思想,就会固步自封,就不可能有见事早、行动快的一系列创新之举,我们也就不能有效应对风云突变的宏观形势,更不可能有目前健康良好的发展态势。走新路难,但一定会越走越宽;走老路顺,但一定会越走越窄。因此,我们必须进一步解放思想,创新理念,敢于冲破传统观念的束缚,干别人想干不敢干的事,干别人敢干不会干的事,先人一步、快人一拍,推动桐庐创新发展。二要继续大力弘扬脚踏实地,拼命苦干的精神。正是全县党员干部群众发扬革命加拼命的实干精神,我们才攻克了一个又一个难关,取得了一项又一项荣誉。今后,我们必须要进一步强化勤政意识、实干意识、追赶意识。不当评论员,争当实干家,进一步改变干部队伍中存在的追求休闲、安逸的工作理念和方式,要敢于碰硬、勇于挑担,做到“八小时内抓紧干、八小时外多奉献”、“别人走一步,我们跑两步”,让大干快干、拼命苦干蔚然成风,全面加速桐庐各项事业。要提高工作效率,对县委、县政府部署的各项工作任务,各级各部门必须雷厉风行、快马加鞭,增强执行意识,提高执行能力,坚决地做、快速地干。三要继续大力弘扬和衷共济,合力快干的精神。“十一五”之所以取得令人欣喜的成绩,主要得益于县四套班子和全县上下团结一致、众志成城,形成了推动潇洒桐庐发展的最强合力。要建成惠及全县人民更高水平的全面小康社会,全县上下特别是广大党员干部,必须鼓足斗志、矢志不渝,坚持既定目标不动摇,既定战略不松劲,心往一块想,劲往一处使,拧成一股绳,做到思想统一、目标同向、行动同步,以最大的合力迎接所有的挑战,战胜发展中的困难,开创各项工作新局面。

三、科学谋划工作,实干开创新局面

“十二五”时期是加快转型升级、统筹城乡发展的关键期和战略机遇期,也是解决深层次矛盾、应对多方挑战的困难期。为此,确立“十二五”全县经济社会发展的指导思想为:高举中国特色社会主义伟大旗帜,以邓小平理论和“三个代表”重要思想为指导,全面贯彻落实科学发展观,进一步解放思想,以富民强县为主旨,以加快转变经济发展方式为主线,以新型城镇化为主导,以统筹城乡发展为突破口,深入实施“工业强县、环境立县、开放活县、和谐兴县”和“服务业优先”的“4+1”总战略,做强产业、做优城市、做美环境、做精文化,努力建成以富春江山水风光为特色、宜业宜居宜游宜学的精美现代化中等城市。

2011年,是实施“十二五”规划的开局之年,也是建党90周年的庆典之年。做好明年工作,具有承前启后、开局奠基的重大意义。建议2011年经济社会发展主要指标为:生产总值增长11%以上;工业销售产值增长12%以上;农业总产值增长8%以上;第三产业增加值增长12%以上;全社会固定资产投资增长14%以上;财政总收入增长12%以上,其中地方财政收入增长12%以上;城镇居民人均可支配收入增长10%以上;农民人均纯收入增长11%以上。

作为“十二五”发展的起步之年,我们要紧扣统筹城乡区域发展这一重要工作,坚持以新型城镇化为主导,全面加快“融入杭州大都市,建设潇洒新桐庐”步伐。具体要抓好以下五方面工作。

(一)大力推进转型升级,强化统筹发展支撑

推进统筹发展,产业是基础,是支撑。实施经济结构战略性调整,构建现代产业体系,是经济转型升级的首要任务。

1. 工业经济要做大做强。要坚持以工业经济为龙头,毫不动摇、矢志不移地实施“工业强县”战略。一要加快产业集聚。大力实施工业平台扩容提质计划,着力增强工业发展的承载力和集聚力。加快推进省级开发区提质增效和凤川—江南新城高新技术产业园建设,继续完善乡镇工业园区的基础设施配套,着力提高水力发电设备制造基地、笔类出口基地、针纺织服装基地、循环经济产业基地、石材加工制造基地等特色产业基地的集聚水平。加大履约清理力度,多措并举地利用企业闲置土地和厂房,拓展用地空间。积极延伸产业链,大力引进培育上下游关联企

业，提高园区集聚企业的产业融合度，切实推进块状经济向现代产业集群转变。二要提升产业水平。以“传统产业高端化、优势产业集群化、新兴产业规模化”为导向，实施“4321”战略计划，加快针织、服装、制笔、皮革制品等四大传统产业升级改造，提升发电设备、生物医药和有色金属等三大优势产业，培育新能源和新材料产业，坚决淘汰落后产业，不断提升工业产业层次。三要培育产业主体。深入实施大企业大集团、成长型中小企业、科技型初创型企业等三大培育计划，加大企业家培训力度，加速企业并购重组和上市步伐，全面构建科学合理的梯队化企业结构，争取明年底全县销售产值超亿元企业达到80家、销售产值超10亿元企业达到5家。坚持以提升自主创新能力为核心，进一步完善自主创新政策体系和人才激励政策，深入推进品牌战略三年行动计划，力争培育市级技术中心2个以上、技术创新项目10个以上、信息化项目5个以上。

2. 农业经济要做特做优。深入推进土地流转，积极推动农业规模化生产、市场化经营，力促传统农业向现代农业转变。以粮食功能区、现代农业园区“两区”建设为基础，以打造5个省级主导产业示范区和15个省级特色农业精品园为目标，加快推进农业空间布局优化。提升发展蜂业、茶叶、蚕桑、毛竹、山核桃、香榧、水果等优势特色产业，培育发展油茶、中药材、食用菌三大新兴特色产业，加快推进农业产业结构优化。积极引进培育大型农产品深加工企业，发展提升一批农业龙头企业、农民专业合作社、专业大户、农家乐，力争新培育市级农业龙头企业4家、新增省、市级示范性(规范化)农民专业合作社8家，加快推进农业生产经营体系建设。大力发展都市农业、生态农业、观光农业、设施农业、创意农业等五大新型农业，进一步延伸农业产业链，提高农业综合经济效益。

3. 第三产业要做活做旺。抓住工业化城市化互动发展、三次产业加速融合的机遇，深入实施“服务业优先”战略，推动服务业发展提速、比重提高。以打造“长三角生态宜居城市”、“长三角休闲旅游目的地”为目标，加快提升休闲旅游、商贸、房地产、社区服务等4大类生活性服务业，切实打造一批休闲旅游基地、商贸特色街区和高品质住宅小区。大力推进迎春商务区、文化博览园、开发区科创园区、凤川物流园区等服务业集聚区建设，特别是要充分依托商务区这一重要平台，加快发展总部经济、楼宇经济、现代物流、会议会展、金融服务、服务外包等生产性服务业。重点培育服务业新型业态，加快实施文创产业发展规划，谋划、包装、推出一批具体项目，重点做好文博园项目的建设和招商工作；依托山水生态优势和块状产业基础，积极策划、邀请、吸引各类会议展览在我县举办或落户，打造省内乃至长三角地区具有一定知名度和影响力的会议会展目的地城市。

4. 生态经济要做新做精。坚持经济GDP和绿色GDP两手抓，积极建设国家级生态文明示范区，以拓展生态农业为基础，以发展生态工业为重点，以培育生态旅游为方向，大力发展生态产业。巩固提升节能减排的成果和长效机制，大力推进重点行业和企业的节能改造，积极推进重大节能项目建设；全面推行清洁生产，积极开展“绿色企业”创建工作，建设一批“零排放”试点示范工程，打造低碳经济。着力抓好循环经济园区建设，有序发展废弃物再利用、资源化和无害化处理产业、再生资源循环和回收利用产业，打造循环经济。以抓好“沿江两岸”生态景观整治和保护为重点，打造“无声诗与有声画”的文化意境，实施旅游景点环境整治和提升，打造绿色经济。

（二）大力推进新型城镇化，突显统筹发展路径

坚持以新型城镇化为主导，以“三个置换”工作为抓手，实现更高层次的一体化发展，是加快城乡区域统筹发展的重要着力点。

1. 建设“现代化”中等城市。没有城市之“核”，城乡一体化就没有驱动能量，加速城乡一体化，绝不意味放慢城市发展步伐。只有不断提升城市，城乡一体化才能高效快速推进。要不断创新城市建设和管理，在动态中提升城市美誉度、竞争力。一是要加快构建基础设施网络。以基础接轨为重点，启动实施杭黄高铁桐庐段等重大基础设施项目，加快主动融入的步伐；大力推进富春江船闸扩建改造工程和富春江水环境整治工程，打造“黄金水道”经济，不断提升我县“融入大都市、接轨长三角”的能力和水平。积极推进通信、信息、供电、供水等公共基础设施和网络向乡镇、农村延伸和覆盖，切实增强县城辐射带动和引领作用。二是要拓展发展空间。深入实施“东进、南拓、西延、北改”的城市发展战略，有序实施桐君街道和凤川镇的行政区划调整，全力推进“凤川—江南新城”规划建设，启动疏港公路、浙江树人大学桐庐校区、杭州商学院、320国道凤川至窄溪段改造等重大项目建设，进一步拓展城市发展空间，切实提升新城品位。三是要推动有机更新。继续强化“高起点规划、高强度投入、高标准建设”的原则，加大城市基础设施规划建设力度，完成城市主要道路改造提升、“上改下”整治和绿化工程，有序推进重要节点、建筑的广告牌规划设

计和亮灯工程建设,进一步完善城市功能,精美城市细节。全面完成迎春商务区楼宇建设工程,着力推进滨江商住综合体、高铁站场综合体、下轮区块、芝溪垄区块和龙潭区块集中安置公寓房等重点项目建设,不断打造城市精品亮点工程。加快老城区改造提升步伐,重点启动城北入城口、洋塘区块建设,加速推进东门头区块改造和富春时代广场建设,使老城区焕发出勃勃生机。四是要创新城市管理。强化城市科学管理,以现代信息技术为支撑,有效发挥"数字城管"功能,切实将管理细化到一砖一瓦、一草一木,努力确保县城洁化、绿化、亮化、序化、美化。加强小区物业管理,理顺物业管理体制,推进物业管理规范化、精细化、优质化。巩固国际花园城市、国家卫生县城、省级示范文明县城等创建成果,落实县领导联系社区、道路制度,广泛开展社区共建、道路共建,扎实提高市民素质,着力培育城市精神、塑造城市形象、促进城市文明。

2. 建设"品质化"小城市。编制完成中心镇总体规划,加强与土地利用、环境保护等各类规划的有机衔接,高标准、高起点制定完善中心镇建设、产业等规划体系,积极推进四大中心镇"农民集聚三年行动计划",加速农民集聚安置小区建设。充分依托分水制笔、富春江发电设备、横村针织、江南循环经济等块状产业优势,壮大提升中心镇产业的支撑和服务能力,以产业发展带动人口集聚、产业集聚、功能集成、要素集约。深化扩权强镇改革,完善中心镇建设管理体制,逐步消除制约中心镇发展的体制机制障碍,不断增强发展的活力和动力。加大县财政对中心镇建设扶持力度,深化投融资体制改革,有效探索社会资本参与投资镇村建设的各项政策举措,进一步突出中心镇的主体地位,切实增强中心镇的示范、集聚、辐射功能,促进资源和空间整合,引领和带动区域内其他乡镇协调发展。

3. 建设"个性化"美丽乡村。编制完善中心村布局规划和中心村总体规划,坚持差异化、特色化原则,根据各自不同情况,突出产业优势、生态风情、资源禀赋、文化底蕴,因地制宜、因势利导,合理有序推进中心村培育建设。坚持示范带动,全面启动32个中心村建设,大力实施画中芦茨、古风荻浦、富丽永安、碧水湾里、诗情胜峰等5个中心村和风情阳山畈、秀美金牛2个特色村建设,力争到明年底"5+2"工程完成总工程量的50%以上。坚持统筹推进,以中心村为重点、以保留村为基础,深入推进"清洁桐庐"活动、"十百"工程创建、农房集聚建设、沿路沿江(河)环境综合整治、历史建筑综合保护和农村社区服务中心等建设,加快改造提升农村和农家乐污水处理工程,全面提升农村发展综合环境。加强土地综合整治工作,土地复垦面积达3000亩以上。坚持改革引领,探索完善土地流转、宅基地置换、农村金融创新、村级集体经济发展、农村合作组织、户籍制度改革等制度,促进农村产业发展、农民增收、人口集聚。

(三)大力推进项目建设,深化统筹发展载体

抓项目就是抓经济,就是抓发展。必须始终坚持项目带动,推动统筹发展、转型发展。

1. 强化项目引进生成。招商引资是生成项目最有效的途径。要始终坚持招商引资"生命线工程"的地位不动摇,继续实行"硬指标、严考核、看实效、重奖励"制度,强化各级招商责任,形成全县招商合力。特别是要落实各级党政"一把手"亲自抓"一把手工程"的工作机制,高度重视和加强专业招商队伍建设,认真总结驻点招商、挂职招商等经验,根据实效进行招商布点、网络、人员等调整去留。深入资源招商、产业链招商,积极发挥企业主体作用,大力推进以商引商、以企引企、增资扩股。坚持突出工业招商,三次产业并举,充分利用区县协作平台,大力挖掘招商信息和项目,承接城区产业辐射。要坚持不懈、一以贯之地紧盯央企国企、大院大所、名企强企不放松,力求在引进大好高项目上有新突破。

2. 强化项目管理推进。要把加强工业平台、城乡重大基础设施、民生事业、社会事业等政府投资项目作为扩大投资、拉动增长的关键之举,强势推进。要以93个工业转型升级项目、16个统筹城乡区域发展亮点工程、中心镇村建设、区县协作项目、现代服务业集聚区建设等为重点,加快项目推进,力促早建成,早见效。建立完善环环相扣、流程相通、操作有效的项目管理制度,在加强科学管理中推进项目建设。继续强化县领导联系重点项目推进制度,实施从项目前期、项目开工、项目管理、项目建设、项目投产一条龙协调服务,一抓到底。各级各部门更要围绕"谋新项目、盯大项目、攻慢项目、啃难项目",提高服务能力,推进项目见成效。

3. 强化项目保障监督。要着眼大局、着眼长远,用"大平衡"理念来突破资金瓶颈。要进一步完善国资公司运营机制,做大做强国有投融资平台,积极支持和推进乡镇(街道)国有资产和融资平台建设,创新方式,鼓励和寻找社会资本投资基础设施等项目。要强化多管齐下,坚持向上争取要土地、向存量清理要土地,向整理复垦要土地,切实保障发展用地。加强

项目投资控制和建设标准监管，强化项目审计和监督，确保项目高效、安全、廉洁运行。

（四）大力推进民主民生，激发统筹发展活力

坚持以人为本，推进改革创新，充分调动和发挥各条战线的力量和作用，是推进统筹城乡区域发展的强大活力。

1. 加快社会事业发展。按照“五个有”要求，不断拓展和深化“7＋X”民生难题破解机制，积极发展社会事业，尽心竭力改善民生，激发全民参与统筹城乡发展的热情。推进文化名县建设，推动重点文化惠民工程，加强公共文化和体育基础设施建设，丰富群众精神文化生活。重视广播电视、报刊网络等新闻媒体的建设和管理，切实加强舆论引导的作用。加大学前教育投入，完善中小学布局规划，注重中等职业教育，促进各类教育均衡优质发展。深化医药卫生体制改革，统筹城乡卫生资源，推进卫生人才提升工程，切实改善群众就医条件。以创建充分就业县和创业型县为载体，重点做好高校毕业生、新增劳动力和农村转移劳动力就业工作。推进社会保险扩面征缴，巩固提升覆盖率，着力提高社会保障水平；深化新型社会救助体系建设，推动老龄、慈善和残疾人事业更好发展。继续推进农村困难群众危旧房改造、县城廉租房和经济适用房建设，建立多层次的住房保障体系。

2. 创新社会管理模式。深化“平安桐庐”建设，进一步创新基层社会治理机制，整合社会管理力量，推行网格化社会管理服务。深入开展“打黑除恶”、打击“两抢一盗”等专项行动，完善治安复杂区域和重点人群长效管控机制。创新利益协调与矛盾调处机制，建立健全社会矛盾“大调解”和维稳信访长效机制，努力从源头上预防和化解各类矛盾纠纷。创新社会治安与应急管理机制，加快社会治安综合管理信息平台建设，建立动态化防控体系。创新实有人口管理机制，加强流动人口和特殊人群管理服务。创新网络虚拟社会管理机制，完善网络舆论引导应对机制，牢牢把握正确舆论导向。严格落实各项安全制度，切实加强对道路交通、危险化学品、消防、建筑等重点领域、重点行业、重点环节的安全监管，坚决杜绝重大安全事故发生。

3. 推进民主法治建设。积极支持人大及其常委会依法行使职权，大力推进政协工作的制度化、规范化、程序化，更加注重发挥人大、政协在民主决策中的作用。认真做好民族、宗教、侨务和对台工作，充分发挥工、青、妇等群团组织作用，最大限度调动各方积极力量投入到“潇洒桐庐”建设中。广泛开展“六五”普法教育，增强全民法制意识，推进司法公正，提高依法行政水平，建设“法治桐庐”。

4. 深化体制机制改革。加快资源要素市场化改革，积极推进土地使用制度改革，完善经营性建设用地市场化配置机制，创新土地指标统筹安排制度，探索实施“三置换、三集中”工作，加快建立生态补偿和排污交易制度。深化行政体制改革，进一步创新行政审批方式，积极完善并联审批、网上审批和投资项目审批代办制度，创新投融资体制，规范政府投资管理体制，逐步消除民间投资体制性障碍。实施民营经济创新发展综合配套改革，健全现代企业制度，鼓励企业上市，做大做强“桐庐板块”。

（五）大力推进党的建设，增强统筹发展保障

统筹发展，跨越发展，核心在党，关键在干部。明年是换届选举之年，要充分发挥县委统揽全局、协调各方的作用，为全力推进统筹城乡发展提供坚强保障。

1. 打造素质过硬的干部队伍。围绕学习贯彻党的十七届五中全会精神，扎实推进学习型党组织、学习型领导班子建设。认真落实中央《2010～2020年深化干部人事制度改革规划纲要》，积极稳妥推进干部人事制度改革，创新选人用人机制，建立健全科学的干部选拔任用制度，扩大和完善公开选拔、公推直选、竞争上岗、差额选拔等竞争性选拔干部的范围和方式，加大中层干部轮岗交流力度，完善干部考核评价机制，深化干部“德”的考察评价办法，扩大“一报告两评议”范围，不断提高选人用人公信度。坚持“强块优条”原则，抓好乡镇（街道）换届工作，配优配强领导班子。加大人才投入，完善人才政策，构建创业平台，努力为推动发展集聚更多更好的优秀人才。强化干部队伍监督和管理，严肃查处各类突出问题，严明纪律，凝聚人心，建设一支作风优良、素质过硬的干部队伍。

2. 建设坚强有力的基层组织。以基层党组织公推直选为契机，进一步强化党的领导和示范引路作用，积极做好村级组织换届工作，不断推进基层民主法治建设。推进“双强争先”活动，不断巩固提升基层党建示范品牌；扩大“两新”党组织覆盖领域，调整和整合城乡组织体系，探索建设区域化党建综合体；深化党支部服务站做法、推广瑶琳镇“三色”分类联系服务办法，提升党组织服务能力；落实农村党建经费、阵地、人员等方面的保障，利用远程教育系统和“远教新视通”直播平台，做好党员教育管理工作，推行“公推选优”发展党员新机制，深化党员议事会制度，不断激发党员队伍的生机活力，着力构建强活动与强发展、

强班子与强基础、强组织与强覆盖、强保障与强作用、强实效与强品牌“五强结合”的服务型、活力型基层党建工作新格局。加强村务监督委员会规范化建设，坚持流程化监督工作法，推进村务监督实现“四化”运作，进一步强化村级民主监督。

3. 营造廉洁高效的发展环境。以打造“廉洁桐庐”为主载体，在坚决惩治腐败，从严查处各类违纪违法行为的同时，更加注重预防，加快推进惩防体系构建，不断提高反腐倡廉教育的实效性，继续营造风清气正的干事创业环境。大力推进权力阳光运行机制，推行乡镇(街道)权力规范运行工作，进一步加强基层党风廉政建设。严格执行领导干部廉洁从政各项规定，从严管理和监督干部。深化“作风建设年活动”，加大行政效能监察力度，运用现代信息技术开展明察暗访，强化效能建设。对县委县政府的重大决策部署和群众反映强烈的突出问题，要全程督查，追踪问效，执行不力的要严格问责，绝不姑息。

同志们，陶醉于成绩、漠视于问题，推动不了发展；停留于表面、畏惧于难题，促进不了发展；固守于经验，止步于创新，跨越不了发展。面对“十二五”发展的新形势和新要求，困难和挑战考验着我们，责任和使命激励着我们。让我们自加压力、负重奋进，团结带领全县人民，以更加坚定的信心，更加昂扬的斗志，更加充沛的干劲，扬帆起航，破浪前行，努力实现潇洒桐庐“十二五”精彩开局。

桐庐县第十四届人民代表大会常务委员会工作报告

——在桐庐县第十四届人民代表大会第五次会议上

桐庐县第十四届人大常委会副主任　游　宏

（2011年1月18日）

各位代表：

我受桐庐县第十四届人民代表大会常务委员会的委托，向大会报告工作，请予审议，并请其他同志提出意见。

过去一年的主要工作

2010年是我县面对诸多困难和挑战，巩固应对国际金融危机成果，奋力保持经济社会较快发展的重要一年。一年来，县人大常委会在中共桐庐县委的领导下，围绕中心，服务发展，关注民生，切实履行宪法和法律赋予的各项职责，共召开常委会会议8次，听取和审议"一府两院"专项工作报告5个，其他报告5个，作出审议意见11个、决定16项，开展工作评议1项，组织执法检查2次、视察10次、专题调研1次，依法任免国家机关工作人员47人次，召开主任会议20次，主任会议听取专项工作报告4个，圆满完成了县十四届人大四次会议确定的各项任务，为推进"四大战略"、建设"潇洒桐庐"作出了新的贡献。

一、坚持党的领导，人大工作环境得到新改善

近年来，全县人大工作得到了县委的高度重视和大力支持。2009年9月县委召开全县人大工作会议，制定下发了《关于进一步加强和改进人大工作的意见》，更加重视发挥人大及其常委会在桐庐经济社会发展中的作用。县委根据人大工作实际，及时研究解决常委会的组织机构问题，设立了县人大常委会农业农村工作委员会，实行了常委会组成人员编制单列，人大干部能进能出，合理流动。13个乡镇（街道）设立了人大办公室，配备了工作人员。

一年来，常委会党组认真研究落实县委人大工作会议精神，与人大常委会一起，正确处理好党的领导与人大依法履职的关系。积极探索重大事项决定权运用的有效途径和形式，对县委提出的农村住房改造、以新型城镇化为主导推进城乡统筹发展、"十二五"规划建议等重大决策提出建设性的意见建议；依法行使人事任免职权，在创新中完善拟任人员任前法律知识考试、任职票决、任前表态发言、表态承诺公示等制度，拓宽常委会组成人员知情识人渠道，提升任职人员履职意识，增强人事任免的规范性、严肃性。

"一府两院"能自觉接受人大监督，县政府就重点项目安排、集体土地拆迁、旅游业发展等事关发展和民生的重大议题，在提交县委决策前，主动向县人大常委会征求意见，并认真听取和采纳相关意见。对财政收支预算调整、政府性融资、乡镇（街道）行政区划调整、授予荣誉市民称号等需常委会作出决议、决定的重大事项，县政府及时提交相关议案，作出具体说明，并抓好常委会决议、决定的落实，各政府部门自觉接受人大监督的意识得到加强。县法院、县检察院主动汇报审判执行工作和法律监督工作情况，积极落实

常委会意见。在县委的重视下,人大及其常委会依法履职、政府依法行政、“两院”公正司法、各部门依法办事的氛围日益浓厚。

二、聚力重点,监督工作取得新成效

常委会按照围绕中心、突出重点、吸纳民意、增强实效的工作要求,精选监督议题,改进监督方式,努力推动经济社会又好又快发展。

加强计划与财政监督。常委会高度关注“十一五”规划收官之年的目标任务完成情况,听取和审议了县政府关于上半年全县经济社会发展情况和下半年政府工作、计划执行情况的报告,把握经济运行特点,提出意见建议。围绕促进投资的合理增长,重点对政府投资项目建设、国有资产运营监管等情况进行了监督;根据政府计划投资项目和综合财力状况,支持政府实施积极的财政政策,批准了县本级政府性投资交通、城建和民生等重点建设项目新增融资规模。在促进“十一五”规划目标任务完成的同时,十分重视“十二五”规划纲要的编制工作。常委会会议和主任会议多次听取和审议了县政府关于“十二五”规划纲要编制情况的报告,就发展定位、规划重点、上下衔接、条块结合、规划纲要执行等方面提出意见和建议。常委会加强对财政预算的审查监督,根据地方财政收入有较大增长和经济社会发展的实际需要,作出了调整2010年财政收支预算的决定,要求县政府将增加的预算支出主要用于民生事业发展。常委会首次开展了对县劳动和社会保障局、县农业局、县工商分局三部门预算的重点审查,并在部门预算接受代表监督上作了新的尝试,十五个部门预算第一次上人代会向代表公开。

加强经济工作监督。巩固经济回升向好势头,在转型升级中实现更好更快发展,是去年经济工作的重中之重。常委会密切关注工业经济的转型升级,视察了桐庐经济开发区(凤川—江南新城)工业平台建设,要求经济开发区承担起我县经济发展主阵地、主力军作用,注重规划引领和执行,完善科学快捷的决策运行机制,调整产业结构,提高单位产出,致力做大做强。招商引资是实现经济扩量提质的生命线工程,第29次常委会会议听取和审议了招商引资工作专项报告,要求政府拓宽招商思路,坚持一二三产并举、资金技术人才并举,着力招引上下游企业,培育基地型、集团型的产业集群,完善以亩产效益为中心的考核评价体系,增强招商引资的工作动力。土地是经济发展的重要支撑,但随着我县工业化、城镇化的快速推进,土地的供需矛盾十分突出。为此,常委会会议听取和审议了土地管理专项工作报告,对依法节约集约用地和保护耕地等工作提出意见。县政府以开展“365”节地行动为抓手,落实乡镇政府节约集约用地责任,加大闲置土地处置力度,去年共调剂转让使用工业用地38宗1100亩。常委会会议听取和审议了县政府关于旅游业发展专项工作报告,强调县政府及其职能部门要以争创省级旅游经济强县为契机,强化政府主导,明确发展定位,健全体制机制,完善要素配套,加强品牌推广,充分发挥旅游业对服务业发展的加速提升作用。常委会还积极推动楼宇经济、总部经济和文创经济发展,连续两年视察县城商务区,积极参与商务区的推介招商活动;对滨江区块建设、下轮村拆迁工作进行视察,推动以迎春南路精品一条街为核心的服务业集聚区建设。针对群众关注的村级集体经济普遍薄弱和村级负债突出的问题,去年下半年,常委会听取和审议了县政府关于村级集体经济发展和债务化解情况的报告,提出要加大财政转移支付力度,减少项目的村级配套资金比例,完善集体经济增收项目开发用地、税收、信贷等方面的支持政策,鼓励盘活集体资产等意见,县政府正在研究落实中。

加强民生问题监督。常委会高度关注群众反映的民生热点难点,积极推动有关问题的解决。在前两年对食品生产加工、流通领域进行监督的基础上,2010年重点视察了消费领域食品安全情况,要求县政府及相关部门加强食品安全诚信体系建设,强化食品安全专项整治,加强部门协作,努力确保人民群众饮食安全。办好十件民生实事是政府对全县人民的庄严承诺,常委会始终将其作为推动民生改善的重点,纳入监督范围。县政府对常委会提出的意见高度重视,要求各有关部门加大推进力度,确保实事工程顺利完成。全县人民期待已久的杭桐城际公交顺利开通,村卫生室和社区卫生服务站开始发挥作用,农民安全饮用水基本实现全覆盖。对市民反响强烈的住宅物业管理工作,常委会组成人员多次深入到无物管居民楼和城北有关社区开展调研,考察学习外地先进管理经验,并跟进监督。去年5月下旬,常委会对物业管理情况进行了视察,提出针对性的改进意见。县政府落实常委会意见,制定实施了《关于进一步加强物业管理工作的若干意见》,积极采取政府支持、专业化企业进驻、社区介入、业主自治等多种管理形式,确保在2012年年底前实现全县所有住宅小区(楼院、楼)物业管理全覆盖。去年政府计划安装的500个无物管楼道防盗门工作即将完成。针对城市规模快速扩大、管理任务更加繁重的实际,常委会视察了数字城管工作，积极促进城市管理手段创新、管理效能提升，增添城市活力。城乡居民基本医疗保险的健康发展，关系着群众的幸福与安康，常委会高度重视，开展专题调研，广泛听取意见，针对医保基金超支、监管力量薄弱、参保基础不够扎实等问题，建议政府及有关部门采取措施，认真解决，确保基金运行安全、群众病有所医。为净化文化市场，促进其健康发展，常委会会同部分乡镇（街道）人大主席团组成检查组，分片对文化市场进行了暗访检查，在此基础上，进行了视察。要求县政府及相关职能部门重点加强对网吧、低俗音像制品、非法出版物的监管，为青少年的健康成长营造良好的环境。为跟踪落实意见，常委会随后再次组织检查组，在晚间和节假日对网吧经营情况进行了暗访。从检查情况看，文化市场的监管明显得到加强，网吧接纳未成年人的现象明显减少。常委会把化解信访问题作为促进社会和谐、维护社会稳定的重要途径，进一步落实信访办理工作责任制，努力化解矛盾。一年来，共办结人民群众来信来访24件（次）。

加强法律监督工作。常委会始终把推进民主法制建设作为根本任务，有序扩大公民政治参与，维护法制权威，保障宪法和法律法规的贯彻实施，促进“一府两院”依法行政和公正司法。根据省、市人大常委会的统一部署，常委会对《中华人民共和国水污染防治法》和《浙江省水污染防治条例》实施情况进行了检查，听取和审议了县政府关于“一法一条例”实施情况的报告，视察了农村生活污水处理工程建设情况。要求县政府进一步加强水污染防治基础设施建设，深入实施“环境立县”战略，推进了国家级生态县的成功创建。常委会还深入矿区、车间、工地等生产一线，对《中华人民共和国安全生产法》实施情况进行了检查，积极推动全社会进一步增强安全生产意识，完善监管机制，落实管理责任和措施。为进一步促进司法公正，常委会会议听取和审议了县法院关于上半年工作情况报告和县检察院关于法律监督工作情况的报告，要求县法院进一步规范审判程序，加大民事案件执行力度；县检察院要进一步完善法律监督机制，加大对公安执法、法院审判工作的监督。此外，常委会还视察了禁毒工作情况，积极营造“珍惜生命，远离毒品”的社会氛围。为进一步推动落实《浙江省预防职务犯罪条例》，主任会议听取了县人民检察院、县监察局关于预防和惩治职务犯罪情况的报告。

按照《规范性文件备案审查办法》，常委会对县政府报送备案的《桐庐县防雷重点单位管理办法》等5个规范性文件进行了审查，并作出同意备案的意见。

深化专项工作评议。专项工作评议是县人大常委会顺应民主政治发展要求、扩大代表、公民有序政治参与的创新举措。在2009年首次开展工作评议并取得显著成效的基础上，常委会继续深化评议工作，注重评议方式的探索创新，不仅将工作评议作为推动依法行政的重要抓手，同时将工作评议与学法、普法有机结合。7月，常委会组织在桐省、市代表和县、乡两级代表，启动了对县水利水电局的工作评议。围绕贯彻落实水利水电法律法规、“两江”和小流域治理、山塘水库除险加固等5个方面主要内容，常委会评议组和各代表小组分赴杭州市林水局、水利水电工程现场、乡镇（街道）及有关部门、管理和服务对象等，开展全方位多层次的走访调研，收集归纳各方意见建议174条。结合代表评议发言、满意度测评、财务审计等情况，形成对县水利水电局的评议意见和对县政府的工作建议。评议会议后，常委会评议组加强对评议意见的督办，特别是对评议中代表和群众反响较大的小流域规划治理滞后、农田水利设施落后、工程建设中村级配套资金比例偏高、安全饮用水的长效管理有待加强等问题，提出了整改的具体任务和时间要求。县政府对常委会建议进行了认真的研究，明确将增加水利建设财政资金投入总量，逐步降低乡镇（街道）、村级资金配套比例，特别是降低村级配套比例。县水利水电局专题研究制定整改方案，落实整改责任，集中力量开展“两江”码头占用水域清查，28座临时码头正在取缔中；将小流域治理专项规划编制列入政府2011年编制计划中，今年计划投入3617万元，对27.51公里小流域进行治理；大幅提高沟渠建设资金，从去年的200万元，增加到450万元，计划建设62.14公里灌排渠道；今年将投入6200万元对50座山塘水库除险加固，“十二五”期间，将完成全县所有的山塘水库除险加固任务。

三、优化服务，代表工作呈现新亮点

一年来，常委会十分重视发挥代表的主体作用，采取多种形式，加强与代表的联系，积极为代表依法履职提供服务，增强了代表工作的活力。

密切联系代表群众。10月，常委会以“服务代表创业发展”为主题，常委会领导及组成人员分片对全县16个县代表小组的代表进行集中走访，了解代表的生产生活情况，充分听取闭会期间代表意见建议，梳理归类后形成5大类26条意见建议，书面提交“一府两院”办理。受省、市人大委托，积极做好闭会期间在桐省、市人大代表的联系和服务工作。

常委会领导还经常深入到挂钩联系乡镇和村、重点项目建设现场、结对困难群众家庭等了解情况，帮助解决实际问题。

深化代表履职活动。注重拓宽代表的知政知情渠道，在各项监督活动中，都安排代表参与，还先后2次组织全县各县代表小组围绕常委会执法检查、工作评议开展检查和调研活动，组织省、市、县三级人大代表参加政情报告会，就上半年我县经济社会发展情况提出审议意见。坚持“代表双月活动日”制度，一年来，16个县代表小组都开展了5次以上小组活动，通过视察、检查、调研等系列活动，提出了许多建设性的意见和建议。深化代表进选区活动，全县各乡镇(街道)县代表小组开展了代表进选区系列活动，将活动范围从街道拓展到乡镇，从社区拓展到农村。对征集到的选民意见建议，县、乡两级人大分级督办，一些与人民群众生产、生活密切相关的问题得到有效解决。继续组织开展代表向选民述职活动，全年有24名县人大代表向选民进行了述职、接受评议。在桐省、市代表积极发挥作用，向省、市提出意见建议33件，争取省、市对我县的支持。

认真督办议案建议。常委会及时作出了办理《加快推进农村住房改造》和《突出增量调结构，加快开发区工业经济提质增效》大会议案的决定，明确督办和办理职责。认真做好代表意见、建议的交办工作，确定了10件意见、建议为重点督办件，由常委会领导牵头，专门委员会跟踪督办。创新代表意见、建议督办方式，指导代表小组集体约访意见、建议承办部门主要领导，变事后代表被动接受反馈为事前主动介入督办，提出具体办理要求和建议，使办理工作得到了进一步的提高和深化。如旧县街道县代表小组集体走访了县交通局和县建设局，对李鹏等10位代表提出的“关于要求拓宽改造桐郑线洋塘至旧县路面的建议”的办理工作提出要求，县建设局、县交通局高度重视，现场踏看线路，经多次论证，确定了基本线型，并将该工程列入“十二五”规划。县林业局、县农办、华数数字电视有限公司等单位高度重视代表议案和意见建议的办理工作，周密制订办理方案，细化任务分解，做到定人、定责任、定期限、定标准，主动及时与代表沟通，听取意见，较好地落实了代表议案和意见、建议所涉问题。县十四届人大第四次会议提出的127件意见、建议中，已经解决和基本解决的56件，占44.1%，比三次人代会意见建议当年解决率提高了2.9个百分点；正在解决或需要分步实施的54件，占42.5%。

一年来，全体县人大代表情系群众，不负重托，集中民智，反映民意，为全县经济社会发展作出了积极的贡献。如：阮根尧代表心里始终装着群众的疾苦，当职工曹某患肾病急需十多万元手术费时，他毫不犹豫地先后拿出20余万元，送到曹某手中，使其及时得到医治。几年来，他先后为建造希望小学、抗震救灾等捐款达100余万元。徐毛娜代表把代表作为一种责任，当选人大代表14年来，他累计提出意见、建议40余件，内容涉及交通、农业、工业、文化等领域。为了保护江南镇深澳古村落，他连续三年提出相关意见建议，使古村保护工作得到了实质性进展。

四、开拓创新，自身建设取得新突破

常委会以贯彻落实县委《关于进一步加强和改进人大工作的意见》为契机，以“创先争优”活动为载体，加强自身建设，争当“春江先锋”，提高依法履职能力。

加强学习，努力提升素质。按照“主动学习增内涵、求真务实显成效，立足本职争一流”的要求，常委会以中心组学习、专题讲座、干部论坛为平台，加强理论学习。举办了十七届五中全会精神、县委十二届七次全会精神、《党员领导干部廉洁从政若干准则》、党的优良传统和作风、低碳经济发展等专题学习会，组织开展了劳动保障、水利水电法律法规专题讲座，进一步提升常委会组成人员的政治、经济、科技和法律等方面素养。

搞好调研，切实改进作风。常委会积极开展“创先争优”活动，进一步转变机关作风，坚持先调查、后议事的工作准则，把调查研究贯穿工作始终，坚持到

桐庐县第十四届人民代表大会第五次会议会场

工作一线开展调查研究，到工作一线督促落实审议意见。一年来，常委会围绕人才工作、学前教育、社区矫正和其他监督议题，深入开展调查研究，形成调研报告40余篇，较好地提升了审议意见的质量。

完善制度，推进工作创新。围绕提高监督实效，常委会不断探索监督的有效途径和方法。进一步完善了本届常委会推出的专项工作评议、主任会议听取专项工作报告等监督机制，制定实施了《专题调研工作办法（试行）》，开辟了常委会服务全县工作大局的新途径。在监督方法上，推出了跨年度的连续监督、代表测评监督意见落实情况和交办代表测评意见、暗访调查、建立财政预决算审查专家咨询小组进行预决算审查等形式，取得了较好效果。

拓宽渠道，加强工作宣传。常委会把根本政治制度的宣传列入重要工作日程，加强与宣传、新闻和党校等部门的协调配合，拓宽宣传渠道，积极开展人民代表大会制度的宣传与培训。一年来，新闻媒体刊播人大新闻200多条（篇），制作《人大视窗》4期，公布常委会审议意见、决议决定等事项22项。常委会组成人员还多次到中青班、新任公务员培训班上宣讲人大理论知识，增强国家机关工作人员的民主政治意识。

各位代表，回顾过去的一年，县人大常委会的工作取得了新的成绩和进步，这是上级人大的关心支持和县委正确领导的结果，是常委会组成人员和全体代表共同努力的结果，也是全县人民支持和“一府两院”积极配合的结果。在此，我谨代表县人大常委会，向全县人民和各级人大代表，向所有关心、支持人大工作的同志们及社会各界人士，表示衷心的感谢和崇高的敬意！

在肯定成绩的同时，我们也清醒地认识到，对照人大代表和人民群众的要求，对照新时期人大工作的新形势和新任务，常委会工作中还存在着一些问题和不足。主要表现在：法律赋予的监督手段运用还不够充分，监督的力度还有待加强；落实民主促民生机制有待完善；自身能力建设和履职水平还需进一步提升。对此，常委会将自觉接受人民监督，虚心听取代表意见，在今后工作中，努力加以改进。

2011年的主要任务

2011年是实施“十二五”规划的开局之年，也是县十四届人大常委会的收官之年。做好今年人大工作，对于推动全县“十二五”经济社会发展的良好开局，开创新时期人大工作新局面具有十分重要的意义。今年常委会工作总的指导思想是：高举中国特色社会主义伟大旗帜，在中共桐庐县委的领导下，认真贯彻党的十七大和十七届五中全会精神，紧紧围绕“工业强县、环境立县、开放活县、和谐兴县”和“服务业优先”的“4＋1”总战略，突出科学发展主题，贯穿民主法制主线，紧扣改善民生重点，服务统筹城乡发展，创新工作方式方法，严格履行法定职责，为实现我县“十二五”发展良好开局，共建共享“潇洒桐庐”作出新的更大贡献。

根据这一指导思想，今年常委会要着重做好以下四个方面的工作：

一、服务发展大局，致力城乡统筹发展

“十二五”是我县实现经济发展方式转变、推进城乡统筹发展、加快城镇化步伐的关键时期。去年市委、县委相继对推进城乡统筹发展作出了一系列重大决策部署，常委会将围绕中心、服务发展，加强监督、推进工作。

全力推动城乡一体化发展。常委会将围绕区县协作、城乡建设、产业发展、要素配置、生态保护、公共服务等统筹城乡发展工作重点，开展专题调研和监督；加大对财政预决算的监督，促进资源要素优化配置；做好水污染防治“一法一条例”执法检查情况的跟踪督察和生态文明县建设情况的视察，巩固生态县创建成果；关注城乡空间体系布局，对《中华人民共和国城乡规划法》执行情况进行执法检查，强化规划编制的科学性、严肃性，发挥规划在构建“中等城市—小城市—特色镇—中心村—特色村”的空间体系中的引领作用。

更加关注经济发展方式转变。常委会将对“十二五”规划纲要的实施进行监督，听取和审议工业经济转型发展情况的报告，推动提高经济发展的质量和效益；关注商务区发展，促进商务区的业态培育，做大服务经济；听取民间融资管理情况的报告，进一步规范融资行为，创造良好的金融和社会环境；视察高校项目、杭黄高铁等重大项目建设情况，推进重大基础设施建设，为“十二五”开好局作出努力。

二、强化监督职能，推动民主促进民生

坚持以人为本、以民为先，把以民主促民生作为人大工作的努力方向，着力在完善工作机制、推进落实民生福祉上下功夫。

促进司法公平正义。常委会将听取和审议县法院、县检察院上半年工作情况的专项报告，开展社会治安综合管理工作专题调研，主任会议拟听取“六五”普法依法治县规划的制定情况和我县贯彻执行《浙江省人大常委会〈关于加强检察机关法律监督工作的决定〉》情况的专项工作报告，努力推进法治桐庐建设，营造公平正义的法制环境。

完善民主决策机制。加强民主促民生机制建设，探索建立公民旁听常委会会议和代表大会会议制度，拓展民主参与渠道；进一步深化民主监督机制，坚持常委会监督议题公开征集、监督工作代表参与和结果公开等制度，认真落实“四问四权”，确保人大工作反映民意，贴近民心；进一步完善信访反映和督办制度，畅通信访渠道，使公民合理合法的诉求在人大行使监督权和代表履行职务过程中得到妥善解决。

着力解决民生问题。常委会将选择一些事关人民群众切身利益的热点难点问题，认真开展专题调研和工作监督。拟听取和审议我县乡村卫生一体化情况的专项报告，使“病有所医”的民生工程得到更好实施，让医改成果更多地惠及人民群众。开展民生实事工程视察，努力促进民生持续改善。高度关注群众反响强烈的“入园难、入园贵”问题，拟视察学前教育工作情况，推动学前教育优质均衡发展，努力满足人民群众子女入园的迫切需求；关爱农村老年人晚年幸福，对全县农村居家养老服务工作情况进行视察。

三、发挥代表作用，保障代表依法履职

坚持服务代表，依靠代表，充分发挥代表在实现人民当家作主中的主体作用。

依法组织选举。今年下半年，县、乡两级人大将要开展换届选举工作。常委会要认真学习新修订的《中华人民共和国全国人民代表大会和地方各级人民代表大会选举法》，准确把握《选举法》的精神实质，统一思想、提前谋划；及时组织开展换届选举工作的专题调研，研究制定切实可行的工作方案；加强《选举法》的宣传，引导公民严格依法行使民主权利，确保选举任务顺利完成。要严格审查，把好代表入口关，切实把政治素质好、履职能力强的优秀分子选入代表中来，保证县第十五届人大第一次会议顺利召开。同时常委会将十分关注村级组织换届选举工作，推进基层民主法制建设。

服务代表履职。在本届人大的最后一年，常委会将保持思想不松、力度不减、要求不降，为代表履职做好服务。坚持常委会组成人员联系代表制度，听取和反映代表意见建议，并积极做好在桐省、市代表的联系与服务工作。进一步畅通代表知情知政渠道，落实政情报告制度，及时通报常委会和“一府两院”有关工作。服务代表“双月”活动，邀请相关代表参加常委会视察、执法检查、专题调研等监督活动，扩大代表参与面。深化代表进选区、向选民述职、接待选民等活动，进一步提高代表履职意识和能力水平。

加大督办力度。落实重点议案建议跟踪督办制度，继续实行代表小组集体约访部门领导制度，探索建立询问、约谈和函询承办不力部门负责人制度，对本届重点议案和建议意见办理解决情况进行“回头看”，着力改善对代表意见建议办理“态度满意，结果不满意”问题，切实提高办理质量和解决率。

四、加强自身建设，不断提高履职能力

常委会要始终保持积极向上、奋发有为的精神状态，继续深化常委会制度建设，健全工作机制，落实相关措施，努力提高依法履职能力和水平。

抓好队伍建设。深入开展“创先争优”活动，积极创建“双强组织”；举办人大干部培训班，提高全县人大干部整体素质；深入调查研究，密切联系群众，提高常委会组成人员做群众工作的能力；重视优秀年轻干部的培养，充实机关队伍力量，建设一支富有理想、充满活力、能干事、干成事的人大机关干部队伍。

推动制度创新。围绕事关全县经济社会长远发展的重大事项和关系人民群众切身利益的重大问题，探索和实践决定重大事项的方式、方法，实现常委会行使重大事项决定权的制度化和规范化。探索运用询问等监督手段，增强监督效果。加大对常委会审议意见、主任会议意见建议办理落实情况的督查力度，提高监督实效。扩大专家参与，建立专家咨询小组，提高监督工作专业水平。及时总结完善人大常委会及其机关的工作制度，推进工作的制度化、规范化、程序化。

做好总结交流。今年是县人大常委会履职30周年。常委会设立以来，积极探索、开拓创新、扎实工作，为加强社会主义民主法制建设，推进全面建设小康社会进程，作出了积极贡献。我们要以纪念中国共产党成立90周年和常委会履职30周年为契机，认真总结人大工作的成绩和经验，大力宣传人民代表大会制度建设新成就。要扩大对外学习与交流，承办好全国二十县(市、区)人大工作研讨会，开阔人大工作视野，学习借鉴外地人大的先进经验和做法，推进人大工作的理论创新和工作创新，努力开创人大工作新局面。

各位代表，站在“十二五”发展新的起点上，我们肩负的使命崇高而光荣，责任艰巨而重大。让我们在中共桐庐县委的坚强领导下，紧紧依靠全县人民，继续解放思想、锐意进取，开拓创新、扎实工作，把人大工作提高到一个新的水平，为共建共享“潇洒桐庐”、建设惠及全县人民更高水平的全面小康社会而努力奋斗！

政府工作报告

——在桐庐县第十四届人民代表大会第五次会议上

桐庐县人民政府县长　陈国妹

（2011 年 1 月 17 日）

各位代表：

现在，我代表县人民政府向大会作工作报告，请予审议，并请县政协各位委员和其他列席人员提出意见。

一、“十一五”期间经济社会发展情况及 2010 年工作回顾

过去五年，是我县发展进程中不平凡的五年。五年来，面对要素制约的严峻挑战、国际金融危机的强力冲击，我们在上级党委、政府和县委的坚强领导下，在县人大、县政协的监督支持下，紧紧依靠全县人民，以科学发展观为统领，迎难而上，创新实干，顺利完成了“十一五”规划确定的主要目标任务。先后荣获国际花园城市、国家级生态县、全国绿化模范县、中国民营经济最具活力县、中国优秀旅游名县、中国民营快递之乡、中国蜂产品之乡、中国水力发电设备制造基地等荣誉称号。

（一）综合实力大幅提升。

2010 年，全县实现生产总值 196 亿元（预计数，下同），比 2005 年增长 56.8%；人均生产总值达到 7260 美元。三次产业结构调整到 8.2∶61.2∶30.6。财政总收入达到 23.3 亿元，其中地方财政收入 13.08 亿元，比 2005 年分别增长 126.7%、157.6%。累计完成固定资产投资 413.09 亿元，比“十五”期间翻了一番。全县工业销售产值达到 550.07 亿元，比 2005 年增长 98.5%，规模以上企业达到 768 家，其中亿元以上企业 75 家，比 2005 年分别增加 315 家、48 家，规模工业销售产值占比提高了 11.7 个百分点。全社会消费品零售总额 59.4 亿元，比 2005 年增长 118.1%。金融机构年末存款余额达到 214.38 亿元，比 2005 年增长 149.9%。浙富股份成功上市，天松牌内窥镜创成中国名牌，“蜂之语”、“春江”、“万事吉”获中国驰名商标。

（二）城乡面貌焕然一新。

五年累计投入城市基础设施建设资金 33 亿元，新建和改扩建城市道路 35.7 公里。县城建成区面积从 12.8 平方公里扩大到 15.3 平方公里，城市化水平从 46.7%提高到 60%。完成滨江区块等城中村拆迁改造，建成安置房 46.4 万平方米。迎春商务区初具规模，凤川—江南新城和三大综合体（词解 1）建设顺利推进。累计投入新农村建设资金 30.86 亿元，新增全面小康建设示范村（点）27 个、重点整治村（点）320 个。

（三）生活品质显著提高。

2010 年，农村居民人均纯收入和城镇居民人均可支配收入分别达到 11665 元、24026 元，比 2005 年增长 71.0%、63.4%。新增可用财力用于民生投入的比重达到 73%，城乡居民养老、医疗保障覆盖面达到 70%、96.8%。人均预期寿命从 78.2 岁提高到 80.3 岁。改造困难群众危旧房 1129 户，最低生活保障实现“应保尽保”。城乡客运一体化改造全面完成。“清洁桐庐”、农民安全饮用水改造、农村生活污水治理工程深入开展,城乡居民生活垃圾一体化处理率达到70%,成为全省首批农民饮用水长效管理达标县。万元GDP能耗下降20%以上,节能减排完成“十一五”规划目标。安全生产连续五年实现“三项指标”零增长,“平安桐庐”基础进一步夯实。

(四)社会事业蓬勃发展。

五年间,县财政用于社会事业支出42.3亿元,比“十五”期间增长3.5倍。全面实现义务教育阶段学生免费入学,基本普及15年基础教育。新建叶浅予艺术馆,建成县城新区体育馆、游泳馆,新增体育场地30.3万平方米。迁建第一人民医院,每千人拥有医生、床位数分别增长25.8%、20.7%。计划生育率达到95.5%以上,1770名农村计划生育对象得到奖励扶助,被命名为全国计划生育优质服务先进单位。全社会科技活动经费累计投入达21.09亿元。与浙江树人大学和浙江工商大学杭州商学院达成合作办学协议。成功创建省科技强县、省教育强县、省卫生强县、省体育强县。

(五)行政改革深入推进。

完善行政许可工作制度,取消或暂停征收158项行政事业性收费。实施行政许可职能归并改革,推行投资项目审批代办制,行政服务平台成为全省示范。建立公共资源交易管理统一平台,加大政府性投资项目管理监督和效能监察力度。整合投融资平台,创新投融资机制。推行行政执法责任制,强化执法监督。健全政府信息公开和科学民主决策机制,积极推进权力阳光运行,政府工作透明度进一步提高。

各位代表,刚刚过去的2010年,是“十一五”的收官之年,也是奋力摆脱困境、实现跨越发展的攻坚之年。全县上下以创先争优为动力,突出重点,狠抓落实,较好地完成了县十四届人大四次会议确定的各项工作任务。

——坚持量质并重,工业经济回升向好。深入开展“园区整合提升年、项目服务督查年、技术改造见效年”活动,完善重大工业问题协调例会机制,连续五年被杭州市评为工业企业长效服务先进单位。“一区七园”完成基础设施投入2.18亿元,102个重点工业项目开工率达93.1%,竣工率达41.2%。新引进项目150个,实际投入51亿元,比上年增长12.5%;实到外资1.06亿美元,增长10.4%。实现自营出口6.46亿美元,增长22.4%。完成技改投入37亿元,增长22%。关停4家万吨以下小造纸企业,28家企业33台燃煤锅炉完成脱硫整治。规模工业新产品产值达到74.99亿元,增长77.7%,新增省市名牌8个、市级以上研发(技术)中心6个,主导或参与制定国家或行业标准7项,新增电子商务应用企业540家。开发区被认定为杭州国家生物产业基地拓展区(词解2),横村镇被命名为“中国出口毛衫制造基地”。

——强化引导扶持,现代农业稳步发展。实现农业总产值23.76亿元,比上年增长9.6%。新发展农业特色产业基地1.68万亩、林业特色产业基地1.03万亩,“双五万(词解3)”行动计划顺利完成。建成市级以上粮食功能区8个、县级粮食功能区10个,面积达到1.72万亩。深化农村土地流转和集体林权制度改革,新增土地流转面积7291亩,建立林权抵押贷款机制。新建生态公益林10.5万亩,成功创建省级森林城市。完成肖岭、剪一、坞口水库和48座山塘除险加固。成功举办“三月三”畲族文化节、山花节、名优特农产品展销会。启用“雪水云绿”证明商标,国家蜂产品质量安全示范区创建通过验收。村级农业信息服务点(词解4)实现全覆盖,农技推广、农产品质量监管、动植物防疫公共服务体系基本建成。

——突出项目推进,三产发展基础夯实。启动服务业发展三年行动计划,开展服务业标准化试点。迎春商务区建成55万平方米商务楼宇。开元名都大酒店、励骏大酒店、君山宾馆、海陆世贸酒店完成主体工程,大运物流(词解5)一期、利时百货、君悦大厦、富春时代广场、桐庐商业广场三期等项目进展顺利,杭州潇洒休闲运动公园、天溪湖休闲旅游度假区建设稳步推进。设立文创产业专项资金,启动桐庐文博园(词解6)建设,举办中国抽纱刺绣名家名品展、首届“潇洒桐庐”文化创意节。成功推出乡村风情旅游节、户外运动嘉年华系列活动。全社会接待游客545.7万人次,实现全社会旅游总收入49.1亿元,通过省旅游经济强县考核验收。

——加快设施建设,城乡统筹不断加强。县城“1220”工程顺利实施,完成迎春南路、富春路、春江路等道路改造,中心广场改造提升、城南滨江景观工程(词解7)、320国道城区段改造顺利推进。基本完成下轮、荇塘坞、芝溪弄等区块农居拆迁,启动“春江景苑”农民集聚小区建设,金湖小区、滨江安置小区交付使用。基本完成徐七线横村至钟山段改扩建路基工程,桐庐新客运中心投入使用,桐庐到杭州城际公交(词解8)正式开通。建成数字化城市信息处置中心(词解9),完成县城营运人力三轮车公司化改造,整治县城户外广告1.5万平方米。110千伏旺家变投产,新农村电气化县建设通过验收。生态河道建设试点工作启动,45个行政村、31家农家乐污水治理全面完成。阳山畈、芦茨"风情小镇"和荻浦示范村创建工作加快推进。完成生态文明建设规划编制。

——加大民生投入，社会事业协调发展。政府为民办实事工程顺利推进。完善促进就业、创业扶持政策，183个村全部建立劳动保障服务站。实施新型城乡居民养老保险办法，12.2万人参保，5.3万名无保障老年人领取基础养老金。开通医保"一卡通"，实现医保市级统筹和异地刷卡结算。落实人才公寓100套，廉租房二期和第三批经济适用房交付使用，县城保障性住房工程开工建设，完成农村住房改造面积49万平方米。叶浅予中学（词解10）新校区投入使用。《花溪情歌》获第二届中国越剧艺术节铜奖。我县运动员夺得亚运会、亚残运会各3枚金牌。启动方家洲遗址（词解11）考古发掘，修缮20幢农村历史建筑，完成新世纪影城数字化改造。基层公立医疗机构实施国家基本药物制度（词解12），药品价格平均下降31.7%，乡村卫生服务一体化管理率达92.1%。县第一人民医院三期工程竣工，中医院改扩建顺利实施。国家卫生县城复评、省级示范文明县城创建通过验收。

——创新体制机制，行政效能得到提升。认真执行县委决策部署，自觉接受人大、政协监督，落实专项工作评议意见。127件人大代表意见建议、231件政协委员提案全部按时办结。积极打造网上行政服务中心，456项行政审批事项实现网上预受理。开展中心镇"扩权强镇"改革，下放审批管理权限48项。建立全市首个综合应急救援大队，建成应急工作"一网五库（词解13）"。强化矛盾纠纷排查处理，落实校园安保措施，圆满完成世博安保任务。深化安全生产、食品药品安全专项整治，"十小"整规三年行动目标全面实现，通过省级食品安全示范县考核验收。

人口普查顺利完成。外事、宗教、民族、侨务、台务、统计等工作进一步加强，关心下一代、老年人、残疾人、人民武装、民兵预备役、人民防空、地方志、气象、档案等工作取得新成绩。

各位代表，"十一五"期间，全县经济发展、事业进步、社会和谐，2010年既定目标任务圆满完成，这些成绩的取得来之不易，是县委正确领导的结果，是县人大、县政协监督支持的结果，是全县干部群众齐心协力、克难攻坚、奋力拼搏的结果。在此，我代表县人民政府向全县各条战线上的广大干部群众，向驻桐部队和武警官兵致以最崇高的敬意！向所有关心、支持桐庐发展的各界人士表示最衷心的感谢！

回顾"十一五"历程，总结2010年工作，我们清醒地认识到，全县经济社会发展中还存在着一些困难和问题。经济转型升级、统筹城乡发展任务艰巨，结构调整步伐不够快，自主创新能力不够强；城乡居民收入持续增长难度较大；发展空间受限，要素制约突出，节能减排压力加大；少数政府部门和工作人员服务意识、行政能力与发展的需要、群众的要求还有较大差距。我们将高度重视，采取有效措施认真加以解决。

二、"十二五"时期经济社会发展的指导思想、奋斗目标和总体要求

"十二五"时期，是我县加快转变经济发展方式、推进经济结构战略性调整的攻坚期。从我县自身来看，县域经济实力、城市竞争力、生态优势有了新的提升，驾驭发展、应对矛盾和困难的能力明显增强，尤其是富民强县战略深入人心，干部群众心齐气顺，机遇十分难得。但国际金融危机影响依然存在，宏观环境复杂多变，区域竞争更趋激烈。对此，我们必须增强机遇意识、忧患意识，进一步解放思想、坚定信心、真抓实干，努力开创科学发展新局面。

基于以上形势判断，今后五年政府工作的指导思想是：高举中国特色社会主义伟大旗帜，以邓小平理论和"三个代表"重要思想为指导，全面贯彻落实科学发展观，深入实施"工业强县、环境立县、开放活县、和谐兴县"和"服务业优先"发展战略，以富民强县为主旨，以转变经济发展方式为主线，以新型城镇化为主导，以统筹城乡发展为突破口，以改善民生为根本，努力建成以富春江山水风光为特色、宜业宜居宜游宜学的精美现代化中等城市，为加快实现现代化奠定坚实基础。

"十二五"时期，我县经济社会发展的总体目标是：人均生产总值实现从7000美元向10000美元的新跨越，建成惠及全县人民更高水平的全面小康社会，加速推进现代化进程。主要指标是：生产总值年均增长10%，到2015年力争突破300亿元，服务业在三次产业中的比重达到36%。全社会工业销售产值年均增长10%，规模以上高新技术产业占工业销售产值的比重力争达到14%。地方财政收入年均增长10%，突破20亿元。全社会限额以上固定资产投资额年均增长14%。社会消费品零售总额年均增长13%。城镇居民人均可支配收入年均增长10%，农村居民人均纯收入年均增长11%。城镇登记失业率控制在4%以内。计划生育率保持在95%以上。城乡居民医疗保险参保率达到98%。县域城市化水平达到65%以上。节能减排主要指标完成省市下达任务。

实现"十二五"时期我县经济社会发展的各项目标任务，必须紧紧围绕科学发展、社会和谐这个主题，切实把握好以下五个方面的总体要求。

(一) 必须更加注重城乡统筹。

城乡统筹是实现科学发展的必由之路。要抢抓杭州建设市域网络化大都市机遇,以新型城镇化为主导,着力构建“以工促农、以城带乡、城乡互动”工作机制。以县城建设中等城市为核心,推进“三个置换(词解 14)”、“三个集中(词解 15)”,促进“三个转变(词解 16)”,提高一体化、均等化水平,形成更加合理的城乡空间结构体系。加强生态文明建设,探索“六位一体(词解 17)”的低碳发展模式,全面提升“潇洒桐庐”宜业宜居指数。

(二) 必须更加注重转型升级。

转型升级是实现科学发展的内在要求。要以构筑大平台、引进大项目、培育大企业、发展大产业为抓手,着力推进传统块状经济向现代产业集群转变,积极培育战略性新兴产业,推进新型工业化进程,坚持服务业优先发展,积极培育文化创意产业,提升发展现代农业,加快形成具有桐庐特色的新型产业体系,实现县域综合实力新跨越。

(三) 必须更加注重改善民生。

改善和保障民生是政府工作的根本出发点和落脚点。要坚持民生优先,以更大的力度改善民生、更实的作风服务民生,不断加大公共财政投入,集中更多的公共资源用于民生保障。坚持以民主促民生,健全“听民声、集民智、聚民力、解民忧”工作机制,着力破解民生难题,维护公平正义,保障公民尊严,努力实现“学有优教、劳有多得、病有良医、老有善养、住有宜居”,提高人民群众的生活质量和幸福感。

(四) 必须更加注重项目带动。

项目是承载发展的平台和载体。要突出项目建设主阵地,发挥项目带动作用,加快实施“六大百亿工程”,推进事关发展全局的重大项目建设,保持投资较快增长,为经济转型、城乡统筹、民生改善提供有力支撑。创新项目工作机制,强化项目服务,加强项目监管,重视项目产出评价,提高项目实效,促进资源节约集约利用。要立足长远,谋划储备项目,做透项目前期,整合各方资源,夯实发展基础。

(五) 必须更加注重改革创新。

改革创新是推动经济社会发展的不竭动力。要坚持以改革的办法、创新的手段破解发展难题、优化发展环境、增强发展动力,构建公开透明、充满活力、富有效率的行政体制和服务体系,发挥政府主导、企业主体和市场机制基础性作用。要坚持开明开放,鼓励创新创业,宽容失误失败,营造“四个尊重”的人文环境,调动一切积极因素和创造力量,增强发展的生机和活力。

三、2011 年目标任务和主要工作

2011 年是“十二五”开局之年,也是本届政府任期的最后一年,做好今年工作意义重大。

根据县委十二届九次全委会精神,2011 年全县经济社会发展主要预期目标为:

全县生产总值增长 11%,其中第三产业增加值增长 12%;

工业销售产值增长 12%,其中规模工业销售产值增长 15%;

农业总产值增长 8%;

全社会固定资产投资增长 14%,其中工业生产性投入增长 10%;

自营出口增长 10%,实际利用县外资金增长 10%,其中实际利用外资完成市考核目标;

财政总收入增长 12%,其中地方财政收入增长 12%;

社会消费品零售总额增长 15%;

城镇居民人均可支配收入增长 10%,农村居民人均纯收入增长 11%;

城镇登记失业率控制在 4%以内;

计划生育率保持在 95%以上;

单位生产总值能耗、主要污染物排放达到省市要求。

全面完成以上目标,实现“十二五”发展良好开

桐庐县第十四届人民代表大会第五次会议会场

局，要着重抓好以下七个方面的工作。

（一）夯实基础，强化支撑，加快接轨融入步伐。

以杭州市统筹城乡区域发展为契机，按照规划共绘、设施共建、政策共享、产业共兴、环境共保的要求，主动接轨大都市，积极融入都市经济圈。

加快设施建设。实施杭黄高铁沿线拆迁，做好临金高速、富春江船闸改造前期工作。努力推动浙江树人大学、浙江工商大学杭商院校区建设。启动城南沿江大道（疏港公路）、23省道与杭新景高速公路连接线工程，完成徐七线横村至钟山段改扩建。110千伏迎春变投入使用，实施洋洲变、外董变扩建工程，做好220千伏后浦变前期工作，开展白云源抽水蓄能电站规划研究。加快管道燃气向凤川—江南新城延伸。

加强要素保障。落实人才工作责任，着力构建关爱人才、培养人才、提升人才的工作机制，调动政府和用人单位积极性。推进与内地县市劳动力资源开发合作，努力缓解企业用工难题。吸引股份制银行来桐设立分支机构，培育发展村镇银行、小额贷款公司，激发民间资本活力。完善多元化筹资机制，鼓励引导社会资金投入城乡基础设施建设。结合新一轮土地利用总体规划实施，统筹配置土地资源，复垦建设用地3000亩，提高垦造耕地质量，加强后续管理，遏制违法用地。

扩大交流合作。主动加强与拱墅、滨江两区协作，依托项目载体，促进双向对接，推动合作共赢。坚持外资、外贸、外经、外包“四外”联动，突出“一区七园”、迎春商务区平台，全力推进“3＋1”（词解18）产业招商，着力引进高投入、高技术含量、高附加值、低能耗、低排放的大项目、好项目。加大对外宣传力度，整合各类媒体和网络资源，提高“潇洒桐庐”知名度、美誉度。

提升生态优势。实施生态文明建设规划，启动国家级生态文明示范区（词解19）创建。积极推行生态低碳理念，倡导低碳生活、绿色消费。强化节能减排目标责任，坚持“控新治旧”，严格项目准入，淘汰落后产能，加快推进城镇污水集污纳管、农村生活污水治理，推广应用清洁能源。以生态保护为重点，加强“两江”流域综合治理。

（二）依托创新，分类指导，加快工业经济转型升级。

深化“工业强县”战略实施，加快传统产业升级改造，大力引进高新技术产业，着力培育新兴产业，提高工业经济运行质量，推动发展方式转变。

拓展工业平台。坚持“建区造城”并重，加快新城建设规划实施，推进市级高新技术产业园建设。实施春江路东延工程、320国道县城至江南段拓宽改建工程，实现开发区与县城基础设施无缝对接。加大开发区和重点工业功能区基础设施投入，加快园区公共服务设施建设，增强园区承载能力。完善亩产评价体系，加大履约清理、批后监管工作力度，力争盘活存量土地600亩。

培育领军企业。实施“805”（词解20）大企业培育计划，制定个性化扶持政策，支持龙头企业做强做大，发展壮大成长型企业。加快实施中汽商用二期、今麦郎饮品二期、浙富股份水试台、东芝水电技改等项目，力争新增上市企业1家、销售产值超亿元企业达到80家。鼓励企业加大研发投入，培育市级以上企业研发中心2家、技术创新项目50项以上。完善自主创新政策体系，加大知识产权保护力度，发挥企业技术创新主体作用。

培植优势产业。实施“4321”战略计划（词解21）。加强产业发展与信息化结合，强化信息化技术植入，提升针织、服装、制笔、皮革制品等传统优势产业竞争力。大力发展装备制造、生物医药、有色金属加工等优势产业，加快鼎昊设备、福朗特机电、施强制药、金鸿源金属等项目建设。积极推进金贝能源、索康博能源等新能源、新材料产业项目实施。

深化服务推动。完善重大工业问题协调例会制度，健全长效服务机制，加快项目推进。开展多渠道、多形式的企业家培训，健全企业家创新创业支持服务体系。加大品牌培育和扶持力度，开展“政府质量奖”评选，争创市级以上名牌5个、著名商标3个。加强政银企合作，建成融资信息服务平台。深化电子商务进企业，做好企业参与国内外重点展会的服务，增强企业开拓市场能力。

（三）提升效益，增强活力，加快“美丽乡村”（词解22）建设。

强化规划引领，推进农村土地、环境综合整治，以机制促活力，以产业促集聚，提升新农村建设水平。

提高农业综合效益。巩固优势特色产业，发展农业休闲观光等新兴产业，促进农业结构调整。继续加强粮食功能区、现代农业园区建设，着力推进1个省级现代农业综合区、5个省级主导产业示范区、5个省级特色农业精品园建设，新发展特色林业产业基地1万亩，新建林道130公里。筹建农业总部大厦，培育市级农业龙头企业4家，争创省市级示范性农民专业合作社8家。完善农业风险保障机制，降低种养农户风险。推行农业标准化生产，扩大农产品质量监管和追溯范围。健全“三位一体”农业公共服务体系，增强基层农业公共服务能力。

深化农村环境整治。编制新一轮村庄布局规划、中心村建设规划。整合村庄整治工作载体，全面实施中心村培育计划，重点推进5个中心村、2个特色村建设。完成阳山畈村、芦茨村“风情小镇”项目建设。实施国省道沿线、富春江沿岸综合整治。开展省级森林城镇、森林村庄创建。深化“清洁桐庐”行动，提升卫生保洁水平，推进农村庭院整治。继续实施农民安全饮用水改造提升工程，新增受益人口4.5万。完成13座水库、37座临村山塘除险加固，实施13.4公里小流域治理，提高防灾减灾能力。

增强农村发展活力。完善村留用地政策，多渠道发展集体经济。着力提升“联乡结村”实效，实施新一轮集体经济薄弱村扶持工程，加大村级公益事业建设奖补力度，推进村务管理规范化。开展集体土地房屋产权登记试点工作，深化集体林权制度配套改革。继续推进农村土地、山林承包经营权流转，促进规模经营。规范发展农民专业合作组织，引导完善利益分配机制。深入实施“低收入农户奔小康工程”，强化“一户一策一干部”帮扶措施。认真组织村民委员会换届选举工作，夯实基层基础。

(四) 拓展领域，培育品牌，加快现代服务业发展。

坚持服务业优先发展，依托项目推进，培育新型业态，加快服务业结构调整，提升产业发展层次，提高服务业对经济发展的贡献率。

努力提升休闲旅游业。完善“一城、二带、三板块”(词解23)的大旅游发展格局。加快红灯笼乡村家园、瑶琳森林公园等景区改造提升，推进杭州潇洒休闲运动公园、天溪湖休闲旅游度假区、瑶琳锡安城度假区、君悦大厦等项目建设，建成励骏大酒店、君山宾馆、海陆世贸酒店。推进金鑫宾馆升级改造、严子陵钓台4A级景区创建工作。整合推广“富春山居图”实景游、乡村风情游、休闲养生游、户外运动拓展四大主题旅游产品，着力开发具有地方特色的旅游商品。启动一站式旅游服务中心(词解24)项目，积极组织旅游对外促销活动。发挥山水优势，引导开发精品楼盘，健康有序发展房地产业。

大力繁荣商贸流通业。深化特色街区规划，健全组织管理机制。加大特色潜力行业项目、“名品店”引进和培育力度，支持发展特色餐饮，加快精品街区培育。启动桐庐汽车贸易中心项目，建成利时百货、富春时代广场等一批商贸设施。开展“农超对接”(词解25)试点，推进生猪定点屠宰“两场三点”(词解26)规划实施，启动省农特产品加工配送中心建设。

积极培育新兴服务业。引导发展特色楼宇经济，重点引进金融、信息、科技、现代商务等现代服务业项目。积极推进商务区大学生创业平台(词解27)建设。做深“中国民营快递之乡”文章，引导发展快递总部经济。加快文博园基础设施建设，启动民间博物馆群项目，形成文化商业街区框架。推进大运物流中心、横村物流场站建设，培育发展物流产业。制定会议会展专项扶持政策，依托环境优势和设施资源，加大会议会展营销力度。举办浙江省第四届蕙兰展。

(五) 完善功能，提升管理，加快精美城市打造。

围绕建设中等城市目标，坚持高起点规划、高强度投入、高标准建设、高效能管理，增强集聚能力，拓展服务功能，提升城市品位。

加强城市规划。完善富春江、分水江沿线景观控制规划，完成城市综合交通规划、县城农居点布局规划编制。加快老城区改造修建性详规编制，实现县城控制性详细规划全覆盖。开展城市色彩规划研究，推进重要区块城市设计。开展城市地下管线测绘。完成凤川镇撤镇设街道工作，拓展县城发展空间。完善规划执法协作机制，健全城乡规划评审决策制度。开展规划中期评估试点，加强规划实施监督。

加快城市建设。大力实施县城建设“1021”工程，拉开城市框架，完善功能配套。完成320国道城区段改造、滨江区块绿化景观和市政配套工程，加快城南儿童公园建设。实施县城重要区块亮灯、立面改造工程，启动浮桥埠、洋塘区块综合改造。开展县城房屋屋顶生态化改造试点。完成“两江”固体漂浮物打捞处置项目，启动垃圾处理余热发电项目，建设污水处理厂污泥、垃圾焚烧废物无害化处置设施。建成乡镇交界断面“两江”水质自动监测站。推进县城“春江景苑”农民集聚工程(词解28)建设，启动中心镇和新城农民集聚工程项目。

深化城市管理。拉高城市管理标杆，增强人性化服务理念，着力构建“大城管”、“大执法”格局。深化“数字城管”建设，细化网格化管理，建立城市管理快速反应机制。加强违法建筑联合防控，强化建筑渣土管理，推进县城户外广告、养犬整治。从严管理夜间施工，防止噪声扰民。规范县城人力三轮车运营，推行人行道非机动车分类停放。实施背街小巷保洁市场化运作。落实物业监管责任，加强培训引导，提高物管服务水平。

（六）繁荣事业，注重民生，加快生活品质提升。

强化以人为本理念，进一步加大民生投入，促进事业发展均衡化，全力解决群众关心关注的热点难点问题，提高民生保障水平，维护社会和谐稳定。

推进社会事业发展。深化文化名县建设，开展第二届叶浅予文艺奖评选，举办第四届“神州风韵”全国剪纸大赛暨国际剪纸艺术展。举行县第四届运动会，积极承办高层次体育赛事。加强农村体育设施管理，发挥乡镇综合文体站作用，丰富群众精神文化生活。做好农村文物、非物质文化遗产和古树名木保护利用工作，完成40幢农村历史建筑修缮任务，推进方家洲遗址考古发掘。实施学前教育质量提升三年行动计划，加强师资队伍建设，提升素质教育。健全城乡一体的公共卫生服务体系，扩大与知名医院协作，重视医技队伍建设，提高医疗服务水平。争创全国农村中医中药工作先进县。

完善民生保障体系。推进充分就业县、创业型县和充分就业街道、社区（村）创建，以创业促就业，以就业促增收。加强劳动监察信息系统建设，规范企业用工行为，构建和谐稳定劳动关系。全力做好物价稳定工作，完善物价变动与困难群众补贴联动机制，保障低收入、困难群众基本生活。健全城乡居民养老、医疗保障体系，提高覆盖面。鼓励自住型与改善型房屋消费，构建多层次城乡居民住房保障体系。启动县数字档案馆建设，加快重要民生档案数字化和登记备份工作。启动残疾人康复中心建设，大力开展“扶残助残爱心城市”创建活动。

维护社会和谐稳定。深化“平安桐庐”建设，扎实开展“六五”普法教育，完善110社会联动工作机制（词解29），加强社会治安综合治理基础建设。高度重视安全生产和食品药品安全工作。健全基层应急救援机制，增强防范和处置突发公共事件能力。拓展人民调解工作领域，发挥村（社区）群众工作站作用，加强信访积案化解工作。

办好民生实事项目。按照民生为先、惠民为重的要求，着重抓好十大民生实事工程：

1. 养老服务工程。城乡居民养老保险扩面10000人；启动城南社会化老年公寓建设，县福利中心改扩建工程、城北老年公寓投入使用；新建8家村级居家养老服务站（点）（词解30）。

2. 校舍改善工程。完成县城包山幼儿园和横村、分水、合村幼儿园校舍建设，启动城关初级中学校舍改造工程，完成县职业技术学校实训楼建设；完成中小学校舍安全改造工程。

3. 便民服务工程。完善与杭州市联网的市民卡公共服务平台，发放市民卡8万张，提供2项刷卡服务；做好市民中心选址规划工作。

4. 交通出行工程。实施停车“新政”，推行停车场、道路泊位有偿使用；城南、城北各建成一个大型停车场，新增220个停车泊位；新投放出租车30辆，更新公交车10辆；启动横村客运车站改造；优化城际公交班次安排，提高服务质量。

5. 市容整治工程。完成11幢楼屋顶整治、40幢房屋立面改造；完成县城5万平方米庭院改善；改造城市道路2公里。

6. 物业物管工程。完善相关配套政策，制定居民小区物业管理安防基本标准，落实物管配套用房；实施大奇山居、金龙花园等小区垃圾分类试点；完成个人房产信息系统（词解31）建设；完成1000户居民管道天然气改造。

7. 医疗卫生工程。完善城乡居民医疗保障办法，人均筹资额提高到300元，提高医疗保障标准；推进县中医院改扩建工程。

8. 住房改善工程。启动140套廉租房、200套经济适用房、150套经济租赁房（人才公寓）建设；实施农房改造3000户，其中农村困难群众危旧房救助270户。

9. 清洁乡村工程。完成60个行政村和所有景区污水综合治理工程，农村生活垃圾无害化集中处理率提高到90%；农村庭院整治率达到90%。

10. 文化惠民工程。新增社区文体活动场所10处；完成送戏下乡100场，免费放映电影2400场；举办书画艺术和文化创意展览、展示25场。

同时，要认真做好水利普查、地名普查工作，进一步做好人口和计划生育、老年人、关心下一代、民族、宗教、外事、人民武装、人防、侨务、台务、红十字会、统计、气象、地方志等工作。

（七）创新创优，优化服务，增强政府行政能力。

深化改革创新，进一步优化政务环境，规范权力运行，增强执行力和公信力，提高人民满意度，着力建设服务型政府。

坚持依法行政。自觉接受人大及其常委会的法律监督、工作监督，认真执行县人大及其常委会各项决议、决定，主动接受政协的民主监督，认真办理人大代表意见、建议和政协委员提案。支持人民团体开展工作。进一步完善科学民主决策程序，健全重大决策合法性审查、重大项目前期论证和集体决定机制，建立决策事项跟踪反馈和责任追究制度。加强规范性文件前期审查和备案审查,开展重大决策和规范性文件实施效果评估工作。深化政务公开、信息公开,规范权力运行,增强行政透明度。

强化工作落实。深化"作风建设年"活动,保持昂扬向上的精神状态,坚持求真务实的工作作风,把更多的时间和精力用在抓落实上,做到说了算、定了干,以实干出实绩,以实干促发展。探索更为科学合理的绩效评估体系,强化考核督查,严格责任追究,确保政令畅通。推进学习型政府建设,加强学习调研,提升公务人员履行职责、服务发展的能力。

注重管理创新。推进新一轮政府机构改革,稳步实施事业单位绩效工资制度。深化"扩权强镇"工作,激发乡镇发展活力。完善投资项目审批代办机制,创新项目建管模式。加强政府投资项目和专项资金管理,实现全过程监管。加快电子政务建设,增强社会管理和公共服务能力,提升行政效能。

保持清正廉明。坚定不移推进反腐败斗争,加大从源头上防治腐败力度,深化教育、制度、监督并重的惩治和预防腐败体系建设。坚持从严治政,落实"一岗双责",促进权力阳光运行,纠正各类不正之风。推行公务卡,严格控制公务消费和一般性支出。

各位代表,蓝图已经绘就,目标已经明确。面对新的征程,我们满怀豪情、充满信心。让我们在中共桐庐县委的正确领导下,抢抓机遇,开拓创新,锐意进取,为谱写"潇洒桐庐"新篇章、开创科学发展新局面而努力奋斗!

《政府工作报告》词解

1. 三大综合体:即杭州潇洒休闲运动公园综合体、分水江休闲旅游度假综合体、县城滨江商住综合体。

2. 杭州国家生物产业基地拓展区:即杭州国家生物产业高技术产业基地的延伸拓展区域,该区域可享受国家级基地同等的扶持政策,并可优先享受到国家级基地的产业集聚、品牌资源、服务平台、专家人才等多方面资源。

3. 双五万:即在2008年至2010年间,发展与改造特色农业产业基地五万亩、林业产业基地五万亩。

4. 村级农业信息服务点:即以农产品信息网、农民信箱等网络平台为载体,在行政村设置免费为农民提供农业信息查询、农产品信息发布等服务的场所。

5. 大运物流:项目位于杭新景高速公路凤川出口处,一期建筑面积3.7万平方米,已于2010年底完成主体工程。

6. 文博园:位于320国道与迎春南路交叉口东南侧区块,规划面积17.2公顷,规划建设为以休闲旅游、文化博览、创意产业为主题的复合型文化创意园区,分民间博物馆群、文化商业街区、创意园区三个功能区块,于2010年12月启动建设。

7. 城南滨江景观工程:位于县城富春江南岸,从龙潭溪至梅林溪全长约4公里,建设内容包括13个大小景点,工程总投资1.16亿元,于2009年下半年开工建设。

8. 城际公交:即往返于桐庐新客运中心至杭州黄龙旅游集散中心,采用公交化模式运作的客运班车。目前每30至40分钟发一个班次,每天22个往返,每趟运营时间约为100分钟,全程票价为18元。

9. 数字化城市信息处置中心:于2010年9月投入运行。该中心应用计算机网络、无线通信等现代信息技术,实时掌握城市道路交通、市政公用、市容环卫、园林绿化等方面的情况,中心根据情况及时指派相关单位和人员进行处理并反馈,实现城市管理问题发现、处置和监督相分离。

10. 叶浅予中学:校区位于县委党校北侧,占地55亩,建筑面积2.7万平方米。由原桐庐中学教育集团桐江中学更名而来。

11. 方家洲遗址:位于桐庐县瑶琳镇方家洲,经考古发掘认定为良渚文化时期的石器加工场,对研究新石器时代文化具有重要价值。

12. 国家基本药物制度:是对基本药物目录制定、生产供应、采购配送、合理使用、价格管理、支付报销、质量监管、监测评价等实施有效管理的制度。目的是改善药品供应保障体系,保障人民群众的安全用药。

13. 一网五库:即综合应急管理组织体系网和应急管理政策法规库、应急预案库、应急物资储备和避险场所库、应急救援队伍库、典型案例库。

14. 三个置换:即以土地承包经营权置换城镇社会保障、以农村宅基地和农民住房置换城镇产权住房、以集体资产所有权置换股份合作社股权。

15. 三个集中:即以实施土地综合整治等为抓手,推进工业向园区集中、居住向社区集中、农业向规模经营集中。

16. 三个转变:即生活方式从农民向市民转变、就业方式从一产向二三产转变、空间形态从农村村庄向城镇社区转变。

17. 六位一体：即低碳经济、低碳建筑、低碳生活、低碳环境、低碳交通、低碳社会一体化。

18. “3＋1”：“3”即现代农业、现代工业、现代服务业，“1”即文化创意产业。

19. 国家级生态文明示范区：即在国家级生态县基础上，以更高要求的“经济发达、生活富裕、环境优美、社会和谐、行为文明”为基本目标，创新体制机制，探索生态文明建设新模式的全国典型示范县市。

20. “805”：即培养80家亿元企业、5家十亿元企业。

21. “4321”战略计划：即加快针织、服装、制笔、皮革等四大传统产业升级改造，提升发电设备、生物医药和有色金属等三大优势产业，培育新能源和新材料两大产业，坚决淘汰落后产业。

22. 美丽乡村：是浙江省新时期推进新农村建设的特色载体。旨在通过农村生态人居体系、环境体系、经济体系和文化体系建设，把村庄建设成为科学规划布局美、村容整洁环境美、创业增收生活美、乡风文明素质美的新农村。

23. “一城、二带、三板块”：即以县城作为旅游空间布局的中心和旅游发展中枢，以富春江、分水江为旅游发展的交通和景观带，形成富春江板块、瑶琳板块、分水板块。

24. 一站式旅游服务中心：即融旅游咨询、投诉、地方特色产品展示展销于一体的旅游服务中心。

25. 农超对接：即通过农商联手，引导农副（特）产品加工主体向超市等零售终端直接配送货物。

26. “两场三点”：即星级屠宰场2家（桐君街道、分水镇），小型屠宰点3家（合村、江南、莪山）。

27. 大学生创业平台：即在办公场地、贷款、服务等方面给予政策扶持，构建大学生创业、就业基地。

28. 农民集聚工程：即按照政府主导、政策引导、农民自愿的原则，以吸引部分农民到城镇居住为主要功能的住宅小区项目。

29. 110社会联动工作机制：即依托110报警指挥平台，对群众报警事项，通过部门联动协作进行处置的工作机制。

30. 村级居家养老服务站（点）：即向农村居家老人提供生活照料、精神慰藉、健康保健、文化娱乐等服务的场所。

31. 个人房产信息系统：即对个人和家庭成员拥有房屋情况的查询系统。

中国人民政治协商会议
桐庐县第七届委员会常务委员会工作报告

——在政协桐庐县第七届委员会第五次会议上

政协桐庐县第七届委员会主席　竺泉海

(2011 年 1 月 15 日)

各位委员、同志们：

我代表政协桐庐县第七届委员会常务委员会，向大会报告工作，请予审议，并请列席会议的同志提出意见。

一、2010 年工作回顾

2010 年，在中共桐庐县委的领导下，县政协常委会坚持以科学发展观为统领，依靠全体委员，团结各界人士，以“致力发展、关注民生、促进和谐”为主线，牢牢把握团结和民主两大主题，围绕中心，服务大局，真情履职，开拓创新，较好地完成了县政协七届四次会议确定的各项任务，为推动我县民主政治建设和人民政协事业发展，推进“潇洒桐庐”建设作出了积极贡献。

(一) 贯彻精神，探索机制，政协工作迈上新台阶

一年来，常委会深入贯彻落实省、市委政协工作会议和中共桐庐县委《关于进一步加强人民政协工作的意见》精神，加强宣传，注重学习，深入研究，开拓创新，勇于实践，着力推动我县政协工作再上新台阶。

积极推动会议精神和文件规定的落实。常委会结合深入学习贯彻胡锦涛总书记在庆祝人民政协成立 60 周年大会上的重要讲话精神，通过务虚研讨、专题辅导、委组活动、报刊网络宣传等形式，认真组织传达学习、讨论交流和宣传造势，进一步增强政协工作创新发展的意识和信心。县委党校把两个中央 5 号文件和省市委有关加强政协工作文件精神纳入全县干部主体班培训和学习计划，作为干部培训的必学内容，并在新提拔县管领导干部培训班和中青班上作专题辅导。积极协助县委抓好《意见》责任分解和贯彻情况的自查，及时总结经验、分析问题和提出建议，明确了责任主体和工作要求，落实了政协工作机制和保障机制，政协工作得到进一步加强。

继续深化政协工作机制研究。在 2008 年成立课题组开展政协工作机制研究的基础上，建立政治协商、民主监督、参政议政、自身建设等四个工作研究小组。四个工作研究小组在县政协党组和主席会议领导下，根据政协工作面临的新形势、新情况，认真学习思考，结合我县政协工作实际，确定研究方向和课题，深入开展理论和工作实践的研究，积极探求开创政协工作新局面的新思路、新途径和新举措，形成一批有一定理论深度、又具有较强实践指导性的研究成果，其中 8 篇理论研讨文章获省、市政协二、三等奖。经验做法在省政协民主监督工作会议和省政协主席读书会上作为实践典型，得到省、市政协的肯定。

切实推进制度建设和实践创新。把履行政协职能、增强履职实效的要求落实到制度机制建设中，探索完善职能履行和服务保障机制。县委先后出台《关于届期内县政协委员调整的实施意见(试行)》、《关于对部门工作开展民主评议的意见》、《关于统一选派政协委员担任部门民主监督员的意见》，进一步激发政

协有效履职的整体活力。按照市委关于政协机构设置的要求，明确委员学习和工作联络委员会工作职责和工作制度。以贯彻落实市委有关政协工作的文件和会议精神为契机，积极探索政协工作向基层延伸，主动协助县委做好乡镇（街道）政协工作委员会建立启动工作。目前，所有乡镇（街道）设立了政协工作委员会，有关负责人也配备到位，今后将作为政协派出机构履行政协职能。这标志着县政协工作向基层延伸迈出实质性一步，开创了桐庐政协工作的新历史。

（二）积极主动，求真务实，政治协商呈现新局面

常委会不断推动协商"三在前"规定的落实，不断拓展协商领域，就全县大政方针、重要事务和热点难点问题，广泛深入地开展协商议政。

积极推进重点协商。围绕桐庐县"十二五"规划建议及纲要编制，常委会通过举行专题情况通报会、委员约谈、课题调研、大会发言等形式，多层面开展协商，提出前瞻性、针对性、建设性的意见和建议，为县委、县政府科学编制"十二五"规划提供参考。县委、县政府专门就文化博览园规划设计方案、乡镇（街道）区划调整等提交县政协进行协商讨论，听取意见。举行县政府与县政协第二次联席会议，县政府领导与县政协领导相互通报工作情况，并就政府工作、政协工作中的有关问题进行协商讨论，更加密切了政协与政府的工作联系，增进了相互沟通、相互理解、相互支持。

精心组织专题协商。常委会议、主席会议先后围绕我县传统块状经济转型升级、农村集体经济发展、保障性住房建设等事关全县经济社会发展的重大事项，积极开展专题协商。在充分听取常委会组成人员和专委会活动小组意见建议后，县委、县政府领导就有关问题进行现场解答并表态，会后形成《建议案》提交县委、县政府。县委、县政府主要领导十分重视政协的意见建议，分别就《建议案》作出批示，要求政府分管领导和有关部门抓好落实，使政协协商成果得到较好地体现，也有力地推进了县委、县政府决策的贯彻落实。

广泛开展对口协商。各专委会加强了与政府职能部门的对口联系，互通信息、互邀参加会议和活动、联合开展调查研究，以委员咨政座谈会、政情通报会、工作研讨会等形式对有关部门的工作进行了协商讨论。在对口协商过程中，专委会活动小组注重协商的质量提升，分别就土地整理开发、城市管理、电力迎峰度夏、发挥工会组织作用、加强组织工作等问题进行沟通协商，并形成书面意见建议。

（三）丰富载体，拓宽渠道，民主监督彰显新作为

常委会坚持寓民主监督于支持、服务之中，积极探索，丰富载体，努力拓宽民主监督渠道，扩大民主监督影响，增强民主监督实效。

深化部门民主评议。经县委批准，县政协去年对县风景旅游局工作开展民主评议活动。按照行业管理、产业发展和乡村旅游分成三个小组，先后召开6个座谈会，通过发放征求意见表、调查问卷、座谈走访等形式，广泛听取宾馆、旅行社、旅游项目、景区景点、特潜行业、乡镇（街道）、部门和离退休干部对县风景旅游局工作的评价和意见、建议，比较翔实地掌握了全县旅游工作的总体情况，形成了三份评议报告和综合评议意见。意见建议贴近我县旅游工作实际，针对旅游发展存在的薄弱环节和人民群众关注的热点问题，在旅游产业定位、品牌宣传、硬件建设、人员培训等方面提出了具体思路，为县委、县政府和旅游职能部门提供了较为全面的参考，达到了宣传旅游、推动旅游的目的。

派驻民主监督小组。召开首次民主监督工作会议，就政协民主监督工作和统一委派政协委员担任部门（单位）民主监督员，进行动员和部署。从政协委员、联谊会会员中优选32名民主监督员，向县人民法院、检察院、经贸局、国土资源局、建设局、水利水电局、教育局、卫生局等8个单位派驻首批民主监督小组。民主监督小组围绕派驻单位职能工作，采取经常性监督与集中监督相结合、一般监督与重点监督相结合、口头监督与书面监督相结合等方式，就闲置土地处理、小农水利建设、城乡卫生一体化、名院合作、城市道路建设、法院执行难、节能减排、校园安全等人民群众普遍关注的问题开展监督，并提出合理化建议，支持和促进了派驻单位工作的开展，取得了初步成效。

推进委员视察活动。坚持把重点视察作为课题来做，视察前组成调研组深入调研。先后就乡镇污水处理、学前教育、森林城市、乡镇综治工作等进行重点视察，组织召开相关层面的座谈会和视察汇报会，集中委员视察调研意见建议，形成视察报告提交县委、县政府。坚持重点视察与一般视察相结合，先后就乡镇（街道）工业经济和招商引资、法院、检察院、公安、税收、人事等工作，以及县城滨江景观工程、杭州潇洒休闲运动公园综合体项目进行视察。各专委会活动小组结合年度工作计划，分别组织政协委员对宗教寺庙安全管理、垃圾收集与焚烧处理、交通建设、数字化城管、中医院改扩建、下轮区块拆迁以及上海桐庐籍快递企业发展等进行了视察，全年开展委组视察活动22次，撰写视察报告9篇，视察监督作用得到体现。

(四)致力发展,关注民生,参政议政取得新实效

一年来,常委会紧紧围绕县委、县政府重大工作部署和群众关注的热点、难点问题,采取多种形式积极建言献策,参政议政取得明显成效。

深入开展课题调研。紧紧围绕县委,县政府关注的中心工作,结合政协自身优势,先后组成5个调研小组,由副主席带队,全面深入地开展调研。面对我县传统块状经济转型升级的压力,先后与有关部门、企业、乡镇进行座谈,组织部分常委和企业委员进行研讨,召开主席会议进行专题协商,在不同层面进行了广泛宣传,营造良好的发展氛围。针对我县村级集体经济较为薄弱的现状,在听取8个乡镇(街道)和80余名村干部意见建议后,提出的大力发展村级物业经济、用好村留用地政策等建议,写进了县委城乡统筹发展意见和“十二五”规划建议中。抓住我县住房保障工作扎实推进的有利时机,就城镇和农村居民住房保障如何重视危旧房改造和提升保障水平,提出了4个方面的问题8条建议,引起了县政府及有关部门的重视。各专委会活动小组结合自身优势,围绕县委县政府中心工作及人民群众关心关注的问题开展调研,积极建言。

扎实推进提案工作。继续实施网上征集提案,完善网上公开查询平台,提案工作的信息化和公开化程度不断提高;加大督办力度,坚持重点提案政府领导领办、主席分工督办、专委会合力督办、组织委员实地视察督办、协调面商督办等多种形式,有力推动了提案办理工作,使委员提案提出的意见建议得到较好落实。七届四次会议以来,各专委会活动小组、各界别委员以提案形式提出意见建议241件,经审查正式立案231件,在各承办单位和全体委员的共同努力下,均在规定时限内办复。

积极反映社情民意。一年来,广大政协委员、政协之友联谊会会员、农工民主党桐庐县总支党员深入群众,广泛收集和报送经济发展和社会民生问题,积极协助党委政府疏通民意渠道、化解基层矛盾。全年共收集社情民意信息123件,编发《社情民意》77件,其中上报杭州市政协5件、直报县委、县政府2件、转发有关部门70件。一些社情民意得到县委、县政府主要领导的关注并作出批示,不少社情民意引起部门的重视并得到落实。

(五)发挥优势,凝心聚力,团结联谊共谱新篇章

一年来,常委会充分发挥政协联系面广、包容性强的特点和优势,创新形式、拓宽领域,凝聚人心、团结力量,广泛开展联络联谊工作,共筑和谐社会。

密切联谊促团结。加强与社会各界人士的联系交往,通过新春茶话会、中秋诗歌吟唱联谊活动等形式,向各界代表人士通报工作情况,听取意见建议,增进沟通与了解。以“界别活动周”为载体,组织界别与党派团体、界别与界别之间的互动交流,重视发挥台属侨胞、少数民族和宗教界人士的作用。密切与省、市政协和兄弟县(市、区)政协的联系,做好各级各地政协来桐考察调研接待工作,主动宣传推介我县良好环境。重视政协之友联谊会开展富有特色的活动,努力为他们开展工作创造条件,充分发挥他们在团结联谊、反映民意、凝聚人心中的作用。支持摄影书画会开展文化艺术交流,进一步繁荣我县文化事业。

文史宣传显特色。举办“委员一事”征文活动,启动《桐庐开发区建设史料》编纂和省、市有关文史协作课题,会同有关部门编纂出版《桐庐富春山水画精品选》、《桐庐古树名木》,为传承和弘扬我县历史文化,推进文化名县建设作出了积极努力。集中力量办好《桐庐政协》内刊和政协网站,不断扩大对外影响。建立与县委宣传部、县级新闻媒体的联席会议制度,邀请省政协《联谊报》、杭州市政协组织策划经验性报道,为宣传桐庐政协、展示桐庐政协风采起到积极作用。

为民服务助发展。按照县委的统一部署,政协领导深入基层联系乡镇、村开展蹲点调研活动,走进重点建设项目帮助协调解决困难。配合杭州市政协做好莪山畲族乡“联乡结村”帮扶工作,帮助争取资金和项目支持。各专委会活动小组结合自身专业优势和特长,积极组织开展慰问孤老、结对助学、扶贫帮困、法律咨询、科技文化卫生“三下乡”等社会公益活动,为推动经济发展和社会和谐作出了积极努力。

(六)立足主体,强化基础,自身建设展现新面貌

常委会把加强自身建设作为做好政协工作的前提,立足于委员主体作用的发挥,着眼于政协机关服务能力的提升,不断夯实政协工作的基础。

注重委员队伍建设管理。组织召开政情通报会和政情交流会,为委员知情明政搭建平台。规范委员管理,明确届期内委员调整规定。发挥委员学习和工作联络委员会作用,坚持委员履职档案台账制度,实施政协全会请假登记,指导片委员联络小组开展活动,支持专委会活动小组加强对委员参加活动的约束管理。继续开展委员走访活动,深化委员约谈,听取委员们对经济社会发展和政协工作的意见建议,激发委员履职的主动性、积极性。各专委会活动小组和片委员联络小组认真组织所属委员开展系列履职活动,

在丰富政协工作内涵、发挥委员主体作用方面作出了积极贡献。广大委员立足岗位作奉献，奋发有为创新业，展示了政协委员的风采。

重视机关综合素质提升。按照县委统一部署和要求，精心组织，深入开展“创先争优”活动。政协机关干部按照实践科学发展的要求，主动承诺，积极践诺，争当“春江先锋”，营造机关干事有为的良好氛围。健全秘书长办公会议制度，强调政治理论学习和工作执行。强化专委会工作职责分工，增强专委会工作活力，切实发挥专委会的组织协调指导作用。进一步加强机关作风建设，推进政协工作项目化，努力提高机关工作效能，提升服务保障水平。

各位委员，县七届政协常委会过去一年所取得的成绩，离不开中共桐庐县委的正确领导和上级政协的有力指导，离不开县人大、县政府及各乡镇（街道）、各部门的大力支持，离不开全体委员和政协各参加单位的通力合作和共同努力。在此，我代表县七届政协常委会，向所有关心、支持政协工作的各位领导和同志们表示衷心的感谢！

在肯定过去一年工作成绩的同时，我们也清醒地看到，对照新形势下党和人民群众的要求，对照社会主义民主政治发展进程，对照广大委员和社会各界的期望，常委会工作中还存在一些不足，比如：政协工作机制探索研究还需进一步深化，履职方式方法还需进一步拓展，政协委员履职能力还需进一步提升，推进政协组织建设还有许多工作要做等等。真诚希望委员们对常委会工作提出意见，常委会将认真研究，并在今后的工作中切实改进。

二、2011年工作任务

2011年，是实施“十二五”规划的开局之年，也是县七届政协的届满之年。在新的一年里，县政协常委会要以邓小平理论和“三个代表”重要思想为指导，全面贯彻落实科学发展观，牢牢把握团结和民主两大主题，按照县委十二届九次全会决策部署，紧紧围绕“加快转型升级、推动统筹发展、实现富民强县”的工作重点，认真履行职能，充分发挥协调关系、汇聚力量、建言献策、服务大局的重要作用，进一步解放思想、勇担使命、奋发有为、积极进取，努力开创政协工作新局面，为促进“潇洒桐庐”科学发展作出新的贡献。根据上述总体要求，重点做好以下五个方面的工作：

（一）以贯彻县委《意见》为抓手，进一步推进政协工作创新发展

县委《关于进一步加强人民政协工作的意见》是政协工作的纲领性文件，贯彻落实好县委《意见》是政协工作的一项重要任务。要总结提升政协工作机制探索研究成果，完善学习研讨与实践推动工作机制，建立日常督查和考评激励制度，形成学习研究团队，推出一批有深度的实践理论，不断推进政协工作创新发展。进一步健全政治协商、民主监督、参政议政办文议事规则，建立和完善政协建言献策、监督议政的落实和反馈制度。认真研究乡镇（街道）政协工作委员会工作运行机制和考评机制，处理好乡镇（街道）政协工作委员会与政协专委会及活动小组、界别小组的关系。

（二）以建言“十二五”科学发展为重点，进一步强化三项职能履行

要按照县委十二届九次全会提出的总体目标，把促进发展作为履行职能第一要务，发挥联系广泛、位置超脱的优势，紧紧围绕事关桐庐“十二五”科学发展的全局性、宏观性、前瞻性的重大问题，充分协商，积极建言。进一步落实和完善重大问题决策“三在前”规定、县政府与县政协联席会议制度、县政协各专门委员会与县直各部门的对口联系制度，探索乡镇（街道）政协工作委员会民主协商新平台，推进全方位协商。

要按照“监督就是支持”的思路，重点选择事关经济社会发展大局和人民群众切身利益等热点、难点问题以及重大项目建设，充分发挥政协专委会活动小组和界别作用，扎实有效地开展民主监督。继续开展对部门工作的民主评议，深入推进统一选派民主监督员工作，积极探索对乡镇一级政

政协桐庐县第七届委员会第五次会议会场

府的民主监督，不断拓展民主监督渠道。

要充分调动广大政协委员参政议政的积极性和能动性，紧扣县委、县政府决策部署，按照做强产业、做优城市、做美环境、做精文化的总体要求，重点围绕推进城乡统筹发展、转变经济发展方式、优化经济发展环境，选准主题，深入调研，开展有组织的参政议政活动，有针对性地提出批评和建议，为党委政府科学执政、民主执政、依法执政提供广泛的民意基础。

（三）以促进社会和谐稳定为己任，进一步营造民主团结氛围

要加强同党派团体和各界人士的沟通交流，为党派团体参政议政搭建平台，充分吸纳社会各界的真知灼见，营造增进理解、和谐议政的合作氛围。要积极协助党和政府做好民族宗教工作，努力增进民族团结和宗教和睦；要坚持以人为本，关注不同阶层利益诉求，共同致力于和谐社会建设。要团结归侨侨眷和海外侨胞，加强同留学人员的联系，支持他们关心、参与祖国现代化建设与和平大业。开展辛亥革命100周年纪念活动，广泛凝聚力量。进一步加强与上级政协的联系，开展政协之间的横向交流，注重学习经验，提高政协工作水平。做好杭州市政协结对帮扶莪山畲族乡联系服务工作。支持政协之友联谊会、摄影书画会根据自身特点开展活动，以增进团结，激发活力。

组织和引导委员运用提案、社情民意等形式，深入基层，广泛听取意见，真实反映群众心声。加强提案督办，坚持党委主要领导阅批重要提案、党政领导领办政协重点提案制度，完善政协主席会议督办重点提案和各承办单位主要领导领办集体提案制度，切实推动民生问题的解决。拓宽反映社情民意信息渠道，加强信息员队伍建设，健全信息网络，提升信息层次。

积极发挥文史资料"存史、资政、团结、育人"的作用，多角度挖掘桐庐历史文化、风土人情，为"潇洒桐庐"品牌增添内涵；组织"庆祝中国共产党建党90周年摄影书画展"，编写《七届政协纪事》，反映政协工作经验，展现委员风采。改进《桐庐政协》刊物和桐庐政协网站，充分体现政协特色，全面反映委员心声，努力成为委员之家。

（四）以提升履职能力为目标，进一步加强政协自身建设

要深入学习领会中共十七届五中全会和县委十二届九次全会精神，努力在武装头脑、指导实践、推动工作上下工夫，切实把广大委员的思想和行动统一到中央和县委决策部署上来，增强围绕中心、服务大局的责任心和使命感。认真落实县政协常委会学习制度，坚持利用专委会活动小组平台强化委员学习，举办政协委员履职经验交流会，组织乡镇(街道)政协工作委员会有关负责人学习培训。

要充分发挥专委会活动小组的作用，指导活动小组有效开展活动，为委员知情问政、认真履职搭建平台。适时召开"委员履职与专委会活动小组作用发挥"专题研讨会，探讨新形势下政协专委会工作新的规律和特点。组织界别活动，改进专委会活动小组年度工作考评办法，开展对乡镇(街道)政协工作委员会工作考核，进一步激发委员履职的能动性。

要以推进办文、办事、办会规范化、制度化、程序化为主要内容，建立健全年度重点工作分解责任制、秘书长办公会议制度、机关工作流程制度等，加强办公室与专委会工作协调，进一步提高工作计划性和执行力。深入开展学习型机关创建活动，进一步落实政协工作力量配备，加大机关干部培养、选拔、使用和交流力度，提高机关综合服务能力，增强机关的整体效率和活力。

（五）以总结七届政协工作经验为契机，进一步实现政协事业继往开来

今年是本届政协任期的最后一年。认真组织、精心谋划、切实做好换届前的各项准备工作，是我们必须肩负的重要责任。政协各参加单位、各专门委员会和广大政协委员，要倍加珍惜难得的共事机会和在过去几年里建立起来的深厚情谊，继续保持良好的精神状态，做到思想上不松懈、工作上不松劲，善始善终地履行好自己所担当的职责。要本着对历史高度负责的精神和实事求是的科学态度，着眼于我县人民政协事业发展的承前启后、继往开来，全面总结本届政协工作经验，深化对政协工作规律的认识，为下届政协工作开展提供借鉴和参考。要围绕政协换届工作的有关问题，开展调查研究，提出建议和设想。要正确处理好换届准备工作与其他工作的关系，合理安排，统筹兼顾，确保全年各项任务圆满完成。

各位委员：回顾几年来我们一起走过的历程，对大家给予常委会工作的热忱支持深表感谢，对我们共同努力取得的工作业绩倍感欣慰。面向未来，我们正站在新的历史起点上，政协事业前程远大、大有可为。让我们在中共桐庐县委的坚强领导下，坚定信心，凝心聚力，和衷共济，扎实工作，为出色完成本届政协的履职任务，为开创政协工作新局面、加快"潇洒桐庐"建设作出新的更大贡献！

【责任编辑　吴爱林】

大事记

·大事记·

1月

4日至5日 中共杭州市委常委、副市长沈坚率市检查考核组一行到桐庐考核2009年度推进惩防体系建设和党风廉政建设责任制落实情况。

6日 浙江省教育厅厅长刘希平一行到桐庐调研浙江树人大学桐庐校区项目相关情况。

7日 中共桐庐县委、县政府召开全县第十次“送温暖献爱心”动员大会。

8日 江南镇杭州天龙油墨公司、杭州威成实业有限公司、江南农贸市场和浙江深澳机械工程有限公司4个项目同时开工。

11日 全县工业经济招商引资工作督查暨“开门红”动员会召开。

12日 中共桐庐县委、县政府召开2010年春节老干部团拜会暨形势通报会。

13日上午 桐庐君悦大厦举行开工奠基仪式。

同日下午 在上海桐庐籍人士新春团拜会在上海虹桥迎宾馆召开。

同日 杭州市商贸工作座谈会在桐庐县召开。

14日至15日 张家界市永定区考察团到桐庐县考察。

16日晚 “浙江骄傲——2009年度最具影响力人物”评选颁奖典礼在省人民大会堂举行，桐庐县抗台英雄乡长陈柱平、钟伟良入选。

17日 县经贸局、阿里巴巴(中国)网络技术有限公司培训部和建设银行桐庐支行联合举办阿里巴巴桐庐企业电子商务和网络贷款培训班。

17日至20日 中国人民政治协商会议桐庐县第七届委员会第四次会议召开。

18日至21日 桐庐县第十四届人民代表大会第四次会议召开。

18日 杭州市副市长何关新一行到合村乡调研“联乡结村”工作。

同日 中共浙江省委宣传部副部长龚吟怡一行到桐庐调研民俗文化。

21日 中共杭州市委副书记王金财一行到百江镇调研“联乡结村”工作。

同日下午 在杭桐庐籍人士新春团拜会在省人民大会堂召开。

同日 中共杭州市委常委、组织部长于跃敏一行到桐庐调研。

25日 在京桐庐籍人士新春团拜会在北京励骏酒店召开。

同日 农工民主党桐庐县总支举行新年恳谈会。

26日 杭州市副市长俞志宏一行到桐庐调研城市规划建设。

28日上午 中共杭州市委常委、秘书长许勤华一行到新合乡调研“联乡结村”工作。

同日下午 中共桐庐县委召开常委会反腐倡廉专题民主生活会议，中共杭州市委常委、秘书长许勤华参加会议。

31日 桐庐县召开“十二五”规划研讨会。

同月上旬 县档案局开始对档案卷宗进行电子扫描，桐庐县“数字档案馆”建设进入实质性阶段。

同月 桐庐县第一笔林权抵押贷款资金发放，横村镇胜峰村毛竹承包大户李小红以林权抵押贷款50万元，贷款期限3年。

同月 2009年度“县级人民满意基层站所”评选揭晓，县工商分局横村(瑶琳)工商所；县国税局稽查局；县烟草专卖局江北专卖管理所；县地税局横村税务分局；县国土局桐君管理所；县公安局江南派出所；05、16省道横村收费站；县旅游局质量监督所；县博物馆；县供电局凤川供电营业所当选。

2月

1日 全县公安工作会议召开。

同日 桐庐县首届农产品展览会闭幕，3天的展览会销售193.57万元。

4日 桐庐、富阳共建和谐县(市)联席会议在桐庐召开。

同日下午 中共桐庐县委、县政府召开2009年度推进惩防体系建设和党风廉政建设责任制检查考核情况反馈会议。

9日上午 中共杭州市委常委、秘书长许勤华一行到桐庐走访慰问困难群众。

同日下午 桐庐县开展2010年春节慰问驻桐部队及重点优抚对象活动。

10日 浙江工商大学领导到桐庐县调研。

11日上午 浙江省政府副秘书长、办公厅主任俞仲达一行到桐庐调研农家乐生活污水处理工作。

同日下午 杭州市副市长张建庭一行到桐庐慰问少数民族困难户。

12日 2010年桐庐县春节困难群众代表座谈会召开。

21日上午 全县干部大会召开。

同日下午 全县组织、宣传思想和统战工作会议召开。

24日 全县农村工作会议召开。

同日 桐庐籍民间剪纸艺术家胡家芝被授予"浙江省非物质文化遗产项目(剪纸)荣誉传承人"。

同日 杭州银行桐庐分行分水支行正式营业。

25日 中共杭州市委常委、宣传部长翁卫军一行到桐庐调研农村精神文明建设。

同日 首届桐庐籍大学生就业实习招聘会举行。

同月 桐庐县农村土地承包仲裁工作获国家农业部通报表彰。

同月 桐庐县出台公务员转任办法。

3月

1日 桐庐县2名高层次人才申请的住房补贴通过首批审核,每人得到住房补贴5万元。

2日 杭州市人大常委会主任王国平一行到桐庐调研学前教育工作。

4日下午 浙江省司法厅副厅长陈志忠一行到桐君街道君山村检查考核"民主法治村(社区)"创建工作。

同日 杭州市副市长何关新一行到江南镇石阜村沈家山市长绿化点植树。

7日 县政府与县政协召开第二次联席会议。

8日 桐庐县举办庆祝"三八"国际劳动妇女节100周年暨"国土资源杯"激情飞扬千人歌咏大赛。

9日 杭州市农村生活污水和农家乐污水治理现场会在桐庐召开,中共杭州市委副书记王金财、副市长张建庭出席。

10日 中共桐庐县委、县政府召开全县"清洁桐庐"、"国卫"复评工作年度总结表彰暨省级示范文明县城创建工作动员大会,并命名第一批县级"最清洁村"。

11日 全县武装工作会议召开。

12日上午 全县政法(综治)和信访工作会议召开。

13日 全县工业经济暨招商引资大会召开,县委、县政府以4800万元奖励2009年度开展传统产业先进设备技改的企业。

17日 中共浙江省委宣传部副部长胡坚一行到桐庐调研学习型党组织建设。

同日下午 桐庐县茶文化研究会成立。中国国际茶文化研究会副会长徐鸿道,杭州市茶文化研究会会长虞荣仁出席成立大会。

18日上午 中共杭州市委常委、组织部部长于跃敏一行到桐庐调研大学生村官创业情况。

同日下午 全县人口、计生、国土资源、环境保护会议召开。

20日 杭州桐庐第二届山花节在横村镇阳山畈开幕。浙江省政协主席周国富,省政协副主席陈艳华、黄旭明,杭州市政协主席孙忠焕,中国美协中国画艺委会秘书长孙克,省委副秘书长、省农办主任夏阿国,省政府副秘书长张水堂,省林业厅副厅长杨幼平,杭州市副市长张建庭出席开幕式。

22日上午 浙江省政府法制办主任孙志丹一行到桐庐调研依法行政工作。

同日下午 浙江省人口计生委主任章文彪一行到桐庐调研指导人口计生工作。

23日 浙江省科技厅厅长蒋泰维一行到桐庐调研。

同日下午2时 桐庐籍剪纸艺术大师胡家芝在南京辞世,享年114岁。

同日 桐庐县举办首届退伍军人专场招聘会。

24日 中共浙江省委常委、杭州市委书记黄坤明一行到桐庐调研经济社会发展情况。

同日 中共浙江省委组织部副部长姚志文一行到桐庐调研基层党员干部现代远程教育管理和学用工作及大学生村官创业工作。

同日 余姚市党政代表团到桐庐考察经济发展情况。

29日 浙江省发改委副主任姚作汀一行到桐庐调研沿江大道建设。

31日 共青团桐庐县委号召广大团员青年和师生踊跃捐款,并与金麦郎饮品公司一起捐赠12万瓶纯净水，送往贵州兴义市白碗窑镇和乌沙镇，支援西南地区抗旱。

同日 县社会福利中心改建工程开工建设。

同月 富春江镇成为全县首个信用乡镇。

4月

2日 全县集体林权制度改革暨森林消防工作会议召开。

同日 英雄乡长陈柱平、钟伟良先进事迹陈列馆在新合金萧支队纪念馆开馆。

6日上午 杭州市政协主席孙忠焕宣布莪山畲族乡民俗文化中心开工。

同日 由50余名杭州市市级老领导组成的考察团到桐庐县瑶琳、横村等地考察新农村建设。

7日 浙江省环保厅厅长徐震一行到桐庐调研生态县建设及农村生活污水治理情况。

同日 杭州市政协主席孙忠焕一行到莪山畲族乡调研“联乡结村”帮扶工作。

8日 浙江省军区副司令员徐金才一行到桐庐县调研后备力量建设。

9日 福建省龙岩市党政代表团到桐庐考察县城规划和城镇规划。

同日 桐庐县启动“低炭家庭·时尚生活”主题活动。

12日 桐庐县在上海举行桐庐(上海)迎春商务区招商推介会，中共杭州市委常委、副市长沈坚出席。

13日 大奇山国家森林公园总体规划通过省林业厅、国家林业局华东林业调查设计院等专家评审。

15日上午 全县防汛工作会议召开。

同日下午 全县上海世博会“环沪护城河”安保工作启动。

16日至18日 莪山畲族乡举行首届“三月三”畲乡文化节。

17日 以桐庐县“抗台英雄”陈柱平、钟伟良为蓝本的电影《芦茨湾的呼唤》在杭州举行首映式，尔后在全省上映。

21日 桐庐县举行社会各界向青海玉树灾区献爱心捐款启动仪式。

22日 由82家媒体为迎接上海世博会而发起的“浙江最具人气门户论坛”评选揭晓，桐庐新闻网“君山论坛”以2277票获第三名。

27日 全县农村住房改造建设暨重点民生工程推进动员大会召开。

28日 “雪水云绿”证明商标使用启动仪式暨第五届“雪水云绿”敬老茶会举行。

30日 桐庐县举行银政、银企合作恳谈会，现场签约资金12.06亿元。

同月末 桐庐县新当选的全国劳模王玉来到京参加全国劳模和先进工作者表彰大会。

同月 由浙江桐庐汇丰生物化工有限公司申报的2009年绿色农用生物产品高技术产业化专项项目——年产6000吨多粘类芽孢杆菌微生物农药高技术产业化示范工程，列入国家高技术产业发展项目计划及国家资金补助计划，获国家补助资金800万元。为桐庐县首例。

同月 桐庐诸家粮油专业合作社成立，并开土地承包经营权作为出资入股先河。

同月 县城瑶琳路拓宽改造工程动工。

5月

6日 全国政协原副主席张怀西一行到桐庐县调研农村生活污水治理工作。

同日 杭州市人大常委会副主任陈重华一行到桐庐县调研乡村卫生一体化工作。

同日 东芝水电设备(杭州)有限公司与中国南方电网有限责任公司调峰调频发电公司签订清远抽水蓄能电站4台320兆瓦蓄能机组采购项目合同。

7日 桐庐县第五届“汇丰生化”外来创业青年公益集体婚礼活动举行。

同日 杭州市副市长何关新一行到桐庐县调研特色风情村建设。

7日至8日 中共桐庐县委、县政府在浙江世贸国际展览中心举行桐庐商务楼宇大型推介展示暨迎春商务区招商推介会。

10日 分水镇大路村农机大户陈早德被列为全国农机大户示范点，成为桐庐县第一个、浙江省9个国家级农机大户之一。

13日至15日 2010西安国际烘焙、咖啡展览会暨浙江绿茶博览会在西安曲江国际会展中心举行，桐庐县雪水云绿茶产业协会选送的“雪水云绿”茶获金奖。

15日 中国纺织工业协会副秘书长杨峻一行到桐庐调研针纺产业发展情况。

18日上午 桐庐县第一所乡镇托老服务中心在江南镇荻浦村成立。

25日 桐庐合村民俗文化旅游区成为浙江省首批非物质文化遗产旅游景点。

同日 浙江省桐庐技术人才兰州培训基地在甘

肃省兰州园艺学校举行揭牌仪式。

同日 桐庐县召开军地双方防汛形势交流会。

27日 ’2010杭州桐庐投资环境暨县城商务区推介会在温州举行。

28日 桐庐县科技工作大会召开。

30日 安徽省肥西县党政代表团到桐庐考察。

同月 在第五届“天眼杯”中国国际少年儿童漫画大赛上,桐庐县青少年活动中心选送的作品获1银2铜7优秀。

同月 桐庐县粮食市场发展有限公司成立。

同月 县城滨江区块拆迁改造的大联、中杭、上杭3个滨江安置小区通过验收并正式交付使用。

6月

1日 江西省吉安县党政代表团到桐庐考察。

2日 县财政局、经贸局与7家销售网点签订家电下乡直补协议,从即日起,凡全省农户凭户口簿和身份证购买家电下乡产品,当场享受“即买即补”。

7日 由浙江省人大常委会副主任王永明带队的执法检查组对桐庐县贯彻实施水污染防治“一法一条例”情况进行执法检查。

同日 浙江省军区司令员傅怡少将一行到桐庐县检查民兵整组工作情况,中共杭州市委常委、警备区司令员李大清,参谋长张刚陪同。

同日 百岁老人胡家芝遗物捐赠仪式在桐庐县博物馆举行。

8日至15日 桐庐县旅游局首次到台湾推介《富春山居图》实景游。

9日 广西桂林市秀峰区、临桂县组织部领导到桐庐考察基层党建和远程教育及干部教育培训工作。

10日至12日 环保部生态司副司长李远带队技术核查组,对桐庐县创建生态建设示范区暨国家级生态县建设工作进行技术核查。12日,桐庐县通过创建国家级生态县技术评估验收。

11日 杭州桐庐洪风公司技术产品被评为“上海世博会联合国馆高新技术产品”。

同日 中共杭州市委常委、副市长沈坚一行到桐庐县调研行业研发技术中心发展情况。

12日 浙江省军区参谋长高幼苏一行到桐庐调研武装工作,中共杭州市委常委、警备区司令员李大清陪同。

13日上午 中共杭州市委副书记王金财一行到桐庐调研“风情小镇”创建和古建筑保护工作。

18日 桐君街道“工业经济百日行动”——“春江扬帆”中小企业信托贷款基金首发仪式举行。

25日 浙江省国土资源厅党组书记、厅长楼小东一行到桐庐调研国土资源工作。

28日 中共桐庐县委召开建党89周年纪念表彰大会。

同日 中共桐庐县县委书记戚哮虎与浙江富春江水电设备股份有限公司董事长孙毅、力高股份有限公司董事长陈小军在杭州网演播室,围绕“发挥桐庐特色,构建潇洒桐庐”这一主题,与杭州市网友在线互动交流。

30日晚 经济转型发展与现代城市管理中欧论坛暨中国(长三角)“世博之星”展评颁奖典礼在上海世博园中国民营企业联合馆举行。桐庐经济开发区获“世博之星——中国(长三角)最具投资潜力开发区”。

同月 桐庐县全面启动河道清理工作。该工作涉及7个乡镇、库管委的河道351条(段),总长606.5公里。

同月 桐庐县举行“六·五”世界环境日宣传活动,开展百场环保电影下基层巡映活动。并与富阳市联合发出环保倡议,6月5日第39个世界环境日在富春江畔共同开展“少开一天车、熄灯一小时”活动。

同月 桐庐县启动第三轮参合农民健康体检工作,为连续两年参加新型农村合作医疗的参保对象免费健康体检。

同月 桐庐足浴行业协会成立,30家足浴企业成为首批会员。

同月 县城公交车统一安装“GPS智能语音报站器”。

7月

1日上午 桐庐县徐七线(横村至钟山段)改建工程开工。

同日 杭州市副市长何关新一行到桐庐调研联乡结村、休闲观光农业、设施农业等工作。

同日 浙江省残联副理事长陈玉国到桐庐调研残疾人事业发展情况。

5日 浙江省公安厅副厅长、中共杭州市委常委、杭州市公安局局长柯良栋一行到桐庐调研基层派出所设施建设及基层民警工作。

7日 浙江省军区后勤部副部长姜长超一行到桐庐调研武装工作。

8日 中共杭州市委常委、秘书长许勤华一行到新合乡调研“联乡结村”工作。

同日 桐庐县召开《县森林城市建设总体规划》评审会，邀请省、市有关专家对规划进行评审。

12日下午 中共杭州市委副书记王金财一行到百江镇调研“联乡结村”工作。

14日 全国政协教科文卫体委员会副主任江绍高一行到桐庐调研制笔行业核心技术及关键部件国产化问题。

15日 浙江省政府正式批准桐庐县瑶琳镇东琳村吴家自然村村民吴荣标为革命烈士。2009年4月13日上午9时15分，在衢州市衢江区沈家大桥改修工程施工的吴荣标，为抢救落水工友牺牲，时年48岁。

16日 浙江树人大学党委书记毛雪非一行到桐庐视察浙江树人大学桐庐校区建设情况。

19日 中共桐庐县委十二届八次全会暨县政府十四届八次全体(扩大)会议在县政府会议中心召开。

同日下午 浙江省水利厅副厅长虞洁夫一行到桐庐就防汛救灾、山塘水库除险加固及农民安全饮水工程进行检查指导。

20日 杭州桐庐第二届山花节闭幕式暨钟山蜜梨开摘仪式在钟山乡大市村举行。

21日上午 杭州市副市长何关新一行到桐庐调研粮食生产功能区保护体制机制建设。

同日下午 浙江省供销社党委书记、主任史济锡一行到桐庐调研供销社工作。

24日 中共浙江省委常委、省军区政委林凯俊一行到桐庐检查武装工作。

27日至28日 戚哮虎、陈国妹、徐小林、游宏等县四套班子领导分组走访慰问驻桐部队。

29日 全县半年度工业经济招商引资督察会召开。

30日 浙江省省直机关党工委副书记张小勇一行到桐庐调研创先争优。

同日 临安市考察团到桐庐考察县城滨江商住综合体建设。

同月 县城中心广场改造工程开始施工。

同月 桐庐县城第一期经济适用住房和第一期公共租赁房(人才公寓)分配入住。

同月 历时2个月的桐庐县社区组织换届工作结束。选举产生社区“两委”干部102名。

同月 县城春江路、白云源路改造工程动工。

同月 分水制笔业的“五云山”集体商标，经国家工商行政管理总局商标局正式核准注册。

8月

1日 桐庐县启动国库集中支付制度改革扩面，在前期6家单位试点的基础上，正式将24家进入会计结算中心的行政单位纳入国库集中支付行列。

2日 杭州市副市长陈小平一行到桐庐调研国家基本药物制度试点工作。

3日 桐庐县在宁波举行投资环境暨商务区推介会。

4日 江苏省高淳县党政代表团到桐庐考察城市规划建设及乡村旅游发展。

5日 中共杭州市委副书记王金财，副市长何关新、俞志宏一行到桐庐农村住房改造建设工作现场点。

6日 云南省新平县考察团到桐庐考察项目服务及招商引资工作。

10日 参加中共杭州市委工作会议的人员到桐庐县考察城乡区域统筹发展情况。

11日晚 2010年361°中国乒乓球俱乐部超级联赛桐庐赛区比赛在县体育馆举行。

17日 杭州市人大常委会副主任项勤一行到桐庐浙富水电公司调研。

同日 浙江省民政厅副厅长、省移民办主任廖卷清一行到桐庐调研移民工作。

24日 杭州市副市长何关新一行到桐庐检查肖岭水库、剪一水库除险加固情况。

25日 杭州市爱卫办带领督察组到桐庐督察国家卫生县城巩固情况。

27日 全县现代农业发展大会召开。

28日 位于桐庐经济开发区的杭萧钢构股份有限公司正式投产。

31日 桐庐县举行向甘肃舟曲灾区捐款献爱心仪式。

同日 桐庐县契税征收入库突破亿元，为1.02亿元，比2009年同期增长114.71%。其中土地契税5927.38万元，占比57.63%。

同月 电影《情醉富春江》在桐庐完成拍摄工作，该片是一部体现亲情、爱心、和谐的老年题材家庭伦理电影，桐庐为主要外景拍摄地。

同月 桐庐选手吴烨彬在第十一届全国少年儿童故事大王选拔展示活动总决赛中获特等奖及“最佳小故事大王”称号；桐庐县第一实验小学学生张城睿获第七届“星星火炬”中国青少年艺术英才推选活动全国总决赛舞蹈专业小学A组金奖。县富春堂艺术学校张云芳获第九届中国少年儿童歌曲卡拉OK电视大赛全国总决赛少年B组第一名。

同月 桐庐县首届跆拳道比赛举行。

同月 桐庐县“十佳人才”、“十佳爱才重才单位”评选活动启动。

同月 桐庐县设立农村历史建筑修缮保护专项资金，保护农村历史古建筑。

9月

3日上午 全县农村住房改造建设现场会召开。

7日 陕西省柞水县考察团到桐庐考察县城建设。

8至9日 县领导分组走访慰问部分教师。

10日上午 桐庐县创建充分就业县和创业型县动员会召开。

16日 桐庐县数字化城市信息处置中心启用。

18日 ’2010富春江水上CS国际邀请赛在桐庐富春江景区开赛。

19日 桐庐县创建浙江省森林城市工作领导小组办公室举行“创建浙江省森林城市”签名活动。

20日 桐庐县首个社区矫正警示基地在县看守所成立。

21日 桐君街道大学生创业基金启动并首次向邢丽英和何鑫辉2名大学生发放创业基金8万元。

25至26日 农业部老科技工作者协会到桐庐调研农村环境整治工作。

26日 桐庐县投资环境暨商务区（台商）推荐会在萧山举行。

28日 桐庐县举行县公安局侦破“12·08”跨境恶势力赌博团伙案专案组荣立集体一等功庆功授奖仪式。

28日至30日 浙江省第二届渔业博览会在绍兴县柯桥举行，桐庐县瑶琳水产养殖有限公司“瑶池”龟鳖获博览会金奖，桐庐窄溪蟹业专业合作社“窄溪”河蟹获优质产品奖。

30日下午 桐庐县综合应急救援大队成立。

同月 桐庐县首个乡镇气象工作站——旧县街道气象工作站挂牌。

同月 桐庐南方水泥有限公司列浙江省工业循环经济百家示范企业名单。

同月 首个以民警姓名命名的“石亚明警务工作室”在瑶琳镇挂牌。

10月

8日 “万名医师支援农村卫生”惠民工程启动仪式在桐庐县第二人民医院举行，杭州市第三人民医院将选派专家常年驻扎县第二人民医院，重点扶持该院皮肤科、肛肠科、泌尿科等医疗发展。

9日 由浙江省军区副政委蓝荣崇带队的省维护国防利益法律保障工作检查组到桐庐检查涉军维权工作，杭州警备区政委陈必凯陪同。

11日 桐庐县举行庆祝纪念农工民主党成立80周年系列活动启动仪式。

12日上午 中共桐庐县委、县政府召开创建省级示范文明县城工作汇报会。

同日 浙江省民政厅副厅长、老龄办主任苏长聪到桐庐调研农村为老服务工作和“银龄互助”活动情况。

13日 日本岐阜市农林部佐藤文胜、中岛一雄和山田英儿3位农业专家到桐庐考察农业生产机械化应用情况，并与县农机部门、农机专业合作社相关人员座谈。

15日上午 中共杭州市委常委、组织部长于跃敏一行到桐庐调研经济社会发展情况。

19日 桐庐籍作家陆春祥以杂文集《病了的字母》获第五届鲁迅文学奖散文杂文类大奖。

20日 全县人才工作会议召开。

同日 中国快递协会正式授予桐庐县“中国民营快递之乡”称号。

21日 杭州市政协副主席张鸿建带领督察组到桐庐县督查贯彻落实杭州市政协工作会议和中共杭州市委《关于进一步加强人民政协工作的意见》和市委办公厅《关于对〈中共杭州市委关于进一步加强人民政协工作的意见〉进行责任分解的通知》“两个文件”精神情况。

22日 浙江树人大学桐庐校区建设指挥部挂牌，浙江树人大学党委书记毛雪非、执行校长郑吉昌出席挂牌仪式。

23日 中央党校省部级领导进修班学员到桐庐县考察调研，浙江省民政厅厅长吴桂英陪同。

26日 由中共桐庐县委、县政府与浙江省美术家协会联合主办的“梦圆桐庐·春华秋实”——浙江中国画名家邀请展和施胜辰先生捐赠画展开幕式在桐庐县叶浅予艺术馆举行。

同日 中共杭州市委常委、秘书长许勤华一行到桐庐调研创先争优工作。

同日 杭州供销农信担保有限公司桐庐分公司挂牌成立。

28日 来自美国、日本、英国、法国、加拿大等国的10家海外华文媒体采访团到桐庐县采访经济社会发展情况。

同月 桐庐县首个基层质量监督站(所)——分水质量监督所在分水镇东溪工业功能区成立。

同月 桐庐县医疗纠纷人民调解委员会成立。

同月 桐庐县第四次“千家企业评百个机关涉企中层岗位”活动评选结果揭晓,县经贸局资源节约和综合利用科、县行政服务中心经贸窗口分获社会评议执法类和服务类综合得分第一位。

同月 桐庐县举行“十佳导游之星”评选活动。

同月 桐庐县第38届中小学生田径运动会举行。

11月

1日 旧县街道旧县村四联育秧中心通过杭州市验收,成为桐庐县第一个育秧中心。

3日 丽水市云和县党政考察团到桐庐考察城市建设工作。

4日 国际高层次人才考察团到桐庐考察投资环境。

同日上午 “中国动漫万里行”走进杭州桐庐暨“潇洒桐庐”首届文化创意节开幕。

同日 浙江省政协党组副书记、常务副主席、浙江树人大学董事长斯鑫良一行到桐庐县指导浙江树人大学桐庐校区建设工作。

5日 为期4天的桐庐县第八届房地产展示交易会在县城体育中心开幕,21家房地产企业的24个楼盘参展。

8日 中共浙江省委常委、杭州市委书记黄坤明,杭州市委副书记、代市长邵占维一行到桐庐县调研“三江两岸”生态景观概念规划。

9日 全县统筹城乡发展工作推进会召开。

15日 上海世博会安全保卫工作结束。7个月中,桐庐县安检班车900多班次、旅客26000多人次;查获瓶装液化气、油漆等危险品97件,各类刀具等违禁品32件。

18日至20日上午 在广州亚运会女子1000米、500米和250米直道竞速龙舟赛中,桐庐籍选手吴永芳和队友包揽该项目金牌。吴永芳成为桐庐县首夺亚运三金的选手,创造桐庐体育运动的历史。

21日8时许 一辆载有31名司乘人员的上海旅游团大巴车,在23省道桐庐段渡济隧道路口发生侧翻,造成3人死亡、多人受伤。

24日 杭州市拱墅区、滨江区与桐庐县区县协作工作第一次联席会议在桐庐县政府会议中心召开。

同日 杭州市副市长何关新一行到合村乡调研“联乡结村”工作。

25日 杭州市“勤政廉政好公仆”先进事迹巡回报告会在桐庐县举行。

同日 杭州市人大常委会副主任于辉达一行到桐庐县调研人大工作。

26日 桐庐至杭州城际公交通车。该城际公交采取点对点直达客运方式,全程87公里,每天44个班次,运营时间约100分钟,票价18元。

28日 中国农业银行桐庐县支行入驻县城迎春商务区,成为桐庐县第一家入驻该商务区的银行。

29日 由中国艺术文化普及促进会、浙江工业大学之江学院、桐庐县政府主办的“笔墨意象”2010年中国画名家桐庐邀请展暨桐庐黄公望画院授牌仪式在叶浅予艺术馆举行。

同月 桐庐县城荇塘坞区块拆迁工作完成。

同月 《农民日报》、中央人民广播电台、中央电视台、《中国青年报》等驻浙媒体聚焦桐庐,关注桐庐县农村生活污水治理整村推进和农家乐污水治理工作。

同月 桐庐县出台《桐庐县殡葬基本服务项目免费办法》,从2011年1月1日起,免除遗体接运、殡仪馆内遗体冷藏(3天以内)、遗体火化及骨灰寄存(限木质骨灰盒,存放期限1年以内)的费用。

12月

2日 桐庐县与浙江工商大学举行合作办学意向签约仪式。

5日至6日 中华全国总工会集体合同部部长张建国一行到桐庐考察。

6日至7日 中共桐庐县委、县政府组织县四套班子领导和乡镇(街道)、有关部门及企业主要负责人到诸暨市、嵊州市、临海市考察学习工业经济发展和新农村建设的做法和经验。

9日 中共杭州市委副书记王金财、杭州市副市长何关新一行到桐庐县调研城乡区域统筹发展工作。

10日 由浙江省政协副主席陈艳华、省林业厅厅长楼国华带队的考核组到桐庐考核验收省级森林城市创建工作。

13日 中共桐庐县委召开全县领导干部大会。

17日 桐庐县天然气利用工程举行通气点火仪式。

18日至19日 国务院参事、全国政协常委任玉岭到桐庐调研民营企业科技创新和专利保护工作。

20日 浙江省人口计生委主任章文彪、杭州市副市长陈小平一行到桐庐考核2010年度人口和计生目标管理责任制工作。

21日下午 桐庐县召开县委全委(扩大)会议,对竞争性选拔县管正职领导干部进行第二轮票决。

22日 中共杭州市委常委、副市长沈坚一行到桐庐县调研块状特色产业集群发展和交通重点项目建设情况。

24日 中共杭州市委常委、宣传部长翁卫军一行到桐庐县调研基层宣传思想文化队伍建设情况。

同日 县城集聚工程春江景苑项目(一期)开工。该项目位于龙潭安置小区西侧,用地3.63公顷,规划建设15幢公寓房,建筑面积85176平方米,安置农户497户,预计2012年10月底前建成交付使用。

27日 中共桐庐县委十二届九次全会暨县政府十四届九次全体(扩大)会议在县政府会议中心召开。

同日 中共桐庐县委召开"一报告两评议"会议。

28日上午 县文化博览园举行开工典礼。该园位于320国道与迎春南路交叉口东南侧,与即将建设的浙江树人大学桐庐校区和在建的东方文化园相邻。

同日上午 桐庐县客运中心竣工并启用。

同日下午 全县"送温暖献爱心"10周年暨第十一次"送温暖献爱心"动员大会召开。

31日 中共桐庐县委召开2010年度全县乡镇、部门党(工)委书记履行党建工作责任制情况专项述职会议。

同月 在广州举行的亚洲残疾人运动会上,桐庐籍选手郑雄鹰同队友一道,在女子坐式排球比赛中以3∶1战胜日本队夺得冠军;郑泳祺在男子100米蛙泳SB12级决赛中以1分14秒96的成绩夺冠并打破亚洲纪录。

同月 义乌桐庐商会成立。

同月 桐庐县城北老年公寓开工建设。城北老年公寓位于原桐庐卫生进修学校,项目总占地2613平方米,总投资500余万元;设计床位52张,建设工期为6个月。

同月 合村"益乡源"烤薯干获浙江省农博会金奖。

【责任编辑　吴爱林】

总　　述

·地理气候·

【地理位置】 桐庐县位于浙江省西北部，钱塘江中游，介于北纬 29°35′～30°05′和东经 119°10′～119°58′之间；东接诸暨，南连浦江、建德，西邻淳安，东北界富阳，西北依临安。全境东西长约 77 公里，南北宽约 55 公里。总面积 1825 平方公里。

以县城桐君街道为中心，东 20 公里(径距，下同)至牛峰岭界富阳，南 19 公里至羊峤顶界建德，西 39 公里至太阳山界淳安，北 13 公里至陈家山界富阳；东南 27 公里至火烧湾顶界浦江，西南 12 公里至大岩山界建德，东北 16 公里至横山埠界富阳，西北 41 公里至高塘界临安。

【地貌】 桐庐县以丘陵山区为主，平原稀少，属浙西中低山丘陵区。四周群山耸峙，中部为狭小河谷平原，山地与平原间则丘陵错落。富春江由南而北纵贯县境东部，分水江自西北向东南汇入富春江。龙门山主峰牛背脊之观音尖，海拔 1246.5 米，为境内最高峰。在全县土地面积中，山地丘陵占 86.3%，平原、水域占 13.7%。

【气象特征】 桐庐气候属亚热带季风气候，四季分明，日照充足，降水充沛。一年四季光、温、水基本同步增减，配合良好，气候资源丰富。年平均气温 16.5℃；极端最高气温 41.7℃，极端最高气温≥35℃的高温天气年平均 29 天；极端最低气温－9.5℃，极端最低气温≤0℃的冰冻天气年平均 31 天。年平均雨日 161 天。年平均降水量为 1525 毫米，年际间差异较大，1 月～6 月逐月递增，7 月～8 月起逐月递减，3 月～9 月雨量均在 130 毫米以上，最多的 6 月为梅雨期，降水集中，月平均雨量 248 毫米。年平均相对湿度 79%，年际间变化较小，在 76%～81%之间。无霜期 258 天。桐庐每年都会出现灾害性天气，影响比较严重的有：涝、旱、风、雷、雹、雪、冰冻等。

2010 年，桐庐县总的气候特点是：气温继续偏高，起伏较大；降水回归正常，分布不均；日照低位变化，继续偏少。主要气候特征是：2009 年冬 2010 年春气温起伏大，降水异常偏多，暴雪、连阴雨、连续暴雨、低温冰冻历史罕见创记录，非汛期出现汛情。雷暴、冰雹出现早，自 1997 年以来首次出现“倒春寒”天气，回暖日历史最迟。梅雨较为典型，雨量回归正常但各地分布不均，局地出现洪涝灾害。夏季持续高温，时间长强度大；多强对流天气，短时暴雨和雷击事件多发频发；台风活动偏少，影响较弱，未出现灾害。秋季天气正常，但灰霾天气多。初冬出现罕见暴雪和低温冰冻天气，对交通及农林业等造成较大损失。

·建制沿革·

【概况】 桐庐县始建于三国吴黄武四年(公元 225 年)，治所在今桐庐县西 12.5 公里，曾于隋开皇九年(589 年)废桐庐入钱塘县，至仁寿二年(602 年)复置，移治所今桐庐县西 4 公旧县街道。唐武德四年(621 年)析桐庐西北 7 乡置分水县，治所在今桐庐县西北分水镇，同时于桐庐置严州。3 年后废严州及分水县。如意元年(692 年)复置分水，更县名为武盛。神龙元年(705 年)复名分水县。开元二十六年(738 年)移桐庐县于今县治。宝应元年(762 年)析分水西部地置昭德县，治所在今桐庐县西北，大历六年(771 年)废昭德还属分水。天佑三年(906 年)划分水东北 5 乡入临安。1949 年 4 月至 5 月桐庐、分水两县解放，1958 年 11 月废新登、分水两县入桐庐。1960 年 8 月又废富阳入桐庐，并隶属于杭州市。1961 年 12 月复置富阳县，并将原新登县辖地及原分水县贤德公社划归富阳。今桐庐县政区，基本上为原桐庐、分水两县辖地。

·行政区划·

【概况】 2010 年底，桐庐县下辖 2 个街道、7 个镇、4 个乡；186 个行政村；7 个居委会；11 个社区(见表 1)。

表1 2010年桐庐县乡镇(街道)情况

乡镇(街道)	地域面积(平方公里)	行政村数(个)	居委会(个)	社区(个)
桐君街道	160.84	28	1	9
富春江镇	198.93	15	2	2
江南镇	78.2	20	1	
凤川镇	151.93	8		
新合乡	74.21	5		
横村镇	117.64	24	1	
旧县街道	33.5	5		
莪山畲族乡	28.73	7		
钟山乡	107.79	11	1	
分水镇	299.37	26	1	
瑶琳镇	216.62	16		
百江镇	235.03	15		
合村乡	122.24	6		
合计	1825.03	186	7	11

·经济发展·〔注1〕

【经济总量】 初步核算,2010年,全县实现生产总值(GDP)197.86亿元,按可比价格计算,比2009年增长12.7%。其中:第一产业增加值15.88亿元〔注2〕,增长2.8%;第二产业增加值121.50亿元,增长14.0%;第三产业增加值60.48亿元,增长12.8%。全县按户籍人口计算的人均GDP为49269元,分别增长12.2%,按国家公布的2010年平均汇率折算,达7379美元。"十一五"时期,全县生产总值年均增长11.5%,三次产业结构由2005年的10.5∶61.9∶27.6调整为2010年的8.0∶61.4∶30.6。

【财政收支】 2010年完成财政总收入23.3亿元,比2009年增长32.1%,其中地方财政一般预算收入13.08亿元,增长37.6%。税收收入中,增值税9.51亿元,增长22.8%;营业税3.95亿元,增长41.6%;企业所得税3.31亿元,增长28.6%;个人所得税1.83亿元,增长42.2%。全年财政支出17.77亿元,比2009年增长24.5%。其中:教育、科学技术支出4.34亿元,增长26.6%;社会保障和就业支出1.61亿元,增长56.1%;医疗卫生支出1.49亿元,增长21.1%;环境保护支出0.78亿元,增长41.8%;城乡社区事务支出0.89亿元,增长2.7%。

【农业】 2010年,全县完成农林牧渔业总产值23.76亿元,比2009年增长9.6%,"十一五"时期年均增长8.3%。其中,农业产值14.39亿元,林业产值2.08亿元,畜牧业产值5.20亿元,渔业产值1.63亿元,分别比2009年增长13%、9.4%、1.3%和9.0%。全年粮食总产量9.51万吨,比2009年下降6.2%;水产品产量1.31万吨,禽蛋0.58万吨,水果9.77万吨,肉类1.88万吨,分别比2009年增长13.6%、16.6%、1.2%和下降10.5%。

【工业生产】 2010年,全县实现工业增加值108.85亿元,按可比价计算增长13.5%,"十一五"期间年均增长11.6%。实现全部工业销售产值550.07亿元,增长20.1%。其中规模以上工业销售产值369.07亿元,增长24%,"十一五"期间年均增长19.1%。全年规模以上工业实现新产品产值74.99亿元,增长77.7%,新产品产值率由2009年的13.93%提高到20.04%。

【工业效益】 2010年,全县规模以上工业企业实现主营业务收入360.33亿元,比2009年增长27.7%;实现利税43.48亿元,比2009年增长36.2%,其中利润28.08亿元,增长53.3%。工业产品产销衔接良好,全年规模以上工业产品产销率98.63%。

【建筑业】 2010年实现建筑业增加值12.65亿元，按可比价计算增长18.9%，“十一五”期间年均增长14.4%。全县有总承包和专业承包资格的建筑企业45家，完成施工产值27.98亿元，比2009年增长23%；房屋建筑施工面积301.19万平方米，增长16.1%；房屋建筑竣工面积158.52万平方米，增长21.6%。

【固定资产投资】 2010年，全县完成全社会固定资产投资117.29亿元，其中限额(500万元)以上项目固定资产投资100.17亿元，分别比2009年增长33%和35.7%。在限额(500万元)以上项目固定资产投资中，第一产业投资0.39亿元，比2009年增长34%；第二产业投资45.19亿元，增长10.8%；第三产业投资54.59亿元，增长66.6%。“十一五”时期，全社会固定资产累计投资413.09亿元，年均增长17.0%。

【国内贸易】 2010年，全县实现社会消费品零售总额60.87亿元，比2009年增长19%。其中城镇消费品零售额43.54亿元，增长19.1%；乡村消费品零售额17.33亿元，增长18.7%。分行业看，批发业零售额7.11亿元，增长25.6%；零售业零售额46.31亿元，增长16.7%；住宿业零售额0.44亿元，增长10.1%；餐饮业零售额7.01亿元，增长29.6%。“十一五”时期，全县社会消费品零售总额年均增长17.5%。

【对外贸易】 2010年，全县完成外贸进出口总额7.39亿美元，比2009年增长23.1%。其中进口总额0.78亿美元，增长7.5%；出口总额6.61亿美元，增长25.2%。出口总额中，机电产品出口0.88亿美元，增长8.7%。按贸易方式分，一般贸易出口6.01亿美元，比2009年增长25.4%；加工贸易出口0.61亿美元，增长24.1%。出口国别和地区中，对欧盟出口1.99亿美元，增长35.9%；对日本出口0.22亿美元，增长0.6%；对美国出口2.14亿美元，增长24%。“十一五”时期，全县进出口总额累计29.31亿美元，其中出口26.27亿美元，年均分别增长19.4%和17.6%。

【交通运输】 2010年末，境内公路通车里程1671公里，新改建农村联网公路32公里。总里程中县管养里程1639公里。国、省道及县(乡)公路继续得到改善，投资5000万元的320国道桐庐段路面整治工程竣工通车。全年完成农村公路大中修28公里。

2010年11月26日，桐庐至杭州城际公交正式开通

在完成分水、富春江、江南、横村等区域农村客运中巴车公司制改造基础上，2010年11月26日，桐庐至杭州城际公交正式开通，桐庐县投入运力11辆407个座位，每日运营22班次。完成港湾式停靠站建设20个，县长途汽车客运新站完工投入使用。

各项公用事业加快发展。城市公交线路和工具得到进一步完善，年末县城城区公交线路29条，公交营运车113辆，更新公交车15辆，完成旅客运输2140万人次，比2009年增长20.56%。新投放出租车20辆，年末城区拥有出租汽车126辆。机动车辆持续增长，年末全县社会汽车拥有量29811辆，其中私人汽车24018辆，比2009年末分别增长24.7%和28.9%。

【邮电通信】 2010年，全县完成邮政业务收入0.33亿元，比2009年增长16.4%。完成电信业务收入3.78亿元，比2009年增长22.1%。年末，全县电话用户57.49万户，比2009年增长6.4%。其中本地电话用户11.87万户，比2009年下降5.4%，拥有量29.49部/百人；移动电话用户45.62万户，增长9.9%，拥有量113.35部/百人。国际互联网用户5.48万户，比2009年增长12.6%。

【旅游业】 2010年，全县接待入境旅游者5.95万人次，比2009年增长10.8%；接待国内游客539.79万人次，增长15.4%。旅游总收入49.4亿元，增长12.1%，其中景点门票收入7666万元，增长8.1%。

【金融】 金融对经济发展的支持作用增强。2010年末，全县金融机构本外币各项存款余额214.38亿元，比年初增加44.05亿元，增长25.87%。全年金融机构现金收入559.2亿元，增长16.91%；现金支出565.99亿元，增长16.57%。贷款规模进一步扩大。年末全县金融机构本外币各项贷款余额163.12亿元,比年初增加29.21亿元,增长21.82%。金融机构资产质量进一步好转,不良贷款全年减少15008万元。

城乡居民储蓄不断增加。年末城乡居民本外币储蓄余额101.17亿元,比2009年末增长17.06%;人均储蓄余额25136元,比2009年末增加3565元。

【房地产业】 2010年,全县完成房地产开发投资25.08亿元,比2009年增长76.5%,"十一五"期间年均增长25%。房屋施工面积199.58万平方米,比2009年增长25.9%;竣工面积57.63万平方米,增长4.4%。全年商品房销售面积56.30万平方米,比2009年下降3.5%,其中现房销售15.57万平方米,下降5.2%。

【市场价格】 2010年,全县城镇居民消费价格总水平比2009年上涨3.2%。八大类商品和服务项目价格呈"六升二降"格局(见表2)。

表2 **城镇居民消费价格指数(上年=100)**

项　　目	2010年	2009年
城镇居民消费价格指数	103.2	99.2
1. 食品类	105.5	99.6
2. 烟酒及用品类	101.9	100.0
3. 衣着类	97.9	98.9
4. 家庭设备用品及维修服务类	103.4	100.9
5. 医疗保健和个人用品类	105.1	103.6
6. 交通和通信类	100.2	98.2
7. 娱乐教育文化用品及服务类	99.5	99.1
8. 居住类	106.6	94.6

·社会事业·

【社会保障】 社会保险覆盖面进一步扩大。2010年末全县参加养老保险的机关企事业单位3504个,参保8.85万人,增长5.6%。全年支付养老金3.75亿元,比2009年增长24.1%。参加基本医疗保险单位3468个,参保人数8.65万人,其中企业职工4.36万人,机关事业单位职工1.03万人,参保人数比2009年净增0.5万人。被征地农民基本生活保障制度顺利实施,年末被征地农民基本生活保障参保人数1.83万人,新增0.14万人。年末农村参加养老保险9.1万人。

【教育】 教育资源整合基本到位,整体办学水平进一步提高。2010年,小学入学率100%,初中巩固率100%,高中入学率99.01%。全县有全日制小学23所,在校学生22230人,全年小学新招生3713人,毕业4190人。有普通中学17所,在校学生20781人;全年新招生6277人;毕业学生6866人。有中等职业学校2所,在校学生2616人;全年新招生1159人;毕业学生980人。全年输送大中专(含技校)生2762人。全县有幼儿园80所,在园幼儿12215人。成人教育发展良好,全年广播电视大学注册大中专学生315人,毕业731人。参加高等教育自学考试528人次,获得单科结业198科次,当年毕业24人。

全面实施免费义务教育,免除杂费、课本费、作业本费3050余万元,助学奖学1991余人,资助和奖励金额324万元;注重教育均衡发展,加快农村教育布局调整,加大农村学校资金和师资扶持力度,继续实施百名优秀教师支教活动;全县拥有杭州市标志性教育强镇2个,浙江省教育强镇(街道)13个。

【科技】 2010年,新增国家重点支持高新技术企业2家、省级企业研发中心4家、市级创新型试点企业2家、杭州市高新技术企业9家、市级企业研发中心1家、市级现代农业科技型龙头企业3家。

全县专利申请量969项,其中:发明专利37项、实用新型399项、外观设计533项。全年认定登记技术合同137项,合同成交额1630万元。

人才队伍进一步壮大,全县登记在册各类专业技术人员18099人,比2009年增加602人,其中高级职称586人、中级职称4911人、初级职称12602人。

【文化】 文化名县创建活动全面展开,2010年全县文艺作品获国家级奖项2个、省级5个、市级5个、县级

78个。继续开展“淡化时节 文明过节”活动，扎实开展城乡精神文明建设。各类图书馆年末藏书28万册。

文艺演出、文化出版市场管理进一步加强，广电事业有序发展。全年开展各类大中型文化活动23次、接待文艺团体8个、下农村演出183场，成功举办“祖国颂”庆祝中华人民共和国成立60周年暨桐庐县第八届群众文艺调演颁奖晚会、第一届全国老年人体育健身大会闭幕式文艺晚会、第三届“神州风韵”全国剪纸大赛暨首届全国剪纸创意大赛颁奖晚会等文艺活动。

全年放映电影2400场，观众17万人次。年末全县有线电视用户14.1万户，电视综合覆盖率99.5%。

【体育】 体育事业健康发展，竞技体育再创佳绩。2010年，桐庐籍运动员参加全国、省、市比赛获金牌66.5枚、银牌21枚、铜牌16枚。群众体育运动蓬勃开展，全县举办县级群众性体育健身和竞赛活动24项次，参加人数5350万余人次。新建73个健身点、26个灯光篮球场和82个乒乓球室。

【卫生】 2010年，全县医疗卫生条件进一步改善。年末，有各类医疗机构255个，其中医院、卫生院(社区卫生服务中心)18个，卫生服务站90个，门诊部、医务室、诊所(卫生所)42个，村卫生室102个，妇保院、疾病控制中心、卫生监督所各1个。各类医疗病床1125张；卫生技术人员2320人，其中执业医师767人、助理执业医师219人、注册护士742人。全县无偿献血量占临床用血量107.34%。传染病总发病率534人/十万人。

·人口和人民生活·

【人口】 2010年末，全县户籍人口40.25万人[注3]，比2009年末增加0.18万人。在户籍人口中，农业人口28.06万人，非农业人口12.18万人。按公安部门统计的全县人口出生率10.07‰，人口自然增长率2.57‰。

【人民生活】 据抽样调查，2010年全县城镇居民人均可支配收入24026元，比2009年增长10.3%，扣除价格因素，实际增长6.9%。其中人均工资性收入17083元，增长9.7%；人均生活消费性支出13971元，增长12.1%。全县农村居民人均纯收入11665元，比2009年增长12.1%，扣除价格因素，实际增长8.6%。其中人均工资性收入6368元，增长19.2%；人均生活消费性支出8088元，增长11.3%。“十一五”时期，全县城镇居民人均可支配收入年均增长10.3%，农村居民人均纯收入年均增长11.3%。

全县城镇居民人均住房建筑面积35.8平方米，每百户居民家庭拥有家用汽车14.7辆、空调器159台、移动电话180部、家用电脑78.7台、微波炉59台、淋浴热水器98.4台。全县农村居民人均居住面积69.5平方米。每百户农村居民家庭拥有家用汽车7辆、空调器91.5台、移动电话220.5部、家用电脑40.5台、微波炉32.5台、淋浴热水器83.5台、洗衣机92台、电冰箱101台。

城乡居民储蓄不断增加。年末城乡居民本外币储蓄余额101.17亿元，比2009年末增长17.1%；人均储蓄余额25136元，比2009年末增加3565元。

【劳动就业】 以构建和谐就业环境为主载体，以破解“就业增收”难题为主旨，开展创建充分就业社区活动，实施积极的就业再就业政策，推进城乡统筹就业工作。2010年，实现新增城镇就业岗位3868个，城镇登记失业人员实现再就业2432人，年末实有登记失业人员1429人，城镇登记失业率3.27%。抓好失业人员、失土农民、外来务工技能提升及创业人员培训，完成培训10483人次。

·城市建设·

【概况】 2010年，桐庐县城镇化进程不断深入，基础设施建设力度不断加大。先后完成春江路西延二期、江南路三期、春江路改造工程、瑶琳路改造等道路工程，完成春江路、迎春南路立面改造工程、大奇山路三线入地等工程。启动320国道(桐庐段)综合整治工程、中心广场改造等工程建设。全年新建道路5.3公里，面积14.2万余平方米。年末人均道路面积15.71平方米，城市化水平为60%，比2009年提高3个百分点。全年改造道路11公里，面积30.7万平方米。

注：1. 经济和社会发展情况等相关数据为初步统计数，最终请以2010年《桐庐统计年鉴》数据为准。

2. 文中增加值为现价，增加值增长速度按可比价格计算。

3. 常住人口数据待桐庐县第六次全国人口普查数据公报发布。

【责任编辑 骆国庆】

农业经济

·综述·

【概况】 2010年,全县农业农村工作按照"深化改革、整体推进、转型升级、增收惠民"基本要求,强农业基础、促城乡统筹,扎实推进新农村建设各项工作,实现农业总产值23.76亿元,农民人均纯收入11665元,分别比2009年增长9.6%和12.1%。是年,全县农业招商引资,有外来资金实际投入的新进项目9个和续资项目25个,其中:内资项目29个,协议资金5.75亿元、实到资金1.92亿元;外资项目5个,实到资金425万美元。

【新农村建设】 2010年,继续推行"八项工程"联席会议制度和新农村建设目标考核机制。2月13日召开全县农村工作会议,明确全年农业农村工作目标任务,大力实施特色产业"双五万"(2008～2010年间,发展与改造特色农业产业基地5万亩、林业产业基地5万亩)、清洁桐庐、结对帮扶奔小康、集体经济6080(到2010年集体经济年收入5万元以下薄弱村减少60%以上,80%村有比较稳定的集体经济来源)、社会发展保障等"五大工程"。制定出台《关于以新型城镇化为主导加快推进全县城乡统筹发展的实施意见》《关于加快传统农业转型升级发展现代农业的若干政策意见》等文件,加大农业农村政策保障力度。县财政全年支农资金9.2亿元,同比增长26.7%。是年,评出县级新农村建设先进乡镇(街道)7个;县级新农村建设标兵村18个。

表3 2009年度桐庐县新农村建设先进乡镇名单

一等奖	江南镇
二等奖	横村镇、桐君街道
三等奖	分水镇、富春江镇、百江镇、瑶琳镇

表4 2009年度桐庐县新农村建设标兵村名单

标兵村村名	所在乡镇
桑园村	桐君街道
合岭村	旧县街道
环溪村、彰坞村	江南镇
西庄村	凤川镇
引坑村	新合乡
芝厦村、七里泷村	富春江镇
宅里村、后岭村	横村镇
塘联村	莪山畲族乡
高峰村、城下村	钟山乡
姚村村	瑶琳镇
三溪村、大路村	分水镇
奇源村	百江镇
三源村	合村乡

【村级项目资源整合】 县新农村建设村级项目资源整合领导小组办公室通过对2010年度各乡镇(街道)新农村建设村级项目进行整合,完成3个示范村(点)、56个重点整治村(点)、22个省待整治村;45个

经过整合后的横村镇胜峰村农民集聚点

村生活污水处理工程；农村改厕工程 8255 户；垦造耕地 322 公顷；土地整理 97.3 公顷；建设用地复垦 102.8 公顷；空心村整治 4 个村 3.33 公顷；中低产田改造 333.33 公顷；园林绿化村 6 个村；阳山畈、芦茨 2 个村风情小镇创建等年度建设项目。

【联乡结村】 2010 年，桐庐县开展市级集团帮扶活动 27 次，实施项目 29 个，到位资金 470.83 万元；开展县级结对帮扶活动 223 次，实施项目 93 个，到位资金 901 万元。改造学校配套设施 1 所、新建幼儿园 1 所、修建道路 25 公里、大小乡村桥梁 2 座、堤坝渠道 11 公里、修建村级公园 13 个、健身场所 10 个、扶持建设农业生产基地 8.2 公顷、改造自来水 11 处、下山移民 3031 人、实施低收入产业发展帮扶项目 34 个。

【下山移民】 2010 年，桐庐县实施农民下山移民项目 34 个、722 户、2497 人。根据杭联结办〔2010〕20 号文件精神，桐庐县符合条件的下山移民集中安置小区有 5 个项目，涉及 3 个乡镇、5 个村。完成 2010 年至 2012 年下山移民调查工作，编制下山移民三年实施计划，三年计划移民 2370 户、7875 人。

【土地承包管理】 2010 年，桐庐县土地承包管理工作重心从 2009 年度制订土地流转政策、搭建工作机构为主，转到以落实政策、完善服务和创新机制为主。重点做好土地流转信息收集、整理和发布工作，解决流转信息不对称问题。全县实现新增土地流转面积 486.07 公顷，超额完成杭州市下达 400 公顷任务指标，流转的土地集中连片，用于发展现代农业，实现土地资源优化配置。根据《中华人民共和国农村土地承包经营纠纷调解仲裁法》规定，调整充实仲裁委成员和仲裁员。

【村级招待费管理】 根据县纪委(监察局)《关于机关工作人员不得接受村级组织招待的通知》和县农办《关于进一步加强村级招待费管理的若干意见》精神，继续加强对村级招待费支出管理。逐步将村级招待费支出列入村级财务预算，报村民代表会议讨论通过，做到有序管理；做好招待费支出季度统计分析，掌握动态，防止村级招待费反弹；逐笔公布村级招待费支出，接受村民监督。2010 年度，全县村级招待费为 564.61 万元，比 2009 年度的 995.81 万元减少 431.20 万元，下降 43.30%。村级招待费连续两年下降。

【村级财务管理】 根据县纪委、县委组织部、县农办、县民政局联合下发的《关于村级财务收支实行逐笔公开的通知》精神，在保留原有按季分类公开基础上，全县 186 个行政村全面推行财务收支按月逐笔公开制度。2010 年 5 月 14 日 19 时，中央电视台综合频道新闻联播以《强化村务监督　筑牢反腐防线》为题，报道桐庐做法。继续落实化解村级债务各项举措，全年化解村级债务 746.48 万元，实际发放县财政补助资金 80.30 万元。加强村级财务审计，3 月下旬起在全县范围内开展村级财务大检查；4 月下旬至 5 月上旬，县农办、县纪委、县委组织部、县民政局联合对全县 30 个村农村基层党风廉政建设各项制度和村务公开、民主管理制度执行情况开展现场专项检查；5 月中旬组织乡镇(街道)、库区代理中心会计对 40 个村 2009 年度村级财务收支进行对口互审，审核原始凭证 23823 张，资金总额 1.6 亿元；6 月至 11 月，县职能部门组织人员直接审计 20 个村村级财务，出具审计报告，县农办根据审计报告下达审计意见书，要求在规定时间内对存在的问题进行整改。

【村级集体经济】 桐庐县“造血”和“输血”相结合，多举措发展壮大集体经济。一是组织申报实施省、市级村级集体经济创收项目各 5 个，下拨补助资金 115 万元，其中省级 80 万元、市级 35 万元。根据县委、县政府《关于加快发展村级集体经济的若干意见》精神，组织实施县级村级集体经济创收项目 11 个，下拨补助资金 65 万元；二是根据《桐庐县扶持村级组织正常运转经费管理办法》精神，对各乡镇(街道)、库区 2009 年度集体经济可分配收入 5 万元以下的 76 个薄弱村进行调查核实，下拨补助资金 134.80 万元；三是探索村级集体经济发展新模式，组织人员到新昌县等地学习考察，结合桐庐实际，拟定异地投资物业促进村级集体经济发展初步方案，并参加县政协村级集体经济发展课题调研。

【现代农业政策扶持】 2010 年，县委、县政府先后出台《关于加快传统农业转型升级发展现代农业的若干政策意见》及《关于印发〈桐庐县发展现代农业若干政策意见实施办法〉(项目化管理类)的通知》《关于印发〈桐庐县发展现代农业若干政策意见实施办法〉(非项目化管理类)的通知》《关于印发桐庐县养蜂业风险救助基金管理办法的通知》《关于加强农业规模经营配套设施用地管理的通知》《关于切实抓好粮食生产的若干意见》《关于加快蚕桑产业发展若干意见》《关于改造提升茶产业的若干意见》《关于做好 2010 年政策性农业保险工作的通知》等实施细则，对原有农业产业化政策进行梳理、完善和补充，形成较为系统、完整的现代农业政策体系。2010 年度，县财政兑现现代农业政策奖补资金 1904.33 万元。

【现代农业两区建设】 2010 年，桐庐县建成 2 个省级、8 个市级、10 个县级粮食功能区，总面积 1147 公顷,粮食总产量9.30万吨。完成农业、林业产业发展三年行动计划,新发展中药材、水果、茶叶、蚕桑、蔬菜基地面积近400公顷,竹林、山核桃、香榧等经济林685公顷,3年累计新发展农业特色产业基地1533公顷、林业特色产业基地4133公顷。桐庐县被立项的有省级现代农业综合区1个、主导产业示范区5个、特色精品园6个。新认定桐庐翠园板栗专业合作社、桐庐歌舞旱粮专业合作社、桐庐梅山粮油专业合作社、桐庐丰源竹笋专业合作社、桐庐里柴竹业专业合作社、桐庐罗溪樱桃专业合作社、桐庐魏丰山茶油专业合作社等省级无公害农产品基地(产地)52个,面积2035.797公顷;认定桐庐琴溪山茶油专业合作社、桐庐绿源竹笋专业合作社为省级森林食品基地,面积317.07公顷。至年底,省级无公害农产品基地(产地)214个,面积18933.567公顷;省级森林食品基地26个,辐射面积30917.07公顷,其中核心区基地7649.77公顷。新建(认定)桐庐县黑山羊养殖示范园区、桐庐县鑫顺水产养殖示范园区、桐庐县岩桥水产养殖示范园区、桐庐县蜂源堂蜂业示范园区、桐庐县江南板桥蔬菜示范园区等县级特色农业示范园区15个,总数64个。2010年,新增设施农业面积263.28公顷(其中钢架大棚26.61公顷、喷滴灌236.67公顷),全县钢架大棚、喷(滴)灌节水灌溉总面积分别为72.94公顷、665.98公顷。

【农业龙头企业培育】 2010年,桐庐县7家企业被杭州市委、市政府命名为第12批市级农业龙头企业(市委发〔2010〕34号);12家企业被命名为第13批县级农业龙头企业(桐政发〔2010〕15号)。至年底,全县农业龙头企业总量为92家(其中省级2家、市级38家),资产总额21.56亿元(其中固定资产7.19亿元),固定职工4780人,建立或连接县内外农产品基地13407公顷,联结农户7.65万户(其中订单农户1.81万户),收购农产品原料9.67万吨、价值10.99亿元,当年实现产值25.65亿元。杭州天厨蜜源保健品有限公司、杭州碧于天保健品有限公司等9家企业被认定为杭州市第二批成长型农业企业(杭农产办〔2011〕3号)。至年底,全县产值超千万元农业企业45家,其中亿元企业7家。是年,评出县"十佳"农业龙头企业(桐政发〔2011〕18号);杭州丽晓丝业有限公司获2010年度杭州市"十佳"农产品加工企业(杭政办函〔2011〕27号)。2010年,全县有各类农产品加工企业189家,实现产值27.85亿元。

桐庐县第12批杭州市级农业龙头企业:浙江凯胜畜产品加工有限公司、杭州新迪农业发展有限公司、桐庐县飞龙粮油工贸有限公司、桐庐世浩山货有限公司、桐庐益乡源农产品有限公司、桐庐庞龙养殖加工厂、杭州洁康药业有限公司

第13批桐庐县农业龙头企业:桐庐县江南镇百草滩水产养殖场、桐庐春江蜡制品有限公司、桐庐和平食品厂、桐庐腾芝工艺品有限公司、桐庐小鲍粉干厂、桐庐明凯农业开发有限公司、桐庐鑫顺水产有限公司、桐庐通州实业有限公司、桐庐山旮旯食品厂、杭州龙美生态农业开发有限公司、桐庐康兴茶园、桐庐燕山木业工艺品厂

桐庐县第二批杭州市成长型农业企业:杭州天厨蜜源保健品有限公司、杭州碧于天保健品有限公司、杭州裕美生物科技有限公司、杭州桐庐畲皇食品有限公司、杭州市桐庐钟山食品有限公司、杭州桐庐卢氏茶苑有限公司、桐庐益乡源农产品有限公司、杭州仙境食品有限公司、桐庐雪水云绿茶叶有限公司

2010年度县"十佳"农业龙头企业:杭州富新食品有限公司、杭州小来大农业开发集团有限公司、浙江凯胜畜产品加工有限公司、杭州仙境食品有限公司、桐庐顺风丝绸有限公司、杭州九滴久酒业有限公司、浙江省桐庐汇丰生物化工有限公司、杭州蜂之语蜂业股份有限公司、杭州丽晓丝业有限公司、杭州天厨蜜源保健品有限公司

【合作组织规范化建设】 2010年,出台合作社财务管理指导意见,新发展农民专业合作社58家(见表5);桐庐壶源蔬菜专业合作社、桐庐胜利蔬菜专业合作社、桐庐坑口蔬菜专业合作社实现同业联合。至年底,全县合作社总量为300家,社员1.65万户,联结基地2.47万公顷,实现总产值6.8亿元。培育桐庐大庙莱竹专业合作社和桐庐中门茭白专业合作社等5家三星级、桐庐烨鑫蚕桑专业合作社和桐庐乐益生猪专业合作社等6家二星级、桐庐民乐粮油专业合作社和桐庐伟龙山茶油专业合作社等21家一星级为县级规范化农民专业合作社(见表6);石青山土鸡、兴农茶叶、大山黄花菜、寺山家禽、岭源山核桃5家农民专业合作社被认定为市级规范化农民专业合作社;雪水云绿茶叶、卢苑茶叶、中门茭白被认定为省级示范性农民专业合作社;岭源山核桃、龙军竹笋2家农民专业合作社被认定为省级林业示范性合作社;钟山蜜梨、阳山畈蜜桃列入全省农民专业合作社100强。至年末,全县有县级以上规范化农民专业合作社62家,其中市级以上20家。桐庐阳山畈蜜桃专业合作社获农业部农民专业合作组织示范项目,桐庐中门茭白专业合作社获杭州市"十佳"农民专业合作组织;评出桐庐

钟山蜜梨专业合作社、桐庐阳山畈蜜桃专业合作社、桐庐富恒蛋鸭专业合作社、桐庐分江蚕业专业合作社、桐庐富春江蔬菜专业合作社、桐庐高凉亭薯业专业合作社、桐庐石青山土鸡专业合作社、桐庐大庙菜竹专业合作社、桐庐寺山家禽专业合作社、桐庐县蚕桑专业合作社为2010年度桐庐县“十佳”农民专业合作社。继续做好融资服务和税收减免工作，发放465户合作社社员“惠农卡”小额贷款2878万元，新增贷款余额1701万元，办理52家合作社增值税免税申请，登记产值3.86亿元。2010年，桐庐县成功创建浙江省首批农民专业合作社规范化建设示范县，《桐庐县农民专业合作社建设的实践与思考》获2009年度浙江省农研中心调研报告优秀奖。

表5　**2010年桐庐县新组建农民专业合作社**

合作社名称	工商注册时间	合作社名称	工商注册时间
桐庐绿欣粮油专业合作社	2010.1.4	桐庐惠农竹笋专业合作社	2010.5.21
桐庐新联蔬菜专业合作社	2010.1.7	桐庐舒家竹笋专业合作社	2010.5.24
桐庐菊仙毛竹专业合作社	2010.1.15	桐庐前村粮油专业合作社	2010.5.26
桐庐城方粮油专业合作社	2010.2.20	桐庐旺优生猪养殖专业合作社	2010.6.1
桐庐引坑茶叶专业合作社	2010.3.2	桐庐赵家水产专业合作社	2010.6.3
桐庐七里泷蔬菜专业合作社	2010.3.2	桐庐沙湾蔬菜专业合作社	2010.6.7
桐庐山湾湾蔬菜专业合作社	2010.3.18	桐庐乐富菜竹专业合作社	2010.6.24
桐庐鑫鹏苗木专业合作社	2010.3.25	桐庐石泉植保专业合作社	2010.6.24
桐庐瑶溪元真玉鸡养殖专业合作社	2010.3.30	桐庐畲农高山西瓜专业合作社	2010.7.20
桐庐诸家粮油专业合作社	2010.3.30	桐庐钰叶茶叶专业合作社	2010.7.21
桐庐元村毛竹专业合作社	2010.4.1	桐庐群林茶叶专业合作社	2010.7.26
桐庐雷坞山核桃专业合作社	2010.4.2	桐庐柏根竹笋专业合作社	2010.7.30
桐庐方兴农机专业合作社	2010.4.8	桐庐森秀苗木专业合作社	2010.8.4
桐庐武盛竹木专业合作社	2010.4.9	桐庐珠琦生猪专业合作社	2010.8.4
桐庐来金旱竹专业合作社	2010.4.13	桐庐永安蚕桑专业合作社	2010.8.9
桐庐外源粮油专业合作社	2010.4.27	桐庐永安粮油专业合作社	2010.8.10
桐庐申屠水产专业合作社	2010.5.5	桐庐洪坪苗木专业合作社	2010.8.19
桐庐莲塘粮油专业合作社	2010.5.6	桐庐畲珍紫山药专业合作社	2010.8.19
桐庐丰盈植保专业合作社	2010.5.10	桐庐泽农蔬菜专业合作社	2010.8.27
桐庐青青山核桃专业合作社	2010.5.12	桐庐百步岗山羊专业合作社	2010.9.25
桐庐溪南蔬菜专业合作社	2010.5.12	桐庐德农蔬菜专业合作社	2010.9.26
桐庐蒋英黑木耳专业合作社	2010.5.13	桐庐雅源蛋鸭专业合作社	2010.9.27
桐庐牛水坞番薯干专业合作社	2010.5.13	桐庐芝厦野猪专业合作社	2010.10.13
桐庐沙湾粮油专业合作社	2010.5.14	桐庐平头山水果专业合作社	2010.10.27
桐庐联桥中药材专业合作社	2010.5.18	桐庐石舍毛竹专业合作社	2010.10.28

续表 5

合作社名称	工商注册时间	合作社名称	工商注册时间
桐庐阿牛苗木专业合作社	2010.11.4	桐庐保安蚕桑专业合作社	2010.12.14
桐庐强华生猪专业合作社	2010.12.8	桐庐武盛蔬菜专业合作社	2010.12.15
桐庐金娟水产专业合作社	2010.12.10	桐庐吉江粮油专业合作社	2010.12.15
桐庐茂山茶叶专业合作社	2010.12.13	桐庐天尊山茶叶专业合作社	2010.12.21

2010 年桐庐县规范化农民专业合作社

(桐政发〔2010〕15 号命名)

表 6

级别			
三星级(5 家)	桐庐大庙菜竹专业合作社 桐庐畲香粮油专业合作社	桐庐中门茭白专业合作社 桐庐云山板栗专业合作社	桐庐高凉亭薯业专业合作社
二星级(6 家)	桐庐烨鑫蚕桑专业合作社 桐庐冬桦蜂业专业合作社	桐庐后溪茶叶专业合作社 桐庐惠民农机专业合作社	桐庐乐益生猪专业合作社 桐庐雷坞粮油专业合作社
一星级(21 家)	桐庐民乐粮油专业合作社 桐庐双坞笋竹专业合作社 桐庐盛源石笋专业合作社 桐庐梅蓉蜂业专业合作社 桐庐利民粮油专业合作社 桐庐松山番薯专业合作社 桐庐锦华粮油专业合作社	桐庐伟龙山茶油专业合作社 桐庐罗佛茶业专业合作社 桐庐龙军竹笋专业合作社 桐庐金家枇杷专业合作社 桐庐新罗山蔬菜专业合作社 桐庐壶源蔬菜专业合作社 桐庐正大蜂业专业合作社	桐庐百姓板栗专业合作社 桐庐合成蚕桑专业合作社 桐庐绿洲粮油专业合作社 桐庐国华竹业专业合作社 桐庐碧于天蜂业专业合作社 桐庐梅山粮油专业合作社 桐庐歌舞山核桃专业合作社

【农村市场体系建设】 加强市场物流节点建设,2010 年,新建阳山畈蜜桃、康源菜竹、雪水云绿 3 个市级农产品物流配送中心,开设县外专卖店 16 家、营销分公司 5 家。全县农产品加工企业、农民专业合作社开设专卖店(分公司)390 个(其中县外 348 个)、营销专柜 510 个(其中县外 335 个)、19 家企业 134 个产品进入 180 家超市,连锁(专卖)销售总额 4.81 亿元,其中县外 3.07 亿元,专卖店主要分布在上海、江苏、云南等省市以及省内杭州、宁波、温州等地区。加强“绿色通道”保障,全年发放浙江省鲜活农产品“绿色通道”产地证明 1.18 万张(车次)、运销鲜活农产品 3 万吨,节约运输成本 92.97 万元。重视营销队伍建设,全县有农产品营销大户(农村经纪人)125 人,是年购销农产品 5.5 万吨,贩销额 4.38 亿元,李忠财、王火金、程龙军、姚连君、金强、袁彩玲、王盛陆、季柏生、吴星海、任伟 10 人获 2010 年度县“十佳”农产品营销大户。保持外贸自营出口增长,全县 29 家外向型农业企业出口总额 11.15 亿元,其中自营出口 6434.3 万美元,增长 43.98%。产品主要有蜂产品、肠衣、速冻果蔬、水煮笋、棉纱、木制家具、木制包装箱、蜜饯、活鳗等近 30 个品种,销往日本、东南亚、欧美等国家和地区。发展农业节会经济,1 月 30 日至 2 月 1 日举办桐庐县首届名特优农产品迎新春展销会,来自全县及周边县(市、区)70 余家单位参展,设摊位 78 个,实现销售额 220 万元。成功举办“三月三”畲族文化节、第二届山花节。

【质量品牌提升工程】 加强农产品质量安全体系建设,推行标准化生产,加快“三品一标”(“三品”指无公害农产品、有机食品、绿色食品;“一标”指地理标志产品)认证进程。2010 年,桐庐县 47 家企业 57 只农产品通过国家无公害农产品认证,6 家企业 6 只产品通过有机认证(见表 7)。至年底,全县有 130 家单位生产的 158 只国家无公害农产品、33 家单位生产的 64 只有机食品和 8 家单位生产的 9 只绿色食品;起草 2 个市级、3 个县级农业标准。推行质量管理体系认证,是年,8 家企业 11 个产品通过 QS 认证(见表 8),总数为 101 家企业 120 个产品;6 家企业通过 ISO 9001 认证(见表 9),总数为 26 家;桐庐石青山土鸡专业合作社通过 GAP 认证。实施品牌建设三年行动计划(2008 年～2010 年),品牌升级进程加快。雪水云绿茶叶获第七届中国国际茶业博览会金奖,成绿牌青笋干获第三届中国义乌国际森林产品博览会优质奖,蜂之语牌蜂产品、万事吉牌蜂产品、雪水云绿牌茶叶等 14 家企业的产品获中国农产品品牌博览会金奖(见表

10)；新认定桐庐兴源保健品有限公司的冬桦牌蜂产品、桐庐莪山畲族乡香山农庄的香山牌土鸡、桐庐瑶琳水产养殖有限公司的瑶池牌甲鱼为杭州名牌产品，新认定浙江省桐庐汇丰生物化工有限公司的“富春江”商标为浙江省著名商标，杭州桐庐大自然茶业发展有限公司“达然”、莪山畲族乡香山农庄“香山”、桐庐庞龙养殖加工厂“庞龙”、杭州桐君堂医药药材有限公司“药祖桐君”为杭州市著名商标。至年底，全县农业有中国驰名商标2只、浙江名牌6只、省著名商标6只、杭州名牌12只、市著名商标14只。

表7

2010年桐庐县通过国家无公害农产品、有机食品认证情况

序号	认证类别	生产单位	产品名称	证书编号	有效期限
1	国家无公害农产品	桐庐仁智水果专业合作社	蜜梨	WGH—10—01688	2010.1～2013.1
2		杭州桐庐欧凯蔬菜专业合作社	辣椒	WGH—10—01672	2010.1～2013.1
3		桐庐严陵粮油专业合作社	稻谷	WGH—10—01695	2010.1～2013.1
4		桐庐俞赵水果专业合作社	杨梅	WGH—10—01696	2010.1～2013.1
5		桐庐双坞笋竹专业合作社	竹笋	WGH—10—01697	2010.1～2013.1
6		桐庐县富春江镇珍宝农庄	柑桔	WGH—10—01698	2010.1～2013.1
7		桐庐洪武山辣椒专业合作社	辣椒	WGH—10—01699	2010.1～2013.1
8		桐庐后溪茶叶专业合作社	茶叶	WGH—10—01700	2010.1～2013.1
9		桐庐胜利蔬菜专业合作社	茄子	WGH—10—01701	2010.1～2013.1
10		桐庐雷坞粮油专业合作社	稻谷	WGH—10—01703	2010.1～2013.1
11		桐庐九岭水果专业合作社	樱桃	WGH—10—01704	2010.1～2013.1
12		桐庐玉富毛竹专业合作社	竹笋	WGH—10—01705	2010.1～2013.1
13		桐庐歌舞山核桃专业合作社	山核桃	WGH—10—01706	2010.1～2013.1
14		桐庐梅蓉杨梅专业合作社	杨梅	WGH—10—01707	2010.1～2013.1
15		桐庐县凤川镇外源农庄	竹笋	WGH—10—01708	2010.1～2013.1
16		桐庐惠农粮油专业合作社	稻谷	WGH—10—01709	2010.1～2013.1
17		桐庐顺祥农业开发有限公司	莴苣	WGH—10—01710	2010.1～2013.1
18			鲜玉米	WGH—10—01711	2010.1～2013.1
19		桐庐太阳生态农庄	梨	WGH—10—01712	2010.1～2013.1
20		桐庐引村毛竹专业合作社	竹笋	WGH—10—01713	2010.1～2013.1
21		桐庐县大溪云崖土特产制品厂	竹笋干	WGH—10—01714	2010.1～2013.1
22		桐庐天峒山农庄	梨	WGH—10—01717	2010.1～2013.1
23		桐庐柳茂粮油专业合作社	稻谷	WGH—10—01718	2010.1～2013.1
24		桐庐锦华粮油专业合作社	稻谷	WGH—10—01719	2010.1～2013.1
25		桐庐畲香生猪专业合作社	生猪	WGH—10—01978	2010.1～2013.1
26		桐庐百江镇朱门香猪基地	生猪	WGH—10—03940	2010.4～2013.4
27		桐庐富恒蛋鸭专业合作社	鲜鸭蛋	WGH—10—03944	2010.4～2013.4

续表 7

序号	认证类别	生产单位	产品名称	证书编号	有效期限
28	国家无公害农产品	桐庐绿源养殖专业合作社	生猪	WGH—10—03945	2010.4～2013.4
29		桐庐寺山家禽专业合作社	活鸡	WGH—10—03946	2010.4～2013.4
30		桐庐县春江养蜂场	蜂蜜	WGH—10—03947	2010.4～2013.4
31			蜂王浆	WGH—10—03948	2010.4～2013.4
32		桐庐申洪农庄有限公司	肉羊	WGH—10—05379	2010.5～2013.5
33		桐庐合村湖羊养殖专业合作社	肉羊	WGH—10—05380	2010.5～2013.5
34		桐庐正大蜂业专业合作社	蜂蜜	WGH—10—05381	2010.5～2013.5
35			蜂王浆	WGH—10—05382	2010.5～2013.5
36		桐庐县小来大鸭业科技开发有限公司	活鸭	WGH—10—05378	2010.5～2013.5
37		桐庐县分水镇柳淑农庄	生猪	WGH—10—07528	2010.7～2013.7
38		桐庐江南镇建国养殖场	肉羊	WGH—10—07529	2010.7～2013.7
39		桐庐县分水镇银龙养殖场	活鸡	WGH—10—07530	2010.7～2013.7
40		桐庐窄溪蟹业专业合作社	中华绒螯蟹(窄溪河蟹)	WGH—10—08470	2010.9～2013.9
41		桐庐县江南镇百草滩水产养殖场	甲鱼	WGH—10—08464	2010.9～2013.9
42			鳄龟	WGH—10—08465	2010.9～2013.9
43		桐庐岩桥水产养殖专业合作社	甲鱼	WGH—10—03099	2010.3～2013.3
44			乌龟	WGH—10—03100	2010.3～2013.3
45			鲫鱼	WGH—10—03101	2010.3～2013.3
46		桐庐强发水产养殖有限公司	甲鱼	WGH—10—03102	2010.3～2013.3
47			乌龟	WGH—10—03103	2010.3～2013.3
48		桐庐县横村镇梅乐农庄	鲫鱼	WGH—10—03109	2010.3～2013.3
49			鲢鱼	WGH—10—03110	2010.3～2013.3
50		桐庐县凤川镇建明养殖场	甲鱼	WGH—10—00621	2010.1～2013.1
51			乌龟	WGH—10—00622	2010.1～2013.1
52		桐庐歌舞旱粮专业合作社	甘薯	WGH—10—10581	2010.11～2013.11
53		桐庐翠园板栗专业合作社	板栗	WGH—10—10575	2010.11～2013.11
54		桐庐梅山粮油专业合作社	稻米	WGH—10—10582	2010.11～2013.11
55		桐庐横村镇高山门农庄	鸡肉	WGH—10—09219	2010.10～2013.10
56			鸡蛋	WGH—10—09220	2010.10～2013.10
57		浙江东方物产食品有限公司桐庐养殖场	生猪	WGH—10—09218	2010.10～2013.10

续表 7

序号	认证类别	生产单位	产品名称	证书编号	有效期限
58	有机食品	桐庐大奇山杨梅专业合作社	杨梅	15/10O0538R00	2010.11～2011.11
59		桐庐乐山林蛙养殖有限公司	林蛙	15/10O0409R00	2010.10～2011.10
60		桐庐县旧县街道竹苑农庄	竹笋	15/10O0411R00	2010.10～2011.10
61		浙江钱塘绿源农产品有限公司	油茶籽油	15/10O0118R30	2010.4～2011.4
62		杭州桐庐卢氏茶苑有限公司	茶叶	15/09O1532R00	2009.11～2010.11
63		桐庐九岭农庄	毛竹笋	1308O10048RIS	2009.11～2010.11

表 8 2010 年度桐庐县通过 QS 认证企业

序号	企业名称	申证单元名称	颁证时间	证书编号	有效期
1	桐庐益乡源农产品有限公司	薯类食品(干制薯类)	2010.2.5	QS3301 1202 0042	2013.2.4
		蔬菜制品(蔬菜干制品)	2010.2.5	QS3301 1601 0579	2013.2.4
		炒货食品及坚果制品(烘炒类)	2010.2.5	QS3301 1801 0725	2013.2.4
2	杭州莪山谷基食品有限公司	水产加工品(干制水产品)	2010.2.8	QS3301 2201 0368	2013.2.7
		肉制品(腌制肉制品)	2010.2.5	QS3301 0401 8277	2013.2.4
3	桐庐县合村乡方兴食品厂	薯类食品	2010.3.16	QS3301 1202 0044	2013.3.15
4	杭州维力佳元升食品有限公司	饮料(茶饮料类、蛋白饮料类、果汁及蔬菜汁类其他饮料类)	2010.3.30	QS3301 0601 0697	2013.3.29
5	桐庐兴源保健品有限公司	蜂产品(蜂花粉)(分装)	2010.4.21	QS3301 2601 0090	2013.4.20
6	杭州丰元味食品有限公司	肉制品(腌制肉制品)	2010.8.5	QS3301 0401 8754	2013.8.4
7	桐庐绿林农产品有限公司	淀粉及淀粉制品(淀粉制品)	2010.12.16	QS3301 2301 0094	2013.12.15
8	桐庐晨华农业开发有限公司	肉制品(腌制肉制品)	2010.12.23	QS3301 0401 0091	2013.12.23

表 9 2010 年度桐庐县通过质量标准认证企业(ISO 9001,GAP)

序号	企业名称	颁证日期	认证类型	证书号码
1	桐庐冠华兔业有限公司	2010.10.29	ISO 9001:2008	00210Q15736ROM
2	桐庐石青山土鸡专业合作社	2010.5.31	ISO 9001:2008	00210Q11260ROS
3	杭州山水农业开发有限公司	2010.8.23	ISO 9001:2008	04310Q21573ROS
4	桐庐县瑶琳水产养殖有限公司	2010.7.1	ISO 9001:2008	03510Q21084ROS

续表 9

序号	企业名称	颁证日期	认证类型	证书号码
5	横村镇里村凤联竹园	2010.12.2	ISO 9001:2008	03510Q22123ROS
6	桐庐申洪农庄有限公司	2010.12.30	ISO 9001:2008	03510Q22312ROS
7	桐庐石青山土鸡专业合作社	2010.5.30	GAP—CQM—33—2009	CQM10G10006ROS

表 10　**2010 年桐庐县获中国农产品品牌博览会金奖企业名单**

序号	获奖单位	获奖产品	奖项
1	杭州市蜂之语蜂业股份有限公司	蜂之语牌蜂产品	金奖
2	杭州天厨蜜源保健品有限公司	万事吉牌蜂产品	金奖
3	桐庐县雪水云绿茶产业协会	雪水云绿牌茶叶	金奖
4	杭州小来大肉食品有限公司	酱鸭制品	金奖
5	桐庐益乡源农产品有限公司	烤薯干	金奖
6	杭州建成生态农业有限公司	成绿牌青笋干、黄花菜	金奖
7	桐庐深萌食品厂	青笋干	金奖
8	杭州桐庐百岁坊素食品有限公司	烤薯干	金奖
9	桐庐和平食品厂	俞氏家酱	金奖
10	桐庐冠华兔业有限公司	冠华王兔肉系列	金奖
11	桐庐农家源食品有限公司	米粿	金奖
12	桐庐县春江养蜂场	春康牌蜂产品	金奖
13	浙江钱塘绿源农产品有限公司	钱塘绿源牌山茶油	金奖
14	桐庐钟山中意豆制品有限公司	中意牌钟山豆腐干	金奖

【政策性农业保险】 继续推进政策性农业保险，2010 年新增生猪保险和生态公益林保险 2 个品种，实行“4＋4”模式，即水稻、油菜、奶牛、能繁母猪 4 个必保品种和林木火灾、竹林综合险、生猪保险和生态公益林保险 4 个选保品种，扩展原有林木火灾险、竹林综合险保险范围，将商品林、经济林纳入保险范围，扩大农业保险品种覆盖面。是年，全县有 6775 头能繁母猪、27230 头生猪、757.4 公顷水稻、897.36 公顷油菜、2300.2 公顷商品林、2624.77 公顷经济林、72000 公顷生态公益林参

全县农家乐经营管理培训班

保,保费总额 178.53 万元,其中各级财政补贴 141.75 万元(含县财政 68.95 万元)、农户缴纳 36.78 万元,当年支付赔款 80.52 万元。

【农业行业协会评选】 2010 年,桐庐县首次开展县级优秀农业行业协会评选活动,全县 10 家农业行业协会中,桐庐县农民专业合作社联合会、桐庐县雪水云绿茶产业协会、桐庐县木材加工行业协会获 2010 年度县优秀农业行业协会。

【农家乐休闲观光农业旅游】 坚持"以旅游拉动产业,以产业支撑农业,以品牌塑造形象"发展思路,打造休闲观光农业旅游精品,推动乡村旅游特色化、规范化、规模化、效益化、品牌化发展。2010 年,全县有省、市级农家乐旅游示范村(点)13 家,具有一定规模和档次的农家乐经营户 130 余家。全年接待游客 84.4 万人次,实现农家乐旅游收入 5220.2 万元。

【农业发展扶持项目】 2010 年,桐庐县完成中国药用动物——四川黑熊新品种的示范养殖,蜜桃新品种、新技术引进示范与推广,雄蜂蛹生产和加工技术的应用及推广,夏、秋茶综合开发生产技术的研究与示范推广,皮杜长大双系杂交生产四元商品猪的应用与示范等 13 个杭州市农业发展基金扶持项目(见表 11)。

表 11　2010 年桐庐县完成杭州市农发项目(种子种苗、联动项目)汇总(见表 11)

序号	项目名称	实施单位
1	中国药用动物——四川黑熊新品种的示范养殖	桐庐天子岗熊场
2	浙薯 132 新品种引进与推广	桐庐高凉亭薯业专业合作社
3	次差蜜梨、杨梅生物发酵果醋应用研究	杭州九滴久酒业有限公司
4	桐庐县种蜂场建设	桐庐洋洲蜂场
5	万羽樱桃谷种鸭养殖基地建设项目	杭州小来大肉食品有限公司
6	有机蜂王浆生产技术示范	杭州碧于天保健品有限公司
7	雄蜂蛹生产和加工技术的应用及推广	杭州裕美生物科技有限公司
8	蜜桃新品种、新技术引进示范与推广	桐庐阳山畈蜜桃专业合作社
9	夏、秋茶综合开发生产技术的研究与示范推广	桐庐县雪水云绿茶产业协会
10	中国东北林蛙区域性良种的引育示范项目推广	桐庐乐山林蛙养殖有限公司
11	皮杜长大双系杂交生产四元商品猪的应用与示范	桐庐万强农庄有限公司
12	中华草龟标准化养殖及产业化	桐庐县瑶琳水产养殖有限公司
13	国家级林木良种"金球桂"苗木基地建设	桐庐雪水云绿茶叶有限公司

【农村生活污水治理】 2010 年,桐庐县列入杭州市农村生活污水处理项目 13 个,采用无动力厌氧污水净化处理池加人工湿地、太阳能微动力加人工湿地的处理模式,建污水处理池 168 处,容积 6000 余立方米,人工湿地 6800 余平方米及相关污水管道等配套设施(见表 12)。

表 12　桐庐县列入 2010 年杭州市农村生活污水治理生态示范项目

序号	实施单位	项目基本内容
1	新合乡新民村	8 处,总池容 536 立方米,管长 7245 米,湿地 450 平方米,无动力厌氧加湿地。
2	新合乡松山村	7 处,池容 456 立方米,管长 10200 米,湿地 450 平方米,无动力厌氧加湿地。
3	新合乡新四村	19 处,池容 780 立方米,管长 11300 米,湿地 420 平方米,无动力厌氧加湿地。
4	横村镇后岭村	16 处,总池容 580 立方米,管长 19000 米,湿地 343 平方米,无动力厌氧加湿地。

续表 12

序号	实施单位	项目基本内容
5	莪山乡沈冠村	13处,总池容255立方米,管长9300米,湿地637.5平方米,无动力厌氧加湿地。
6	莪山乡塘联村	13处,总池容638立方米,管长12500米,湿地610平方米,无动力厌氧加湿地。
7	分水镇盛村	13处,总池容310.5立方米,管长22460米,湿地746.5平方米,无动力厌氧加湿地。
8	分水镇外范村	19处,总池容550立方米,管长33500米,湿地860平方米,无动力厌氧加湿地。
9	分水镇三溪村	5处,总池容387立方米,管长13500米,湿地362平方米,无动力厌氧加湿地。
10	分水镇朝阳村	10处,总池容572立方米,管长17330米,湿地572平方米,无动力厌氧加湿地。
11	江南镇环溪村	9处,总池容298立方米,管长11700米,湿地458平方米,其中两处配太阳能微动力处理。
12	百江镇翰板村	13处,总池容434立方米,管长8810米,湿地462.8平方米,无动力厌氧加湿地。
13	百江镇东辉村	23处,总池容320立方米,管长1570米,湿地513.8平方米,无动力厌氧加湿地。

【农产品加工企业污染治理】 2010年,桐庐县完成杭州小来大农业开发集团有限公司、桐庐健康蜜钱厂、杭州仙境食品有限公司、桐庐洋洲蜂场、杭州丽晓丝业有限公司、杭州富新食品有限公司等6个杭州市农产品加工企业污染治理生态示范项目(见表13)。

表13 **桐庐县列入2010年杭州市农产品加工企业污染治理生态示范项目**

序号	实施单位	项目基本内容
1	杭州小来大农业开发集团有限公司	池容780立方米,管长200米,有动力曝气、脱氮塔等。
2	桐庐健康蜜钱厂	总池容400立方米,其中污水处理池262立方米,管长1500米,湿地60平方米,无动力厌氧。
3	杭州仙境食品有限公司	池容280立方米,管长1600米,湿地30平方米,无动力厌氧。
4	桐庐洋洲蜂场	池容300立方米,管长2000米,无动力厌氧。
5	杭州丽晓丝业有限公司	池容600立方米,管长300米,无动力厌氧。
6	杭州富新食品有限公司	经环保证明,纳入城镇污水处理厂,无需单独治理。

【乡村休闲观光旅游业污染治理】 2010年,桐庐县完成桐庐紫燕山休闲农庄、瑶琳红石湾农家乐、桐庐康源农庄、桐庐白云居农家乐等4个休闲观光旅游点的的污染治理(见表14)。

表14 **桐庐县列入2010年杭州市乡村休闲观光旅游业污染治理生态示范项目**

序号	实施单位	项目基本内容
1	桐庐紫燕山休闲农庄	池容277.31立方米,管长3150米,湿地127.89平方米。
2	瑶琳红石湾农家乐	池容360立方米,其中厌氧池120立方米,湿地55平方米,管长1267米。
3	桐庐康源农庄	池容189.6立方米,湿地66平方米,管长1800米。
4	桐庐白云居农家乐	池容360立方米,湿地80平方米,管长1800米。

【农家乐污染治理】 农家乐生活污水处理是桐庐县委、县政府的十大惠民工程之一。在2009年治理的基础上,继续对新增农家乐开展污水治理,2010年新增完成污水治理农家乐31家(见表15)。为进一步巩

固农家乐污水治理工作成果，保障农家乐污水治理设施正常运行，确保污水治理长效性，制定《桐庐县农家乐污水治理长效管理办法》。

表 15

2010 年桐庐县完成污水治理农家乐名单

序号	农家乐名称	序号	农家乐名称
1	百江镇清水湾农家乐	17	桐君街道七里人家(桐君山店)
2	百江镇杨梅园农家乐	18	桐君街道春水湾饭店
3	百江镇临河农家乐	19	桐君街道渡济人家
4	分水镇东溪村豪渚埠农家乐	20	江南镇窄溪村古城鱼塘湾农家乐
5	分水镇高联村玉瑞山庄	21	江南镇窄溪村江滨饭店
6	分水镇新龙村新龙渔庄	22	江南镇窄溪村古城富春人家
7	分水镇大路村三味草堂	23	江南镇赵家村富春江野鱼馆
8	分水镇桃源农庄	24	江南镇同富饭店
9	库管委水上人家农家乐	25	凤川镇外源农庄
10	瑶琳镇桃源村兆源优良农家乐	26	凤川镇凤源村神秘谷农家乐
11	莪山畲族乡山味农庄	27	凤川镇大源村云麓山庄
12	旧县街道江湾饭店	28	富春江镇小桥流水人家
13	桐君街道甲天下野味馆	29	富春江镇鹏鹏酒家
14	桐君街道大峰人家	30	富春江镇双源人家
15	桐君街道老八野生鱼馆	31	横村镇阳山畈农家乐
16	桐君街道大丰村菜馆		

【农民素质培训工程　农村实用人才】 2010 年，桐庐县举办培训班 322 期 20916 人，完成年度计划 105%。其中农民专业技能培训 131 期 8450 人；实用人才培训 15 期 1205 人；务工农民岗位技能培训 92 期 7180 人；农民转移就业技能培训 78 期 3803 人(其中妇女“双学双比”1400 人、失土农民培训 514 人)；预备劳动力培训 6 期 278 人。新选拔认定农村实用人才 985 名，入库总量 9285 名。发放各类证书 5091 本，发证率 96%，其中职业资格证 4028 本、绿色证书 1000 本。实现农村劳动力转移就业 3672 人，转移率 96%。

【十百工程】 2010 年，确定桐君街道滩头村、新合乡引坑村、横村镇板头村为全面小康建设示范村，桐君街道金联村范家边、金溪村中联、金中村三联等 61 个自然村为重点整治村。全年投入资金 1000 余万元，拆除危违旧房和严重影响村容村貌建筑 12.91 万平方米，硬化村内主干道路 142.5 公里，新增安全饮用水受益群众 4.08 万人，整治村内河沟池塘 4.98 万平方米，新增种植绿化苗木 23.7 万株，新建公厕 55 座，新增垃圾箱(筒)3062 只，新装路灯 1165 盏，拆除露天粪坑、简易茅厕 1242 只。旧县街道、新合乡通过县级整乡镇推进验收。

【风情小镇创建】 按照创建“宜居、宜业、宜文、宜游”风情小镇目标和生态优先原则，2010 年 5 月，《桐庐县阳山畈“风情小镇”规划》《桐庐县芦茨“风情小镇”规划》通过市级评审。是年，完成一期工程建设。横村镇阳山畈村按照“四季常绿、三季有花、两线入地、一流配套”要求编制规划，完成创建项目工程。富春江镇芦茨村按照“路平屋新、绿树成荫、错落有致、田园风光”要求编制规划，完成芦茨老街区块农居立面改造、村旁山林林相改造、芦茨溪下游堰坝改造等工程，历史文化园区开工，天然浴场和亲水平台在建。

【中心村培育】 2010 年，桐庐县启动中心村培育建设。完善中心村布局规划，按照“人口集中、产业集聚、要素集约、功能集成”要求，将原来 37 个中心村调整为32个中心村,明确2011年启动5个中心村和“5+4工程”即5个重点中心村、4个特色中心村;做好中心村土地利用规划和建设规划对接,国土部门重新调整中心村土地利用规划修编,为每个中心村预留出3.33公顷以上土地,用于农户集中安置点及配套设施建设;开展调查摸底,摸清每个中心村所辖自然村、农居点,可搬迁的农居点、农户数,可整理宅基地数量及集中安置点需要土地用量等;分轻重缓急,细化项目计划;制定《关于开展中心村培育建设的实施意见》,明确中心村建设总体目标、建设内容和建设要求。

【杭新景高速沿线新农村建设示范村整治】 江南镇荻浦村作为杭新景高速沿线新农村建设示范村,2010年初,按照“四季常绿、三季有花、二线入地、一流配套”要求,主要从农居立面整治、古建筑保护和维修、道路建设、卫生改厕、生活污水处理、水系保护、“二线”入地、村务管理等8个方面加以整治。至年底,完成整治并通过省市验收,成为杭新景高速沿线村庄整治样板工程。2011年1月5日,杭州市“百千工程”现场会在荻浦村召开。

(姚荣平)

·农业·

【粮油作物】 2010年,全县粮食作物播种面积16180公顷,总产量9.51万吨,每公顷产量5875公斤,与2009年相比,总面积减853公顷、总产量减0.62万吨、每公顷产量减74公斤(见表16)。是年,推广水稻轻型栽培技术5466.7公顷、单季稻“五改”(“五改”即:一是将生育期相对较短品种改为生育期相对较长品种;二是将迟播迟栽改为适时早播早栽,缩短移栽秧龄;三是将适当密植改为单本稀植;四是将以化肥为主重前期施用改为增施有机肥重视穗肥的施用;五是将水层深灌改为浅湿灌溉)技术3333.3公顷、水稻强化栽培技术3000公顷;组织开展水稻高产攻关竞赛,瑶琳镇大洲畈、分水镇横山畈分获杭州市水稻高产竞赛一等奖、三等奖。

表16　　**桐庐县2009～2010年粮油作物生产情况**

类　别	小　类	2010年	2009年
1. 春粮	面积(公顷)	2030	1271
	总产量(万吨)	0.55	0.34
2. 水稻	单季稻面积(公顷)	6849	7701
	其中:1. 杂交水稻面积(公顷)	5270	5877
	2. 常规粳糯稻面积(公顷)	1701	1824
	单季稻总产量(万吨)	5.22	5.79
	水稻每公顷产量(公斤)	7616	7520
3. 夏秋旱粮	夏秋旱粮总播种面积(公顷)	7153	8070
	其中:1. 玉米面积(公顷)	1957	1922
	2. 大豆面积(公顷)	2282	2250
	3. 甘薯面积(公顷)	2087	2424
3. 夏秋旱粮	4. 其他谷物面积(公顷)	270	257
	夏秋旱粮总产量(万吨)	3.65	3.96
	其中:1. 玉米总产量(万吨)	0.95	0.96
	2. 大豆总产量(万吨)	0.85	0.85
	3. 甘薯总产量(万吨)	1.55	1.69
	4. 其他谷物总产量(万吨)	0.12	0.12

续表 16

类　别	小　类	2010 年	2009 年
4. 油菜	油菜种植面积(公顷)	6331	6232
	其中:双低油菜面积(公顷)	6207	6100
	油菜总产量(万吨)	1.14	1.12
	其中:双低油菜每公顷产量(公斤)	1831	1830

注:2010 年春粮面积包含马铃薯,不再归类到夏秋旱粮中。

【蔬菜】 2010 年,全县蔬菜播种复种面积 6413 公顷,其中非山地蔬菜复种面积 4680 公顷、山地蔬菜复种面积 1733.3 公顷;总产量 20.6 万吨,总产值 2.9 亿元。是年,新发展蔬菜基地面积 117.3 公顷,2008 年以来合计新增基地面积 427.1 公顷,其中非山地蔬菜基地新增 210 公顷、山地蔬菜基地新增 217.1 公顷,全县蔬菜基地面积 1227.6 公顷。全年蔬菜设施栽培应用面积 304 公顷,其中:大棚 238 公顷,中小棚 66 公顷;应用遮阳网 140 公顷,防虫网 10.5 公顷,杀虫灯 283 盏;无公害物理防治、性诱剂应用 7 公顷,滴灌等节水技术应用 105 公顷。推广春番茄—秋辣椒、高山长瓜—四季豆等蔬菜高效种植模式 2670 公顷,推广多层覆盖保温技术 230 公顷,避雨栽培技术 900 公顷。

【蚕桑】 2010 年,全县桑园面积 1900 公顷,与 2009 年持平,饲养蚕种 44594 张,总产茧 2149 吨,分别比 2009 年增长 10.69%和 18.9%;蚕茧总产值 6209.52 万元、平均每张产值 1392 元、产茧 48.2 公斤,分别比 2009 年增 58.9%、43.5%和 7.1%。继续实施省“蚕桑西进”工程,改造桑园 53.1 公顷,引进农桑、丰田系列、强桑一号等新品种 63.7 万株,推广方格簇 50 万片,开展订单蚕户 1296 户,收购方格簇茧 823.21 吨,每 50 公斤鲜茧价格 1735.9 元,比草笼茧高 290.9 元。继续引进桑树新良种,开展试点种植,筛选抗性桑品种,探索桑细菌性青枯病综合防治技术,桑细菌性青枯病发病面积控制在 162.82 公顷,主要分布在分水、瑶琳沿江两岸蚕区。是年,根据桐庐县蚕桑产业扶持政策,发放桑园发展改造和使用方格簇补助资金 33.34 万元。

【茶叶】 2010 年,全县茶叶总面积 3830 公顷,总产量 1850 吨,与 2009 年基本持平;总产值 16500 万元,比 2009 年增 6.58%。其中名优茶产量 450 吨,比 2009 年减 6.7%,产值 13200 万元,比 2009 年增 6.0%;名茶雪水云绿产量 295 吨,比 2009 年减 11.94%,产值 11700 万元,比 2009 年增 3.2%,平均价 397 元/公斤,比 2009 年增 17%。全年新发展无性系良种茶园 100 公顷,改造中低产茶园 200 公顷,新建县级标准化茶厂 4 家。完成国家标准化示范区项目建设,并被列入农业部国家标准茶园创建活动行列。

【水果】 2010 年,全县新发展水果面积 70 公顷,总面积为 4856.3 公顷,实现总产量 5.2 万吨、总产值 1.25 亿元,分别比 2009 年增 7.3%、7.9%。其中蜜梨面积 1942.3 公顷,总产量 2.52 万吨,比 2009 年增 6.7%,总产值 5281.67 万元,与 2009 年基本持平;桃总面积 862 公顷,总产量 1.05 万吨,比 2009 年增 19.5%,产值 2374.86 万元,与 2009 年基本持平;杨梅、樱桃、葡萄、枇杷等小水果面积持续小幅上升。

梨、桃两大产业被列入“十二五”期间桐庐中部省级现代农业综合区建设规划主导产业示范区建设,是建设规划核心内容。2010 年,发展“果(桑)废枝—黑

2010 年 3 月 17 日,桐庐县茶文化研究会成立

木耳”生态循环模式种植黑木耳50万袋;新发展节水灌溉设施80公顷,梨棚架栽培6.7公顷、标准肥水同灌设施果园40公顷。

【果用瓜 中药材】 2010年,全县果用瓜1270公顷,比2009年减132公顷,主要原因在于低温阴雨天气不利西瓜种植,总产量5.26万吨,比2009年减0.1万吨。中药材种植面积470公顷,比2009年增95公顷。主要品种有吊瓜、灵芝、石斛、贝母、白术和薄荷等。其中灵芝3.33公顷、石斛8.5公顷、吊瓜330公顷。中药材总产值3553万元,比2009年增150万元。

【水产】 2010年,全县淡水养殖面积1440公顷,淡水水产品总产量7355吨,比2009年增长0.93%,其中淡水养殖产量7062吨、淡水捕捞产量293吨,分别比2009年增长0.94%和0.69%;淡水渔业总产值16910万元,比2009年增长10.95%,其中:养殖水产品16026万元、水产苗种生产328万元、捕捞556万元。是年,开展生态型水产养殖塘标准化建设工程,全县改造低产塘面积147.93公顷。推广落实混养、轮养、种养结合生态养殖模式和技术,推广面积361.33公顷。全年组织实施各类示范项目19个,带动推广面积368.67公顷,扶持科技示范户19户。渔技110电话、下乡辅导和技术咨询服务2570人次,帮助渔农联系落实水产优良苗种120万尾、环保药物1000多公斤。“瑶池”甲鱼被命名为杭州市名牌;在浙江省第二届渔博会上,“瑶池”中华草龟获金奖、“窄溪”河蟹获优质奖。

【畜牧】 2010年,全县生猪存栏14.78万头(其中能繁母猪8229头),出栏肉猪22.93万头;家禽存栏合计105.4万羽,家禽出栏合计143.2万羽;羊存栏1.99万头,牛存栏2850头;生产猪肉16049吨、禽肉2148吨、牛肉175吨、羊肉202吨、禽蛋3898吨。组织实施桐庐利伟生态园有限公司、桐庐分水柳淑农庄2个国家标准生猪规模养殖场扩建项目;于2010年9月启动能繁母猪预警体系项目建设,上传登记全县能繁母猪电子信息,实时掌握能繁母猪生产动态情况。

【蜂业】 2010年,全县拥有蜂群数7.94万群,比2009年增加3870群;生产蜂蜜5349吨、王浆335吨、蜂蜡112吨、花粉152吨、蜂胶4吨,蜂产品总产量5852吨,比2009年减22.6%;全年养蜂生产总值7323万元,比2009年下降18.2%。全县11家蜂产品经营企业经营蜂蜜2267吨、蜂王浆271吨、蜂花粉66吨、蜂胶21.8吨、蜂蜡14吨,实现经营额7492万元。18家蜂产品加工企业加工销售蜂蜜6330吨、蜂王浆1913吨、花粉380吨、蜂蜡776吨、蜂胶94.6吨,销售产值4.1亿元。是年,养蜂首次列入桐庐县扶持范围,县委〔2010〕39号文件提出:对新增蜂群50群以上的蜂农,每群给予一次性补助80元;每年安排20万元专项资金,设立县养蜂业风险救助基金,对参加救助的会员蜂农在养蜂生产一线遭遇不可抗拒的重大灾害和突发性事故开展风险救助。2010年,全县救助蜂农33户,发放救助资金18万元。桐庐县蜂产品质量安全示范区创建于2008年11月,旨在对全县养蜂基地实行统一的区域化管理,保障蜂产品质量安全,2010年底该示范区被国家质监总局认定为全国首批“重点推进出口食品农产品质量安全典型示范区”,作为样版示范区在全国推广。

【良种推广】 2010年,全县引进、试验、示范、推广名特优新品种76个,其中粮油新品种37个、蔬菜新品种18个、水产养殖新品种2个、水果新品种13个、桑蚕新品种3个、茶叶新良种3个。开展新品种试验,筛选确定全县杂交水稻主推品种3个:中浙优1号、中浙优8号、两优培九;油菜主推品种为浙油50和浙大619。全年推广省定水稻主导品种6070公顷,其中杂交籼稻中浙优1号2766.67公顷、中浙优8号1433.33公顷;常规优质晚粳:浙粳22号900公顷、秀水09号240公顷、秀水123号333.33公顷;杂交晚粳:秀优5号66.67公顷、浙优12号66.67公顷。推广双低油菜6320公顷,普及率98.9%。全县主要农作物良种覆盖率97.4%。

【土壤肥料】 2010年,全县推广测土配方施肥30350公顷,其中建立示范面积4260公顷,组织实施全国测土配方施肥补贴资金项目,采集土壤样品1400个,并送样分析化验。示范推广“肥药双控”技术7000公顷,其中:建立示范面积3560公顷,推广面积3430公顷,在富春江镇、凤川镇建立2个市级“肥药双控”示范区。组织开展“沃土工程”项目建设,实施完成省级沃土工程项目阳山畈高效生态施肥模式示范。全县推广秸秆还田11265公顷。开展5个土地整理项目(标准农田补建)地力评价工作,建成标准农田127公顷。组织实地踏勘2009年度109个土地开发整理项目,面积307公顷,其中:宅基地复耕项目72个、面积110公顷,造地项目37个、面积196公顷,进行新增耕地后续管理。启动实施全县标准农田质量提升工作,编制完成2010年标准农田质量提升工程土壤培肥项目实施方案,建设标准农田提升工程土壤培肥项目16个,18个区块,实施总面积670公顷。

【生态能源】 2010年,建立4个基本农田地力监测点和8个杭州市农业生态环境监测点。开展农村清洁能源建设，全县农户安装使用太阳能热水器3.8万台，比2009年增3900台，增长11.4%，农村清洁能源利用率73.88%。组织实施杭州市农村生态能源建设工程，完成分水镇儒桥村、横村镇后岭村、瑶琳镇高翔村、富春江镇里董村、莪山畲族乡尧山村、百江镇奇源村、新合乡新四村、江南镇梧村、合村乡后溪村和库管委三槐村等10个杭州市农村清洁可再生能源利用工程示范项目建设，安装使用太阳能草坪灯221盏。围绕"811"("8"指全省八大水系及运河、平原河网；"11"既是指11个设区市，也是指11个省级环境保护重点监管区)环境污染整治行动(2004～2007年)和"811"环境保护新三年行动(2008～2010年)，配合做好规模养殖场排泄物治理，完成7个市级生态农业示范工程、1个水产养殖业污染治理工程、6个畜禽排泄物综合治理设施、10个动物尸体无害化处理设施建设，新建沼气池2处220立方米。

【植物保护】 2010年，全县粮油作物病虫草鼠发生面积158986.67公顷次，其中病害发生19166.67公顷次、虫害发生115926.67公顷次、草害发生15380公顷次、农田鼠害发生8513.33公顷次。

发布病虫情报30期15000余份，其中对经济作物发布9期。开展防治面积199826.66公顷次，其中水稻防治168960公顷次、小麦防治2933.33公顷次、油菜防治27933.33公顷次，挽回粮油损失28700余吨，其中挽回水稻损失24600余吨。

实施水稻病虫综合防治集成技术面积7000公顷，农药减量控害增效技术实施面积7000公顷(其中"肥药双控"市级核心示范区186.67公顷)，开展水稻病虫统防统治实施面积1333.33公顷，新增植保服务组织2个。全年示范推广竹筒毒饵站灭鼠新技术145.67公顷，推广应用溴敌隆等农田统一灭鼠技术10507.71公顷，农户统一灭鼠81600户。

【粮食功能区建设】 2010年，完成粮食功能区建设1198.67公顷，其中新建分水镇横山畈、瑶琳镇大洲畈2个省级粮食生产功能区，面积282公顷；新建县级粮食生产功能区10个，面积430.67公顷；完成8个市级粮食生产功能区年度建设任务，面积715.67公顷。是年，在瑶琳镇大洲畈粮食功能区召开省油菜新品种展示暨机收现场会、省水稻新品种现场考察会、市油菜新品种现场考察会和杭州市冬种生产现场会。组织开展粮食功能区编制前期调研工作，编制完成《桐庐县粮食生产功能区建设规划(2010～2018年)》，并于12月21日通过专家组评审。

【现代农业园区建设】 2010年4月，成立桐庐县现代农业示范园区和粮食生产功能区建设协调小组，协调小组办公室设在县农业局。5月启动桐庐县中部省级现代农业综合区建设规划编制工作，6月28日通过省级专家评审，7月被正式批准为浙江省第二批现代农业综合区创建点。9月，江南河蟹、新合茶叶、分水蚕桑被省级产业主管部门批准为省级现代农业(渔业)主导产业示范区创建点，富春江蔬菜、分水生猪、香山太阳鱼、瑶琳龟鳖被批准为省级现代农业(渔业)精品园创建点。桐庐县中部省级现代农业综合区建设期限为2010年6月至2013年6月，总面积2413.3公顷，内含4个主导产业示范区、5个特色精品园。综合区计划投入建设资金1.45亿元，其中主导产业示范区和特色精品园投入6100万元、综合区内外主要道路和水利等设施建设投入8400万元。

表17

2010年桐庐县省级现代农业园区创建点

类别	序号	园区名称	园区地点	产业类别
县中部省级现代农业综合区	1	钟山蜜梨主导产业示范区	钟山乡大市、仕厦	水果
	2	阳山畈水蜜桃主导产业示范区	横村镇阳山畈村	水果
	3	凤联毛竹主导产业示范区	横村镇凤联、元村	竹木
	4	桐庐县白云毛竹主导产业示范区	横村镇白云村	竹木
	5	香山太阳鱼精品园	横村镇香山村	水产
	6	孙家渔业精品园	横村镇孙家村	水产
	7	横村蜂业精品园	横村东南村	畜牧业
	8	莪山高节竹精品园	莪山乡新丰村	竹木
	9	横村生猪精品园	横村镇龙伏村	畜牧业

续表 17

类别	序号	园区名称	园区地点	产业类别
主导产业示范区	10	桐庐县新茶叶主导产业示范区	新合乡新四村、松山村	茶叶
	11	桐庐县江南河蟹主导产业示范区	江南镇锦江村	渔业
	12	桐庐分水蚕桑主导产业范园区	分水镇徐桥、保安、三合,百江镇百江村	蚕桑
	13	桐庐县岭源山核桃主导示范区	合村乡岭源村	干果
	14	桐庐县大庙雷竹示范区	瑶琳镇后浦村、高翔村、琴溪村	竹业
特色精品园	15	桐庐县富春江蔬菜精品园	富春江镇上泗畈	蔬菜
	16	桐庐县分水生猪精品园	分水镇新龙村	畜牧
	17	桐庐县瑶琳龟鳖特色精品园	瑶琳镇瑶琳路	渔业
	18	桐庐县园甲鱼特色精品园	凤川镇园林村	渔业
	19	桐庐县歌舞山核桃精品园	钟山乡歌舞村歌舞岭小陈坞	干果
	20	桐庐县大溪毛竹精品园	合村乡高凉亭村大溪	竹业

【中低产田改造】 2010年完成百江镇罗山村松花畈、瑶琳镇永安村吴外畈、横村镇宅里村洲上畈等8个2009年度杭州市中低产田改造项目,面积353公顷;完成县级中低产田改造项目18个,面积333.33公顷,分布在全县13个乡镇(街道)及分水江库区。通过实施中、低产田改造项目,项目区农田的基础设施得到改善,粮油及各类农作物单产水平提高20%以上,且机械化作业率提高,生产成本与劳作强度下降,经济效益、社会效益与生态效益明显。2010年新申报立项杭州市中低产田改造项目6个,分布在百江镇罗山村、瑶琳镇百岁严坞村、分水镇天英村等地,面积267.13公顷;县级中低产田改造项目18个,面积333.33公顷,分布在全县各地。

【农产品品牌建设】 2010年,加强对"雪水云绿"茶品牌集中整体宣传,扩大品牌知名度。4月28日,举办桐庐"雪水云绿茶"证明商标使用启动仪式暨县第五届敬老茶会,邀请老领导、老茶人共谋桐庐茶业发展大计;5月,"雪水云绿"茶获浙江省第五届绿茶节金奖;8月,组织40余家茶叶企业到福建安溪参观考察取经;10月,"雪水云绿"茶获第七届中国国际茶业博览会金奖,并通过浙江名牌产品和浙江省著名商标复评。加强桐庐水果品牌建设,"桐江"牌桐庐蜜梨获浙江省精品水果展销会金奖,"阳山畈"蜜桃获优质奖;在杭州市优质早熟梨评比会上,桐庐获金奖、优质奖各1个;完成"桐江"牌桐庐蜜梨浙江省名牌产品复评。

【现代设施农业示范园区建设】 2010年,杭州新迪农业发展有限公司投资1800万元,在富春江镇上泗蔬菜基地新建连栋温室10000平方米、标准钢管大棚16.67公顷、喷滴灌20公顷、冷库150平方米、育苗床架2000平方米,配齐配置设备及基础设施,实施桐庐现代设施农业示范园区建设。蔬菜生产从育苗到收获全程在温室和大棚中机械化操作,提高蔬菜生产管理水平和产品质量,成为全县蔬菜生产示范样板和杭州市桐庐现代设施农业示范园区。是年,实施完成

位于富春江镇上泗的现代设施农业示范园区

“雪水云绿”茶园节水灌溉增效示范、蔬菜无土栽培设施配套等2个杭州市设施农业配套项目；新创建桐庐洋洲蜂场蜂业示范园区、桐庐舒家村洪武山蔬菜示范园区、桐庐前村杨梅优质高效示范园区等3个县级特色农业示范园区。

【农业科技项目建设】 2010年，桐庐县实施完成土鸡标准化养殖示范推广、珍珠蚌标准化养殖推广示范等2个浙江省农业标准化项目；完成杭州市农业丰收项目4个，其中桃提质增效集成技术示范推广、蜂产品质量安全生产管理技术示范推广，分别获杭州市农业丰收一等奖和二等奖；完成杭州市农业社会化服务项目3个，为23.67万羽家禽、5.16万群蜜蜂提供技术、信息及销售服务。是年，继续开展杭州市示范性基层农技推广服务中心(站)建设，百江镇农技站、莪山畲族乡农技站创建为杭州市示范性基层农技推广服务站。

【农业技术推广基金】 2010年，省、市、县三级农业技术推广基金会下拨项目资助资金63万元，其中省农技推广基金会4万元、市农技推广基金会31万元、县执行部28万元，完成浙江省农技推广基金会项目1个、杭州市农技推广基金会项目8个、市基金会协助实施项目2个、县执行部项目14个。是年，项目总实施规模570.47公顷，实现经济效益2558.4万元，辐射带动农户基地13625亩。其中：省市级项目规模440公顷，梨枝条栽培黑木耳9.7万袋，出栏生猪5000头，效益1543.6万元；县级项目规模130.47公顷，出栏生猪1155头、黑鸡1万羽，培育母猪50头，养殖温室甲鱼5000平方米，桑枝条栽培黑木耳25万袋，效益1014.8万元。

桐庐万强农庄实施生猪高效生态养殖模式关键技术试验示范，分获2010年度浙江省、杭州市优秀项目成果奖。该项目实行“猪—水果—青饲料”种养结合、立体循环、生态发展模式，通过开展畜禽粪尿无害化处理及综合利用，推广果园使用有机肥、果园套种番薯、黑麦草等青饲料、生猪养殖规范饲喂青饲料等技术，全年增收节支56.9万元，其中利用猪粪种植青饲料节约生猪养殖饲料成本17.8万元，减少种植业化肥、农药投入成本20.5万元，果园增加收入18.6万元。

【农业科技进村入户】 2010年，县农业局组织58名技术人员参加“联基地、联大户”活动，联系种养基地(园区)、农业企业76个，种养大户323户，联结种植规模面积8400公顷，养殖规模家禽30.2万羽、猪4.5万头、蜂2.3万群；组织各类农业科技下乡活动14次，参加农技人员472人次，咨询服务农民23130人次，发放技术资料37380余份。

2月20日，县农业局开展“新春慰农促生产”活动，组织技术干部70余人，分11个专业小分队到桐君、江南、横村、瑶琳、分水等乡镇(街道)，为当地种养大户、合作社和农资生产经营单位送物资、送政策、送技术、送关怀，服务农民600余人，发放技术资料660余份、高效复合肥5吨。

3月4日，在瑶琳镇文体中心举行“为农服务月”活动启动仪式，62位县农业专家挂牌门诊，邀请省内外专家分别为水产养殖户、蜂农开展培训指导。在“为农服务月”期间，市、县农业技术专家为种养大户、农业企业开展各类农业适用技术培训16期、座谈会5期、现场会8期、制作《农民之友》专栏9期、春耕备耕督察5次。

2010年3月4日，桐庐县农业局“为农服务月”活动在瑶琳镇文体中心启动

【农民培训】 实施农村劳动力转移培训阳光工程。2010年，浙江省农业厅下达桐庐县阳光工程培训任务1500名，下拨培训经费122.544万元，县财政配套经费30万元。全县10个阳光工程培训基地开设农民创业、村级农业助理员、畜禽繁殖员、村级动物防疫员、农民专业合作社负责人、农民经纪人、乡村旅游服务员等14个专业培训，举办培训班31期，培训农村劳动力1576人。开展农业适用技术培训。全县开展农业适用技术(绿色证书)培训班141期，培训8306人次，其中“绿色证书”开设农业种养技术和经营管理等12个专业，培训1004人。

【农业“三位一体”公共服务体系建设】 2010年，根据浙政发〔2009〕80号《关于加强基层农业公共服务体系建设的意见》精神，桐庐县全面推进农业“三位一体”公共服务体系建设。至年底，全县13个乡镇(街道)和库管委均挂牌设立农(林)技综合服务中心，中心内设农(林)技推广站、动植物检疫站、农产品质量监管站及培训室、检测室；配置乡镇农(林)技推广人员110人、动植物防检员38人、农产品质量检测员15人。初步构建出农业技术推广、动植物疫病防控、农产品质量监管等“三位一体”的新型农业公共服务体系。

【国家支农惠农政策落实】 2010年，在组织开展全县种粮农户(大户)情况调查，做好数据整理、统计、申报等工作基础上，根据文件明确的10元/亩标准，发放中央油菜良种补贴资金90万元，受益农户68485户；根据文件明确的20元/亩标准，发放省油菜种植大户直接补贴12.7万元，受益大户558户；根据文件明确的水稻15元/亩、小麦、玉米10元/亩标准，发放国家农作物良种补贴194.5万元，受益农户78641户；对种植水稻、小麦面积20亩以上的种粮大户，根据省补贴20元/亩、市补贴10元/亩、县补贴10元/亩标准，发放省、市、县种粮大户直接补贴资金27.9万元，受益大户68户；对运作管理规范的分水大路等18家粮油(水稻)专业合作社，根据省补贴20元/亩、市补贴10元/亩标准，发放省、市直接补贴资金50.57万元；对标准农田质量提升工程内，省、市、县三级粮食功能区内种植水稻的农户，根据文件明确的10元/亩标准，发放省水稻主导品种种植面积补贴22.02万元。全年发放农机购置补贴217.23万元。

【农产品安全管理】 2010年，县农业局设立农产品质量安全监管科，各乡镇(街道)、库管委设立农产品质量监管站和农产品质量监测室，形成县、乡两级农产品质量安全监管监测体系。开展农产品质量安全执法行动和“助世博、保安全”专项整治，出动执法人员860人次，检查各类监管对象1467家次。开展农产品质量安全检测，其中定量检测392批次，合格率99.0%；快速定性检测2635批次，合格率98.0%。探索农产品质量安全长效监管机制，在生猪、蔬菜、粮油、茶叶、水果、水产等八大产业生产领域实行农产品质量安全追溯管理，建立农产品产地准出管理示范基地20家，开展农产品质量安全标准化生产技术培训27期、2450人次。组织申报无公害农产品产地和产品一体化认证45个、面积1733.33公顷，完成有机产品认证6个。

水稻机械化插秧现场

【农村信息化与农民信箱】 2010年，改版杭州农产品信息网(注：桐庐县农网注册的全名为“杭州农产品信息网”)，丰富网站信息量，内容更实用。开展农民信箱注册用户属性数据库规范建设，规范注册用户属性信息，是年，录入农民信箱主体数据库1700余家，其中涉农企业、农民专业合作社、农业种养大户、营销专业人员占总用户数15%。全年通过农民信箱发布公共信息396条、买卖信息591条，向全县种养大户发送各类季节性农产品行情、技术信息14243条，农民信箱网上农博会常年设立摊位数189个。加强行政村万村联网工程建设，分水镇武盛村等6个行政村网站被评为2010年度杭州市市级示范网站。

【农业机械】 2010年，桐庐县农机总动力25万千瓦，比2009年增长1.6%。全县拥有农用运输型拖拉机2228台、农田作业拖拉机1642台、联合收割机70台、插秧机23台、动力植保机械362台、排灌机械15936台、农副产品加工机械1641台。完成机耕作业面积15400公顷，主要农作物机械化收获面积6973公顷、机械化插秧面积700公顷、机械化植保面积4500公顷、机械化灌溉面积9800公顷、完成农机运输作业36790万吨/公里，农业生产中农田耕作、排灌、植保、收获等环节基本实现机械化。全年农机经营总收入17016万元，比2009年增加672万元。

【农机管理】 2010年，全县192户农民和31个农业服务组织购买符合购机补助的农业机械499台(套)，其中耕整地机械29台、种植施肥机械9台、田间管理机械105台、收获机械14台、收获后处理机械4台、农产品初加工机械29台、排灌机械2台、畜牧水产养殖机械10套、动力机械12台，总金额466.67万元，财政补助217.23万元。引进、推广高速插秧机7台，并在旧县、分水等乡镇(街道)落实示范点5个，全年实现机插水稻700公顷；推广油菜联合收割机5台，完成机械收割油菜580公顷。完成拖拉机培训5期126人，农机维修培训1期68人，农机操作手培训1期41人，机手安全知识复训6期1012人。新组建农机专业合作社1家，机械化水稻育秧中心1家。

【农机监理】 2010年，创建市级农机安全示范村3个，分别为：横村镇后岭村、上塘村、胜峰村。桐庐县农机监理站组织参加杭州市《农业机械安全监督管理条例》及农机安全监管业务知识竞赛，获团体三等奖。农机警务室全年上路检查140余天、575人次，检查拖拉机1238台，检验率91.02%，排除一般隐患49起。开展农机安全生产隐患排查治理、农机安全生产月活动、农机安全生产违法行为专项行动、农村道路农机安全专项整治，规范农机安全生产管理，实现农机事故起数、死亡人数、直接经济损失“三项指标”零增长。

【陈早德成杭州地区首个国家级农机大户】 2010年5月10日，在全国范围内开展的农机社会化服务示范建设活动中，分水镇大路村陈早德被列为全国农机大户示范点，成为桐庐县和杭州地区唯一的国家级农机大户。

全国农机社会化服务示范建设活动，由国家农业部确定200个农机大户为全国农机大户示范点，示范点建设实行部省共建、地方主抓、协同推进，建设期限为2010年至2012年。陈早德自1993年以1台收割机和1台拖拉机起步，至2010年拥有油菜收割机4台、小型拖拉机2台、大中型拖拉机1台、育秧流水线1条、插秧机4台、机动喷雾机3台、育秧盘28000多只。他不仅服务于分水大路粮食功能区的84公顷农田，还为周边乡镇和农户提供农田作业服务，2009年水稻机插面积187公顷、收割油菜107公顷、统防统治84公顷，服务农民1300多户。

【动物防疫检疫】 2010年，全县累计免疫注射高致病性禽流感疫苗231.3万只、猪口蹄疫疫苗41.3万头、牛羊口蹄疫疫苗3.1万头，应免畜禽100%免疫到位；累计使用高致病性禽流感疫苗125.265万毫升、猪口蹄疫疫苗67.7万毫升、牛羊口蹄疫双价疫苗5.43万毫升，分别完成市防治动物疫病指挥部下达桐庐县免疫任务的133.57%、129.62%和129.9%；春秋两季免疫注射狂犬病疫苗7.7万只。全年开展产地检疫生猪10.5228万头、牛299头、家禽76.5096万只；开展生猪屠宰检疫12.7121万头；出县境检疫生猪22883头，家禽73.56万只，蜜蜂10.4万群；病死动物无害化处理率100%。开展常规监测，累计监测猪血样1525份、鸡血样1693份、鸭血样110份，猪瘟、猪口蹄疫平均抗体合格率分别为85.05%、77.18%，鸡禽流感、鸡新城疫平均抗体合格率分别为91.08%、77.02%，鸭禽流感平均抗体合格率为94.55%；其中春秋季集中飞行监测采畜禽血样1116份，均超过国家规定70%合格率要求。对桐庐昌裕养殖公司开展奶牛“两病”检疫工作，结果为阴性。是年，桐庐县完成市级规范化动物防疫示范乡镇1个、规范化动物防疫示范村11个、市级动物尸体无害化处理设施建设项目10个。

【植物检疫】 2010年，开展“加拿大一枝黄花”调查面积3333.33公顷，查出发生危害面积9.18公顷。桐庐县重大农业植物疫情防控工作指挥部组织春秋2次防控行动，春季以药剂防控为主、秋季以挖除为主，防控率100%。普查梨面积3173.96公顷，普查率100%，未发现梨枯梢病疫情。在8个乡镇发现柑橘小实蝇疫情，寄主作物有柑桔、柿子、梨、葡萄、石榴，发生疫情水果面积(包括疫情点相连水果)约666.67公顷，重点对象是梨、葡萄和柑橘，全县蜜梨和葡萄套袋率90%以上。调查水稻2666.67公顷，未发现水稻细条病疫情。普查甘薯95公顷，未发现甘薯小象甲疫情。普查蔬菜、园林植物等70公顷，未发现扶桑绵粉蚧危害。

是年，桐庐县植物检疫站开具从外地调运植物检疫要求书89份次，调运各类种子129.78吨；开具植物检疫证书91份次，调运相关产品21.59吨。

【农资企业信用体系建设】 2010年，桐庐县农业局、县工商分局、县质量技术监督局、县安全监督管理局、县物价分局联合对全县农资生产经营单位进行信用管理，推行守法经营和质量公开承诺制，引导农资企业加强行业自律。12月，对申报的218家桐庐县农资经营单位进行农资信用等级评定，评出农资守信企业3家、守信经营户60家。全年指导、整规小农资253家，桐庐县农业局被评为杭州市小农资质量安全整治与规范工作先进集体。

【农业执法】 2010年，桐庐县农业行政执法大队开展“绿剑”系列农资打假专项执法行动7次，出动检查人员325人次，检查各类监管对象327家次，质量送检90批次，合格79批次，合格率87.78%，立案21起。处理调解因农资质量引起的农业生产事故41起，其中种子31起、肥料1起、农药3起、饲料1起、其他5起，挽回直接经济损失25万余元。

【渔政管理】 2010年,年审渔业捕捞许可证118本,其中专业捕捞证32本、兼业捕捞证86本,征收渔业资源增殖保护费10万元,渔港规费2万元。年检渔业船舶118艘、渔船登船检验率100%,新办理兼业捕捞证1本。

开展渔政执法132次,查处各类渔事违法案件25起,没收电渔船6艘,没收电瓶26只、升压器12只,没收丝网21副,销毁各类禁用渔具72台套。桐庐渔政站、临安市渔政站、分水镇、库管委等单位联合在分水江库区、洛口埠水域执法6次,强制拆除并没收"迷魂阵"渔网11副、围网6000余米。开展水产养殖单位(场)使用渔药专项执法检查10次、检查水产养殖户29家次、抽检初级水产品样本39个送检。

开展渔业船舶安全生产执法专项检查16次、累计检查渔船650艘次、责令整改7人次。签订渔业安全生产责任书119份。发放温馨提示卡119张、《致捕捞渔民安全生产一封公开信》280余封。举办渔民安全生产培训,150余人参加。

开展富春江、分水江渔业资源增殖放流,放流花鱼骨、长春鳊、赤眼鳟、翘嘴红鲌、鲴鱼、三角鲂、鳙、鲢、鲤等各类鱼种900万尾,河蟹15万只。

【救灾种子储备】 为提高农业的防灾救灾能力,根据省、市要求,建立农作物救灾种子储备制度,2010年全县完成农作物救灾种子储备8万公斤。发挥农作物救灾储备种子作用,经报请县政府同意,动用救灾玉米种子1500公斤,帮助百江镇因"7·15"山洪爆发导致的40公顷绝收农田的复耕;经报请县政府同意,动用救灾玉米种子500公斤,帮助桐君街道解决季节性抛荒和样本区抛荒的20公顷土地复耕。

(朱永华)

·林业·

【概况】 2010年,桐庐县围绕"实施兴林富民、倡导绿色养老、建设生态文明"发展战略,稳步推进全县林改工作,成功创建浙江省森林城市,创成浙江省首批平安林区县,安全渡过第23个防火期,编制完成《桐庐县林业"十二五"发展规划》,林业三大产业健康发展,松材线虫病防控新举措在全省推广。是年,县林业局获全国村级森防员培训工作先进集体、浙江省林业政务信息三等奖和2009年度省绿化造林工作先进单位、省公益林建设和管理先进单位、杭州市林业工作责任状考核一等奖,县木检总站被省林业厅命名为"省文明窗口"。

【桐庐县成功创建浙江省森林城市】 2010年,桐庐县健全机制,营造氛围,做好"绿色培育"文章。成立县关注森林组织委员会、执行委员会和创建省级森林城市工作领导小组,制定创建工作方案,分解落实创建任务。编制《桐庐县森林城市建设总体规划》。突出重点,创新机制,做好"绿色拓展"文章。构建森林生态屏障,打造城市精品工程,着力提高农村绿化水平。重点建设百万亩生态公益林。发展森林旅游。加强管理,落实长效,做好"绿色保护"文章。编制完成《桐庐县生物(植物)多样性保护规划(2006～2020年)》。开展湿地、风景名胜区、野生动植物保护区等各类珍贵资源的生物多样性建设与保护。开展古树名木普查建档、管理等保护工作。初步建立网络化、全覆盖、无盲点的森林防火、森林病虫害防控体系。是年12月10日,桐庐县通过省级森林城市创建考核组创建验收,省级森林城市创建成功。2011年1月18日,在全省"关注森林"工作会议上,被授予"浙江省森林城市"。

2010年,横村镇浪石村、桐君街道金牛村成功创建为省级森林村庄。

【桐庐成为浙江省首批平安林区县】 2010年7月20日,桐庐县通过浙江省林业厅检查验收,成为全省首批5个"平安林区县(市、区)"之一。

2005年起,桐庐县制定各类创建标准,对乡镇(街道)、村创建平安林区工作进行量化考核。按照先易后难,确定百江镇、旧县街道为首批创建示范乡镇,分水镇大路村、合村乡岭源村等5个村为创建示范村,通过现场指导、政策倾斜、重点帮扶等措施,抓点做样、以点带面。创新工作举措,遏制灾害发生;加大打击力度,确保林区稳定;规范管理制度,提升林业服务效能;强化服务,实施产业联动,实现林业生态与产业双赢。连续多年实现"无人员伤亡、无重特大森林火灾发生和森林火灾受害率控制在1‰以内"三大目标。

【林业三大产业带初步形成】 2010年,完成林业三大产业造林685.13公顷,其中香榧造林面积86.07公顷、山核桃造林面积273.13公顷、毛竹造林面积315.26公顷、油茶造林面积10.63公顷。《桐庐县"十一五"林业发展规划》中"全县人均1亩经济林、横村5万亩竹林基地、东南部万亩香榧基地"等目标基本实现,中部竹业、西北部山核桃及东南部香榧三大产业带初步形成,全县有竹林16666.67公顷(毛竹13133.13公顷)、山核桃5000公顷、香榧733.33公顷,三大产业总面积22400公顷。

【林业示范园区建设】 按照“一乡一园、一村一品”要求，建成桐庐舒家毛竹示范园区和桐庐罗塘山毛竹专业合作社2个县级林业示范园区、桐庐大溪省级特色林业精品园(青笋竹)和桐庐歌舞省级特色林业精品园(山核桃)2个省级精品园、桐庐瑶琳琴溪油茶森林食品基地和桐庐绿源竹笋专业合作社2个省级森林食品基地。创建新合乡为省级兴林富民示范乡，新合乡松山村、富春江镇石舍村、横村镇白云村为省级兴林富民示范村；创建市级园林绿化村15个。

【林业产业项目争取】 2010年，完成桐庐恒信农业开发有限公司瑶琳香榧基地设施配套建设项目和桐庐大庙菜竹专业合作社瑶琳镇后浦村大庙村菜竹示范基地灌溉工程2个市级林业设施配套项目；完成新合乡新四村经济合作社毛竹笋材产销一体化建设、瑶琳镇后浦村经济合作社(大庙)“大庙”竹笋品牌和营销网络建设、百江镇乐明村经济合作社毛竹生产经营服务体系建设3个市级社会化项目建设，争取到市级资金38万元；争取省级以上财政150万元，支持油茶产业发展项目。新建林道150公里。

【科技兴林】 2010年，在横村、旧县等地实施毛竹“一竹三笋”(春笋、冬笋、鞭笋)高产示范和毛竹覆盖技术高效示范，在新合乡实施野生榧树嫁接试验和香榧早实丰产技术示范，在岭源、毕浦舒家、歌舞等地实施山核桃生态化经营技术示范和矮化早实技术示范，提高林业单位面积效益。与上海天森生物公司联合开展噻虫啉防治松褐天牛实验；与浙江农林大学合作，引进森林健康经营理念，共同开展森林健康示范项目；申报实施山核桃干腐病综合防治、樟树透翅蛾生物学特性及防治研究、山核桃生殖遗传与杂交育种研究、竹叶提取物有效成分研究及其开发利用、桐庐县珍稀用材树种繁殖基地建设等科研项目。其中，竹叶提取物有效成分研究及其开发利用被列入市级科技项目。

【生态公益林建设】 2010年，建设生态公益林百万亩，其中国家级、省级重点生态公益林49720公顷，市级生态公益林13766.67公顷。发放重点生态公益林补偿资金1226.49万余元，发放率100%。实施县级公益林监测体系建设工程，建立监测标准地145个。完成省级公益林增划7021.33公顷、国家级公益林数据库维护上报、省级公益林数据库维护、重点公益林和市级公益林调整。根据《浙江省重点生态公益林调整规范》对重点工程确需征占用重点生态公益林的，进行现场实地核查，并按要求进行申报。做好地籍管理信息系统数据库更新工作。实施完成中幼林抚育国债项目，抚育中幼林466.67公顷。

【森林防火】 第23个森林防火期，全县发生森林火情44起，其中火灾1起，受害森林面积2公顷，受害率为0.02‰，发生率为0.08起/10万公顷，未发生重特大森林火灾和人员伤亡事故。2010年，全县投入资金100余万元，新建5支标准化乡镇森林消防队伍，实现全县13个乡镇(街道)、库管委标准化森林消防装备全覆盖。对分管领导、森林消防队队长、扑火队员进行培训，提高森林消防队指挥员指挥水平、扑火队员快速反应能力和灭火技能。完成在江南镇古城村举办的杭州市森林消防扑火演练承办任务，代表桐庐县参赛的江南镇森林消防中队获优胜奖。

【松材线虫病防控】 2010年，全县发生林业有害生物239.13公顷，无成灾面积，成灾率为零；有效防治率100%，无公害防治率100%，林业有害生物测报准确率94.8%。实施产地检疫790.1公顷，种苗产地检疫率98.8%。出台《浙江省环千岛湖松材线虫病防控基础设施建设项目桐庐实施方案》，全面加强“监测预警、检疫御灾、防治减灾、应急控灾”四大体系建设。县林业局、建设局联合下发《关于加强对建筑企业调运松木行为监管的通知》，明确将松材线虫病防控作为建筑工程质量监督注册前置内容和竣工验收条件，该举措被浙江省森防局作为先进经验在全省推广。采用树干注药、喷洒噻虫啉、诱捕器诱杀、饵木诱杀和枯死松木清理等措施防治松林404公顷。松林改造639.73公顷，采伐松木6500立方米。调查枯死松木1121株，采集分离镜检枯死松木样本469份，均未发现松材线虫。

【林业执法】 2010年4月至9月，开展“服务世博 绿盾护林”检疫执法专项行动，出动检疫人员180人次，对105家涉木企业进行统一摸查、检疫执法，检查松木3514立方米，向5家违法企业开出《限期整改通知书》。完善“三情四网”(山情、林情、社情，群防网、联防网、信息网、协查网)信息网络建设，组织开展“森林火灾大会战”、“冬季行动”、“春季行动”、“禁种铲毒”等系列专项行动，形成林区治安群防群治机制。全年接处警321起，立案31起，结案查处29起，其中刑事案件立案5起、结案4起，案件查处率93.5%；依法追究刑事责任4人，处罚17人、10个单位，林政罚款18万余元。与2009年相比，立案总数减少12起，发案率下降27.9%。

【野生动物保护】 2010年4月，下发《关于组织开展2010年野生动物保护宣传月暨“爱鸟周”活动的通知》，组织开展以“爱鸟护鸟，保护生物多样性”为主题的野生动物保护宣传月暨“爱鸟周”活动。4月11日，在景文百货门口举行野生动物保护现场宣传咨询活动,发放资料千余份。是年,全县审批驯养繁殖企业10家,省一般保护陆生野生动物经营利用核准证8本,新发展百江镇绿泉野猪养殖场和分水镇开屏孔雀养殖场。野生动物特色养殖业政策扶持纳入县林业“十二五”规划,天子岗黑熊养殖场成功申报为市级规范化养殖基地

【桐庐县发放林权抵押贷款】 林权抵押贷款是指以森林、林木所有权(或使用权)、林地使用权,作为抵押物向金融机构借款。为深化集体林权制度改革,将林农的“林业资产”变为“流动资金”,2010年,桐庐县把林地流转补助和林权抵押贷款财政贴息纳入政策扶持范畴,出台《林地流转管理办法》,拟定林地流转扶持政策和推进林权抵押贷款财政贴息政策,对规模经营并符合相关要求的林地流转每亩补助100元,对林权抵押贷款实行财政贴息。县林业局与县农村合作银行签订《关于推进林权抵押贷款的合作协议》,明确贷款对象、条件及用途,明确林权证可作为贷款抵押物等,并组织开展乡镇(街道)林权抵押贷款知识培训,讲解贷款程序和相关政策。2月1日,横村镇胜峰村毛竹承包大户李小红从县林业局林权管理部门拿到林权抵押登记证明书,以此向桐庐农村合作银行横村支行贷款50万元,贷款期限3年,为桐庐县首笔林权抵押贷款。至年底,全县累计发放林权抵押贷款1829万元。

【林木保险】 2010年,增设经济林和生态公益林政策性保险。生态公益林政策性保险由政府统保,全县7.2万公顷生态公益林保费21.6万元(保险金额为每公顷3000元,基础费率0.1%,保费3元/公顷)。扩大商品林政策性保险外延,由原先商品林中的项目林扩大到所有商品林7066.67公顷。允许将政策性林木保险代替林木商业保险作为林权抵押贷款前置条件。

【林权信息化】 2010年,建立以林地所有权为基础的图、表、册一致,人、地、证相符合的林权地籍电子管理档案,并按林业信息化管理要求对林权实行即时管理。出台《林权信息系统工作导则》,拟定实施方案,重新整理山林清册,设置外业调查表,乡镇电脑录入。至2010年底,除插花山之外,基本完成全县林权信息化建设外业,完成勘界率97%,签订边界协议6231份。

【义务植树】 2010年1月16日,以学校为载体、学生为对象,在县第一实验小学启动“应对气候变化——千校万人同栽千万棵树”全省统一活动,作为共建绿色校园具体实践,履行植树义务、培育新型学生的重要内容。3月4日,杭州市副市长何关新到江南镇石阜村沈家山市长绿化点,与县四套班子领导和当地干部群众一起参加义务植树活动。全县全年参加义务植树24万余人次,尽责率91.1%,栽花20万株,四旁植树30.5万株,种绿篱1100平方米;营建各种纪念林7块,面积17.3公顷。

【森林旅游】 2010年,瑶琳国家森林公园、大奇山国家森林公园接待游客21.6万人次,门票收入763.5余万元。其中瑶琳国家森林公园接待游客6.3万人次,实现门票收入163.5万元;大奇山森林公园接待游客15.3万人次,门票收入600万元。完成《桐庐大奇山国家森林公园总体规划》修编和《桐庐瑶琳国家森林公园总体规划》,实施大奇山森林公园景区提升改造工程,加快瑶琳国家森林公园二期开发,成功创建白云源为省级森林公园。至年底,全县有国家、省、市、县四级森林公园13个。

(杨珊珊)

·水利水电·

【概况】 2010年,桐庐县重点推进民生水利工程建设,完成208个工程项目,总投资1.987亿元,争取省、市补助资金6500万元。完成农民安全饮用水提升改造工程、水库除险加固工程、江南灌区续建配套与节水改造工程、小型机电排灌工程更新改造、水雨情监测站点增设和升级改造工程、基层防汛会商系

2010年9月30日,县人大常委会对县水利水电局工作进行评议

统暨广电DVB视频广播会议系统建设;应对“3·6”春汛、“6·21”梅汛、“7·15”局部强降雨,组织群众安全转移,无一伤亡。是年,桐庐县获首次2010年全省农民饮用水长效管理达标县、全省首次农村水电站安全管理年检工作先进集体,江南灌区工程管理处获杭州市2010年度投资及重点建设项目推进工作先进集体和杭州市2010年度防灾减灾先进集体。

【农民安全饮用水提升改造】 2010年,投资3560万元,完成涉及全县46个行政村受益5万余人口的农村饮用水提升改造任务。分别是富春江镇芦茨、石舍、象山桥、茆坪4个村2824人,江南镇横山埠、深澳、窄溪、彰坞、锦江、莲塘、青源、渔业、石阜9个村8437人,凤川镇翙岗、三鑫2个村8113人,桐君街道金溪、湾里、金牛、金中、上杭、乔林、新建、兰田8个村11104人,新合乡新四、引坑、新合、松山4个村3272人,百江镇双坞、联盟、小京、东辉4个村1380人,横村镇柳茂、浪石、后岭3个村2682人,江南镇深澳村4159人,分水镇武盛、城西、天英、桥东、东溪、三溪、高联7个村5722人,旧县街道旧县、鸿儒、合岭3个村3009人,凤川镇三鑫村748人等46个行政村。为规范项目建设管理,县监察局、发改委、财政局、水利局4部门联合签发《关于规范农村饮水安全工程中央预算内投资项目建设管理的实施意见》。是年,完成全县107个行政村供水收费,平均按每吨0.8元收费标准,收费175.6万元。

【肖岭水库除险加固】 2010年,投资4560万元完成中央投资项目——肖岭水库除险加固工程建设。肖岭水库是一座以灌溉为主、结合防洪、发电等综合利用的中型水库,位于凤川镇肖岭村,大坝坝址以上集雨面积107.59平方公里,坝型为粘土心墙砂壳坝,总库容1650万立方米,灌溉凤川镇、江南镇和桐君街道2067公顷农田,保护下游23个村庄1.5万人口和600公顷农田安全。2007年5月和2008年1月初,浙江省水利河口研究院、杭州市林业水利局先后对肖岭水库大坝进行安全技术鉴定,鉴定结果为三类坝,必须进行除险加固。2008年4月初,水利部大坝安全管理中心确认肖岭水库大坝安全鉴定结论符合现场核查情况;4月底,省水电设计院完成肖岭水库除险加固初步设计;8月19日,省水利厅下达初设方案审查意见;9月27日,太湖流域管理局下达初步设计方案核查意见;11月14日,省发改委对初设方案进行批复。2009年7月底,承建单位浙江宏兴建设有限公司正式开工建设。主要建设内容为:拦河坝采用厚80厘米低弹模防渗墙防渗,坝顶防浪墙拆除重建,大坝迎水坡马道以上砼预制块护砌,背水坡条石与块石相间护砌,坝基采用帷幕灌浆防渗;拆除溢洪道上原有橡胶坝和砼,新建5孔弧形钢闸门控制库水位并重新浇筑砼底板和侧墙;加固电站厂房后边坡和泄洪渠,原输水隧洞防渗处理,新建管理房。2010年10月17日至19日,肖岭水库除险加固工程建设项目通过安全鉴定;11月3日,通过省水利厅组织的恢复蓄水验收,12月底通过竣工验收。

【小型水库除险加固和临村山塘综合整治】 2010年,完成剪溪坞、坞口水库2座省重点小型水库除险加固工程;完成官塘头、金毛坞、麻境、石坞坑、徐塘和申荫寺、坞口、剪溪坞、深塘弄和湾下10项小型水库除险加固项目。完成智明坞、塘边坞、仁山坞、大塘坞等50座1万立方米至10万立方米临村山塘综合整治工程建设项目。

剪溪坞水库除险加固工程:批复概算总投资866万元,施工单位为桐庐富春水利水电建筑有限公司,监理单位为杭州庆达工程监理咨询有限公司,2010年3月开工,主要建设内容包括主坝坝坡处理、坝体灌浆防渗及坝基帷幕灌浆;Ⅰ号副坝拆除重建为均质土坝;Ⅱ号副坝坝坡处理、坝体粘土套井防渗及坝基帷幕灌浆;溢洪道进水口堰型改造、溢流段导墙加厚和砼衬砌等;启闭设备调换和工作桥修整,新建湖西湖东两条上坝道路、水库管理房及增加观测设施等。12月,通过杭州市林水局组织的竣工验收。

坞口水库除险加固工程:坞口水库位于瑶琳镇蒋家村,批复概算总投资819万元,其中除险加固投资805万元。建设内容主要有大坝迎水坡护坡、坝顶处理、坝基帷幕灌浆、溢洪道改造、平板钢闸门制安、新建输水隧洞、更换启闭设施、原坝下涵管封堵和临时供水工程等。施工单位为桐庐富春水利水电建筑有限公司,于2010年1月进场,3月开工,监理单位为浙江华东工程咨询有限公司。12月14日,通过杭州市林水局组织的竣工验收。

【防汛防台】 2010年,全县出动1044人开展汛前大检查,检查防洪堤399.52公里、水库374座、水闸145座、排灌机埠水电站130处。抽查隐患防洪堤29.64公里、水库40座、主要险工险段69项,汛前需采取工程措施安全度汛31项,落实非工程措施安全度汛38项。集中培训全县324名山洪预警员和水库巡查人员,夯实非工程保障体系;新增8个两江遥测站,25个小流域山洪、重要村庄遥测监测点;投入325万元,建成基层防汛会商系统暨广电DVB视频广播会议系统和中心会场17个,覆盖全县各乡镇和行政村,基本实现“会商到乡,视频到村”;落实县、乡、村级防汛抢险队伍33个473人,配备冲锋舟2条、运输车辆32辆、挖掘机18台。完善应急抢险救援专家库建设,邀请专家61位。全年发出28个水雨情预警通告单,信息预警12300次,适时启动预案并应急响应4次,发出洪水调度预报42次、分水江水库调度令9次。投资109万元,新建24个水雨情监测站点。实现“四不一正常”(江河不决口、水库不垮坝、城镇不进水、人员不死亡和城镇生产生活正常)防汛总目标。

2010年5月26日,县民兵水上抢险救灾分队在上洋洲富春江大堤南侧举行训练成果汇报表演

表18　**2010年桐庐县重要小流域和山塘监测站点**

序号	乡镇(街道)	水库或地点	序号	乡镇(街道)	水库或地点
1	新合	田毛坞	13	富春江	蟹坑口　青龙坞
2	江南	彰坞村寺古塘水库	14	富春江	芝厦
3	富春江	关里	15	横村	水碓丘
4	富春江	俞赵村大坞水库	16	钟山	原歌舞乡政府
5	旧县	寺坞坑	17	钟山	夏塘
6	莪山	东卜塘	18	瑶琳	上沈自然村
7	分水	川门潭水库	19	分水	里畈家
8	分水	后生坞水库	20	百江	翰板村或坑口
9	分水	姜师坞	21	百江	小京村
10	分水	义林王坞坑水库	22	合村	峁源村
11	新合	松山村	23	合村	三合村
12	凤川	竹筒坞村	24	合村	大溪村

【水利质量监督】 2010年,桐庐县水利水电工程质量监督站受理总投资50万元以上质量监督项目15个,到施工现场开展质量安全监督活动50余次,对20多个水利工程项目质量监督活动形成质监会议纪要、抽查意见书15份;核备(定)桐庐县雪水云绿茶园节水灌溉增效示范项目等施工质量等级15项,出具质监报告1份。与县监察局、县安监局联合开展在建水利工程专项检查、安全生产检查。

【小流域治理】 2010年,完成小流域治理建设项目39个,新建及加固堤防12.8公里,新建及加固加高堰坝18座,项目总投资800万元。完成瑶溪、松山溪、龙伏溪、坑口溪小流域综合治理工程,总投资2212.98万元。

瑶溪小流域治理工程:瑶溪为合村乡主要流域之一,流域面积92.71平方公里,主流长19.87公里。工程主要内容有:疏浚河道14.2公里,修建防洪堤1.81公里、堰坝12座、生活埠头18处、放水渡桥1座、排灌渠2.15公里、谷坊7个、蓄水池9座、衬砌排水沟3公里、截水沟12公里;修建机耕路2.03公里、污水处理池5只、污水窨井43只,铺设直径160毫米至50毫米PVC污水管道16300米;坡地改梯田3.33公顷,营造经济果林52.8公顷、生态公益林及残次林补植156.8公顷、水土保持林10.76公顷。工程总投资504.3万元,其中水利工程投资248.417万元、农业工程投资70.256万元、林业工程投资185.627万元。

松山溪小流域治理工程:松山溪为分水江下游右岸主要支流之一,流域面积20.93平方公里,主流长9.84公里。工程主要内容有:山塘除险加固1座,河道整治1.58公里,河道疏浚2公里,修建防洪堤1.71公里、堰坝5座、排灌渠2.13公里、生活埠头5处、机耕路1.71公里,铺设供水管道11.67公里,开挖排截水沟3.62公里;坡地改梯田2.47在公顷,营造经济果林61.3公顷,残次林补植2.8平方公里,水土保持林种植5平方公里。工程总投资546.91万元,其中水利工程投资297.59万元、农业工程投资52.93万元、林业工程投资196.39万元。

龙伏溪综合治理工程:龙伏溪为分水江下游右岸主要支流之一,流域面积35.77平方公里,主流长15.48公里。工程主要内容有:山塘除险加固2座,新建及加固堰坝23座,修建防洪堤7.11公里、排灌渠15.37公里、机耕路9.43公里、机耕桥4座。工程总投资829.77万元,其中水利工程投资727.54万元、农业工程投资102.23万元。

坑口溪小流域治理工程:坑口溪为百江镇前溪流域主要支流之一,流域面积98.56平方公里,主流长28公里。工程主要内容有:疏浚河道1.2公里,修建防洪堤0.6公里、渠道6.2公里、机耕路2.3公里、堰坝5座,开挖排水沟0.8公里,堤防、护岸绿化1万平方米,河道内清淤、整治、保洁38公里,增加省级生态林封育面积800公顷,四荒治理7.33公顷,营造经济果林33.33公顷。工程总投资332万元,其中水利工程投资178万元、农业工程投资81.3万元、林业工程投资72.7万元。

【分水江综合治理和水生态环境建设】 2010年,投入1800万元完成横村上浦段和分水东溪柏山段1.46公里分水江流域综合治理工程。以生态治水理念,按照河畅、水清、岸绿、景美要求,以前溪、后溪、松山溪等源头为示范,开展生态和万里清水河道建设,结合分水江治理、生态河道建设、小流域治理和河道保洁工程建设,完成19项,整治河道53.38公里,其中村庄沟渠整治14.75公里。

首次开展全县农村河道清理工作,总投资720万元,完成620公里涉及7个乡镇(库管委)351条(段)河道清理工作,基本做到水面无漂浮物、两岸无垃圾杂物,并通过县级部门考核验收。是年,桐庐县河道保洁工作在杭州市林水系统标准江堤管理考核中获一等奖。

2010年,投资550万元,完成钟山乡水土流失治理工程。编制完成《桐庐县大市溪小流域水土流失治理工程实施方案》,完成大市溪小流域16.44公顷水土流失面积综合治理。全年征收水土保持补偿费33万余元。对桐庐供水二期工程、桐庐生活垃圾处理工程等开发建设项目水土保持监督检查。

【水政执法】 2010年,通过"世界水日"和"中国水周"宣传、举行"呵护两江秀水,保障民众安康"大型广场宣传活动等方式加强水法律法规宣传;坚持执法与服务相结合、日常巡查与突击检查相结合,保持对"两江"及小流域采砂严打高压态势,全年县水利、公安、海事等部门联合出动人员1200余人次,巡查600余次,检查河道660余条(次),现场处理违法行为30余起,暂扣作业工具50余辆,强制取缔无证吸砂船20艘,立案查处违法案件48起,结案44起,罚没款62.76万元。

是年,县水政监察大队组织河道巡查480余次,出动巡查人员900余人次,查处非法采砂56起、未批先建涉河项目3起,暂扣违法作业工程车16辆,拆除富春江城区岸边用废弃材料搭建的简易钓鱼棚及广告牌等;向上争取资金230万元用于河道堤防管理;实行《桐庐县河道保洁长效管理考核办法》、河道保洁

分水镇东门城防工程

常态化督查考核机制和制度化补助奖励机制,进行长效管理。

逐步推进网上行政处罚系统运行工作,公开办事程序、处罚标准以及行政处罚流程。全年办理行政许可项目 143 件,其中取水许可和取水许可延续审批 101 项、开发建设项目水土保持方案审批 29 项、河道采砂许可 11 项、水利基建项目初步设计文件审批 1 项、涉河涉堤项目审批 1 项。

对 70 余家取水用户进行取水许可证年审换证,对全县 115 家取水企业征收水资源费 250 余万元。继续做好取水实时监控系统运行维护工作,新增杭州笑雪服饰有限公司为取水实时监控设施安装点。

【水电建设管理】 2010 年,完成桐庐县"十一五"水电农村电气化建设验收;投入 100 万元,完成桐君街道、瑶琳镇、江南镇和富春江镇等 10 处小型机电排灌工程项目更新改造;加强小水电安全管理,对全县 75 座水电站进行安全生产大检查,首次与各小水电企业签订安全生产责任书,并发放《农村水电站运行管理技术规程》83 本;开展小水电年检,县水利、安监、供电联合成立农村水电站机电站安全管理年检工作领导小组,对参与安全管理年检的 55 座运行 25 年以上水电站进行初审和审定。是年,桐庐县水利水电局被浙江省水电中心授予全省首次农村水电站安全管理年检工作先进集体。

【江南灌区续建配套与节水改造】 江南灌区续建配套与节水改造工程涉及桐君、凤川、江南、富春江 4 个乡镇(街道)51 个行政村 16.28 万人,其中农业人口 8.53 万人。2006 年 6 月县水利局编制完成《浙江省桐庐县江南灌区续建配套与节水改造规划报告》,9 月县政府组织专家对《规划报告》进行审查,12 月作出批复。2007 年 7 月通过省水利厅和省农发办审查,8 月由杭州市水利水电勘测设计院桐庐分院进行初步设计。2008 年 3 月通过省水利厅和省农发办审查,6 月下达《关于桐庐县国家农业综合开发江南灌区节水配套改造项目实施计划的批复》,7 月浙江省水利厅、浙江省农业综合开发办公室下达《关于国家农业综合开发桐庐县江南灌区节水配套改造项目初步设计的批复》。至 2010 年末,该工程总投资 1261 万元,完成渠道衬砌 12.41 公里,渠道疏浚 3.5 公里,隧洞 7 处,改造水闸 11 座,新建灌区监管中心 1 座,增设水位水量设施 12 套,完成土石方 5 万余立方方,主体工程完工。

(林晓箐)

·气象·

【概况】 2010 年,桐庐县总的气候特点是气温继续偏高,起伏较大;降水回归正常,分布不均;日照低位徘徊,继续偏少。主要气候特征是:2009 年冬 2010 年春气温起伏大,降水异常偏多,暴雪、连阴雨、连续暴雨、低温冰冻历史罕见创纪录,非汛期出现汛情。雷暴、冰雹出现早,自 1997 年以来首次出现"倒春寒"天气,回暖日历史最迟。梅雨较为典型,雨量回归正常但各地分布不均,局地出现洪涝灾害。夏季持续高温,时间长强度大;多强对流天气,短时暴雨和雷击事件多发频发;台风活动偏少,影响较弱,未出现灾害。秋季天气正常,但灰霾天气多。初冬出现罕见暴雪和低温冰冻天气,对交通及农林业等造成较大损失。

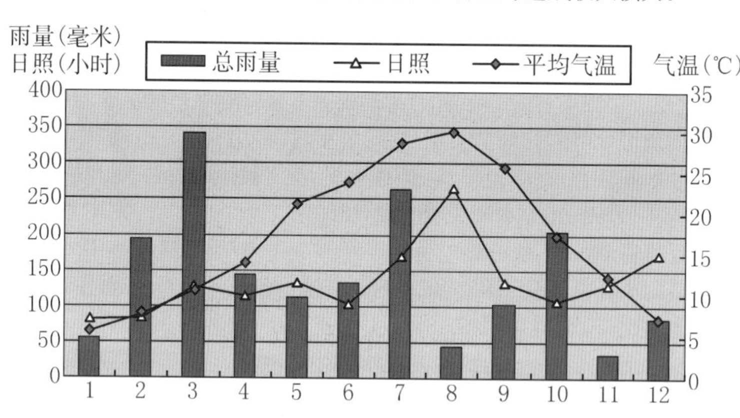

2010 年桐庐县各月光、温、水要素变化图

【日照】 2010 年,全县日照 1614.7 小时,较历年和 2009 年分别偏少 9%和 1%,2005 年以来连续 6 年日照偏少。2010 年,除 3 月、8 月和 12 月日照较历年同期偏多或接近外,其余各月均偏少。其中 7 月日照 168.7 小时,日照偏少为历史同期第 5 位;8 月日照 264.7 小时,为近 32 年来最多。

【气温】 2010 年,全县平均气温 17.1℃,全年除 4 月、6 月和 10 月较历年偏低或接近外,其余各月均偏高。其中 8 月和 9 月气温分别为 30.1℃和 25.6℃,气温之高为历史同期第 2 位和第 6 位;4 月气温 14.1℃,气温偏低为历史同期第 2 位。

全年正积温 6244.9℃,除 4 月、6 月和 10 月接近历年或偏少外,其余各月均偏多,其中 4 月偏少、8 月偏多均为历史同期第 2 位。>10℃有效积温为 2987.0℃,较历年偏多 98.2℃,较 2009 年偏少 171.9℃。

年极端最低气温零下 4.2℃，出现在 1 月 14 日，较历年和 2009 年分别偏高 5.3℃和 2.0℃。全年极端最低气温≤0℃冰冻天气 23 天，较历年和 2009 年分别偏少 8 天和 2 天。

年极端最高气温为 40.3℃，出现在 8 月 4 日，较历年和 2009 年分别偏低 1.4℃和 1.0℃。全年极端最高气温≥35℃高温天气 46 天，较历年和 2009 年分别偏多 17 天和 11 天。≥37℃炎热天气 17 天，较 2009 年偏多 4 天。

【雨量】 2010 年，全县降水量 1709.2 毫米，较历年和 2009 年分别偏多 12%和 16%。全年除 2 月、3 月、7 月、10 月和 12 月较历年偏多外，其余各月均偏少。

全年出现 5 次暴雨天气，分别在 3 月、7 月和 10 月，较历年和 2009 年分别偏多 2 次和 1 次。3 月 5 日至 6 日出现历史同期首次连续暴雨(5 日 72.0 毫米、6 日 58.8 毫米)天气。年最大日雨量 76.6 毫米，出现在 7 月 15 日。

年雨雪日 162 天，接近历年，较 2009 年偏多 19 天。全年 1 月、3 月、8 月、10 月、11 月和 12 月接近历年或略偏少外，其余偏多。其中 8 月特少，为历史第 4 位。

【天气现象】 2010 年，全县降雪日 21 天，较历年和 2009 年分别偏多 9 天和 15 天；积雪天数 2 天，较历年和 2009 年分别偏少 5 天和 14 天。全年最大积雪深度 13 厘米，出现在 2 月 14 日。

霜：2010 年终霜日出现在 3 月 11 日，较历年和 2009 年分别偏迟 2 天和 18 天；初霜日出现在 12 月 4 日，较历年和 2009 年分别偏迟 11 天和 14 天；全年无霜期 267 天，较历年偏多 8 天，较 2009 年偏少 18 天。

雾：2010 年出现大雾 25 天，较历年偏少 19 天，较 2009 年偏多 7 天。灰霾天气 33 天，浮尘天气 3 天。

雷暴：雷暴日 45 天，较历年和 2009 年分别偏多 6 天和 2 天。初雷暴日出现在 2 月 9 日，历年平均在 3 月 3 日；终雷暴日出现在 9 月 15 日，历年平均在 10 月 11 日。

风：年平均风速为 1.7 米/秒，历年平均为 1.6 米/秒；年最多风向为西北偏西(WNW)，频率为 22。全年瞬时风速≥17.0 米/秒大风天气 1 次，出现在 7 月，较历年平均偏少 2 次。年极大风速 17.1 米/秒，风向为西北(SE)，出现在 7 月 23 日。

【主要天气事件及其影响】 2010 年 1 月 6 日大雪：受较强冷空气和暖湿气流影响，1 月 5 日夜到 6 日上午，全县普降大雪。至 6 日 8 时，桐庐站最大积雪深度 4 厘米，新合、钟山等乡镇积雪 6 厘米左右，其他地区积雪 4 厘米至 5 厘米，高海拔地区积雪更深。7 日起天气转晴，6 日、7 日最低气温分别为零下 1.9℃和零下 1.4℃，山区零下 3℃至零下 5℃，白天气温回升。因冰冻强度弱，对蔬菜、部分果树、花卉生长有所影响，但低温降雪天气有利春粮通过春花阶段提高冬前分蘖数，有利杀灭越冬病菌和虫害，利于来年农作物生长。

1 月 21 日至 2 月 15 日低温连阴雨：1 月 21 日到 2 月 15 日夜，由于西南暖湿气流活跃，北方不断有冷空气补充，受冷暖气流持续交汇影响，县境以持续阴雨雪天气为主，多次出现强降水过程，累计雨雪量 177.4 毫米，较历年偏多 195%，雨量之多为历史同期第 2 位。日照 24.2 小时，较历史同期明显偏少。降水有利降低森林火险等级，但使土壤墒情变差，田间湿害严重，不利春花作物、蔬菜等农作物生长。并对建筑施工、春运交通、市民生活、疾病防控产生较明显负面影响。

寒潮、冰雹、暴雪：2 月 9 日，受冷空气来临前的西南暖湿气流影响，全县天气短暂转晴，气温大幅回升，最高气温 27.4℃，平均气温 16.8℃，夜里随北方冷空气渗透影响，部分地区出现冰雹和强雷暴、短时强降水等强对流天气，冰雹最大直径 1 厘米左右。10 日起，受强冷空气南下影响，出现寒潮天气。由于不断有冷空气补充影响，48 小时和 72 小时日平均气温过程降温 12.8℃和 15.4℃，到 14 日寒潮天气过程降温 16℃，12 日、13 日最低气温分别为零下 1.0℃和零下 2.0℃。13 日夜(除夕夜)，各地出现暴雪天气，14 日 8 时桐庐站积雪深度 13 厘米，雨雪量 26.1 毫米，各乡镇雪深在 10 厘米左右，山区局部达到或超过 15 厘米。暴雪造成农林作物损失，全县林木受灾面积 18733 公顷，直接经济损失 5010 万元。简易蔬菜大棚等农业设施受损严重。

3 月 1 日至 8 日连阴雨及 3 月 5 日至 6 日连续暴雨：由于冷暖气流在长江中下游地区交汇并滞留，2 月 24 日起到 3 月 8 日全县基本以阴雨天气为主。其中 3 月 1 日到 8 日持续低温阴雨雪天气，并在 5 日到 6 日出现创历史记录的连续暴雨天气，1 日至 6 日出现历史同期罕见持续强雷暴天气，8 日下午到夜里各地出现雨夹雪或雪。3 月 1 日至 9 日，桐庐站累计雨量 259.4 毫米，为历史同期最多，是常年同期近 8 倍。全县平均面雨量 240 毫米，雨量分布较均匀。持续性阴雨天气，造成山塘水库水位偏高，部分地区出现洪涝及内涝，全县 13 个乡镇(街道)、库管委不同程度受灾，受灾人口 3.59 万人，倒塌房屋 280 间，转移人口 1170 人，直接经济损失 2490 余万元。其中：农林牧渔方面，农作物受淹面积 2140 公顷，成灾面积 284 公顷，粮食减产 1300 吨，水产养殖损失 347 公顷，经济作物损失 534 万元,死亡大牲畜 93 头,直接经济损失 1658 万元;工业交通运输方面,停产工矿企业 6 家,公路中断 213 条(次),供电中断 4 条(次),通信中断 1 条(次),直接经济损失 310 余万元;水利设施方面,损坏小型水库 2 座、堤防 49 处、护岸 16 处、水闸 1 座、灌溉设施 312 处、机电泵站 14 座、水文站 2 个,堤防决口 12 处,冲毁塘坝 11 座,直接经济损失 522 万元。

3 月 8 日至 11 日雨雪低温冰冻:受不断补充冷空气影响,3 月 2 日至 11 日,全县气温持续偏低,平均气温 5.5℃,较历年偏低 3.1℃;其中 7 日至 10 日平均气温 2.9℃,明显偏低。8 日下午到夜里,各地出现雨夹雪或雪,山区积雪较明显,部分高海拔山区积雪 9 厘米左右。10 日、11 日天气转晴后,桐庐站早晨最低气温分别为零下 3.9℃和零下 1.7℃。低温冻害造成全县 6767 公顷农作物受灾,成灾面积 747 公顷,直接经济损失 4017 万元。春茶受冻严重,已萌新芽无法采摘。

4 月 13 日至 15 日倒春寒:受冷空气不断渗透南下影响,13 日到 15 日出现 1997 年以来首次“倒春寒”天气,平均气温分别为 10.4℃、6.1℃和 6.3℃。过程最低气温出现在 15 日早晨为 4.3℃,部分山区最低气温 1℃至 3℃。14 日白天到夜里,出现中到大雨局部暴雨天气过程。因县气象局提前 6 天预警,天气过程全县无灾情。

梅雨及“7·15”梅汛期暴雨。2010 年,桐庐县于 6 月 17 日入梅,7 月 17 日出梅,梅雨期 30 天,比常年偏多 8 天。全县平均梅雨量 283 毫米,桐庐站 306.8 毫米,与常年相近,最大为莪山 403 毫米。梅雨期间有 5 次系统性降水过程,各地雨量分布不均匀,部分地区出现暴雨。6 月 20 日上午出现短时强降水,分水、大路自动站 2 小时雨量 60 毫米,强降水区域集中;7 月 15 日,受副热带高压减弱雨带南压影响,全县各地出现短时区域性暴雨局部大暴雨,桐庐站雨量 76.6 毫米,莪山雨量最大为 151.2 毫米,有 9 个自动站雨量超过 100 毫米,出现洪涝灾害。全县 12 个乡镇 3.58 万人受灾,倒塌房屋 117 间,转移人口 1670 人次,直接经济损失 5307 万元。其中,农林牧渔业直接经济损失 2263 万元,工业、交通运输业直接经济损失 1470 万元,水利设施直接经济损失 1574 万元。

高温干旱:7 月 17 日出梅后,受副热带高压控制,全县出现持续晴热高温天气,高温时间长,强度大。日最高气温≥35℃高温天气 46 天,较历年和 2009 年分别偏多 17 天和 11 天。≥37℃炎热天气 17 天,≥39℃酷热天气 5 天。7 月 29 日至 8 月 26 日,为高温持续时段,8 月 3 日至 4 日气温≥40℃,8 月 14 日至 15 日气温≥39℃。9 月高温天气 7 天,高温天气之多为历史同期第 4 位,9 月 21 日高温天气结束。全县高温时期,各地多午后局部雷阵雨天气,伏旱不明显。高温热浪对生产和生活带来不利影响。8 月,全县用电负荷 27.8 万千瓦,在限电情况下工业生产受到一定影响,中暑人员明显增加。

“12·15”寒潮、暴雪:受西南暖湿气流和强冷空气共同影响,12 月 11 日夜里起,全县出现连续阴雨天气。14 日至 15 日受寒潮侵袭,日平均气温 48 小时降温 10℃,15 日最低气温为零下 1.9℃,并有雨夹雪和雪,雨雪量 18.2 毫米;至 16 日 8 时,桐庐站最大积雪深度 7 厘米,部分山区乡镇积雪 12 厘米以上。16 日早晨最低气温零下 3.1℃,山区最低零下 7.1℃,出现大范围冰冻或严重冰冻天气。降雪冰冻天气造成全县直接经济损失 4211.68 万元,其中农业经济损失 512.23 万元、专业合作社经济损失 306.95 万元、林业经济损失 3309.5 万元、水利工程经济损失 83 万元。

2010 年 12 月 16 日大雪(摄于桐庐县气象观察站)

【气象灾害防御体系建设】 2010 年,发布《气象灾害应急准备认证制度》,出台《气象协理员管理考核办法》,气象灾害防御示范乡镇建设、气象信息电子显示屏建设、应急准备认证工作列入新农村建设考核,防雷安全管理和气象灾害防御列入“平安桐庐”考核,全县全面开展气象灾害防御工作。是年,旧县街道和新合乡完成省级气象灾害防御示范乡镇建设创建工作,5 个乡镇(街道)组建气象灾害防御工作领导小组,编制《气象灾害应急预案》。全县各乡镇气象协理员参与气象法规和科普宣传53次，上报各类气象灾情实况138条(幅)，转发传播气象预警信息120次372360条，参与灾情抢险，转移人员15次5370人。加强台站综合改造，完成台站外围环境绿化改造，达到绿色台站要求。以均等化城乡气象服务为目的，政府立项投资监管、占地4亩的江南气象探测中心完成前期审批工作。

【综合气象探测和气象预警服务】 至2010年末，全县13个乡镇(街道)安装27个区域自动气象站、2个大气负氧离子监测站、1个大气电场监测站、1个高速公路能见度监测站，雷达、闪电定位仪等资料综合应用实现从一维单点监测到三维组网监测，提升气象灾害监测能力。为全县乡镇和部分农业企业安装41块气象综合显示屏，建成农业大户、山洪巡查员、地质灾害防治员、森林防火员等多种专业数据库，形成多渠道气象传播网络。全年地面气象观测、酸雨观测、各类报表制作无差错。2人达到连续250个班以上无错情标准，被中国气象局授予"质量优秀测报员"。加强预报服务，重点强化中小尺度天气系统监测分析和短时临近天气预报业务，做好高强度、突发性、灾害性天气精细化预报、滚动气候预测、中短期和延伸期天气预报，提高预报预测的精度和时效。全年发布各类气象预警服务短信57.2万条，发布气象预警信号42次。结合重大天气影响过程，制作呈送气象呈阅件4期；根据不同季节和不同活动需求制作专题服务材料12类124期。

【气象服务】 2010年，在森林火险、地质灾害预警指数、人体舒适度、晨练指数、旅游气象舒适指数、穿衣指数预报基础上，根据各个季节和关键天气适时增加霉变指数、夏季水泥面最高温度、中暑指数等气象指数预报。分别和《今日桐庐》、桐庐电台、桐庐电视台合作，设置"工程师解说气象"专栏、"田园之声"天气直播、"农民之友"未来一周天气预测。

推行农村气象服务联系卡，以23个专业农业合作社、农业大户为重点联系用户，3个农情联系点为基础，为3个系列特色农作物提供产前、产中、产后全程系列化服务材料22期。全年发布农村气象服务推广材料56期，其中灾害性天气农村气象影响评估8期、年月气候评价13期。完成杭州市农业丰收项目"桐庐县粮油作物病虫害气象成因研究及预警防控技术推广"并获三等奖，在实际业务中进行推广应用服务。

【气象依法行政】 2010年，办理防雷装置设计审核和装置竣工验收行政许可256件、施放气球作业许可6件，出具防雷装置初步设计并联审批告知单115份，项目现场办结率和承诺办结率为100%。按照行业危险度和重要性，向社会公布中石化桐庐石油支公司、桐庐汇融煤气有限责任公司等50家防雷重点单位，开展防雷安全大检查。首次组织防雷重点单位安全管理员培训班，建立防雷重点单位管理人员预警数据库，发布天气预报和雷电预警信息，确保防范管理到位。在杭州市率先推出《桐庐县农居房防雷装置设计与建造技术参考》，指导农村防雷，完成1个防雷示范村建设。对全县438幢校舍防雷安全进行检测评估，协助教育部门制定整改方案，工程施工指导，全县中小学校舍防雷整改工程三年工作两年完成。

【气象科普宣传】 2010年，利用"3·23"世界气象日、"5·12"防灾减灾日、"6·23"防雷日等节日，县气象局发放科普书籍和资料3000余册，并在《今日桐庐》以专刊形式进行气象科普知识宣传，接待媒体天气采访60余次。与团县委合作，开办第二期暑期公益夏令营，近千名学生直接走进气象台，了解掌握气象知识，提高学生对大自然认知。县气象局、县总工会联合实施百场科普电影进企业。开展气象科普进社区、进学校活动，举办气象科普讲座14期，听众1000人次以上。

2010年12月2日，气象科普讲座走进县第一实验小学(城南校区)

注：文中历年或历年平均及多年平均，均为1971～2000年的30年平均资料；历史纪录为1959年有气象资料以来。

(章莹菁)

【责任编辑　王建中】

工业经济

·综述·

【概况】 2010年,桐庐县全力实施"工业强县""开放活县"战略,抓住国际金融危机逐步消退,经济发展总体回暖有利时机,克服生产要素制约,转变发展方式,工业经济呈现回升发展态势。全县实现工业总产值559.4亿元,同比增长19.48%。完成工业销售产值550.07亿元,同比增长20.1%。新增规模企业74家,规模企业总数768家,其中亿元企业71家;规模工业产值占全县工业总量比重66.9%。实现自营出口6.61亿美元,进出口贸易涉及130多个国家和地区;完成外贸进出口总额7.39亿美元,同比增长23.1%,其中进口总额0.78亿美元,同比增长7.5%;出口总额6.61亿美元,同比增长25.2%。

【结构调整】 2010年,开展"技术改造见效年"活动,利用传统产业技改财政补助25%后延6个月的政策,鼓励企业加快引入先进装备,增强企业市场竞争力。全年针织行业引进电脑横机1197台,2008年至2010年上半年累计引进3063台;制笔行业引进机械手等先进设备793台,2008年至2010年上半年累计引进1313台。2008年至2010年上半年兑现传统产业技术改造奖励扶持资金8762万元,先进设备在规模企业中实现全覆盖。2010年,装备制造、压延加工、生物医药、新型建材等产业规模以上企业销售产值256.85亿元,占全部工业比重69.6%,比2009年提高2.8个百分点。

【项目推进】 2010年,开展"工业项目督查年"行动,对全县重点项目建设进行跟踪与服务,协调解决难题,定期通报项目进度,督促加快项目建设进度。全县102个重点工业项目投入27.63亿元,完成年度投资计划的99.6%;累计开工项目95个,开工率93.1%;累计竣工投产项目42个,竣工投产率41.2%。浙江富春江水电设备股份有限公司、浙江中水发电设备有限公司、浙江迅和机械制造有限公司、杭州康鹏机械制造有限公司等49个项目完成年度计划投资超100%。全年履约清理工业用地67.07公顷。"十一五"期间引进内外资项目582个,实到内资197亿元、外资4.26亿美元。

【平台建设】 2010年,开展"园区整合提升年"行动,加快园区整合提升,坚持"建区造城"并重,加大园区基础设施建设投入,推进"通路、通电、通水"等配套设施建设,实现县经济开发区与凤川—江南新城"无缝对接"、基础设施共享。是年,"一区七园"完成基础设施建设投入2.18亿元,完成年度目标的154.4%。

【技术创新】 2010年,全县拥有市级以上高新技术企业55家,其中省级以上26家;拥有市级以上行业研发中心(技术中心)5家,市级以上企业研发中心(技术中心)49家,其中省级13家;实现规模以上新产品产值74.12亿元,同比增长75.7%,规模工业新产品产值率19.79%,同比增长5.61%。杭州蜂之语股份有限公司的蜂产品监测中心和浙江富春江水电设备股份有限公司的绝缘试验中心通过国家级认定。

【品牌建设】 2010年,制定实施《桐庐县品牌发展三年行动计划》,召开全县品牌发展工作大会,明确企业品牌、产品品牌、行业品牌、区域品牌的重点工作,建立品牌培育库,鼓励80余家企业有计划推进品牌发展。是年,全县工业企业拥有市级以上名牌、商标称号57家,新增6家,其中新增省级3家、市级3家。浙江富春江水电设备股份有限公司等11家企业新增为国家标准起草企业或采用国家标准生产企业,增强企业市场影响力和话语权。

【优化服务】 2010年,桐庐县连续第5年获杭州市"工业企业长效服务先进单位"称号。完善重大工业问题协调例会制度,召开6次专题会议解决13个涉企问题。配合省、市部门开展送服务进企业、基层"双服务"活动,化解一批发展难题。争取上级信息化、技术改造、市场拓展、先进制造业基地等专项扶持资金,全年累计争取资金2000余万元。针对优势产业实施"一业一策",如调整再生资源加工回收行业税收政策,12家再生资源加工企业实现销售50.5亿元,入库税金4.24亿元。

【企业培育】 2010年,评定成长型企业50家,其中最具成长型企业10家,最具潜力型企业10家;评定杭州市成长型中小企业30家。列入市"百千万"中小企业成长计划177家，申报浙江省最具投资价值的成长型企业19家。组织开展各类企业家培训10余次。9月，委托杭州理德管理咨询有限公司开展为期半年的培训，招收13家企业学员，采取集中培训和现场指导等形式，为企业高层管理者提出改善方式并督促落实，帮助企业减少运营成本近400万元。

【电子商务】 继续实施电子商务进企业3年行动计划，2010年，新增通过第三方电子商务应用企业540家，累计新增电子商务应用企业1594家，市、县两级财政专项资金累计资助400余万元。评选创建杭州泛亚卫浴股份有限公司、桐庐瀚威健身器材有限公司等5家电子商务示范企业。桐庐县经贸局与中国建设银行桐庐支行合作推进电子商务贷款等新兴融资模式，与中国移动公司桐庐分公司联合推动中小企业信息化蓝色行动等活动，免费或低费用向企业提供邮箱、域名、网站等服务，提高企业应用新兴网络营销能力。

【节能降耗】 2010年1季度至3季度，桐庐县万元生产总值能耗下降2.23%，万元生产总值电耗上升4.61%。据初步测算，全年全县万元生产总值能耗比2005年下降21.5%，即从2005年的0.74吨标准煤下降到2010年的0.579吨标准煤，完成“十一五”期间下降20%的约束性指标任务。建立健全新引进项目把关制度，引入能耗评价机制，分解落实节能降耗目标责任制。全年对用地在0.67公顷以下的65个工业投资项目进行审核，9个项目实施节能评估和审核，暂缓审核2个能耗较高项目。8月，对新增或扩容315千伏安及以上变压器的工业项目进行审批。完成红狮水泥纯低温余热发电项目等5个市级以上循环经济建设项目；完成10家企业清洁生产审核和3家企业电平衡测试；基本完成18家企业20台4吨以上锅炉脱硫（节能）改造；对金帆达生化、大润发等5家重点用能企业和大型公共建筑实施能源监察；基本完成桐庐信雅达热电有限公司供热管网铺设，31家企业实行集中供气。是年，淘汰S7配电变压器68台，关停4家年产1万吨以下废纸造纸企业和1家未经节能评估审核而擅自建设的高耗能企业。8月14日，结合盛夏用能高峰期用电紧缺形势，启动节能降耗C级及有序用电F级应急预案，对全县223家工业企业实施限电停产措施，让电于民，应急预案于12月31日24时结束执行。

【桐庐县首获国家高技术产业发展项目国家资金补助】 2010年1月5日，浙江省桐庐汇丰生物化工有限公司年产6000吨多粘类芽孢杆菌微生物农药高技术产业化示范工程列入国家高技术产业发展项目计划及国家资金补助计划，获国家发改委专项补助资金800万元，为桐庐县首次。

该项目主要建设多粘类芽孢杆菌细粒剂和可湿性粉剂生产线及相关配套设施，以推动多粘类芽孢杆菌微生物技术在防治青枯病、软腐病等病虫害中的应用，实现多粘类芽孢杆菌微生物农药产业化，满足农业种植领域防治病虫害的需求。项目建设时间为两年，国家补助资金主要用于产业化研发和工艺技术示范。

表19　2010年度桐庐县重点工业企业（50家）

位次	所在乡镇（街道）	企业名称	位次	所在乡镇（街道）	企业名称
1	富春江镇	浙江富春江水电设备股份有限公司	10	江南镇	杭州华伦铁合金有限公司
2	钟山乡	桐庐恒鑫铜业有限公司	11	开发区	中艺花边集团有限公司
3	富春江镇	东芝水电设备（杭州）有限公司	12	凤川镇	杭州桦桐家私集团有限公司
4	开发区	浙江环益资源利用有限公司	13	城南街道	杭州电力器材有限公司
5	开发区	桐庐富春江织造集团有限公司	14	富春江镇	杭州长富金属制品有限公司
6	桐君街道	桐庐南方水泥有限公司	15	开发区	浙江汉德邦建材有限公司
7	横村镇	浙江奥鑫控股集团有限公司	16	开发区	杭州力高旅游用品有限公司
8	桐君街道	桐庐红狮水泥有限公司	17	开发区	今麦郎饮品（杭州）有限公司
9	富春江镇	浙江龙生汽车部件股份有限公司	18	开发区	浙江慷源实业有限公司

续表 19

位次	所在乡镇(街道)	企业名称	位次	所在乡镇(街道)	企业名称
19	开发区	杭州立山皮件有限公司	35	瑶琳镇	杭州霍普曼电梯有限公司
20	江南镇	杭州永强金属制品有限公司	36	桐君街道	杭州春江阀门有限公司
21	开发区	杭州泛亚卫浴股份有限公司	37	开发区	杭州欣源电梯部件有限公司
22	桐君街道	桐庐奔腾建材制品有限公司	38	横村镇	杭州绫绣针织有限公司
23	江南镇	桐庐永树铁合金厂	39	城南街道	杭州桐庐尖端内窥镜有限公司
24	城南街道	杭州富力纺织有限公司	40	横村镇	浙江春风米兰鸥服饰有限公司
25	横村镇	杭州昱达科技有限公司	41	横村镇	桐庐宏基源混凝土有限公司
26	开发区	桐庐中汽商用汽车零部件有限公司	42	江南镇	杭州亚邦新材料有限公司
27	分水镇	浙江荣业家具制造有限公司	43	江南镇	杭州运东建材有限公司
28	富春江镇	杭州金慧达集团有限公司	44	桐君街道	浙江恒基建材有限公司
29	城南街道	杭州蜂之语蜂业股份有限公司	45	开发区	密尔沃基(桐庐)阀门有限公司
30	瑶琳镇	杭州富春印务有限公司	46	桐君街道	杭州富泰运动器材有限公司
31	江南镇	桐庐永昌铁镍合金有限公司	47	桐君街道	杭州华元基础材料有限公司
32	桐君街道	浙江中豪管桩有限公司	48	城南街道	杭州敦煌革裘制衣有限公司
33	开发区	杭州沃华滤纸有限公司	49	横村镇	桐庐羊绒针织有限责任公司
34	横村镇	杭州煜凯服饰有限公司	50	富春江镇	浙江三源织造有限公司

·工业行业协会·

【概况】 2010年,全县有工业行业协会7个,即:服装纺织工业协会、制笔协会、机电工业协会、箱包玩具印刷工业协会、化工医药食品工业协会、建材工业协会、企业家协会。企业家协会、建材工业协会、制笔协会被桐庐县政府评为2010年度先进工业行业协会。

·重点企业选介·

【桐庐红狮水泥有限公司】 桐庐红狮水泥有限公司是由民营企业红狮控股集团为主体出资的大型企业,注册资金10080万元,占地面积30.6公顷,于2008年12月28日建成投产。拥有1条5000吨/天的新型干法水泥生产线,配套建成9MW纯低温余热发电机组。2010年,实现工业销售产值36861万元,利润6220万元,利税总额8367万元,工业增加值9824万元,是桐庐县工业重点企业。公司主导产品为“红狮”牌P·O42.5、P·O32.5(R)普通硅酸盐水泥,建立严格质量检测制度和完善的销售服务体系,通过ISO 9001质量管理体系、ISO 14001环境管理体系和OHSAS18001职业健康与安全管理体系认证。

【浙江环益资源利用有限公司】 浙江环益资源利用有限公司属废弃物资源化利用的有色金属加工企业,公司成立于2007年6月,注册资金1.28亿元,位于桐庐县江南镇工业功能区,邻近320国道和杭新景高速。2010年,实现工业销售产值175189万元,利润6123万元,利税总额16957万元,工业增加值33299万元。公司围绕建立完整的收集、承运、物化处理、综合利用系统,对固体废弃物加以处置,以达到减量化程度高、资源化充分、无害化彻底要求。公司一期工程于2009年5月建成投入运行(含29台竖炉、2台阳极炉)。全部工程投产后将建成80台竖炉和4台阳极精炼炉,拥有年处理有色金属废弃物200万吨,年产阳极铜20万吨、氧化锌5万吨的生产能力。是年,公司被评为浙江省工业循环经济示范企业。

【今麦郎饮品(杭州)有限公司】 今麦郎饮品(杭州)有限公司成立于2006年2月,是今麦郎食品有限公司与台资企业共同出资组建的大型饮品企业。公司位于凤川镇工业功能区,距杭新景高速凤川出口1公里,紧邻320国道。公司邻近肖岭水库,附近森林覆盖率高，拥有高品质水资源。2010年，实现工业销售产值33272万元，利润8061万元，利税总额8626万元，工业增加值20424万元。公司采用加拿大HUSKY瓶胚成型机、法国SIDEL灌装机，调配系统采用台湾科瑞公司设备，建成一期工厂配置为1条水线、2条茶线，水线产能36000箱/天、茶线54000箱/天，产能及设备自动化程度居国际前列。

【浙江省桐庐汇丰生物化工有限公司】 浙江省桐庐汇丰生物化工有限公司始建于1970年，由原国营桐庐农药厂转制而成，是全国最早生产井冈霉素的厂家，年生产能力(折1%)20万吨，拥有全国最大吨位(50吨)的发酵罐群15只，配有2250千瓦余热发电机组。2010年，公司拥有总资产2.3亿元，占地面积88976平方米，员工260人。是年，实现工业销售产值13739万元，利润2124万元，利税总额2268万元，工业增加值3991万元。公司设立生化研发中心，外聘高校、科研院所专家、教授加盟领衔，具自行开发、研制新产品能力，是浙江工业大学教育实验基地。公司拥有自营进出口权，先后通过ISO 9001国际质量体系、ISO 14000环境管理体系，国际标准化管理认证和一级质检机构资质验收，为桐庐县首家产值超亿元企业、杭州市50家“小巨人”企业和浙江省高新技术企业、浙江省100个拳头产品骨干企业，“富春江”牌井冈霉素系列产品获浙江省名牌产品、浙江省优质产品、杭州名牌等荣誉，国内市场占有率常年保持38%左右。公司于1994年在越南合资兴建VIGUATO微生物农药联营公司，产品销往东南亚及国际市场。

【杭州达利富丝绸染整有限公司】 杭州达利富丝绸染整有限公司(桐庐丝绸染整厂)是桐庐县最大印染企业，位于桐君街道洋塘路，邻分水江，厂区占地面积30000平方米，资产3000余万元，员工200余人，是一家集设计、染色、加工成锭为一体的综合型专业丝绸染整企业。2010年，实现工业销售产值6984万元，利润512万元，利税总额647万元，工业增加值1472万元。公司拥有全电脑喷射溢流染色机、箱式溢流全电脑染色机等先进设备，年产量5000吨，形成电脑测色、配色、染色、整理一条龙工艺流程，可根据客户要求对各类真丝混纺原料进行设计印染加工，是英国玛莎企业指定合作印染企业。2008年，被中国丝绸协会授予“中国丝绸染整研发基地”。公司拥有1套日处理3000吨的污水处理系统，通过ISO 9001国际质量体系和ISO 14001环境管理体系认证，并实施完成印染废水余热利用等多项节能工程，被杭州市政府授予杭州市节能先进企业。 (林树敏)

·供电·

【概况】 2010年，桐庐县供电局实现连续安全生产无事故记录日2737天；完成供电量12.99亿千瓦时，售电量12.54亿千瓦时，同比增长14.42%和15.24%；实现综合线损率3.43%；供电可靠率城网99.9468%，农网99.7499%，分别比2009年同期提高0.0022个百分点和0.0543个百分点；综合电压合格率99.917%，同比下降0.039个百分点；电费回收连续10年实现“双结零”。是年，“同业对标”(用指标评价企业、用业绩考核企业，主要为安全管理、资产经营、营销服务、电网运行、人力资源等5类评价指标)获浙江省电力公司同类企业综合管理标杆单位，综合电压合格率获浙江省电力公司同业对标标杆，“综合计划管控体系的建立与操作”入选浙江省电力公司典型经验库。桐庐县供电局获全国“安康杯”示范企业，调度所综合班获浙江省电力公司先进班组，乔林集控站获杭州市电力局先进班组。

【安全生产】 2010年，桐庐县供电局以“三个不发生”(不发生大面积停电事故，不发生人身死亡和恶性误操作事故，不发生重特大设备损坏事故)百日安全活动为主线，组织开展安全大检查、安全生产隐患专项治理、事故反思等活动，查找安全生产薄弱环节，落实整改措施。完善应急机制建设，汇编历年各级反事故技术措施，组织桐庐电网反事故演习。完成中高考、上海世博会、广州亚运会和持续冰雪天气保供电任务。实施220千伏变电所无人值班及调控一体化。执行现场作业“同进同出”(重大倒闸操作和高风险等级的施工作业，要求生产单位、职能部门根据风险综合预控措施，分级别安排管理人员到现场督促、指导，管理人员在工作开始前到达现场，在工作结束后方可离开)，各级领导干部和管理人员到岗到位项目1189次1967人次。坚持局领导安全值周制，加强稽查和整改闭环管理，全年累计开展稽查154次。

【基本建设】 2010年，完成桐庐电网“十二五”发展规划、中心城镇电网规划和电力设施空间布局专项规划编制。全年完成电网建设投资12661万元。500千伏芝堰—富阳线路取得路径意见；110千伏旺家变、35千伏新合变二期扩建工程投产；110千伏迎春变主体施工中；开展220千伏后浦变、220千伏龙隐变二期及110千伏石阜变改造、洋洲变及外董变扩建工程前期工作；完成钟山乡电气化乡，江南镇彰坞村、富春江七里泷村等20个电气化村新农村电气化建设改造。县供电局打造“配网生命线”工程，增强各变电所负荷转供能力。配合县政府完成富春路5条主线、瑶琳路3条主线、滨江支路4条支线、320国道4条部分主线、大奇山路多处支线。全年新增变电容量11.1万千伏安,35千伏及以上线路34.629公里,新出10千伏线路9条总长86.497公里,新建10千伏开关站19座,新增及调换配变97台,容量17600千伏安。8月,完成横村营业所改造;10月至12月底,完成洋塘工区外墙整治工程。

【电力大楼启用】 2010年6月20日,桐君街道迎春南路108号电力生产调度大楼启用。2006年6月6日该大楼工程开工建设,至2010年5月28日通过竣工验收。规划总用地面积16090平方米,建筑占地面为3405平方米,地上总建筑面积19596平方米,地下总建筑面积4085平方米,总建筑面积23681平方米,建筑高度71.45米,结构类型为框架剪力墙结构。桐庐电力生产调度大楼由主楼、裙房、辅楼三大功能区组成。主楼为局办公大楼,占地面积1145平方米,总建筑面积13205平方米。地上19层,地下1层,标准层面积638平方米～697平方米。裙房分电网调度中心和营业厅及“95598”中心,分居于主楼东西两侧。

2010年新启用的电力大楼

电网调度中心位于主楼东侧,占地面积853平方米,总建筑面积2425平方米。供电营业厅及“95598”中心位于主楼西侧,沿西面规划道路布置,占地面积796平方米,总建筑面积2225平方米。辅楼为职工餐厅及多功能厅,总占地面积611平方米,总建筑面积1741平方米。地下室布置有设备用房和地下停车库,设机动车泊位79个。

【营销管理】 2010年,桐庐县供电局启动线损专项管理,抓过程控制,提高线损分析实用性。重视电费风险防范,实现电费回收月结月清。结合用电普查,开展“一月一稽查”及反窃电专项治理。12月,完成专变用电信息采集系统安装。安装调试居民集抄系统1302块,接入用户17673户,覆盖47个小区,其中红楼之星、三清绣苑等5个小区1220户实行自动抄表双轨制运行试点。推广城镇带电作业,增加节约可靠性指标途径。11月,完成浙江省电监办用户受电工程专项治理检查,全面铺开复查整改。以“迎世博、优服务、树新风”为主题,开展“节能减排”进学校、实惠服务进企业、流动服务进社区和安全服务进农村的“优质服务四进”活动。

【企业管理】 2010年,完成桐庐县供电局本部机构编制调整,推进人财物集约化管理,深化全面预算管理,逐步完善财务内部控制体系。重视信息化建设,完成国网协同办公系统上线、县级ERP全覆盖项目上线准备工作。完成创一流自查工作,开展同业对标指标动态分析。举办班组长管理技能提升培训,开展县局标杆班组典型交流经验。QC活动3项成果获国家级一、二等奖,3项成果获省市级一、二等奖。完成“三标一体”管理体系修订和第三方监督审核。是年,通过国网品牌标准化建设验收。

【党群工作】 2010年,桐庐县供电局贯彻国网公司企业文化“四统一”(统一价值观、统一发展目标、统一品牌战略、统一管理标准)要求,结合“廉政文化建设年”,开展百名政工师进班组、企业文化知识测试等活动。结合电网先锋党支部创建,推行党支部工作项目制管理。设立“周末大讲堂”、举办“学哲学、用哲学”专题培训、开展感悟“延安精神”党员活动和机关作风建设等活动。党风廉政建设以国网特色惩防体系为主线,履行党风廉政责任制建设。组织全局中层干部参加“廉政安规”考试,并在班组长及以上范围内开展预防职务犯罪知识测试。开展各类技能比武活动,在浙江省电力公司、杭州市电力局比赛中,获2个团体第一、3个团体第二。

2010 年桐庐县用电结构对比

表 20 单位:万千瓦时

行业分类	2010 年	2009 年	同比增长	升降
全社会用电合计	140560.86	119719.99	17.41%	↑
1. 农林牧渔水利	1081.06	1583.85	−31.74%	↓↓
2. 工业	99120.87	82513.97	20.13%	↑↑
3. 建筑	2302.67	1843.26	24.92%	↑↑
4. 交通、仓储、邮政	292.24	334.61	−12.66%	↓
5. 信息、计算机、软件	1363.4	1003.62	35.85%	↑↑
6. 商业、住宿、餐饮	6053.14	5133.65	17.91%	↑
7. 金融、房产、居服	1987.44	1699.37	16.95%	↑
8. 公共事业及管理组织	5616.55	4686.87	19.84%	↑
9. 城乡居民生活用电	22743.49	20920.79	8.71%	↑
城镇居民	11671.71	11220.5	4.02%	↑
农村居民	11071.78	9700.29	14.14%	↑
产业	2010 年	2009 年	2010 年占比	2009 年占比
第一产业	1081.06	1583.85	0.77%	1.32%
第二产业	101423.54	84357.23	72.16%	70.46%
第三产业	15312.77	12858.12	10.89%	10.74%
居民生活合计	22743.49	20920.79	16.18%	17.47%

（徐伟兰）

【责任编辑　张　红】

交通运输

·综述·

2010年7月1日，县道徐七线（横村至钟山段）改建工程开工

【概况】 2010年，全县完成交通建设投资3.89亿元，新建农村联网公路30公里，修复改造病危桥梁20座，实施道路安保工程建设70公里，完成28公里农村公路沥青路面大中修。至年末，全县公路总里程1686.792公里，公路密度每百平方公里94.76公里。公路总里程按行政等级分：国家高速15.056公里、国道公路31.024公里、省道公路139.133公里、县道公路353.359公里、乡道公路390.202公里、村道公路755.518公里、专用公路2.5公里；公路总里程按技术等级分：高速公路29.34公里、一级公路102.45公里、二级公路77.799公里、三级公路111.289公里、四级公路959.402公里、准四级公路301.016公里、等级外公路105.489公里。

是年，办理县"两会"代表、委员议案、提案47件，见面率、满意率、办结率100%。受理群众来信来访15件，县长（市长）公开电话359件，纪委效能投诉114件，县长信箱218件，网上信访46，建言献策36件，信访工作办结率100%、反馈率100%。

是年，获市级以上荣誉8项。桐庐惠农快修建设走在全省前列。全县布设惠农快修网点3家，其中富春江镇蒋家埠村富春店被评为全省"惠农快修先进企业"。

·交通建设·

【重点工程建设】 1. 县道徐七线（横村至钟山段）改建工程。工程投资预算1.3375亿元，为省重点工程。起点为16省道横村镇大塘头村，终点为钟山乡钱中畈，与现徐七线和钟洛线相接。全线长13.857公里，改建里程11.43公里。按二级公路标准设计，路基宽12米，路面宽10.5米，设计速度为60公里/小时。至2010年底，完成路基工程80%、桥梁工程70%。

2. 桐庐新客运中心项目。桐庐新客运中心按国家二级客运站标准建设，总投资7896万元，用地面积29685平方米，建筑面积14385平方米。设旅客运输服务中心、公交车服务站、长途车停车场、司乘人员工作区、站前广场、社会车辆停车场、出租车停靠站等，集长途客运、城市公交和出租车客运为一体，远期目标为旅客日发送量5000～10000人次。新客运中心工程于2009年6月开工建设，2010年12月28日正式建成启用。

3. 320国道乔林至芝厦段"白改黑"工程。工程全长14.471公里，总投资4985.95万元，改建采用的新工艺对原有水泥砼路石采用多锤头破碎机破碎，再加铺7厘米AC－16C中粒式＋8厘米AC25粗粒式沥青砼。工程于2010年6月22日开工，9月28日完工。

4. 重点工程前期工作稳定推进。完成23省道梅蓉至杭新景高速凤川互通公路工程、桐庐疏港公路工程工可文本审查及项建书上报；完成县道柴雅线改建工程工可文本编制；做好临金（临安至金华）高速建设前期工作，完成该项目线位方案论证。

【公路建设】 2010年，投资2000万元，完成农村联网公路建设项目12个32公里；投资860余万元，完成干线公路大中修工程6.85公里、投资1200万元完成农村公路大中修工程28公里;投资800余万元,完成病危桥梁改造20座;投资1000余万元,完成农村公路安保工程建设70公里,投资960万元实施公路上边坡治理4处。

【码头建设】 坞泥口码头:为红狮水泥厂专用码头,项目总投资7000余万元,设计标准为500吨级泊位5个,年吞吐量248万吨,2010年完成投资1600万元,完成工程量22.86%。旧县码头:总投资2000余万元,设计标准为300吨级泊位5个,年吞吐量52万吨,2010年完成泊位2个,完成投资700万元。

【富春江船闸扩建】 2010年,县交通局配合上级部门完成富春江船闸改扩建工程中的富春江电厂备用小水电拆迁事宜谈判并签订协议。

【场站建设】 2010年,新建石材型农村港湾式停靠站20个,桐庐客运中心于12月28日正式投入使用。是年,省重大服务项目、省重点工程、市重点联系物流基地被杭州市运管局列入物流基地"园区通"试点项目——桐庐现代物流中心基本建设完成主功能区工程。

·交通管理·

【公路养护管理】 2010年,县公路段完成多项公路养护管理工程(见表21)。采用客土喷播方式完成208省道13K+700(瑶母)、38K+520(法道路口)两处10000余平方米裸露公路上边坡坡面复绿和210省道绿化补植任务。在2010年度杭州市公路工作主要目标综合考核中获一等奖,并获公路养护管理优胜单位称号。

表21　**2010年桐庐县公路养护管理项目**

序号	公路养护管理项目	金　额
1	320国道乔林至芝厦段14.471公里路面大中修工程	4985.95万元
2	完成320国道18座桥梁桥头跳车专项整治工作	126万元
3	完成305省道、208省道8.2公里路面大中修工程	1186万元
4	完成县道俞毕线、钟洛线等7条28公里农村公路大中修工程	1200余万元
5	完成210省道芦茨桥加固改造及县道桐郑线深澳桥、大坑桥和县道钟洛线徐横坞桥等4座病危桥新建改造工程	200余万元
6	完成302省道新淳线大路段、208省道库区段、县道俞毕线白塔岭水库段、柴雅线新合岭坞斗段等4处危险边坡的加固防护整治工程	450余万元

2010年3月5日,全县交通工作会议召开

【农村公路管养】 2010年,县公路段贯彻农村公路管理养护考核办法,强化农村公路管养。结合新农村建设、清洁家园等活动,抓好农村公路管理组织、养护人员、考核制度落实工作,结合定期检查和日常巡查,将乡、村公路养护管理中存在的问题通报乡镇,要求及时整改,逐步提高乡镇农村公路管理水平。协助配合乡镇开展违法建筑、堆积物、种植物专项整治,农村公路路容路貌有较大改观,管养水平得到整体提升。开展乡道潘山桥至中门示范路和村道里濮至陈家山样板路创建工作,以点带面促进乡、村公路管养质量。

【文明公路创建】 2010年,县公路段总结推广县道分老线文明公路创建经验,投入200余万元,对县道南横线0K+000～14K+070段开展农村文明公路创建工作。主要包括:对全线边沟进行水泥砼硬化、对沿线挡墙进行加高并统一克顶、更新补植缺株枯死行道树、对路基排水不畅路段增设过路管涵、硬化整治部分穿村路段路肩,新建3座花岗石中巴车临时停靠亭,营造桐庐公路“畅、安、舒、绿、美、谐”良好路容路貌。

【收费管理】 2010年,320国道与05、16省道公路过境费收入4460.37万元,过境车流量501.59万辆。其中320国道过境费收入1266.37万元,过境车流量171.59万辆;05、16省道过境费收入3194万元,过境车流量330万辆。

【公路路政管理】 2010年,县路政大队查处超限运输车辆546辆,卸载544辆,卸载率99.63%,卸载10065.1吨,罚款141.43万元,收取赔(补)偿费3.52万元;委托专业机构对方埠村委至洪水孔、瑶琳至大坑、塔里至大坞里等44条村道标志进行设计,增设、修复标志185余块、示警桩158根、缓冲带455.8米、漆划人行横道线2000余平方米;依法办理路政行政许可16件,行政许可正确率100%。

1. 做好超限运输车辆长效管理工作:联合交警部门在320国道蒋家埠开展24小时联合执法整治;强化源头管理,加大对钟山自然石矿违法超限运输车辆查处力度;规范超限运输处罚行为,成立法制处理室,实行查处分离、罚缴分离。

2. 完善交通标志。会同教育局、交警大队对全县公路周边三院(园)一校(医院、敬老院、幼儿园、学校)标志标线、安全设施进行全面调查,并完成三院(园)一校83处标志标线、安全设施设置工作。

3. 制订行政许可“一审一核”配套制度。所有许可事项均授权审查员和核准员办理,并按照许可的实际类别,细化办理程序、操作规程。明确路政窗口岗位及办事人员工作责任。

4. 开展百日专项整治活动。对320国道、302省道、208省道公路两侧建控区范围内违法建筑物、构筑物、马路市场、非公路标志及公路安全设施开展调查整治。期间,查处违章案件515件,拆除违章建筑近4000平方米、围墙551米,清理堆积物12000余平方米,拆除非公路标志54块。

【交通安全管理】 2010年,通过开展“安全生产年”“三项行动”“月度隐患排查”和“世博安保”等专项活动,全县交通系统行业安全形势总体保持平稳发展态势。是年,县交通局被杭州市交通局评为安全生产先进单位。

排查交通工程建设、水陆运输企业一般安全隐患320项,整改率100%。投入资金2000余万元,完成省市两级道路交通事故多发点段和临水临崖危险路段整治4处、病危桥梁改造15座、公路安保工程设施30.9公里,上边坡治理7处。完成上海世博安保工作,期间发送进沪班车843班次,输送入沪旅客24687人次,查获违禁品32件,查获危险品97件。继续推广GPS定位系统、车载移动视频监控系统、远程监控系统、桥梁安全监测系统等在安全管理工作中运用,加强GPS系统信息平台整合,提高综合动态监控效果。组织开展公路上边坡塌方应急处置演练、危险品运输车辆在运输过程中泄漏应急处置演练,水上船舶旅客逃生和疏散应急演练、消防演练,完善预案可操作性。开展全国第九个“安全生产月”活动,发放各种宣传资料1200余份,开展安全宣传咨询2次、群众参与咨询人员1000多人次,刊出宣传专栏3期、悬挂条幅110多条、刊登黑板报2期、参观图片展览370人次。全年培训安全管理人员及特种工人员152人次。

【交通运输管理】 2010年,县城城区公交更新15辆,投放出租车20辆。12月26日,桐庐至杭州城际公交正式开通,通过组建新公司、开通新线路、购置新车辆、实行新票价、提供新服务的“五新”工作要求,构筑桐庐主城区与杭州方便、快捷、畅通、有序的客运网络。

【车辆维修管理】 至2010年底,全县拥有汽车维修企业490家,其中一类修理厂3家、二类修理厂37家、三类专项及摩托车修理446家、惠农快修4家。驾培学校2家,配件经销户40家,从业人员1057人。全年完成汽车维修24.39万辆次,实现维修总产值7632.5万元。

2010年8月20日,杭州市“浙江惠农快修现场会”在桐庐召开

是年，惠农快修富春店(桐庐忠信汽车修理厂)被省运管局评为“惠农快修先进企业”。桐庐恒基汽车修理有限公司被交通部评为“维修服务质量规范企业”。大众4S店二级站——桐庐金茂汽车销售服务有限公司成立。深化机动车配件质量保证和追溯制度，在全县维修企业推广使用钱江车道网配件采购，减少企业经营成本。制定《桐庐县维修行业企业员工聘用管理公约》，加强维修企业合同期内从业人员聘用管理，稳定维修企业员工队伍。驾培行业在全面完成“两挂”(驾培教练员挂靠、驾培教练车挂靠)清理、率先实现企业自营的同时，完成教练车标志统一工作。

【航政港政管理】 2010年，县港航处与各港口企业签订安全管理责任书，并督促各企业落实安全管理责任制。全年检查港口经营单位105家次；换发岸线使用许可证28本、港口经营许可证28本；配合上级部门做好富春江船闸改扩建工程、企业专用码头前期审批工作。加强航道、航标日常巡查和维护保养工作，全年巡查航道、航标62次，夜间巡查航标5次，航标维护保养97座次，航标发光率99%。

是年，检验船舶151艘23248总吨。其中建造检验3艘642总吨；初次检验1艘25总吨；定期检验34艘6127总吨；中间检验37艘4195总吨；年度检验58艘9832总吨；临时检验17艘2425总吨。港航管理处综合执法中队开展执法检查574次、参加人员1598人次、检查船舶5334艘次、码头393座。发现违法违章案件113起，其中海事(一般)110起、运政(一般)2起、运政(简易)1起。

2010年，航政、港政及通航费3项规费征收累计完成545.58万元，其中：航政规费218.42万元、港政规费282.28万元、通航费44.88万元，规费上缴率100%。

·水陆运输·

【公路运输】 至2010年底，全县拥有营运客车625辆12754客位，完成客运量2381万人次，客运周转量62613万人公里。其中，春运期间投入营运客车360辆8868客位，完成旅客运输量195.77万人次，旅客周转量4111.20万人公里。是年底，全县拥有营运货车1454辆4305吨位。全年完成货运量629万吨，周转量80766万吨公里。以桐庐盛飞物流公司、桐庐群明贸易公司、杭州朝阳油品运输公司桐庐分公司为普通运输通用软件推广试点单位，做好先行试点工作。在普通运输通用软件成功应用基础上，向桐庐宏峰运输公司、桐庐华宇汽车运输有限公司、桐庐县桐君街道新宇捷托运部进行推广和宣传。

【水上运输】 2010年完成货运量559.62万吨，比2009年上升17%。出口货运量418.62万吨，比2009年上升26%，其中熟料95.37万吨，比2009年下降10%，黄砂、卵石占出口货运量的67%。进口货运量141万吨，比2009年下降3%，其中煤炭运输占进口货运量的54%。桐庐辖区内水上客运主要以旅游运输为主，2010年客运量7.05万人，旅客周转量为21.15万人公里，比2009年下降24%。

·交通战备·

【概况】 2010年，交通战备办公室先后组织交通系统各种车辆点验2次，计64车人次。完成县预备役营布置的车辆装备和人防运输分队调整和建档工作。制定和落实《桐庐县交通行业世博安保维稳方案》，并结合实际抓好系统内部各项稳控工作。

(李　春)

【责任编辑　骆国庆】

城市建设与管理

·城乡建设·

【规划编制管理】 2010年，编制完成杭黄高铁桐庐站场综合体概念规划、桐庐县城东门头改造建设规划、老城区牛山坞控制性详细规划、中心广场改造提升规划、包山儿童公园规划、下轮区块控制性详细规划调整。发放建设项目选址意见书40本，办理建设用地规划许可证115本，建设工程规划许可证306本。继续实施"阳光规划"，执行规划批前公示、批后告示、变更调整公示及竣工公示，全年完成各类公示项目（包括规划、建设项目公示）70余项。

【城乡测绘】 2010年，制定《桐庐县涉密基础测绘成果提供管理规定》，规范涉密测绘成果提供。实地勘查县永久性测量标志34处，确认完好32处、迁建1处、湮没1处，按规定完成标志保护管理工作，并通过省级验收。实施"一县（区）一图"工程，完成桐庐县第一份内部用图《桐庐县地图》。是年，基础测绘项目首次列入县政府投资项目计划，完成约45平方公里基础测绘，为相关部门、企事业单位提供基础测绘成果近800MB。

【城市基础设施建设】 2010年，县建设局承建政府投资项目30余个，计划投资10.1亿元。完成富春路改造、县审批中心机房建设、23省道及环城西线路灯安装、梅林溪景观、迎春南路（320国道至杭新景高速入城口）景观等工程；完成迎春南路、瑶琳路、白云源路、春江路改造工程主体建设；实施滨江景观和市政配套工程、320国道（桐庐段）综合整治、中心广场改造提升、供水二期等工程。桐庐县生活垃圾焚烧处理厂运行正常，平均日处理生活垃圾260吨左右。继续实施县城立面改造，完成江南新村、南洋新村、检察院办公楼等10幢建筑立面改造。

2010年2月，改造一新的县城迎春南路入城口

【村镇基础设施建设】 2010年，分水镇完成东门路拓宽改造工程、武盛街东延、桥头商贸大街南延等工程，完成分水行政审批服务中心土建工程建设，新建人工湿地池71只，完成外范、高联、百岁坊、三溪、盛村、朝阳6个行政村农村污水治理工程建设；新增工业区道路3.2万平方米，铺设雨水、污水管网6.4公里，安装路灯110套；横村镇完成消防站、车管所及第二中心学校旁道路建设以及跨江污水管网建设（横村二桥至富乐村委段）；富春江镇完成学士北路、七号路及支路道路工程，完成15个行政村生活污水治理和行政村卫生站室建设；江南镇完成窄溪路、市场路、江源路、舒川路、天鹤路等道路建设，实施镇政府中心大道与国道交叉口景观工程，垃圾中转站和深澳客运站投入使用；凤川镇完成集镇集污纳管工程，完成大源、外源、潇源3个村农村生活污水治理；瑶琳镇完成镇政府食堂扩建，完成翠坪、东华、冷坞、潘村、金竹岭、上沈6个重点整治村验收，完成东琳、后浦、元川3个村生活污水整村推进工程；百江镇完成乐明联村公路、奇源村路面硬化、郭村至翰坂道路拓宽、翰坂村道建设、奇源村路面硬化，实施邵舍埠桥、东辉桥、小京许家桥、智明坞桥危桥改造，新建完成东辉坑口、塔岭两个港湾式候车亭，完成集镇紫燕山路人行道改建工程；合村乡完成合村村、后溪村、瑶溪村、三源村、高凉亭村、岭源村道路硬化、污水管道、自来水管道等基础设施建设；钟山乡完成高峰、歌舞、

仕厦农居点道路硬化、路灯、三线入地、休闲场所等基础设施建设,高峰、歌舞、陇西3村污水处理设施,申通大道改造;新合乡完成新合村、引坑村、新民高枧村庄整治工程。

【迎春商务区建设】 2010年,迎春商务区在建商务楼宇20幢,规划总建筑面积约90万平方米,总投资约30亿元。20幢大楼中,13幢竣工结顶,建筑面积约55万平方米,其中桐庐大酒店、双子楼、汇丰大厦、浙富大厦5幢商务楼通过竣工规划核实;4幢在建,建筑面积约23万平方米;3幢在方案报批及设计中,建筑面积约12万平方米。配套市政基础设施工程施工中。

【市政设施养护】 2010年,全县新建道路3797米,新铺人行道23945.6平方米,道路完好率98%。修复人行道3627.35平方米,修复主路面(沥青、砼)6551.49平方米,清疏市政道路管道2430米,清理市政道路明沟852米,清理各类窨井5618座,道路完好率98%。统计县城公共照明设施,计7941盏。在大奇山路、16省道等15条道路1293杆灯(2334盏光源)安装智能节电器,城市亮灯率保持在98%以上。

【实施第14次大绿化工程】 2010年,大力打造县城入城口及城市景观形象,新建及改建迎春南路(320国道到杭新景高速)367700平方米、梅林溪景观公园98800平方米;贯通新城区纵横网络,分别对迎春南路(320国道到滨江路)、瑶琳路、春江路进行道路改造,首次采用道路花境特色景观,提升道路绿化景观;新建江南滨江公园(龙潭路到梅林溪),与江北江滨公园形成呼应。是年,县城增绿扩绿面积38公顷,其中新增公共绿地16公顷,建城区绿地率40.57%,绿地覆盖率42.73%,人均绿地10.78平方米。

【第五期里弄小巷改善】 2010年,投入资金670多万元,实施第五期县城里弄小巷改善工程。改造杨梅山一弄、迎春三弄等22条里弄小巷,完成邮电路人行道、广电小区对面、大联路绿城房产前3处停车场建设,新增停车泊位102个,缓解县城停车难。

【城市供水供气】 2010年,县自来水有限公司完成售水1316万吨,售水产值1375万元,安装产值2000余万元。出厂水质4大指标综合合格率99%;管网水5大指标合格率100%。污水厂运行安全有序,完成1050万吨污水处理,平均日处理污水2.88万吨,生活污水处理率88%;完成"一户一表"改造415户,新装表用户6938户。抓住全省小液化气整治规范工作和省、市、县级试点工作,在全县推行统一仓库、集中经营模式,取消全县所有无证液化气供应站点,规范小液化气市场。至年底,全县有储配站4家,规模大小不等供应站101家,新设立31个液化气有限公司。

【白蚁防治】 2010年,签订新建房屋白蚁预防合同182份,面积230.39万平方米;完成新建房屋预防工程300个,建筑面积128万平方米。启动县"小三"型山塘水库堤坝水库白蚁防治工程,完成桐君街道、分水镇、横村镇、富春江镇、钟山、莪山、百江、江南、新合、凤川、旧县、库管委168座"小三"型山塘水库堤坝白蚁防治施工与档案整理工程。

【城建档案】 2010年,县建设局城建档案馆接收工程竣工档案项目4930余卷,入库率92.1%;房产档案20228卷,全部整理入库;注销调卷4809卷。查阅房产档案356人次,提供利用档案564余卷;查阅工程档案640个项目,提供利用档案1400余卷。至年底,馆藏纸质档案113067卷。

【建筑业管理】 2010年,桐庐县有建筑企业50余家,完成建筑业总产值约27.98亿元,桐庐建筑勘察设计有限公司、桐庐伟东规划建筑设计有限公司完成设计项目90余个,设计面积45余万平方米;勘察项目50余个,1.2万余米。全年办理建设项目报建440个,其中公开招标280个,造价10.61亿元;邀请招标8个,造价1.47亿元;直接发包152个,造价38.04亿元。工程项目招标率和公开招标率均为100%。抓好安全生产管理,全年受理监督工程216个(包括提前介入),出具工程质量监督报告113份,创杭州市"西湖杯"工程1个、市双标化工地6个、市绿色工地20个。利用行业协会平台,联合杭州市建筑业协会培训中心对全县建筑施工企业三类人员(企业负责人、项目负责人、安全员)开展继续教育32人次,三类人员B、C类考试39人次,建设工程造价员资格考试报名60人次,建筑业务工人岗前培训考试2300人次,浙江省建筑施工企业管理人员安全生产管理能力考核102人次,五大员(质检员、土建员、材料员、资料员、预算员)继续教育培训300人次,浙江省全国建设工程造价员验证52人次。

【房地产业管理】 2010年,桐庐县有房地产资质企业86家,其中二级企业5家、三级企业12家、四级企业10家,其余为暂定资质、项目资质。是年,全县房地产业固定资产投资25.08亿元,同比增长76.5%;施工面积199.58万平方米,同比增长25.9%;新开工面积101.65万平方米,同比增长137.3%;竣工面积57.63万平方米,同比增长4.4%;商品房销售面积56.3万平方米,同比下降5.7%;二手房成交19.83万平方米,同比下降19.61%。全年发放商品房预售证67

份,预售商品房面积83.55万平方米。完成房屋所有权登记10238本,转移登记2627本。11月5～8日,举办县第八届房地产展示交易会。设标准展位201个,有21家参展商24个楼盘参加展示,累计成交50套,成交金额4338.6万元,意向套数6177套。

【物业管理】 2010年,《桐庐县物业企业监督考核办法》《桐庐县物业管理项目退出管理暂行办法》《关于加强我县物业管理的若干意见》等文件相继出台,进一步规范物业行业管理。全年收缴物业维修基金2524.08万元。完成县城无物管居民楼500扇电控防盗门安装工作。

【保障性住房建设管理】 2010年11月,位于县城云栖路与大奇山路交叉口的保障性住房工程开工。工程计划总投资9700万元,总建筑面积39750平方米,拟建经济适用房、廉租房、公共租赁房(人才公寓)3种不同形式保障性住房9幢。该项目为桐庐县"绿色建筑"试点工程,列入浙江省节能示范工程和建筑新材料推广项目,整个项目将按照绿色一星级建筑标准进行设计和施工。完成第九、第十批廉租住房配租36户、公共租赁房(人才公寓)配租89户、首期经济适用房分配88套,完成100套公共租赁房(人才公寓)简装修。

【农村困难群众住房救助】 2010年,完成农村住房改造建设4066户,涉及116个行政村88个项目。完成农村困难家庭住房救助对象261户。开展农村残疾人住房困难家庭调查,查明符合救助条件的有130户(计划2011年全部完成危房改造),对其中44户有改造意愿的残疾人困难家庭于年底前实施改造。

【城建12319热线】 2010年,受理群众来电2214起,其中承办市长公开电话114起、县长公开电话1119起、机关效能240起、来信来访件87起、直接受理654起,承办及时反馈率99.8%,群众满意率99%。承办议案、提案46件,其中人大代表议案11件、政协委员提案35件,承办党代表意见建议1件、社情民意17件。

(江　蕾)

·县拆迁办·

【机构配置】 2010年3月,桐庐县拆迁工作领导小组办公室成立,属县委、县政府派出正局级工作机构,办公地点位于桐君街道开元街28号,定位是:对县城规划区范围和全县重点工程建设项目编制拆迁计划;研究制定并指导安置拆迁政策的执行;指导乡镇(街道)拆迁工作。下设综合科、政策科、信息科、城镇房屋拆迁办公室4个科室,配备工作人员14名(不包括班子成员),工作人员从机关、事业单位抽调,岗位相对固定,人事关系放原单位,年度考核、日常管理由县拆迁办负责。

【完善拆迁工作体系】 2010年,根据桐庐县委、县政府确定的城市化发展中长期计划,围绕"创新创优 共建潇洒桐庐"目标,以实现城市发展新突破为前提,编制桐庐县2010年重点拆迁计划,并重点指导下轮、荇塘坞、芝溪垅等区块的拆迁指导工作;编制2010年～2014年拆迁规划,规划对今后五年中全县城中村改造、新农村建设等项目涉及的拆迁工作进行明确;就拆迁中的两个难点问题(户口迁移和房屋超层、超占处理)在研究实际政策中提出相应对策,并提交各相关部门讨论,形成调研报告提交县政府。收集整理与拆迁有关的法律、地方规范性文件以及桐庐县拆迁实例参考资料形成政策汇编。在拆迁项目管理方面,对每个即将实施的拆迁项目做到"四合法一到位",即项目合法、程序合法、主体合法、补偿标准合法和补偿资金到位,从源头上减少拆迁纠纷,维护拆迁当事人合法权益,推进桐庐县城市化建设进程。

【指导参与各区块拆迁改造工作】 2010年,县拆迁办先后参与下轮、杭黄高铁、荇塘坞区块、环城南路、徐七线、江南镇、横村镇和富春江镇等区块拆迁,指导制订拆迁政策,总体把握全县拆迁政策平衡,防止政出多门。是年,县拆迁办牵头负责开展县城大奇山路和环城南路区块拆迁改造工程。至年底,该区块内涉及的120户住户、4家企业、公有房租赁户61户、学校1所、单位1个,基本完成签约、腾空、拆除工作,拆迁房屋面积35000余平方米。参与城乡统筹中关于宅基地置换县城公寓房有关政策制定。

【评估动迁机构管理】 管理评估动迁机构是拆迁办主要职能之一。2010年3～5月,县拆迁办在全县范围内开展评估、动迁机构调查,调查显示县内评估动迁机构尚存在技术力量配备不到位、工作人员服务能力参差不齐等现象。根据调查情况,县拆迁办于6月组织开展动迁工作人员培训。针对因服务机构资质问题产生的信访件,该办及时快速予以处理,并开展整改规范,使评估动迁机构资质合法、程序依法到位。

【拆迁工作信息档案数据库建设】 拆迁档案不仅是解决今后信访答复的重要依据,也是拆迁政策享受、政策平衡的主要依照、查校工具。自3月县拆迁办成立后,即着手开展信息档案数据库建设,在加强自身档案数据库建设的同时,会同档案局对所有拆迁点档案工作进行指导和服务(各区块拆迁档案因各指挥部尚未解散,故档案暂时独立管理)。

(楼许惠)

·县城滨江区块改造工程·

【安置小区建设管理】 2010年5月底,滨江3个安置小区交付使用,县城滨江区块拆迁改造工程5个安置小区(另有石马安置小区、龙潭安置小区)全部完工。5个安置小区建筑总面积396697平方米,安置住户2384户。由于5个小区都是农民居住的拆迁安置小区,县城滨江区块建设指挥部在学习周边县、市先进经验基础上,多次召集上杭、中杭、大联3村党员干部、拆迁户代表座谈,征求意见建议,摸索新的管理模式。年底前,指挥部按照属地管理原则,把滨江安置小区行政管理权移交桐君街道,并组建业主委员会,配备物业管理公司,为拆迁群众"从农村生活方式向城市居民生活方式过渡"打下基础。

县城滨江上杭安置小区

【项目引进】 2010年,县城滨江区块引进并在建项目9个。总投资8亿元的励君大酒店,占地1.39公顷,设计层高39层;总投资2.8亿元的宁波百货,占地1.2公顷,设计层高27层;总投资1.5亿元的君悦广场娱乐城,占地0.53公顷。顺发恒业有限公司拍得10.67公顷地块,主要用于商住楼开发;浙江桐芯微系统科技有限公司,拍得区块内土地1.19公顷;杭州滨江建筑集团有限公司,拍得区块内土地1.57公顷;峰华控股集团有限公司,拍得区块内土地4.1公顷;浙江双强房地产开发有限公司,拍得区块内土地2.8公顷;温州市华顺房地产开发有限公司,拍得区块内土地3.91公顷。区块内剩余土地2公顷。

(王建民)

·城市管理·

【概况】 2010年,县城管执法局查处违法违章行为25893起,发放违停通知书3234张,查处流动摊贩622起,办理简易程序案件926起、一般程序案件980起,完成数字城管派遣任务8514件,受理群众举报1180件。12月15～16日防雪抗冻中,县城管执法局出动1488人次,出动执法车辆、环卫保洁车辆125辆次,泼洒工业用盐36吨,保障县城主要道路和桥梁有序顺畅。招录执法队员(参照公务员管理)13名、协管员20名。表彰20名先进城管义务监督员,鼓励社会力量参与城市管理。

4月1日,市城管办,上城区、下城区、江干区城管办向县环卫处赠送首批5辆龙马牌密封垃圾压缩车,总价值约120万元。

【数字化城市信息处置中心启用】 2010年9月16日,桐庐县政府数字化城市信息处置中心正式启动运行。是年,出台《桐庐县数字化城市信息处置网络目标考核办法》,对网络成员单位处置情况进行量化分析、排名、公布。至年底(试运行期间),数字城管立案解决数8514件,提前解决案件数96件,解决率97.68%。数字城管以资源整合、信息共享、综合协调、分工合作、主体唯一、回路闭合为基本原则,运用现代信息技术量化城市管理对象和细化管理行为,实现城市管理运行模式科学化,形成信息采集、信息处置和监督评价多层面完整闭合回路系统的管理模式。

【专项整治行动】 2010年6月4～25日,为迎接国家三类城市语言文字工作达标评估,县城管执法局、县语言文字委员会办公室联合开展3次"啄木鸟"行动,对县城迎春南路、迎春街户外广告(招牌)进行"地毯式"检查,对使用不规范用语用字的户外广告(招牌)逐一拍照登记,对使用不符合要求店招牌的单位和个人下发整改意见通知书235份,并督促整改,落实到位。依法查处城区不规范社会用字156处。11月底,完成达标验收工作。2月25日,县城管执法局、桐君街道、公安、国土、建设、消防等11个单位、部门205名工作人员,依法强制拆除桐君街道东兴村尹家和滩头村8户违法建筑,拆违面积1100多平方米。

【自产自销摊点设立】 2010年,县城管执法局综合考虑城市环境、果农利益和市民需求等因素,疏堵结合,以人性化服务为宗旨,探索"大禹治水"管理模式,选择县城区人口流动频繁、果农设摊便捷、市民购买方便又不影响城市环境和交通秩序的地点,在县城区邮电路、公园山路、桥北路、新市路、长途客运车站对面等地设立9处自产自销摊位区,并为经营户们提供统一样式遮阳伞、休息凳、免费开水桶等人性化服务设施。

【户外广告"五统一"模式】 2010年,县城管执法局针对县城户外广告多、乱、差、散现状,提出统一规划、统一设计、统一审核、统一拍租、统一城乡的"五统一"户外广告管理新政。按照"先主干道、后次路段"原则,对迎春路、春江路、白云源路陈家坞等主要街道户外广告、店面招牌进行统一规划、统一设置;联合相关部门在城区开展拉网式专项整治,集中清理擅自过期设置、残损破旧、规格不一户外广告、店面招牌,逐步构筑"规划管控、布局合理、设置规范、内容健康、品位高雅"的城市户外广告体系。

2010年12月16日,城管队员在县城铲雪除冰保畅通

【犬类整治】 2010年9月1日,《桐庐县限制养犬暂行规定》颁布实施,县城管执法局在县城10个社区(居委会)开展犬类饲养情况摸底调查,制作《文明养犬指南》《养犬法律法规汇编》《禁养、准养犬只图片展示》等宣传手册8000余份。9月20日起,会同农业、公安等相关部门,在圆通、迎宾、鑫鑫、县经济开发区、新建村、乔林村以及大奇山居等10个社区、1个开发区、2个城中村、1个居民小区集中现场办公,开展集中免疫、办证。在城北、城南2个中队设立集中办证点,方便部分没有及时办证的犬主办证。至10月底,办理犬证168张。10月8日始,在县城范围内开展针对流浪犬、无主犬和放养犬的集中整治捕杀活动。至10月底,捕杀暂扣犬178只,其中经教育劝告后补办犬类许可证的7只,现场暂扣后发放《责令限期改正通知书》并承诺补办犬类许可证的13只,集中处理无主犬、流浪犬158只。

【城区渣土运输管理】 2010年,县城管执法局与县城所有建设施工单位签订《渣土运管环境卫生责任书》,要求做好出入口、路面保洁,做到出入口路面硬化、出口有冲水设施、雨天禁运等。对县城59辆渣土运输车采取政府补贴3000元,实施密闭化改装,建立改造车辆信息库,对未改造车辆不予核发《工程渣土准运证》。加强运输过程监管和跟踪检查,对未改装车辆上路、不按规定操作的驾驶员施以重罚。在桐庐城管网上建立渣土管理信息平台,把县城以及周边乡镇在建单位涉及到渣土消纳和需求信息收集到平台上,方便施工企业查询。

【垃圾分类收集试点】 2010年,制定《桐庐县生活垃圾分类收集转运试点方案》,向试点小区绿城桂花苑80余户住户免费发放5800只垃圾袋及家庭厨房垃圾桶80余只,分别在小区28个楼道前放置容量为120升"厨房垃圾""其它垃圾"2个垃圾桶,小区内设置4个点,分别放置容量为240升的垃圾桶用于投放"厨房垃圾""其它垃圾""可回收"及"有害垃圾"。环卫处对小区垃圾实行定点定时清运。

【网格化管理】 2010年,县城管执法局在城区设立5个直属中队、1个机动中队,采取"分散办公,驻点管理"方式,将责任落实到分队、队员,建立街面点、线、面相衔接的全方位、全覆盖网格化管控体系,以块为主、以线为辅,条块结合,实现全区域覆盖。延长执法时间,在早(7~8时)、中(11~14时)、晚(17~22时)3个时段,设立空档值班,负责全区域巡查和监控,明确流动摊点、渣土运输等重点管理职能,实现空档时间无缝连接。

(项　鸣)

【责任编辑　叶　红】

国土资源管理　环境保护

·国土资源管理·

【概况】 2010 年，全县申报土地开发整理项目 109 个，竣工 88 个，新增耕地 239 公顷，其中建设用地复垦项目 61 个、复垦 101 公顷；土地开发垦造耕地项目 27 个，新增耕地 138.5 公顷（其中承担杭州市区占补平衡垦造耕地 71.7 公顷）；实施耕作层土剥离再利用项目 14 个，涉及项目新增耕地 30.6 公顷。推进农村土地综合整治，上报立项农村土地综合整治项目 9 个，其中省级示范项目 2 个，新增耕地 27.5 公顷，实现第 15 个耕地占补平衡年。

征收土地 159 公顷；提供建设用地 210 公顷；供应国有土地使用权 175 宗 277.9 公顷，成交土地出让金 36.115 亿元，入库 33.1466 亿元。完成 320 国道（桐庐段）改建工程一、二期及云栖路西延用地拆迁；完成桐君街道荇塘坞等城中村拆迁，拆迁 479 户 128547 平方米。

受理用地预审申请 184 件，申请用地 466.3 公顷，通过预审项目 182 个，面积 465.3 公顷。完成桐庐安顺方解石矿等 3 家废弃矿和县城城关中学后山山体崩塌等 8 个地质灾害点治理；分水朝阳石煤矿自燃治理一期工程如期完工；地质灾害群测群防“十有县”创建工作获国土资源部命名。立案查处国土资源违法案件 51 起，涉及土地 13.4 万平方米。完成县城和分水镇建成区 23.73 平方公里城镇数字地籍调查，启动富春江等 7 个镇（街道）建成区及部分中心村约 17 平方公里第 3 期城镇数字地籍调查。

是年，在杭州市国土资源系统年度工作目标考核中，县国土资源局为优秀单位；在杭州市耕地保护责任目标考核中，桐庐县被杭州市政府评为优秀单位。

【土地规划】 按照“保护、保障、挖潜、集约利用”总体要求，依托“一主一副四极”城镇发展框架，实施中心城区“东进、南拓、西延、北改”发展战略，历时 7 年，至 2010 年编制完成《桐庐县土地利用总体规划（2006～2020 年）》。主要规划调控指标：到 2020 年，全县耕地保有量不低于 21407 公顷；基本农田保护面积不低于 20327 公顷；标准农田不低于 9360 公顷；城乡建设用地规模不超过 8005 公顷。增量指标：到 2020 年，新增建设占用土地不超过 1847 公顷；新增建设用地不超过 1760 公顷；新增建设占用耕地不超过 1420 公顷；土地整治补充耕地不低于 2677 公顷。用地效益和集约利用目标：人均城镇工矿用地控制在 117 平方米以内；万元二三产业增加值用地量不超过 32.80 平方米。是年，全县 11 个乡镇级土地利用总体规划相继完成。县、乡（镇）二级土地利用总体规划获省、市人民政府批准。土地规划信息系统建设通过省国土资源厅验收。

【耕地保护】 2010 年初，在县政府与各乡镇（街道）签订耕地保护目标责任书基础上，试行乡镇（街道）、村、户三级耕地保护责任制试点工作。出台《桐庐县基本农田保护补偿试点工作方案》，对补偿对象、补偿标准、补偿方式、资金来源、工作步骤、方法、机构及部门分工等作出明确规定，并在旧县街道试点，对涉及基本农田的农户及承包面积等信息进行调查登记，并与相关责任人签订《基本农田保护协议》。

【土地开发整理】 出台《关于进一步推进土地开发整理工作若干意见》，明确从 2010 年起宅基地复垦项目，由原 52.5 万元～67.5 万元/公顷提高至 82.5 万元～105 万元/公顷；宅基地整村整理项目，由原 90 万元/公顷提高至 150 万元/公顷；垦造耕地项目青苗补偿及管理费，由原 24000 元/公顷提高至 52500 元/公顷；耕作层土剥离再利用，由原 60000 元/公顷提高至 75000 元/公顷；废弃工矿、砖瓦窑厂等一般建设用地复垦项目，由原 37.5 万元/公顷提高至 45 万元/亩。

【建设用地管理】 为规范征地拆迁补偿标准，维护拆迁当事人的合法权益，出台《桐庐县城征收集体土地房屋拆迁补偿评估基准价标准》。做好征地养老保险工作，2010 年，解决历史遗留养老保险 3038 人，其中货币安置 1629 人、养老保险安置 1409 人。推进即征即保，核定即征即保养老保险 1877 人。是年，县国土资源局征收土地 159 公顷。完成 320 国道（桐庐段）一二期改建工程、云栖路西延用地征迁、县城城中村改造和荇塘坞等区块拆迁改造工作，拆迁 479 户

128547平方米。按照《桐庐县县城征用集体所有土地房屋拆迁管理暂行办法》,对桐君街道下轮村、荇塘坞、芝溪垅等旧城改造项目进行整体协调,发布冻结公告,办理拆迁许可证。做好新增建设用地报批。2010年省、市下达桐庐县切块指标94.5公顷,通过努力,争取省市追加调剂指标57.4公顷。是年,提供建设用地210公顷,安排农村个人建房等新农村建设用地16.7公顷。消化已农转用而未供土地124.9公顷,盘活建设用地存量68.1公顷。加强用地预审,严把项目准入关。2010年,受理用地预审申请184件,申请用地466.2公顷,通过预审项目182个465.3公顷;未通过项目2个0.9公顷。严格房地产项目监督管理,参与新开工房地产项目建设设计方案会审,对已竣工房地产项目执行复核验收制度。是年,办理房地产复核验收项目36个,复核土地59.5公顷。会同开发区管委会完成开发区土地集约利用评价成果更新工作,并通过省级验收。全面开展批而未供土地的清查,对2006年以来批而未供及收购的存量土地进行全面清理,清理出未供土地352.3公顷。

【土地经济管理】 2010年,县国土资源局供应国有土地使用权175宗277.9公顷,成交土地出让金36.115亿元,其中,经营性用地61宗130.9公顷,成交土地出让金32.1307亿元;工业用地87宗120.3公顷,成交土地出让金3.2042亿元;划拨用地27宗26.6公顷。执行《闲置土地处置办法》,对闲置土地依法收缴土地闲置费,直至无偿收回土地使用权。是年,对建设项目用地开竣工和履约清理进行动态督察。对6宗工业用地盘活使用,其中可重新安排建设项目用地9.2公顷。通过县法院强制执行,收缴土地闲置费79万元。

【矿产资源管理】 2010年,根据省、市统一部署,全面完成桐庐县矿产资源规划修编,并上报杭州市国土资源局审批。开展矿山企业年检,全县应检矿山企业9家,年检率100%;年检合格矿山企业6家,合格率67%。加大对全县矿山开发利用方案执行情况检查力度,开展跟踪式服务与片警式管理,通过引入中介力量,加强对矿山企业执行矿产资源开发利用方案技术指导。如桐庐红狮高山水泥石灰石矿通过指导达到开发利用方案确定的开采要求,并通过省国土资源厅督查组验收。是年,结合扩权强镇要求,对横村等3个乡镇辖区矿山实行片警式管理,减少矿山开采重大违法行为发生。8月,组织力量对全县全部矿山界桩采用闪光标志材料重新统一埋设,并将矿山相关资料移交辖区国土资源所。是年,新批矿山指标3个,通过拍挂牌,出让采矿权3个,成交矿产资源出让金6151万元(不含富春江、分水江黄砂资源2862万元)。

【地质环境与灾害防治】 2010年,完成149个建设用地项目地质灾害危险性评估预审,对69个位于地质灾害易发区项目进行地质灾害危险性评估并备案。完成桐庐安顺方解石矿、钟山建国花岗石矿等3家废弃矿治理。举办全县地质灾害监测业务培训班,受训300余人;在分水高级中学举办突发性地质灾害紧急疏散演练。根据《桐庐县2010年地质灾害防治方案》,明确防范重点和相关防范措施;开展全县地质灾害隐患点汛前巡查,完善群测群防网络体系,对168处地灾害隐患点落实监测人并签订责任书,发放防灾工作明白卡207份、防灾避险卡355份,对位于地质灾害易发区的136个行政村落实巡查人,明确巡查范围、巡查要点、应急响应措施,使易发区村庄"村村有巡查人",已知的地质灾害隐患点"点点有监测人"。投入资金292万元,完成分水高级中学后山体滑坡、分水镇大路村汪家坞山体滑坡、富春江镇云源路破面泥石流等8处地质灾害点治理。分水朝阳石煤矿自燃治理一期工程如期完成。

2010年6月25日上午,浙江省暨杭洲市纪念第20个全国土地日活动在横村镇举行

【执法监察】 2010年,县国土资源局开展国土资源执法巡查500余人次,制止违法行为100余件,拆除违章建筑2万余平方米;立案查处各类违法案件51起,涉及土地13.4万平方米,收缴罚没款355.84万元,

没收地上建筑物4.19万平方米，责令复垦土地3.45公顷；处置闲置土地11宗，其中督促开工9宗。全县违法用地占用耕地面积占新增建设用地占用耕地比例控制在3.8%。稳妥处理国土资源信访，首次举行桐君街道仁智村民袁某反映的"桐庐县富来新型建材有限公司违法用地"信访听证会，取得良好效果。全年受理土地信访"三来件"423件，其中来信97件、来电272件、来访54批。信访办结率95%。

【地籍管理】 桐庐县第二次全国土地调查（农村土地调查和基本农田调查），历时3年，先后经历省、部级数据核查、一张图工程核查、统一时点更新核查、批而未用核查等10余次检（核）查，于2010年5月通过验收。通过调查，查清全县1825平方公里范围内耕地等各类农用地、城乡各类建设用地以及未利用土地的权属、面积、分布和利用状况，查清基本农田分布和面积。推进数字地籍调查工作，在完成县城和分水镇建成区23.73平方公里城镇数字地籍调查基础上，启动富春江等7个镇（街道）建成区及部分中心村约17平方公里第3期数字调查工作，完成控制和地形测量。启动开发国土资源管理辅助系统一期工程项目，国土资源"一张图"核心数据库基本形成，1999年以来，近3800宗项目包括农转用（征收）报批、收储、供应等过程形成的各类属性数据和空间信息均实行"一张图"管理，为国土资源管理提供技术支撑和数据服务。做好日常产权产籍工作，全年办理国有土地使用权证8066本，集体土地使用权证2本，农村宅基地使用权证审核1101本，抵押预登记2689户，办理他项权证6300本，为企业（个人）争取银行贷款10.92亿元，办理划拨土地使用权交易346户，办理土地使用权转让80宗，协助县法院对224宗次的土地使用权进行查封解封。为规范全县地籍档管理，委托县档案服务公司对2009年地籍资料进行收集整理，收集整理立卷地籍资料7316卷（件），录入文书档案条目284条，接待用户478人次，查阅地籍案卷818卷。

（宋正良）

·环境保护·

【概况】 2010年，桐庐县生态建设与环境保护工作经8年努力，成功创建国家级生态县；编制《桐庐县生态文明建设规划》，启动国家级生态文明示范区建设。至年底，全县建成农村生活污水处理工程535个，桐庐县农村环境连片整治工作被列入中央农村环保专项资金补助项目和杭州市特色创新项目。继续淘汰落后产能，关闭年产1万吨以下废纸造纸企业4家；强化排污企业监管，对10家污染企业实施强制清洁生产；开展燃煤锅炉污染整治，28家企业33台燃煤锅炉完成脱硫除尘治理任务；加大环保执法力度，查处环境违法案件63件。通过结构减排、工程减排、管理减排等措施，全县COD和SO_2排放总量分别比2005年消减15.34%和21.78%。开展机动车汽油加油站油气治理，全县18座提供汽油添加服务的加油站完成油气回收治理改造。加强汽车尾气管理，实行机动车尾气排放不合格车辆不得上路和机动车尾气排放黄白环保标志管理制度。环境质量稳中有升，境内主要河流出境断面水质优于入境断面；空气质量优良天数332天，比2009年增4天；城市功能区噪声、交通噪声和区域环境噪声分别为51.6分贝、66.0分贝和54.4分贝。是年，桐庐县生态建设与环境保护工作获杭州市委、市政府生态建设与环境保护目标责任制考核优秀，实现杭州市生态建设与环境保护工作年度业绩考核八连冠。

【环境质量】 2010年，县城环境空气质量达到二级空气质量标准，空气质量优良天数为332天。县城和乡镇集中式饮用水源地水质达标率100%。分水江和壶源江水质达到II类标准，富春江桐庐段水质达到III类标准，受上游来水影响，总磷指标超过II类水环境功能区标准，其余指标均符合功能区环境要求，桐庐县出境断面水质优于入境断面；城市功能区噪声、交通噪声和区域环境噪声分别为51.6分贝、66.0分贝和54.4分贝，均满足功能区要求。

【污染减排】 2010年，县城污水处理厂二期工程正式投入运行，一、二期日处理水量2.88万吨/日；富春江镇、分水镇、横村镇污水处理厂及其他乡镇污水处理站纳管率、处理率、达标率进一步提高。依法关停桐庐高翔造纸厂、桐庐星辰纸业有限公司、桐庐宏达鞋材厂、桐庐江南造纸厂等4家小造纸企业；取缔20家非法塑料粒子加工企业；督促指导10家企业完成强制性清洁生产审核。全面实施燃煤锅炉脱硫除尘整治，桐庐信雅达热电有限公司炉外脱硫工程通过验收，推进横村镇集中供热管网建设，供热范围内工业企业锅炉全部拆除；完成28家企业33台4吨/时以上燃煤锅炉脱硫除尘整治。

【生态文明建设】 2010年6月12日，桐庐国家级生态县建设通过环保部组织的技术评估；12月4日，通过考核验收，并自动转为全国生态文明示范区建设试点。结合桐庐县国民经济和社会发展"十二五"规划，委托中科院生态环境研究中心编制《桐庐县生态文明

2010年12月4日，桐庐县通过国家级生态县验收

建设规划》，启动全国生态文明示范区试点建设。完善生态补偿机制，编制《桐庐县生态补偿专项资金使用实施细则》。

【环境基础设施建设】 2010年，以主要城镇污水截污纳管改造和完善生活垃圾城乡一体收集处置体系为重点，推进生活污水和生活垃圾处理工作。镇级污水处理能力8.2万吨/日，县城污水处理厂日处理生活污水2.88万吨；分水镇、横村镇、富春江镇污水处理厂日处理生活污水量为设计能力60%以上。建立健全生活垃圾长效保洁机制，县城生活垃圾无害化处理项目和12个乡镇(街道)15座垃圾中转站投入正常运行，“村收集、镇中转、县处置”生活垃圾无害化处理体系全面投入运行。

【生活饮用水源保护】 全县依法划定的11个集中式生活饮用水源全部完成达标区创建，建立饮用水源巡查制度。2010年，开展生活饮用水源综合保护工作，启动包括富春江、分水江沿岸生态景观保护与建设、生态环境保护与整治、生态修复与改造、产业结构调整与优化升级、农业农村污染整治、工业污染整治等多方位生态环境保护、建设和整治的“三江两岸”生态景观保护与建设工作。继续做好富春江、分水江两大水库漂浮污染物打捞处置工作，全年打捞死猪2971头、水葫芦等漂浮污染物17550吨。

【农村环境连片整治】 2010年，桐庐县以农村生活污水治理工作为切入点，全面推进农村环境连片整治。完成45个行政村538只农村生活污水治理工程；出台《桐庐县农村生活污水处理工程建设和运行维护管理考核办法》，建立农村生活污水处理工程信息化管理和移动巡查系统平台。是年，桐庐县农村环境连片整治工作得到7位省市主要领导批示肯定，浙江省、杭州市农村环境连片整治现场会在桐庐召开，人民日报、中国环境报等60余家新闻媒体作专题报道，23个省内外单位到桐庐观摩。桐庐县农村环境连片整治被列为中央农村环保专项资金和杭州市特色创新项目，2008年～2010年争取中央农村环保专项资金1.1亿元。

【环境保护宣传教育】 2010年，开展“低碳减排·绿色生活·携手共建国家级生态县暨百场环保电影下基层巡映”活动；举办青少年环保知识网络竞赛和环保时装大赛；与杭州市环保局联合举办“绿色畅想未来”环保文艺演出活动，开展法律咨询、图板展等宣传活动，向市民发放环保手册、书籍等5000余份，发放《低碳生活从我做起》倡议书5000份，编发“生态桐庐”简报14期。推进“多绿”系列创建，是年，成功创建省级环境教育基地1个，省级绿色学校2个，省级绿色家庭2个，市、县绿色单位43个。全年在国家、省、市以上媒体刊登桐庐生态环保信息65篇。

【环境保护行政许可】 2010年，县环保局制定出台简化政府投资项目环评审批简化环评程序，缩短审批时间等6项举措，缩短政府投资项目环评审批时间。办

2010年4月19日，原国家环保总局副局长祝光耀视察桐庐县农村生活污水治理工作

理环境保护行政许可事项843项，否决不符合国家产业政策、高能耗、高污染工业项目38项，否决个体服务业项目49项。实现所有环保许可事项按时办结率100%，提前办结率98%，当场办结率61%。

【依法行政】 2010年，推进行政权力阳光运行工作，加强电子政务平台建设，全面实行环境保护行政许可网上运行，完成行政处罚网上运行调试。全面推行说理性行政处罚决定书。开展环境保护法制专项讲座和执法人员执法证件培训活动。做好政务信息公开工作，主要行政行为的法律依据、办理要求、办事流程以及行政许可、行政处罚等相关信息全部在电子政务平台公开，行政行为透明度进一步提高。全年受理群众来信来访、投诉399件次，政协提案1件。来信来访办理反馈率100%，群众满意率98%，重复投诉率小于10%。

【环境监测和科研】 2010年，桐庐县境内在富春江严陵坞、渡济大桥和窄溪，分水江印渚、分水和桐君山，壶源江大石堰坝和雅坊电站设有8个地表水监测断面。在富春江和分水江入境断面分别设有严陵坞和印渚2座地表水自动监测站，县城设有江南和江北2座空气自动监测站，是年新增大奇山国家酸沉降自动监测点1个；县城设有区域环境噪声监测点位102个，功能区噪声监测点位3个，交通噪声监测点位18个。全年在水、气、声环境质量监测中获取监测数据76642个，出具监测报告719份。完成杭州市科技发展计划项目《桐庐县农村生活污水和农家乐污水治理示范》研究，参与《杭州地区水库营养现状与富营养化防治对策研究》等课题科研工作，全年发表研究论文2篇，其中1篇获杭州市自然科学优秀论文三等奖。取得环境保护产品发明专利1项，实用新型专利技术2项。

【环境执法监察】 2010年，对全县县控以上企业进行环境监察1511人次，开展夜间飞行检查14次，检查及后督察企业849家次；全年查处超标排污、私设暗管偷排偷放等环境违法行为63件，处罚款371.5万元。跟踪建设项目“三同时”执行情况210个，其中重点跟踪项目64个、一般跟踪项目146个，跟踪率100%，“三同时”执行率97%以上。全面、足额征收排污费，全年征收排污费617万元。

【辐射源管理】 2010年，推进《辐射安全许可证》制度，全县放射源和辐射装置持有单位25家全部取得许可证。审批辐射建设项目15个，检查辐射工作单位40余次，完成辐射项目验收2个，处理辐射信访5件。开展“放心放射源县”创建活动并通过验收。

【加油站油气回收】 2010年，为有效遏制机动车加油站大气污染，减少持久性有机气体排放，制定并实施《桐庐县油气回收综合治理工作方案》，开展机动车加油站油气回收整治工作，至年底，全县18座提供汽油添加服务加油站全部完成油气回收治理改造，做到油气达标排放。

【汽车尾气管理】 2010年，实施《杭州市机动车排放污染防治工作实施方案》，加大机动车尾气污染防治宣传教育力度。将机动车尾气排放情况作为机动车技术检验重要内容，执行机动车尾气不达标车辆不得上路制度。根据机动车尾气排放是否达标，实行机动车环境保护绿黄管理制度。是年，全县应发放环保标志机动车11001辆，发放环保标志8820张，其中绿色环保标志8798张、黄色环保标志22张。机动车环保标志发放率80.2%。

【实行廉政告知制】 2010年，县环境保护局推出廉政告知制，要求环境保护工作人员在从事管理服务、行政许可和环境执法时，向有关企业、单位和个人出示《廉政告知书》，要求被管理、服务对象对照《廉政告知书》规定，对环境保护工作人员在行政执法中行为进行监督并签名确认。全年发放《廉政告知书》550份，其中环境执法类200份、管理服务类150份、许可类200份。

（胡存有）

【责任编辑　骆国庆】

劳动　人事

·劳动保障·

【概况】 2010年，全县新增城镇就业岗位3868个；失业人员实现再就业2432人，其中就业困难人员1512人；农村劳动力转移就业4623人；城镇登记失业率3.27%。组织失业人员、失地农民再就业培训1884人，其中技能培训1114人、创业培训186人、高技能人才培训378人、技能鉴定发证7251人。办理劳动合同鉴证11658份，审理和办理未成年工备案手续27人。4月，全县最低工资标准由780元/月调整到900元/月，非全日制工作最低小时工资标准由6.5元/小时调整到7.3元/小时。是年，县劳动和社会保障局获杭州市劳动和社会保障工作目标任务考核先进单位、县综合考评优秀单位、县信访工作先进单位、县提案议案办理先进单位；县社会保险委员会办公室获杭州市医疗保险会计先进单位、医疗保险统计先进单位、社会保险工作先进单位；县就业管理处获杭州市就业和失业保险工作优秀单位；县劳动保障监察大队获杭州市劳动保障监察工作先进单位、市劳动保障监察窗口建设先进单位、桐庐县优秀基层站所（服务窗口）等荣誉。

【公共就业服务】 2010年，发布用工信息15期，举办交流会13期，提供就业岗位26000余个，达成就业意向6737人。根据《关于延长扩大失业保险基金支出范围的实施意见》，全年接收申报材料771家，发放促进就业专项资金727万元，办理新"就业援助证"1165本。

【"充分就业"县创建】 2010年8月初，完成全县农村劳动力补充调查基础工作；9月，出台《关于创建覆盖城乡全民共享的充分就业县的实施意见》并召开全县创建充分就业县和创业型县动员大会；10月底出台《创建充分就业县评审考核具体办法》；11月通过杭州市创建工作小组考核验收。全县11个社区、1个街道（桐君街道）、135个行政村达到"充分就业"标准。

【"创业型"县创建】 2010年，相继出台并落实一系列配套创业扶持政策，明确创业促进就业理念，为创业者提供政策支持。注重劳动者创业意识培养和创业能力提升，将有创业愿望和培训要求的城乡劳动者纳入创业培训范围，落实培训相关补贴。选择8家单位为定点培训机构，实行动态管理机制，支持培训机构开展定向、定单式培训。是年，新增私营企业597家、个体工商户2394户。

【职业技能培训】 2010年，完成失业人员、失地农民再就业培训1884人，其中技能培训1114人、创业培训186人、高技能人才培训378人，技能鉴定发证7251人。制定桐庐县加强技能人才队伍建设实施意见，开展技能比武，推行技能等级与工资相挂钩，引导企业加强技能人才培养，鼓励职工提高自身技能。利用乡镇成校，就近就地培训失业人员、失地农民。

【"品牌职业培训基地"创建】 2010年，制定出台《职业技能培训考核管理暂行办法》，明确实训场地、师资力量、教学计划、学员到课率、培训就业率、培训课时等15项考核内容。开展"品牌职业培训基地"创建工作，明确"品牌职业培训基地"在管理人员、办学规模、办学条件、管理制度和培训绩效等方面标准。年底，经县劳动和社会保障局、财政局等部门考核验收，成功创建餐厅服务员、汽车维修工、数控车工、计算机操作员、足部按摩师、中式面点师、电工、电焊工、针织横机工等10个品牌职业工种。

【劳务协作】 2010年，在加强与外省传统劳务协作基地联系基础上，新建云南新平、文山等3个劳务协作基地；组织开发区、乡镇及缺工企业到云南、青海、甘肃等地招工；全年引进外省劳动力2086人。5月24日，桐庐技术人才兰州培训基地挂牌仪式在兰州园艺学校举行。至年底，兰州培训基地培训人员350余人，全部在桐庐县经济开发区就业。

【村级劳动保障服务室建设】 2010年，县财政投入100余万元，为全县183个行政村劳动保障服务室配置电脑、打印机、传真机等办公设备，并按统一格式和标准制作职责牌、制度牌、业务流程牌。村劳动保障服务室配备1名专（兼）职工作人员，为辖区内行政村提供业务指导，建立起县—乡镇（街道）—村（社区）三级劳动保障服务体系。10月，全县183个行政村均建立劳动保障服务室，做到"机构、场地、人员、经费、制度、工作”六到位。12月中旬，通过杭州市考核验收。

【社会保险】 1. 社会保险参保。至2010年底，全县参加企业职工基本养老保险85389人，比年初增加5482人。企业离退休人员11861人，社会化管理服务11771人。参加机关事业单位养老保险9878人，离退休人员4465人。参加农村养老保险91008人，其中已领取养老待遇85人。参加被征地农转非人员基本生活保障18295人，其中6461人已享受基本生活保障待遇。参加城镇职工基本医疗保险86320人，参加城乡居民医疗保险292748人，参加工伤保险91201人，参加女职工生育保险53082人。

2. 社会保险基金。至2010年12月底，企业职工养老保险基金收入26113万元，支出23576万元，收支相抵结余2537万元，累计结余基金24446万元，基金支付能力12.44个月。机关事业养老保险统筹基金收入13511万元，支出13890万元，收支相抵赤字379万元，累计基金赤字1241万元。农村养老保险基金收入94万元，支出114万元，收支相抵赤字20万元，基金累计结余2145万元。征地农转非人员基本生活保障基金收入10525万元，支出2017万元，收支相抵结余8508万元，基金累计结余43932万元。城镇职工基本医疗保险收入14089万元，支出14137万元，收支相抵赤字48万元，累计结余基金3169万元。城乡居民医疗保险收入8318万元，支出8158万元，收支相抵结余160万元，累计结余基金1351万元。工伤保险基金收入1467万元，支出1124万元，收支相抵结余343万元，基金累计结余2364万元。女职工生育保险基金收入448万元，支出349万元，收支相抵结余99万元，基金累计结余574万元。城乡居民社会养老保险基金收入9170万元，支出5503万元，收支相抵结余3667万元，基金累计结余7865万元。

3. 社会保险业务。2010年7月起委托桐庐农村合作银行从参保人员个人储蓄账户中扣缴社会保险费，至12月底协议扣款人数18577人。职工医保标准缴费比例提高2个百分点，缴费基数调整为职工工资总额的80%，2010年城乡居民医保人均筹资额提高到270元，其中个人缴纳100元。对7名2009年度年检未通过的领取待遇人员进行上门核查，对2009年底前办理领取手续的退休(职)人员、供养遗属进行领取养老待遇资格认证，对因各种原因未进行资格认证的100余人暂停发放待遇。

【城乡居民社会养老保险】 2010年1月15日，在桐君街道湾里村举行桐庐县城乡居民社会养老保险基础养老金首发仪式，对全县60周岁以上无保障老年人发放70元/月基础养老金。4月，出台《桐庐县城乡居民社会养老保险实施意见》。6月1日正式开始办理参保缴费业务，至12月底，45周岁以上参保人员补缴率97%。至2010年底，全县参保人数123425人，参保率70%，其中参保缴费68140人，享受待遇55285人。

【社会保险网上申报系统开通】 2010年，县劳保局和县地税局共同研发桐庐县社会保险网上申报系统。企业可通过网上申报系统办理职工增减员、缴费基数申报、单位和职工信息查询等社会保险业务及社保相关政策。4月2日，社会保险网上申报业务正式运行，1700多家企业开通社保网上申报系统，全年处理社保业务33274笔。

【“两定”机构医保监管】 2010年，对全县35家医保“两定”(定点医疗机构、定点药店)单位进行检查考核，对2009年考核为A、B级和2009年度医保费用排名前15位的社区卫生服务站、村卫生室及之前受到处罚的9家医疗单位进行年度考核，依据信用等级考核办法评定相应信用等级，并发文通报，对信用不良单位进行诫免约谈，并采取相应处罚措施。12月，组织人员对24家社区卫生站、村卫生室进行处方票据专项检查，通过劳动保障行政部门对10家违规的村卫生室、社区卫生服务站实施行政处罚。是年7月，省审计厅专项审计组对桐庐城乡居民医保基金使用情况进行专项审计调查，结果表明，桐庐县加强城乡居民医保资金监管效果显著。

【企退人员社会化管理】 根据2010年度企业退休人员基本养老金计发办法，调整企业退休人员养老待遇，月退休工资人均增资135元，及时足额发放企业退休人员养老金；组织全县4000余名企业退休人员健康体检；在春节前向全县11000余名企业退休人员寄送贺卡，发放节日慰问金；指导社区组织开展多种形式、适合老年人特点的文体活动，组织企业退休人员参加杭州市企业退休人员系列文体活动。

【劳动监察】 2010年，检查用人单位1320家，涉及职工35620人，发出劳动监察限期整改指令书24份；受理群众举报投诉案件187起，涉及3065人，处理群体性突发事件4起，涉及职工212人，接待来信来访3539人次；督促企业签订和补签职工劳动合同8800余份，追回拖欠职工工资455.85万余元，行政处罚案件21件。建立整治非法用工打击违法犯罪专项行动工作小组，对“四小企业”(小煤矿、小非煤矿山、小危化生产企业、小烟花爆竹生产企业)进行全面检查，检查小砖窑7家、小矿山16家、小作坊85家,查处违法使用未成年工1人、非法使用童工4人。开展"春雨行动"、清理整顿人力资源市场秩序、足浴美容美发行业等专项检查6次。

【劳动仲裁】 2010年,坚持"先调后裁,主调辅裁"理念,以"快受理、快立案、快审理、快结案"的"四快"方针,处理劳动争议;落实公开开庭审理制度,开展下乡镇(街道)流动庭审活动,在分水、富春江镇建立劳动争议仲裁庭;建立人民调解员制度,吸纳非仲裁人员参与庭审调解活动。编印《仲裁之声》,发挥劳资管理QQ群平台作用,指导企业规范用工。全年受理劳动争议案件232件(其中集体争议案25件),涉及1220人,涉案金额2295万元;结案198件,其中调解结案163件,调解结案率82%

(何雨轩)

·人才人事·

【概况】 2010年,县人事局引进各类紧缺人才612名,其中高学历高职称人才50名;引进国外智力项目18个,柔性引进国外专家22名;获国家、市、县引进国外智力项目专项经费资助81.8万元,引智项目转化新增产值25442.96万元,产生利润4579.96万元。首次邀请美、英、德等9个国家和地区15名高级人才到桐,与县内15家高新企业交流,共商合作事宜;举办大学生就业实习招聘会,促进回桐高校毕业生就业创业;实施招考录用公务员和事业单位工作人员,规范公务员交流转任;强化公务员和各类专业技术人员素质培训;规范公务员和事业单位工作人员工资福利;稳步推进政府机构改革,深化机构编制管理。是年,县人事局获省人力资源社会保障宣传工作先进单位、县综治(维稳)工作先进单位、县信访和县长公开电话工作先进单位;县人才开发中心获杭州市大学生就业创业服务工作先进单位。

【人才引进】 2010年,通过举办春夏季大型人才招聘会、组织小分队到县外招聘、组织大学生到桐就业实习、利用桐庐人才网平台等途径,为用人单位引进各类紧缺人才612名,其中研究生和高级职称人才50名。引进的各类专业人才,在各自专业技术岗位上发挥重要作用。如杭州尖端内窥镜有限公司聘请美国高级工程师Michael Garrett Ashby为特聘专家,解决国内生产的内窥镜在耐高温高压消毒次数上只有200次左右的限制;浙江富春江水电设备股份有限公司聘请张群峰为钱江特聘专家,与前任特聘专家马里谢夫联手,推动杭州市制造业朝高端技术发展;桐庐久久机械设备有限公司引进浙江大学博士研究生江健和高级工程师王炜分别解决技术和技术管理等问题。组织开展各类人才交流招聘活动11场,服务用人单位500余家次,提供就业岗位5000个,接待入场求职人才6500余人次,达成就业意向2200人。

【智力引进】 2010年,向国家、省、市申报并组织实施浙江富春江水电设备股份有限公司大型发电机电气制造技术和工厂管理、东芝水电设备(杭州)有限公司功果桥大型混流式机组转轮现场制造技术、桐庐尖端内窥镜有限公司应用无刷中空电机关键技术、桐庐果树研究所蓝莓优质丰产和种苗繁育及后期管理技术等13家企业引进国外智力项目18个,获国家、市、县引进国外智力项目专项经费资助81.8万元,柔性引进国外专家22名。其中浙江富春江水电设备股份有限公司大型发电机电气制造技术和工厂管理项目被列入国家级引智项目,获国家和县资助5.8万元。是年,执行完成的引智项目转化新增产值25442.96万元,产生利润4579.96万元。

【国际人才交流与合作】 2010年11月,首次邀请美国、英国、澳大利亚、日本、德国、荷兰、瑞士等9个国家和地区15名高层次人才带着医疗器械、电子信息、生物医药、核磁共振、互联网技术等领域的世界前沿研究成果到桐庐县,与桐庐洁康药业公司、杭州天霸电子有限公司、桐庐汇丰公司等15家高新企业负责人洽谈项目合作等事宜。瑞士从事生物医药研究的林山博士通过与洁康药业总经理的交流洽谈,当即与洁康公司达成初步合作意向;美国周文生博士了解到杭州天霸电子有限公司研究发展方向,向其推介太阳能集光技术和太阳能电池板等成熟技术,希望双方能进一步深入交流;美国宋立博士与汇丰公司达成初步合作意向,并应公司邀请一起到深圳作进一步洽谈。

【县级企业技术创新团队评选】 根据县域经济发展重点和转型升级需要,2010年10月,按照"自主创新能力要求、人才队伍要求、支撑保障要求、制度建设要求"四项评选条件,首次开展县级企业技术创新团队评选。以浙江富春江水电设备股份有限公司为龙头,浙江龙生汽车部件股份有限公司等5个研发创新团队成为首批县级重点企业技术创新团队,为推进桐庐县企业技术创新树立典型,也为创建省级企业技术创新团队奠定基础。

【人才培养】 一是县"511"人才培养。2010年,组织49名"511"人才到杭州市委党校集中培训。会同培养人选单位和主管部门开展"511"人才近5年综合成效考评工作，通过考评，149名符合条件的考评对象5年获省部级各类科技奖221项，承担国家、省部、市级科研、基金项目281项，授权或受理专利83项，正式发表论文335篇，制定国家、行业、企业标准82项。二是提升人力资源管理人才能力素质。5月，组织50名HR经理到杭州参加由澳大利亚悉尼大学MBA、日本东北大学客座教授吴建国主讲的“人才梯队建设与核心员工培养”培训。三是举办农业高级专业技术人员研讨班。9月，会同县农业局组织70名中高级企业人员参加由杭州市植保土肥专家、高级农艺师王道择授课的“低碳农业和现代农业”高研班。四是加强专业技术人员继续教育。根据专业技术人员公共科目培训特点及创新能力培养要求，组织实施继续教育培训4期，1800余人次专业技术人员参加《维权与侵权》《专业技术人员创新案例》等课目培训。

【人才创业环境】　一是开展“十佳人才”和“十佳重才爱才单位”评选活动。通过民主推荐、资格初审、专家评审、媒体投票等程序，经县委人才工作领导小组研究决定并由县委办公室、县政府办公室通报表彰。“十佳人才”是：孙毅、郑玉英、胡晓明、郦初良、王建永、胡昔城、徐志莲、谢玉霞、江健、刘劭农。“十佳重才爱才单位”是：桐庐汇丰生物化工有限公司、东芝水电设备(杭州)有限公司、杭州蜂之语股份有限公司、杭州泛亚股份有限公司、浙江富春江水电设备股份有限公司、杭州桐庐尖端内窥镜有限公司、桐庐县县级机关(事业)单位会计结算中心、桐庐县农业技术推广中心、桐庐中学、桐庐县第一人民医院。二是兑现各项人才激励政策。做好2010年度企业职工学历进修奖励和引进高层次人才住房补贴等申报材料审核、评审和确认工作。兑现78名企业在职职工学历进修奖励19.4万元；兑现企业引进的5名高层次人才购房补贴30万元(其中1名博士获10万元购房补贴)；组织全县582名在职高级职称人才健康体验；选送1名市“131”第一层次培训人选到外地学术休假。三是建设人才公寓。是年，首批66位人才通过申报、审核、摇号、公示等程序入住人才公寓。四是适时开展专业技术资格初定，中高级专业技术资格评审推荐工作。通过评审初定，232人获得初级专业技术资格，向省市推荐300余名专业技术人员参加中高级专业技术资格评审。

【大学生就业创业】　2010年，接收回桐大学生档案1807份，办理报到登记602名，就业率85%以上。2月25日举办县首届桐庐籍大学生就业实习岗位招聘会，22家大学生就业实习基地参加招聘，推出就业实习岗位260余个，通过洽谈，121名桐庐籍应届毕业生达成实习意向；通过实训，101名毕业生与实训单位签订就业协议，实训就业率84%。7月11日，举办夏季大学生就业推荐暨创业项目展示会，236人达成就业意向、44人达成创业意向。开展3次大学生创业资助评审，8名大学生获总额30万元无偿资助资金，鼓励回桐大学生自主创业。开展就业登记，加强到桐就业毕业生就业推荐工作。县人才开发中心指定专人负责毕业生就业登记工作，了解毕业生就业情况，及时以短信形式把招聘公告信息发给未就业毕业生，适时向用人单位重点推荐，增加未就业毕业生就业机会。

【招考录用】　2010年，招考录用公务员102名，招考录取人民警察学员9名，招聘事业单位工作人员204名。在各项招考录用过程中，按照报名、审核、笔试、面试、体检考察(政审)和报批程序，坚持公正、公平、公开、择优原则。是年，为规范事业单位招聘工作，会同县监察局制定出台《桐庐县事业单位公开招聘人员实施细则》。按照《细则》，首次邀请部分县外专家担任考官。分别建立综合类、医疗卫生类和教育类3个电子考官库，按照考试需要，抽签产生考官。

【公务员交流】　2010年，制定出台《桐庐县公务员转任办法》，对转任的对象条件和办法程序做明确规定，规范县级机关面向乡镇(街道)和参照公务员法管理事业单位公开选调公务员(工作人员)办法。是年，开展2次公开选调工作，推出23个职位，33人报名，通过公开报名、考试考核，实际转任12人。

【军队转业军官安置】　2010年，接收军队转业军官4名，其中副团职1名、正营职2名、正连职1名。根据军队转业军官安置政策，一名副团职转业军官由县委组织部安置到县级机关任县管副职，3名营、连职转业军官通过综合知识能力考试和在部队表现情况考核，安置到行政单位1名、事业单位2名。另安置随迁家属1名至事业单位。

【参照公务员法管理】　2010年，经省公务员局批准，县移民局、县对外经济贸易合作局、县供销合作总社、县农业行政执法大队、县国土资源执法监察大队、县安全生产监察大队、县劳动保障监察大队等7家参照公务员法管理单位，有61名工作人员，经资格审查、考试考核，52人办理公务员登记。另9名未登记，其中2名暂缓登记、2名工勤人员(在管理岗位未满3年)暂不登记、5人因超龄办理提前退休和分流。

【公务员培训】　2010年，继续开展公务员学分制管理，将公务员学习学分完成情况纳入单位党建考核，与公务员个人年度考核、职务晋升挂钩。利用干部学习新干线和党校实体班两大平台,组织公务员开展网上在职学习培训,2024名公务员完成规定学习科目和学时。围绕"法治桐庐"建设、党风廉政建设、国学和推广科普知识等开展网上知识竞赛和答题。抓好新录用公务员初任培训和机关中层干部轮训,全年培训292名,其中新录用公务员初任培训102人、中层干部轮训100人、工资干部业务培训90人。按照国家三类城市语言评估考核要求,组织公务员普通话培训班7期,1600名公务员参加普通话培训,1550人达到三级甲等以上水平,通过率96.9%。

【年度考核】 2010年,县人事局对全县机关事业单位8646名(其中公务员2118人)工作人员德、能、勤、绩、廉等方面的综合考核,重点考核公务员"德"与"绩",公务员培训和公务员道路交通违法行为列入考核内容。通过考核,确定为优秀等次的1265人,占考核人数14.63%;确定为职称(合格)等次的7045人,占考核人数81.48%;确定为基本职称(基本合格)等次的14人,占考核人数0.16%;确定为不称职(不合格)等次的3人,占考核人数0.03%;只写评语,不确定等次的319人(其中试用期人员310人、处分期未满人员9人),占考核人数3.69%。有9人因长期病假等原因未参加考核。根据公务员奖励规定,给26名连续3年考核优秀等次的公务员各记三等功一次,给304名当年考核优秀等次的公务员各嘉奖一次。根据《桐庐县事业单位考核实施细则》,对全县56家经费独立核算的事业单位实施2009年度目标管理考核,确定优秀单位19家,占事业单位考核总数33.9%。

【工资福利】 1. 2010年1月,对全县2359名公务员津贴补贴进行规范,统一发放标准;为1183名退休公务员发放生活补贴,人均月增资932元;根据《桐庐县义务教育学校绩效工资实施办法》,为1200余名义务教育学校退休教师发放生活补贴,人均月增资835元。10月,上调机关退休人员生活补贴标准,将全县2390余名机关退休公务员和义务教育学校退休教师生活补贴由原占在职同职级津补贴的55%上调至65%,人均月提高350元左右。根据人力资源和社会保障部人社部发〔2009〕182号和浙江省人力资源和社会保障厅浙人社发〔2010〕218号文件精神,全县3个公共卫生和13个基层医疗单位360名在职人员执行绩效工资,261名退休人员相应提高生活补贴。为未实施绩效工资事业单位在职和退休人员预发绩效工资和生活补贴月人均500元。为2289名公务员、2500名义务教育学校事业人员调整公积金基数。根据杭州市本级单位对2009年机关事业单位工作人员未休年休假补偿比例从10%调至50%标准,实施发放全县机关事业单位工作人员未休年休假报酬。

2. 日常工作规范有序。根据年度考核结果,为符合两年一次正常晋升级别工资档次的2177名公务员和符合"滚动升级"条件的541名公务员办理工资级别和档次晋升手续;为7005名事业单位工作人员办理薪级正常晋升手续;为323人办理职务晋升后工资变动手续;为273位工作人员办理工资供给转移手续;为158人办理到龄退休手续;为41名机关事业单位在职和退休人员遗属办理困难补助手续;为305名新录用机关事业单位工作人员办理工资审批手续,其中为133名具有工作经历人员确定计算连续工龄时间;办理276名2009年招录机关事业工作人员转正定级手续。为5名2010年度计划分配的军队转业干部确定相应工资。根据年度考核结果,完成机关事业单位工作人员一次性奖金审核工作;完成年度目标考核奖按比例一次性计提公积金审核工作。

【机构编制管理】 一是建立多部门机构编制联动管理机制。2010年,建立由财政、人事、劳动等多部门组成的联动机制,发挥编制实名制管理系统作用,对机关事业单位编制实行动态管理,从"进口"上将机关事业单位在职人数控制在编制数以内。加强临时用工管理,临时用工必须在编办核定的指标内聘用,未经县编办备案的临时用工,县劳动保障部门不予办理社会保险,财政不予核拨人员经费。二是事业单位登记管理规范有序。在全县事业单位中推行网上登记管理,设立、变更、年检通过上网办理,提高登记工作效率,加强监管。是年,165家事业单位接受年检,新登记事业单位4家,变更登记29家,登记年检率100%。三是做好政府机构改革准备工作。根据部署,开展调查摸底,梳理2001年县乡机构改革以来"三定"调整情况,为政府机构改革打好基础。在完成前期基础性工作后,根据《杭州市区县(市)政府机构改革实施意见》精神,制定桐庐县政府机构改革工作计划。

(徐日良)

【责任编辑 骆国庆】

邮电　通信

·邮政·

【概况】 2010年，桐庐县邮政局设职能部室3个、邮政支局6处、邮政所10处；设置信筒箱221个、邮政妥投点21642个，全县装信报箱住宅楼房265幢、邮票代售点57处、邮政储蓄联网网点21处、邮政特快专递点16处。全年新增报刊亭2家，共14家；报刊总类1017种、杂志426种，每只报刊亭平均营业额13.6万元。年末，有职工251人，其中大中专学历105人，占职工总数41.8%；有专业技术职称22人，占职工总数8.7%。是年，完成邮政业务总收入2634.88万元，比2009年增长27.84%；业务总量累计完成3126万元，比2009年增长31.2%。

【函件业务】 2010年，完成函件收入542.48万元，占全局总业务收入20.59%，同比增长36.72%。加强名址数据库建设，发展直邮业务、商函业务，扩大无名址邮件规模。《中邮专送广告》定期出版，每周2期，发行量10000份；拓展贺卡业务，完成邮政贺卡284.46万元；实施地税个人完税证明寄递，在个人完税证明中搭载房地产、银行、通信行业广告。开拓"金名片"业务项目（全县集旅游、商贸、房地产、广告、休闲、建材、酒店等为一体的企业形象宣传册），实现业务收入34万元。

【代理金融业务】 2010年，完成金融业务收入1325.35万元，同比增长22.16%，其中储蓄1120万元、汇兑90万元、保险115万元。以增加余额、提高活期比例为主线，以扩大代理中间业务收入比例为突破口，促进金融业务发展。相继开展"虎虎生威"代理国寿保险、正德保险专项营销、二季度揽储擂台PK赛、旺季储蓄余额劳动竞赛。通过"挑战自我"专业化销售特训营、网沙等活动，促使代理金融业务"进社区、进市场、进企业"。至年末，储蓄余额7.2亿元，比2009年末净增1.1亿元，完成代理保费2760万元。

【报刊征订】 2010年，完成报刊业务251.44万元，增长11.48%。运用"财政拨款，集订分送"以及"私订公助"政策，与各级地方党委政府配合做好党报党刊征订；在巩固公费订阅市场基础上，加大私费订阅营销力度，完成重点报刊与买断包销报刊征订工作。至年末，一次性收订流转额936万元。征订报刊主要种类有《钱江晚报》《环球时报》等167种。

【基础管理】 2010年，县邮政局继续以制度落实为主线，强化基础管理，完善规章制度。实行收支两条线财务一体化管理，制定《2010年各专业、经营单位总业务收入、储蓄余额预算》《桐庐县邮政局自主分配资金管理办法》。以全面预算管理和成本费用集中管理为抓手，加强用户欠费管理考核，提升经营效益。制定《桐庐县邮政局2010年度安全生产和治安目标管理责任制考核办法》，开展隐患排查整治、储蓄从业人员风险排查、消防安全、车辆交通安全、安防设施建设等工作，定期下发安全检查情况通报。全年无金融案件、火灾、刑事案件发生。

【设施建设】 2010年，县邮政局在网点建设、局容局貌、技防设施改造等方面投入248万元，在分水镇购置局房6间、246平方米；对局综合楼二、三楼进行装修，建立员工培训室、活动室；改造横村支局、窄溪支局、武盛所、百江所、旧县所。投资35万元，新增ATM机6台、电脑3台、终端5台、打印机6台，添置生产用车1辆。

【邮政服务年专项活动】 以"提高通信质量，提升服务水平"为目标，开展2010年邮政服务年专项活动。按照《浙江省投递基础管理、服务规范检查评定标准》《浙江省营业基础管理、服务规范检查评定标准》，出台《桐庐县邮政局服务、质量考核细则》，在全局范围内开展"三比两提高"（比通信质量、比服务水平、比安全责任，提高工作效率、提高安全意识）活动，实施全员培训，举办首届"以服务促发展"主题演讲大赛。利用自查、互查和明查暗访形式，加大对服务质量监督和检查力度，解决邮政服务中存在主要问题。用户满意度为86.8分。

（江炳芳）

·电信·

【概况】 2010年，中国电信股份有限公司桐庐分公司（以下简称桐庐分公司）有员工150人，下设综合管理部、市场营销部、政企客户部、网络运营部、客户部和分水、瑶琳、横村、城关、窄溪、富春江6个支局,固定资产原值4.688亿元、净值1.848亿元,完成全业务收入11112万元,全业务收入同比增长3.48%。是年,桐庐分公司获浙江省劳动保障诚信单位、浙江省卫生先进单位。

【网络基站建设】 2010年,桐庐分公司在C网建设上新增BTS基站23个、RRU基站54个、PHS改C网基站4个、9个商务楼室内分布系统。实施“光进铜退”战略,通过设备下移,对铜缆接入距离超过2公里以上用户线路改造,以提高铜缆带宽接入能力;完成供电小区、康乐小区等56个小区2万余户光缆改造工程。结合“光网无忧”活动,完成主要大客户网络及传输、数据、C网专业配套传输网优所需光缆建设,新建安装点位167个,其中全球眼94个、污染源8个、危险源15个、E监控50个;完成朗讯传输改造和12套OLT新建工程,以及14个点光进铜退设备安装、调试、业务割接项目。

【宽带业务拓展】 2010年,桐庐分公司依托农村综合信息服务平台,结合IPTV、融合套餐等业务,以整村推进、现场活动等手段,扩大电信宽带在农村用户中渗透率;推行酒店完美联盟计划,采用固话+宽带+IPTV统包模式提升宽带及IPTV占有率;梳理企业用户,结合上网、E监控等业务,做好光纤业务发展。加强与其他运营商合作,4月1日起,取消1.5M速率,将基础速率调整为2M,最低费用由原来的700元/年提升到800元/年。对宽带包月用户、暂停用户等高危用户,每月激活派单;优化宽带政策,以IPTV、融合套餐等为主要手段,保有宽带用户;加强续包考核力度,将宽带续包酬金梯度化,鼓励宽带续包责任人提高续包率,对逾期未续包用户加强跟踪,实现当月续包率+三个月续包考核制度。

【客户服务感知度提升】 2010年,桐庐分公司成立客户服务室,加强对服务满意度及政企客户服务规范把控;以全业务客户服务标准为指导,提升咨询投诉处理能力。通过10000号+属地支局联动,做好外呼营销。成立集中质检组,加强业务质检,提高工单准确率。成立市场部营业中心,提升营业厅整体服务水平,从操作流程、人员培训、班务安排、现场管理、绩效考核等各个环节提升营业员服务营销水平。强化星级客户服务,明确职责和流程,落实星级客户维系和服务体系的优化措施和各项动作,提升服务水平和客户感知。

【政企客户差异化服务】 2010年,桐庐分公司梳理当地业务量较大、影响面广的政企客户36家,作为政企客户差异化服务重点对象。制定月度政企客户主动服务计划,每月服务2至3家,内容包括客户资料现场比对、客户走访报告、客户机房巡检报告、客户机房整治和客户网络运行报告机制,建立客户网络健康档案和客户网络拓扑图。完成客户电路标签规范化粘贴,提升客网工程师工作能力。

【装维服务】 2010年,桐庐分公司以提升客户感知度为首要目标,以《中国电信杭州分公司装维服务管理标准化手册》为标准,提高装维服务水平。建立各类报表体系,根据不同序列要求,建立对标本地网、公司内各经营单元、社区经理横向指标报表体系,以及按劳动竞赛、社区经理排名体系、社区经理酬金日结算体系。针对存在的重装轻维现象,结合当地网装维服务工作要求,将社区经理绩效考核办法中装移计件改为装维均计件考核,实行社区经理积分制与服务排名制。通过组织《中国电信杭州分公司装维服务管理标准化手册》集中培训学习、有计划组织现场测试等,提高员工工作技能。

【企业内控管理】 2010年,桐庐分公司加强内部管理制度,加大对内控管理缺陷检查、整改力度。将用户欠费营业款结欠余额纳入绩效考核体系;加强对成本费用管理和控制,规范审批流程、审批列表、审批权限及报销要求,制定《关于加强支局所营业网点营收现金管理办法》《桐庐电信分公司主要经济业务内控权限和相关内控规定》。开展成本改进运动,完善财务管理机制;配合上级公司SSC工作要求,对资产项目进行清洗。

(王宪萍)

·移动通信·

【概况】 2010年,中国移动通信集团浙江有限公司桐庐分公司(以下简称桐庐移动公司)秉承“正德厚生、臻于至善”企业核心价值观,强化科学生产经营、深化服务,实现运营收入21362万元,同比增长7.22%;完成数据增值业务收入7722万元,收入占比36.15%。公司下设市场部、综合办、网络部3个职能部门,在分水、横村、城区分设3个区域经营部,拥有10家自主营业厅。有员工123人,其中硕士研究生以上学历3人。是年,该公司被评为县纳税大户和县消费者信得过单位;网络部获浙江省移动公司“工人先锋号”称号;分水营业厅被评为杭州市“青年文明号”。

为配合桐庐县委、县政府整体环境规划要求,桐庐移动公司于6月搬离原址,迁往改建后原行政审批中心大楼(桐君街道迎春南路333号)。全部改建工程,预计2012年完工。

【网络建设】 2010年,桐庐移动公司完善网络覆盖和通信质量。全面提升公司运营支撑能力,完成基站32个,基站总数共484个,信号实现全县各行政村全覆盖。G17期13个站点建设,8月底开通;G17.2期8个站点建设,11月底开通;室内分布系统11个站点全部开通。TD四期开通26个宏站,15个分布系统。基础网络建设完成主配光交1个、辅配光交分线箱7个、主配光缆106公里、辅配光缆7.8公里、汇聚光缆90公里,网络优化光缆153.5公里。新建市政管道26条18公里。完成集团企业预覆盖218家。完成综合接入项目75个,小区接入9个;商务楼全业务预覆盖2个。

【市场拓展】 2010年,桐庐移动公司通过产品资源整合,协调营销,发展语音专线、互联网专线、电路出租等业务。利用"春季百日会战"劳动竞赛,抓好市场深度运营。以集团进驻为主,发展大型企业传达室为二级网点,辅助外来务工市场的拓展;利用进村摆摊、庙会现场、渠道门店常态化销售形式,开展无线固话、老人机、心机礼包营销方式发展农村市场;结合一卡通、手机阅读等新业务产品营销,服务校园市场。推进存量经营,拍照中高端、VIP、二租等高价值客户,以捆绑、双网、套餐归位等手段,持续存量维系。

【窗口服务】 2010年,公司以"便捷服务、品质100"为宗旨,在全地区自办营业厅开展以"我塑我行"为主题服务模板化活动,即用爱记、爱用、在我心,形成营业厅服务模板,固化服务行为,提升基础服务质量。根据PDCA流程,常态化开展服务质量分析会,发现问题,解决问题;梳理渠道类型,整合渠道资源,提升各类型渠道竞争力;对直供网点经营特征进行研究,突出签约,加强直供升级管控,尝试培养网点各类综合业务办理。利用网点数量优势,方便服务大众客户群。建立24小时不间断服务绿色通道,推行人性化、真情化服务内容,加强客户咨询及投诉处理,使用投诉回复率和处理及时率为100%。

·联通通信·

【概况】 2010年末,中国联合网络通信有限公司桐庐县分公司(以下简称桐庐联通公司)下设综合部、营销服务部、集团客户部3个职能部门,拥有4家自有营业厅、37家核心代理网点,有员工52人,全年完成运营收入3461万元。

该公司改善服务环境,提升服务质量。在营业厅设立投诉接待区,由专人负责管理,落实"客户首问责任制"。加强星级客户经理对钻、金、银客户分层分级服务,明确工作职责和流程,落实星级客户维系措施,提升服务水平和客户感知。是年,桐庐联通公司星级会员用户保有率在杭州地区联通排名前列。

【WCDMA网业务拓展】 2010年,桐庐联通公司新增3G业务收入360万元。做好3G产品推广与宣传,结合营业厅、客户经理、代理渠道等拓展3G业务,通过开展存费送费、购机送费、存费优惠购机、战略终端合约计划、iPhone合约分期计划等促销活动,抢占中、高端用户市场份额。通过集团客户拓展,巩固3G业务收入稳定性。开展企业3G业务演示活动,根据公司优势产品iphone,针对企业领导和相关人员进行营销,通过点对点产品演示和体验,刺激用户办理热情。并对所有iPhone用户成立iPhone客户俱乐部,通过软件安装、售后服务和日常回访,在存量iPhone用户中深挖新用户。结合联通全业务优势,将3G"沃"品牌作为宣传主角,投资120万元将县城迎春南路营业厅改装为桐庐首家以3G"沃"品牌标准营业服务厅,发展3G终端礼包套餐用户、3G上网卡、融合业务等。

【宽带业务提升】 2010年,桐庐联通公司完成宽带业务收入150万元,业绩排名位杭州联通第一位。在2009年宽带业务基础上,优化宽带资费,并将宽带基础速率由1M提升至2M。扩大宽带业务代理渠道范围,结合移动业务推出全业务融合套餐。为规范宽带业务市场,避免价格战,做好与电信、网通信息港宽带业务资费调整洽谈。是年,桐庐联通宽带用户发展2700线,比2009年增长130%。

【网络设施建设】 2010年,桐庐联通公司投资600万元,完成分水城区宽带固话接入重点工程,完成新建机房9个共5400余线,可提供15000个用户同时使用。完成10个W网基站建设工程,信号覆盖桐庐城区及分水、横村、江南等主要乡镇。对桐庐富春江镇、横村镇实施固话宽带接入。投资300万元,对新、老城区区域固网机房更新核心设备2套、汇聚设备4套;对小区实施铜退光进项目,增加机房设备8套,提高城区宽带网络稳定性。

(金伟芳)

·数字电视·

【概况】 2010年,桐庐华数数字电视有限公司(以下简称桐庐华数公司)下设总经办、财务部、技术部、市场营销中心、运维部(包括城北、城南服务部、工程组)、客户服务中心、96345信息中心7个部门和富春江、江南、横村、瑶琳、分水5个乡镇中心站,撤销市场部、工程维修部。是年3月,桐庐华数数字电视有限公司(A网)与桐庐华数网通信息港有限公司(B网)整合。公司运用AB网产品增值服务拉动集团客户,发展28家数字电视大客户,集团单位用户新增1000户;发展宽带业务62条;集团新增专线63个点,完成年初计划的252%。继续深化广播电视低保工程,累计减免用户128余万元。是年,该公司获浙江省广电惠民工程示范单位、杭州市广播电视安全播出先进集体。

【网络建设】 2010年,根据县城改造统一部署,完成县城富春路、瑶琳路、白云源路等主干道上改下和地下光缆重新铺设工程,在县城新建8只光缆交接箱。新增地埋管道工程11项,管道铺设47公里。零星建设、修补管道工程50余处。抢修各类光缆事故85起(其中城区道路建设改建抢修39起)。完成新天地机房建设和AB网中心机房电源改造工程,更新凤川、青山、东溪等乡镇机房UPS电池。完成全县11个机房环境设备安装,调整分水东溪片主干光缆,同步将东溪片有限电视信号由1310改为1550传送。根据农村网络铺设双向业务发展,采用EPON+EOC技术,完成设备选型和机房平台搭建,并在桐君街道湾里村试点,安装互动电视526台,在城区华光公寓、云水公寓采用EOC技术,7个乡镇机房安装EPON设备并调试完成。完成新建小区、宾馆集团、企事业单位及农居点等光、电缆网建设开通工程75个,其中新建小区开通业务23个,宾馆、足浴等业务10个,企事业集团业务35个,农居点业务7个。全年熔接光纤6500多芯,完成各单位光缆专线移机工程21个。

【党员远教新视通平台启用】 2010年,桐庐华数公司与县委组织部合作,把党员远教教育系统与"数字兴农"系统进行对接,创立以视频会议系统为核心的党员远教新视通平台。4月底,完成视频会议系统建设并和农网平台实现对接,完成4个县级、13个乡镇(街道)和库管委共18个主会议室设备安装及182个行政村、13个社区、2个居委会分会场设备安装。至12月,使用"新视通"召开各类会议68次,参加会议2万余人。

【客户短信平台启用】 2010年,桐庐华数公司启用用户短信服务平台。完善用户通讯档案,向客户发送市场产品、停送信号、存款余额不足、抢修等提示信息157余次,发送客户133096人次。特别在发生道路改建和电缆挖断等突发情况下,通过短信在第一时间向所在片区发布信息20余次,用户4000余人次。部分用户通过短息提示及时到营业厅办理相关业务。用户短信服务平台启动,使用户投诉比例下降。全年收到各类咨询投诉116起,比2009年下降77起。

【"96371"客服热线开通】 2010年5月,桐庐华数公司在对内三大服务机制对外六大服务承诺基础上,按照总公司要求,实行八大客服标准,将本地客服热线电话统一改为"96371",并设定调度岗位,新增坐席电话3门,实行24小时值班制。是年,呼叫中心受理热线电话41282起,热线月平均接通率为92.98%,在线处理25387起。转发总公司客服通报37次,其中表扬12次、整改2次。

【安全播出应急处置演练】 为落实安全播出应急预案,熟练掌握应急流程,确保在突发事件发生时能安全播出,2010年4月26日,由杭州华数总公司牵头在富春江镇大竹垅村举行安全播出演练。演练针对突发性事件,根据安全播出应急预案,启动应急流程。演练过程中,举报投诉电话通畅,受理交办规范,应急队伍处置事件迅速有力,有30余人参与演练。是年,桐庐分公司安全播出重要保障期260天。

(徐　姝)

【责任编辑　叶雪珍】

财政　税务

·财政·

【经济概况】 2010年，桐庐县实现国内生产总值197.93亿元，按可比价格计算（下同）比2009年增长12.6%，其中：第一产业增加值16亿元，增长2.8%；第二产业增加值121.40亿元，增长13.9%；第三产业增加值60.53亿元，增长12.8%。全县工业总产值559.37亿元，增长19.5%；完成固定资产投资117.29亿元，增长33.0%；实现社会消费品零售额60.87亿元，增长19.0%；实现外贸出口供货总值171.94亿元，增长8.2%，其中自营出口6.46亿美元。全县工业销售产值550.07亿元，增长20.1%，工业产品产销率98.3%。在保持国民经济持续较快增长基础上，全县实现财政总收入23.30亿元，完成预算的105.9%，比2009年增长32.1%，其中上划中央财政收入10.22亿元、地方财政收入13.08亿元，分别比2009年增长32.3%和37.6%。财政总支出17.84亿元，比2009年增长25.0%。当年财政实现收支平衡。

【促进经济发展】 修订完善发展现代农业若干政策，建立农业综合开发项目库网上平台，推进2010年度农业综合开发项目。支持粮食功能区建设，扩大农民补贴"一折通"发放范围，拨付各类补助资金2208万元。完善支持工业经济转型升级若干政策，加大技改补助力度，全年兑现各类财政扶持资金1.06亿元，办理再生资源利用企业增值税退税2.35亿元，提供退库周转金2.21亿元。制定加快商贸服务业发展意见等政策，加大对现代物流等现代服务业扶持力度，建立文创产业发展专项资金，支持省级旅游经济强县创建。全年落实各项优惠政策资金近8000万元，兑付家电下乡等补贴2086万元。调整完善经济开发区财政管理体制，加大工业园区基础设施投入。落实政府投融资整合方案，保障县重点建设项目资金需求。

2010年7月1日，财税干部走访中汽商用汽车有限公司（杭州）桐庐分公司

【优化支出结构】 2010年，新增财力2/3以上用于社会事业和民生保障支出。支持现代农业、设施农业发展，继续扩大政策性农业保险品种和覆盖面。加强农民安全饮用水、农村生活污水处理、山塘水库除险加固等农村基础设施建设，推进低收入农户奔小康工程和农村困难群众危房改造工程。开展"一事一议"财政奖补工作，鼓励村级集体经济创收。全年财政投入"三农"资金9.13亿元。完善义务教育经费保障机制，推进中小学校安全工程建设。落实扶困助学机制，加大对学前教育和职业教育扶持力度。实施农村历史建筑综保工程，加强乡村两级文化阵地建设。推进医疗卫生体制改革，完善基层医疗卫生机构财政补助政策。全年安排教育支出3.68亿元、文化支出3898万元、医疗卫生支出1.49亿元，分别比2009年增长24.8%、10.2%和21.1%。落实促进就业和创业扶持政策，支持创业县建设。健全社会保障体系建设，启动保障性住房工程，落实城乡居民养老保险政策，为60周岁以上无保障老年人发放基础养老金。全年安排社会保障和就业支出1.61亿元，比2009年增长56.1%。为国家级生态县、省级森林城市和省级示范文明县城创建提供财力保障，全年安排环境保护资金7770万元，比2009年增长41.8%。支持"环沪护城河"世博安保工作，深化"平安桐庐""法制桐庐"建设。

【深化财政改革】 2010年,完善预算定额体系,细化项目资金预算,对桐庐工商分局等3个部门实行部门预算上会审查。加强乡镇财政预算监督管理,调整完善经济开发区财政管理体制,对乡镇财政财务进行大检查。加强预算外资金监督管理,启用新版资金往来结算票据,建立预算单位银行账户开立台账和财政出借资金台账,改变资金存储方式,增加存款利息收入650万元。推进国库集中支付制度改革,制定县级预算单位公务卡制度改革方案,29家单位实行国库集中支付和公务卡结算。扩大财政直接支付范围,全年财政直接支付金额7.85亿元。深化国有资产管理体制改革,顺利划分县国资办和国投公司职能,完成对全县181家行政事业单位国有资产清查工作。出台政府分散采购管理暂行办法,完成政府采购供应商网上注册登记、审查、入库工作,完善通用设备采购制度,全年政府采购资金达4.73亿元。继续规范公务员津补贴和事业单位绩效工资。对行政监管、行政强制、行政征收和其他行政权力事项进行清理规范,完成行政权力汇编,保留336项,其中财政161项、地税175项。

【强化财政监督】 2010年,清理和规范专项资金使用管理办法,出台残疾人就业保障金、就业专项资金、科技专项资金等18个专项资金管理办法,加强专项资金管理。加大对政府性投资建设项目投资估算审核力度,审减9937万元。做好政府直接投资项目资金拨付工作,协助推进BT项目建设。对中央投资项目财务管理和资金管理进行督察。完善财政支农项目库建设,开展强农惠农资金专项清理检查。开展党政机关和事业单位"小金库"专项治理工作,组织85个单位开展自查,对68个单位进行重点检查;组织196个党政机关和事业单位开展"小金库"治理工作"回头看"。组织全县117家社会团体、45家国有及国有控股企业全面开展"小金库"自查工作。首次指导部门开展绩效自评,重点开展村庄整治工程等绩效评价。开展涉企行政事业性收费专项清理,编印《桐庐县行政事业性收费》公示册,公开行政事业性收费目录和标准。继续实行财政性资金存贷挂钩办法,落实政府投融资融合方案,清理政府融资平台公司21个,强化政府债务动态监管。加强会计人员网络化管理,会计人员参加继续教育4349人,其中3924人为网络教育。对纳入财政国库集中支付改革的行政事业单位在编在岗会计人员进行会计从业资格无纸化试点考试,对153名农村财会人员开展财政支农政策培训,对22家单位进行会计质量检查。规范行政处罚裁量权,通过"五五"普法检查。继续推进"金财工程",升级国库集中支付系统,建立政府采购信息管理系统和土地出让金收支管理信息系统,做好政府信息公开工作。

·地方税务·

【地税收入】 2010年,全县地税系统各项收入入库15.95亿元,其中:税收收入(不含契耕两税)入库9.02亿元,同比增长41.2%,非税收入入库6.93亿元,同比增长27.4%,税收收入保持稳定增长。主要特点:一是收入增长整体呈前高后低态势。因经济形势回暖向好及跨年度税款入库,上半年收入累计增幅54.2%。8月以后快速回落,11月仅为-28.4%,12月受建筑业营业税税改预期等影响,收入大幅拉升,增幅100.6%。二是房地产业、金融业贡献突出。由于房产销售良好及国家继续实行适度宽松的货币政策,两行业税收分别增长93.7%、103.5%,拉动税收总量增长24.1个百分点。三是产业结构继续优化。在房地产业和金融业的拉动下,第三产业税收同比增长57.5%,高于第二产业33.1个百分点,占税收总量的56.7%,对税收总量增收贡献为71.0%。四是契税入库1.47亿元,首次突破亿元,增长75.8%。

【征收管理】 2010年,重点税源监控企业195户,监控面为70.5%。配合做好省局数据大集中工程,深化《税友2006》应用,逐户清理26000多户纳税人户管资料,企业申报率从2009年的86.6%上升到95.9%。在945户纳税人中推广应用机打发票,3841户纳税人11月1日起启用新版发票。接收财政部门移交的契税、耕地占用税征管职能,修定ISO 9000质量管理体系。取消汇总缴款书,税款划解实现无纸化。制定娱乐业定额标准,营业税税率从20%调整到5%,综合税率下降到12.6%。对全县328户美容美发业个体户开展专项纳税评估,确定行业纳税指标体系,行业整体定额提高了75%以上。实行欠税"一户通"扣款,清缴欠税156万元,2010年新欠同比下降58.3%。建立地税、国土局涉税共享机制,规范申请法院强制执行税费程序。辅导3户企业分离发展服务业,1户企业业务分离。实现社会保险费网上申报,集中减征社会保险费980万元。推广办税服务厅视觉识别系统,完成城关税务分局办税服务厅标准化建设。推广应用个税查询打印系统,为纳税人提供退税短信告知服务。组建纳税服务志愿者队伍,开展"纳税服务之星"考评,提高服务质量和效率。

【私房出租税收征管】 2010年，委托桐君街道代征县城私房出租税收。6月成立桐庐县县城房屋租赁管理服务办公室，7月启用私房出租税收软件。在掌握房产租赁基本信息前提下，逐户上门发放租赁税缴纳通知书进行催报催缴，9月开始对未申报纳税人再次通过上门、电话、短信提醒等各类方式催缴。7月至12月，有1388户私房出租户办理出租登记和纳税申报，入库税金180万元。

【税务稽查】 2010年，组织开展房地产开发业（含房产中介）、建筑安装业、交通运输业（含快递）、广告业税收专项检查，检查企业247户，查补入库税款、滞纳金、罚款1200万元。开展打击整治发票犯罪专项行动，对开发区管委会、县会计结算中心、旧县街道及所辖行政村收受发票情况进行摘录，联合公安、国税开展街面打击行动2次。查处发票违法案件16起，向公安机关提供线索8条，查获假发票1019份。检查举报案件10户，配合其他部门开展税收协查案件5起。是年，检查企业266户，查补入库税款滞纳金罚款1292万元。建立完善检查过程发票比对协查工作机制，要求对地税单张2万元以上或同一业务取得的发票超过10万元必须比对协查。

【第19个税收宣传月活动】 2010年，以“税收·发展·民生”为主题，联合县国税局开展第19个税收宣传月活动。表彰全县30家纳税大户和31家诚信纳税先进单位；组建纳税服务志愿者队伍，开展“青春奉献社会，服务转型升级”主题志愿纳税服务活动；开展“百名税官走基层”服务活动；举办“税收带来家乡美”主题中小学生税收宣传漫画大赛，收到参赛作品600多件。在广播电视台播放税收宣传公益广告和《财税广角》栏目开展“牵手媒体　共建和谐”主题活动，利用公交车车身喷绘流动宣传，在中心广场电子大屏播出地税形象宣传品片、税收动漫，创作的公益广告获第四届全国税收公益广告大赛电视类优秀奖。

2010年4月1日，第19个税收宣传月活动启动

2010 年度桐庐县地税局各项收入入库情况统计

表 22

单位:元

序号	项目	合计	其中:清欠入库			中央	地方
			本年新欠入库	2001 年 5 月 1 日以后陈欠入库	2001 年 5 月 1 日以前陈欠入库		
1	总计	1594505415.24	41888517.61	2611268.63	420.00	179367399.62	1415138015.62
2	一、税收收入合计	901672859.88	32073827.22	1564918.19	—	179367399.62	722305460.26
3	1. 增值税收入	—	—	—	—	—	—
4	(1) 国内增值税	—	—	—	—	—	—
5	一般增值税	—	—	—	—	—	—
6	福利企业增值税退税	—	—	—	—	—	—
7	软件集成电路增值税退税	—	—	—	—	—	—
8	森工综合利用增值税退税	—	—	—	—	—	—
9	免、抵调增增值税	—	—	—	—	—	—
10	(2) 进口货物增值税	—	—	—	—	—	—
11	2. 消费税收入	—	—	—	—	—	—
12	国内消费税	—	—	—	—	—	—
13	其中:成品油消费税	—	—	—	—	—	—
14	进口消费品消费税	—	—	—	—	—	—
15	其中:进口成品油消费税	—	—	—	—	—	—
16	3. 营业税	394731209.29	17309511.10	157313.37	—	—	394731209.29
17	铁道营业税	—	—	—	—	—	—
18	金融保险业营业税	15665349.00	92903.54	—	—	—	15665349.00
19	其他营业税	379065860.29	17216607.56	157313.37	—	—	379065860.29
20	4. 企业所得税	116125527.67	2370966.09	4056.84	—	69675316.60	46450211.07
21	其中:中央固定收入	—	—	—	—	—	—
22	(1) 一般企业所得税	116125527.67	2370966.09	4056.84	—	69675316.60	46450211.07
23	内资企业	116125527.67	2370966.09	4056.84	—	69675316.60	46450211.07

续表 22

序号	项目	合计	其中:清欠入库			中央	地方
			本年新欠入库	2001 年 5 月 1 日以后陈欠入库	2001 年 5 月 1 日以前陈欠入库		
24	外资企业	—	—	—	—	—	—
25	(2) 分支机构预缴所得税	—	—	—	—	—	—
26	内资企业	—	—	—	—	—	—
27	外资企业	—	—	—	—	—	—
28	(3) 总机构预缴所得税	—	—	—	—	—	—
29	内资企业	—	—	—	—	—	—
30	外资企业	—	—	—	—	—	—
31	(4) 总机构汇算清缴所得税	—	—	—	—	—	—
32	内资企业	—	—	—	—	—	—
33	外资企业	—	—	—	—	—	—
34	(5) 企业所得税待分配收入	—	—	—	—	—	—
35	内资企业	—	—	—	—	—	—
36	外资企业	—	—	—	—	—	—
37	5. 个人所得税	182820138.36	7221528.28	152453.40	—	109692083.02	73128055.34
38	利息所得税	—	—	—	—	—	—
39	其他个人所得税	182820138.36	7221528.28	152453.40	—	109692083.02	73128055.34
40	6. 资源税	11622286.44	—	—	—	—	11622286.44
41	7. 固定资产投资方向调节税	—	—	—	—	—	—
42	8. 城市维护建设税	66663025.71	1195591.92	57802.79	—	—	66663025.71
43	9. 房产税	22337746.98	641124.88	115671.12	—	—	22337746.98
44	10. 印花税	19623397.41	310879.63	15612.40	—	—	19623397.41
45	证券交易印花税	—	—	—	—	—	—
46	其他印花税	19623397.41	310879.63	15612.40	—	—	19623397.41
47	11. 城镇土地使用税	35749152.16	2631883.46	1061242.30	—	—	35749152.16
48	12. 土地增值税	44408510.26	391861.86	765.97	—	—	44408510.26

续表 22

序号	项目	合计	其中:清欠入库			中央	地方
			本年新欠入库	2001 年 5 月 1 日以后陈欠入库	2001 年 5 月 1 日以前陈欠入库		
49	13. 车船税	7591865.60	480.00	—	—	—	7591865.60
50	14. 车辆购置税	—	—	—	—	—	—
51	15. 烟叶税	—	—	—	—	—	—
52	16. 其他税收	—	—	—	—	—	—
53	二、出口退税合计	—	—	—	—	—	—
54	1. 出口货物退增值税	—	—	—	—	—	—
55	2. 免、抵调减增值税	—	—	—	—	—	—
56	3. 出口消费品退消费税	—	—	—	—	—	—
57	三、耕地占用税	23157047.50	1400.00	—	—	—	23157047.50
58	四、契税	146680155.42	4978766.81	—	—	—	146680155.42
59	五、非税收入合计	522995352.44	4834523.58	1046350.44	420.00	—	522995352.44
60	1. 教育费附加收入	44878781.04	657307.77	44038.14	—	—	44878781.04
61	2. 文化事业建设费收入	1661667.83	54555.70	1332.63	—	—	1661667.83
62	3. 海上石油矿区使用费收入	—	—	—	—	—	—
63	4. 税务部门罚没收入	44160.00	1650.00	—	—	—	44160.00
64	5. 税务行政性事业收费收入	—	—	—	—	—	—
65	6. 社会保险基金收入	392075321.27	2946917.99	855345.99	420.00	—	392075321.27
66	基本养老保险基金收入	219887992.27	1972916.17	630306.33	420.00	—	219887992.27
67	失业保险基金收入	23446842.05	158942.44	44781.46	—	—	23446842.05
68	基本医疗保险基金收入	117929483.20	596672.63	138561.89	—	—	117929483.20
69	工伤保险基金收入	14488654.67	165273.25	33555.51	—	—	14488654.67
70	生育保险基金收入	4848227.30	30920.08	8140.80	—	—	4848227.30
71	其他社会保险基金收入	11474121.78	22193.42	—	—	—	11474121.78
72	7.其他非税收入	84335422.30	1174092.12	145633.68	—	—	84335422.30

2010年度桐庐县一般预算收支决算总表(一)

表23　　　　单位:万元

预算科目	调整预算数	决算数	预算科目	调整预算数	决算数
一、税收收入	114600	121587	一、一般公共服务	24978	23781
增值税	22768	23768	二、外交		
营业税	38487	39473	三、国防	507	492
企业所得税	12740	13250	四、公共安全	13357	12643
企业所得税退税			五、教育	37847	36804
个人所得税	6605	7313	六、科学技术	6740	6551
资源税	1200	1162	七、文化体育与传媒	3902	3898
固定资产投资方向调节税			八、社会保障和就业	19465	16149
城市维护建设税	6300	6666	九、医疗卫生	15712	14926
房产税	2100	2234	十、环境保护	9543	7770
印花税	2000	1962	十一、城乡社区事务	9737	8907
城镇土地使用税	3100	3575	十二、农林水事务	21288	19485
土地增值税	4600	4441	十三、交通运输	26093	8676
车船税	700	759	十四、资源勘探电力信息等事务	6470	5748
耕地占用税	1000	2316	十五、商业服务业等事务	6885	6604
契税	13000	14668	十六、金融监管等事务支出	65	65
烟叶税			十七、地震灾后恢复重建支出		
其他税收收入			十八、国土资源气象等事务	448	448
二、非税收入	8000	9188	十九、住房保障支出	3921	3912
专项收入	3750	4588	二十、粮油物资储备管理事务	735	730
行政事业性收费收入		94	二十一、预备费		
罚没收入	4000	4153	二十二、国债还本付息支出		
国有资本经营收入			二十三、其他支出	18151	100
国有资源(资产)有偿使用收入	250	353			
其他收入					
本年收入合计	122600	130775	本年支出合计	225844	177689

2010年度桐庐县一般预算收支决算总表(二)

表24 单位:万元

预算科目	决算数	预算科目	决算数
本年收入合计	130775	本年支出合计	177689
上级补助收入	83195	上解上级支出	31300
返还性收入	15877	一般性转移支付	31212
增值税和消费税税收返还收入	10700	体制上解支出	28791
所得税基数返还收入	4203	出口退税专项上解支出	2421
成品油价格和税费改革税收返还收入	974	成品油价格和税费改革专项上解支出	
其他税收返还收入		专项转移支付	88
一般性转移支付收入	32197	专项上解支出	88
体制补助收入	1705	计划单列市上解省支出	
均衡性转移支付补助收入	3654		
民族地区转移支付补助收入			
调整工资转移支付补助收入	2164		
农村税费改革补助收入	1291		
县级基本财力保障机制奖补资金收入	3442		
结算补助收入	11178		
化解债务补助收入			
资源枯竭型城市转移支付补助收入			
企业事业单位划转补助收入	60		
成品油价格和税费改革转移支付补助收入			
工商部门停征两费转移支付收入	262		
一般公共服务转移支付收入	57		
公共安全转移支付收入	963		
教育转移支付收入	2039		
社会保障和就业转移支付收入	2533		
医疗卫生转移支付收入			
农林水转移支付收入			
其他一般性转移支付收入	2849		
专项转移支付收入	35121		
地震灾后恢复重建补助收入			
省补助计划单列市收入			

续表 24

财政部代理发行地方政府债券收入		财政部代理发行地方政府债券还本	
转贷财政部代理发行地方政府债券收入	17000	转贷财政部代理发行地方政府债券支出	
		增设预算周转金	
国债转贷收入		拨付国债转贷资金数	
国债转贷资金上年结余		国债转贷资金结余	
国债转贷转补助			
上年结余	28196		
调入预算稳定调节基金		安排预算稳定调节基金	
调入资金	2572	调出资金	
1. 政府性基金调入		年终结余	52749
2. 国有资本经营预算调入		其中:本级	48931
3. 预算外调入	2457	减:结转下年的支出	48155
4.其他调入	115	其中:本级	47779
地震灾后恢复重建调入资金		净结余	4594
预算稳定调节基金调入		其中:本级	1152
预算外资金调入			
收入总计	261738	支出总计	261738
备注:市补助县	4841	备注:县上解市	

2010 年度桐庐县一般预算收支决算分级表

表 25

单位:万元

预算科目	决算数合计	省级	地级	其中地级直属乡镇	县级	乡镇级	预算科目	决算数合计	省级	地级	其中地级直属乡镇	县级	乡镇级
一、税收收入	121587				95670	25917	一、一般公共服务	23781				20698	3083
增值税	23768				13208	10560	二、外交						
营业税	39473				31786	7687	三、国防	492				492	
企业所得税	13250				10226	3024	四、公共安全	12643				12593	50
企业所得税退税							五、教育	36804				36364	440
个人所得税	7313				4966	2347	六、科学技术	6551				6064	487
资源税	1162				1147	15	七、文化体育与传媒	3898				3567	331
固定资产投资方向调节税							八、社会保障和就业	16149				15888	261
城市维护建设税	6666				6666		九、医疗卫生	14926				14542	384
房产税	2234				1856	378	十、环境保护	7770				7379	391
印花税	1962				1363	599	十一、城乡社区事务	8907				6884	2023
城镇土地使用税	3575				2777	798	十二、农林水事务	19485				17755	1730
土地增值税	4441				3932	509	十三、交通运输	8676				8646	30
车船税	759				759		十四、资源勘探电力信息等事务	5748				5738	10
耕地占用税	2316				2316		十五、商业服务业等事务	6604				6592	12
契税	14668				14668		十六、金融监管等事务支出	65				65	
烟叶税							十七、地震灾后恢复重建支出						
其他税收收入							十八、国土资源气象等事务	448				448	
二、非税收入	9188				9188		十九、住房保障支出	3912				3799	113
专项收入	4588				4588		二十、粮油物资储备管理事务	730				730	
行政事业性收费收入	94				94		二十一、国债还本付息支出						
罚没收入	4153				4153		二十二、其他支出	100				50	50
国有资本经营收入													
国有资源(资产)有偿使用收入	353				353								
其他收入													
本年收入合计	130775				104858	25917	本年支出合计	177689				168294	9395

2010年度桐庐县政府性基金收支决算总表

表 26　　　　单位:万元

预算科目	调整预算数	决算数	预算科目	调整预算数	决算数
政府性基金收入	307130	345614	一般公共服务		
			教育	3860	3731
			文化体育与传媒	117	114
			社会保障和就业	4166	3541
			城乡社区事务	369292	246842
			农林水事务	7527	4078
			交通运输		
			资源勘探电力信息等事务	166	114
			商业服务业等事务		
			其他支出	1158	480
本年收入合计	307130	345614	本年支出合计	386286	258900
上级补助收入		7626	上解上级支出		
其中:地震灾后恢复重建补助收入					
省补助计划单列市收入			计划单列市上解省支出		
上年结余		33046	调出资金		
调入资金			年终结余		127386
1. 一般预算调入			其中:本级		127386
2. 预算外调入					
3. 其他调入					
收入总计		386286	支出总计		386286
备注:市补助县		10	备注:县上解市		

2010年度桐庐县乡镇财政基本情况表

表27　　　　单位:万元、个、人

项　目	决算数	项　目	决算数
一、本年乡镇数	11	一般预算收入	25917
其中:实行“乡财县管”的乡镇数		税收收入	25917
二、乡镇财政机构数	11	非税收入	
其中:财税所数		上级补助收入	3669
三、已建立乡镇国库的乡镇数		其中:地震灾后恢复重建补助收入	
四、税务所机构数		上年结余	1275
国家税务所数		转贷财政部代理发行地方政府债券收入	
地方税务所数		调入预算稳定调节基金	
其中:一乡(镇)一所数		调入资金	1780
五、乡镇财政所总人数	47	地震灾后恢复重建调入资金	
1. 行政编制实有人数	31	支出总计	32641
2. 事业编制实有人数	11	一般预算支出	9395
3. 以工代干人数	5	上解上级支出	19428
4. 集体财务人员人数		财政部代理发行地方政府债券还本	
六、乡镇财政供养人数	930	安排预算稳定调节基金	
1. 一般预算财政拨款开支人数	770	调出资金	
2. 一般预算财政补助开支人数	160	年终结余	3818
其中:教师		其中:净结余	3442
七、赤字乡镇个数		十二、乡镇政府性基金预算收支平衡情况	
八、乡镇年末总人口	282650	收入总计	
城镇人口	39336	政府性基金收入	
乡村人口	243314	上级补助收入	
九、乡镇财政一般预算收入分档		其中:地震灾后恢复重建补助收入	
100万元(不含)以下的乡镇数		上年结余	
100万元(含)~500万元的乡镇数	3	调入资金	
500万元(含)~1000万元的乡镇数	2	支出总计	
1000万元(含)以上的乡镇数	6	政府性基金支出	
十、村民委员会个数	153	上解上级支出	
十一、乡镇一般预算收支平衡情况		调出资金	
收入总计	32641	年终结余	

续表 27

项　目	决算数	项　目	决算数
十三、乡镇国有资本经营预算收支平衡情况		收入总计	6457
收入总计		预算外财政专户资金收入	4078
国有资本经营预算收入		上级补助收入	
地震灾后恢复重建补助收入		上年结余	2379
上年结余		支出总计	6457
支出总计		预算外财政专户资金支出	4677
国有资本经营预算支出		上解上级支出	
调出资金		政府调剂资金	1780
年终结余		其中:调入一般预算资金	1780
十四、乡镇预算外财政专户资金收支平衡情况		年终结余	

（陈　彬）

·国家税务·

【入库工商税收首次突破 15 亿元】 2010 年,县国税部门组织入库工商税收首次突破 15 亿元,为 15.08 亿元,完成年度计划 122.19%,比 2009 年增长 34.41%,增收 3.86 亿元。增值税、企业所得税和车购税再创新高,分别入库 12.2 亿元、2.01 亿元、7989 万元。

2010 年桐庐县国税收入实绩表

表 28　　单位:万元

项目	合计	合计		
		中央级	省级	县级
工商税收	150811	112098	1341	37372
1. 增值税	122550	91912	1002	29636
一般增值税	115915	86936	1002	27977
校办企业增值税	—	—	—	—
福利企业增值税	-1665	-1249	—	-416
免抵调增值税	8300	6225	—	2075
2. 消费税	84	84	—	—
国内消费税	84	84	—	—
3. 营业税	—	—	—	—
4. 企业所得税	20121	12073	312	7736
5. 涉外所得税	—	—	—	—
6. 个人所得税	67	40	27	—
7. 车辆购置税	7989	7989	—	—
附:出口退增值税	-39000	-39000	—	—

【税收征收管理】 管理创新入选省国税局项目库，2010年向省国税局上报廉政文化与地方文化相融合、构建国际税收“三位一体”管理体系等管理创新项目6个，其中实施“重大项目服务直通车”入选省局项目库。

强化税源监控。纳入监控一般纳税人3015户，其中工业企业2416户，覆盖率100%，监控税收占国税总收入99.01%，实现行业建模全覆盖。实行税源监控、税收分析、纳税评估、税务稽查联动，依托行业税源动态分析监控系统开展预警管理，对模型监控指标异常企业开展专项评估，查补税款650.4万元。全年下达各类稽查任务172户，查补税款1003.77万元，加收滞纳金235.67万元，罚款130.63万元，合计1370.06万元。

推行专业化、行业化管理。打破区域管理界限，推行废旧物资、农副产品、房地产等行业专业化管理，注重辅导与监控，提高税法遵从度。落实小规模纳税人“双控”管理，建立对工业小规模纳税人实行以耗控税，商业小规模纳税人实行以本控税管理机制。推行民主评议制度，加大巡回检查制度，加强专业市场和个体工商户的税收管理。

完善各税种管理。开展固定资产抵扣核查，纠正部分纳税人未按规定执行抵扣政策问题，涉及税款322万元。组建非居民企业税收管理协作平台，加强非居民企业税收调查和转让境内股权所得税税收管理。2010年，入库非居民企业税收收入1477.15万元，比2009年同期增收572万元，同比增加63%，成为新的税收增长点。反避税工作取得突破，相关企业补交税款494万元。

2010年3月31日，税务干部到横村镇阳山畈村向村民宣传税收政策

【国税减免退】 2010年，落实增值税优惠政策，为扩大企业生产能力，推进产业转型升级服务，全年有2752户企业累计申报固定资产抵扣税收12032.55万元；为32户福利企业办理退税1452万元、4户资源综合利用企业退免税1144万元、1户新型墙体材料享受即征即退优惠税额113.57万元；农产品生产企业免税备案136户，免税销售额16053万元；落实新华书店税收优惠政策，享受免税销售1943.5万元。支持出口企业发展，做好出口退税服务工作，加快办理进度，做到申报、审核、审批、退税“四及时”，办理退税39000万元，同比增加15500万元，增长66%。增强企业自主创新能力，提供内资企业所得税减免税服务，审批财产损失税前列支12户，金额3028.72万元；办理享受优惠政策备案559户，其中小型微利企业468户，减免税额127万元；减计收入1户，金额21万元；研发费加计扣除5户，金额2215万元；安置残疾人工资加计扣除44户，金额485万元；高新技术企业4户，减免税额1778万元；农林牧渔及农产品初加工备案25户，减免项目所得483万元；2户国产设备抵免企业所得税389.7万元。

【纳税服务】 2010年，开通重大项目跟踪服务直通车，建立项目企业信息源，健全招商引资项目台账，为项目引进、开工建设、投产提供涉税服务。为大型汽车经销商提供预约服务，避开纳税高峰期，集中申办；窗口人员实行中午值班制，提供延时服务，方便纳税人。开展税收宣传月活动，结合山花节、庙会等地方活动，在乡镇和农村宣传税收知识，凸显地方特色，搭建“税收“社会宣传平台。举办全县中小学生税收漫画大赛活动。

（吴小建）

【责任编辑　王建中】

金融　保险

·中国人民银行桐庐县支行·

【概况】 2010年末，桐庐县内各金融机构存款余额214.38亿元，比年初新增44.05亿元，同比多增10.10亿元，余额增长25.86%，增幅比2009年同期提高0.98个百分点；金融机构各项贷款余额163.12亿元，比年初新增29.21亿元，同比少增7.91亿元，余额增长21.81%，增幅比2009年同期下降16.54个百分点。是年，中国人民银行(以下简称人行)桐庐县支行在杭州中心支行7县(市)工作业绩考评中获“A等行”；12条专业线获人行杭州中心支行“创新金融服务支持经济发展”业务竞赛先进集体，6人被评为人行杭州中心支行先进个人。

2010年10月16日，中国人民银行桐庐县支行组队参加杭州中心支行第五届职工运动会

【货币政策执行】 2010年初，人行桐庐县支行结合辖内经济金融发展特点，下发《2010年度桐庐县货币信贷工作的指导意见》，要求金融机构：一是贯彻执行适度宽松的货币政策，保持信贷投放总量合理平稳增长；二是加快信贷结构调整，促进经济转型升级，继续加大对中小企业、“三农”和民生等领域的金融支持力度；三是倡导金融产品运用和创新，为中小企业提供多元化融资服务。5月出台《关于优化信贷结构促进产业升级的工作意见》，确定全县金融支持企业转型升级的主要行业为传统产业、装备制造业、轻工业、医药产业、建材工业和有色金属产业，明确信贷支持对象是行业龙头骨干企业、产业内有发展潜力中小企业及现代产业集聚发展等三大类企业，加大对产业技术改造、自主创新和品牌建设、节能减排“三大领域”的信贷支持力度。支持地方经济持续发展，加大对中小企业、新农村建设和农业龙头企业支持力度。是年，县内各金融机构中小企业贷款余额74.54亿元，比2009年同期增长23.27%；涉农贷款余额46.01亿元，比2009年同期增长16.49%。

【金融创新】 创新服务手段。2010年，人行桐庐县支行会同县经贸局搭建中小企业融资信息网络服务平台，实现银企信息对接经常化。4月30日会同政府及相关部门召开银政企合作恳谈会，吸引9家银行和20家企业参加，相关部门与企业现场签约意向资金12亿元。建议县政府扶持中小企业担保公司做大做强，鼓励成立民营担保公司，缓解农村中小企业、农户贷款难、担保难。年内，成立民营担保公司2家、扩大1家。利用金融联席会议、季度信贷例会、形势分析会、《桐庐金融》及《今日桐庐》等交流平台，加强与政府部门、企业沟通，做好政策宣传。创新信贷产品。推进农村住房抵押贷款试点工作，并建议政府出台政策。11月，桐庐县政府印发《桐庐县农村住房抵押贷款试点管理办法》，并由辖内农村合作银行承办在桐君街道湾里、大丰、东兴、桑园4个村开展试点工作。根据农村实际，指导推出应收账款质押、仓储质押、林权抵押、小额贷款卡贷款、“绿色希望”大学生“村官”好青年创业小额贷款等信贷产品。全年，金融创新产品贷款较年初新增9.87亿元。

【金融监管】 2010年，人行桐庐县支行在对辖内金融机构开展各项业务专项检查的同时，8月重点对农业银行桐庐县支行开展综合执法检查，检查项目有账户管理、征信业务、外汇业务等6大类，敦促各银行依法合规经营。针对检查中发现的问题发出现场检查意见书17份,对违规问题采取分管行长约见谈话、行政处罚和辖内通报,全年通报有违规问题银行3家;处罚有违规问题银行2家,处罚金额7万元。

【社会信用体系建设】 推进企业和个人征信体系建设,人行桐庐县支行分别于2010年8月、10月完成贷款卡年审1305张、中小企业信用信息档案征集和更新474户。推进农村信用体系建设,于10月指导建立莪山畲族乡、钟山乡2个信用乡镇和后岩村、金茂村、下洋洲村等27个信用村。至2010年底,全县建立信用乡镇3个、信用村68个。开展第三个“信用记录关爱日”和征信知识宣传,组织辖内金融机构开展大型广场咨询,发放宣传资料2100余份、手机短信5万余条,并通过新闻媒体扩大征信知识普及面,营造诚实守信宣传氛围。

【外汇管理与服务】 2010年,人行桐庐县支行于年初制定下发《2010年桐庐县外汇管理工作指导意见》,按季召开外汇政策通报会,组织开展业务培训和“诚信兴商宣传月”活动,传达外汇政策变化新动向。开展调查研究,反馈外汇政策实施效果,促进涉外经济发展。开展银行外汇综合业务劳动竞赛,促进外汇政策执行。推进外汇核销制度改革,加快出口收汇网上联网核销进程,促进贸易投资便利化。改进、简化和完善出口收结汇联网核查方式和核查手续,简化企业申请结汇比例和临时额度审批程序,缩短审批时间。加强资本项下资金流出入管理,规范资本项下外汇收支行为。加强对资本项下外汇资金流入监测,做好贸易信贷登记系统监测工作。是年,办理贸易项下延期收(付)汇、预收(付)货款登记44笔,金额1692万美元。开展外商投资企业联合年检工作,参检企业185家,参检率90.24%。加强外汇业务检查和辅导,促进外汇经营规范化。年内立案查处企业二次延期付汇超期限登记事项2个、进口付汇逾期未核销案件1个,处罚金额1.5万元。

【国库集中支付】 2010年5月,人行桐庐县支行为提高国库资金传递速度,推出国库会计数据集中系统和国库信息管理系统并顺利上线。重点推进国库集中支付扩面工作,是年,新认定农业银行桐庐县支行、建设银行桐庐县支行2家国库集中支付代理银行。至年底,新增办理集中支付预算单位23家,全年办理国库集中支付业务4437笔、金额12885万元。率先在国土、环保、林业等6家国库集中支付试点单位发放公务卡205张,规范预算单位财政授权支付业务,在公务支出领域引入银行卡管理,提高预算单位公务支出透明度。

【货币管理】 2010年,人行桐庐县支行继开展“提升金融服务,激活沉淀硬币”活动,加大沉淀硬币回笼。推行残缺污损人民币首办负责制,方便群众兑换。评选农村反假货币工作优秀示范点1家(桐庐农村合作银行富春江支行反假货币工作站),引导工作站发挥宣传作用。是年3月,联合县公安局、各金融机构在县城及各中心集镇闹市区举办反假货币知识宣传,1000余人参与活动,发放宣传资料1500余份。组织开展辖内金融机构临柜人员反假货币知识培训和考试各1次,参加人员138人次,考试合格率80%。

【调查研究】 针对辖区内经济金融运行特点,人行桐庐县支行先后到政府部门、各银行及县内企业,开展外贸出口转型升级情况、人民币汇率变化对企业的影响和产业结构调整等30多个专题调研,并根据调研情况提出政策性建议。建立桐庐县工业企业经营指标监测体系,及时反映企业生产经营状况和当地经济发展趋势。全年开展金融形势分析和快速调查14次,反映经济金融运行现状及宏观政策执行中存在的热点和难点问题,为各级领导决策服务。2010年,上报各类调研文章40篇,其中16篇被人行杭州中心支行及其他各类刊物录用。

【便民服务】 2010年,人行桐庐县支行引导农村地区非现金支付结算工具利用,改善农村地区支付结算环境。实现银行本票到乡镇,至12月底有37个网点开办银行本票业务。拓宽银行卡消费渠道,9月起创建桐庐县辖内第二条“银行卡刷卡消费示范街”——迎春南路刷卡无障碍示范街,到年底,有40家单位安装POS机,安装率90%。加大农村地区POS和ATM机布放力度,实现POS刷卡机具进旅游景点、进医院、进农家乐,全年新装农村及旅游景点POS和ATM机187台。加强农村地区支付系统监督,加强人民币银行结算账户管理,继续执行账户核准和年检制度,开展账户年检劳动竞赛,当年年检单位银行结算账户2154户,年检率99.7%。

(方潮美)

·浙江银监局桐庐办事处·

【金融监管】 2010年,浙江银监局桐庐办事处(以下简称桐庐银监办)引导辖内金融机构贯彻落实国家调控政策,督促落实银监会贷款新规,指导修订和完善信贷业务操作规程。加强法人机构监管。按月(季度)审核和报送法人机构各类非现场监管报表,按月监测和分析法人机构业务运行和风险动态情况,监测和分析法人机构经营风险情况。至年末，桐庐农村合作银行各项主要监管指标全部达到监管要求。做好对法人机构季度及年度监管评级，组织监管部门、外部审计和合作银行管理层开展“三方”会谈。加强对平台公司贷款风险、房地产贷款风险、贷款集中度风险、市场风险监管。至年末，辖内平台公司贷款余额37.22亿元，比年初增加2.16亿元，增长6.72%。是年，督促金融机构重点关注开发商贷款和土地储备性质贷款风险，严禁用信贷资金支付土地出让金；督促金融机构合理调整信贷结构，加大对中小企业和“三农”信贷支持，防范贷款集中度风险；督促金融机构加强市场风险监测分析，要求法人机构建立风险计量方法，提升风险识别、计量、监测和控制能力。加强现场监管。2010年，对邮储银行桐庐支行个人信贷业务及内部管理情况、交通银行杭州桐庐支行2009年度信贷和票据业务、桐庐农村合作银行EAST系统疑点数据开展现场检查。

【风险防控】 2010年，桐庐银监办以督促金融机构建立案件防控长效机制，组织开展银行业内控和案防制度执行年、发展质量年、金融支农深化年和公众教育服务日活动，开展对部分银行平台公司贷款管理集体约谈为重点，抓风险防控。是年，对辖内中国银行、建设银行、交通银行和农村合作银行进行平台公司贷款检查和集体会谈。

强化风险监测和风险提示。按月对辖内金融机构主要业务开展统计和风险监测，年末，辖内金融机构不良贷款实现双降(不良贷款绝对额比上年末减少15008万元，下降2.48个百分点；不良率2.85%，下降1.66个百分点)；根据非现场、现场和日常监管情况，分别对公司贷款、大户贷款、担保公司担保贷款和票据业务等经营风险向有关银行进行风险提示。

【金融环境建设】 2010年，桐庐银监办查处群众直接投诉17件(其中经县长公开电话转接的投诉6件)。审核同意4家银行9个网点迁址和升格，审核同意5名高管人员任职资格；完成对辖内22家邮政储蓄网点清理和规范工作。至年末，辖内有金融机构9家、营业网点100个、金融从业人员1144人。全年，所辖金融机构未发生金融案件。规范中介机构业务经营。年末，辖内有各类担保公司10家、投资公司47家、寄卖行98家。由于部分中介机构存在变相办理民间高息借贷、为小客户提供贷款到期转贷资金等业务，桐庐银监办与相关部门联合对中介机构业务经营情况进行检查。

(李忠林)

·中国工商银行股份有限公司桐庐支行·

【概况】 2010年，中国工商银行股份有限公司桐庐支行(以下简称工行桐庐支行)围绕拓优质市场，以经营绩效为核心，着力提升竞争力。至年底，各项存款余额22.86亿元，比年初新增2.5亿元，增幅12%；储蓄存款新增0.96亿元，增幅8.3%。各项贷款余额20.9亿元，比年初新增5.21亿元，增幅33%；个人贷款新增2.67亿元，增幅50%。不良贷款清收转化9693.93万元(其中：收回05、16省道逾期贷款8000万元)；剔除05、16省道贷款后不良率为0.32%。实现中间业务收入1278.51万元。实现拨备前利润8653.44万元。是年，工行桐庐支行在省分行营业部综合考评中排名第24位，比2009年提升7位，获省分行营业部统计工作二等奖、科技工作进步奖。

【优质市场拓展】 2010年，工行桐庐支行以行业龙头企业为营销目标，以贸易融资为抓手，开展对重点法人企业营销；以第二顺序抵押产品为抓手，对龙头中小企业营销。全年新增有贷户10户，其中金帆达公司、浙富公司、力高公司、新华纸业、中艺花边、正大纸业为县内重点企业。法人融资新增余额9253万元。争取政府投资项目，10月，向县经济开发区基础设施政府项目贷款3.9亿元并发放到位。加快新业务发展，推出外币保函、出口发票融资、银关通等新业务，新增融资余额3490万元。拓展个人贷款业务，全年新增个人贷款2.67亿元；争取到县内个人住房公积金贴息贷款独家办理权，发放住房和商用房贷款、综合消费贷款和房屋抵押贷款等1369笔3.2亿元。

【中间业务发展】 2010年，工行桐庐支行发行信用卡10527张、灵通卡20136张。完成国际结算3558万美元，较年初增加593万美元，增幅20%；完成结售汇3594万美元，较年初增加1134万美元，增幅46%。实现法人理财产品销售5.7亿元，个人理财产品销售23.7亿元，代理寿险产品销售3401万元，分别比2009年增长25%、36%和15%。是年，新增手机银行7766户、个人网银7411户、企业网银140户、个人电话银行7309户。

【机构和网点升级】 2010年6月，工行桐庐支行迎春储蓄所和南门储蓄所经中国银行业监督管理委员会浙江银监局批准升格为开发区支行和南门支行(二级支行)。12月，工行桐庐开发区支行位于瑶琳路253～259号新营业场装修完工，营业场内新增贵宾服务室、理财室、自助服务区，新添置存取款机、取款机、自助终端机各1台,投资150万元。10月,工行桐庐三合支行位于大奇山路影城嘉苑新营业场装修开工,装修、设备等投资180万元。

(龚鲁承)

·中国农业银行股份有限公司桐庐县支行·

【概况】 2010年底,中国农业银行股份有限公司桐庐县支行(以下简称农行桐庐支行)各项存款余额27.35亿元,比年初净增4.4亿元,其中储蓄存款余额15.05亿元,比年初增加2.28亿元;对公存款12.3亿元,比年初增加2.11亿元。本外币贷款余额19.13亿元,比年初增加2.93亿元,其中全行法人贷款占比56.40%,余额10.79亿元;个人贷款占比43.60%,贷款余额8.34亿元。全行不良贷款余额216万元,比年初减少333万元;不良占比0.11%,比年初减少0.23个百分点。实现中间业务收入1347万元,同比增加251万元。11月28日,农行桐庐支行搬迁至县城迎春南路200号CBD商务区办公,新办公大楼占地642平方米,建筑总高30.6米,总建筑面积5203平方米,设自助服务区、现金与非现金业务区和理财区等区块。

是年,农行桐庐支行被评为浙江省文明单位;农行桐庐支行营业中心被省农行营业部评为先进集体。

【市场拓展】 2010年,农行桐庐支行加大对财政、卫生等行政事业单位以及系统性、源头性客户存款拓展力度,先后为320国道及05、16省道连接线工程,县第一人民医院一期、二期迁扩建工程及三期工程,迎春南路景观工程等重点项目提供信贷支持。至年末,法人贷款余额增量1.65亿元、个人贷款增量1.28亿元。11月,农行桐庐支行取得县财政国库集中支付代理资格,成为桐庐县域内具有国库集中支付代理资格3家银行之一。

【服务“三农”】 2010年,农行桐庐支行重点扶持县域特色农业龙头企业,至年底,办理惠农卡19957张,发展农户授信869户,发放小额农户贷款2957万元。确定莪山畲族乡为该行服务“三农”联系点,以莪山高节竹产业、县级以上规范化合作社、农家乐作为信贷重点支持对象,为30家高节竹产业贷款150万元、4家县级以上规范化合作社贷款445万元、4家农家乐贷款93万元。根据不同情况设计不同金融服务方案,对高节竹产业和县级以上规范化合作社等贷款实行基准利率。为客户办理各项贷款提供绿色通道。

【网点转型升级】 2010年,农行桐庐支行完成城南支行、开发区分理处、分水分理处装修改造;推行网点文明服务标准,提升客户满意度。在明确网点功能和定位基础上,加快推进网点功能分区,提升网点对目标客户综合服务能力。转变传统服务理念,推行“三声三秒”(来有迎声、问有答声、去有送声,在三秒内做出肢体反映)服务。网点充实大堂经理、理财经理、客户经理,以理财业务为切入点,加强场内营销,增强网点销售能力,满足客户需求。

(蔡晨洲)

·中国银行股份有限公司桐庐支行·

【概况】 2010年,中国银行股份有限公司桐庐支行(以下简称中国银行桐庐支行)贯彻落实“调结构、扩规模、防风险、上水平”工作方针,至年末,本外币存款余额24.1亿元(含金融机构存款),比年初增长0.6%;其中,人民币公司存款余额10.68亿元;人民币储蓄存款余额9.51亿元。外币公司存款余额411万美元,外币储蓄存款余额624万美元。各项贷款余额19.7亿元,比年初增长10.4%;其中,人民币公司贷款余额14.48亿元,同比增长8.9%;零售贷款余额5.21亿元,同比增长14.87%。实现本外币净利润4133万元,同比增长98.6%。至年末,各项中间业务净收入1426万元,同比增长12.3%。

【业务拓展】 2010年,中国银行桐庐支行面对宏观调控频繁、贷存利差收窄以及贷款增量较少等形势,坚持向科学管理要效益、向调整结构要效益、

2010年11月28日,农业银行桐庐支行搬迁至县城迎春南路200号

向拓展业务要效益，做大高收益产品，全方位拓展中间业务。一是调整资产结构，提升收益较高业务比重。至年末，公司贷款低收益的比例下降为31.7%，较年初减少10.4个百分点；对个人零售贷款业务，发展个人投资经营贷款、个人抵（质）循环贷款和汽车贷款3项收益较高的资产业务。至年末，“三项”贷款余额7000万元，增长17%；二是发展代理保险、个人网银、基金代销、银行卡等业务。至年末，实现基金代销、保险代理业务手续费、卡业务等收入230多万元，增长12%；三是抓好新业务拓展，开展投标与履约保函等业务宣传与营销。至年末，开办投标与履约保函业务3.8亿元，新增手续费收入70多万元。

【资产盘活】 2010年，中国银行桐庐支行加大存量资产盘活力度，组织专门人员对存量资产进行清理，至年末，依法累计收回不良资产和低等级客户贷款本息1200多万元，其中收回利息200多万元。

【网点建设】 2010年，中国银行桐庐支行根据省行发展战略，从加快网点建设和网点转型入手，促进支行长期稳健快速发展。一是合理调整和新设营业网点。是年4月，支行营业办公大楼迁至桐庐县城迎春南路项目获省行正式批准，当年投资650万元进行装修。在县城新区春江路新设1家离行式自助银行，在大润发超市内新设1台离行式ATM机。二是抓好网点改造，促进网点转型。至年末，累计投入700多万元资金完成迎春街支行扩面与改造，营业面积从原来164平方米扩大到439平方米，更新自助设备2台（其中新增1台），实现24小时服务功能；经省行批准对城中分理处进行二次扩面，营业面积从原来的82平方米增至248平方米。

（朱樟明）

·中国建设银行股份有限公司桐庐支行·

【概况】 2010年，中国建设银行股份有限公司桐庐支行（以下简称建设银行桐庐支行）以“贷后管理年”“客户营销年”“结构调整年”为中心，至年底，一般性存款余额30.4亿元，同比增加5.4亿元，增幅为21.9%，其中公司存款17.7亿元，新增3.4亿元，增幅为24%；个人存款12.7亿元，新增2亿元，增幅为19.6%；各项贷款余额33.3亿元，较2009年增加7.5亿元。全年，实现中间业务收入2197万元，实现拨备前考核利润9688万元。是年，建设银行桐庐支行被浙江省银行业协会评为“浙江省银行业服务文明示范单位”、被县政府评为“综合考评先进单位”。

【存量不良贷款现金回收820万元】 2010年末，建设银行桐庐支行贷款余额和新增额列当地银行业第1位。其中：公司类贷款余额22.2亿元，较2009年新增4.9亿元；个人类贷款余额11.1亿元，较2009年新增2.6亿元。贷款收益率为5.68%。全年新增贷款客户57户，退出客户11户，退出金额5288万元；新增小企业贷款客户50户，新增公司优质中小企业57户；AA级客户贷款余额占51.16%。全支行不良贷款额327万元，贷款不良率为0.1%。是年纯新发放贷款不良率为0，回收存量不良贷款现金820万元。

【中间业务发展】 2010年，建设银行桐庐支行公司类客户中，年结算量在5000万元以上的基本结算户新增32户；一般户新增35户；新增企业类电子银行客户90户；新增个人网银高级客户4733户；新增商户15户。发放理财卡223张，其中白金卡115张、金卡108张，信用卡客户新增3185户。全年国际业务结算量6710万美元。

【销售渠道建设】 2010年，建设银行桐庐支行投资10万元改造装修桐庐新区支行网点。投资500万元购置分水镇网点1个，预计2011年6月对外营业。投入离行式ATM机3处，分别位于桐庐大润发超市、洋洲三江和安超市、桐庐行政服务中心大楼。电子渠道建设进度加快，日均交易笔数从2009年的1200笔提升到2010年的1500笔。

（王 鹏）

·中国农业发展银行桐庐县支行·

【概况】 2010年，中国农业发展银行桐庐县支行（以下简称县农发行）各项贷款余额44816万元，比年初增加11246万元；各项存款5966万元，比年初增加3692万元；全年累计发放贷款23369万元，收回贷款12122万元；财务总收入2246万元，其中贷款利息收入2084万元；中间业务收入15万元；当年贷款利息综合收回率100%。财务总支出1416万元。实现账面利润830万元，同比增盈217万元。

【地方粮食安全体系建设】 2010年，县农发行根据桐政办复〔2010〕21号文件要求，对已满保管期限的4773吨县级储备粮及成品粮进行轮换；根据浙政发〔2008〕41号文件精神，新增原粮储备规模2559吨。为完成粮食轮换和增储任务，县农发行与粮食、财政部门联合签发文件，明确轮换方式、粮源渠道、轮换时限、轮换费用和价差弥补政策等。是年，累计发放地方储备粮贷款3139万元；支持企业从外地调入粮食6232吨；收购当地种粮大户订单粮食1100吨。成品粮轮换4次,全县粮食储备规模1.4万吨。

【业务发展】 2010年,县农发行对县土地开发整理项目和省级重点工程徐七线农村公路改建工程项目等中长期政策性信贷业务进行支持。到年末,对土地开发整理项目投放1500万元,对徐七线农村公路改建工程项目投放2700万元。支持具有地方特色的农业龙头企业发展,根据客户资信、资金需求及业务发展规划,按照“因企制宜,一企一策”原则,突出重点,择优扶持龙头企业发展。是年,新增产业化龙头企业贷款4750万元。发展多元经营,优化负债和盈利结构,2010年拆入同业存款11600万元。全年实现中间业务收入15万元。

(陆文强)

·交通银行股份有限公司杭州桐庐支行·

【概况】 2010年末,交通银行股份有限公司杭州桐庐支行(以下简称交通银行杭州桐庐支行),各项人民币存款余额12.88亿元,比2009年末新增2.42亿元,同比增长23.13%;其中企事业单位存款余额7.59亿元,比2009年末新增1.22亿元,增长19.15%;储蓄存款余额3.39亿元,比2009年末新增0.75亿元,同比增长28.41%。各项贷款余额11.45亿元,比2009年末新增3.69亿元,同比增长47.55%;其中个人贷款余额1.79亿元,比2009年末新增0.12亿元。是年,发放住房按揭贷款2432万元,收回2498万元。2010年,余额存贷比为83.28%,增量存贷比为99.17%。不良贷款余额831.1万元,不良率为0.74%。中间业务收入266.84万元,实现账面利润3639万元。是年,交通银行杭州桐庐支行被浙江省公安厅和社会治安综合治理委员会授予“2010年度省级治安安全示范单位”。

【信贷营销】 2010年,交通银行杭州桐庐支行加大政府举债项目拓展力度,新发放水利建设贷款3600万元和桐庐中学体育场建设贷款2500万元。继续向符合条件的中小企业推广“展业通”贷款,全年新增“展业通”贷款6338万元。加大对经营管理好、产品收益好和还款来源有保障,且政府鼓励和支持行业信贷支持,新增桐庐富春水利建设开发有限公司贷款3520万元和永誉机械制造有限公司贷款1400万元。进一步做好住房按揭业务,通过增设个金管理科和充实个金客户经理队伍等措施,保障按揭贷款及时发放与收回。

【电子银行业务】 2010年,交通银行杭州桐庐支行新开通企业网银105家和财务通38家。通过开展以电子产品为主要内容的集中营销活动,促进个人网银、手机银行、快捷理财、理财卡沃德卡和双币卡业务发展。全年新增个人网银796户、手机银行用户84户、沃德理财卡23张和双币卡171张。

【档案管理】 2010年,交通银行杭州桐庐支行组织人员对该行各类业务档案进行整理。主动与交通银行浙江省分行档案中心和县档案局联系,请求业务帮助和指导。是年,完成2009年度定期10年档案104件;定期30年档案36件;永久档案92件及永久实物档案6件;永久科技档案38件。完成年度文卷归档工作。是年,该行被县档案局评为2010年度档案工作先进单位。

(王土根)

·杭州银行桐庐支行·

【概况】 至2010年底,杭州银行桐庐支行各项存款余额11.44亿元,比年初增加3.01亿元;各项存款日均10.03亿元,比年初增加2.83亿元。各项贷款余额11.4亿元(不含贴现),比年初增加2.2亿元;国际业务结算量1.61亿美元,比年初增加6538万美元;不良贷款控制在4%以内。是年,杭州银行桐庐支行连续第3年获“县政府综合考评服务优胜单位”,获“桐庐县模范集体”、“杭州市模范集体”、“杭州市文明单位”、“杭州市巾帼文明示范岗”,及“县级慈善集体”、“县级青年文明号”、“爱国卫生先进单位”、“创建学习型组织”等荣誉。

【杭州银行桐庐分水支行开业】 分水镇是桐庐县副中心镇,为“中国制笔之乡”。为支持分水镇制笔业发

2010年2月24日,杭州银行桐庐分水支行开业

展，经半年多筹备，2010 年 2 月 24 日，杭州银行桐庐分水支行开业。该行位于分水镇东门大道 218 号，有员工 12 人，为桐庐支行辖属二级支行。到年末，分水支行各项存款余额 1.48 亿元，各项贷款余额 1.2 亿元。

【"春江扬帆"债权信托基金】 （参见乡镇街道·桐君街道·"春江扬帆"中小企业信托基金）

【参与社会慈善活动】 杭州银行桐庐支行成立以来，积极参与社会慈善活动。2008 年该行在成立一周年之际，把行庆的 10 万元经费捐赠给桐庐县新合小学身患癌症的小学生潘蒴，并在县委宣传部的倡导下，发起拯救折翼小天使"绿丝带"爱心募捐活动，帮助小潘蒴摆脱病魔，重回校园。2010 年 4 月，杭州银行桐庐分水支行向身患癌症的分水中学教师朱周云捐款 6 万元，桐庐县县长陈国妹专门批示：向杭州银行桐庐支行"模范集体"的爱心善举，表示崇高的敬意和衷心的感谢！同年 4 月，该行获杭州市"模范集体"称号。

（陈　丽）

·桐庐农村合作银行·

【概况】 2010 年底，桐庐农村合作银行（以下简称桐庐合行）有营业网点 49 个（是年新增桐君支行青山分理处、钟山支行吴宅分理处），在编在岗员工 499 人。各项存款余额 604381 万元，比年初上升 120629 万元，增幅为 24.94%；各项贷款余额 407101 万元，比年初上升 63724 万元，增幅为 18.56%；其中涉农贷款余额 370560.52 万元，比年初上升 48271.52 元；四级不良贷款余额 2244 万元，不良贷款率 0.55%；资本充足率为 11.75%，核心资本充足率为 9.78%，拨备覆盖率为 287.41%，各项指标达到监管好银行标准。是年，桐庐合行被评为"浙江省文明单位"；富春江支行成功创建"会计基础等级二级单位"；凤川支行营业部被评为"杭州市巾帼文明岗"；开源支行被省农信联社杭州办事处授予"杭州市农村合作金融机构文明服务单位"。

【中间业务】 2010 年，桐庐合行发行丰收卡 84603 张，其中借记卡 83605 张，比年初增加 16258 张；贷记卡 998 张。丰收卡消费额累计 193343 万元，比 2009 年增加 145210 万元，其中贷记卡消费金额 1339 万元，比 2009 年增加 455 万元。是年新布放 ATM 机 4 台，至年底，ATM 机布放 21 台；配合开展刷卡无障碍活动，新安装 POS 机 50 台，至年底，POS 机（含信付通）布放 494 台。

【"安贷宝"成功索赔 150 万元】 2010 年 7 月，桐庐分水一制笔企业主陈某向桐庐合行贷款 150 万元，并向太平洋寿险全额投保"安贷宝意外伤害保险"。8 月，陈某因外出经商在山东发生意外交通事故身亡。得知信息后，桐庐合行向太平洋寿险杭州中心支公司报告，并与保险公司合作，为受害者家属开通理赔"绿色通道"。经与外地公安、交通等相关部门合作，并详细调查取证，10 天后为客户成功索赔 150 万元。自 2005 年代理"安贷宝"保险业务以来，至 2010 年底，桐庐合行为 55 位客户成功索赔保险金额 409.5 万元。

【"万名农信干部下基层办事实"活动】 2010 年 3 月至 9 月，桐庐合行在省农信联社统一部署下，组织开展为期半年的"万名农信干部下基层办实事"活动。采取班子领导与支行挂钩并分片蹲点调研、召开座谈等方式，了解基层需求。活动期间，走访农户 15583 户、企业 866 家，帮助解决问题与难题 43 个，帮助办成实事 48 件。

【农村信用工程体系建设】 2010 年，桐庐合行通过信用户、信用村评定，在县辖范围内开展信用工程体系建设，并为信用户提供贷款利率优惠政策。3 月，富春江镇成为全县首个"信用乡镇"；12 月，钟山、莪山成功创建"信用乡镇"。至年末，桐庐合行在全县建立信用联络站 78 个，聘请信用联络员 412 名，创建信用乡镇 3 个、评定信用村 68 个、信用户 41385 户，分别占全县总数的 23.08%、36.56%和 39.6%。

【林权抵押贷款发放】 林权抵押贷款是指以森林、林木所有权（或使用权）、林地使用权作为抵押物向金融机构的借款。2010 年，桐庐合行与县林业部门合作，开展全县范围内的林权抵押贷款工作。2 月 1 日，横村镇胜峰村毛竹承包大户李小红以林权抵押从桐庐合行横村支行贷款 50 万元，贷款期限 3 年。至年底，桐庐合行发放林业贷款 1684 万元，林权抵押贷款 12 户 649 万元。

【仓储质押贷款发放】 仓储质押贷款是桐庐合行为解决中小企业发展中资金瓶颈而研发的贷款产品，企业可通过自身原材料、存货等产品提供质押，申请短期流动资金贷款，并与桐庐合行、第三方监管签订三方合作协议。企业质押材料、货物等由第三方监管，质押物提取需经桐庐合行核准。企业可采用保证金换物、物换物或追加担保等形式，提取质押物，以此循环使用。2010 年，发放仓储质押贷款 600 万元。

【实施"3+2"案件防控模式】 2010 年，桐庐合行通过建立"3+2"案件防控模式防范各类风险。一是对全辖 405 个自然村的"行风监督牌"进行经常性检查，并做好日常维护和宣传工作。二是将"行风评议箱"摆放在各支行办贷中心的显眼位置，对每一位办贷客户发送“行风评议表”,并由监督监察部及时收集、处理客户评议意见。三是加大效能与行风监督员对支行明查暗访检查和体验式走访频率,及时通报处理监督员反映的问题。四是继续推行客户经理年度述职述廉工作,扩大评议代表范围,提高述职述廉活动客观性和公正性。五是进一步落实员工“互帮促、共提高”结对帮扶制度,明确帮促人职责,对帮促对象发生违法、违纪、违规行为的,视帮促人履职情况进行问责。

【固话诈骗案处置】 2010年3月19日上午9时许,桐君街道居民胡某到桐庐合行桐君支行迎春分理处营业厅,一边打电话一边要求插队紧急办理汇款业务。电话中,对方声称胡某女儿在校胃出血急需手术,请家长急汇手术款。临柜人员通过电话与对方交谈后发现汇款账号所在地与胡某女儿所在学校地址不符,断定胡某遇到电话诈骗,劝阻胡某不要汇款,避免客户损失2万元。4月9日,堵截一起购车退税诈骗案,为客户挽回经济损失1.5万元。2010年,桐庐合行成功堵截固话(手机)诈骗案5起、假存单案1起、电汇诈骗案1起,为客户挽回经济损失82000余元。

【“合作银行杯”廉政小小说征文比赛】 (参观民主党派群众团体·县文学艺术界联合会·首届桐庐廉政小小说大奖赛)

(叶有利)

2010年10月20日,“合作银行杯”桐庐县首届廉政小小说大赛颁奖仪式

·邮储银行桐庐县支行·

【概况】 至2010年末,中国邮政储蓄银行有限责任公司浙江省杭州市桐庐县支行(以下简称邮储银行桐庐县支行)本外币存款余额1.296亿元,比年初增长23.25%;各项贷款余额1.81亿元,比年初增长37.45%;全行实现金融业务总收入813.68万元,占全县邮政金融业务收入39.27%,同比增长60.91%。其中:个人业务收入258.72万元,同比增长20.06%;公司业务收入41.41万元,同比增长265.31%;信贷业务收入513.55万元,同比增长84.16%;累计实现营业利润93万元。

【新开办业务】 2010年,邮储银行桐庐县支行新开办业务有信用卡、柜面跨行转账、个人网上银行、票据贴现、小企业贷款5种。1月,开办信用卡业务,至年底发展信用卡438户;5月,开办柜面跨行转账业务,至年底实现转账348笔、金额7761万元;6月,开办个人网上银行、票据贴现业务,至年底开通个人网银301户、贴现575万元;12月,开办小企业贷款(额度500万元),发放贷款业务1笔400万。到年底,该行信贷业务有小额贷款(额度10万元)、二手房按揭、个人商务(额度200万)和小企业贷款等4种。

【富春江镇支行迁址】 邮储银行桐庐县支行下设富春江镇支行,因营业面积偏小,无支行办公室,存在安全隐患;且受地理位置限制,对发展业务也有一定制约。2010年6月,该支行经浙江银监局批准后另选址装修,12月装修完毕,2011年1月迁入新网点营业。新址位于富春江镇工人路8号,总面积420平方米,分办公区和营业区,其中办公区面积180平方米。营业区设置个金业务、信贷业务、公司业务、VIP大客户经理室、自助(银行)服务、接待服务和客户休息等7个功能区,并增设视频监控、安全防控门、防爆等安全防范配套设施,安全防范达到二级风险营业场所标准。

(徐　迈)

·桐庐县富汇小额贷款股份有限公司·

【概况】 2010年,杭州市桐庐县富汇小额贷款股份有限公司(以下简称富汇小额贷款公司)累计发放贷款1100笔,金额15.03亿元。年末贷款余额为446户495笔4.56亿元,比2009年末增加1.15亿元,增幅为33.6%。按四级标准分类,无不良贷款。全年实现营业收入6630万元,同比增加2536万元,增幅为61.9%;其中利息收入6593万元,收息率100%。实现利润总额5346万元,同比增加2599万元,增幅为94.6%。税后净利润4001万元,同比增加1950万元,增幅为95.1%。

是年，该公司在2009年开展汽车抵押、机器设备抵押、抵押权质押、龙头企业保证的基础上，推出“速递贷”、农户联保、股权质押、电费收益权质押等新品种，缓解贷款担保抵押难。在企业2009年度检验中以年度报告形式，披露经会计师事务所审计的2009年度财务会计报告和年度业务经营情况、融入资金情况、公司治理、重大事项等信息，做到信息公开透明。

【增资扩股】 因公司信贷资金于2009年下半年趋于满负荷运营状态，经桐庐县政府及浙江省政府金融办批准，2010年5月，富汇小额贷款公司以原股东同比例增资方式增资扩股5000万元。增资扩股后，富汇小额贷款公司注册资金增加到2.5亿元，并于5月26日完成工商登记变更手续。是年下半年，取得国家开发银行浙江省分行授信，并从该行融资1.15亿元，期限为2年。

【规范经营】 富汇小额贷款公司坚持“小额、分散”放贷原则，在2010年末贷款余额中，100万元(含)以下贷款410户，余额3.23亿元，占总贷款余额的70.79%；100万元以上贷款36户，余额1.33亿元，占总贷款余额29.21%。单户最高余额为1010万元，控制在公司资本净额5%以内；单户最低余额为2万元。公司发放贷款最高年利率为21.24%，个别农业贷款按信用社同档次利率计息，加权平均年利率为18.01%；在央行2010年两次加息的背景下，该行加权平均年利率比2009年下降0.8个百分点。

【服务小企业和“三农”】 富汇小额贷款公司客户群体主要为桐庐县内小企业和农户。2010年末，中小企业贷款90笔，余额1.07亿元，占比为23.53%；城镇居民及个体工商户219笔，贷款余额20243.4万元，占比为44.42%；农户186笔，贷款余额14608.8万元，占比为32.05%。根据桐庐经济特点，贷款主要投向纺织服装、制笔、建材、快递物流、小水电及水电设备制造、商贸服务等行业，并对部分农业龙头企业进行信贷支持。扶持社会弱势群体创业，全年发放下岗失业人员创业贷款、失地农民创业贷款、残疾人创业贷款等弱势群体贷款及大学生创业贷款、退伍军人创业贷款43笔，金额3051万元。

【获“全省优秀小额贷款公司标兵”】 2010年5月，省政府金融办公布全省小额贷款公司2009年度考评结果，桐庐县富汇小额贷款股份有限公司被评为A+级(特别优秀)，获2009年度“全省优秀小额贷款公司标兵”称号。

此次考评由省政府金融办在县级政府初审的基础上，组织省小额贷款试点工作联席会议成员单位进行交叉审核。并定档优秀(90分以上)、良好(80～90分)、合格(60～80分)三个等级。对90分以上中特别优秀的授予“优秀小额贷款公司标兵”称号。全省77家小额贷款公司参加考评，被授予优秀小额贷款公司标兵17家，县富汇小额贷款股份有限公司为杭州市唯一获此荣誉的县(市)级小额贷款公司。

(陈大荣)

·中国人民财产保险股份有限公司桐庐支公司·

【概况】 2010年，中国人民财产保险股份有限公司桐庐支公司(以下简称人保财险桐庐支公司)以车险为重点，巩固优质非车险业务，拓宽保险服务领域和渠道，完成保费3889万元，同比增长40.2%。其中：实收车险保费2810万元，同比增长41.3%；非车险实收保费1078万元，同比增长37.4%。缩短理赔周期，继续开展“全员服务365”活动，提升客户满意度。赔款支出2063万元，简单赔付率54.2%，同比减少4.24%。是年，人保财险桐庐支公司投资30余万元，对分水、公司本部营业大厅重新装修。

【车险业务】 2010年，人保财险桐庐支公司根据汽车销量持续快速增长情况，将家庭自用车作为业务发展主攻方向。抓好车险续保率考核，重点提高商业险零次出险车辆续保率和业务占比。继续巩固县万里长运有限公司、县供电局、桐庐电信、桐江职业技术学校机动车驾驶员培训中心、恒祥客运等一批在业内有影

2010年11月20日，“人保财险杯”潇洒桐庐首届金秋大型车展开幕

响的业务,连续第4年获县政府公务用车承保权。是年,人保财险桐庐支公司根据桐庐县政府以抄告单形式要求推广驾驶员意外伤害保险意见,开展工作,收取保费18.6万元。10月,成立电话销售部门,主要开展机动车辆险电话销售业务。

【非车险业务】 关注政府投资项目;巩固续保业务;根据历年赔付情况,制定承保策略;挖掘各险种增长潜力,拓宽保险领域。2010年,收取桐庐电信企财险保费34万元,杭州桦桐家私集团有限公司保费42万元,桐庐汇丰生物化工有限公司保费21.7万元,浙江金帆达生化股份有限公司财产险保费15万元、团体人身意外伤害保险保费3.2万元、责任险保费2.6万元,医疗责任险保费116万元。统保丽水市龙庆云景高速公路建设指挥部建筑工程一切险,收取保费72万元;新增浙江桐庐富春江电力综合有限公司意外险保费17万余元。

【农业保险】 2010年,全县政策性农村住房保险投保91927户,收取保费91.93万元;投保能繁母猪6775头,收取保险费40.65万元;投保生猪2.72万头,收取保险费596.59万元;投保水稻7574公顷,收取保险费22.72万元;投保油菜898公顷,收取保险费20.19万元;投保林木火灾险2300公顷,收取保险费0.69万元;投保林木综合险26514公顷,收取保险费13.02万元;投保公益林73000公顷,保险费21.60万元。

【保险渠道建设】 加强与车商合作,与桐庐远东、鑫马、桐鑫、卓佳、汇通、恒基等车商重新签订代理协议。建成4家车辆事故送修平台,试行特约车型配件4S店报价政策,规范管理。2010年,代理车险业务750余万元。拓展非车险展业平台,与银行合作,构建银保渠道。做好营销员规范管理工作,加强对营销人员培训。10月,人保财险桐庐支公司邀请保险行业协会培训师对全体营销员进行法律法规和职业道德培训,39名营销员参加。

【理赔管控】 提高查勘、定损、核损、接单、理算等环节工作效率,做到当天案件当天录入。加强对理算接单人员日常业务培训,减少反复流转。2010年,增加接单理算岗、医疗审核(跟踪)岗和查勘定损岗人员各1名。自5月18日起,对当天接进损失金额在人民币2000元(含)以下、不涉及人员伤亡案件,全部当天核赔结束,98%以上做到接单1小时后通知付款。完善车险和非车险分离运行模式,加强第一现场查勘力度,特别是重大事故和单方事故第一现场查勘;加大对异地出险案件管控。做好反欺诈工作,4月,与交警部门联合开展夜间联合查勘打假集中整治月活动,不断加大对骗假赔案的打击力度,做到夜间车险事故现场查勘率100%,未发现重大骗假赔案,骗赔现象得到有效遏制。加大对理赔调查投入,将多次出险、赔付率高、有骗赔嫌疑的被保险人和被保险车辆列入黑名单重点管控。加大追偿工作力度,作好残值回收管理。对大案、要案提前介入,参与被保险人、第三者之间调解或诉讼过程。聘请专业律师,加强与法院、鉴定及医疗机构沟通,减少不合理赔偿和后续理赔过程中的矛盾纠纷。

【"全员服务365"活动】 2010年,人保财险桐庐支公司以"让人民满意"品牌系列活动和"我满意"——客户服务体验日活动为主题,面向重要法人客户、各级政府部门和重要代理中介等开展客户拜访回访活动;邀请客户参观职场、演示承保理赔流程、介绍远程定损、定点合作医院等,增进客户对人保财险公司技术实力和综合服务能力认知和了解。独家冠名举办"人保财险杯"潇洒桐庐首届金秋大型车展,设立"95518"理赔服务专线。5月,开展客户节理赔主体活动。是年,本部营业大厅获市级"全员服务365"活动服务示范窗口称号。

(郑敏智)

·中国人寿保险股份有限公司桐庐县支公司·

【概况】 2010年,中国人寿保险股份有限公司桐庐县支公司(以下简称桐庐国寿)通过发展方式"四个转变"(从外延式发展向内涵式发展转变,从粗放型经营向集约化经营转变,从单一盈利模式向多元盈利模式转变,从独立运用资源向综合利用资源转变),实现保费收入1.47亿元;新单保费为9311.28万元(其中,期交2971.19万元、趸交5388.68万元、短期保险951.41万元);支付红利、生存金、养老金等1193余万元,支付各类赔款737.8万余元。

【个人保险业务】 2010年,桐庐国寿个人保险渠道以壮大有效人力规模为重点,实施积极有效扩张队伍发展策略,全年新增50人。新人育成以主管培育为重点,以初级主管育成为切入,每月开展2期代理人资格考试培训,全年开展2期新人体验营培训和1期新人衔接教育培训。每月参与市公司组织的新人岗前培训,全年参加市公司2期转正培训。不定期开展展业技巧、产品、职业道德、客户服务等各方面培训。是年,个人保险渠道在"调结构、增效益、防风险、稳增长"工作方针和"稳中求进、转型增效、深化改革、强化管理"工作要求指引下,完成5年至9年期规模保费977万元、10年期保费680万元,完成年预定目标

108.1%；短险保费完成504万元，完成年预定目标99.8%；实现意外险年保费259万元，完成年预定目标110.68%。

【团体保险业务】 2010年，桐庐国寿团体保险渠道工作重点从保持稳定保费利润贡献为主转向保持稳定保费规模贡献和利润贡献为主。通过走访了解春季新生情况，上门倾听学校意见和建议，在全县学生数量下降、同业公司保费低等不利情况下，国寿学生平安保险投保率从2009年的98.8%提高到99.3%。通过开拓借贷险业务，担保公司业务、计生险、独生子女险、摩托车人员险、员工福利计划等保险业务，挖掘市场潜力。全年完成短险保费445万元，同比增加115%。理赔时间从以往的10天缩短到5天。

【银行保险业务】 2010年，桐庐国寿银行保险渠道有经理和主管16人，其中高级客户经理3人、中级客户经理6人、初级客户经理1人、客户经理初级主管2人、理财经理4人。是年，银行保险渠道采取同步推进趸和期交业务协调发展策略，继续推广"511"（即：坚持每周5次拜访，每天填写工作日志，每天提出一个问题或提交一张保单）工作模式，全年达成保费6485万元，同比增长143%，其中趸交5136万元，同比增长130%；期交1309万元，同比增长223%；短险40.16万元，同比增长327%。

【客户服务】 2010年，桐庐国寿各项目回访客户6984件次。其中新单回访442件，回访成功率为99%；续期交费回访2456件，回访成功率为80%；失效保单回访225件；委托代领回访1568件；其他回访532件。6月，举办第4个"客户节"，继续与红楼国际饭店、金鑫宾馆、垂云通天、天子地景区等地签订特约商户协议；为VIP客户提供订阅刊物、定期健康体检等"国寿1+N"附加服务，提高桐庐国寿"品牌个性"。全年发放鹤卡4000余张。

（虞群华）

·中国太平洋财产保险股份有限公司桐庐支公司·

【概况】 2010年，中国太平洋财产保险股份有限公司桐庐支公司（以下简称太平洋保险桐庐支公司）开展"五心服务金字塔工程"，以诚心、关心、耐心、信心、细心换客户心中"五星"口碑。全年实现签单保费1467万元，同比增加395万元，增幅36.12%；市场占比由2009年的9.34%上升至9.57%。车险业务保费1158万元，非车险业务保费309万元，银保业务完成100.4万元。交叉销售完成109万元。综合成本率81.18%，其中车险综合成本率72.99%、非车险综合成本率116.73%。综合赔付率52.4%，承保利润率14.59%，实现利润219万元，电话销售业务完成40.75万元，综合费用率28.78%。

【业务发展】 2010年，太平洋保险桐庐支公司继续加强银保业务，与建设银行桐庐支行和农业银行桐庐支行签订合作协议。是年，建设银行桐庐支行实现代理业务保费收入49.9万元，农业银行桐庐支行实现代理业务保费收入25.6万元。与中国人寿桐庐支公司开展交叉销售，落实交叉销售专员不定期进入太平洋寿险公司职场培训，到年底，实现收入109万元。加大对大工程、大项目投入和攻关力度，继续承保桐庐万里长途运输有限公司96辆城市公交车、8辆桐庐至杭州快客、10辆桐庐至杭州城际公交保险业务；新增保费23万元，总保费额160万元。

【理赔服务】 2010年，太平洋财产保险实施品牌建设，推行全面精细化管理。在2009年增设人伤调查岗后，对车险人伤和非车险人伤实行24小时跟踪调查，即对各类人伤案件实行第一时间赶到现场调查和受理；对大案要案实行实时跟踪服务。全年调查受理各类人伤案件180件，人伤跟踪服务150件。受理各类赔案1820件，其中车险赔案1610件、非车险赔案210件。已决案件1669件，其中车险1519件、非车险150件。未决案件147件，其中保险公司代致害人垫付其自行承担抢救费用预赔案4件。结案率91.70%，赔付率42.57%。法律诉讼案件21件。所有赔付全部实行转账，实现"零现金"付款。

（周　戬）

【责任编辑　吴爱林】

商贸　旅游

·商贸综述·

【概况】 2010年,桐庐县商贸系统围绕"休闲消费提升年"工作部署,以"扩内需、调结构、保民生"为主题,抓大项目、大商贸、大流通、大服务,着力推进迎春商务区建设,落实各项促销惠农举措,推进"万村千乡"市场工程、大项目提升工程、汽车家电下乡、"以旧换新"、生猪定点屠宰场整合提升、小美容美发质量安全整规等工作,加大商贸安全生产执法力度,服务民生工程,全力打造"潇洒桐庐"和杭州西郊商贸物流中心。全年实现社会消费品零售总额60.87亿元,同比增长19%,增幅比2009年提高3.27个百分点;其中批发和零售业实现零售总额53.42亿元,占社会消费品零售总额的87.76%,同比增长17.8%;住宿餐饮业实现营业额7.45亿元,同比增长28.45%;集市贸易成交额12.38亿元,同比增长6.06%。全县拥有各类商品交易市场21个,其中亿元市场4个。

世纪联华桐庐店

是年,全县有备案登记在册的回收企业142家,其中新增4家。县再生资源回收中心回收废铁3780吨,废纸3300吨,废塑料1950吨,废铜、铝合金500吨,实现交易额4300万元。11家煤炭经营企业实现煤炭销售量75.43万吨,比2009年增加12.03万吨;其中县内因信雅达热电和红狮水泥等大型用煤企业于2009年末正式投产,煤炭需求为33.95万吨,同比增长91.27%。二手车交易活跃,全县唯一的二手车市场——桐庐世纪车城有限公司实现年交易量2746辆,交易额13037.75万元,同比分别增长13.99%、22.75%。报废汽车回收呈较大幅度增长,全年拆解报废汽车397辆,比2009年增加327辆;回收废旧金属404吨,比2009年增加204吨。

表29　**2010年桐庐县连锁超市情况**

	门店名称	所在乡镇(街道)	连锁总部企业名称	经营方式		人员	营业面积(平方米)
				直营	加盟		
1	杭州联华华商集团桐庐世纪联华超市有限公司	县城富春路333号	浙江华商集团	√	—	105	3800
2	杭州联华华商集团桐庐世纪联华超市有限公司国贸店	县城春江路719号	浙江华商集团	√	—	56	2500
3	桐庐大润发商业有限公司	县城迎春南路359号	大润发	√	—	1028	40000
4	富春江镇新华联超市	富春江镇七里垅大街	华联超市	—	√	25	2300

续表 29

	门店名称	所在乡镇(街道)	连锁总部企业名称	经营方式		人员	营业面积(平方米)
				直营	加盟		
5	德清世纪华联超市富春江镇加盟店	富春江镇	德清世纪华联	—	√	8	560
6	好乐多超市	富春江镇芝厦村	—	√	—	7	620
7	杭州联华华商集团桐庐世纪联华超市有限公司横村店	横村镇	浙江华商集团	√	—	23	750
8	德清世纪华联超市有限公司分水加盟店	分水镇	德清世纪华联	—	√	10	400
9	分水镇发联百货超市	分水镇东溪村	上海发联	—	√	25	600
10	杭州华联商超贸易有限公司桐庐江南镇联城加盟店	江南镇石阜村	上海华联	—	√	7	100
11	上海华联超市窄溪加盟店	江南镇	上海华联	—	√	15	450
12	钟山乡发联超市	钟山乡吴宅村	上海发联	—	√	12	360
13	瑶琳金湖世纪华联超市加盟店	瑶琳镇皇甫村	德清世纪华联	—	√	8	250
14	瑶琳阳普时代华联超市	瑶琳镇阳普村	德清世纪华联	—	√	5	150
15	莪山畲族乡金湖世纪华联超市加盟店	莪山畲族乡莪山村	德清世纪华联	—	√	7	320
16	好美佳(方埠)	横村镇方埠村	—	√	—	4	350
17	凤川镇家德福超市	凤川镇翙岗村	德清世纪华联	—	√	12	800
18	合村乡根红超市	合村乡合村村	世纪华联	—	√	4	300
19	桐君街道涟源市世纪华联超市上洋洲加盟店	桐君街道上洋洲村	世纪华联	—	√	6	280
20	桐君街道金湖世纪华联超市乔林路加盟店	桐君街道乔林路 1016 号	世纪华联	—	√	7	300
21	世纪华联超市华光店	桐君街道春江路	世纪华联	—	√	15	300
合计		—	—	—	—	1389	55490

表 30

2010 年桐庐县农村连锁超市(便利店)情况

	区域	店名	地址	营业面积(平方米)
1	富春江镇	桐庐久友公司富春江宏忠超市	俞赵村	40
2		桐庐久友公司富春江渡济店	渡济村	45
3		桐庐久友公司富春江金家店	金家村	40
4		桐庐久友公司富春江俞赵店	俞赵村	60
5		桐庐久友公司富春江象山桥店	象山桥村	43
6		桐庐久友公司富春江孝门店	孝门石塘	45
7		桐庐久友公司富春江小春店	横山村	100

续表 30

	区域	店　　名	地　址	营业面积(平方米)
8	富春江镇	桐庐久友公司富春江生活超市	横山村	300
9		桐庐久友公司七里泷店	七里泷村	50
10		桐庐久友公司芝厦店	芝厦村	150
11		桐庐久友公司严陵放心店	严陵村	50
12		桐庐久友公司富春江大庄村店	大庄村	40
13		桐庐久友公司富春江里董村店	里董村	40
14		桐庐久友公司富春江上泗村店	上泗村	40
15		桐庐久友公司富春江浙富店	红旗畈工业区	100
16		桐庐久友公司富春江茆坪村店	茆坪村	40
17		桐庐久友公司富春江芦茨村店	芦茨村	40
18		桐庐久友公司富春江石舍村店	石舍村	40
19		桐庐久友公司富春江盛家村店	盛家村赵家山	40
20		桐庐久友公司富春江子陵村店	子陵村	40
21		桐庐久友公司富春江盛家村店	盛家村	40
22		桐庐久友公司富春江富春店	富春江镇	350
23		桐庐久友公司富春江镇春江店	七里泷大街	50
24		桐庐久友公司富春江镇云源商店	七里泷大街	50
25	桐君街道	桐庐久友公司桐君麻蓬店	麻蓬村	60
26		桐庐久友公司桐君金东超市	金东村石珠	130
27		桐庐久友公司桐君新星店	坞泥口村	60
28		桐庐久友公司桐君梅蓉店	梅蓉村委前	60
29		桐庐久友公司岩下联顺超市	金牛村岩下	40
30		桐庐久友公司桐君金牛店	金牛村童家	40
31		桐庐久友公司上洋洲店	上洋洲村	300
32		桐庐久友公司桐君滩头店	滩头店	60
33		桐庐久友公司桐君范家边店	金联村范家边	60
34		桐庐久友公司桐君儒间村店	金联村儒间	100
35		桐庐久友公司桐君购物广场店	县城桐君广场	2000
36		桐庐久友公司桐君洋洲店	洋洲村委	2000
37		桐庐久友公司桐君下洋洲超市	下洋洲村	40
38		桐庐久友公司下洋洲万事旺超市	下洋洲	150
39		桐庐久友公司桐君店	大丰村	350

续表 30

	区域	店　　名	地　址	营业面积(平方米)
40	桐君街道	桐庐久友公司桐君青山实惠超市	金中村青山工业园	60
41		桐庐久友公司桐君周家店	春江村周家	80
42		桐庐久友公司桐君湾里店	湾里村	70
43		桐庐久友公司桐君浮桥埠村店	浮桥埠村	80
44		桐庐久友公司桐君新建村店	新建村	80
45		桐庐久友公司桐君金中村店	金中村	40
46		桐庐久友公司桐君仁智村店	仁智村	40
47		桐庐久友公司桐君浪苑村店	浪苑村	40
48		桐庐久友公司桐君乔林村店	乔林村	100
49		桐庐久友公司桐君桑园村店	桑园村	100
50		桐庐久友公司桐君大联村店	大联村	60
51		桐庐久友公司桐君金溪村店	金溪村	110
52		桐庐久友公司桐君中杭村店	中杭村	60
53		桐庐久友公司桐君大丰店	大丰村	40
54		桐庐久友公司桐君下轮村店	下轮村	40
55		桐庐久友公司桐君上杭村店	上杭村	100
56		桐庐久友公司桐君东兴村店	东兴村	250
57		桐庐久友公司桐君濮家村店	濮家村	40
58		桐庐久友公司桐君高荷村店	高荷村	40
59		桐庐久友公司桐君湾里超市	湾里村	100
60	江南镇	桐庐久友公司江南镇梧村店	梧村村	40
61		桐庐久友公司柏川店	梧村村	120
62		桐庐久友公司华丰店	华丰村	40
63		桐庐久友公司江南镇徐畈店	徐畈村	40
64		桐庐久友公司江南镇珠山村店	珠山村	100
65		桐庐久友公司江南镇莲塘店	莲塘村	40
66		桐庐久友公司江南镇吴家店	吴家村	40
67		桐庐久友公司江南镇江南店	窄溪村	150
68		桐庐久友公司江南镇苗山店	窄溪村	80
69		桐庐久友公司江南舒川店	舒川村舒湾	40
70		桐庐久友公司江南锦江店	会山村	50
71		桐庐久友公司江南彰坞店	彰坞村	60

续表 30

	区域	店　　名	地　址	营业面积(平方米)
72	江南镇	桐庐久友公司江南荻浦村店	荻浦村	40
73		酮庐久友公司江南吉祥店	渔业村	60
74		桐庐久友公司江南郑萍店	深澳村	40
75		桐庐久友公司江南凤鸣店	邓家村	100
76		桐庐久友公司江南横山埠店	横山埠村	40
77		桐庐久友公司江南石泉村店	石泉村	40
78		桐庐久友公司江南石阜村店	石阜村	40
79		桐庐久友公司江南小潘村店	小潘村	50
80		桐庐久友公司江南镇永泉店	窄溪村	60
81		桐庐久友公司江南深澳店	深澳村	300
82		桐庐久友公司江南镇高山头店	窄溪村高山头	350
83		桐庐久友公司江南镇金茂村店	金茂村	40
84		桐庐久友公司江南镇青源村店	青源村	40
85		桐庐久友公司江南镇窄溪店	窄溪村	40
86	旧县街道	桐庐久友公司旧县鸿儒店	鸿儒村	60
87		桐庐久友公司旧县丙英店	母岭村	40
88		桐庐久友公司旧县母岭店	母岭村	50
89		桐庐久友公司旧县店	旧县村	55
90		桐庐久友公司旧县合岭店	合岭村	60
91		桐庐久友公司旧县西武山店	西武山村	40
92		桐庐久友公司旧县四联村店	旧县村	40
93	凤川镇	桐庐久友公司凤川西庄店	西庄村	40
94		桐庐久友公司凤川店	翙岗村	300
95		桐庐久友公司凤川柴埠店	柴埠村	40
96		桐庐久友公司凤川小岭店	三鑫村	50
97		桐庐久友公司凤川翙岗店	翙岗村	100
98		桐庐久友公司凤川店	翙岗村	40
99		桐庐久友公司凤川潇源店	桃岭村	40
100		桐庐久友公司凤川外源店	外源村	40
101		桐庐久友公司凤川大源店	大源村	40
102		桐庐久友公司凤川梅山店	翙岗村	50
103		桐庐久友公司凤川鲁鹏店	翙岗村	60

续表 30

	区域	店　　名	地　址	营业面积(平方米)
104	凤川镇	桐庐久友公司凤川雷坞店	潇源村雷坞	40
105		桐庐久友公司凤川鹁鸪店	园林村鹁鸪岭	40
106		桐庐久友公司竹桐坞店	三鑫村竹桐坞	40
107		桐庐久友公司凤川上喻店	园林村	100
108	新合乡	桐庐久友公司新合茶乡店	新四村外松山	50
109		桐庐久友公司新合店	新合村	70
110		桐庐久友公司新合仁村店	新民村仁村	40
111		桐庐久友公司新合松山店	里松山村	40
112		桐庐久友公司新合高枧店	高枧村	60
113		桐庐久友公司新合芳兰店	新合工业区	300
114		桐庐久友公司新合引坑店	引坑村	90
115	钟山乡	桐庐久友公司钟山吴宅店	钟山村吴宅	50
116		桐庐久友公司钟山大市店	大市村	40
117		桐庐久友公司钟山陇西店	陇西村万家岭	40
118		桐庐久友公司钟一店	钟一村	35
119		桐庐久友公司钟山店	钟山村	80
120		桐庐久友公司钟山魏丰村店	魏丰村	40
121		桐庐久友公司钟山高峰村店	高峰村	40
122		桐庐久友公司钟山仕厦村店	仕厦村	40
123		桐庐久友公司钟山子胥村店	子胥村	40
124		桐庐久友公司钟山歌舞店	歌舞村	100
125		桐庐久友公司钟山夏塘村店	夏塘村	100
126		桐庐久友公司钟山城下店	城下村	60
127		桐庐久友公司富家村店	富家村	40
128		桐庐久友公司下邵村店	下邵村	40
129	莪山畲族乡	桐庐久友公司莪山店	莪山村山阴岭	75
130		桐庐久友公司莪山龙峰店	龙峰村	43
131		桐庐久友公司莪山昴山店	沈冠村昴山	50
132		桐庐久友公司莪山世纪华联店	莪山村	250
133		桐庐久友公司莪山中门村店	中门村	50
134		桐庐久友公司莪山村志炎店	莪山村	60
135		桐庐久友公司莪山尧山村店	尧山村	50
136		桐庐久友公司莪山沈冠村店	沈冠村	50

续表 30

	区域	店　　名	地　址	营业面积(平方米)
137	横村镇	桐庐久友公司横村双湖店	城东村双湖	85
138		桐庐久友公司横村阳山畈店	阳山畈村	68
139		桐庐久友公司横村桃园店	阳山畈村	50
140		桐庐久友公司横村永桥店	胜峰村十字路口	80
141		桐庐久友公司横村吉利店	上塘村上浦	60
142		桐庐久友公司横村宅里店	宅里村	42
143		桐庐久友公司横村里元店	元村村里元	108
144		桐庐久友公司横村里濮店	九岭村里濮	59
145		桐庐久友公司横村杨立文店	横村村	120
146		桐庐久友公司永兴超市(方埠店)	双湖村	150
147		桐庐久友公司横村双溪店	双溪村	40
148		桐庐久友公司横村永灿店	方埠大街	1300
149		桐庐久友公司东南村	东南村	60
150		桐庐久友公司横村方埠村店	方埠村	40
151		桐庐久友公司横村凤联村店	凤联村	40
152		桐庐久友公司横村后岭村店	后岭村	50
153		桐庐久友公司横村华凤村店	华凤村	40
154		桐庐久友公司横村柳岩村店	柳岩村	50
155		桐庐久友公司横村白云村店	白云村	40
156		桐庐久友公司横村板头村店	板头村	40
157		桐庐久友公司横村香山村店	香山村	40
158		桐庐久友公司横村孙家村店	孙家村	40
159		桐庐久友公司横村龙伏村店	龙伏村	40
160		桐庐久友公司横村龙伏村店	龙伏村	40
161		桐庐久友公司横村杜预村店	杜预村	40
162		桐庐久友公司横村湾下村店	湾下村	40
163		桐庐久友公司横村浪石村店	浪石村	40
164		桐庐久友公司横村李家店	李家村	300
165		桐庐久友公司横村柳茂村店	柳茂村	40
166		桐庐久友公司徐家埠店	城东村徐家埠	48
167	分水镇	桐庐久友公司分水柏山店	东溪村柏山	60
168		桐庐久友公司分水儒桥店	儒桥村	65

续表 30

	区域	店　　名	地　址	营业面积(平方米)
169	分水镇	桐庐久友公司分水儒桥志忠店	儒桥村	40
170		桐庐久友公司分水里湖店	里湖村	40
171		桐庐久友公司分水云美超市	天英村	100
172		桐庐久友公司分水怡合百联店	百岁坊村百联	40
173		桐庐久友公司分水建设店	百岁坊村建设	40
174		桐庐久友公司分水怡合店	百岁坊村百联	40
175		桐庐久友公司分水花桥头店	怡华村	40
176		桐庐久友公司分水保安明富店	保安村	60
177		桐庐久友公司分水保安素妹店	保安村	60
178		桐庐久友公司分水桥东村店	桥东村	40
179		桐庐久友公司分水保安徐桥村店	徐桥村	50
180		桐庐久友公司分水武盛村店	武盛村	100
181		桐庐久友公司分水大路村店	大路村	40
182		桐庐久友公司分水保安朝阳店	朝阳村	40
183		桐庐久友公司分水保安盛村店	保安村盛村	40
184		桐庐久友公司分水小源村店	小源村	40
185		桐庐久友公司分水城西村店	城西村	60
186		桐庐久友公司外范村店	外范村	40
187		桐庐久友公司高联村店	高联村	40
188		桐庐久友公司太平村店	太平村	50
189		桐庐久友公司新龙村店	新龙村	40
190		桐庐久友公司三合村店	三合村	40
191		桐庐久友公司塘源村店	塘源村	40
192		桐庐久友公司分水鑫超店	三溪村兑口桥	40
193	瑶琳镇	桐庐久友公司瑶琳琴溪店	琴溪村委	40
194		桐庐久友公司瑶琳高翔店	高翔村	40
195		桐庐久友公司瑶琳高翔利群店	高翔村	50
196		桐庐久友公司瑶琳方吴店	永安村百岁路口	50
197		桐庐久友公司瑶琳百岁店	百岁村	40
198		桐庐久友公司瑶琳何宋店	何宋村	45
199		桐庐久友公司瑶琳潘联店	潘联村	40
200		桐庐久友公司瑶琳毕浦店	毕浦村	50

续表 30

	区域	店　　名	地　址	营业面积(平方米)
201	瑶琳镇	桐庐久友公司冷坞店	东琳村冷坞	50
202		桐庐久友公司瑶琳富鑫超市	桃源村	50
203		桐庐久友公司瑶琳王文高副食品店	琴溪村珠村	60
204		桐庐久友公司瑶琳皇甫村店	皇甫村	40
205		桐庐久友公司瑶琳姚村店	姚村村	40
206		桐庐久友公司瑶琳元川店	元川村	60
207		桐庐久友公司瑶琳何宋方家店	何宋村方家	40
208		桐庐久友公司文源村店	文源村	50
209		桐庐久友公司大山村店	大山村	50
210		桐庐久友公司舒家村店	舒家村	40
211		桐庐久友公司后浦村店	后浦村	100
212		桐庐久友公司瑶琳阳普店	东琳村阳普	120
213	合村乡	桐庐久友公司合村大琅村店	合村村大琅	80
214		桐庐久友公司合村店	合村村	40
215		桐庐久友公司合村后溪陈村店	后溪村陈村	40
216		桐庐久友公司合村高凉亭村店	高凉亭村	40
217		桐庐久友公司合村瑶溪副食品店	瑶溪村	40
218		桐庐久友公司合村岭源店	岭源村	80
219	百江镇	桐庐久友公司百江副食店	百江村桥头	200
220		桐庐久友公司百江镇利群店	钱家村后坞	45
221		桐庐久友公司百江镇联盟店	联盟村	40
222		桐庐久友公司百江镇松勤店	松村村	40
223		桐庐久友公司百江镇东辉店	东辉村	60
224		桐庐久友公司百江镇蒿源副食品店	郭村村	60
225		桐庐久友公司百江镇罗山店	罗山村	45
226		桐庐久友公司百江镇苎坑村店	苎坑村	40
227		桐庐久友公司百江金福店	百江村	150
228		桐庐久友公司百江村店	百江村	40
229		桐庐久友公司百江双坞店	双坞村	40
230		桐庐久友公司百江奇源村店	奇源村	40
231		桐庐久友公司百江翰板村店	翰板村	40
232		桐庐久友公司百江后河村店	后河村	40

续表 30

	区域	店　　名	地　址	营业面积(平方米)
233	百江镇	桐庐久友公司百江金塘坞村店	金塘坞村	40
234		桐庐久友公司百江乐明村店	乐明村	40
235	库区	桐庐久友公司三槐村店	三槐村	40
236		桐庐久友公司后岩村店	后岩村	40
237		桐庐久友公司砖山店	砖山村	40
238		桐庐久友公司富家店	富源村富家	40

2010 年桐庐县商贸情况

表 31　　单位:万元

		2010 年累计	2009 年累计	同比增长(±%)
消费品零售总额		608700	511500	19.00
集市贸易成交额		123800	116800	6.06
	桐庐综合市场	60300	59800	0.76
	江南综合市场	13200	12600	4.84
	分水新区综合市场	20900	20600	1.47
	分水农贸市场	5000	4900	1.81
	富鑫市场	14434	16285	−11.36
餐饮业				
	金鑫宾馆	1939.1	1927.5	0.61
	七里人家	2110.9	2004.7	5.30
	永隆饭店	1668.8	1650.4	1.12
	红楼国际饭店	3930.2	3326.9	18.14
超　市				
	世纪联华桐庐店	6421.5	8171.17	−21.41
	世纪联华国贸店	3043.5	4224.55	−27.95
	联华超市(横村)	843.99	771.14	9.45
	桐庐大润发超市	27044.5	11294.2	239.45
	三江和安广场店	361	326.2	10.67
	分水镇发联百货超市	263.15	305.6	−13.89
	华联超市窄溪加盟店	194.55	233.33	−16.62
	钟山发联超市	182.1	194.6	−6.42
	新华联超市(富春江镇)	906.4	685.6	32.21

续表 31

	2010 年累计	2009 年累计	同比增长(±%)
三江和安配送中心	537.8	747.8	−28.08
世纪华联瑶琳加盟店	78.3	94.5	−17.17
酒　类			
桐庐金三元贸易有限公司	5462.3	2805	94.97
桐庐万事兴酒业有限公司	967.3	2897.9	−66.62
家电类			
家景电器	4212.9	3389.4	24.30
苏宁电器	2778	2264.3	22.69
现代家电	1786.4	1073.2	66.46
风行电器	2343.2	—	—
医药类			
杭州桐君堂医药药材有限公司	31176.5	21723.8	43.52
桐君堂大药房连锁有限公司	1082.1	1037.2	4.33
桐庐怡生堂大药房	1910.4	1182.2	61.60
再生资源回收类			
桐庐飞岳金属回收有限公司	43992.6	16125.6	72.82
桐庐闽富金属回收有限公司	20091.6	6093.6	229.72
汽车类			
桐庐富春汽车发展有限公司	2007.4	1441.1	39.30
桐庐远东汽车	3460.6	3588	−3.55
桐庐鑫马车业	704.9	1002.3	−29.67
桐庐易通汽车	3579.1	2159	65.78
桐庐汇通汽车	983.4	550.1	78.77
百货类			
景文百货	9177.8	9495.1	−3.34

【商贸基础设施建设】 2010 年，桐庐商贸按照打造“杭州西郊商贸物流中心”发展定位，继续以“规划大业态、实施大项目、引进大品牌”为主线，加快重点项目建设。大润发超市成为商贸服务业发展“领头雁”，全年营业额 2.7 亿元。桐庐商贸城进一步丰富全县商贸业态，并为加快建设家居建材市场综合体起推动作用，全年营业额 1.5 亿元。富春时代广场、利时百货、现代大运物流中心正在建设中；推进滨江商住区等县级商贸综合体建设，利用商贸重点工程协调例会制度，通过部门协调，简化审批手续，缩短项目

桐庐富鑫装饰城

审批时间，加快推进商贸企业建设进度。

【迎春商务区建设】 迎春商务区建设招商工作稳步推进。至2010年末，已有桐庐迎春商务区规划建设商务楼宇20幢，总建筑面积约88万平方米。其中13幢大楼约55万平方米竣工结顶，3幢大楼约18万平方米正在建设中，4幢大楼约15万平方米正在筹建。是年，招引包括香港维也纳春天实业有限公司、杭州国瑞电力科技有限公司、恒丰银行股份有限公司、上海树钢经贸有限公司、海宁市东方假日大酒店有限公司、上海虹桥申通快递服务有限公司、北京同仁堂健康药业有限公司、桐庐久友贸易有限公司等30个项目入驻，总注册资金约8.5亿元。在30个办理入驻手续的项目中，办理入驻新青年广场9个、浙富大厦6个、汇丰大厦5个、桦桐大厦3个，开元名都大酒店、新天地双子楼、华光大厦、富春商务大厦、立山国际、中艺大厦、利时百货各1个。

【商贸平台搭建】 2010年，围绕“休闲消费提升”主旨，组织“激情五月”系列促销月、“欢乐金秋”主题促销季、第三届休闲购物节及第六届杭州汽车消费节暨汽车摩托车下乡、汽车以旧换新巡回展销服务周桐庐站、“人保财险杯”潇洒桐庐首届金秋大型车展等30余项商贸促销活动。各商贸企业推出形式多样的优惠促销活动，宣传汽车、家电下乡、以旧换新等惠农政策。至12月底，61家备案网点累计销售“家电下乡”产品36857台，销售额8667.42万元，累计发放财政专项补贴1034.47万元；家电“以旧换新”活动累计回收旧家电11963台，销售新家电19785台，销售额6681.54万元，发放财政专项补贴525.79万元；汽车下乡累计销售汽车和摩托车5100辆，销售额1009.3万元，发放财政专项补贴966万元。其中办理汽车“以旧换新”申请补贴车辆433辆。

桐庐景文百货商场

【农村流通网络建设】 2010年，按照“市场主导、企业主体、政府推进”总体思路，以新组建的桐庐久友贸易有限公司为龙头，推进“万村千乡”市场工程建设。通过科学规划、精心组织、严格管理，积极构建“农村沃尔玛”。5月起，在洋洲店、广场店、高山头店等7家农村连锁超市开展试点，鼓励利用供销、邮政、电信等网络资源，以配送中心为核心，加快“B2B”、电子商务、网上订单、POS机、销货实时监控等建设，真正做到与“农村沃尔玛”相匹配。加快农村便利店改造提升，完善农村商业网点布局。是年，新发展连锁便利店15家，至年底全县有村级便利店238家，覆盖183个行政村，覆盖面为100%。

【流通领域食品安全管理】 2010年，以“关注民生、保障民生、改善民生”为主线，加强面粉、蔬菜、猪肉、生鲜等民生重要物资索证、索票执法检查。是年，全县13家生猪定点屠宰场（点）屠宰生猪127121头，同比增长7.9%。县生猪定点屠宰管理办公室执行生猪屠宰、销售管理制度及台账统计制度，加大监管力度，和监督管理所出动执法检查366次，执法人员2608（人次），检查经营户（含屠宰场）36369个次，检出病害猪171头、病害生猪产品981公斤，缴获并销毁未检疫猪肉136.03公斤，实现猪肉产品“源头可追溯、流向可跟踪、信息可查询”。以“放心酒”为目标，对县城50余家酒类批发（零售）企业开展执法检查308家次，出动执法人员721人次，重点检查酒类零售批发企业备案及酒类流通随附单使用情况。全年新增酒类零售备案登记企业99家，继续在桐庐金三元贸易有限公司、桐庐华朋酒业有限公司、杭州九滴久酒业有限公司等酒类经销企业实行酒类流通随附单制度。

【商贸行业监督管理】 1. 生猪屠宰场监管。2010年，县经贸局按照“统一组织、统一协调、统一管理、统一实施”原则，以“整合、提升、建设、规范”为工作思路，推进生猪定点屠宰场（点）整合提升。明确全县生猪定点屠宰场“两场三点”布局，即县城建设1家两星级屠宰场，分水建设1家一星级屠宰场，莪山、江南、合村3个乡镇建立半机械化屠宰点。至年底，完成分水场、江南点、莪山点选址，并通过公开招标确定评估公司，委托其对全县13家生猪定点屠宰场（点）进行资产评估。

2. 美容美发行业监管。制定实施《2010年桐庐县小美容美发店质量安全整治与规范工作方案》,与相关职能部门配合,开展小美容美发店整规情况执法“回头看”,发出限期整改通知书50份。9月,组建桐庐县美容美发行业协会,规范行业管理及会员单位自律。

3. 足浴行业监管。6月,组建桐庐足浴行业协会,并通过足浴协会组织40余家足浴店对员工进行业务培训。支持阿富足道、樱花足浴探索连锁经营模式,逐步改善全县足浴行业“低、小、散、弱”局面。

【桐庐久友贸易有限公司成立】 2010年12月23日,新组建“万村千乡”市场工程龙头企业——桐庐久友贸易有限公司开业。该公司注册资金500万元,营运资金3000万元,由原浙江省“万村千乡”市场工程龙头企业——桐庐金三元贸易有限公司联合万事兴酒业、新纪缘酒业、畅行酒业3家企业合作组建而成,销售网络覆盖全县各乡镇(街道)。至2010年底,该公司有员工80余人,各类大小配送车20辆,商品1500余种。

(林树敏)

·供销合作·

【概况】 2010年,县供销合作总社有全资公司3家(桐庐县供销发展有限公司、桐庐烟花爆竹经营有限公司和桐庐县供销社农特产品总公司);参股企业3家(桐庐县农业生产资料有限公司、桐庐盛隆物资回收有限公司和桐庐东方茧丝绸有限公司);基层供销有限公司2家;综合服务社1家(高翔村综合服务社);专业合作社32家。全年供销社系统购进总额26137万元,比2009年增加1237万元;批发零售贸易销售总额28521万元,比2009年增加919万元,其中农业生产资料零售总额3661万元;实现营业收入2.25亿元,其中利润312万元,上缴税收252万元;新增固定资产投资1100万元;争取各类资金116.6万元。

是年,以中华全国供销合作总社发起的“新农村现代流通服务网络工程”为总领,制定实施《桐庐县供销合作总社经营服务网络振兴方案》,至年底,改造和发展农产品直营店4家、加盟店12家。农资连锁网络乡镇覆盖率100%、行政村覆盖率72%。再生资源回收废钢铁5360吨、销售5482吨,销售额1690万元,创利税166万元。9月,县供销发展有限公司与杭州供销农信担保有限公司合作,引进资金500万元,成立杭州供销农信担保有限公司桐庐分公司,为涉农企业提供贷款担保。

2010年7月21日,省供销社主任史济锡(右一)到桐调研供销社工作

【农资储备供应】 2010年,全县储备农资商品2959吨,其中:尿素1035吨、碳酸氢铵106吨、复合肥1509吨、农药309吨。全县供销社系统销售农资商品14915吨,其中:尿素4910吨、碳酸氢铵986吨、复合肥7127吨、农药1618吨、农膜274吨。9月,县府办下发《关于印发桐庐县农资商品淡季储备实施方案的通知》,农资商品淡季储备工作由县供销合作总社牵头,县农资公司具体承担储备任务。储备时间从当年10月1日起至次年3月31日止,储备各类农资商品2900吨。

【防汛物资储备供应】 2010年,县防汛防旱指挥部下达储备防汛物资17000只(其中草包10000只、编织袋7000只),实际储备防汛草包、编织袋39640只(其中草包24440只、编织袋15200只),比县政府“双防”指挥部下达任务数超储22640只。全年供应草包9850只、编织袋8200只。

【农民专业合作社】 2010年,县供销社系统新办富祥蔬菜、盘龙茶叶、盛林苗木、山湾湾蔬菜、惠农竹笋、泽农蔬菜等农民专业合作社6家。至年底,全社有农民专业合作社32家,入社社员2394户,带动农户24020户,农副产品种植基地2878公顷。继续加大对专业合作社扶持力度,全年为各专业合作社争取各种项目补助资金100余万元。完成省财政扶持项目—桐庐富民粮油专业合作社大豆基地建设项目。推进农民专业合作社规范化建设,创建省级示范性农民专业合作社1家、市级规范化农民专业合作社1家、市级中小型农民专业合作社2家、市供销社系统先进农民专业合作社2家、县十佳农民专业合作社1家。创建县级规范化农民专业合作社三星级1家、二星级4家、一星级4家。全年举办培训班35期，培训社员900余人次；县供销合作总社与县农业局合作，培训农产品经纪人103人，并全部获得全国供销总社核发的中级技能职业资格证书。

【杭州百岁坊农产品有限公司成立】 2010年6月，县供销发展有限公司与桐庐百岁坊素食品有限公司合作，注册300万元，成立杭州百岁坊农产品有限公司，公司致力于引导农民专业合作社和农产品加工企业之间的联合，发展农产品物流网络，发挥区位优势和农业资源优势，促进区域农产品生产、加工、流通等经营网络的协调发展，提升和拓宽供销社企业为农服务能力。

【供销农资现代流通网络建设】 2010年，县农业生产资料有限公司投资16万元，按照市"四统一"(统一品牌标识、统一采购配送、统一经营管理、统一服务规范)和县"六统一"(统一品牌标识、统一采购配送、统一台账登记、统一服务规范、统一证照上墙、工作人员统一持证上岗)标准发展农资便利店32家，统一制作门店字号标识160平方米、商品类别牌128套，添置货架96只，下发价格标签3000张、商品进销台账100册。32家农资便利店顺利通过杭州市农资流通网络建设考核验收组考核验收。至年底，县农资公司及11家农资超市、123家农资便利店通过市、县农资连锁网络建设考核验收。

【蚕茧经营】 2010年6月6日，县蚕桑专业合作社在瑶琳杨家茧站开秤收购春茧，至6月12日收春茧460吨，平均每50公斤春茧收购价1750元(其中方格簇每50公斤加价200元)，收购价创历史新高。全年供销社系统收购蚕茧941吨，比2009年同期下降14.45%。

(吴　明)

·烟草专卖·

【概况】 2010年，全县销售卷烟1.93万箱(250条为一箱，下同)，比2009年下降0.59%。其中省产烟销售9027.17箱，比2009年下降0.44%，占总量的46.76%；省外烟销售10226.48箱，占总量的52.97%，比2009年下降1.2%。总销售额5.51亿元，比2009年增长7.62%。实现毛利1.34亿元，比2009年增长1.05%；实现税利1.14亿元，比2009年下降2.75%；其中利润9038.70万元，比2009年下降1.95%；三项费用率8.9%，比2009年减少0.17个百分点。是年，县烟草专卖局(分公司)获杭州市社会治安综合治理工作先进单位、杭州地区烟草系统工作业绩综合考核三等奖、突出贡献单位三等奖；县十大慈善集体、安全生产先进单位等荣誉。送货部获杭州市、桐庐县两级"模范集体"称号。

2010年6月，县烟草局送货部获杭州市"模范集体"称号

【市场监管】 2010年，县烟草、公安、工商、技监、运输管理等部门联合开展节假日专项整治和重点场所执法检查1120余次、4500余人次，查获各类案件94起，其中无证运输案件4起、假冒烟案件20起、无证经营案件17起，移送工商和质监部门处理案件28起。由公安和烟草联合成立的专案组，经10个月查证，摧毁横跨广东、浙江、上海、江苏四省(市)的卷烟非法经营团伙，破获涉案金额300余万元的"10·23"卷烟非法经营案，6名涉案人员全部被判刑，其中主犯邓某某(广东省始兴县人)被桐庐县法院一审以非法经营罪判处有期徒刑7年，并处没收个人财产20万元；其他5名涉案人员被判处2年至5年不等的有期徒刑或缓刑。查获各类卷烟1870条，其中假冒烟190条，总案值25万元。取缔无证经营户25户，罚没收入2万元。市场净化率保持在97%以上。全年受理行政许可443件，其中准予行政许可179件、不予许可264件，办理延续申请154件。实行内管工作重心下移和内管防线前移，全年处理内管工作联系285份，发现异常经营行为125起，下发核查意见书32份、责令整

改通知书5份,遏制卷烟外流。

【销售网络建设】 2010年,桐庐烟草以品牌培育为重点,有序引进黄鹤楼、白沙、黄山(万象)等22个品牌、38个规格。到年底,经销卷烟品牌46个、140个规格,订单满足率91.2%,比2009年提升14.7%。加强零售终端建设,组织人员对全县56家卷烟零售示范店客户进行综合检查,对2家不符合示范店管理要求和违规经营的客户分别作出暂停、取消示范店资格;实施零售客户积分评价激励机制,以集中培训和一对一方式,对近1500家零售客户进行网上订货、数据采集、品牌营销、安全服务等培训,培训面为53%。是年底,网上订货客户1883家、数据采集点285家,分别占全县零售客户的65.5%和10%。

【假冒烟销毁】 2010年3月12日,在杭州市烟草局统一组织下,将近年来查获的65000余条,总标值800余万元的假冒烟送到富阳热电厂销毁。品种以市场热销的中华、红双喜、利群以及三五等外烟为主。被销毁的假冒卷烟大都是通过群众举报在运输途中查获的,桐庐市场查获的假冒只占总数的20%。

【烟草法律法规和信息宣传】 2010年,县烟草局在富春江二桥大型电子显示屏轮流播放烟草专卖相关法律法规和涉烟违法犯罪警示标语,利用桐庐广播电台"烟草之声"专栏进行法律法规和行业动态宣传。"3·15"消费者维权日在桐君街道、分水镇等人流集中地举行咨询活动,接待咨询群众800余人次,发放各类宣传资料600余份。配合县爱卫会开展贯彻实施《杭州市控烟条例》检查,向卷烟零售户发放"禁止向中小学生售烟"警示牌。义务为广大消费者质检180余人次,处理举报投诉16起。是年,该局在市局纳入考核媒体上发表作品88篇,名列杭州地区信息报道第一名、宣传报道第二名。

(李双虎)

·对外经贸·

【概况】 2010年,全县有外贸生产企业1402家,其中自营出口企业267家。完成外贸交货额179.94亿元,同比增长8.21%;其中自营出口6.61亿美元,同比增长25.21%。主要出口商品为针纺织、皮革制品、箱包、化工产品、制笔、食品保健品、机械电子等。主要出口到欧洲、美国、日本、南非等。从出口行业看,除化工、水电设备等个别行业出口波动较大外,制笔、针纺织、箱包、医疗健身器材等行业增长明显,平均增幅30%。从出口市场看,主要市场均有所增长,其中南非市场增长为102.91%。全年完成进口总额0.78亿美元,同比增长7.45%。主要进口商品为感光材料、电力设备零件、塑料、皮革等。2010年,全县新引进项目150个,协议资金70.35亿元;在建和续建招商引资项目402个,比2009年增加82个;实际招商投入51.15亿元,同比增长12.87%,其中工业招商投入40.38亿元,同比增长12.17%。是年,桐庐县获对口帮扶省级先进单位,杭州市招商引资工作目标考核三等奖、杭州市国内招商引资考核二等奖、杭州市外经贸工作综合考评三等奖、杭州市对外经济技术合作综合考核三等奖、杭州市出口信用保险先进单位等荣誉。

【市外内资】 2010年,引进市外内资项目69个,其中亿元以上项目32个,协议市外内资46.62亿元,实到市外内资19.47亿元。

【利用外资】 2010年,新批准外商投资项目19个,增资项目6个。协议引进外资2.09亿美元,比2009年增加0.1亿美元,实到外资1.06亿美元,完成年度目标的101.92%。

【境外投资】 2010年,申报审批境外投资项目4个。其中设立境外贸易公司3家,分别是桐庐尖端内窥镜有限公司在美国设立美国天松有限公司、杭州新富文具制造有限公司在美国设立美国惄写有限公司、杭州桦桐家私集团有限公司在美国纽约设立哈博国际有限公司。全年境外贸易公司完成投资总额500万美元,其中美国天松有限公司投资180万美元、美国惄写有限公司投资120万美元、哈博国际有限公司投资200万美元。境外承包工程资质项目1个。

【服务外包】 2010年,申报服务外包企业9家,比2009年增加3家,完成接包签约合同1287.7万美元、执行合同1184万美元、离岸合同804.35万美元、离岸执行金额700.69万美元。

【驻点招商】 从全县有关乡镇、部门中选调18名业务骨干,组建第3批驻点招商队伍,招商时间由1年改为2年。制定完善《全县驻点招商管理办法》,建立每月招商例会和信息对接制度。优化招商布点,根据招商重点设立上海、昆山、温州、义乌、杭州城北、杭州城南6个招商分局。2010年上报招商项目信息113条,落户项目14个,意向引资11亿元。

【活动招商】 为推介桐庐投资环境,2010年,相继在上海、杭州、温州、宁波、萧山举办5次大型招商推介会。为借助世博会、接轨长三角,举办上海推介活动,杭州市委常委、副市长沈坚等领导出席会议,活动在中央电视台《新闻联播》中作专题报道;为接轨"温州商圈",招引民企,桐庐县政府与杭州市经合办联合举办温州推介活动；杭州推介会中创新招商模式，首次将商务区楼宇展示与推介活动相结合，杭州市领导项勤、陈小平、许小富等出席会议；为招引台商，接轨杭州西博会，萧山专题推介活动邀请到包括全国台企联常务副会长、昆山台协会长孙德聪，全国台企联副会长陈柏光等全国各地40余位台协会长出席。活动共邀请50余家主流媒体，发布60余篇报导全方位宣传桐庐投资环境，桐庐知名度和影响力得以提升。5次活动邀请各地知名客商1200余家，签约项目44个，协议引资50亿元。

2010年5月27日，杭州·桐庐投资环境暨商务区(温州)推荐会召开

【商务区招商】 2010年是全面启动商务区招商的第一年。为加快商务区项目招商，一是组建机构并配备人员，负责商务区招商的牵头协调和服务工作。二是搭建平台，分别在上海、杭州、温州、宁波、萧山举办5场大型推介活动，邀请客商1400余名，签约项目44个，项目引资近50亿元。并借助省市招商平台在福州等地推介商务区投资环境。三是内外并举强化宣传。分别在国内50多家主流媒体，刊登发布60多篇以商务区投资环境为主题的宣传报道。特邀中央电视台进行专题采访报道。四是加强招商服务与协调。开展商务区招商资源调查排摸工作，梳理汇总商务区招商项目资源；理顺、规范运行机制，出台《商务区招商入驻项目申报办法》《商务区招商投入认定办法》等文件，编制《读楼手册》《商务区项目服务指南》。2010年签订意向入驻商务区项目174个，其中已注册项目30个，注册资金8.5亿元。174个项目中金融类14个，占8%；中介服务类11个，占6.3%；餐饮娱乐酒店类22个，占12.6%；其他类127个，占73%。

【外贸服务】 出台外经贸扶持政策，并制作外经、外包工作手册，为新培育外贸出口主体企业提供从出口到收汇系列跟踪服务，组织110余家企业参加外贸政策业务培训会。优化展会服务，安排10项重点境外展示，组织外贸企业参展。2010年110家外贸企业到美国芝加哥、德国法兰克福、日本大阪等地参加境外各类展会60多个，参展摊位185个；组织150余家企业直接参展第20届中国华东进出口商品交易会(简称华交会)、第107届和108届中国广州进出口商品交易会(简称广交会)，参展展位150余个。在省级制笔预警示范点基础上，成功申报市级箱包预警示范点。开展出口信用保险宣传，全县7家企业投保，投保金额7507万美元，参保企业比2009年增加3家，投保金额同比增长140%。加大资金扶持力度，2010年落实企业扶持资金211.5万元。其中，鼓励企业自主创新奖励4万元、培育自主品牌奖励3万元、设立境外营销网络奖励9万元、承接服务外包业务奖励18.5万元，奖励自营出口10强企业75万元、优化出口商品结构企业15万元、优化外贸发展环境8万元、引进外贸人才企业13万元、出口信用保险企业66万元。全年帮助外贸企业争取省市各类扶持资金410万元，其中申报浙江省中小企业国际市场开拓项目争取资金52万元。

【外贸出口十强企业】 2010年度，桐庐县自营出口10强企业出口总额为32717.34万美元，出口总额比2009年增加5558.31万美元，同比增长20.47%，占全县自营出口总额的49.47%。其中中艺花边集团有限公司、杭州游龙针织有限公司、杭州泛亚卫浴股份有限公司3家企业首次进入前10强。

表32　**2010年度桐庐县自营出口10强企业及有关情况**

企业名称	主要出口产品	自营出口额(万美元)	占10强总额的比例(%)	比2009年同期增长(±%)
杭州桦桐家私集团有限公司	皮沙发　布艺沙发　皮衣等各式皮制品	6811.85	25.20	33.63
桐庐富春江织造集团有限公司	绢丝衫　羊绒衫　兔羊毛衫　棉针织衫　针织毛衣	3876.45	14.33	32.00
浙江慷源实业有限公司	皮革　手袋　服装　时尚用品　商贸	3033.22	11.22	15.51
浙江凯胜畜产品加工有限公司	猪肠衣　肝素钠	2949.71	10.91	116.01
杭州力高旅游用品有限公司	电脑包　背囊　化妆包　手提包　女包	2644.27	9.78	41.28
杭州立山皮件有限公司	航空箱　拉杆箱　化妆包　电脑包	2122.09	7.84	51.00
中艺花边集团有限公司	水溶花边　条子花边　婚纱等各类花边	1477.1	5.46	56.30
杭州游龙针织有限公司	各种针数的围巾　帽子　手套等针织产品	1413.76	5.23	75.17
杭州煜凯服饰有限公司	种绢丝　绢麻　绢棉　绢毛等针织毛衫　各种原料的手套　帽子　围巾	1363.36	5.06	8.18
杭州泛亚卫浴股份有限公司	主要产品有各种下水器　软管　龙头本体　弯管　挂件及其他卫浴配件	1344.38	4.97	27.33

【对口帮扶　山海协作】　以新农村建设为重点，开展新一轮对口支援帮扶四川省西充县灾后重建工作，支持、引导和扶持当地农民脱贫致富。2010年桐庐县两次到西充考察交流帮扶工作，检查验收2009年帮扶项目，落实2010年帮扶项目，全年落实对口支援资金105万元。以资源与产业合作及“百村经济发展促进计划”为重点，加强山海协作，落实专项资金10万元，支持结对的衢州市衢江区廿里镇彭家村用于饮用水工程，解决当地1500多名村民饮用水问题。

【机构变更】　2010年7月，为加强迎春商务区招商服务及运行管理统筹协调，下发《关于成立迎春商务区招商服务与管理办公室的通知》(县委办〔2010〕118号)，成立迎春商务区招商服务与管理办公室；办公室主任、副主任由县外经贸局、经贸局相关负责人兼任。迎春商务区招商服务与管理办公室下设综合部、招商部、项目服务部3个部门，工作人员从单位抽调和社会招聘，其中从相关职能部门抽调3名、社会招聘人员4名。商务区招商服务与管理办公室于2010年8月开始正式运行。

【“十一五”规划目标完成】　“十一五”期间，桐庐县招商引资以年均16%速度增长，引进招商项目582个，协议资金295亿元，实际到位资金197亿元，完成目标的123%。引进外资项目106个，协议利用外资8.53亿美元，实际利用外资累计4.26亿美元，完成目标的185.22%，其中新增总投资1000万美元以上大项目40个。外贸出口交货额累计完成784.41亿元，年均增长9.04%，其中自营出口累计完成26.25亿美元，年均增长17.52%；进口额累计完成2.9亿美元，年均增长25.5%。累计中方对外投资1100万美元。实现服务外包离岸合同营业收入2673万美元，引进服务外包企业9家。对口帮扶工作成效显著，落实四川西充对口资金315万元，完成项目12个，促进当地新农村建设步伐；开展山海协作工程，以百村发展促进计划为重点，落实资金29万元，帮助完成饮用水工程、村道修建工程等项目5个。

(张斌锋)

·旅游业·

【概况】 2010年，桐庐县有旅游景区(点)19个，省市级农家乐特色村、乡村旅游示范点和休闲观光农业旅游示范园区(点)19个(见表33)，户外拓展运动基地9个；省旅游强镇3个、省特色旅游村4个(见表34)；星级饭店11家(见表35)、在建四星级标准以上酒店7家。是年，全县旅游接待545.7万人次，比2009年同期增加66.4万人次，同比增长13.87%；社会旅游业总收入49.1亿元，同比增长12.05%；旅游企业直接收入82597万元，同比增长10.63%。其中：接待入境游客56394人次，同比增长10.79%；收费景点接待游客370.6万人次，同比增长14.40%；门票收入7666万元，同比增长8.09%(见表36)。全年开展安全检查14次，整改隐患36处，旅游业安全平稳运行，没有发生重大旅游事故。12月11日，桐庐县创建浙江省旅游经济强县工作通过省创强检查验收组检查验收。

表33　**2010年桐庐县省市级农家乐特色村、乡村旅游示范点和休闲观光农业旅游示范园区(点)一览**

名称 序号	浙江省农家乐特色村(4个)	浙江省农家乐特色点(2个)	杭州市农家乐特色村(5个)	杭州市休闲观光农业旅游示范园区(点)(7个)	市级乡村旅游点(1个)
1	富春江镇芦茨村	蜂之语蜜蜂王国	富春江镇芦茨村	蜂之语蜜蜂王国	畲乡山寨
2	莪山畲族乡新丰村	紫燕山休闲农庄	莪山畲族乡新丰村	紫燕山休闲农庄	
3	横村镇阳山畈村		横村镇阳山畈村	巴比松度假庄园	
4	瑶琳镇东琳村		新合乡新四村	横村明大农庄	
5			合村乡高凉亭村	双溪生态农庄	
6				万强农庄	
7				山水农庄	

表34　**2010年桐庐县户外拓展运动基地和浙江省旅游强镇、特色旅游村一览**

名称 序号	户外拓展运动基地(9个)	浙江省旅游强镇(3个)	浙江省特色旅游村(4个)
1	桐庐神仙峰户外运动基地	桐君街道	富春江镇芦茨村
2	桐庐桃源谷户外运动基地	富春江镇	莪山畲族乡新丰村
3	桐庐纪龙山休闲野营拓展基地	瑶琳镇	横村镇阳山畈村
4	桐庐瑶溪户外休闲野营度假基地		瑶琳镇东琳村
5	桐庐青源谷户外休闲野营度假基地		
6	桐庐玉柱山拓展训练基地		
7	桐庐大奇山拓展基地		
8	红灯笼外婆家拓展基地		
9	巴比松米勒庄园拓展基地		

表 35

2010 年桐庐县星级饭店一览

名称 序号	星级饭店(11 家)	名称 序号	星级饭店(11 家)
1	桐庐金鑫宾馆	7	桐庐红灯笼乡村家园
2	桐庐红月亮宾馆	8	桐庐潇洒楼大酒店
3	桐庐罗马宾馆	9	桐庐正宇金鹰大厦
4	桐庐交通大厦	10	桐庐绫绣大酒店
5	桐庐大奇山景苑度假村	11	桐庐大厦样样红宾馆
6	桐庐凤凰宾馆		

表 36

2010 年桐庐县旅游景点接待情况

项目 单位	接待人次(人次)			营业收入(万元)			门票收入(万元)		
	2010 年累计	2009 年累计	比 2009 年增长(±%)	2010 年累计	2009 年累计	比 2009 年增长(±%)	2010 年累计	2009 年累计	比 2009 年增长(±%)
合　计	3706046	3239633	14.40	12523	11438	9.48	7665.8	7092.3	8.09
瑶琳仙境	865743	843188	2.67	4030	3775	6.74	3283.4	3183.65	3.13
红灯笼外婆家	142846	142689	0.11	399	804	−50.42	329.15	383.23	−14.11
天目溪漂流	125627	137026	−8.32	360	380	−5.24	327.68	309.61	5.84
三宫六苑	34943	35992	−2.91	55	53	4.67	55.09	52.64	4.65
垂云通天河	445090	319690	39.23	1369	1261	8.57	1185.09	1091.61	8.56
瑶琳森林公园	64375	38276		203	87	132.04	167.11	74.24	125.09
浪石金滩	141082	55350	154.89	156	111	41.47	131.06	105.28	24.49
琴溪香谷	118219	122822	−3.75	229	207	10.60	175.02	180.87	−3.23
印象富春江	58606	48468	20.92	227	165	37.72	219.18	156.24	40.28
桐君山—七里扬帆	37374	34506	8.31	105	116	−9.52	52.73	66.38	−20.56
大奇山森林公园	137143	117847	16.37	400	351	13.81	373.68	331.03	12.88
红石湾	80703	43230	86.68	312	109	185.19	226.19	73.06	209.59
严子陵钓台(含江南龙门湾)	123106	102103	20.57	795	702	13.28	641.48	563.72	13.79
白云源	50121	24328	106.02	169	91	85.77	153.04	89.58	70.84
天龙九瀑	77612	72966	6.37	207	175	18.64	189.61	149.57	26.77
天子地	11410	13416	−14.95	68	12.6	435.87	17.58	26	−32.38
蜜蜂王国		580			18			0.4	
乡村旅游	452386	390364	15.89	2119	1771	19.67			

续表 36

项目 单位	接待人次(人次)			营业收入(万元)			门票收入(万元)		
	2010 年累计	2009 年累计	比 2009 年增长(±%)	2010 年累计	2009 年累计	比 2009 年增长(±%)	2010 年累计	2009 年累计	比 2009 年增长(±%)
红色之旅	39370	51590	－23.69	15	42	－63.86			
公　园	487538	430942	13.13	603	508	18.80	19.75	50.8	－61.12
圆通寺	147816	155397	－4.88	509	516	－1.30	119.00	166.36	－28.47
华灵寺	49682	50057	－0.75	151	152	－0.60		29	
玉瑞寺	15254	8806	73.22	43	33	28.00		9	

注:表中乡村旅游、红色之旅、公园、华灵寺、玉端寺属于不收门票景点

【旅游规划管理】 2010 年 3 月,《桐庐县旅游景区道路交通指引标志规划》通过评审;12 月,委托浙江工商大学编制完成《桐庐县旅游业“十二五”发展规划(评审稿)》。“十二五”期间,桐庐旅游将立足于政府主导、项目带动、精品开发、控制性发展四大原则,按照“一城二轴三板块”(一城:桐庐旅游城;二轴:富春江、分水江旅游发展轴:三板块:富春江板块、瑶琳板块、分水板块)产业空间布局,通过实施精品工程、文化兴旅工程、产业整合工程、生态保护工程、信息系统工程、旅游创优工程,逐步打造中国知名旅游休闲目的地。组织开展大奇山国家森林公园总体规划、富春江镇芦茨村风情小镇规划、分水江库区休闲度假区控规修编、瑶琳锡山安度假村、天溪湖精品酒店等规划评审。

【旅游政策扶持】 2010 年 4 月,桐庐县人民政府修订出台《关于进一步加快桐庐旅游业发展的意见》(桐政〔2010〕1 号),加大对旅游重点项目、高星级酒店发展、景区(点)提升改造、旅游企业做大做强等扶持力度,尤其对高星级酒店、旅游综合体、重点旅游项目可“一事一议”,给予技术服务费、企业所得税等方面优惠奖励,或予以投资总额一定比例的专项补助奖励。完善现有旅游景区(点)功能,扩大规模,提升档次,对当年实际投资额在 100 万元(不包括土地、交通运输工具等投入)以上的,按工程结算财务实际支付额的 1% 给予奖励。是年,分别对垂云通天河景区提升改造工程、严子陵钓台候船楼拆建工程、红灯笼乡村家园扩建提升工程奖励 2.42 万元、4.71 万元和 9.39 万元。

【旅游项目建设】 2010 年,桐庐县在建旅游重点项目 14 个,计划总投资 61.2 亿元;是年计划投资 10.12 亿元,实际完成投入 10.99 亿元。桐庐开元名都大酒店完成内外部装修;海陆世贸酒店外立面和屋面铺装完工,进入水电安装;君悦大厦主体裙房建至 6 楼;励骏大酒店主体封顶,Y－tong 板砌筑工作完成 85%,水电等管网安装完成 50%;潇洒休闲运动公园酒店一期商务会所墙体工程完成,开始进场装修,二期土方开挖完成 50%;天溪湖休闲旅游度假区休闲运动项目完成土地平整,酒店设计方案修改完成;东方云水涧旅游度假区项目东方君山宾馆主体工程竣工,样板房装修完成 50%;瑶琳锡安城度假村正在筹建中。严子陵钓台投资 1200 余万元的候船大厅正式启用;瑶琳森林公园温泉会所项目进入设备调试阶段,游客接待中心完成招投标;白云源景区景观广场建设正在进行;红灯笼乡村家园完成综合接待中心、会议中心及餐饮中心总工程量的 90%;大溪风景旅游区一期激流闯滩项目建成。

【旅游配套设施完善】 2010 年,投入 400 余万元,更新全县旅游交通标识;投入 200 余万元,改造主要景区及城区旅游厕所。瑶琳仙境停车场厕所、严子陵钓台游客中心厕所、迎春南路景观公园厕所被评为三星级旅游厕所,大奇山国家森林公园售票处厕所评为二星级旅游厕所;投入 100 余万元,改造桐君街道、垂云通天河、大奇山景区及车站码头等游客集中区公用电话亭;开通桐庐至瑶琳、桐庐至垂云通天河、桐庐至大奇山三条旅游专线班车;完成全县 132 农家乐污水集中治理工程。

【省级旅游经济强县创建】 2010 年,桐庐县全面开展省级旅游经济强县创建工作。6 月,正式向省旅游局提出旅游创强县申请,并启动桐庐县创强各项工作。经过半年创建,全县旅游环境得到极大改善,旅游设施得到不断完善,旅游产业品位和发展水平得到大幅提升。10 月 27 日和 12 月 9 日至 11 日,桐庐县旅游

创强工作分别通过杭州市旅委和省旅游创强检查验收组的检查验收，成功创建浙江省旅游经济强县。

【旅游节庆活动】 2010年，组织开展以“虎”为主题的新春特色旅游活动，包括世界上最大的单体剪纸虎“桐君悦虎”展示、桐庐百名剪纸艺人“送春送福”、大奇山“进山斗虎”等系列活动。参与举办桐庐县第二届山花节，组织自驾游、采风游、媒体体验游等踩线活动，推出“浪漫山花风情游”“品茗踏青休闲游”“民族风情美食游”等七条旅游线路，受到游客和市民热捧。举办第二届“潇洒桐庐”户外运动嘉年华活动，主要包括第七届华东南瓜节暨中法文化交流节和2010富春江水上CS国际邀请赛两大活动，来自法国的40多名民间表演艺术家和20多位各国留学生参加，新华社浙江分社、中国旅游报、浙江日报、浙江电视台、杭州电视台、钱江晚报、每日商报、浙江在线、新华网、腾讯旅游网等20余家媒体进行报道。组织“美在桐庐”全省摄影大赛，征集一批用于桐庐旅游宣传精美照片。9月中旬，组织30名省内摄影名家开展为期3天的“美在桐庐”摄影采风活动。是年，“潇洒桐庐·浪漫山花”桐庐第二届山花节、2010潇洒桐庐乡村风情旅游节被列入第12届西博会正式项目。第二届潇洒桐庐旅游文化节、第二届“潇洒桐庐”户外运动嘉年华、2010潇洒桐庐乡村风情旅游节、走进《富春山居图》——潇洒桐庐·富春江山水节分别被列入西博会国际旅游节“文化体验之旅”、“运动休闲之旅”和“浪漫金秋之旅”。

2010年9月18日，富春江水上CS国际邀请赛举行

【旅游宣传推介】 2010年，组织人员参加杭州旅游新春国内推广活动、2010浙江省(上海)旅交会、杭州旅游长沙推介活动、成都推介活动、2010中国(重庆)国内旅交会、杭州旅游台湾促销活动、浙赣皖旅游合作大会暨第六届浙西合作峰会等会议会展活动16次，整体包装、组合营销、重点推介，全方位、多角度展示宣传桐庐旅游。6月8日至15日，参加杭州第二届“西湖—日月潭”论坛，到台湾参加杭州旅游(台北)中心揭牌仪式，首次到台湾推介《富春山居图》，展示秀美的《富春山居图》实景和(丝织)画卷，提升“潇洒桐庐·富春江山水”旅游品牌知名度和影响力。

【《富春山居图》主题游】 以国务院总理温家宝在十一届人大三次会议新闻记者会上提到《富春山居图》为契机，“热炒”《富春山居图》主题旅游。开展《富春山居图》实景地形象宣传、线路推广、纪念品开发，在江浙沪等大城市和中国自驾车、上海旅游咨询、风景名胜、江南游报、世博周刊、杭州公共自行车服务大全等平面媒体以及驴妈妈网站、上海东方卫视等电视网络媒体上开展形象宣传；依托严子陵钓台、富春江小三峡、印象富春江、大奇山国家森林公园等《富春山居图》实景地以及周边乡村休闲旅游点，包装推出“《富春山居图》实景山水二日游”“《富春山居图》清凉拓展二日游”等线路产品；专门编印繁体版“潇洒桐庐——一幅永恒的《富春山居图》”宣传折页，开发丝织《富春山居图》画卷，再现《富春山居图》实景。浙江省副省长王建满对桐庐县打造《富春山居图》主题游做法给予肯定，并作出批示：“桐庐县全力打造‘《富春山居图》主题游’，以提升富春江山水品牌，很有影响力、吸引力，也具有桐庐特色。望全力推进，全面推进。”

【上海世博会旅游促销】 2010年4月中旬，组织县内主要旅游企业到上海长宁国际广场，开展现场推介活动；县旅游部门与上海市黄浦区瞿四居委会、上海市徐汇区田林街道达成“旅游进社区，指定社区旅游服务站点”对接协议。瑶琳仙境、垂云通天河、严子陵钓台和大奇山国家森林公园参与“世博·杭州之旅消费券”发放活动，回收旅游消费券1800余张，消费券优惠金额2.4万余元。4月至10月，投入10万元在沪杭高速公路交通要道制作桐庐旅游宣传牌；在省、市媒体及省新闻办主编的世博专刊《最美浙江》中展示桐庐旅游；在上海各主要旅行社推出以“再现《富春山居图》实景”为主题的“潇洒桐庐”二日游线路。4月17日，在浙江省旅游协会和中国旅游浙江主流媒体联盟组织的评选活动中，“潇洒桐庐·富春江山水”获上海世博“十佳体验之旅示范点”称号。在世博主题评选活动中，严子陵钓台景区获“2010 十大最佳世博游特色景区”。

迎世博旅游进社区活动仪式

【桐庐旅游优惠】 2010 年 2 月始，分两期对县外游客发放“桐庐旅游抵价券”。首期主要面向杭州新春旅游推广城市，发放 150 万元；二期委托江浙沪有关媒体或举办活动发放，价值 350 万元。该券分面值 10 元、20 元、30 元、50 元 4 种，使用期限至 12 月底，供游客在购买景区门票、宾馆住宿、饭店餐饮、休闲场所消费时抵用。2 月 1 日至 28 日，红灯笼乡村乐园、天目溪漂流、大奇山国家森林公园、严子陵钓台、垂云通天河、琴溪香谷、天子地、红石湾等 8 个旅游景点参与“杭嘉湖绍新年旅游优惠月活动”，并提供 7 折门票，优惠 2200 人次。

【乡村旅游】 2010 年，全县乡村旅游接待游客 45.23 万人次，实现营业收入 2119 万元。10 月，委托浙江远见旅游规划设计研究有限公司编制《深澳古镇保护与旅游开发规划》。合村民俗文化旅游区被评为浙江省非物质文化遗产旅游景点；万强农庄、山水农庄被评为杭州市观光农业示范园(点)，合村乡高凉亭村被评为杭州市农家乐休闲旅游特色村；12 月，巴比松米勒庄园被评为社会资源国际旅游优秀访问点。

【特色潜力行业培育及特色商品开发】 2010 年 9 月，桐庐运动休闲基地及户外运动嘉年华项目被列入 2010 杭州特色潜力行业重点扶持项目。七里人家餐饮店、神仙峰、天茶地酒等 26 家企业参与 2010 杭州最佳休闲生活体验点评选活动；瑶琳仙境、巴比松米勒庄园、蜂之语、天厨蜜源等企业参加杭州潜力行业成果展。发掘旅游特色商品，组织推荐彩岩沙画系列产品、桐庐旅游景点故事剪纸集、富春山居图丝绸长卷等 3 件旅游纪念品参加杭州市优秀旅游纪念品评选，并分获金奖、银奖和铜奖。

【严子陵钓台创建 AAAA 级旅游景区】 近 3 年来，通过投入 2300 余万元对游客接待中心、旅游码头、标识标牌等设施进行改造提升，加强员工培训，提高素质等举措，严子陵钓台景区品位得到明显提升。2010 年，该景区申报创建国家级 AAAA 级旅游景区，12 月，通过省旅游局验收。

【大奇山休闲度假区被命名为杭州市休闲基地】 大奇山休闲度假区占地 8.06 平方公里，区内地貌类型丰富，呈现山地、坡地、水域多元化特点。区内有 AAA 级景区大奇山国家森林公园、杭州市休闲观光农业示范点、杭州国际旅游访问点及一批旅游度假设施和高档别墅群，拥有床位 1800 多个、餐位 2500 多个，是一处集会议接待、观光旅游、休闲度假、户外拓展等活动于一体的综合性休闲度假区。2010 年，接待旅客人数 32 万人次。12 月，被杭州市政府命名为第五批杭州市休闲基地。

【旅游资讯网及咨询点建设】 2010 年 10 月 20 日，桐庐县旅游资讯网(www.tltour.gov.cn)开通，网站功能涵盖吃、住、行、游、购、娱等常见旅游服务要素及实用信息查询、旅游投诉咨询服务和网络预定等功能。是年，新建桐庐旅游集散(咨询)中心、桐庐旅游(城北)咨询中心、桐庐旅游(迎春)咨询中心、桐庐旅游(钓台)咨询点、桐庐旅游(车站)咨询点等 5 个旅游信息咨询中心(点)，分布在县城主要道路街区和车站、码头等人员聚集地，为游客和市民提供旅游信息咨询、投诉接待、免费资料、自助查询、商品展示、旅游票务等方面服务。

【旅游质监】 2010 年，县旅游质量监督管理所受理各类旅游咨询投诉 128 起，其中旅游咨询 76 件、旅游投诉 41 件、工作建议 11 件，投诉结案率为 100%，回访满意率 100%。在旅游投诉中，县本级直接受理 29 件，上级转办 12 件；投诉对象为景区的 26 件，占 63.4%，投诉对象为宾馆和旅行社的 14 件，占 34.1%；表扬件 1 件。是年 6 月，成立旅游执法大队和旅游投诉中心，旅游执法大队负责市场监管和旅游执法，旅游投诉中心负责旅游投诉事件处理。开展旅游质监平台建设，在景区、宾馆、车站、码头及人员集散地统一制作桐庐旅游交通标识牌，公布对外旅游投诉电话；在车站、码头及主要街区设立旅游投诉分中心，现场接待投诉；在桐庐旅游资讯网首页开设网络在线投诉咨询，形成现场、电话、网络“三位一体”质监工作机制。

【旅游教育培训】 2010年，县旅游部门投入10余万元，培训各类人员2130人次。结合导游年审，分批培训240人；为景区景点、宾馆饭店主要负责人与联络员65人培训国际通用公共信息图形符号标识知识；组织宾馆饭店120名一线服务人员进行普通话培训；组织全县旅游饭店客房、餐厅、康乐服务员及农家乐经营户460余人培训；组织旅游企业56名安全负责人及615名员工参加安全生产知识和应急处理能力专业知识轮训。是年，浙江富春江旅游股份有限公司和红楼国际饭店确定为桐庐县旅游人才开发试点企业。

【首次“十佳导游之星”评选】 桐庐县首次“十佳导游之星”评选活动从2010年9月开始，全县342名导游参加初赛及复赛选拔。10月26日，15名入围选手通过风采展示、模拟景点讲解和才艺表演，经专家评委现场打分，评出“十佳导游之星”是：桐庐潇洒旅行社傅欣梅、严子陵钓台景区吴水英、瑶琳国家森林公园景区钱桢、桐君山·印象富春江景区卢琳、桐庐中国旅行社徐玮宏、瑶琳仙境景区袁久红、桐庐天天假期旅行社郑勇、桐庐中国旅行社姚旦、桐庐中国旅行社王丽萍、桐庐风华旅行社汪英。

【星级饭店　旅游社】 2010年，全县有星级饭店11家。其中三星级1家(桐庐金鑫宾馆)，二星级8家(桐庐红月亮宾馆、桐庐罗马宾馆、桐庐交通大厦、桐庐大奇山景苑度假村、桐庐凤凰宾馆、桐庐红灯笼乡村家园、桐庐潇洒楼大酒店、桐庐正宇金鹰大厦)，一星级2家(桐庐绫绣大酒店、桐庐大厦样样红宾馆)。

全县有旅行社及分社和营业部20家，其中旅行社17家：桐庐中国旅行社、天天假期旅行社、富春江假日旅行社、潇洒旅行社、蜂之语旅行社、春光旅行社、星晨旅行社、巾帼旅行社、风华旅行社、富春江旅行社、中侨旅行社、桐庐中青旅、大众旅行社、桐庐旅行社、自由人旅行社、缤纷假期旅行社、银洲旅行社；旅行社分社1家：千岛湖青年旅行社桐庐营业部；旅行社营业部2家：省中旅桐庐营业部、建设国旅桐庐营业部。

【县旅游协会成立】 2010年10月22日，在红楼国际饭店举行桐庐县旅游协会成立大会，会议选举产生县旅游协会第一届理事会理事、常务理事，选举钱潮力任会长。协会下设景区景点、宾馆饭店、旅行社和旅游产业研究等4个分会，协会有会员成员单位68个、会员84人。

(方正荣)

【责任编辑　吴爱林】

经济管理

·发展改革·

【发展计划】 2010年，县发改局科学合理编制《2010年桐庐县国民经济和社会发展计划报告》，提出2010年度主要经济预期目标和主要经济工作任务。撰写《关于2010年上半年国民经济和社会发展计划执行情况的报告》，提交县人大常委会审议。围绕既定工作目标，科学合理规划包括政府投资项目计划、县重点项目计划、省市重点项目计划、服务业重点项目计划、信息化项目计划、高技术项目计划等在内的各类专项工作计划。做好规划管理工作，组织各部门、各单位申报2010年度规划编制计划，组建规划咨询评审小组，召开立项审查会议，审议各部门、各单位申报的规划编制计划，下发《桐庐县2010年度规划编制计划》。

【"十二五"规划】 在全省率先开展"十二五"规划编制工作。通过召开总体思路研讨会、开展前期重大问题研究、召开调研课题专家评审会等"十二五"规划编制活动，科学安排"十二五"规划编制工作。2010年4月正式进入规划纲要和各专项规划编制阶段。至年底，先后召开乡镇、部门、老干部、党代表、人大代表、政协委员、省市县专家等各个层面规划纲要征求意见会，定稿后送交县政府常务会议和人大主任会议审议并获通过。《桐庐县国民经济和社会发展第十二个五年(2011～2015年)规划纲要》，主要提出"十二五"时期桐庐县经济社会发展目标和战略举措，明确政府工作重点，引导市场主体行为，是未来五年政府履行经济调节、市场监管、社会管理和公共服务职责的重要依据。纲要分规划背景、指导思想和发展目标、空间布局、产业发展、城乡统筹、生态文明、公共服务、和谐社会、体制改革、开放合作、规划实施保障等11章。

2010年9月14日，桐庐县"十二五"规划纲要暨重大建设项目规划研讨会召开

【参谋谋划】 2010年，密切关注国内外宏观经济走向，准确把握各项经济指标，深入研究经济发展中的突出矛盾和一些苗头性、趋势性问题，增强工作预见性和判断性；学习科学的数据分析方法，引进数据预测软件，提高经济分析科学性；完成季度、年度经济运行分析报告、固定资产投资运行分析、服务业运行分析报告及市场价格运行分析报告；做好工业重点企业监测工作平台建设前期各项准备工作。编制印发《桐庐县2009年度社会发展报告白皮书》。围绕县委、县政府中心工作和热点、难点问题，开展调查研究，全年完成《推行"城乡一卡通"，建设"数字桐庐"》《实行国家基本药物制度后基层医疗机构的现状、问题及对策研究》等课题调研17个。完成市县联动课题《桐庐微型CBD发展模式思考》。

【项目管理】 2010年，成功开发桐庐县投资项目管理信息系统并试运行。该系统正式运行后将对政府投资项目实行全覆盖、全过程数字化监管，增强政府项目投资绩效。出台《桐庐县政府投资项目竣工验收管理办法(试行)》，提高设计变更和概算调整覆盖面。

【要素保障】 一是项目资金申报争取。2010年，桐庐县争取中央预算内投资项目21个，争取中央资金5628万元。争取省公建项目5个，争取资金175.4万元。二是资金要素保障。发挥金融机构主渠道作用，主动与银行对接，2010年4月，县政府召开银政企恳谈会，徐七线、两江漂浮物等16个项目获12.1亿元贷款意向。三是推进BT、BOT等投融资模式。桐庐县第一个BT投资项目社会福利中心改建工程主体已完成，民兵训练基地完成开工前准备工作，下轮村安置房工程BT投资项目于10月开工建设，荇塘坞安置房工程BT投资项目正在前期准备，富春江、分水江库区漂浮物打捞处理工程BOT模式正在谈判。四是破解土地要素难题。做到管好总量，兼顾增量和活量，一方面争取省市对重大建设项目土地指标，完善新增建设用地项目计划管理，另一方面着眼于内涵挖潜，利用闲置土地，实现土地利用占补平衡。

【项目推进】 2010年，对各项目标任务进行分解落实，将目标完成情况纳入年度考核内容；利用县领导挂钩联系重点项目制度，发挥项目协调例会制度优势，及时协调解决项目推进过程中存在的问题、困难；加大重大项目催批力度，加强对重点建设项目监管检查，根据项目推进情况，加大对项目指导、督促、协调和服务力度，每月对项目进展情况进行通报；会同县监察局等部门开展工程建设领域突出问题专项治理，对2008年以来62个500万元以上政府投资项目及160个3000万元以上企业投资项目进行检查，发现问题及时整改。

【中心镇培育】 2010年，全面推进扩权强镇改革，根据省政府《关于加快推进中心镇培育工作的若干意见》《关于推进中心镇扩权强镇工作的实施意见》精神，出台《桐庐县关于推进中心镇扩权强镇工作的实施意见》，下放发改、经贸、建设等14个部门涉及中心镇发展决策、项目审批、社会管理和综合执法等领域48项行政管理事项及权限。草拟《关于加快推进中心镇发展和改革的实施意见》。江南镇增补为杭州市级中心镇，协助分水镇申报省小城市培育试点。

【医药卫生体制改革】 2010年，出台《深化医药卫生体制改革实施意见》《实施国家基本药物制度工作方案(试行)》《医药卫生体制改革2010年度主要工作安排》等政策，为推进医改奠定基础。9月，制定出台《桐庐县乡村卫生服务一体化管理实施意见(试行)》，乡镇卫生院和村卫生室实行统一机构设置、统一制度管理、统一人员管理、统一药品管理、统一业务管理、统一财务管理等“六统一”管理。至年底，乡村卫生服务一体化管理率为100%，规范化率在90%以上。

【融资体制改革】 完善和强化企业上市“绿色通道”和联动机制，帮助企业解决上市过程中的困难，下文确认龙生股份有限责任公司为上市培育对象，并指导其完成股份制改造工作；对接金融机构，做好商业银行招商相关工作；继续争取政府企业发债工作进入实质性阶段，至2010年底，进入相关部门联合会签阶段；指导富汇小额贷款公司落实省金融办考核事宜和增资扩股有关事项，在全省小额贷款公司考核中富汇小额贷款公司获“全省优秀小额贷款公司标兵”称号，为杭州市唯一。

【政策性农村住房保险】 2010年，县政府办公室出台《关于将政策性农村住房保险工作正式转为日常工作的通知》，政策性农村住房保险工作由3年试点正式转为日常工作。是年，全县投保农户91927户，比2009年多1617户，其中“五保”、低保农户1989户，参保率在98%以上。

【现代服务业】 2010年，出台《桐庐县现代服务业发展三年行动计划(2010～2012年)》；印发《桐庐县现代服务业发展引导资金使用管理办法》，加强创业投资平台建设；加快服务业重点集聚区建设，优化空间布局结构，形成集聚效应；做好服务业项目库建设，并做好相关督查工作；建立推进现代服务业发展工作机制，出台《2010年桐庐县现代服务业考核办法》，将目标完成情况纳入年度考核；梳理汇总符合申报条件的服务业项目，积极申报省、市服务业引导资金资助项目。

【高技术产业】 2010年，承接杭州市国家级试点和基地拓展区行动计划，“杭州生物产业国家高技术产业基地桐庐拓展区”申报顺利通过，获市财政50万元奖励；杭州市全国数字电视示范城市桐庐拓展区申报工作正在进行中；组织申报国家、省、市高技术产业化项目，并做好跟踪落实，督促高技术成果转化，桐庐汇丰生物化工有限公司申报的2009年绿色农用生物产品高技术产业化专项项目被列入国家高技术产业发展项目计划及国家资金补助计划，获800万元国家资金补助；加快浙江省高技术(生物)产业基地申报进度，提高桐庐县生物医药产业知名度。

·粮食管理·

【概况】 2010年，新增储备原粮2559吨，总规模1.4万吨。轮换到期储备原粮4772.879吨，4批次轮换300吨成品粮。签约江西广丰新粮源基地667公顷，年提供1000吨原粮用于储备粮补库。加快粮食物流中心建设步伐，组建成立桐庐县粮食市场发展有限公司，项目进入实质运作阶段。开展粮油仓储企业规范化管理活动，县粮食收储有限公司首批获杭州市粮食仓储规范化管理优秀企业。是年，桐庐县政府获杭州市政府首次粮食安全责任制考核优秀单位。

·物价管理·

【监测预警】 2010年,通过加强价格监测预警制度建设和价格监测预警质量管理,进一步提升工作质量。继续完善主城区民生商品价格公开机制,价格监测范围扩大到3家超市3个农贸市场和5家药店,还根据季节变化及时调整监测品种20余个,确保每月3次全年35次在媒体公开,让老百姓通过信息平台,及时了解身边特别是民生关注的商品信息。

【收费管理】 2010年,组织开展桐庐县2009年度行政事业性收费验审工作,年审收费单位63个,收费9261万元,年审率100%;组织对全县70个行政事业单位进行行政收费许可证换证工作;开展企业缴费登记卡回访工作,走访重点企业50家,加大对政府执收部门收费行为监督力度;加强教育收费管理,召开幼儿园收费行为告诫会,进一步规范学校收费行为。

【价格调控】 2010年,按程序完成县城及分水、横村、富春江3个乡镇自来水价格调整,平均上调0.3元/立方米,其中居民生活用水上调0.3元/立方米;县城非生活用水污水处理费标准按省物价局等4部门(浙价资〔2010〕330号)文件规定最低标准(1.2元/立方米)按时调整到位;做好农村客运票价调整工作及城际公交一体化票价核定工作;做好白云源风景区、垂云通天河、瑶琳仙境等旅游景点门票调价工作;核定县城居民用户管道燃气配套设施改造收费标准1700元/户、洋塘经济适用房销售价格和租售并举租金以及经济租赁房(人才公寓)租金标准核定工作。

【价格服务】 2010年,以《中华人民共和国价格法》实施12周年为契机,采取现场设点、流动宣传、电话咨询等形式宣传价格法,发放各类宣传资料1000多份,悬挂宣传横幅28幅。根据省、市物价部门的统一安排,结合实际开展"价格服务进重点工程"活动,主要是进学校建设工程和农居点建设工程,按照总体要求,制定实施方案,对每个工程落实联络员及监督员制度;全面贯彻落实新的《浙江省定价目录》,开展规范性文件清理工作。

【监督检查】 一是开展各类专项检查和节假日市场价格检查。开展涉农、涉企收费检查、行业协会收费专项检查、教育收费专项检查、医疗机构药品和医疗服务价格专项检查、商业零售企业商品促销价格行为检查、商品明码标价检查、旅游市场检查、旅游目的地环境秩序整治活动、电力价格检查等,进一步规范价格市场秩序,确保价格市场稳定。二是发挥"12358"价格举报电话作用,及时化解价格矛盾。至2010年底,县物价局查处价格违法案件5件,实现经济制裁302.86万元,其中,退还用户285.79万元,没收违法所得5.67万元,罚款金额11.4万元;受理各类价格举报投诉68件,处理回复率100%,回复满意率98.3%以上。

(卢利华)

·工商行政管理·

【概况】 2010年,桐庐工商分局推进工商行政管理工作向"监管执法服务型"转变,打造"服务型、规则型、效能型"工商,各项工作取得新成绩。县工商分局分别被县委县政府、县纪委授予"县级文明单位""党风廉政建设先进单位";被省工商局授予全省工商系统民主评议行风活动组织工作先进集体;横村(瑶琳)工商所被省工商局授予"红盾风采——四星级文明规范工商所";桐君工商所、市场工商所被省工商局授予"红盾风采——三星级文明规范工商所";驻审批中心工商窗口连续8年获评年度优秀窗口。

【民营经济发展】 2010年,县工商分局放宽登记权限、注册资本等准入条件,新登记私营企业830户、个体工商户3228户,私营企业户和个体工商户累计分别5377户、15997户;举办专题知识培训15场次,组织民营企业家50余人分别参加中国民企峰会和浙商论坛;推荐和认定省级文明诚信个私企业2家、省百家"转型升级引领示范企业"和"和谐关系引领示范企业"各1家;续展和认定省、市、县级"守合同、重信用"企业42户。

【商标品牌战略】 2010年,参与制定出台《桐庐县品牌发展三年行动规划》,规划规定,通过3年努力,初步建立起完善商标品牌创建、使用、保护机制。到2012年,商标注册总量1250件,其中中国驰名商标5件、省著名商标12件、市著名商标23件、桐庐知名商标30件;中国名牌2个,浙江名牌12个,杭州名牌24个,桐庐名牌50个;国家地理标志保护产品1个。将商标品牌建设纳入乡镇目标考核,加大商标品牌建设奖励力度;配套出台《桐庐县知名商标评选办法》及评选细则。全年新增注册商标89件,其中新增省著名商标3件、市著名商标7件,实现省、市著名商标数量新突破。

【服务工业强县战略】 深化"多证联办制",推行"一岗多能"服务模式,完善全程跟踪服务、主动上门服务、重点企业优先服务、定点联系服务、延时服务和预约服务,健全远程核名和网上年检,为工业企业发展创造更宽松和谐发展环境。2010年,新登记工业企业

295户，累计3086户；指导工业企业改制2户，支持组建企业集团1户；办理企业动产抵押登记81件，主债权金额为49263万元；办理股权出质登记9件，股权出质金额8914.6万元；协助县政府出台进一步促进小额贷款公司发展实施意见，为小额贷款公司健康发展提供保障，全年小额贷款公司累计发放贷款15亿元。

【服务新农村建设】 2010年，采取“举办专业培训，开展机制扶持，落实对口联系，开展重点扶持”办法，举办食品安全、商标、合同等专业知识培训15期800余人；以实施政策扶农、登记助农、合同帮农、品牌兴农、维权护农等工作机制扶持；对口联系旧县街道合岭村，重点扶持2个项目。是年，新发展农村经纪人120人，新登记农民专业合作社91户，培育(申报)农产品商标30件，新认定农产品市级著名商标4件，培训订单示范户112户，指导签订农业订单341份，指导7家农村农贸市场提升改造。

【知识产权保护】 2010年，依托网络巡查，利用企业信用分类管理、精细化监管等系统和手段，加大对重点行业和领域的市场巡查和监控力度。全年查处涉及知识产权案件13起，总案值30余万元，其中查处1起涉外商标侵权案，查处6起侵犯“五粮液”“茅台”商标专用权案件。

【虚假违法广告整治】 2010年，虚假违法广告整治重点是直接关系人民群众健康安全的医疗、药品、保健食品广告，以及扰乱公共秩序、影响社会稳定的严重虚假违法广告。发挥广告专项整治联席会议作用，完善综合治理工作机制。加大广告监测、违法广告公告和案件查处力度，全年监测各类广告1.5万余条次。查处虚假违法广告案件15起，罚没款9.9万元，对广告业主行政告诫90余次。

【食品流通安全监管】 2010年，桐庐工商分局全面实施流通领域食品经营者上岗培训制度，对5000余名食品经营者进行食品安全上岗培训；创新启用“食品经营信用公示板”制度，通过制订对食品经营者巡查制度和巡查计划，建立健全食品经营信用监管记录，并在每家食品经营企业和单位显著位置悬挂公示牌，用于公示季度检查考核结果，使消费者全面了解经营者食品安全状况。规范经营主体证照管理，督促经营者诚信自律；建立“放心店”优胜劣汰机制，对46家不符合条件的给予摘牌，对符合条件的放心店改换成“食品安全示范商店”并进行星级评定；以城乡结合部、校园周边等为重点区域，加强食品安全专项整治工作，查处食品案件42起，罚没款21万余元。

【行政指导】 2010年，贯彻执行市工商局“一规则七意见”(“一规则”指杭州市工商局行政指导工作规则，“七意见”指：开展市场交易秩序行政指导实施意见、合同行为行政指导工作实施意见、企业知识产权保护行政指导实施意见、市场主体准入行政指导若干意见、消费者权益保护和食品安全行政指导实施意见、促进网络市场发展行政指导实施意见、促进企业信用建设行政指导实施意见)，针对不同执法对象，通过提示、告诫、建议等行政指导方式，帮助行政相对人发现问题、解决矛盾、拓展发展空间，行政指导机制日益健全。是年，全局向主要在桐庐县设立登记的企业发放行政指导文书2000余份，纠正企业逾期年检、超范围经营、无照经营不良经营行为500余次。

【农村小菜场整治】 2010年，桐庐工商分局以省“十小”行业整规、争创省级文明示范县城和省级食品安全示范县活动为契机，制定出台《桐庐县小菜场长效管理办法》，主要是建立行政监管机制、建立行业自律机制、建立群众参与监督机制，推进农村小菜场整规工作。县内小菜场有乡镇级市场6家、村级市场22家、企业法人市场5家、国资公司举办市场3家、国有企业与企业法人合伙举办市场1家，主要问题是市场功能不完善、设施简陋，存有脏、乱、差等现象。通过整治，实现每个街道打造1个农村小菜场整治示范点和全县农村小菜场整规率80%考核目标。

【消费维权】 2010年，桐庐工商分局组建消费维权律师志愿团，举行消费维权新闻发布会，公开消费维权

2010年8月20日，桐庐县以“安全　尊严　和谐”为主题，召开消费维权新闻发布会

十大热点(一是服装、鞋帽销售商品投诉量大;二是通信服务投诉呈现新问题;三是汽车消费投诉持续增多;四是预付式消费蕴含风险;五是邮购商品纠纷多;六是三包标准缺失;七是保健食品功效宣传严重夸大;八是家居装修陷阱多;九是互联网服务高配低速,价高质低,收费信息失实;十是通讯器材销售商品问题突出),在县城主要零售企业中推行商品“无理由退货”制度,倡导经营者诚信经营,提升商贸零售企业信用度。进一步规范12315工作,全年受理消费者投诉415件,调解成功396件,成功率96%,挽回消费者损失25万余元;指导企业自行调解3000余件,挽回损失60余万元。

【就业再就业工作】 2010年,桐庐工商分局坚持依法放宽准入,出台和落实促进就业再就业各项优惠政策,引导和扶持下岗失业人员、高校毕业生、农民工等创办小规模经济实体35家,以创业带动就业。为大学生开辟注册“绿色通道”,颁发杭州市首份大学生“村官”营业执照(瑶琳镇永安村大学生村官皇甫鑫良登记注册桐庐皇甫生态农业开发有限公司)。发挥个私协会作用,举办多种形式招聘会,为创业和就业者牵线搭桥。据不完全统计,全年帮助就业再就业3540余人。

【打击非法传销】 落实打击传销长效监管机制,2010年7月15日至10月31,县工商、公安等部门联合开展百日联合执法行动,出动执法人员205余人次,查处取缔“贵州山霸”“天津天狮”“法国兰文”等传销窝点52处、传销授课点12处,训戒、遣散传销违法人员1185余人次,遏制传销蔓延势头。

【扩大消费需求】 2010年,围绕消费热点和维权难点,开展消费调查和商品质量抽检15次112个批次,查处侵犯消费者合法权益案件25件,为消费者挽回经济损失20余万元;在县级各类媒体发布消费警示35条,开展消费教育19次,曝光典型案件11件;引导消费者科学消费,全县社会消费品零售总额59.4亿元。

表37

桐庐县驰(著)名商标名单

序号	商标名称	企业名称	现有等级	认定年度
1	蜂之语 1643058	浙江蜂之语蜂业集团有限公司	驰名	2009
2	春江 185720	桐庐阀门总厂	驰名(司法)	2007
3	万事吉 3150459	杭州天厨蜜源保健品有限公司	驰名(司法)	2009
4	天松 848494	杭州桐庐尖端医学器械总厂	省级	2003
5	冠华王 1542583	桐庐冠华兔业有限公司	省级	2004
6	福澳 914094	杭州市桐庐医疗光学仪器总厂	省级	2005
7	龙生 1286822	杭州市汽车内饰件有限公司	省级	2007
8	桐江 1547203	桐庐县农业技术推广中心	省级	2006
9	雪水云绿 3234863	桐庐县雪水云绿茶产业协会	省级	2007
10	富春江 145355	浙江省桐庐汇丰生物化工有限公司	省级	2010
11	瑶琳仙境 1307325	浙江富春江旅游股份有限公司	省级	2010
12	碧于天 1417670	杭州碧于天保健品有限公司	市级	2004
13	OPTCLA 169453	杭州光典医疗器械有限公司	市级	2006
14	雪宜 1616468	杭州洁康药业有限公司	市级	2006
15	蜂源堂 3275226	杭州桐庐蜂源堂保健品有限公司	市级	2006
16	华明	桐庐华明笔业有限公司	市级	2007
17	云丰	浙江桐庐云山制笔有限公司	市级	2007

续表 37

序号	商标名称	企业名称	现有等级	认定年度
18	FCJ　4387940	浙江富春江水电设备股份有限公司	市级	2008
19	阳山畈　1514989	桐庐阳山畈蜜桃专业合作社	市级	2008
20	卢苑　1173189	杭州桐庐卢氏茶苑有限公司	市级	2009
21	百岁坊　1336529	杭州桐庐百岁坊素食品有限公司	市级	2009
22	康基　366804	杭州康基医疗器械有限公司	市级	2009
23	春江＋图　1752114	杭州电力器材有限公司	市级	2010
24	图形　3434609	杭州霍普曼电梯有限公司	市级	2010
25	桐江＋图　4232693	桐庐特种耐火材料厂	市级	2010
26	药祖桐君＋图　3317614	杭州桐君堂药材有限公司	市级	2010
27	庞龙＋图　3541977	桐庐庞龙养殖加工厂	市级	2010
28	达然＋图 1959317	杭州桐庐大自然茶业发展有限公司	市级	2010
29	香山　4038433	莪山乡香山农庄	市级	2010

(吴小平)

·审计·

【概况】 2010 年,桐庐县审计局完成审计和审计调查项目 37 项,查出管理不规范资金 29703 万元;审计审结政府投资建设项目 100 个,审计核减 3794 万元,核减率 6.5%;审结预算(标底)项目 90 个,审计核减造价 1900 万元,核减率 2%。提出审计建议 109 条。编办《桐庐审计》40 期,刊发审计信息 42 篇,编办《桐庐内审》15 期,刊发信息 15 篇,被县领导批示 8 篇,被省市县有关刊物采纳 20 篇次,撰写论文 11 篇。审计项目获国家级奖项 3 个、省级奖项 4 个,市级奖项 2 个。

【绩效审计新模式探索】 2010 年,审计局对县财政预算执行、税收征管、房地产企业纳税情况审计调查项目开展结合型绩效审计,重点对影响绩效的技改奖励资金、水利建设基金、农村医疗服务机构资金、农村敬老院财政补助资金和省道收费等开展绩效专题分析。揭示影响财政资金效益的问题和薄弱环节,提出可行建议,出具 3 篇独立型分析报告。成立“同级审”大财政审计组,统一整合审计资源,优化审计组专业素质、计算机业务技能;实行审前调查,根据“同级审”范围、重点、对象,统一制定审计工作方案,确定审计重点。重点关注财政和部门管理内控制度建设,查找财政管理中的制度盲区和薄弱环节,相继披露政府性债务、经营性国有资产、土地整理、城市广告、自来水管理机制、村级药品管理等方面问题,相关部门采取措施整改,制定、完善内控制度和办法,减少财政管理风险。

【宏观政策执行情况审计】 2010 年,对财政资金安全与绩效、地方政府性负债、建设领域突出问题专项治理、经营性国有房产政策执行等项目进行专项审计调查。通过审计,掌握财政资金、地方政府性负债总量规模、结构种类,了解资金分配、拨付和管理情况,防止滞留截留、挤占挪用、与民争利等问题发生。逐步推进全部政府性资产审计,开展经营性国有房产政策落实情况专项审计调查。有针对性抽查经营性房产多、租金额相对较大的 10 个单位,结果显示经营单位、管理部门在资产管理、审批手续、合同管理、租金处置上存在诸多薄弱环节,提出完善机制的建议意见。

【经济责任审计】 2010 年,完成对 9 个单位领导干部经济责任审计。审计出违规金额 146 万元,管理不规范金额 874 万元。主要有挤占专项款,滞留、移用专项资金、广告资源未拍卖,财务制度执行不规范等。针对问题,责成被审计单位整改,促进财务核算规范和相关制度建立、完善。及时提交审计结果报告,为县委、县政府使用干部提供参考依据。配合县委组织部参与对 4 位领导干部进行交接。

【民生审计】 2010 年,对危房改造、医疗服务、敬老院建设资金等民生问题进行审计调查,涉及危房改造

305户、农村医疗机构16个、农村敬老院10个,检查13个乡镇(街道)农民危房改造、医疗服务、敬老院建设资金使用、管理及效益情况,调查农户122户。

【政府投资跟踪审计】 2010年,政府投资项目审计中发现存在违反招投标规定、违规转包、虚增预算、未按规定报送审计等问题,责成相关单位整改。加大投资审计覆盖面,巩固预算图(标底)审计,对乔林拆迁工程和住房保障工程实行跟踪审计。修订政府投资项目施工图预算(标底)审计规定,规定政府投资200万元以上采取必审制。制定投资项目施工图预算审计协审单位管理办法和考核办法,明确协审单位工作职责和任务,提高审计质量。

【内部审计】 2010年,成立审计局内部审计指导科,负责内部审计工作。调整内部审计协会理事,将各科室负责人充实到内审协会,3名审计业务骨干担任内审协会副秘书长。制定《2010年内部审计指导工作计划》和《内部审计协会工作任务》,统一下达全年内审工作计划和工作任务,确定5个全县同步内审项目,使内审项目安排与国家审计项目安排一致。全年完成审计项目21个,审计金额9716万元,查处违规金额13.2万元,被处理2人,提出审计建议32条,落实整改11条,被县领导批示3条。

(黄　群)

·统计·

【概况】 2010年,桐庐县统计局完成专业统计、统计调查、服务业统计改革、统计继续教育、统计执法、统计创建活动等工作,获全市统计调查系统综合考评先进单位、杭州市服务业统计工作先进集体、桐庐县行政处罚先进单位、桐庐县节能降耗工作优秀单位等称号。桐庐调查队在浙江调查总队对浙江辖区国家统计局各调查队2010年度工作综合考评中获特等奖。

【专业统计】 2010年,统计局完成综合、核算、农业、工业、固定资产投资、能源、贸易餐饮、房地产、服务业、劳动工资、旅游、科技、第二次全国研究与试验发展(R&D)资源清查等专业统计报表任务。以提高数据质量为核心,成立统计年报、定期报表领导小组,召开年报、定期报表工作会议,制订实施方案、组织方式、操作规程、质量控制、数据处理、总结考核等工作要求。加强与相关部门和上级统计部门沟通、衔接,掌握第一手资料,做到数出有据,真实反映桐庐经济运行实情。

【人口普查】 2010年,人口普查工作围绕"数据质量"总体目标,组建县、乡两级普查机构,成立普查领导小组及办公室;建立人口普查联络员制度,县人普办定期通过联络员向成员单位及领导小组成员通报人普工作进展;开展人普宣传,赠送人普宣传知识挂历、台历5000份,在《今日桐庐》、桐庐电视台开设人口普查专栏,在交通要道、大街上挂横幅、宣传图片。完成县级综合试点,组织县、乡、村三级人普业务骨干108人在桐君街道下杭社区41个调查小区进行第六次人口普查全过程综合试点。对549名普查指导员、1804名普查员进行业务培训。县人普领导小组、县公安局联合下发《桐庐县第六次全国人口普查户口整顿实施方案》,全面部署全县户口整顿工作,做好清查摸底工作、入户登记各项准备和普查登记工作。在普查登记期间,县、乡、村各级普查机构业务骨干到一线现场指导。普查现场登记结束后,各乡镇(街道)人普办组织普查员、普查指导员对普查数据进行自查、复查、质量抽查,资料审查无误后,组织力量完成数据快速汇总、主要数据评估上报、普查表编码等工作。

【民情民意调查】 2010年,开展桐庐广播电视评价问卷调查、全县基层党组织建设工作问卷调查、桐庐县公安工作民意调查、外来投资者对桐庐投资环境评价调查、桐庐县规模以上工业企业自主创新情况调查、桐庐县农村生态环境满意度调查、桐庐县规模以上工业企业用工情况调查、城市管理满意度调查、2010年桐庐县公众科学素养状况抽样调查等10个。每次调查结束后,即写成民情民意分析与报告,送交县委、县政府领导参阅。

【住户调查】 2010年,完成城镇住户调查大样本轮换,执行访户制度,加强逻辑审核,做好数据评估,提高报表数据质量。农村住户调查按照省调查总队样本轮换实施细则要求,开展样本轮换,做好新抽中样本户评估和辅助调查员业务培训。继续做好年收入2500元以下农村低收入户抽样调查,写出调研报告,为桐庐县农村低收入农户奔小康提供决策依据。

【粮食监测调查】 2010年,根据浙政办发〔2009〕58号文件要求,开展粮食生产统计监测调查,桐庐县被抽中62个调查小区。组织召开全县粮食生产统计监测调查工作和培训会议,完成2009年粮食生产统计监测台账规范化及2010年粮食监测人员培训、数据核实、地图台账资料补充完善工作。结合调查数据和检查结果,撰写《从抽样调查数据谈我县粮食生产的现状、问题及建议》。

【统计服务】 2010年"两会"期间,向县人大代表、政协委员发送《"十一五"发展数字解读》;每月6日、12日前分别向县委、县政府领导及主管部门提供《桐庐统计快报》《桐庐统计月报》;确定全县重点工业企业并按季排名。是年,撰写统计分析、调研报告38篇;撰写统计信息44篇;上报各类信息290篇。统计分析和调研报告得到县领导批示16篇。

【服务业统计改革】 2010年是全国实施服务业部门统计第一年。根据杭州市服务业统计工作分部门实施方案,结合桐庐县实际,县统计局分别对部门、基层与乡镇统计员进行业务培训,对报表指标、增加值计算方法,抽样户上门调查技巧等进行辅导。到11月底,全县新增限额以上企业48家,整套服务业改革统计方案实施到位。

【统计教育工作】 统计专业技术资格考试、统计从业资格考试和统计继续教育培训做到乡镇(街道)不漏企业,部门及企业不漏人。2010年,培训2742人,其中统计专业培训1616人、统计继续教育培训1126人、统计从业资格考前培训195人,11人参加统计中级职称考试。

【统计普法执法】 做好统计"五五"普法工作,制定《统计"五五"普法教育考核验收办法》,全面检查各部门、乡镇(街道)"五五"普法教育工作,针对发现的问题,及时抓好查漏补缺;对普法人员进行统一测试,测试合格者,发给"五五"统计普法合格证,做好"五五"统计普法总结、建好"五五"普法台账,6月通过杭州市统计局和县依普办普法验收。开展统计执法大检查。2010年,稽查66家单位,发现36起统计违法行为,当场警告30起,警告并罚款6起。

【统计创建活动】 2010年4月起,在全县开展创建市级统计调查工作先进乡镇(街道)活动,强化乡镇(街道)统计组织建设、业务建设、法制建设和信息化建设。至年底,年度创建统计规范化企业40家,其中规模工业企业33家、限额以上批零贸易及住宿餐饮企业4家、建筑业企业1家、房地产企业2家。

(方玉珍)

·质量技术监督·

【概况】 2010年,县质量技术监督局致力于"质量安全、质量保障和质量提升"主题,围绕保障民主民生民安、助推企业转型发展,以"十小"整规、品牌培育、标准化战略、公共平台建设、保障民生安全等工作为重点,创先争优,各项工作取得新成效。是年,桐庐县被杭州市政府评为"十小"行业质量安全整治与规范工作先进县(市);县质量技术监督局被杭州市质量技术监督局评为杭州市质监系统业绩显著单位和满意班子,被县政府评为安全生产先进单位、食品安全工作优秀单位、依法行政工作优秀单位、依法行政示范单位,被县委、县政府授予县级文明单位。

【"十小"整规工作】 根据省、市"十小"整规"2008年整规试点、2009年全面铺开、2010年转型提升"3年计划,2010年以长效机制建设为重点,坚持"县政府统一领导,部门各负其责,乡镇为主负责,业主自律诚信,社会共同参与"原则,完成3年"十小"整规任务,基本建成"纵向到底、横向到边"监管网络。桐君街道中杭路作为创建主体,起到示范创先作用,得到省、市"十小"办肯定。至年底,全县"十小"生产经营单位5725家,规范5708家,规范率99.7%,位全省前列。

【名牌战略实施】 2010年,出台《桐庐县品牌发展三年行动计划(2010年~2012年)》,制定以突出高技术、高附加值、装备制造和现代服务业、区域产业等新兴领域企业为核心的省、市、县三级名牌培育计划。通过开展"一企一策"帮扶措施,到企业现场指导完善计量检测体系、标准化良好行为认证,产品采标认证等工作,提高企业申报基础条件。是年,全县新增浙江名牌产品1个,杭州名牌产品7个,桐庐县名牌产品9个。至年底,全县有中国名牌产品1个、浙江名牌产品8个、杭州名牌产品17个、桐庐名牌产品28个。

表 38 **桐庐县名牌产品一览**

序号	名牌等级	产品名称	单位名称	认定时间
1	中国名牌	天松牌内窥镜	杭州桐庐尖端内窥镜有限公司	2007 年
2	浙江名牌 8 个	冠华王牌兔肉	桐庐冠华兔业有限公司	2008 年
3		春江牌输电线路铁塔	杭州电力器材有限公司	2010 年
4		富春江牌井冈霉素	浙江省桐庐汇丰生物化工有限公司	2010 年
5		龙生牌汽车座椅功能件	杭州市汽车内饰件有限公司	2010 年
6		桐江牌桐庐蜜梨	桐庐县农业技术推广中心	2010 年
7		蜂之语蜂产品	杭州蜂之语蜂业股份有限公司	2010 年
8		雪水云绿牌绿茶	桐庐县雪水云绿茶产业协会	2010 年
9		万事吉牌蜂产品	杭州天厨蜜源保健品有限公司	2010 年
10	杭州名牌 17 个	FCJ 牌水轮发电机组	浙江富春江水电设备股份有限公司	2008 年
11		雪宜牌葡萄糖酸亚铁糖浆	杭州洁康药业有限公司	2008 年
12		钟山密牌蜜梨	桐庐钟山蜜梨专业合作社	2008 年
13		春江牌阀门	杭州春江阀门有限公司	2009 年
14		康基牌内窥镜手术器械	杭州康基医疗器械有限公司	2009 年
15		立威牌油漆	杭州立威化工涂料有限公司	2009 年
16		柯井牌谈水鱼	桐庐香山水产专业合作社	2009 年
17		冬桦牌蜂产品	桐庐兴源保健品有限公司	2010 年
18		香山牌土鸡	桐庐莪山乡香山农庄	2010 年
19		瑶池牌甲鱼	桐庐县瑶琳水产养殖有限公司	2010 年
20		米兰鸥牌服装	浙江春风米兰鸥服饰有限公司	2010 年
21		盛金牌笔类产品	桐庐光华文化用品有限公司	2010 年
22		hpm 牌电梯	杭州霍普曼电梯有限公司	2010 年
23		桐江牌阀门保温套	桐庐县特种耐火材料厂	2010 年
24		阳山畈牌蜜桃	桐庐阳山畈蜜桃合作社	2010 年
25		老岩桥牌臭豆腐干、五香干	杭州山水农业开发有限公司	2010 年
26		碧于天牌蜂产品	杭州碧于天保健品有限公司	2010 年
27		春江牌输电线铁塔	杭州电力器材有限公司	2008 年
28		康基牌腹腔内窥镜手术器械	杭州康基医疗器械有限公司	2008 年
29		盛金牌笔类产品	桐庐光华文化用品有限公司	2008 年
30		HILLTOP 牌箱包	杭州立山皮件有限公司	2008 年
31		冬桦牌蜂胶	桐庐兴源保健品有限公司	2008 年

续表 38

序号	名牌等级	产品名称	单位名称	认定时间
32	桐庐名牌28个	香山牌土鸡	莪山乡香山农庄	2008年
33		成绿牌黄花菜	桐庐建成绿色食品厂	2008年
34		世浩牌炒货	桐庐世浩山货有限公司	2008年
35		霍普曼牌电梯	杭州霍普曼电梯有限公司	2009年
36		泛亚牌排水器、软管系列	杭州泛亚水暖器材有限公司	2009年
37		火字牌镍铬生铁	浙江华光冶炼集团有限公司	2009年
38		三金牌拉丝机	杭州三金机械制造有限公司	2009年
39		瑶池牌甲鱼	桐庐县瑶琳水产养殖有限公司	2009年
40		小来大牌酱鸭	杭州小来大肉食品有限公司	2009年
41		卢苑牌绿茶	杭州桐庐卢氏茶苑有限公司	2009年
42		绿莹牌蚕丝被	桐庐烨鑫寝饰有限公司	2009年
43		百岁坊牌青笋干	杭州桐庐百岁坊素食品有限公司	2009年
44		浙缆牌电线电缆	浙江中策电缆有限公司桐庐分厂	2010年
45		zhenzhixiu 牌针织服装	桐庐羊绒针织有限责任公司	2010年
46		春江牌高(低)压成套开关设备	浙江白云源电气有限公司	2010年
47		祥龙牌钻机	杭州祥龙钻探设备有限公司	2010年
48		CCA 牌压蒸无石棉纤维水泥平板	浙江汉德邦建材有限公司	2010年
49		思威达牌智能座便器	浙江格勒卫浴科技有限公司	2010年
50		中意牌豆腐干	桐庐钟山中意豆制品有限公司	2010年
51		奇山源牌杨梅	桐庐大奇山杨梅专业合作社	2010年
52		寺山牌土鸡	桐庐寺山家禽专业合作社	2010年
53		钟山坊牌豆腐干	杭州市桐庐钟山食品有限公司	2010年
54		鹤羽牌茶叶	桐庐云山银峰茶业有限公司	2010年

【技术标准战略实施】 以块状产业标准化工作为抓手,推动完成8家企业实质性采用国际标准,首次在富春江水电设备等19家企业中开展集群采标工作,5家企业先后参与6项国家行业标准制(修)订工作,2个杭州市农业地方标准规范、3个县级农业标准规范完成制定并发布。毛竹笋用林、土鸡、珍珠蚌3个省级农业标准化示范项目通过考核验收;雪水云绿茶叶通过国家级农业标准示范项目验收,成为桐庐县首个国家级农业标准化示范项目。分水制笔、富春江机械、雪水云绿茶三大块状产业列入杭州市块状产业质量提升工作3年行动计划,其中《以平台建设为载体,努力提升水电设备制造水平》项目列入2010年杭州市质监局创新工作项目。出台支持标准化发展相关资助政策,进一步完善标准化推进机制。

【民生计量监督管理】 2010年,以贴近民生、服务民生为主旨,开展食品、建材、农资、加油站、液化气、眼镜等产(商)品计量监督检查和“进市场、进医院、进学校、进社区”等“民生计量四进”工程,全年免费发放各类计量宣传手册1000余册、标准砝码250块。加强强检计量器具检定工作,全县强检计量器具受检率99.5%以上;打击利用加油机作弊计量违法行为,强制检定全县52家加油站329台加油机;采集有关信息录入国家强制检定信息库，并及时更新；开展汽车安检线在用计量器具强制检定和监督管理。对全县25家综合能耗标煤1000吨以上企业提供能源计量服务，通过企业申报、现场考核、与经贸部门联合推荐等程序，在年耗标煤3000吨以上重点用能单位评选出桐庐南方水泥有限公司、桐庐汇丰生物化学有限公司、浙江金帆达生化股份有限公司、浙江汉德邦建材有限公司、杭州长富金属有限公司5家单位为杭州市级能源计量示范单位。

【食品质量安全监管】 以实施食品放心工程为主线，对辖区内所有食品生产企业（包括小作坊、无证无照企业）实行动态监管，分类造册，完善食品生产企业质量档案，加强许可证年审、日常监管巡查、区域性重点产品监管工作。完成小作坊整规工作，2010年全县37家小作坊，A类15家全部取得生产许可证、B类9家全部整改到位、C类13家全部关停，100%建立监管档案。加强食品监督抽查，全年开展各类食品监管抽查374批次，合格349批次，合格率93.3%。是年，全县89家食品生产企业取得生产许可证，核发生产许可证117个。

【特种设备安全监察】 2010年，落实动态监管措施，在各乡镇（街道）质监站开通杭州市特种设备安全监察网，整合各乡镇（街道）质监力量，构建特种设备动态监管体系。以锅炉、电梯、起重机为重点，对91台设备信息进行清理，提高数据准确性和有效性。落实企业安全管理主体、检验机构技术把关和监管部门安全监管三方责任，签订《桐庐县特种设备重点监管单位安全目标责任书》，健全安全生产责任体系，并首次在电梯维保单位、液化气充装单位实行“公开承诺制”。开展特种设备安全知识进校园、进社区、游乐设施应急救援演练等活动，营造“人人重视安全，各方关注安全”社会氛围。通过特种设备专项检查、聘请市特检院专家证后年度监督考核、开展报废淘汰“螺丝瓶”“安吉瓶”工作，加大安全监察力度。对日常检验、检查发现的重大隐患，以“特种设备隐患快报”方式向对应乡镇、部门报告，联手消除安全隐患。

【依法行政】 2010年，率先在杭州市质监系统完成行政权力清理规范固化工作，401项行政权力编制成册并上传至县阳光政务大厅，其中行政许可、行政非许可项目在县行政审批中心网上运行流转。推行依法行政工作目标责任制，规范行政执法行为，在全县行政执单位中率先推行说理式执法模式、举办“阳光案审会”，强化行政执法监督。开展质量月、世界标准化日、计量日、安全生产月、民生计量进市场、食品安全大家行、质监局长在线访谈等活动，提高全民质量意识、维权意识、安全意识；集中开展农资打假、家电打假等专项执法检查、质量和安全年专项执法检查等行动；开展“从源头抓质量”，以“3C”、QS、工业产品生产许可证市场准入制度为抓手，查处无证产品。全年出动执法人员912人次，检查404家企业，查处假冒伪劣违法行为63起，查处假冒伪劣产（商）品标值190.63万元，查处罚没款万元以上大案8起。

【监管服务】 2010年，技术机构完成实验大楼扩建搬迁，检测办公用房增至2500平方米，添置气（液）相色谱仪等先进检验设备，形成“2＋X”检验检测新模式。全年检验产品1447批次，同比增长12%；完成11128台件计量器具检定，同比增长6%。利用省圆珠笔产品质量检验中心和市金属材料检测中心等专业技术平台优势，承担并完成水电设备类市级标准化项目和市级蜂蜜掺杂掺假风险防范项目。组织乡镇质监员和分管领导、相关企业负责人和局中层以上干部赴上海复旦大学学习，提升应对食品、特种设备安全突发事件处置能力。

（赵明霞）

·食品药品监管·

【概况】 2010年，桐庐县制定《2010年度食品安全目标责任书》《关于做好世博会期间我县食品安全工作》等13个文件，组织召开食品药品安全工作会议，分解目标责任，11月通过省级食品安全示范县城考核验收。10个乡镇（街道）及开发区、库管委成功创建杭州市食品安全示范乡镇。

是年，全县有药品生产企业3家、药品零售批发企业1家、药品连锁企业3家、药品零售企业151家、医疗器械生产企业30家、医疗器械经营企业82家。全年药品安全专项整治14次，以非药品冒充药品、医疗机构用药用械、医疗器械生产经营、疫苗、医用氧、中药饮片、含麻黄碱复方制剂等为主要内容，出动执法人员1400余人次，查处各类案件29起，罚没款19万余元。抽验药品156批次、医疗器械30批次，发现不合格药械5批次，其中医疗机构抽检不合格2批次、药品零售企业抽检不合格2批次、药品生产企业抽检不合格1批次。通过3年整规，至年底，全县关停“小药店”28家，规范173家，“小药店”整规达标率100%。

2010年，县食品药品监督管理局被评为杭州市食品药品监督管理系统稽查先进单位、杭州市药品与医疗器械不良反应监测工作先进单位、桐庐县“十小”行业质量安全整治与规范工作优秀单位,桐庐县依法行政评定考核获第一名。

【食品市场专项检查】 2010年,组织开展食品安全专项检查15次。食品药品监督、经贸、质监、工商、卫生等部门开展节日期间食品安全联合大检查6次,出动执法人员460多人次,检查生产经营户780多户。围绕食品安全工作、打击违法添加非食用物质和滥用食品添加剂整治,县食品药品监督管理局3次暗查暗访企业38家;对问题乳粉开展专项清查行动,出动执法人员660余人次,检查企业2630余家,均未发现2008年问题乳粉和2008年9月14日前生产的未经检验三聚氰胺乳粉。开展对市场上存在的28种不合格减肥类、降糖类和缓解疲劳类以及假冒保健食品检查。

【食品安全评价性抽检】 2010年,为综合评定桐庐县食品安全状况,根据县食品安全工作计划和《桐庐县食品安全两级监测抽检管理办法》,制订《桐庐县2010年度食品两级抽检计划》。全年开展4次食品安全重点品种检测和综合评价工作,分别组织质监、工商、卫生等部门在农贸市场、超市、餐饮单位等重点区域,对蔬菜、肉类、腌制品、粮油、水发产品、茶叶、调味品、保健食品进行抽检,抽取198批次,其中192批次合格,合格率97%,监测结果在《今日桐庐》上公布。

【药械企业诚信体系建设】 2010年,全县有105家药品零售(连锁)企业、3家药品生产企业、1家药品批发企业、19家医疗器械生产企业、10家医疗器械经营企业参与药品、医疗器械质量信用等级评定。药品生产企业洁康药业评为AA级企业,其余两家被评为A级企业;医疗器械生产企业有8家被评为诚信,11家评为守信;医疗器械经营企业1家评为诚信,9家评为守信;药品零售企业中,桐庐桐君堂大药房连锁有限公司桐君连锁店和七里泷连锁店、新开元医药零售有限公司瑶琳药店、桐庐怡生堂大药房连锁有限公司广场路连锁店、分水舒心堂药房被评为AAA级企业,71家药品零售企业被评为AA级企业,28家企业被评为A级企业,1家为B级企业。

表39　桐庐县2010年医疗器械生产企业质量信用等级一览

类别	等级	企业	
医疗器械生产企业	诚信	杭州市桐庐医达器械设备有限公司	杭州桐庐时空候医疗器械有限公司
		杭州光典医疗器械有限公司	杭州汇大医疗器械有限公司
		杭州桐庐尖端内窥镜有限公司	杭州康友医疗设备有限公司
		杭州市桐庐医疗光学仪器总厂	杭州康基医疗器械有限公司
	守信	桐庐瑞克斯医疗器械有限公司	桐庐康尔医疗器械有限公司
		桐庐优视医疗器械有限公司	桐庐洲济医疗器械有限公司
		杭州振兴医疗器械制造有限公司	桐庐精锐医疗器械有限公司
		杭州威晟生物科技有限公司	桐庐福克医疗仪器有限公司
		桐庐宏远医疗器械有限公司	浙江桐庐三和医疗器械厂
		浙江奥的特生物技术有限公司	

表40　桐庐县2010年医疗器械经营企业质量信用等级一览

类别	等级	企业	
医疗器械经营企业	诚信	杭州广硕商贸有限公司	
	守信	桐庐康力医疗设备有限公司	桐庐力轩医疗器械有限公司
		桐庐康泰医疗器械有限公司	桐庐景天医疗器械有限公司
		桐庐亚泰医疗器械有限公司	桐庐富尔克医疗器械有限公司
		桐庐申屠医疗器械有限公司	桐庐新洲济医疗器械有限公司
		桐庐贯通医疗器械有限公司	

表 41

桐庐县 2010 年药品零售企业信用等级一览

药品零售企业	AAA	桐庐桐君堂大药房连锁有限公司桐君连锁店 桐庐县新开元医药零售有限公司瑶琳药店 桐庐分水舒心堂药房	桐庐桐君堂大药房连锁有限公司七里泷连锁店 桐庐怡生堂大药房连锁有限公司广场路连锁店
药品零售企业	AA	桐庐桐君堂大药房连锁有限公司康佳连锁店 桐庐桐君堂大药房连锁有限公司武盛连锁店 桐庐桐君堂大药房连锁有限公司圆通连锁店 桐庐桐君堂大药房连锁有限公司保康连锁店 桐庐桐君堂大药房连锁有限公司百姓连锁店 桐庐桐君堂大药房连锁有限公司康使连锁店 桐庐桐君堂大药房连锁有限公司安保连锁店 桐庐桐君堂大药房连锁有限公司健康超市 桐庐桐君堂大药房连锁有限公司大丰连锁店 桐庐桐君堂大药房连锁有限公司洋塘连锁店 桐庐桐君堂大药房连锁有限公司家景连锁店 桐庐桐君堂大药房连锁有限公司白云源东路连锁店 桐庐县新开元医药零售有限公司合村药店 桐庐县新开元医药零售有限公司方埠药店 桐庐县新开元医药零售有限公司凤川药店 桐庐县新开元医药零售有限公司江南药店 桐庐县新开元医药零售有限公司横村药店 桐庐县新开元医药零售有限公司 桐庐怡生堂大药房连锁有限公司分水连锁店 桐庐怡生堂大药房连锁有限公司富春路连锁店 桐庐怡生堂大药房连锁有限公司瑶琳路连锁店 桐庐怡生堂大药房连锁有限公司分水玉华街连锁店 桐庐怡生堂大药房连锁有限公司横村连锁店 桐庐怡生堂大药房连锁有限公司瑶琳路第二连锁店 桐庐怡生堂大药房连锁有限公司迎春路连锁店 桐庐怡生堂大药房连锁有限公司上洋洲连锁店 桐庐怡生堂大药房连锁有限公司春江路连锁店 桐庐怡生堂大药房连锁有限公司分水站前连锁店 桐庐怡生堂大药房连锁有限公司中杭路连锁店 桐庐好邻居大药房连锁有限公司横村连锁店 桐庐好邻居大药房连锁有限公司分水连锁店 桐庐好邻居大药房连锁有限公司迎春路连锁店 桐庐好邻居大药房连锁有限公司春江路子陵连锁店 杭州尽心药店连锁有限公司桐庐凤川连锁店 桐庐县康乐卫生物资公司横村青春药店 桐庐春天大药房有限公司 桐庐友和药房 杭州欣舟大药房连锁有限公司桐庐上洋洲店 桐庐神农药房 桐庐老街药店 杭州为诚人家医药连锁有限公司桐庐春江路连锁店 桐庐康源药房 桐庐平易大药房 桐庐惠安大药房有限公司徐家埠药店 杭州海王星辰健康药房有限公司迎春南路店	桐庐桐君堂大药房连锁有限公司分水连锁店 桐庐桐君堂大药房连锁有限公司东门连锁店 桐庐桐君堂大药房连锁有限公司迎春连锁店 桐庐桐君堂大药房连锁有限公司梧桐连锁店 桐庐桐君堂大药房连锁有限公司李家连锁店 桐庐桐君堂大药房连锁有限公司下城连锁店 桐庐桐君堂大药房连锁有限公司百康连锁店 桐庐桐君堂大药房连锁有限公司怡景连锁店 桐庐桐君堂大药房连锁有限公司石马连锁店 桐庐桐君堂大药房连锁有限公司滕氏连锁店 桐庐桐君堂大药房连锁有限公司乔林连锁店 桐庐县新开元医药零售有限公司印渚药店 桐庐县新开元医药零售有限公司岩桥药店 桐庐县新开元医药零售有限公司旧县药店 桐庐县新开元医药零售有限公司百江药店 桐庐县新开元医药零售有限公司阳普药店 桐庐县新开元医药零售有限公司钟山药店 桐庐县康乐卫生物资公司康乐药店 桐庐恒春堂大药房有限公司 桐庐春天大药房有限公司深澳分公司 杭州欣舟大药房连锁有限公司桐庐家景店 桐庐益民药店 桐庐正大药房 桐庐以琳药店 桐庐惠安大药房有限公司 桐庐惠安大药房有限公司西关药店

续表 41

药品零售企业	A	桐庐桐君堂大药房连锁有限公司城西连锁店 桐庐桐君堂大药房连锁有限公司城中连锁店 桐庐桐君堂大药房连锁有限公司洋洲连锁店 桐庐桐君堂大药房连锁有限公司世纪花城连锁店 桐庐桐君堂大药房连锁有限公司迎春南路连锁店 桐庐桐君堂大药房连锁有限公司嘉南连锁店 桐庐县新开元医药零售有限公司深澳药店 桐庐县新开元医药零售有限公司芝厦药店 桐庐怡生堂大药房连锁有限公司下城连锁店 桐庐怡生堂大药房连锁有限公司瑶琳友谊路连锁店 桐庐怡生堂大药房连锁有限公司迎春南路连锁店 桐庐好邻居大药房连锁有限公司旧县连锁店 桐庐好邻居大药房连锁有限公司石阜连锁店 桐庐好邻居大药房连锁有限公司胜峰连锁店 杭州欣舟大药房连锁有限公司桐庐阳光华庭店 桐庐康力药店 桐庐强身药房 桐庐千恩堂药房	桐庐桐君堂大药房连锁有限公司鑫龙连锁店 桐庐桐君堂大药房连锁有限公司富春连锁店 桐庐桐君堂大药房连锁有限公司俞赵连锁店 桐庐县新开元医药零售有限公司窄溪药店 桐庐县新开元医药零售有限公司莪山药店 桐庐怡生堂大药房连锁有限公司七里泷连锁店 桐庐好邻居大药房连锁有限公司百江连锁店 桐庐安康药店 桐庐神农药房芝厦分店 桐庐百诚药房
	B	桐庐桐晟堂药房	

【家庭过期药品回收】 2010年，在全县57个家庭过期药品回收点，回收家庭过期药品681盒(瓶)，货值5662元，其中桐君堂大药房连锁有限公司303盒(瓶)、怡生堂大药房连锁有限公司297盒(瓶)、好邻居大药房10盒(瓶)、桐君街道迎春社区71盒(瓶)。回收的药品在相关企业监督下统一销毁。

【药械企业审批】 2010年，新开办零售药店40家，变更43家，换证4家，注销12家，GSP认证5家，GSP跟踪检查9家；新开办医疗器械经营企业32家，变更13家，许可证到期换证5家，注销4家。执业药师注册12人，其中首次注册2人、变更注册4人、再次注册6人。

【行政执法回访】 2010年，以“三查看三询问”为载体，开展行政执法回访工作。通过查看检查档案、查看整改报告、查看企业现场，对曾受行政处罚或被列入重点回访对象的单位进行定期走访，现场核查，提出整改要求；情节严重的，依法予以处理。通过询问企业人员关于工作人员在办案过程中是否有不廉洁行为、询问企业人员对相关政策和法律法规了解程度、询问企业对执法工作的意见及建议，发现自身不足。全年抽取的40个回访样本中，均对药监局行政执法工作表示非常满意或满意。

【阳光权力梳理】 2010年，出台《2010年构建权力阳光运行机制工作细化方案》，明确规定梳理行政权力对象、依据。全年梳理出行政监管9项，行政收费1项，行政强制8项。至此，县食品药品监管局所有行政权力梳理完毕：有行政处罚183项、行政许可6项，行政监管9项、行政强制8项、行政收费1项。各项权力法律依据完整，行政职能准确。

(张岳峰)

·安全生产监督·

【概况】 2010年，桐庐县发生各类安全事故236起，死亡56人(其中发生死亡3人的道路交通事故1起)，受伤198人，直接经济损失177.47万元。与2009年比，事故起数下降5.97%，死亡人数下降5.08%，受伤人数下降3.41%，直接经济损失下降1.20%，实现省、市政府提出的“三项指标”零增长目标。

是年，县安全生产监督管理局出动安全检查执法力量6800余人次，发出各类执法文书1000余份，立案查处工矿商贸领域安全生产违法案件46起，行政罚款181余万元。核发烟花爆竹零售经营许可证230本，烟花爆竹零售(临时)经营许可证77本，前期受理矿山、危险化学品生产(经营)单位现场勘察服务216人次。2010年，该局被评为2007～2009年度杭州市安全生产先进单位；在杭州市安全生产综合目标管理责任制考核中，被评为优秀。

【事故隐患整改】 围绕“安全生产年”“企业主体责任落实年”主线，开展隐患排查治理活动，并将桐庐江南

桐庐县2010年"安全生产月"活动启动仪式

造船厂等10家企业列为2010年度县级工矿商贸企业重点事故隐患整改单位进行挂牌督办。是年，全县排查出一般隐患7723处，整改到位7688处，整改率99.55%；排查出重点隐患10处，全部整改到位并销号，落实整改资金2300余万元。组织重大危险源普查，由杭州市安全生产监督管理局备案管理2家危化品生产企业为重大危险源，不断完善更新安全管理数据库。

【安全生产专项整治】 1. 烟花爆竹专项整治：结合县政府"退四保一"方案，2010年1月，4家烟花爆竹生产企业平稳、有序、安全关停；突出日常监管力度，县安监、公安、工商、质监等部门联合打击非法活动，不断规范烟花爆竹经营市场秩序，全年查处烟花爆竹违法经营行为3起，没收非法烟花爆竹700余箱，行政拘留5人。

2. 危险化学品安全专项整治：是年，完成81家危险化学品从业单位取证、换证、备案、变更等行政许可工作。检查危险化学品生产经营单位170余家次，现场检查记录110余份，发出整改指令书16份，强制措施决定书14份。通过检查，发现并整改消除各类隐患和问题320余条，查处危险化学品安全生产违法行为2起(其中1起移交公安部门)，8家危化品生产企业成为安全标准化达标企业。

3. 矿山整治：县安监、纪委、国土等部门联合到全县9家矿山企业生产一线，进行地毯式检查，发出各类执法文书58份，立案查处3起。

4. "环沪护城河"行动：安监部门与全县40余家危险化学品生产、使用、经营、运输单位负责人签署《桐庐县上海世博会期间危险化学品安全管理承诺书》，出动180余人次，现场检查记录48份，发出整改指令书25份，强制措施决定书8份，立案查处违法行为3起，督促企业落实危险物品流向登记管理制度，控制危险物品流入(途经)敏感地区。上海世博会期间，交通部门对进沪车辆进行检查。

【应急救援体系建设】 2010年，完善应急预案，进一步提升事故救援能力。9月，成立桐庐县综合应急救援大队，将安监、医疗、交通、民政、地震、城建、城管、电力、通信等专业应急救援队伍纳入综合应急救援大队作战训练体系。各相关部门和企业开展应急救援知识讲座和预案演练活动。在"防震减灾日"期间，县教育局在三合中学举行教育系统应急避险大演练启动仪式，全县各学校广泛开展消防、地震、交通、山体滑坡等应急逃生演练，参与演练师生39404人；交通、环保、公安和安监等部门组织公路上边坡塌方和危化品运输泄漏应急演练；消防部门组织桐庐大润发、世纪联华等大型商场超市开展消防应急演练；质监部门组织液化石油气公司开展承压类设备事故应急演练。

【危化品百日专项行动】 2010年9月，县政府办公室下发《关于印发桐庐县危险化学品使用单位安全隐患排查整治百日专项行动方案的通知》，进行再宣传、再发动和再部署。至年底，排查企业6000余家，排查出涉及危险化学品使用单位320余家，通过《危险化学品使用情况调研系统》进行网上申报42家，并组织专家进行现场核查。

【安全生产宣传教育】 2010年，围绕"安全发展，预防为主"主题，举办大型广场咨询、图片展览、送戏下乡等宣传活动。全县累计悬挂横(直)幅1385条(次)，张贴宣传画900余套5400余张，出黑板报428期，发放各类宣传资料11200份(册)；组织安全培训300多期，受训职工近32000人次，其中培训生产经营单位负责人510余名、安全管理人员630余名、培训烟花爆竹从业人员450余名、培训电焊工等特种作业人员292名；230余篇(条)宣传稿件在国家、省、市、县各类媒体发表。

(沈关忠)

·县国投公司经营管理·

【概况】 桐庐县国有资产投资经营有限公司(以下简称县国投公司)于2010年1月单设运营。公司内设办公室、产权管理部、投融资经营部、计划财务部，主要职责是:受县国资委委托履行出资人职责，进行对外投资，收购非国有股权和资产；发挥融资主平台作用，做好政府重大建设项目融资；负责子公司财务监管，做好政府投资项目建设资金审核拨付；统筹做好子公司资金调度工作；协助县财政等部门做好子公司建设项目概算审核工作。是年，国投公司实现县本级各平台融资 23.93 亿元。对迎春商务区建设、下轮芝溪垅重点区块拆迁、杭黄高铁桐庐段前期、县城滨江区块在建项目、横村江南镇重点区块拆迁等重点工程调剂资金 17.91 亿元。对租赁合同到期的经营性资产分批进行公开拍租，新签租赁合同 246 份，合同总价值 1470.292 万元；公开拍卖行政事业单位闲置车辆 11 辆，成交总价 16.7 万元；为桐君街道、县城农民集聚置换公寓建设工作组等 6 家单位、临时机构调剂解决办公用房。年末，6 亿元公司债券发行已经国家发改委批准，其他审批程序正在进行中。

【国有资产清查】 2010 年 5 月，根据县政府《关于开展全县国有资产清查工作的通知》要求，县国投公司协同各主管部门分行政事业组、国有企业组、转制企事业和清算组 3 个清查小组按照“统一政策、统一方法、统一步骤、统一要求、分类处置”原则，采取“包干到组、明确分工、责任到人”方式，逐户实地梳理核对县本级不动产(土地、房屋、汽车)现状。至 11 月，清查行政企事业单位 308 家，基本摸清桐庐县县本级不动产资产总额为 185 亿元，负债 82 亿元，净资产 103 亿元。

(龚兴法)

【责任编辑　骆国庆】

党　政

·中共桐庐县委·

【县委十二届八次全体(扩大)会议】 2010年7月19日,县委、县政府在县政府会议中心召开中共桐庐县委十二届八次全会暨县政府十四届八次全体(扩大)会议。县委书记戚哮虎作题为《坚持不懈抓落实　扎实苦干促成效　努力推动"潇洒桐庐"再创一流新业绩》的报告。会议主题是:深入贯彻落实中共十七届四中全会、省委十二届七次全会及市委有关会议精神,总结2010年上半年工作,全面部署下半年任务,动员全县各级党组织和广大干部群众咬定目标、扎实苦干、创先争优,确保全年各项目标任务完成,为"十二五"发展奠定基础。会议要求,全县各级各部门要始终突出科学发展的工作理念、转型升级的工作重点、真抓实干的工作作风和争先进位的工作目标,咬定目标不放松,千方百计谋发展,确保圆满完成全年各项目标任务,努力推动"潇洒桐庐"争先进位,再创佳绩。各级各部门要围绕争先进位总体目标,全力以赴打好攻坚战。要坚持优化升级,不断推进工业经济做大做强;坚持强化投入,不断推进项目建设增速增效;坚持统筹城乡,不断推进"三农"工作深入深化;坚持建管并重,不断推进城市品位提质提升;坚持改善民生,不断推进社会事业进步进位;坚持强化党建,不断推进干部队伍高效高廉。

【县委十二届九次全体(扩大)会议】 2010年12月27日,县委、县政府在县政府会议中心召开中共桐庐县委十二届九次全会暨县政府十四届九次全体(扩大)会议。县委书记戚哮虎作题为《坚持统筹发展　加速转型升级　努力实现潇洒桐庐"十二五"精彩开局》的报告。会议主题是:深入学习贯彻中共十七届五中全会、省委十二届八次全会及杭州市委全会精神,回顾总结"十一五"工作,审议通过《中共桐庐县委关于制定桐庐县国民经济和社会发展第十二个五年规划的建议》,研究部署下一个五年任务,动员全县上下解放思想、克难攻坚,继续开创"潇洒桐庐"科学发展新局面,努力实现"十二五"精彩开局。会议指出,五年来,县委常委会带领全体党员干部和广大群众,深入实施"工业强县、环境立县、开放活县、和谐兴县"四大战略,发扬革命加拼命的精神,务实苦干、开拓创新,胜利完成"十一五"规划确定的主要目标任务。2011年是"十二五"规划的第一年,全县上下要继续大力弘扬解放思想、敢想敢干,脚踏实地、拼命苦干,和衷共济、合力快干的精神。要敢于冲破传统观念的束缚,干别人想干不敢干的事,干别人敢干不会干的事,先人一步、快人一拍;要进一步强化勤政意识、实干意识和追赶意识,敢于碰硬、勇于挑担,努力提高执行能力;要坚持既定目标不动摇,既定战略不松劲,鼓足斗志,以最大的合力迎接所有的挑战,战胜发展中的困难,开创各项工作新局面。会议要求,"十二五"期间,各级各部门要大力推进转型升级,做大做强工业经济,做特做优农业经济,做活做旺第三产业,做新做精生态经济,不断强化统筹发展支撑;要大力推进新型城市化,强化建设现代化中等城市、品质化小城市和个性化美丽乡村,突显统筹发展路径;要大力推进项目建设,强化项目引进生成、管理推进和保障监督,深化统筹发展载体;要大力推进民主民生,加快社会事业发展,创新社会管理模式,推进民主法治建设,深化体制机制改革,激发统筹发展活力;要大力推进党的建设,打造素质过硬的干部队伍,建设坚强有力的基层组织,营造廉洁高效的发展环境,增强统筹发展保障。

【县委常委会议】 2010年1月28日,县委常委会反腐倡廉专题民主生活会议召开。

2月1日,审议研究乡镇(街道)、部门工作业绩和领导班子综合考评结果。

2月9日,审议研究县城中心广场改造提升概念性规划方案、下轮村地块控规调整方案、《关于加快农村住房改造建设实施意见》等有关事宜。

2月22日,专题听取党建群团部门、宣传思想和精神文明建设、政法(综治)和信访、农业农村和反腐倡廉等相关工作汇报。

3月1日,审议县管干部2009年度考核等次评定建议方案。

4月16日,审议研究《桐庐县城乡居民社会养老保险实施意见》《桐庐县“十二五”规划总体思路研究》《中共桐庐县委关于对派驻纪检监察机构实行统一管理的实施意见》,与浙江工商大学杭州商学院合作办学有关事项和人事问题等事宜。

5月14日,审议研究《关于社区党组织和居委会换届选举工作有关意见》《关于建立健全学习实践科学发展观长效机制的意见(送审稿)》《关于进一步加强非公有制企业党建工作的意见(送审稿)》《关于进一步加强社区党建工作的意见(送审稿)》《关于加强新社会组织党建工作的意见(送审稿)》《关于进一步从严管理干部的实施意见(送审稿)》《中共桐庐县委关于新提拔县管正职向县委全委会述职并接受民主评议实施办法(试行)》等事宜,通报国家土地督察上海局对桐庐县土地管理例行督察的有关情况。

6月12日,审议研究《关于2010年度乡镇(街道)考核评价实施办法(送审稿)》《关于完善县级机关、直属单位年度考核评价办法的通知(送审稿)》《关于推进中心镇扩权强镇工作的实施意见(送审稿)》《关于深化医药卫生体制改革的实施意见(送审稿)》《关于深入开展以“学英雄、当先锋,贴民心、促发展”为主题的“春江先锋”创先争优活动的实施意见(送审稿)》和“七一”表彰等有关事宜。

7月13日,审议研究《县委十二届八次全会暨县政府十四届八次全体(扩大)会议工作报告》《桐庐县凤川—江南新城概念规划》《杭黄高铁桐庐站场综合体概念规划》等有关事宜。

8月16日,审议研究《关于加快传统农业转型升级发展现代农业的若干政策意见(送审稿)》、听取近期人事工资工作情况汇报及传达学习杭州市委工作会议精神等有关事宜。

10月22日,审议研究《桐庐文化博览园详细规划设计方案》《关于以新型城镇化为主导,加快推进全县城乡统筹发展的实施意见》,2010年“十百”工程创建情况等有关事宜。

10月25日,审议研究关于2010年“十百”工程创建情况和人事调配等有关事宜。

11月4日,研究人事调配问题。

11月7日,研究人事调配问题。

11月22日,审议研究关于2010年全县安全生产工作,《启动部分乡镇、街道区划调整的建议》《桐庐县农村住房置换县城公寓房试行办法(送审稿)》《桐庐县进一步加快县城农房改造引导农民集聚的实施意见(送审稿)》《原事业单位转制后退休人员的情况说明及相关待遇的建议(送审稿)》,桐庐县05、16省道有限公司不良贷款转化工作以及机关规范津补贴后人事工资工作等有关事宜。

12月8日,审议研究关于乡镇(街道)区划调整方案和干部人事调配工作等有关事项。

12月13日,审议研究《行政区划调整方案》和县“两会”筹备工作情况等有关事宜。

12月21日,审议研究《县委十二届九次全会(扩大)会议报告》《中共桐庐县委关于制订“十二五”规划的建议》、扩大公积金缴费基数有关问题、桐庐县公共卫生与基层医疗卫生事业单位绩效工资实施办法和干部人事调配工作等事宜。

【政法工作会议】 2010年3月12日上午,全县政法(综治)和信访工作会议召开。会议主要任务是:贯彻落实全国、省市政法、信访工作会议精神,总结2009年政法(综治)信访工作,分析当前面临形势,部署2010年工作任务。会议指出,2010年全县政法(综治)和信访工作的总体要求是:坚持以科学发展观为指导,紧紧抓住影响社会和谐稳定的源头性、根本性、基础性问题,以创建“平安、法治桐庐”为主线,以“基层基础建设年”活动为抓手,着力服务于经济建设、服务于社会稳定两个大局,深入推进社会矛盾化解、社会管理创新、公正廉洁执法3项重点工作,加强责任体系、基层基础、干部队伍建设,为桐庐县经济社会又好又快发展提供有力保障。

【农村工作会议】 2010年2月24日上午,全县农村工作会议召开。县委书记戚哮虎作题为《强农业基础　促城乡统筹　在更高平台上推进社会主义新农村建设》的报告。会议主要任务是:贯彻落实中央、省市农村工作会议和县委十二届七次全会精神,总结2009年农业农村工作,分析当前农业农村发展面临的形势,研究加快现代农业发展和新农村建设的意见,全面部署2010年全县农业农村工作。会议要求,2010年要以农业增效为目标,优化现代农业产业结构;以民生改善为重点,加快农村社会事业发展;以项目建设为抓手,加强农村基础设施建设;以深化改革为动力,通过探索农村融资改革,做活土地林地流转,壮大村级集体经济,激发农村工作发展活力。

【纪委全会】 2010年3月1日上午,中共桐庐县第十二届纪律检查委员会第五次全体(扩大)会议召开。会议主要任务是:全面贯彻落实中共十七大、十七届四中全会和中央、省市纪委全会,以及县委十二届七次全会精神,回顾总结桐庐县2009年党风廉政建设和反腐败工作,研究部署2010年工作任务。会议指出,2010年全县反腐倡廉建设的总体要求是:按照中共十七大、十七届四中全会和十七届中央纪委五次全会、省纪委十二届五次全会、市纪委十届五次全会和县委十二届七次全会精神的部署，坚持反腐倡廉方针，以贯彻实施《中国共产党党员领导干部廉洁从政若干准则》，深化作风建设和构建具有桐庐特色惩防体系，强化制度建设为主线，抓紧解决反腐倡廉建设中人民群众反映强烈的突出问题，深化打造“廉洁桐庐”工作，努力开创党风廉政建设和反腐败工作新局面。

【组织宣传思想和统战工作会议】 2010年2月21日下午，全县组织、宣传思想和统战工作会议召开。2010年，组织工作总体要求是：围绕“提高组织工作科学化水平”目标，突出深化干部人事制度改革、提高选人用人公信度、加强干部服务管理、创新人才工作机制、构建统筹城乡的党建工作新格局、强化部机关自身建设等重点，改革创新、求真务实、统筹推进，为加快推进“潇洒桐庐”建设提供坚强的组织保证和人才支持。宣传思想工作主要任务是：要从国际国内大背景、大趋势、大事件中把握形势，从2010年的特殊情况、特殊要求中把握形势，分析这些机遇和挑战给宣传思想工作提出的新要求，把握工作主动权，总结成熟的工作经验，创新工作模式，突破工作瓶颈，推动宣传思想工作不断迈上新台阶。统战工作总体思路是：围绕深入实施“工业强县、环境立县、开发活县、和谐兴县”四大战略，把促进经济发展方式转变、保持经济社会平稳较快发展作为首要任务，服务大局谋发展，凝心聚力促和谐，突出重点抓落实，夯实基础强基层，切实提高统一战线工作的综合水平，为巩固党的执政基础，为共建“潇洒桐庐”作出新的贡献。

【县委理论学习中心组学习会】 2010年2月8日，参加县2009年度推进惩防体系建设和落实党风廉政建设责任制检查考核情况会议。

3月17日，听取省委宣传部常务副部长胡坚作题为《建设学习型党组织，打造高素质干部队伍》的讲座。

3月30日，听取中国人民银行总行党校副校长、经济学博士、研究生导师许健作题为《当前经济金融形势政策导向及企业应对策略》的讲座。

4月21日，在县政府大院沉痛哀悼青海玉树遇难同胞，带头为灾区捐款。

4月28日，观看以陈柱平、钟伟良抗洪斗争的英雄事迹和他们日常工作、生活中真实事迹为素材的电影《芦茨湾的呼唤》。

5月6日，听取省纪委常委张伟斌作题为《〈中国共产党党员领导干部廉洁从政若干准则〉学习辅导》的讲座。

7月9日，听取县公安局工作汇报，观看全国政协原副主席、中国工程院前院长徐匡迪作题为《应对气候变化，发展低碳经济》辅导报告录像。

7月15日，听取浙江省复兴国学院执行院长、浙江省收藏协会副会长，浙江省著名国学家、书画家陈梦麟作题为《国学漫谈》的讲座。

8月3日晚，听取全国人大代表、北京市政府参事、国际生态城市建设理事会副主席、中国科学院生态环境研究中心教授王如松作题为《生态文明建设的理论和实践》的讲座。

9月16日晚，听取中国科学院应用研究与发展局高级工程师、中国科学院老科学家科普演讲团成员王宁寰作题为《低碳经济与节能减排》的讲座。

10月15日，听取中国国防大学教授、海军少将、军事战略学博士研究生导师、中央电视台特约评论员张召忠作题为《周边形势与军事热点》的讲座。

10月21日，传达中共十七届五中全会和市委领导干部会议精神，布置当前工作。

11月4日，听取美国斯坦福大学博士王青平作题为《从创意到盈利——美国地方创意经济发展借鉴》的讲座。

12月6～7日，到诸暨、嵊州、临海考察工业经济和新农村建设。

12月13日，召开经济社会发展务虚研讨会，谋划2011年度全县经济社会发展思路。

12月15日，听取省委政策研究室副主任沈建明作关于“十二五”规划的专题讲座。

【调查研究工作】 2010年，县委办公室结合创先争优活动，围绕“加快转变发展方式，推进农业转型升级”“加强农村基层组织建设”“加快我县现代服务业发展”等主题，开展“一人一题”大调研活动。编写《关于开展区县协作的思考与建议》等调研报告，并转化为县委政策文件。成立“十二五”规划建议调研起草组，对“十二五”时期桐庐县经济社会发展的指导思想、基本原则、奋斗目标、工作举措等进行调研，在此基础上起草《桐庐县国民经济和社会发展第十二个五年规划的建议》。制定县委、县政府领导年度调研活动方案，确立转型升级、民生和谐、党的建设3方面18个重点调研课题，加强对调研成果的汇编与转化，建立健全科学发展的体制机制。

（蒋 蓉）

·纪检监察工作·

【监督检查】 2010年,县纪委(监察局)会同有关部门继续推进全县政府投资项目工程建设效能监察全覆盖工作,对中央扩大内需项目和国家开发银行贷款项目、县农村生活污水及农家乐污水处理工程等重点工作开展专项检查。成立桐庐县国土资源领域腐败问题治理工作协调小组及其办公室,开展违法用地专项执法监察和分水江流域砂石整治活动。会同有关部门开展大学生公寓和外来人口公寓建设使用情况专项检查、房地产开发领域违规变更规划调整容积率问题专项治理、国有土地出让金清欠行动、节能降耗监督检查、教育系统食堂财务管理检查、统计执法大检查、强农惠农资金清理检查和全县国有资产清查。

【工程建设领域突出问题专项治理】 2010年,全面排查桐庐县2008年以来716个立项、在建、竣工的政府投资项目,发现问题170个,落实整改135个,罚没、补交款项114.874万元,党政纪处理累计14人。加强政府投资工程建设项目管理,成立县标后监督检查工作机构,针对政府投资项目合同履约和施工(监理)单位项目管理班子人员到岗到位等情况,组织开展5次专项检查,随机抽选检查建设、水利、土地整理、交通工程等51个项目施工现场,发出整改通知书50份,督促行业行政监管部门处理违规施工、监理单位10家。出台重大行政决策咨询制度和重大决策听证制度,推行"阳光规划",修订竞争性发包管理办法、监理评标决标办法、中介机构管理办法和政府投资项目施工图预算(标底)审计规定。

【"深化作风建设年"活动】 2010年,以"治庸治懒、提能增效、狠抓落实"为主题,深化作风建设年活动。出台《进一步严明外出考察纪律规定》,执行外出请假审批制度,取消20余批带有旅游性质的外出考察申请,查处1起公款旅游违规案件。出台《关于党员干部操办婚丧嫁娶等事宜的纪律规定》,要求党员干部执行参与操办本人及近亲属婚丧嫁娶等事宜申报制度。专项整治党员干部借机敛财问题,查处1起利用职务之便以乔迁新居名义收受礼金的违纪行为。在桐庐电视台开设"聚焦政风行风"电视专题,全年播出8期节目。建立勤政谈话制度,40余家单位开展效能谈话4200余人次。

【效能投诉信息化办理机制】 加强县机关效能监察投诉中心信息化建设,效能投诉平台与县长热线、县长信箱和网上信访3个平台统一纳入县政府门户网站"政民互动"栏目,在各乡镇、部门等108个单位设立终端并实现数据网络互通,使投诉处理网络覆盖全县,实现网上受理、网上交办、网上反馈、网上公开"四位一体"的信息化办理模式。2010年,县机关效能监察投诉中心受理群众投诉1428件,其中反映机关作风和效能问题投诉件101件,办结反馈率100%,处理24名工作人员。采取部门与乡镇交差暗访、模拟暗访、突击暗访等形式开展效能暗访10次,效能惩戒31人。

【权力阳光运行机制】 2010年4月,网上行政审批管理系统正式运行,全县35个审批部门纳入网上行政服务中心,行政审批事项实现"外网预受理"。全县清理确认8390项权力事项,汇编成业务手册。24个未建立部门专业执法系统的行政执法单位全部使用网上执法系统,实现行政处罚网上运行全覆盖。科技项目(资金)申报管理与权力阳光网上政务大厅实现链接。招投标业务系统和政府投资项目信息管理系统进入试运行。

【廉勤预警】 2010年,对预警对象存在的苗头性、倾向性问题及时预警,加大源头防腐工作力度,促进领导干部自觉勤政廉政。全年收集预警信息27条,向23家单位发出《廉勤预警通知书》。重点抓好纠"两不"(行为不廉洁、作风不检点)、治理"三公"(公车私用、公款吃喝、公费旅游)问题、"四条禁令"的纪律检查,查处1名党员干部将公车用于私人搬家的违纪案件。是年,各级领导干部上缴现金、有价证券和支付凭证等折合人民币32万余元。

【岗位廉政教育风险响应机制】 2010年1月至12月,县级机关、事业单位梳理汇总风险点9025个,编写情景案例3489个,开展各类教育活动234次。针对不同的岗位廉政风险类别,建立岗位廉政教育风险响应机制,按风险大小分别设定1级至3级响应等级,针对不同风险、不同岗位分别开展任职教育、履职教育、日常教育。任职教育针对新录用、新提拔和转岗使用的公职人员,主要采取任前廉政培训、廉政谈话、廉政知识测试、廉政宣誓等形式进行。履职教育在公职人员承担某项重大任务之前开展,主要采取廉政培训、风险提示、廉政承诺和廉政谈话等形式进行。日常教育主要采取专题教育、示范教育、警示教育、网络教育、电化教育、互动教育等形式进行。

【执纪办案】 2010年,受理群众信访举报188件次,办结率97%,信访总量比2009年下降12.96%,其中重复信访3件次,同比下降87.5%;反映农村党员干部问题的信访99件次,比2009年下降8.3%。注重本级纪委信访件查办工作,全年自办信访件40件次,重点加大信访公开和实名信访举报的办理力度，查处村干部违纪问题。全年立案查处党纪、政纪案件95件，结案93件，给予党纪处分90人(次)，其中开除党籍20人、留党察看5人、撤销党内职务1人、严重警告24人、警告40人；给予政纪处分3人(次)，其中开除公职1人、记大过1人、记过1人。为8名党员干部澄清问题。

【纠风治乱】 2010年，开展全省统一部署的工商系统民主评议行风活动，开展涉农系统民主评议"回头看"活动，开展"公述民评"和"千企评百岗"活动和首届"政风行风建设十佳创新服务举措"评选。专项整治损害农民利益问题，制定《关于进一步规范农民负担监督管理的若干意见》，通报6家加重农民负担单位，处理责任人员。查处哄抬农资价格、制售假劣农资坑农害农行为1件，涉及12万元；建立完善减轻农民、企业负担长效机制48项；累计取消、暂停、降低52个行政事业性收费项目，涉及2583.63万元，其中取消41个涉企行政事业性收费项目涉及1700万元；查处涉企乱收费、乱罚款和各种摊派问题，涉及145.87万元；取消庆典论坛活动9个，清理规范庆典、论坛活动节约经费122万元；通过集中采购药品降价258.52万元；查处学校乱收费问题涉及12.36万元，清退违规收费7.088万元；查处食品药品安全事件43起，涉及23.8586万元；查处公路"三乱"(乱收费、乱罚款、乱设卡)问题4个，涉及147万元；降低公务支出和行政成本201.67万元；继续强化对社保基金、住房公积金和扶贫、救灾专项资金监管；继续开展治理商业贿赂工作，查处涉及商业贿赂案件6起，涉案38万余元，处理4名公职人员。

【廉政文化建设】 2010年8月，在全县开展"助廉家庭"、廉政文化进家庭先进单位评选活动，评选出11户"助廉家庭"及1个廉政文化进家庭先进单位。6月～8月，开展廉政小小说大奖赛征文活动，收到来自全国各地的参赛作品112篇，评出一等奖1名、二等奖2名、三等奖3名，制作出版《首届桐庐县廉政小小说大奖赛获奖作品集》。开展青少年学生参观"清风之旅"廉洁教育基地活动，推进廉政文化进校园工作。命名桐君街道大丰村等10个行政村为2010年度县级廉政文化进农村建设示范点。新合乡松山村、桐庐县迎春小学、桐君街道东门社区被评为杭州市廉政文化建设示范点。至2010年，全县有市级廉政文化建设示范点17个。

【乡镇权力规范化运行试点】 2010年，在横村镇和富春江镇试点乡镇权力规范化运行工作，构建风险防控机制，规范权力运行，打造阳光政府。主要采取5步法推进工作：一是风险排查，围绕人权、事权、财权，采取组织排查、岗位自查、纪委协查的方式进行；二是界定职权，明确权力范围，划清权限，实现分权制约，特别是规避一把手一支笔权力过分集中现象；三是健全制度，围绕重大决策、重要干部任免奖惩、重大项目安排和大额度资金使用事项及其人、财、物管理等方面，建立完善相关制度；四是规范程序，制定议事规则，凡是"三重一大"的事项都要事先告知、会议中党委书记末位表态、集体票决，纪委书记同步记录，会后公布内容；五是信息公开。

【基层站所提升工程】 2010年，对2006年以来获县级以上人民满意基层站所(办事窗口)的44个基层站所实施提升工程。通过"千企评百岗"和"公述民评"活动开展社会评价；通过政风行风监督员明查暗访和效能投诉监管强化实时考评；通过量化排名加大摘牌力度，激励满意基层站所不断优化服务、转变职能、改进作风。是年，摘除2家基层站所县"人民满意基层站所"称号。

【村监会流程化监督】 2010年，在全省首创村务监督委员会流程化监督工作法，制定《村务监督委员会工作规程》，针对村务决策、村务公开、村级财务、工程建设项目和集体资产、资源处置等4大块监督内容，分别制定4张监督工作流程图，细化分解为12个监督关键环节和41项监督事项。例如针对村级事务决策实施的监督，设定方案形成监督、形成决议监督、操作实施监督等3个环节的9项重点监督内容，实现村务监督内容具体化、操作精细化、履职全程化、处理规范化运作。推行流程化监督工作法促进农村民主进程，至2010年12月，全县各村村务监督委员会召开专题会议1000余次，实施具体监督2100余项，调动群众参与新农村建设的积极性，民主氛围渐趋浓厚；融洽农村干群关系，据统计，2010年全县纪检信访总量比2009年下降12.96%，其中反映农村党员干部的信访比2009年下降8.3%，重复信访比2009年下降87.5%。

村务监督委员会对村级财务监督工作流程图(试行)

监督要点

编制预算监督

1. 全年村级集体经济预算方案是否经过“五议两公开”民主决策程序,由村民代表会议表决形成决议。

2. 全年预算决议是否在公开栏公开。

财务审核监督

1. 收支事项发生后,是否为有效凭证。

2. 凭证是否注明用途事由,并由经手人、证明人签字。

3. 由村监委集体审查,审核同意后,由村监委主任签字并加盖“村监委印章”。

4. 一次性开支在一定限额以下的由村党组织书记、村委会主任审核联签。

5. 一次性开支在一定限额以上的必须经村两委集体讨论,并提交村民代表会议讨论通过,方可报乡镇(街道)会计代理服务中心审核入账。

财务公开监督

1. 财务公开是否按月逐笔公开。

2. 逐笔公开内容是否规范。

3. 逐笔公开时间是否按规定在每月 15 日前公开上月财务收支情况。

问题处理

对不真实、不合法,内容不完整的凭证,经村监委集体审查决定,应不予报销入账。

群众对村级财务有疑问或有意见、建议的,村监委应及时受理并给予反馈、解决。

村务监督委员会对村级事务决策监督工作流程图(试行)

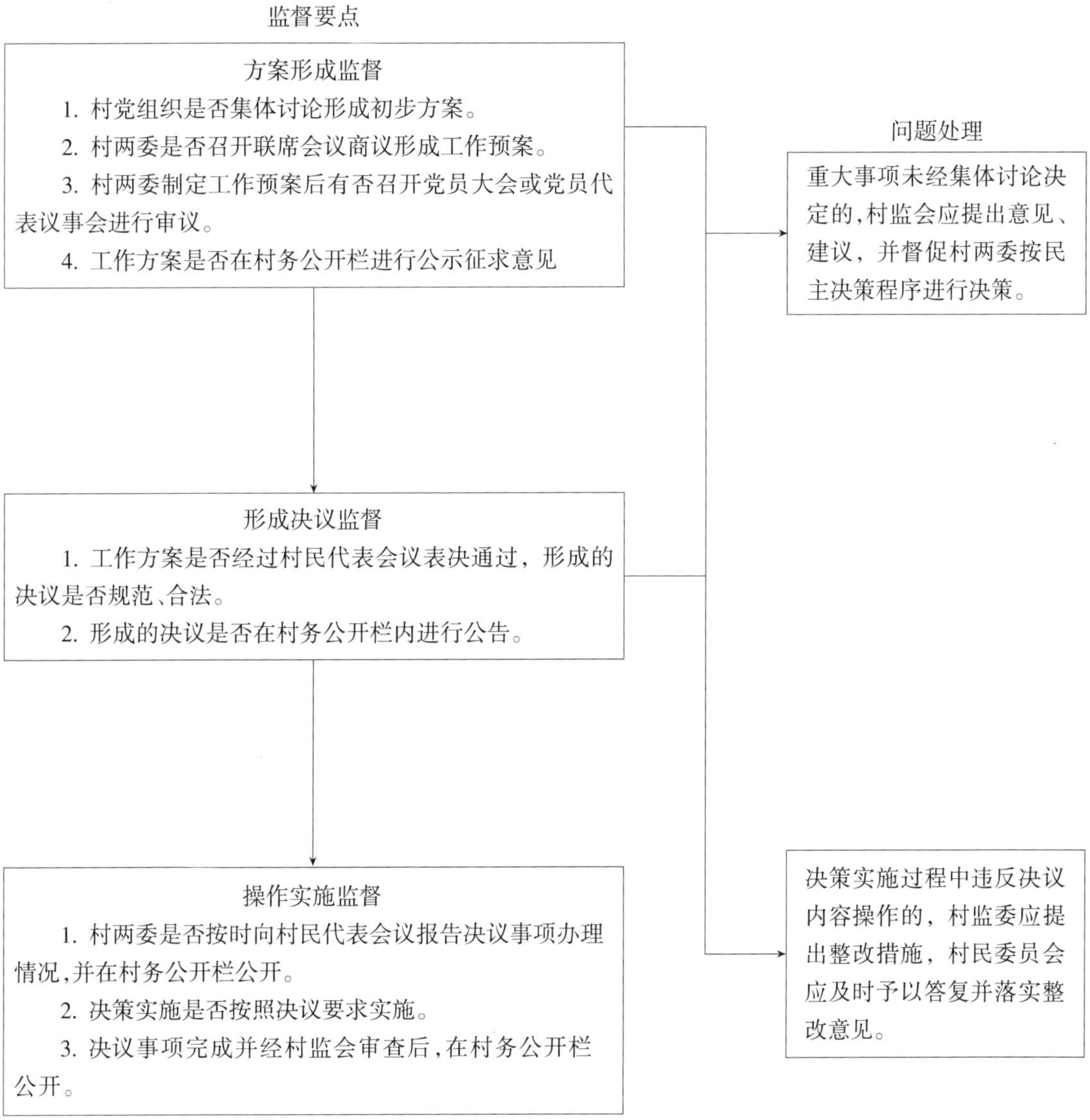

监督要点

方案形成监督

1. 村党组织是否集体讨论形成初步方案。

2. 村两委是否召开联席会议商议形成工作预案。

3. 村两委制定工作预案后有否召开党员大会或党员代表议事会进行审议。

4. 工作方案是否在村务公开栏进行公示征求意见

↓

形成决议监督

1. 工作方案是否经过村民代表会议表决通过，形成的决议是否规范、合法。

2. 形成的决议是否在村务公开栏内进行公告。

↓

操作实施监督

1. 村两委是否按时向村民代表会议报告决议事项办理情况,并在村务公开栏公开。

2. 决策实施是否按照决议要求实施。

3. 决议事项完成并经村监会审查后,在村务公开栏公开。

问题处理

→ 重大事项未经集体讨论决定的,村监会应提出意见、建议，并督促村两委按民主决策程序进行决策。

→ 决策实施过程中违反决议内容操作的，村监委应提出整改措施，村民委员会应及时予以答复并落实整改意见。

村务监督委员会对村级公共资源交易监督工作流程图(试行)

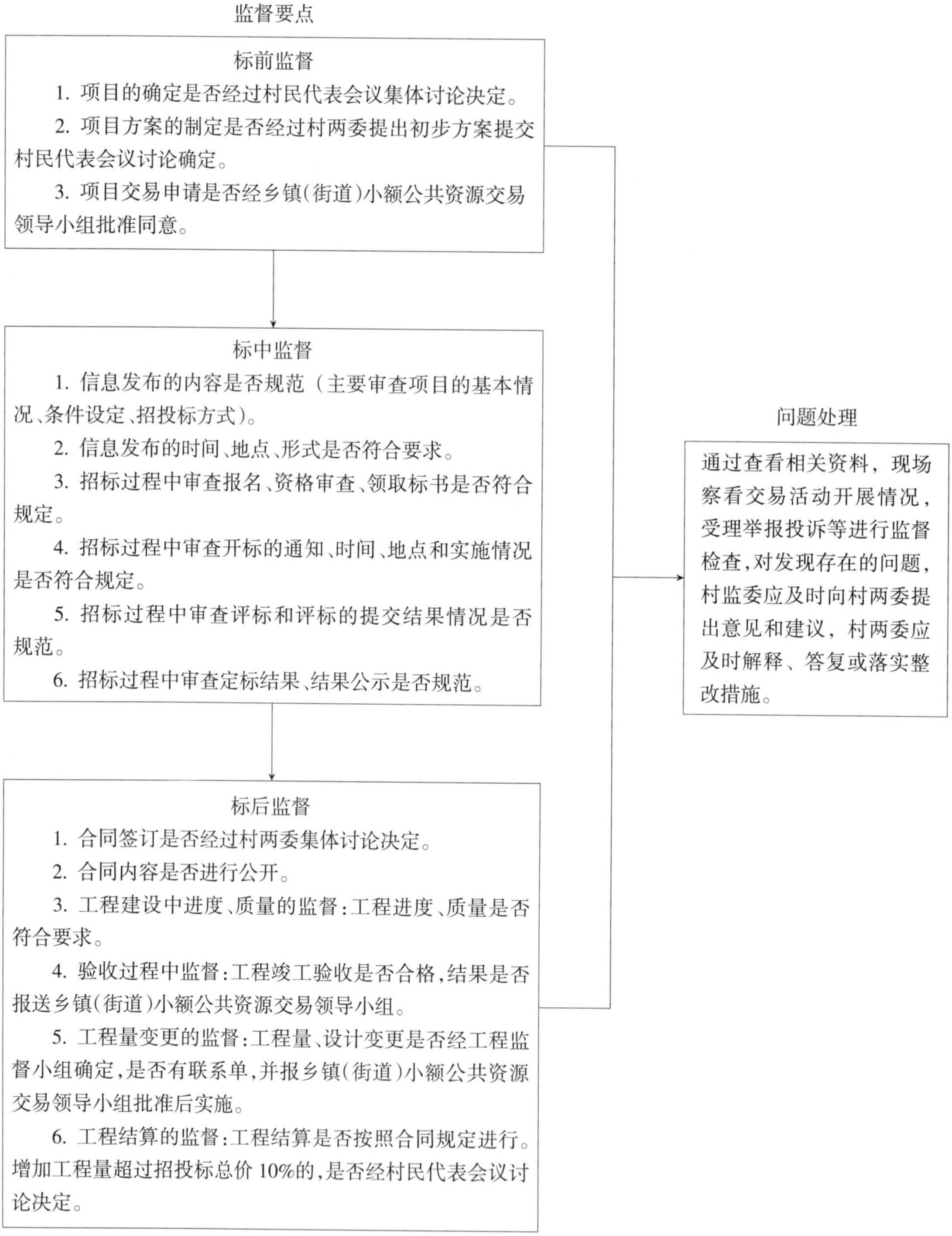

监督要点

标前监督

1. 项目的确定是否经过村民代表会议集体讨论决定。

2. 项目方案的制定是否经过村两委提出初步方案提交村民代表会议讨论确定。

3. 项目交易申请是否经乡镇(街道)小额公共资源交易领导小组批准同意。

↓

标中监督

1. 信息发布的内容是否规范(主要审查项目的基本情况、条件设定、招投标方式)。

2. 信息发布的时间、地点、形式是否符合要求。

3. 招标过程中审查报名、资格审查、领取标书是否符合规定。

4. 招标过程中审查开标的通知、时间、地点和实施情况是否符合规定。

5. 招标过程中审查评标和评标的提交结果情况是否规范。

6. 招标过程中审查定标结果、结果公示是否规范。

↓

标后监督

1. 合同签订是否经过村两委集体讨论决定。

2. 合同内容是否进行公开。

3. 工程建设中进度、质量的监督:工程进度、质量是否符合要求。

4. 验收过程中监督:工程竣工验收是否合格,结果是否报送乡镇(街道)小额公共资源交易领导小组。

5. 工程量变更的监督:工程量、设计变更是否经工程监督小组确定,是否有联系单,并报乡镇(街道)小额公共资源交易领导小组批准后实施。

6. 工程结算的监督:工程结算是否按照合同规定进行。增加工程量超过招投标总价 10%的,是否经村民代表会议讨论决定。

→

问题处理

通过查看相关资料,现场察看交易活动开展情况,受理举报投诉等进行监督检查,对发现存在的问题,村监委应及时向村两委提出意见和建议,村两委应及时解释、答复或落实整改措施。

村务监督委员会对村务公开监督工作流程图(试行)

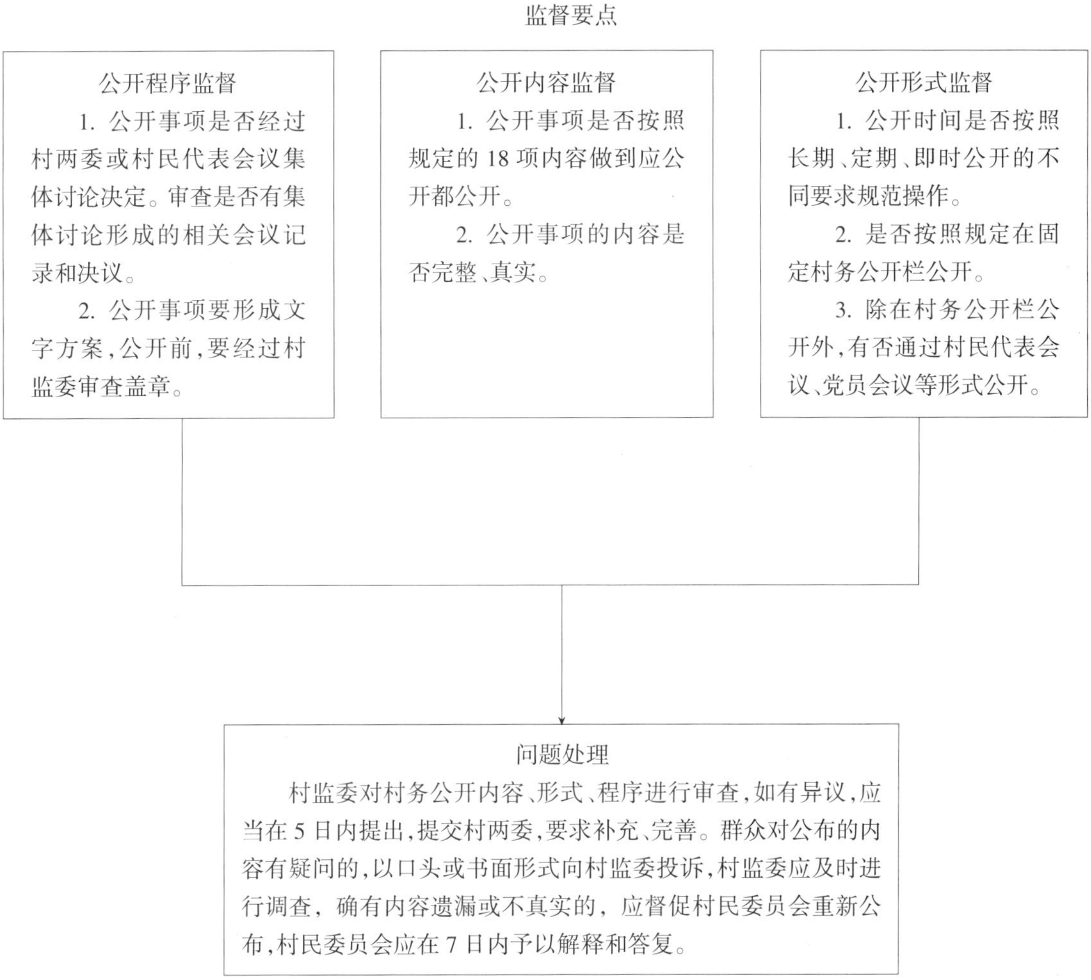

监督要点

公开程序监督	公开内容监督	公开形式监督
1. 公开事项是否经过村两委或村民代表会议集体讨论决定。审查是否有集体讨论形成的相关会议记录和决议。 2. 公开事项要形成文字方案,公开前,要经过村监委审查盖章。	1. 公开事项是否按照规定的18项内容做到应公开都公开。 2. 公开事项的内容是否完整、真实。	1. 公开时间是否按照长期、定期、即时公开的不同要求规范操作。 2. 是否按照规定在固定村务公开栏公开。 3. 除在村务公开栏公开外,有否通过村民代表会议、党员会议等形式公开。

↓

问题处理
村监委对村务公开内容、形式、程序进行审查,如有异议,应当在5日内提出,提交村两委,要求补充、完善。群众对公布的内容有疑问的,以口头或书面形式向村监委投诉,村监委应及时进行调查,确有内容遗漏或不真实的,应督促村民委员会重新公布,村民委员会应在7日内予以解释和答复。

【超前化解村级换届选举前信访举报】 2010年,针对换届前群众反映干部作风问题增多的实际情况,县纪委信访室会同瑶琳镇纪委提前对试点的瑶琳镇各村换届期间不稳定因素进行排查,分析化解。出台纪律规定,执行镇村干部"六个不"(不轻易许诺、不为他人说情、不接受影响选举的宴请、不为参选人出谋划策、不允许拉帮结派、不讲不利于换届的话)"六个严"(严禁拉帮结伙、严禁贿选、严禁干扰、抵制和破坏选举活动、严肃大会纪律、严格遵守财经纪律、严格新老班子移交工作)的要求,为村级组织换届选举试点工作提供纪律保障。该举措得到省纪委书记任泽民批示肯定。

【"社区开放日"试点】 2010年,在桐君街道迎春、东门2个社区试点推行"社区开放日",每月召开"阳光居务议事会",社区两委向与会的社区居民汇报上月各项工作完成情况和当月工作安排;逐笔宣读上月财务收支情况并将财务公开表发至每位与会人员;讨论评议群众关心的热点问题;通报、表决有关事项等,推进社区基层党风廉政建设各项制度落实。

【派驻纪检监察机构】 2010年,按照杭州市纪委工作要求,出台《中共桐庐县委关于派驻(出)纪检监察机构实行统一管理的实施意见(试行)》,选择重要经济管理、监督监管、资金财物比较集中的县农办、建设局、交通局、财政(地税)局、林业局、水利水电局、卫生局、教育局等8个部门进行重点派驻。派驻纪检组履行以下主要工作职责:监督检查驻在部门及所属系统贯彻执行党的路线方针政策和决议,遵守国家法律、法规,执行上级和县委、县政府重大决策的情况。监督检查驻在部门党政领导班子及其成员维护党的政治纪律,贯彻执行民主集中制,选拔任用干部,贯彻落实党风廉政建设责任制和廉政勤政的情况。经批准,初步核实驻在部门党政领导班子及其成员违反党纪政纪的问题;参与调查驻在部门党组织和行政领导班子及其成员违反党纪政纪的案件;调查驻在部门除县管干部以外的干部及所属单位负责人违反党纪政纪的案件及其他重要案件。协助驻在部门党政领导班子组织协调驻在部门及所属系统的党风廉政建设和反腐败工作,以及其他服务工作;接受驻在部门党政领导履行"一岗双责"情况通报,并作出评议。受理对驻在部门及所属系统党组织、党员和行政监察对象的检举、控告,受理驻在部门及所属系统党组织、党员和行政监察对象不服党纪政纪处分决定的申诉和依法应由纪检监察机关受理的申诉控告。派驻(出)机构纪检组组长参加局党委(党组)会议、局长办公(局务)会议及其他需要参加的会议,并同步作会议记录,定期报县纪委、监察局。履行纪检监察机关监督权、检查权、调查权、建议权、处分权、决定权和其他一些权力。承办县纪委、县监察局交办的其他事项。

【首届"政风行风建设十佳创新服务举措"评选】 2010年,县纠风办组织开展首届政风行风十佳创新举措评选活动,评选出在服务发展、服务民生和服务基层中获得群众普遍认可,在全县具有典型示范作用的十佳创新举措,即:县行政服务中心"多证联办"以集成式审批破解办事难,桐君街道"春江扬帆"信托基金解决中小企业融资难,县社会福利中心"知心伙伴"工作站丰富孤残儿童和老人精神生活,县劳动和社会保障局"四个到位"全面推进城乡居民社会养老保险工作,县国税局"四公开"税务稽查审前征询模式降低税收执法风险,县国土局国土窗口"五创新"促审批提速增效,县公安局交通警察大队"数字勤务室"变革城区交通管理,县图书馆"总分馆制"破解农村百姓看书难,县经济技术开发区"四轮驱动"促进项目推进,县城管执法局"大禹治水"模式治理城市流动摊点。

(李秋莲)

·组织工作·

【"春江先锋"创先争优活动】 2010年,桐庐县开展以"学英雄、当先锋,贴民心、促发展"为主要内容的"春江先锋"创先争优活动,突出对陈柱平、钟伟良两位英雄乡长深化学习,全县1745个基层党组织和25082名党员参加活动。设计"1325"("1"是围绕"学英雄、当先锋,贴民心、促发展"、争当"春江先锋"活动主题;"3"是突出学习型、创业型、服务型"三型"党组织和党员干部目标;"2"是开展好每年一次的年度表彰和6个"十佳"特色评选创建任务;"5"是实施好党员轮训、村干部培养、基层组织服务、推进村级民主、组织覆盖优化等五项具体工作计划)活动计划,开展以"党史、党纪、形势"为主要内容的"三项教育"行动和以"履行先锋责任、联系服务群众、参与党内活动"为主要内容的"三项承诺"行动。5月起,开展以"党员先锋岗、党员责任区""节能减排、服务发展""服务企业、服务基层"等为主题的一系列争创活动。活动中,全县18783名党员作公开承诺,承诺事项34312件,开展各类服务3258人次,帮助基层解决困难1258个。

【干部一线锻炼培养】 2010年,坚持"抓人促事"方针,选派干部参与县委中心工作、重点工程建设。应对危机,服务经济转型升级,选派18名年轻干部到外省市从事专职驻点招商,选派16人到行政服务中心从事投资项目审批全程代办服务;保障重点工程建设,选派150余名中青年到县城下轮村区块拆迁指挥部、杭黄高铁(桐庐段)建设指挥部、荇塘坞区块拆迁改造指挥部等5个县重点工程从事征地拆迁;保障民生工程,选派45名"退二线"干部到农村危房改造建设、农村改水改厕工程、省级文明示范县城创建、生态县建设等6个民生工程专项督查组参与工作。

【竞争性选拔干部】 2010年4月,竞争性选拔桐庐县部分乡镇(街道)妇联主席、团委书记职位,选拔产生3名妇联主席和4名团委书记,其中2名团委书记从大学生村官队伍中定向选拔。5月,对县级机关部门23个空缺职位通过笔试、面试、考察、决定等程序进行公开选调,4个职位定向乡镇基层干部选调。6月,组织开展县管副职后备干部竞争性推荐选拔工作,首次引入票决等竞争性选拔机制,实行"干部大会差额推荐、所在单位领导班子差额票决、公开考察预告、县委组织部部务会议差额决定"程序进行,确定351名县管副职后备干部。首次把村(社区)干部和大学生村官列入县管后备干部选拔推荐范围。

【"两轮推荐、两轮票决"选拔正职领导干部】 2010年12月9~23日,开展竞争性选拔县管正职领导干部,从135名初步符合条件的人选中采取"两轮推荐、两轮票决"方式选拔女性党政正职1名、少数民族党政正职1名、人大或政协正职8名。选拔提名阶段采取县级领导实名制提名、单位领导班子集体提名、党员干部联合提名、干部个人自荐提名4种方式进行。12月13日,召开全县领导干部大会,按不同目标职位分类编制人选名册,提供给与会人员进行实名制推荐。

14 日，召开县四套班子领导、法检两长、县人武部政委、县委委员、候补委员、县纪委委员会议，把入围第二轮推荐的人选名册提供给与会人员作参考，进行无记名投票推荐。21 日上午，召开县委常委会无记名票决。票决前，由县委组织部将组织考察情况、量化评分、有关部门联合审查、廉政鉴定等情况向县委常委会进行汇报。21 日下午，召开县委全委会第二轮票决（邀请 10 名基层县党代表参加）。先由提名人选演讲陈述 10 分钟，再由县委委员、候补委员和县党代表进行无记名票决。按县委委员、候补委员占 90%，县党代表占 10%权重，当场投票、当场计票、当场公布按综合得分高低确定最终提拔人选。12 月 23 日，综合考虑班子配备结构和干部交流等因素，县委常委会对 10 名同志进行任职票决。

【新提任县管正职向县委全委会述职】 2010 年 5 月，出台桐庐县《新提任县管正职向县委全委会述职并接受民主评议实施办法》，规定新提任县管正职满 1 年后必须向县委全委会进行口头（或书面）述职，接受全委会成员民主评议，并根据民主评议结果确定评议对象任用。12 月，7 名任职满 1 年的县管正职干部向县委全委会作专题述职并接受民主评议。经过评议，7 名县管正职干部全部合格，如期转正。

【“表现突出干部”民主推荐】 2010 年初，结合 2009 年领导班子和领导干部年度考核工作，桐庐县首次开展“表现突出干部”民主推荐工作，将提名权下放到干部群众手中，由干部群众推荐自己心目中的优秀干部。推荐分县管副职领导干部和中层干部 2 个层面，民主推荐结果作为 1 年内新提拔县管领导干部重要依据；对民主推荐得票不集中、排名比较靠后的干部，不得作为年度新提拔任用人选。2010 年新提拔的 41 名干部全部经过民主推荐产生，其中由中层干部提拔副局级以上领导干部 27 名，由副局级领导干部提正职领导干部 14 名。

【干部提拔联合审查制度】 2010 年，在干部选拔任用工作中推行联合审查制度，规定对新提拔干部在县纪委出具廉政鉴定和个人廉政报告基础上，实行政法、信访、计生、国土、环保、公安、财政、工商、国税、劳动、审计等相关职能部门联合审查制度，书面征求意见。是年，新提拔的干部全部通过联合审查，出具联合审查报告 41 份。为加强任前监督，制定《桐庐县县管干部考察人选报告个人有关事项暂行办法》和《桐庐县防止和查处干部选拔任用民主推荐中拉票行为暂行办法》。

【干部队伍动态管理】 2010 年，涉及干部职务调整变动 136 名，其中提拔领导职务 41 名（提正职 14 名）、干部交流 78 名、改任调研员 17 名。采取经济责任审计、群众评议、谈心谈话、提醒告诫等措施加强对干部的监督管理，对 6 名行政正职进行任期中经济责任审计，对 12 名县管干部进行离任审计，对 45 名县管干部进行个别谈话，对 31 名要求出国境考察学习的县管领导干部进行审查核实。全年 2 次对全县领导班子和领导干部队伍进行调查分析，掌握干部动态，对群众评议、举报及考核中反映的问题，及时调查处理。

【干部教育培训】 2010 年，按照年初制定的全年干部培训计划，以增强党性为核心、提高能力为重点，举办中央党校正职班等 16 期主体班次，1210 人次参加培训。以“干部学习新干线”为重要学习平台，把“新干线”作为加强干部学习培训管理的重要载体，通过整合资源、加强管理、严格考核等措施，增强干部学习自主性和教育培训实效。全县 2109 名在职干部全部参加学习，通过率 100%。

【“党员议事会”和“五议两公开”制度试行】 2010 年，在实施基层党组织民主决策“阳光八步法”和“阳光议事决策日”等制度基础上，探索试行“党员议事会”和“五议两公开”制度，保障农村党员群众在村级事务中有效行使民主权利。“党员议事会”制度主要是通过公开推选村级党员议事代表，建立“重大事项党员先知道、重大问题党员先讨论、重大决策党员先行动”党内民主新机制，提高党员群众议事效率。“五议两公开”主要通过采取“建议、提议、商议、审议、决议和公开过程、公开结果”办法，规范村级组织运转机制，提高村级决策民主性和科学化程度。

【“厂站结对”服务模式】 2010 年，桐庐县在原有党支部为民服务站基础上，结合加快分水制笔块状经济转型升级，帮助部分来料加工企业解决用工难的问题，拓宽百姓增收渠道，全县推广以基层党支部服务站与企业结对互助为主要内容的“厂站结对”工作，结对企业有制笔、制尺、针织、水晶等各类来料加工企业。通过“党支部＋服务站＋企业＋群众”服务型党组织建设模式，实现“党建、发展、民生”三赢目标。至年底，全县 23 家企业与 20 个基层党组织结对，建立厂站结对装配加工点 500 余个，解决群众就业近 6000 人，群众增收 1200 余万元。

【三级远教视频直播系统】 2010 年，改造升级原远程教育视频会议系统，对接党员远程教育系统与“数字兴农”系统，整合建成以视屏会议系统为核心的党员远教“新视通”直播系统。4 月底，完成视频会议系统建设并和农网平台实现对接，完成 4 个县级、13 个乡镇（街道）和库管委 18 个主会议室设备安装及 182 个行政村、13个社区、2个居委会分会场设备安装,形成县、乡、村三级直播网络。全县每个乡镇(街道)均可作为主会场,向其他乡镇、村(社区)进行会议直播。在系统建设运作过程中,整合技术、网络、经费、人力、教学资源,设置先锋、民生、农事、法制、文艺“五大课堂”,建立协调管理、应急管理、常学常用、维护管理、考核评价“五大机制”,构建会议直播、教育培训、应急指挥、政务管理、信息服务“五大平台”。至12月,使用“新视通”召开各类会议68次,参加会议2万余人。

【试行村党组织书记跨村任职】 2010年,针对部分问题村、后进村“人难选、难发展”问题,为优化村干部队伍资源配置,加强农村基层党组织建设,县委组织部在调研的基础上,打破身份、地域、行业限制,跳出“本村人选本村人”传统模式,试行村党组织书记跨村任职。5月,在横村全镇范围内挑选2名自身“双带”能力强、农村工作驾驭能力突出的干部担任元村、上塘两村党组织书记。跨村任职村党组织书记须根据工作职责和该村实际情况,在充分征求群众意见的基础上,提出任期目标、年度目标和每年要办的实事,并向党员和群众公开作出承诺。

【村干部履职践诺评议】 结合2011年村级组织换届前准备工作,2010年10月开始在全县集中开展村干部“履职模范、践诺先锋”评议活动,至是年11月15日活动结束。活动要求每位村干部对照“创先争优”公开承诺内容、对照村务管理6项制度执行情况、对照任职以来实事承诺,在评诺大会上现场述职接受评议。制定村干部问责制,明确在集中评诺中民主测评满意率不到50%或综合得分不到70分的,原则上实行问责或组织调整,且不得提名为2011年村级换届候选人或自荐人。活动中,全县183村1146名村干部参加“履职模范、践诺先锋”评议活动,其中评议综合分在90分以上的873名,评议综合分在70分以下的9名。

【人才培养】 2010年,通过十佳重才爱才单位、十佳人才评选,宣传表彰优秀人才干事创业先进事迹。制定人才资源开发专项资金管理办法,成立人才开发专项资金绩效考核评价工作小组,规范人才专项资金管理。制定人才考核办法,将人才考核评分列入党建考核内容,强化人才工作考核。建立人才工作领导小组成员单位联席会议制度,实行日常会商机制。抓好高层次、高技术人才培养,在开展国外智力引进、举办和组团参加人才交流大会基础上,在县内首次确定浙江龙生汽车部件股份有限公司、浙江省桐庐汇丰生物化工有限公司、杭州桐庐尖端内窥镜有限公司、杭州蜂之语蜂业股份有限公司、杭州春江阀门有限公司等5个重点企业技术创新团队作为企业高端人才培养重要渠道。成立大学生“创业联盟”“专家服务团”、开辟创业专项贷款,在技术、政策等方面为大学生创业提供扶持帮助。是年,桐庐县2名大学生村官分获首届杭州市“十佳”大学生村官和优秀大学生村官荣誉。

【首个《桐庐县人才工作五年发展规划》出台】 2010年,桐庐县注重开发高层次、创业创新型人才,统筹推进党政人才、企业经营管理人才、专业技术人才、技能人才、农村实用技术人才、社会工作人才等6支部队伍建设,实施招才纳贤“君山引凤”工程、“533”(到2015年,建设30个以上的企业技术创新团队,并对企业技术创新团队的30名带头人予以重点培养)企业技术创新团队培育工程、百名人才国(境)外培训工程、专业技术人才“511”(重点培养1150名优秀中青年人才,其中50名能够进入省市人才培养工程行列为县第一层次培养人选;100名在县内技术学术能够起带头作用为县第二层次培养人选;1000名优秀年轻后备科技人才为县第三层次培养人选)培养工程、企业经营管理人才“213”(每年举办2期企业家论坛,每年选送10名企业家参加市“356”工程的培训,每年组织300余人次企业经营管理人才参加各类专题培训)培训工程、高技能人才“422”(到2015年,培养技能型人才40000人,其中高级工2000人、技师200人)培养工程、农村实用人才“绿色丰收”工程、文化创意产业人才“一十百”培养工程、现代服务业高级人才培养工程、名师名医培育工程等10大项目工程,制定人才服务、人才津贴、人才专项住房、高校毕业生创业等保障政策,完成桐庐首个人才工作五年发展规划,构建成一个较系统的人才工作框架。

【组织部长在线访谈】 2010年8月27日上午,为进一步提高组织工作的透明度和公信度,县委常委、组织部部长郑书文在县广播电视台演播室通过桐庐新闻网与桐庐网友进行在线互动访谈,就如何提高组织工作群众满意度,围绕人事制度改革、基层组织建设和人才队伍建设等问题与网友进行交流和探讨。2万余名网民点击关注,200余人上线交流。

【组织工作新闻发言人制度】 2010年,为推进党务公开,增强党组织工作透明度,提升组织工作群众满意度,桐庐县委组织部建立组织工作新闻发言人制度,设立主要新闻发言人1名,由县委常委、组织部部长郑书文担任。新闻发言人的主要职责是加强与新闻媒体的联系,主动向新闻媒体通报组织部门的重点工作和群众关心的热点。发布内容:包括县委、县委组织部制定的涉及组织工作需广为宣传的重要政策、重要活动；全县组织工作的阶段性成果；广大群众普遍关心的涉及全县组织工作的热点问题；涉及组织工作的突发事件等。6 月 17 日，举办 2010 年第一期组织工作新闻通报会，向与会媒体、党代表、人大代表、政协委员等介绍组织部门 2010 年工作情况和群众普遍关心的热点话题。12 月 24 日，举办桐庐县竞争性选拔县管正职领导干部工作新闻通报会，向与会媒体、县“两代表一委员”、基层党组织负责人、党建观察员、老干部和来自学校、医疗机构、企业、商贸、公检法等各个领域的党员群众代表通报竞争性选拔 10 名县管正职干部工作有关情况。

（张步善）

2010 年 6 月 17 日，召开全县组织工作新闻通报会

·宣传思想工作·

【学习型党组织建设】 2010 年，县委宣传部制定《关于推进学习型党组织建设的实施意见》《关于推进学习型领导班子建设的实施意见》，健全学习制度、培训制度、考核制度。召开学习型党组织、学习型领导班子建设座谈会，开展党史党纪形势教育，组织中国特色社会主义理论专题宣讲。组织“学习型党组织”征文活动，评选出一、二、三等奖和优秀奖 32 篇。举办第七届学习节，通过推荐经典读本、组织国学专题学习、举办国学讲座、撰写体会文章、开展国学测试、举办书画展览、评选学习先进活动，推进党员干部学国学。制定《中共桐庐县委理论学习中心组 2010 年学习计划》，全年组织学习 14 次、发放学习资料 1600 余份。健全二级理论中心组学习制度，编发学习通报 4 期，督促各单位落实理论学习。2010 年举办机关干部理论讲座 9 场，桐江人文讲堂 10 场。

【理论宣传和调研】 2010 年，县委宣传部编写《桐庐宣传》专刊 6 期，《今日桐庐》的“理论与实践”刊登专版 12 个，扩大理论宣传覆盖面和影响力。实施调研课题申报制度，全县申报理论课题 95 个，评出优秀理论文章 18 篇。完成省委宣传部指导课题《关于新农村建设背景下“传统节日”的困境与发展研究》、市委宣传部重点课题《以“大党建”助推基层马克思主义学习型党组织建设的路径分析》。《关于新农村建设背景下“传统节日”的困境与发展研究》得到省委宣传部副部长鲍洪俊，市委常委、宣传部部长翁卫军批示，并获全市宣传思想文化工作优秀调研报告一等奖；《以“大党建”助推基层马克思主义学习型党组织建设的路径分析》获杭州市机关党建研究会论文评比三等奖。

【重大主题宣传报道】 2010 年，组织开展中共十七届四中、五中全会精神和县委十二届七次全会精神学习贯彻、工业经济转型升级、统筹城乡、“创先争优”活动、上海世博会、第六次全国人口普查以及创建国家级生态县、省级示范文明县城、省级森林城市、省旅游经济强县等重大主题宣传报道。在新闻媒体开设“开创工业经济和招商引资工作新局面”“拓市场、保增长、强工业”等专栏，报道促进工业经济转型升级的新思路、新举措，企业坚持自主创新、开拓市场的典型事例。组织统筹城乡宣传报道，刊播《杭州市委工作会议与会人员来桐考察统筹城乡工作》《我县统筹城乡发展成效显著》等新闻报道，推出“农村新事·三走进系列报道”。指导新闻媒体开设“共创国家生态县、示范文明城”专栏，报道创建国家级生态县、省级示范文明县城、省级森林城市进展情况和工作举措。开设“争当‘春江先锋’推动科学发展”专栏，宣传创先争优活动进展情况、工作中的具体举措以及涌现出来的先进典型。推出“关注世博会　走进世博会”专栏，报道各单位工作的具体措施、相关部门和企业参与世博的情况。

【新闻宏观管理】 2010 年，完善新闻宣传情况通气、新闻阅评、新闻发布备案等工作制度，按照不同阶段工作重点，召开新闻策划会，对新闻宣传进行专题策划，形成新闻宣传方案发至各新闻单位。是年编发《新闻宣传情况通气》15 期、《桐庐新闻视听反映》6 期。健全部门宣传联席会议制度、突发事件舆情危机应对工作联动机制，建立定期联席会议、重要信息互通、网络舆情协同引导等制度,了解和掌握各类社会治安情况以及网络舆论动态,做好信息研判和社会热点舆论引导。

【“潇洒桐庐”品牌推介】 制定《2010年“潇洒桐庐”城市品牌宣传活动计划》,确定22项重点外宣活动,围绕“潇洒桐庐之民生年鉴”专题宣传、世博会宣传推介活动、首届文化创意节等活动,组织对外宣传。开展生活品质市民体验日、生活品质行业点评等工作,横村镇阳山畈村、合村绣花鞋和百江紫燕山庄入选杭州市2010年最具品质体验点。运用县外新闻媒体宣传桐庐县工业经济转型升级特色亮点,中央电视台《新闻联播》、浙江日报、杭州日报等媒体刊播相关报道50余篇(条)。与市委宣传部联合组织聚焦小城镇大型采访活动,邀请人民日报、新华社、光明日报等中央驻浙媒体到桐采访统筹城乡工作,刊播《改善农村人居环境 桐庐绘制城乡区域统筹发展新画卷》《桐庐:“人工湿地”处理农村生活污水》等报道。与旅游卫视合作,围绕黄公望、叶浅予两幅《富春山居图》,探寻40万桐庐人民建设的现实版富春山居,拍摄时长30分钟的《走进桐庐见证富春山居图之传奇》专题片,2011年1月2日在旅游卫视播放。2010年,市级以上媒体刊播桐庐县新闻稿件1500余篇(条),其中中央级媒体刊播37篇(条)。

【对外宣传管理】 2010年,编制《境外记者采访接待工作手册》,明确境外记者采访接待工作流程和注意事项。联合县外事办、县侨办、县公安局等单位,成立桐庐县应对境外媒体采访工作协调小组,组织协调县境外记者采访接待工作。开展公共突发事件应急管理、互联网管理专题培训,提升业务工作水平。加大对部门新闻发布工作指导,帮助解决新闻发布工作中存在的问题,指导召开新闻发布会16场。巩固与新华网浙江频道以及中新网、浙江都市网、大公网等主流网络媒体合作关系,主动提供新闻素材,邀请媒体记者到桐庐采访。对网络媒体进行指导和监管,桐庐新闻网明确24小时值班制度,细化工作人员职责分工,君山论坛建立“先审后发”机制,确保网站管理安全有序。

【公民思想道德建设】 2010年,组织开展“3·5”学雷锋、清明祭扫革命先烈、国庆升国旗仪式等活动,加强爱国主义教育。开展第五届公民爱心日活动,收到各类捐款4.6万余元,用于建设爱心书屋、结对慰问。开展“迎世博、讲文明、树新风”主题教育实践活动,实施环境卫生大整治、品质的士服务世博盛会等行动,使“世博主题”深入人心。制定《关于在全县组织开展“春泥计划”活动的实施意见》,在全县62个村开展“春泥计划”(即在全省农村开展加强未成年人思想道德建设为主要内容的重点工程)试点工作,江南镇环溪村、分水镇大路村、合村乡合村村被评为杭州市实施“春泥计划”活动示范点。开展校园周边环境整治、构建留守儿童和外来务工子女关爱“立体”网络等未成年人实事工程。举办少(幼)儿故事创作征文大赛、首届青少年艺术品展等活动,组织留守儿童和外来务工子女参观第二课堂场馆,开展社会实践活动。

【省级示范文明县城创建】 2010年,成立创建工作领导小组和办公室,召开创建省级示范文明县城动员大会,制定《桐庐县2010年创建省级示范文明县城实施方案》和《桐庐县省级示范文明县城创建任务分解》,建立每月工作例会制、明察暗访抄告制、部门协作联动机制。对照《浙江省示范文明城市测评体系》标准,组织成员单位开展自查,对整改情况进行暗访,督促整改。开展交通秩序、环境卫生、市场环境、“十小”行业等专项整治,实施“数字城管”,推进精细化管理。组织媒体宣传、环境宣传、活动宣传,动员市民群众主动参与创建活动。是年10月,通过省级示范文明县城创建验收。

【“清洁桐庐”工作】 继续实行农村保洁奖励补助机制,提升农村环境卫生长效保洁水平。开展农村环境卫生暗访考核,将暗访成绩在《今日桐庐》进行排名公示,督促乡镇(街道)落实长效保洁措施。以“共建清洁家园、共享品质生活”庭院整治大行动为抓手,开展“清洁庭院”示范户、清洁户和“绿色家庭”评比,实现从集中整治向日常保洁、道路保洁向农户庭院保洁转变。2010年,桐庐县被评为杭州市打造“国内最清洁城市”工作先进县。

【群众性精神文明创建】 2010年,深化“淡化时节,文明过节”活动,加大对党员干部时节纪律执行的督查,严禁干部到非亲属家过时节,严禁公车私用,自觉遵守“三不准”规定。加强农村商品交易市场管理,开展环境卫生整治,组织文化、科技、卫生“三下乡”活动70余场,丰富农村精神文化生活。加强“双百结对,共创文明”活动的指导、考核,引导结对单位开展帮扶活动,各结对单位、村开展文化交流活动120次,资金援助184.45万元。开展各级文明村镇(社区)、文明单位创建活动,创建省级文明单位2个、文明乡镇(街道)2个、文明村(社区)4个,市级文明乡镇1个、文明村5个、文明单位5个,县级文明乡镇1个、文明村(社区)34个、文明单位17个。

【公共文化服务体系建设】 2010年,制定《关于进一步加强乡镇(街道)综合文体站建设和管理的实施意见》，按要求完成全县13个乡镇（街道）综合文体站建设。完成新世纪影城改造。实施图书流通服务“一证通”，新建乡镇图书馆分馆4个、图书流通点（农家书屋）61个。开展农村体育设施建设，新建健身点53个、篮球场52个、乒乓球场（室）88个。开展非物质文化遗产保护工作，确定第四批县非物质文化遗产名录11项、第一批县非物质文化遗产项目代表性传承人12名。文物普查新发现位于瑶琳镇潘联村方家洲遗址，据考证是长江流域具有重要研究价值的新石器时代文化遗址，桐庐文明起源提前了3000年。举办“潇洒桐庐”中秋吟唱会、“梅红春江”越剧周、浙江省“民间手工艺虎头鞋”创意设计邀请赛等活动。开展文化下乡、农村电影放映工程，全年送文化下乡112场，放映电影2400余场。表彰奖励获市级以上优秀精神产品48件，扶持《我和江南故事大王吴文昶》等优秀精神文化产品项目4个。

【文化创意产业管理机制】 2010年，成立县文化创意产业领导小组，配齐文创办工作人员。制定《县文化创意产业领导小组成员单位职责分工》，出台《关于鼓励和扶持文化创意产业发展的若干意见》和《桐庐县文化创意产业发展专项资金管理使用实施细则》，明确文化创意产业重点行业和扶持政策。编制文化创意产业“十二五”发展规划，明确文化创意产业的目标定位、产业选择、空间布局、发展举措和保障措施。

【文化创意产业项目申报和招商】 开展杭州市文化创意产业园区与扶持项目申报工作，分水制笔创意园区被确定为县（市）首个市级文化创意产业园区。杭州潇洒休闲运动公园、多厅星级影院改造等7个项目获2010年度市级文化创意产业项目扶持。组织剪纸、制笔等特色文创企业参加第五届中国义乌文化产品交易博览会，对接浙江大学桐庐健康科技设计园项目，接洽湖南蓝猫卡通动漫城项目及大学生创意创业孵化园等项目。

【县文化博览园建设】 成立县文化博览园建设推进协调小组，统筹协调规划、建设和项目把关等工作；召开县文创产业领导小组会议，征求园区建设意见建议；委托专业设计院编制县文化博览园详细规划设计方案与文化街区设计方案。2010年12月28日，文化博览园项目开工建设。组织召开项目把关协调会议，从产业基础、收益分析、后期运营维护等方面对进驻文化博览园项目进行比较论证。

【文化创意活动】 2010年，以“创意，让生活更美好！”为主题，举办中国动漫万里行走进杭州·桐庐暨“潇洒桐庐”首届文化创意节，活动由主题展览、“中国动漫万里行”走进桐庐、文化创意产业论坛、桐庐县首届青年创意创业大赛等8个项目组成。举办中国抽纱刺绣名家名品展，集中展示中国苏绣、蜀绣、湘绣、粤绣四大名绣和杭绣以及萧山花边、山东花边18位艺术大师130余件作品。

2010年6月7日，中国抽纱刺绣名家名品展在叶浅予纪念馆开展

【舆情信息和调研】 2010年，宣传信息考核在杭州市13个县（市）、区中位列第一，获省、市宣传信息工作先进单位。《浙江桐庐以“传统节日”文化活动促进新农村文化建设》被中宣部舆情信息局《宣传信息清样》第21期刊用，实现中央级宣传信息刊用的突破。省市录用社会舆情30余篇，获全市社会舆情信息工作先进单位。围绕宣传文化发展的重大现实问题，组织干部开展调查研究，形成《新农村建设背景下“传统节日”的困境与发展》《“清洁桐庐”活动的实践与思考》等调研成果。开展宣传思想工作创新奖评选活动，评选产生“潇洒桐庐”首届文化创意节、创办《富春乡韵》为“三农”服务等10个创新奖和宣传思想工作“激将法”——动力机制建设、手拉手阳光成长等10个创新奖提名奖。

（童长军）

·统战工作·

【概况】 2010年，县委统战部加强党外人士教育引导，举办党外干部和新成员学习班，组织好季度专题学习会，夯实多党合作思想政治基础。4月，组织县党外知识分子联谊会与上海市金山区统战部及知联会、新联会互动交流。8月,组织农工党桐庐总支到上海参观农工党第一次全国代表会议和中共一大会址及上海世博会。10月,成立桐庐县社会主义学校。是年,县委统战部选派3位党外县管干部分别参加市委统战部、市委组织部举办的杭州市第21期民主党派、无党派中青年骨干培训班和2010杭州市中青年干部培训班。组织党外人士为桐庐县国民经济和社会发展"十二五"规划建言献策,开展全县新老知识分子结对调研活动,期间召开座谈会10次,形成调研报告10篇。

指导县民族宗教事务局开展"民族团结进步示范小康村"创建活动和第二批"和谐寺观教堂"创建工作。与县总工会、县民政局联合开展来桐外来少数民族职工关爱活动。

是年,县委统战部在全国及省级统战刊物和媒体发表统战工作文章、信息17篇(条);《加强外来少数民族人员服务管理的调查及建议》获杭州市统战理论调研二等奖。

【"三走进、三服务"活动】 2010年,县委统战部结合学习实践科学发展观和创先争优活动,在全县统战成员中开展以"走进新城,服务新城建设;走进企业,服务转型升级;走进乡镇,服务新农村发展"为主题的"三走进、三服务"活动,组织统战干部联系重点乡镇、重点企业、民族村。全年召开民营企业家代表座谈会6次,走访个私企业35家;争取民族村扶持资金135万元。是年,协同县工商联衔接"中国民营快递之乡"申报工作。

【海外华文媒体采访】 2010年10月30日,经县委统战部牵线,来自美国、日本、英国、法国、加拿大等国,由《欧洲时报》《美中晚报》《中日新报》《环球华报》《七天新闻传媒》《中文导报》《华商报》等10家华文媒体负责人、骨干记者组成的海外华文媒体采访团到桐庐采访经济社会发展情况。采访团实地走访横村镇阳山畈村、叶浅予艺术馆、迎春商务区、浙富水电、严子陵钓台等地,着重了解桐庐农村环境、人文与城市建设、块状经济及旅游业发展等情况,并表示将更多信息带给海外侨胞。从11月开始,有关介绍桐庐的专版或文章陆续刊登在《美中晚报》《中日新报》《中文导报》等海外华文媒体上用图文并茂的专版形式出刊。

【县社会主义学校成立】 2010年10月19日,桐庐县社会主义学校成立暨揭牌仪式在县委党校举行。县领导徐小林、周媛玉、郑书文,以及来自全县民宗台侨界代表、民主党派和知联会代表、工商联代表等参加揭牌仪式。社会主义学校是中国共产党领导的具有统一战线性质的政治学校,是民主党派和党外代表人士的"联合学校",是开展党的统一战线工作的重要平台。桐庐县社会主义学校的成立将为该县培养优秀统战人才和进行理论研究提供助力。

(贝　原)

·信访工作·

【概况】 2010年,桐庐县信访渠道畅通、总量下降、秩序良好。县本级受理群众来信来访872件次,与2009年同期相比下降6.74%。来信476件,同比下降10.19%。其中,初信279件,同比下降15.71%;重复信197件,同比下降4.83%;联名信84件4245人次,同比分别上升4.55%和12.78%;县领导批示197件,上级信访机构转(交)办215件。来访396批1321人次,同比分别下降2.22%和7.88%。重复访96批321人次,同比批次上升17.07%、人次下降39.77%;5人以上集体访67批760人次,同比批次上升21.82%、人次下降9.20%。越级到京个访和到省市集体访6批53人次,同比批次下降40%,人次上升17.78%。其中,进京个访4批4人次,同比均下降20%;到市集体访2批49人次,同比批次与2009年持平,人次上升345.45%。

【领导接访制度】 2010年,继续开展"县委书记大接访"活动,下发《关于2010年度"县委书记大接访"活

2010年7月5日,杭州市委常委、市公安局局长柯良栋(左四)带领市相关部门负责人到桐下访接待群众

动安排的通知》，县四套班子领导和法检两长采取定点随机接访为主，重点约访、带案下访为辅接待群众来访。下发《关于切实做好县领导每月信访接待活动的通知》，每月15日实行开门大接访。在上海世博会期间，县党政领导接待群众由原每月1次改为每周1次。是年，县领导参加接访118人次，接待群众120批454人次，当场协调6批，当面解释14批，转交相关单位办理100批，办结106批，化解群体性上访事件24批202人次。制定《2010年度律师参与信访接待工作方案》，组织律师参与县委书记大接访和每月15日县领导下乡接访。

【信访包案制度】 2010年，在四级"两会"和上海世博会期间，召开信访工作专题会议10次，研究分析信访形势，排查梳理不稳定因素及重点信访对象，逐案落实包案领导、责任单位、责任人和化解稳控措施。下发《关于上海世博会期间桐庐县突出信访问题化解和重点对象稳控责任分解的通知》，梳理24件突出信访问题和重点稳控对象，每件落实包案领导、责任单位和责任人。下发《关于交办2010年信访积案的通知》，对省、市、县三级信访积案明确包案领导、责任单位和责任人。

【重大事项社会稳定风险评估】 2010年，根据《桐庐县重大事项社会稳定风险评估实施意见（试行）》（以下简称《意见》）精神，县信访局与县维稳办对桐君街道苻塘坞拆迁、大奇山环城路和城南路拆迁改造、县中医院扩建、横村镇徐家埠城市化改造拆迁、公交一体化等5个重大项目进行信访风险评估，减少和降低重大事项组织实施中存在的信访稳定风险。该《意见》自2009年11月25日起试行，"重大事项"指县委、县政府及各部门、乡镇（街道）提出的，事关人民群众切身利益，牵涉面广、涉及人员多，易引发不稳定问题的重大决策、重要政策、重大改革举措、重点工程建设项目等。重大事项社会稳定风险评估采取征求群众意见、专家评议和决策机关及有关部门意见相结合的方法进行。按照"属地管理、分级负责""谁主管、谁评估、谁负责"原则，重点围绕可能存在的社会稳定风险，开展合法性、合理性、可行性、可控性评估。

【信访工作力量整合】 2010年，考虑乡镇（街道）综治、维稳、信访工作的关联性，自10月起明确由党委副书记统一分管，落实1名班子成员具体抓信访工作，强化对信访工作的协调职能。自3月起推行公安、国土、劳动、建设等信访量大的部门集中接访制度，由公安、国土、劳动、建设等部门派出人员在县信访局集中办公。

【信访积案化解年】 2010年，根据杭州市《关于进一步做好上报区、县（市）级信访积案的通知》精神，排查梳理出县级信访积案21件、市级11件、省级16件，按照化解信访积案的"九个一"（1件信访积案、1名包案领导、1个化解工作小组、1次协调会办会、1套化解方案、1套稳控措施、1个解决期限、1份协调会办纪要、与信访人会面1次）要求，建立一案一档，落实责任主体，逐一落实包案领导、承办人员、化解措施和办结时限。列入省挂牌信访积案16件，化解13件，化解率81.25%；列入市挂牌信访积案11件，化解11件，化解率100%；列入县挂牌信访积案21件，化解18件，化解率85.71%。

【重点时段信访稳定】 2010年，全国、省、市"两会"期间，桐庐县未发生越级上访。全国"两会"期间，派员参加杭州市驻京劝返工作组，成立全国"两会"期间信访维稳工作督查小组，对重点信访问题和不稳定因素进行专项督查，实现全国"两会"期间"零进京登记、零滋事和无去市到省群体上访"工作目标。上海世博会期间，开展县、乡、村三级矛盾纠纷和不稳定因素滚动排查，对突出信访问题和重点信访对象采取一人一事一策落实化解、稳控措施。县安保办从公安、信访、交通等部门抽调人员集中办公，负责整个安保工作的组织、指导和协调。由县领导带队，成立2个工作督导组，对乡镇（街道）和有关单位安保工作开展情况进行督促检查，发现问题及时通报，要求相关责任单位限期整改。建立联络员机制，加强情报信息和值班备勤工作，实行每日情况"零报告"制度，确保第一时间处理问题，实现世博会期间桐庐县群众"零进沪"上访工作目标。

【村（社区）群众工作站建设】 2010年，在全县201个村（社区）群众工作站全覆盖和规范化建设的基础上，13个乡镇（街道）37个部门聘任县级信访信息员48名、乡级64名、村（社区）级300名，每个乡镇（街道）有信访信息员1～2名、村（社区）有1名以上。培育民间信访调处组织，成立"和事佬"协会201个，每个协会至少有3名"和事佬"。发挥村级治保调解员、信访接待员、村情民意代理员和"和事佬"作用，开展不定期走访排查和每天定点接待，及时处理和化解各类群众矛盾。按照"五个一"（1个完善的信访工作组织网络、1支健全的信访员队伍、1套完整的信访工作机制、1个固定的办公场所、1笔专门的信访工作经费）要求，建立和完善初信初访首办责任制、领导包案责任制、疑难问题代办以及进站干部管理、明查暗访、实绩考核、评比奖励和责任追究等制度。所有工作站落实固定办公场所，统一对外挂牌；建立县级信访积案化解专项资金，按照2009年地方财政0.05%计算共47万元，各乡镇(街道)分别设立3万元～5万元不等的信访稳定专项资金；落实信访岗位津贴，123人享受信访津贴222120元。各行政村以案定补，对化解群众矛盾的予以一定资金补助。县委、县政府对2009年度15个先进村(社区)群众工作站进行表彰奖励。是年，全县村(社区)群众工作站受理各类群众矛盾和信访问题1877起，化解1755起，化解率93.50%。

【“三无”乡镇(街道)创建】 2010年，根据杭州市《关于开展杭州市信访工作“三无”乡镇(街道)创建活动的意见(试行)》精神，在全县各乡镇(街道)开展“三无”(无进京上访、无去市到省集体访及到县大规模集体访、无信访积案)乡镇(街道)创建活动。各乡镇(街道)把“三无”创建活动列入年度工作目标，制定具体创建计划，明确责任、落实任务。以化解矛盾纠纷为重点，通过规范初信初访初电工作、转变工作作风、建立健全信访稳控机制、加强与上级信访部门沟通等措施，把信访问题解决在基层。是年，通过乡镇(街道)自查及县信访局审核，桐君街道、分水镇等8个乡镇(街道)创建达标，受到县委、县政府通报表彰。

【信息研判】 2010年，编发《今日桐庐要情》8篇，《桐庐信访》27期，《民情摘要》5期，录制《“12345”督办进行时》21期，《今日桐庐》连线“12345”44期，被省局录用信息1篇、市局录用信息16篇，编写信访化解案例10个。完成调研文章7篇，杨建丽撰写的《转型升级时期有效推进基层信访体制改革的探究》获杭州市信访和“12345”工作理论与实践调研课题一等奖，阮亭富撰写的《信访干部身心健康问题的思考》获杭州市信访和“12345”工作理论与实践调研课题二等奖。

(王生清)

·县长公开电话·

【概况】 2010年，县长公开电话受理中心处理群众来电、网上信访(县长信箱)、市长公开电话等13364件，按时反馈率99.24%，办结率100%，群众满意率96.94%。编发《民情摘要》5期，对群众关注较多的义务教育学校绩效工资、县城道路改建工程、液化气钢瓶置换收费、民办幼儿园学费调价风波等热点问题向县委、县政府建言献策。注重新闻监督，在县电视台播出《12345督办进行时》《连线县长公开电话》电视节目132期，在《今日桐庐》刊登“连线县长公开电话”报道47期96条。是年，群众反映的突出问题为：违章建筑、公共交通、市政物业、环境保护、城市管理、村级事务、矿产资源、劳动保障等。

【协调督办】 2010年，县长公开电话受理中心规范日常督办工作，加强审核、巡查和催办，提高初电办结率和按时反馈率。根据难易、复杂程度，按三级协调原则，分别由科室负责人、中心领导牵头召集相关部门协调。中心难以协调的，以《民情摘要》和专题呈报为载体向县领导汇报，是年，向县主要领导呈报7件、协调督办52次。4月29日、5月28日，中心召集重点网络单位和乡镇(街道)、库管委召开办理情况通报会和工作座谈会，通报网络单位在办理过程中存在的3大类9种问题，重点点评未做到100%按时反馈和未达96%满意率的网络单位。

【《12345督办进行时》开播】 2010年，在继续与县广播电视台、县信息传媒中心联办《连线县长公开电话》基础上，于5月28日起与县广播电视台联手推出现场督办类电视节目《12345督办进行时》，全年播出23期。该栏目主要报道县长公开电话受理中心处理群众投诉现场督办督查情况，督办督查范围为：近期群众反映集中、突出的问题，多年反映未处理的问题，1个或多个单位(部门)推诿的问题等。通过现场督办报道，解决部分群众反映的桐君街道洋塘村山顶蓄水池安全隐患、东兴村自来水供水不足、横村镇低保户医保待遇、横村镇小区夜间加工噪声扰民、景区寺庙非法揽客等难点热点问题。

2010年6月9日，县长公开电话受理中心以《“12345”督办进行时》电视栏目为载体，现场督办群众反映的城南街道大联村石马边积水问题

【网络问计于民】 2010年，围绕县政府提出的10件民生实事工程，县长公开电话受理中心与相关职能部门协作，将民生实事工程分解细化，通过县政府门户网络站政民互动版块“热点议题”栏目就县城小区物业管理、县城城区停车难、规范养犬、广场舞音乐扰民等市民反响较大的5个议题向广大市民征集意见和建议，网民点击万余次，跟帖发表意见100余条。

（柯　斌）

·史志工作·

【首批县级党史胜迹命名】 2010年7月，桐庐县委下文命名浙东人民解放军金萧支队纪念馆等12处为第一批县级党史胜迹。文件要求各级各部门增强保护党史胜迹意识，防止在城市改造、农村建设等过程中毁坏具有文物价值的党史胜迹，修缮具有重要历史价值的党史胜迹。维护资金由地方财政与争取上级支持相结合，整合文物保护、古建筑、古村落保护等资源，按照先急后缓原则抓好落实。要拓展资源利用效益，把党史胜迹保护与开展红色旅游结合起来，打造红色经典，扩大党史胜迹社会影响和教育功能。

【《桐庐年鉴(2010)》出版发行】 2010年12月，全书约96万字的《桐庐年鉴(2010)》由方志出版社正式出版。该书采用分类编辑法，保持卷首、百科、卷尾3个基本组成部分和类目、分目、条目3个层次的框架结构，卷首设特载、大事记、总述；百科设农业经济、工业经济等21个类目；卷尾设文献、名录、专刊、统计资料等。《桐庐年鉴(2010)》在内容上除保持原有的框架结构外，变更和调整部分类目，并配以随文插图，丰富年鉴内容，增强可读性、实用性。

【《桐庐县志(1986～2005)》续修完成初审】 2010年4月～6月，县地方志编撰委员会成员及部分熟悉桐庐情况的老同志对《桐庐县志(1986～2005)》志稿进行初评。参评人员提出修改意见，主要为少量史实有出入、事物记述重复、部分纲目设置欠规范、文字表述欠准确、部分数据和称谓前后不一致等。7月至年末，县志编辑部根据初审意见建议进行修改、补充。

【《中国共产党桐庐历史(1949～1978)》通过审查】 2010年7月，县委党史研究室向机关、企事业单位以及社会各界公开征集1949年至1978年有关桐庐党史重大历史事件及相关历史人物的照片。9月，经修改、完善，形成《中国共产党桐庐历史(1949～1978)》送审稿，送交县委党史委员会及杭州市委党史研究室审定。10月，杭州市委党史研究室下发《关于同意出版〈中国共产党桐庐历史(1949～1978)〉的批复》，书稿通过审查，可正式出版发行。

【《桐庐县抗战时期人口伤亡和财产损失》出版发行】 2010年1月，《桐庐县抗战时期人口伤亡和财产损失》由中共党史出版社出版发行。该书分调研报告、档案资料摘编、报刊文献选编、死难平民名录、社会调查、大事记6部分，通过查阅档案文献和报刊资料，以及社会调查中获取的“三亲”(亲身经历、亲眼目睹、亲耳所闻)人员证言，揭露日军入侵桐庐犯下罪行，为后人研究桐庐、分水抗日战争的历史提供资料。是年，县委党史研究室向给各乡镇(街道)、部门、社区、学校以及书中所涉口述者赠送《桐庐县抗战时期人口伤亡和财产损失》2000余册。

【革命遗址普查】 2010年1月至6月，开展桐庐县革命遗址普查，查明全县有革命遗址58个，其中重要党史事件和重要机构旧址16个、重要党史事件及人物活动纪念地19个、革命领导人故居10个、革命烈士墓6个、纪念设施7个。按年代分类统计，土地革命时期革命旧址遗址12个、抗日战争期间革命旧址遗址6个、解放战争期间革命遗址24个、新中国成立以来兴建纪念设施7个。普查中，收集反映革命遗址面貌照片62张。

【资政课题调研】 2010年，参与杭州市委党史研究室资政课题研究，确定“桐庐县农村基层民主建设的现状及思考”为调研课题。召开乡镇(街道)、村级座谈会2次，走访4个相关部门和2个乡镇，向机关干部、离退休人员、农村党员干部、村民发放问卷调查卷265份，回收率100%。8月，完成调研报告。是年，《桐庐县农村基层民主建设的现状及思考》获杭州市党建理论调研文章二等奖、县党建理论调研文章一等奖。

【史志宣传教育】 为更好发挥党史、地方志的宣传教育作用，2010年对内部刊物《桐庐史志》改版。改版后刊物为季刊，设“领导讲话”“史志编研”“史海钩沉”“桐江人文”“人物春秋”等栏目，在文中增插与内容相关的图片，增强可读性；扩大《桐庐史志》赠阅范围，除党政机关、企事业单位外，向县50强企业、社区、学校、老干部和党史爱好者等对象发放。做好桐庐史志网维护和更新设“桐庐纪事”“红色足迹”“桐庐年鉴”等9大栏目，扩大宣传领域，提高宣传教育效果。

（张　红）

·党校教育·

【主体班培训】 2010年，根据全县干部教育实际，坚持以开放理念推进干部培训改革，变单项式、灌输式教学为开放式、互动式、研究式教学。全年举办主体班16期,培训1210人次。是年,面向企业家开办“企业经营管理高级研讨班”主体班,邀请商业模式创新、财务管控、绩效考核、中层管理等方面的理论专家,讲授企业运营管理实战课程;节约成本,与淳安县合作举办中央党校正职班,加强县与县(市)干部间学习交流;在县管正职领导干部省委党校进修班中,与浙江省委党校文化学教研部合作,安排学员模拟领导,就“血铅超标”“机场引桥垮塌”事件召开新闻发布会,并就“公共场所控烟”等话题模拟电视专题访谈,培养领导干部在跟踪信源、分析舆情、对外发布、答记者问、现场控制等方面的综合素质,促使领导干部注重和提高应对复杂局面、解决问题的能力;在县中青年干部培训班中,首次与井冈山市委党校合作办学,对全体中青班学员开展为期1周的“红色之旅”现场教学。

2010年9月26日,第十六期中青年干部培训班全体学员在井冈山革命纪念馆参观学习

表42

2010年桐庐县主体班培训一览

期数	时　间	名　称	人数
1	3月17日～3月19日	县新提拔干部培训班	60
2	3月24日～3月27日	工业经济高级研讨班	51
3	3月29日～4月1日	机关党务干部培训班	73
4	4月13日～4月15日	离退休干部培训班	77
5	4月26日～4月27日	纪检干部培训班	64
6	5月16日～5月20日	宣传干部培训班	55
7	5月21日～5月28日	县管正职领导干部省委党校培训班	32
8	5月13日～5月16日	成长型企业经营管理高级研修班	50
9	6月10日～6月13日	村书记、村委主任培训班	64
10	6月20日～6月28日	县管正职领导干部中央党校培训班	33
11	7月15日～7月16日	中青年干部培训二班	43
12	9月16日～11月16日	第十六期中青年干部培训班	56
13	10月17日～10月18日	中层干部轮训班	100
14	11月8日～11月9日	县“511”人才培训班	48
15	11月30日～12月2日	县新社会、新经济党组织培训班	45
16	12月15日～12月16日	县第二期“511”人才培训班	100

【理论宣讲】 2010年，党校政治理论宣讲结合县情、民情，创新宣讲理念、内容和形式。宣讲团坚持在宣讲前到基层调研，听取基层意见，针对当前重点、热点、难点问题，倡导诱导式、解惑式、互动式、案例式等新宣讲方式，开展新观念面对面理论宣讲活动。全年宣讲127场次，受教育干部、群众10000余人次。如为桐庐、分水老年大学讲授"苏联亡党之教训""当前经济社会形势分析""老年人权益专题"，为县政协讲授"走进低碳生活"，为中青班讲授"转变经济发展方式"、为桐君街道讲授"实现社会主义核心价值观"和"怎样当好女干部"，为库管会、教育局、分水镇等宣讲"创先争优""中共十七届五中全会精神"等。

【成人高等学历教育】 2010年，成人高等学历教育实行学历教育联合检查制度，完善《业余班任课教师工作考核管理办法》《业余班班主任工作考核管理办法》，重点检查任课教师到岗上课情况，班主任跟班服务管理情况和学员到课情况。4月，组织80名农村行政管理专业学员到分水万强农庄实地教学。规范网络统考及各类别课程考试组织管理，严格考试纪律，规范考试过程管理，投资2万元配备2台联想A4600K型号服务器，专供电大期末网络考试使用。成人高等学历教育全年招生764人，其中电大开放教育招生357人、网络教育招生407人，输送各类本、专科人才1056人，至年底成人高等学历教育在册人数3348人。

【教育科研】 2010年，完成省级课题1项(《更新教师教育观念，推进中小学教育改革》)，市级课题3项(《桐庐县工业循环经济发展初探》《加快建立和完善低碳经济的长效制度》《激励机制与民营中小企业转型升级的途径研究》)，县级课题4项(《基于SWOT分析下的桐庐现代服务业发展及对策建议》等)，完成县委组织部调研课题1个、县委宣传部调研课题2个、县政协调研课题1个。市委党校理论研讨会入会文章7篇，《加强农村基层党风廉政建设的实践与思考》《农村社会主义核心价值体系大众化的若干思考》2篇获三等奖；省委党校优秀调研文章评选4篇、专题研讨会入选文章2篇。整合主体班次教学成果，出版《干部培训与调研》专刊2期，编撰《工业经济高级研讨班专刊》《第十六期中青班专刊》，印发600册。

【县管正职领导干部中央党校进修班】 2010年6月17日，桐庐县县管正职领导干部中央党校进修班在县委党校开班，32名乡镇(街道)和县级机关正职参加培训进修。6月20日～6月28日，培训班由县委组织部部长郑书文带队，集中在中央党校培训学习，培训内容主要：政治体制改革与政府自身建设、当前经济形势分析与经济发展研究、民主法治建设与社会问题研究、人文素养与新型基础知识构建、领导能力拓展与执行力提升等。是年县管正职领导干部中央党校培训班为第3期，前两期分别在2005年和2007年举办。

【县直属机关党员教育培训中心】 2010年11月26日，桐庐县直属机关党员教育培训中心授牌仪式在县委党校举行。建立机关党员教育培训中心和实践教学基地是机关党员教育培训工作的重要组成部分，是提高机关党员干部素质的重要途径，是实现人才培养目标的重要条件，是提升机关党建水平的有效载体。培训中心下设5个教学基地：县人民法院和桐庐县看守所为警示教育基地、浙东人民解放军金萧支队纪念馆为革命传统教育基地、江南镇环溪村爱莲堂为廉政文化基地、县行政审批服务中心为实践教育基地。

【农村青年创业SYB培训】 2010年6月24日下午，县委组织部、县委党校、团县委、县劳动和社会保障局联合举办桐庐县"村村都有好青年"工作推进会暨青年创业SYB培训开班仪式在县委党校阶梯教室举行。各乡镇(街道)、库管委所辖村党组织、团组织负责人和选出的"好青年"在各乡镇政府和库管委所在地分会场利用党员远教"新视通"系统参加视频会议。会上，团县委介绍"村村都有好青年"工作开展情况及工作部署。分水镇党委副书记周萍英、凤川镇翙岗村党委书记吴小明、横村镇白云村党委书记林雪标对各自乡镇青年创业情况作交流发言，"好青年"代表——瑶琳镇舒家村皇甫高介绍创业经历，县委党校老师解读SYB培训十步教学内容。

【青年农民工订单式技能培训】 2010年，县团委和县社区学院发挥共青团组织联结优势与社区学院培训资源优势，提出对青年农民工尤其是尚未就业的青年农民工开展订单式技能培训。在分析桐庐县产业特点和现状基础上，开设会计证、园林绿化工、营业员、养老护理员、保安员、餐厅服务员、客房服务员、初级计算机操作员等专业。培训根据"订单"灵活机动，主要采取课堂教学与现场见习、实习相结合方式实施。在培训结束后组织理论和实践考核，考核合格者由县劳动和社会保障局颁发职业资格证书或培训合格证书。是年，160名农民获取资格证书。

【红色讲台】 2010年4月，县老龄工作委员会办公室、县社区教育工作领导小组办公室(桐庐县委党校)联合举办"红色讲坛"进基层活动。县委党校作为课程承担方，在原课程表基础上根据学员要求增加新课程,课程主要内容:时事政治解读、桐庐县情研究、新农村建设、"十二五"规划解读、老龄人权益专题、党建知识专题、现代化与社会生活、下一代教育专题、三农与民生专题等。活动由各乡镇(街道)、开发区老龄委、社区学校、市(村)民学校组织,每场听课人数原则上不少于100人,各地可以根据实际需求选择课程表中授课内容,提前一周预约。全年举行20场次,受教群众1580人次。

(王国铭)

·机关党建工作·

【概况】 2010年,县直机关转进党员130名,转出党员60名。经过发展党员预审、公示,发展党员18名、转正党员25名。全年按程序完成30个支部换届、调整,新建国有资产投资公司、县拆迁办2个机关党支部。至年底,直属党组织94个(其中党委2个、党总支8个、党支部84个),所属党支部135个(其中退休党支部25个),党员2082名。建立健全县直机关纪委组织,成立机关纪委2个,配备机关党总支专职纪检委员8名,机关党支部兼职纪检委员103名。是年,通过开展2009年民主评议党支部和民主评议党员,经集体研究,评出优秀党务工作者12名、党员积极分子158名,推选县级先进基层党组织8个、县级优秀共产党员4名。继续实行机关党建工作在线绩效考核,继续开展支部工作特色创新活动,评选表彰2009年度12个优秀品牌。组织开展机关党务干部、离退休党支部书记及入党积极分子培训,389人次参加。举办县直机关妇女保健知识讲座、羽毛球篮球赛、机关干部书画展等活动,丰富机关文体生活。

【创先争优】 2010年,县直机关工委设计争创先进基层党组织、争创特色机关党组织、争创"五好"离退休干部党支部、争创廉洁高效机关党员、争创优秀党务工作者、争创支持机关党建工作好书记6项活动载体,在所属党组织和党员中开展"春江先锋"创先争优活动。7月,在县直机关对外窗口全体机关党员中开展以"公开亮明党员身份、公开承诺服务质量、公开评议党员形象"为主要内容的"亮牌示范、岗位奉献"主题活动。组织开展县直机关党员"创先争优、服务民生"大型广场活动,36支党员志愿者服务队200余名党员参加。继续开展在职党员"进社区、比服务、做表率"活动,推进机关与社区支部共建。

【乡镇(街道)机关党建】 在横村镇试点基础上,2010年7月,13个乡镇(街道)全面推开乡镇机关党建工作。全县建立乡镇机关党工委11个、街道机关党委2个、库区机关支部1个,辖84个党支部1936名党员,乡镇机关党组织负责人由乡镇党委组织书记兼任。机关工委履行指导乡镇机关党建工作职责,加强和乡镇机关工委联系,建立机关工委书记联席会议制、乡镇机关党建联系点制度、文体活动联动等制度,逐步构建市、县、乡镇机关党建三级联动、整体推进机关党建格局。

【基层党组织公推直选】 2010年12月26日,召开公推直选工作推进会,机关基层党组织公推直选工作全面实施。公推直选,是指通过个人自荐、党员推荐、群众推荐和组织推荐产生党组织班子成员候选人推荐报名人选,经审查考察、党工委表决等程序确定候选人预备人选,由党员(党代表)大会直接选举产生基层党组织书记、副书记和委员的党内选举模式。公推直选方式分无候选人直选和有候选人选举,其中有候选人选举方式分"先选委员,再选书记、副书记方式""先选书记、副书记,再选委员方式"和"同时选举委员、副书记、书记方式"3种类型。

【第七届"学习节"活动】 2010年9月15日~11月30日,举办以"让阅读成为习惯——机关党员领导干部读国学"为主题的第七届"学习节"活动。活动分"荐、读、研、考、展、评"6个环节:推荐30本国学经典优秀读物并设专柜展销;选取相应读本,有目的有计划地阅读;思考撰写国学读后感;组织国学知识测试;开展以国学为主题书画展览;对各项活动进行评比表彰。活动收到国学读后感119篇,表彰30篇;全体机关干部通过国学知识测试,68名成绩优异者受表彰;展出书画作品60件,表彰优秀作品41件。在全县机关范围内开展机关学习"十大品牌项目"和机关党员干部"十大学习之星"评选活动。县人民法院、县财政(地税)局、县纪委(监察局)、县检察院、县人事局、县国税局、县劳动局、县委党校、县委宣传部、县政协办有关学习项目被评为机关学习"十大品牌项目";范敏、毛旭红、周华新、余卫均、徐军勇、郦晓良、周保尔、王樟松、李龙、陈娥被评为机关党员干部"十大学习之星"。

【结对帮扶】 2010年,组织全县723名县管干部(含在职调研员)开展"千名党员结对千家困难家庭"活动,组织308家事业单位、50家企业和15名社会人士参与"1+X"结对帮扶活动,结对1096户贫困户。全年开展两次集中慰问活动,春节送出慰问金87.6万元、捐物折款16.4万元;高温期间,送出慰问金23.29万元、捐物折款9.16万元。为民办实事2000余件。

【社会评价】 2010年,社会评价继续纳入县级机关部门年度综合考评体系,在百分制综合考评中占40分。

是年，参加综合考评单位75家(其中参加评选的窗口单位34家、非窗口单位23家)，其得分按满分40分折分计入综合考评；评议单位18家(不列入评选，只征求意见)，均按40分计入综合考评。社会评价工作按9个层面代表来投票，根据“重复取一”原则，确定投票人2393名，发出选票2393张，收回2373张，回收率99.2%。按照20%比例，抽出选票474张。经统计，财政(地税)局在窗口单位中名列第一，县委宣传部(县文创办)在非窗口单位名列第一。在杭州市对桐庐县综合考评社会评价中征求到各类意见134条，县对机关部门社会评价中征求到各类意见343条。

【千企评百岗活动】 2010年，千家企业评百个机关涉企中层岗位(简称千企评百岗)活动分机关和乡镇两个层面开展。机关层面，全县1900名各类企业负责人参与投票评议，评议对象包括97个涉企中层科室，其中服务类窗口63个、执法类窗口34个，评议内容包括工作履职、服务意识、工作效能、廉洁自律4方面。评议过程由县纪委和公证处全程参与监督，评议结果媒体公布。县经贸局资源节约和综合利用科、县劳动和社会保障局行政许可科、县财政(地税)局稽查局、县行政服务中心经贸窗口、县经贸局行业管理(对外经济)科、县国税局办税服务厅、县经贸局行政许可(科技信息)科、县行政服务中心财政(地税)窗口、县行政服务中心国税窗口、县外经局外经外贸科等10个科室被评为“优化发展环境先进科室”，10名科室负责人被评为“优化发展环境先进个人”。县建设局自来水公司、县旅游局行业管理科、县公安局治安大队被评为末三位。活动收到各类意见和建议270余条。加大评选结果运用，连续2年被评为“优化发展环境先进个人”的，第二年考核直接确定为优秀等次；评议结果后三位的科室，县纪委和县委组织部对分管领导进行诫勉谈话或批评教育，当年不得评优；在系统内通报科室负责人，进行换岗交流、降职使用或免职等，当年不得评优。

【党建调研】 按照省市工委调研课题要求，制定《2010年机关党建理论研究课题调研实施方案》，确定“提高机关党建科学化水平”“建设学习型机关”“机关党组织在服务中心、队伍建设中发挥作用”“加强机关党内民主建设”“深化党建带工建、党建带团建、党建带妇建”5个重点调研课题，每个支部申报确定调研课题。建立分组活动调研制度，73个会员单位分8个小组开展调研活动。全年收到党建研究文章60篇，评审优秀文章17篇，《桐庐县推行“6+1+1”强廉模式探究》《县委党校干部培训需求调查问卷分析与思考》获一等奖。

(章惠君)

·老干部工作·

【概况】 2010年底，桐庐县有离休干部140人，异地安置11人。落实老干部政治、生活待遇。1月12日，县委召开老干部团拜会，通报2009年全县经济社会发展情况。7月26日，召开老干部形势通报会，通报半年度经济社会运行情况。40余名县级老领导列席县委常委扩大会议。全年举办各类报告会、理论学习辅导会、老年大学时事政治课46堂(次)，参加人数6500人次。8次组织老干部450余人次到无锡、杭州等地参观交流。举办糖尿病、高血压、心理健康等大型专题保健知识讲座6次。是年起，退休干部体检改2年1次为1年1次。

注重发挥老干部作用，6位老同志担任县发展经济专家咨询委员会委员，230人参加关心下一代工作科技服务团、关爱团和讲师团。全年，200人次老干部为乡镇、机关和部门如何落实科学发展观和开展创先争优活动出谋划策。77个离退休党支部、活动小组定期过组织生活。4月13日～15日，77人参加第五届离退休党支部书记培训。

是年，县人大办等13个离退休支部被评为杭州市“五好”党支部。桐庐经济开发区管理委员会和县建设局连续8年为全县602名离退休干部和党支部书记订阅《杭州日报》和《浙江老年报》。

【走访慰问】 2010年春节前夕，走访慰问22名住院治疗的老干部、20名抗战离休干部、20名家庭困难离退休干部、14名安置在异地及异地安置在桐庐县的离休干部，发放慰问金和慰问品3万余元。5月“走访月”，全面走访143名离休干部，向他们赠送价值252元的华数电视卡。重阳节期间，分别上门为30位80岁、90岁离退休干部过生日。国庆前夕，走访离退休干部200余名，重点走访居住在农村和生活不能自理的老干部35人。全年发放慰问金17万余元。

【文体活动】 2010年，组织老同志开展各类活动100余场，6000多人次参加活动。其中清明节，组织550余位离退休老干部祭扫先烈；4月23日，举办“国税”杯老干部民乐赛，200多位老干部参加；5月6日，为庆祝抗日战争胜利65周年暨上海世博会召开，承办杭州市乒乓球比赛，接待区、县(市)参赛人员100多人；6月29日，举行老干部庆祝中国共产党成立89周年爱国歌曲大家唱活动，150多人参加；12月，县城和分水活动中心各举办迎春表演，1000余人次参与。老干部书画协会、摄影协会、诗词协会、花卉协会组织开展画展、摄影展、花卉展等活动。老年大学950人注册学员，全年举办乒乓球、台球、乐曲等各类比赛6次，参与学生1500人次。

【夕阳红大讲堂】 2010年3月，为搭建机关离退休干部组织生活平台，县委老干部局与县机关党工委合作，推出“夕阳红大讲堂”。大讲堂设在江南老干部活动中心，全年举办4期：3月23日，县委常委、县纪委书记姚吉锋主讲《桐庐县反腐倡廉的形势和任务》；6月25日，县建设局局长华健主讲《桐庐县城市建设情况》；11月2日，县委党校老师张振华主讲《中共十七届五中全会精神》；12月14日，县委常委、公安局局长周建杭主讲《治安与社会和谐》。全年，1200余名离退休党员干部参加大讲堂活动。

（郁　峰）

·对台事务·

【概况】 2010年，桐庐县有在台定居的桐庐籍台胞128人，在桐庐定居台胞2人，在桐庐暂住台胞33人，台属232人，台资企业43家。

是年，县台办贯彻中央、省委、市委对台工作会议精神，主动参与配合开展对台经贸活动，全年接待到桐考察台商3批50人次、回乡探亲台胞5批10人次、组团入岛交流2批13人次。7月7日至11日，应台湾绿色生产力基金会、台湾资源再生协会邀请，组成赴台考察团考察废旧家电回收处理项目；9月26日，杭州·桐庐投资环境暨商务区（台商）推介会在萧山开元名都大酒店召开；发挥《富春山居图》文化资源优势，挖掘名人施肩吾、越剧、剪纸等地方文化资源，着力扩大对台交流交往；进一步加强对台宣传和涉台教育工作，与县宣传部门共同制作宣传桐庐县旅游资源和投资环境的对台宣传专题片，通过赴台人员发放200份。编辑出版收有桐庐籍台胞作品的《潇洒桐庐游记》，赠送给到桐探亲台胞。强化“三台”服务，是年，接受并妥善处理台胞台属来信来访12件（次），做到当年接访、当年结案，结案率100%。对在桐庐县定居的斯伟、钟锡琳2位台湾籍老人给予每人每年1800元困难生活补助。

【《新富春山居图》采风写生创作活动】 为贯彻党中央、国务院关于促进两岸文化交流与合作的指示精神，国务院参事室、中央文史研究馆决定组织创作《新富春山居图》，由各省（市、区）和港澳台地区以及海外华人中具有代表性的著名画家共同参与，集体创作。2010年11月27日～28日，国务院参事室、中央文史研究馆下属的《中华书画家》杂志社组织参与创作的画家到桐现场采风写生。《新富春山居图》由中央文史研究馆馆员宋雨桂和台湾画院院长江明贤作为创作主笔。采风写生创作团实地参观叶浅予艺术馆、严子陵钓台、桐君山、叶浅予故居等地，观摩叶浅予先生的《富春山居新图》等作品。12月29日，《新富春山居图》创作人员到桐进行第二次采风活动。

（方　芸）

·桐庐县人民代表大会·

【十四届人民代表大会第四次会议】 2010年1月18日至21日在桐君街道召开。会议应出席代表221名，实到216名，列席代表129名。会议听取和审查了政府、人大、法院、检察院、财政5个报告，审查计划报告，通过相应决议；听取议案审查委员会关于本次会议议案审查的报告，财政预决算审查委员会关于财政预决算审查的报告；补选徐海初为县第十四届人大常委会副主任、滕青为县十四届人大常委会委员、郑建军为县人民检察院检察长。会议期间，代表们向大会提出议案、建议意见129件。其中，10人以上代表联名提出的议案91件、建议意见38件。经大会主席团通过，储志林等12位代表提出的《突出增量调结构，加快开发区工业经济提质增效》和沈全林等12位代表提出的《加快推进农村住房改造》2件议案作为大会议案。会议表彰了2009年度先进县代表小组和优秀县人大代表以及县第十四届三次人代会好议案建议。

【十四届人大常委会会议】 2010年1月6日，第27次会议审议通过关于召开县第十四届人民代表大会第四次会议的决定和桐庐县第十四届人民代表大会第四次会议议程；讨论并通过桐庐县第十四届人民代表大会第四次会议主席团、秘书长、列席人员等建议名单；听取和审议县政府关于调整桐庐县2009年财政一般预算收支的报告并作出决定批准桐庐县2009年度财政一般预算收支调整方案，即地方财政收入预算由91300万元调整为95000万元，支出预算由89000万元调整为92500万元；听取和审议县政府工作报告、2009年国民经济和社会发展计划执行情况、2010年国民经济和社会发展计划草案报告、2009年财政预算执行和2010年财政预算草案报告；听取和讨论县人大常委会工作报告、县法院和县检察院工作报告；听取关于大会议案及代表意见建议办理情况报告；讨论并通过关于表彰县第十四届三次人代会好议案、议案承办先进单位和先进个人、2009年度先进县代表小组和优秀县人大代表的决定；听取和审议县环保局工作评议整改落实情况报告；讨论并通过关于接受刘仲勋、申屠海荣辞去县人大代表职务的决定；听取县第十四届人大常委会代表资格审查委员会关于桐庐县第十四届人民代表大会代表变动情况报告；通过有关人事任免。

3月17日，第28次会议讨论并通过县人大常委会2010年工作要点、办理县第十四届人大四次会议关于《突出增量调结构，加快开发区工业经济提质增效》和《加快推进农村住房改造》议案的决定；听取和审议县政府关于要求批准政府投资项目建设资金融资的议案，并作出决定；同意2010年县本级政府性投资建设项目新增融资规模为23.27亿元(包括BT、委托代建项)。

5月31日，第29次会议听取和审议县政府关于贯彻实施《中华人民共和国安全生产法》工作情况报告、招商引资工作情况报告和土地管理工作情况报告，并作出相关审议意见；通过有关人事任免。

7月27日，第30次会议听取和审议县政府关于2009年财政决算的报告、2010年上半年财政预算执行情况的报告、2009年度县本级预算执行和其他财政收支的审计工作报告，并作出相关决定和审议意见；听取和审议县审计局关于2008年度桐庐县本级财政预算执行和其他财政收支审计查出问题整改情况的报告，并作出审议意见；听取和审议县检察院关于法律监督工作情况的报告、县法院上半年工作情况报告，并作出审议意见；审议县政府关于《中华人民共和国水污染防治法》和《浙江省水污染防治条例》贯彻执行情况报告，并作出审议意见；审议县政府关于2010年上半年国民经济和社会发展计划执行情况报告。

10月11日，第31次会议讨论通过县人大常委会关于对县水利水电局工作的评议意见，评议会议满意度测评结果为满意；听取和审议县政府关于桐庐县05、16省道有限公司不良贷款转化工作方案的议案，并作出决定。

10月28日，第32次会议通过有关人事任命事项。

11月22日，第33次会议听取和审议县政府关于村级集体经济发展与村级债务化解情况、旅游业发展情况报告，并作出审议意见；听取和审查县政府关于调整桐庐县2010年财政收支预算的报告，并作出决定，批准桐庐县2010年度财政收支预算调整方案：地方财政收入预算由105500万元调整为122600万元、支出预算由106000万元调整为118000万元，政府性基金收入预算从106320万元调整为307130万元、政府性基金支出预算从106320万元调整为307130万元；听取关于大会议案及代表意见建议办理情况报告；接受黄建军、陆永平辞去桐庐县第十四届人大常委会委员职务；通过有关人事任免。

12月10日，第34次会议听取和审议县政府关于提请调整桐君街道行政区划的议案、关于提请凤川镇撤镇设街道的议案，同意撤消桐君街道，以富春江为界，江南设城南街道、江北设桐君街道。分设后，城南街道区域面积97.11平方公里，下辖2个社区、19个行政村；桐君街道区域面积63.73平方公里，下辖7个社区、1个居民区、6个行政村；同意撤消凤川镇建置，在原凤川镇行政区域内建立凤川街道，街道办事处驻地凤新路19号。讨论并通过关于增加分水镇县人大代表名额、召开县第十四届人民代表大会第五次会议的决定。

【经济工作监督】 2010年，县人大常委会组织视察桐庐经济开发区(凤川—江南新城)工业平台建设、迎春商务区建设、滨江区块建设和下轮村拆迁工作情况，提出意见建议；围绕促进投资合理增长，重点对政府投资项目建设、国有资产运营监管等情况进行监督；根据政府计划投资项目和综合财力状况，批准县本级政府性投资交通、城建和民生等重点建设项目新增融资规模。常委会会议和主任会议分别听取和审议县政府关于“十二五”规划纲要编制情况报告，提出意见和建议。常委会加强对财政预算的审查监督，根据地方财政收入有较大增长和经济社会发展的实际需要，作出调整2010年财政收支预算决定，要求县政府将增加的预算支出主要用于民生事业发展。常委会首次开展对县劳动和社会保障局、县农业局、县工商分局3部门预算重点审查，在人代会上向代表公开15个部门预算。

【民生问题监督】 2010年，县人大常委会组织视察消费领域食品安全情况、实事工程进展情况，并进行跟踪监督。针对市民反响强烈的住宅物业管理问题，组织人员到无物管居民楼和县城城北有关社区开展调研、视察，提出改进意见。组织视察数字城管工作，开展城乡居民基本医疗保险工作专题调研，针对医保基金超支、监管力量薄弱、参保基础不扎实等问题，建议政府及有关部门采取措施解决。实地检查或视察文化市场，并跟踪视察意见落实情况，规范文化市场发展。在夜间和节假日对网吧、游戏房等场所进行明查暗访。2010年，办结人民群众来信来访24件(次)。

【法律监督】 2010年,常委会检查《中华人民共和国水污染防治法》《浙江省水污染防治条例》和《中华人民共和国安全生产法》实施情况,听取和审议县政府关于"一法一条例"实施情况报告,实地视察农村生活污水处理工程建设情况。常委会会议听取和审议县法院2010年上半年工作情况报告、县检察院关于法律监督工作情况报告;视察禁毒工作情况,营造"珍惜生命,远离毒品"的社会氛围。主任会议听取县检察院、县监察局关于预防和惩治职务犯罪情况报告。常委会审查县政府报送备案的《桐庐县防雷重点单位管理办法》等5个规范性文件。

【专项工作评议】 2010年,组织在桐省、市代表和县、乡两级代表,开展对县水利水电局工作评议。常委会评议组和各代表小组到水利水电基层一线,走访乡镇(街道)、有关部门及管理服务对象,开展调研,收集归纳各方意见建议174条,结合专项审计报告、代表评议发言、满意度测评等情况,形成对县水利水电局评议意见和对县政府工作建议。评议会后,常委会评议组对评议意见和建议进行督办,对评议中代表和群众反应较大的涉水工程审批管理不够严格、小流域治理和山塘水库除险加固滞后、农田水利设施薄弱、工程建设中村级配套资金比例偏高、安全饮用水长效管理有待加强等问题,提出具体整改任务和时间要求。

【代表工作】 2010年,常委会组成人员分片走访县代表,了解代表工作情况,听取闭会期间代表意见建议,梳理出5大类26条意见建议,书面提交"一府两院"办理。关心代表生活,走访慰问患病住院和生活困难代表,帮助解决实际困难。安排相应代表参与各项监督活动,组织2次县代表小组参与常委会执法检查、工作评议和调研活动,组织省、市、县3级人大代表参加政情报告会。坚持"代表双月活动日"制度,深化代表进选区活动,将活动范围从街道拓展到乡镇,从社区拓展到农村。继续开展代表向选民述职活动,全年有24名县人大代表向选民述职、接受评议。在桐省、市代表向省、市人民政府提出意见建议33件。

【议案建议督办】 2010年,常委会作出办理《加快推进农村住房改造》和《突出增量调结构,加快开发区工业经济提质增效》大会议案决定,明确督办和办理职责。做好代表意见建议交办工作,确定10件意见建议为重点督办件,由常委会领导牵头,相关工作委员会跟踪督办。创新代表意见建议督办方式,指导代表小组集体约访意见建议承办部门主要领导,变事后被动接受反馈为事前主动介入督办,提出具体办理要求和建议。2009年度大会议案及代表建议意见的办理,承办单位与代表见面率100%、满意率95.8%、解决率41.2%。至年底,县十四届人大第四次会议提出的127件意见建议,解决和基本解决56件,占44.1%,当年解决率提高2.9个百分点;正在解决或需要分步实施的54件,占42.5%。

【自身建设】 2010年,县人大常委会农业和农村工作委员会设立,实行常委会组成人员编制单列;乡镇(街道)设立人大办公室,配备工作人员;完善拟任人员任前法律知识考试、任职票决、任前表态发言和承诺公示等制度。

常委会举办中共十七届五中全会精神、《党员领导干部廉洁从政若干准则》、党的优良传统和作风、低碳经济发展等专题学习会,组织开展劳动保障、水利水电法律法规专题讲座。围绕人才工作、学前教育、社区矫正和其他监督议题,开展调查研究,形成调研报告40余篇。完善专项工作评议、主任会议听取专项工作报告等监督机制,制定实施《专题调研工作办法(试行)》。推出跨年度连续监督、代表测评监督意见落实情况、暗访调查、建立财政预决算审查专家咨询小组进行预决算审查等形式。是年,在各类新闻媒体上刊播人大新闻200多条(篇),制作《人大视窗》4期,公布常委会审议意见、决议决定事项22项。

【人事任免】 2010年1月6日桐庐县第十四届人大常委会第二十七次会议表决通过,任命:

毛根洪为桐庐县人民政府副县长;

滕青为桐庐县人大常委会农业和农村工作委员会主任;

朱建余为桐庐县人大常委会农业和农村工作委员会副主任;

刘平为桐庐县人民法院副院长。

免去:

曹洪平的桐庐县人大常委会办公室副主任职务;

吴银祥的桐庐县人民检察院检察员职务。

3月17日桐庐县第十四届人大常委会第二十八次会议表决通过,任命:

袁来红为桐庐县人民法院江南法庭副庭长;

王亚琴为桐庐县人民法院审判委员会委员、民事审判第一庭庭长。

免去:

袁来红的桐庐县人民法院审判委员会委员、民事审判第一庭庭长职务;

王亚琴的桐庐县人民法院民事审判第三庭庭长职务;

李国标的桐庐县人民法院审判员、江南法庭庭长职务。

5月31日桐庐县第十四届人大常委会第二十九次会议表决通过，任命：

罗敏、程安之、姚文娟、杨锦轮、夏凤乔、徐正法、张俊、徐国干、叶忠明等9人为桐庐县人民法院人民陪审员；

王丽琴为桐庐县人民检察院检察委员会委员。

免去：

陈苏平的桐庐县人民法院人民陪审员职务。

10月28日桐庐县第十四届人大常委会第三十二次会议表决通过，任命：

朱樟权、刘鸣、石甦、阮大鸣、王月心、杜立军、胡蓉琴、皇甫秋强、王云丽、张军富、吴根法、吴艳华、王聚根、李关富、蓝晶、夏根有、金辉、徐方华、葛有良、王鲜敏等20人为桐庐县人民法院人民陪审员。

免去：

喻文明的桐庐县人民法院民事审判第一庭副庭长职务；

章新土的桐庐县人民法院审判员职务；

孙天玉的桐庐县人民法院审判员职务；

朱卫英的桐庐县人民检察院副检察长、检察委员会委员、检察员职务。

11月22日桐庐县第十四届人大常委会第三十三次会议表决通过，任命：

潘胜华为桐庐县人大常委会办公室主任；

黄建军为桐庐县教育局局长；

陆端平为桐庐县建设局局长；

蓝少华为桐庐县交通局局长；

汪丽俊为桐庐县司法局局长。

免去：

黄建军的桐庐县人大常委会办公室主任职务；

陆端平的桐庐县教育局局长职务；

蓝少华的桐庐县农业局局长职务；

陈关松的桐庐县司法局局长职务；

濮樟明的桐庐县交通局局长职务；

华健的桐庐县建设局局长职务。

（余小华）

·桐庐县人民政府·

【县政府常务会议】 2010年，十四届县政府召开18次常务会议。

1月5日，第68次会议研究2009年县城征收集体土地房屋拆迁建安重置基准价标准、下轮区块“城中村”改造项目集体所有土地房屋拆迁补偿安置实施方案、政府工作报告、2009年经济社会发展计划执行情况与2010年国民经济社会发展计划草案报告、2009年财政预算执行情况和2010年财政预算草案报告、2010年政府投资项目、重点项目计划等事宜。

2月8日，第69次会议研究县城中心广场改造提升概念性规划方案、下轮村地块控规调整方案、加快农村住房改造建设实施意见等事宜。

2月22日，第70次会议研究桐庐县城市天然气利用规划、县城下轮区块集体所有土地房屋拆迁奖励有关规定、下轮区块集体所有土地房屋拆迁安置房选房和结算规定、2009年度农业产业化政策兑现方案等事宜。

3月12日，第71次会议研究2009年度工业经济政策兑现方案，城乡居民社会养老保险实施意见，2010年经营性用地、工业用地出让及收储计划，县拆迁工作领导小组办公室机构名称、总体定位、职责任务、运作模式等事宜。

3月26日，第72次会议研究关于进一步加快桐庐旅游业发展的扶持意见、关于进一步加快商贸服务业发展的扶持意见、桐庐与杭州城际公交一体化实施方案、2009年县本级政府性债务计划执行情况和2010年县本级政府性债务计划、桐庐县“十二五”规划总体思路等事宜。

5月14日，第73次会议研究关于推进中心镇扩权强镇工作的实施意见、县城下轮区块拆迁安置房建设工程实施BT模式方案、加强桐庐县粮食生产工作的若干意见、2009年度科技政策兑现方案、进一步促进社会福利企业发展的若干意见等事宜。

6月3日，第74次会议研究杭黄高铁桐庐站场综合体概念性规划、凤川—江南新城概念规划、关于深化医药卫生体制改革的实施意见、调整2001年以后参加工作的干部职工房改货币补贴方式、关于对《桐庐县机关人事制度改革实施意见》的修改意见等事宜。

6月13日，第75次会议研究柴埠大桥桥型方案、徐七线(横村至钟山段)改建工程有关政策处理意见、调整城乡居民医保筹资标准和职工医保缴费费率及缴费基数、桐庐县品牌发展三年行动计划(2010～2012年)、关于加快桐庐县建筑业发展的实施意见等事宜。

6月24日，第76次会议研究桐庐县生猪定点屠宰行业规范化建设实施意见、荇塘坞区块拆迁安置相关政策、鼓励发展个人限售股交易业务的政策意见、加强全县农业“三位一体”公共服务体系建设的实施意见等事宜。

7月14日,第77次会议研究桐庐县文化博览园详细规划设计方案、人力资源中心设计方案、2009年度商贸服务业和旅游业奖励兑现方案、关于进一步加强资产收储(收购)行为监管的暂行办法、迎春商务区招商服务与管理机构组建方案等事宜。

8月6日,第78次会议研究县城老城区牛山坞区块控制性详细规划、关于进一步推进土地开发整理工作的若干意见、限制养犬管理暂行规定、加快传统农业转型升级发展现代农业的若干政策意见、农村客运票价调整、洋塘经济适用房销售价格等事宜。

9月3日,第79次会议研究关于全面推进充分就业县创建工作实施意见和创建创业型县工作实施方案、乡村卫生服务一体化管理实施意见和农村卫生改革试点工作有关问题、调整桐庐经济开发区财政管理体制、瑶琳镇给予锡安城度假村项目奖励方案等事宜。

9月10日,第80次会议研究关于鼓励和扶持文化创意产业发展的若干意见、关于加快现代物流业发展若干意见及现代物流中心扶持意见、城际公交一体化有关工作、爱心碑设计方案、芝溪垅区块国有土地房屋拆迁补偿安置方案及奖励政策等事宜。

10月9日,第81次会议研究桐庐县城区营业性人力三轮车规范化管理实施意见、农村住房抵押贷款试点管理办法、巴比松度假庄园台商度假公寓建筑方案、桐庐市民休闲广场工程方案等事宜。

10月19日,第82次会议研究关于加快现代物流业发展若干意见、城乡统筹发展实施意见等事宜。

11月8日,第83次会议研究县机关大院部分房屋整修方案,巴比松度假庄园台商度假公寓设计方案,05、16省道有限公司不良贷款转化工作方案,芝溪垅自然村区块集体土地房屋拆迁安置相关政策,桐庐好的大酒店有关问题处置方案,调整富汇小额贷款公司扶持政策有关问题,桐庐县殡葬基本服务项目免费办法,开展城镇社区居家养老服务工作的实施意见等事宜。

11月19日,第84次会议研究政府投资项目竣工验收管理试行办法、关于进一步加强物业管理工作的若干意见、农村住房置换县城公寓房试行办法、进一步加快县城农房改造引导农民集聚的实施意见、原事业单位转制后退休人员待遇、机关规范津补贴后人事工资、桐庐—杭州城际公交线路等事宜。

12月8日,第85次会议研究行政事业单位职工发放一次性住房货币补贴方案、调整富春污水处理公司非居民生活用水污水处理收费标准等事宜。

【人大代表意见建议和政协委员提案交办工作会议】 2010年3月9日,在县政府会议中心第一会议室召开。是年县“两会”期间,收到人大代表意见建议127件、政协委员提案231件。人大代表建议意见、政协委员提案办理见面率均为100%,满意率100%。

【工业经济暨招商引资大会】 2010年3月13日,在县政府会议中心报告厅举行。会议回顾总结2009年工业经济和招商引资工作情况,部署2010年工作。会议强调以园区整合提升年、招商引资突破年、项目推进督查年、技术改造见效年活动为载体,致力于打造大平台、推进大项目、培育大企业、发展大产业、构建大集群,谋求经济发展新亮点,实现转型升级新突破,确保工业经济平稳健康发展。工业增长要立足企业培育,在壮大产业集群上下工夫;调整结构要立足项目投入,在培育新兴产业上下工夫;加快发展要立足基础建设,在平台拓展上下工夫;招商引资要立足产业配套,在紧扣招商重点上下工夫。同时,兑现2009年度各项工业奖励资金7500余万元,高于2008年度的4800万元。其中,189家传统产业先进设备技改企业获奖励资金4800.1万元。获2009年度工业企业排位竞赛升级奖、升位奖、入围并升位奖等的企业及7家通过ISO 14000认证企业、12家清洁生产企业、5家通过电平衡测试验收企业、1家通过能源监测审计企业和2009年度招商引资工作先进单位、自营出口十强企业、2009年度工业重点技改先进企业和自主创新先进企业、2009年度杰出贡献工业企业、工业龙头企业、突出贡献工业企业及其经营者等先进单位和先进个人获奖励。

【人口计生国土资源环境保护工作会议】 2010年3月18日下午,在县政府会议中心第一会议室召开。会议回顾总结2009年国土资源、人口与计划生育、环境保护工作,提出2010年要以稳定低生育水平为目标,做好人口计生工作,做好国家计生优质服务县创建工作;要以增强发展保障水平为核心,做好国土资源工作;要以创建国家级生态县为抓手,做好环境保护工作。对没有按要求完成任务的单位要严格执行“一票否决制”。县长陈国妹代表县政府与乡镇(街道)、有关部门签订工作目标责任书。

【县政府十件实事】 2010年,桐庐县政府十件实事及完成情况:

表 43　2010 年桐庐县政府为民办实事工程完成情况

序号	实事内容	完成情况
1	建成桐江初中新校区，完成实验初中教学楼扩建，力争完成县职高扩建工程；启动包山幼儿园建设；完成中小学校舍安全工程 3 年计划 60%，完成 5.5 万平方米校舍消防、防雷设施改造。	桐江初中新校区一期工程于 8 月底投入使用，完成二期主体工程；实验初中教学楼完成改扩建；完成县职高扩建工程征地。11 月包山幼儿园动工建设。8 月底完成保安小学学生宿舍、分水小学教工宿舍、方埠中心学校老教学楼、横村初中老食堂加固改造；完成校舍消防、防雷设施改造。
2	完成县第一人民医院三期建设，实施县中医院改扩建，启动县康复中心项目；192 个村卫生室和社区卫生服务站全部投入使用；新型农村合作医疗人均筹资额达 200 元，个人缴费标准保持不变。	完成县第一人民医院三期工程建设，实施县中医院改扩建，完成县康复中心项目报批、方案设计等；全县新(改)建成 181 家村卫生室和社区卫生服务站，投入使用 175 家；5 家正在装修；2 家因村、社区整合，不再设置；其余 10 家未新建转制单位，按新方案处置；新型农村合作医疗人均筹资额为 200 元，个人缴费标准为 60 元。
3	完成 190 套经济租赁房、人才公寓主体工程；做好经济适用房、廉租房分配工作；完成农村困难群众危旧房改造 220 户。	桐庐县保障性住房工程开工建设；第九批、第十批共 36 户廉租房配租完成；完成农村困难群众危旧房改造 261 户。
4	制定加强物业管理意见，开展物管星级评价；完成 500 个无物管居民楼道电控防盗门安装。	出台《关于加强我县物业管理工作的若干意见》；制定《桐庐县物业服务企业星级评定办法》，正在审核评比标准；完成 500 个无物管居民楼道电控防盗门安装。
5	建成 45 个行政村生活污水处理设施，建立农家乐污水治理长效机制；新增三格式户厕 7000 座；农村垃圾集中处理率 70%，清理河道 600 公里，国省道沿线田间棚舍整治率 60%以上。	完成 45 个行政村农村生活污水治理，建成 535 只污水治理工程；出台《桐庐县农家乐污水治理长效管理办法》；新增三格式户厕 10041 座；制定农村垃圾集中收集处理方案，农村垃圾集中处理率达 80%以上，完成河道清理 606 公里，国省道沿线田间棚舍整治率 75%。
6	开展农业实用技术培训 8000 人次、失业失地人员技能培训 1000 人次；帮助 1200 名失业人员实现再就业，其中就业困难人员 300 名；为 60 周岁以上无社会保障老年人发放基础养老金。	完成农业实用技术培训 8450 人次、失业失地人员技能培训 1347 人；帮助 2432 名失业人员再就业，其中就业困难人员 1512 人；全县 5.3 万名 60 周岁以上无社会保障老年人基础养老金发放到位。
7	开通桐庐到杭州市区公交车；完成县城公交车收费系统改造和自动报站器建设，新投放出租车 20 辆，开通凤川—江南新城环线公交；完成农村公路病危桥改造 20 座，新建农村港湾式停靠站 20 个。	11 月 26 日开通桐庐至杭州城际公交；县城公交感应式 IC 卡将与市民卡二卡合一；县城公交车自动报站器全部安装并投入使用；20 辆出租车投放；凤川—江南新城环线公交开通；农村 20 座公路病危桥完成改造，建成 20 只农村港湾式停靠站。
8	免费放映电影 2400 场，送戏下乡 120 场；举办县级体育活动 30 场，新建健身苑点 80 处；组织科普下乡活动 5 场次。	免费放映电影 2438 场，开展送戏下乡 122 场、组织开展全县性群众体育活动 32 次，新建健身苑点 80 处；举办科普下乡活动 7 场次。
9	完成富春江一桥至渡济段路灯安装；改善里弄小巷 19 条，新增停车泊位 100 个；铺设天然气管网 15 公里；完成 20 个行政村新农村电气化改造，新增受益用户 1.5 万户。	富春江一桥至渡济段路灯工程完工；19 条里弄小巷改造、完成停车泊位建设 102 个；铺设完成天然气管道 25 公里；完成 20 个村的新农村电气化改造，总投资 2320 万元。

续表 43

序号	实事内容	完成情况
10	实施农民安全饮用水改造提升，新增受益人口 3.7 万人，落实长效管理机制；农贸市场农产品质量抽检合格率 97% 以上；探索建立农产品质量追溯管理制度。	新增农村安全饮用水改造提升受益人口 51255 人，出台长效管理机制；出台流通领域农产品质量安全追溯管理办法，共抽检各类食品 10415 个批次，合格率 98.54%，对发现问题食品作销毁处理；制定农产品质量安全追溯管理有关意见和实施方案，建立追溯管理制度，建立农产品产地准出管理示范基地 18 家和快速动态检测室 21 家。

(李晓玲)

·桐庐经济开发区·

【概况】 2010 年底，桐庐经济开发区(凤川—江南新城)园区有工业企业 225 家，从业人员 19820 人，其中规模以上企业 117 家。是年，开发区实现工业销售产值 96.29 亿元，其中规模工业销售产值 95.73 亿元，同比增长 59.3%；全社会固定资产投资 19.31 亿元，增长 18.1%，其中工业固定资产投资 17.69 亿元，同比增长 15%；自营出口 2.12 亿美元，同比增长 31.8%；工业税收 2.2 亿元，同比增长 72.3%。桐庐经济开发区(凤川—江南新城)获“世博之星——中国(长三角)最具投资潜力开发区”称号，被认定为杭州生物产业国家高技术产业基地拓展区。

桐庐经济开发区

【招商引资】 2010 年，桐庐经济开发区引入浙江金贝晶体硅太阳能电池片项目、杭州索康博太阳能电池封装胶膜生产项目和杭州瑞晶光伏玻璃生产项目等多家产业链配套项目。规范投资协议，促进双方权责明晰，协议中在全市率先引入项目履约保证金制度和履约承诺制，实行政策扶持与产出相挂钩的办法，对项目落户后进度、产出、税收等指标达不到协议要求的项目，根据协议约定不予退还保证金并停止执行相关优惠政策，情况严重的追求其违约责任，并通过法律途径对项目进行履约清理。全年招商引资实际投入 18.89 亿元，其中市外内资 6.92 亿元，协议外资 1.12 亿美元，实到外资 5747 万美元。引进 37 个项目，协议资金 30.74 亿元，其中 5 千万元以上项目 23 个，占总协议资金 86.2%，亿元以上项目 12 个，占总协议资金 61.3%。

【亩产效益】 2010 年，桐庐经济开发区创新设立企业亩产税收、亩产销售排位竞赛机制，在每季末的次月通报规上企业亩产排位情况，体现“亩均效益”评价标准。为增强园区企业集约节约用地理念，在开发区工业经济发展奖励政策中，对销售产值在 3000 万元以上和税收在 100 万元以上亩产排名前 10 位的企业给予 1 万元至 15 万元不等奖励，优先组织前 20 家企业主要负责人考察、疗养、培训、评优。

【基础设施】 2010 年，桐庐经济开发区在新城概念性规划和杭黄高铁车站综合体规划基础上，整合各类功能区规划，修编开发区核心区块控制性详细规划，实现开发区与凤川—江南新城规划功能互补、有机衔接。全年投入基础设施建设资金 1.34 亿元，实施春江路东延、江南里公路凤龙路段、陈山路西延等道路工程；拓展用地空间，实施凤川三区块、一区块 8 标段、320 国道边洪家山、320 国道凤川出口法林湾山体等土石方工程，全年开挖土石方 259 万立方米，平整场地 117 余公顷；修建和正在修建道路 2873 米，铺设各种管网 4850 米，铺设人行道板 21289 平方米，完成绿化 57000 平方米。

【苻塘坞拆迁改造】 2010 年，实施苻塘坞拆迁改造，推进桐庐经济开发区与主城区对接。拆迁涉及苻塘坞自然村农户52户，人口224人，拆迁房屋建筑面积11392平方米，投入房屋拆迁补偿协议资金2063.7556万元。拆迁工作从4月6日启动，通过沟通协调于7月完成，未发生强行拆迁情况。

【履约清理】 梳理开发区存量土地资源和投资协议约定内容，完善项目建设进度跟踪、提醒、督查制度，加大履约清理力度。2010年，依法无偿收回土地1家、整体收购2家、部分收回土地1家、督促开工2家，收回土地22.16公顷。7月，桐庐经济开发区、县国土局、县法院等部门联合开展土地使用税、房产税征缴，增加保地成本，全年征缴土地使用税1040万元、房产税321万元。

【项目推进】 2010年，桐庐经济开发区创新服务机制推进项目建设，建立完善县管领导联系重点企业、代办工作例会、个性化项目推进计划等制度。在5、6月，采取代办工作例会制度、县管领导挂钩联系企业制度、全面摸清项目底数、制定个性化项目推进计划、系列会议推动项目进度、对老大难项目实行"三步走"（针对部分业主开工愿意不强烈，项目进展缓慢甚至停滞现象，及时发出"温馨提示"；对于"温馨提示"发出一定时间仍没有实际行动的项目，发出项目履约通知书；对履约通知书仍置之不理的项目，发出项目清理通知书）、实行"全场紧逼，人盯人"战术等8项措施，开展为项目集中解难活动和"项目集中开工60天行动"，全年发出"温馨提示"15份、项目履约通知书5份、项目清理通知书3份。全年重点推进并有实质性进展项目78个，建成或部分建成投入使用项目32个，新开工建设项目39个，新建厂房等25.9万平方米，新增销售产值近10亿元。

【桐庐经济开发区获"世博之星——中国（长三角）最具投资潜力开发区"】 2010年6月30日，经济转型发展与现代城市管理中欧论坛暨中国（长三角）"世博之星"展评颁奖典礼在上海世博园中国民营企业联合馆举行。桐庐经济开发区获"世博之星——中国（长三角）最具投资潜力开发区"。该论坛及展评由中国民（私）营经济研究会、中国商帮峰会组委会、文汇新民联合报业集团及上海世博会中国民营企业联合馆组委会联合主办，文汇新民联合报业集团新锐媒体东方早报社独家承办。评选范围是上海、江苏、浙江等地省级以上经济开发区。

2010年桐庐经济开发区规模企业一览

表44

序号	企业名称	序号	企业名称
1	浙江外贸包装实业有限公司	16	浙江玛斯特机械制造有限公司
2	桐庐富春江织造有限公司	17	浙江格勒卫浴科技有限公司
3	桐庐协成针织服饰有限公司	18	杭州欣源电梯部件有限公司
4	杭州赛思伺服电机制造有限公司	19	浙江拓卡斯机械科技有限公司
5	杭州赛思节能设备有限公司	20	杭州畅翔玻璃有限公司
6	杭州合骏皮革有限公司	21	桐庐新佳服饰有限公司
7	杭州市桐庐医疗光学仪器总厂	22	杭州妙洁日化科技有限公司
8	浙江环益资源利用有限公司	23	桐庐昌隆工艺品厂
9	杭州凯艺珠宝首饰有限公司	24	桐庐恒如服饰有限公司
10	今麦郎饮品杭州有限公司	25	杭州维果食品有限公司
11	桐庐大唐箱包厂	26	桐庐凯德肠衣有限公司
12	杭州亿宏实业有限公司	27	杭州杭萧钢构有限公司
13	杭州钦宇机械制造有限公司	28	桐庐美高服饰有限公司
14	杭州瑞坤时装有限公司	29	桐庐富瑞达针织服饰有限公司
15	杭州永杰研磨材料有限公司	30	桐庐富禾针织服饰有限公司

续表 44

序号	企业名称	序号	企业名称
31	桐庐富霖针织服饰有限公司	63	杭州三达过滤设备有限公司
32	杭州美思得科表面处理科技有限公司	64	杭州旭舒伯莱特针织服饰有限公司
33	杭州东吴起重机械有限公司	65	杭州奥野科技实业有限公司
34	浙江奇尚商业设施系统有限公司	66	浙江慷源实业有限公司
35	杭州和韵科技有限公司	67	杭州冠宇食品有限公司
36	桐庐耀捷针织厂	68	杭州野禾塑胶有限公司
37	杭州虹利皮革服装有限公司	69	杭州力高旅游用品有限公司
38	杭州碧于天保健品有限公司	70	杭州科博纸业有限责任公司
39	桐庐春江丝绸针织服装厂	71	杭州惠潮制衣有限公司
40	杭州飞扬服装有限公司	72	浙江凯胜畜产品加工有限公司
41	杭州洁康药业有限公司	73	浙江南一堂实业有限公司
42	杭州天龙油墨有限公司	74	杭州美琪服饰有限公司
43	杭州富利登塑胶电子有限公司	75	桐庐申达通信工业有限公司
44	杭州惠尔邦厨具有限公司	76	杭州鑫品科技发展有限公司
45	桐庐恒久手帽针织厂	77	杭州天尊药业有限公司
46	桐庐金诚手套帽业工艺厂	78	桐庐森蓝服饰有限公司
47	杭州易通新型材料有限公司	79	浙江汉德邦建材有限公司
48	杭州华大海天科技有限公司	80	中艺花边集团有限公司
49	杭州凤嘉纺织有限公司	81	杭州康基医疗器械有限公司
50	桐庐泰王轮胎有限公司	82	杭州伊贝实业有限公司
51	杭州桐庐尖端医光器械总厂	83	桐庐佳艺花边有限公司
52	杭州立山皮件有限公司	84	杭州艾高户外运动用品有限公司
53	杭州维力佳食品有限公司	85	杭州万丰建筑装饰有限公司
54	桐庐富春污水处理有限公司	86	桐庐申佳手套厂
55	杭州正玺电子有限公司	87	杭州美克瑞思服装有限公司
56	杭州棕榈地科技开发有限公司	88	桐庐鑫丰针织厂
57	杭州泛亚卫浴股份有限公司	89	桐庐白云源电气设备制造有限公司
58	桐庐瀚威健身器材有限公司	90	杭州达来思服饰有限公司
59	杭州嘉华家居用品有限公司	91	桐庐星之源针织厂
60	桐庐赛林手帽服饰有限公司	92	杭州立升塑胶制品有限公司
61	杭州启昌服饰有限公司	93	桐庐佳腾针织有限公司
62	杭州三汇水电设备有限公司	94	杭州廷镁家纺有限公司

续表 44

序号	企业名称	序号	企业名称
95	杭州桐庐时空候医疗器械有限公司	107	桐庐启信箱包厂
96	杭州笑雪服饰有限公司	108	桐庐康尔医疗器械有限公司
97	杭州维力佳元升食品有限公司	109	浙江国奥家具有限公司
98	浙江申通印刷有限公司	110	杭州腾宇光电有限公司
99	杭州汇家卫浴用品有限公司	111	杭州振兴医疗器械制造有限公司
100	杭州斗源机械电子有限公司	112	桐庐清新工艺品有限公司
101	桐庐华和手套制造有限公司	113	桐庐鑫宏针织厂
102	杭州沃华滤纸有限公司	114	密尔沃基(桐庐)阀门有限公司
103	桐庐博尚休闲旅游用品有限公司	115	浙江挚友科技有限公司
104	桐庐申大工艺品有限公司	116	浙江舜飞机电设备有限公司
105	桐庐县复合彩印厂	117	桐庐骏威服饰有限公司
106	桐庐中汽商用汽车零部件有限公司		

（周跃群）

·行政审批·

【概况】 2010年，县行政服务中心受理各类办件102387件，办结102302件，办结率99.9%，其中承诺件49246件，平均承诺时间4.31天，实际办结时间2.03天，提速52.9%。是年，进驻窗口部门增至30个；服务项目与2009年比，增加审批事项17项；县行政服务中心2010年被评为市级文明单位，桐庐县年度综合考评先进单位。

表 45　**2010年桐庐县行政服务中心各窗口办理主要事项一览**

窗口部门	事项名称	办件量(项)
安　监	《危险化学品生产企业安全生产许可证》审批	3
	《烟花爆竹经营(零售)许可证》的核发(本级审批)	222
	《烟花爆竹批发经营许可证》审批	1
	甲种《危险化学品经营许可证》审批	4
	经营第三类易制毒化学品备案(本级备案)	3
	剧毒化学品使用单位登记备案	13
	生产、储存危险物品的建设项目安全设施竣工验收的审批(本级审批)	3
	生产、储存危险物品的建设项目安全设施竣工验收的审批(上报)	1
	生产、储存危险物品的建设项目安全设施设计的审批(本级审批)	4
	生产、经营第二、三类易制毒化学品备案	2
	乙种《危险化学品经营许可证》审批	19
财政(地税)	二手房交易	1721
	耕地占用税征收	3

续表 45

窗口部门	事项名称	办件量(项)
财政(地税)	契税征收(商品房纳税申报)	3020
	契税征收(遗失补证)	5
	契税征收—土地使用权出让	163
	税务登记证(变更登记)	488
	税务登记证(设立登记)	1782
	税务登记证(遗失补证)	33
城　管	城市大型户外广告设置及建筑物、设施上张贴、张挂宣传品等审批	482
	工程渣土准运证核准	15
	利用广场等公共场所举办文化、商业等活动许可	37
发　改	工业项目(预审)	35
	基本建设工程初步设计审批	2
	内资企业投资项目核准	1
	其他项目	56
	企业投资项目备案	120
	外商投资项目核准	10
	行政事业性收费标准审批	2
	政府投资项目审批(初步设计批复)	14
	政府投资项目审批(初步设计评审)	14
	政府投资项目审批(建议书或可研报告批复)	60
	政府投资项目审批(建议书或可研报告评审)	70
工　商	非公司企业法人(营业单位)登记(非公司企业法人变更)	10
	非公司企业法人(营业单位)登记(非公司企业法人改制变更)	1
	非公司企业法人(营业单位)登记(非公司企业法人注销)	2
	个人独资企业及其分支机构登记(个人独资企业经营场所变更)	2
	个人独资企业及其分支机构登记(个人独资企业经营范围及方式变更)	2
	个人独资企业及其分支机构登记(个人独资企业名称变更)	1
	个人独资企业及其分支机构登记(个人独资企业设立)	5
	个人独资企业及其分支机构登记(个人独资企业投资人姓名变更)	4
	个人独资企业及其分支机构登记(个人独资企业注销)	2
	个体工商户登记(设立登记)	348
	公司(分公司)登记(分公司变更)	21
	公司(分公司)登记(分公司注销)	12

续表 45

窗口部门	事项名称	办件量(项)
工　商	公司(分公司)登记(有限公司法定代表人变更)	47
	公司(分公司)登记(有限公司分公司设立登记)	5
	公司(分公司)登记(有限公司股东变更)	95
	公司(分公司)登记(有限公司经营范围变更)	63
	公司(分公司)登记(有限公司经营期限变更)	4
	公司(分公司)登记(有限公司名称变更)	13
	公司(分公司)登记(有限公司设立登记)	237
	公司(分公司)登记(有限公司实收资本变更)	5
	公司(分公司)登记(有限公司增加注册资本变更)	36
	公司(分公司)登记(有限公司住所变更)	32
	公司(分公司)登记(有限公司注销)	17
	合伙企业及其分支机构登记(合伙企业经营场所变更)	2
	合伙企业及其分支机构登记(合伙企业注销)	3
	农民专业合作社及其分支机构登记(变更登记)	12
	农民专业合作社及其分支机构登记(设立登记)	17
	企业集团登记(变更)	1
	企业名称登记	212
供　电	电工进网作业许可	433
公　安	爆破作业单位许可证	116
	大型群众文化体育活动安全许可	10
	更改姓名及纠正出生日期核准(更改姓名)	594
	更改姓名及纠正出生日期核准(纠正出生日期核准)	225
	国家行政机关和企业、事业单位公章刻制委托(首次办理)	1366
	国家行政机关和企业、事业单位公章刻制委托(遗失补办)	11
	互联网上网服务营业场所、经营单位的信息网络安全许可	20
	户口迁移电大、自修大专以上毕业生农转非	1
	户口迁移父母与子女相互投靠	162
	户口迁移公务员聘用、人才引进及工作调动	39
	户口迁移购房迁入	173
	户口迁移核准(工作调动迁移户口)	1
	户口迁移婚迁(夫妻投靠)	973
	户口迁移军转干部家属随迁	1

续表 45

窗口部门	事项名称	办件量(项)
公　安	户口迁移离、退休或离婚回原籍	21
	户口迁移土地征用户口农转非	31
	金融机构营业场所、金库安全防范设施工程验收	22
	金融机构营业场所、金库安全防范设施建设方案审核	28
	居民临时身份证制证	3570
	旅馆业特种行业许可证核发	25
	民用爆炸物品购买许可	353
	民用爆炸物品运输许可	111
	民用弹具配置管理	13
	人才居住证制证	1
	烟花爆竹道路运输许可证核发	52
	焰火燃放许可证	1
	邮电局(所)安全防范设施设计方案审核	3
	邮电局所安全防范设计设施工程验收	2
公积金中心	单位住房资金使用申请	25
	房改房部分产权补足全部产权申请	4
	房改房交易申请	292
	退出已购公有住房申请	1
	住房分配货币化补贴申请	32
	住房公积金担保抵押贷款(二手房贷款)	23
	住房公积金担保抵押贷款(期房贷款)	87
	住房公积金担保抵押贷款(组合贷款)	12
	住房公积金申领服务	4345
国　税	涉税证明(已纳税证明)	26
	税务登记(变更登记)	363
	税务登记(变更登记纳税识别号维护)	28
	税务登记(开业登记重新税务登记)	25
	税务登记(设立登记)	1901
国　土	采矿许可新立	3
	出让土地使用权转让审查	80
	房地产抵押登记(预登记备案、预登记转正式登记、注销登记、撤消备案)	1568
	改变土地用途的审批	1

续表 45

窗口部门	事项名称	办件量(项)
国　土	国有划拨土地使用权转让、出租、抵押审批	267
	基本农田划区定界审查	29
	土地登记发证	3418
	土地登记发证	701
	征地拆迁房屋许可	3
环　保	建设项目环境保护设施竣工验收	17
	建设项目环境影响评价审批(报告表)	50
	建设项目环境影响评价审批(报告书)	8
	建设项目环境影响评价文件审批(登记表)	388
	排污许可证核发	13
建　设	城市规划区建设项目选址审批	25
	城市规划区内临时建设工程规划许可审批	1
	房屋所有权登记　存量房赠与、继承、析产	90
	房屋所有权登记　共有权变更	7
	房屋所有权登记(单位自建房)	98
	房屋所有权登记(法院裁定、调解判决)	24
	房屋所有权登记(房改房退回原单位)	1
	房屋所有权登记(个人自建房)	9
	房屋所有权登记(更名)	63
	房屋所有权登记(更正)	49
	房屋所有权登记(商品房)	2486
	房屋所有权登记(商品房总证)	242
	房屋所有权登记(遗失补办)	21
	房屋所有权登记(注销或撤销房屋登记)	1
	房屋所有权登记存量房交易	1672
	建设工程规划许可审批	99
	建设工程项目方案设计审批(各类建设项目规划设计方案)	40
	建设工程项目方案设计审批(批后修改一未开工)	3
	建设工程项目方案设计审批(批后修改一已开工)	4
	建设工程项目方案设计审批(杂项工程方案)	1
	建设工程项目方案设计审批(总平面方案)	6
	建设用地规划许可审批	79

续表 45

窗口部门	事项名称	办件量(项)
建 设	建筑工程施工许可	186
	临时排水许可	8
	商品房预售许可核准	55
	挖掘城市道路审批	40
交 通	超限运输车辆行驶公路许可(县、乡道)	2
	出租汽车经营资格证、车辆营运证和驾驶员客运资格证核发	20
	船员适任证书核发	4
	道路运输站(场)经营许可(货运站场经营许可。开业)	6
	公路用地范围内架设、埋设管线等设施许可(国、省道)	3
	公路用地范围内架设、埋设管线等设施许可(县、乡道)	2
	货运经营许可(开业)	391
	机动车维修经营许可(变更)	1
	机动车维修经营许可(开业)	23
	建筑控制区内埋设管线等设施许可(县、乡道)	9
	客运经营许可(开业)	7
	客运经营许可(车辆更换更新)	1
	客运经营许可(新增客运班线＊已有相应经营许可证＊)	20
	跨越、穿越公路作业许可(国、省道)	1
	占用、挖掘公路或使公路改线作业许可(县、乡道)	4
经 贸	成品油零售企业(加油站)竣工验收及年审	49
	企业技术改造投资项目备案	73
	企业技术改造投资项目备案(进口设备)	1
	企业技术改造投资项目核准	1
	食盐零售许可证	1
	外商投资企业项目核准(技改项目申报)	8
	外商投资企业项目核准(增资项目申报)	1
	新型墙体材料产品认定	3
	新型墙体材料产品认定(换证)	4
	资源综合利用企业(产品)认定(流通企业)	7
	资源综合利用企业(产品)认定(生产企业)	2
劳动保障	特殊工时制度审批	91
	职业介绍机构资格认定	2

续表 45

窗口部门	事项名称	办件量(项)
林　业	林木采伐许可证核发	1084
	林木种子经营许可证的核发(设立)	1
	林木种子生产许可证的核发(设立)	1
	林业生产占用林地许可	1
林　业	临时占用林地许可	2
	木材经营加工许可(变更)	8
	木材经营加工许可(设立)	17
	木材运输许可证核发	8578
	森林植物检疫证核发	6984
	省一般保护陆生野生动物经营利用许可证核发(设立)	7
	省一般保护陆生野生动物驯养繁殖许可证核发	2
旅　游	风景名胜区建设项目选址审批	1
	风景区建设工程规划许可证的核发	1
民　政	成立社会团体的筹备许可	5
	地名命名更名	22
	门牌号码编制、变更	1768
	民办非企业单位设立、变更、注销(变更)	1
	民办非企业单位设立、变更、注销(设立)	11
	社会团体变更、注销、登记(变更)	10
	社会团体变更、注销、登记(设立)	7
	社会团体变更、注销、登记(注销)	1
	社会团体分支(代表)机构设立、变更、注销(变更)	1
农　业	动物防疫条件合格证核发	14
	农业机械维修技术合格证书核发	1
	农作物种子经营许可	1
	食用菌种(栽培种)生产经营许可	1
	水产养殖证核发	1
	水产种苗生产许可	1
	外省蚕品种引进许可	1
	渔业船舶检验许可	1
	渔业船舶重要船用产品检验许可	1
	浙江省鲜活农产品运输“绿色通道”产地证明发放	134

续表 45

窗口部门	事项名称	办件量(项)
农　业	植物产地检疫证明的核发	1
气　象	防雷装置竣工验收	93
	防雷装置年检	13
	防雷装置设计审核	166
	施放气球作业许可(市局委托)	6
人防办	公用人防工程平时利用许可	1
	人防工程竣工验收许可(地下空间人防区域确认一实测绘)	6
	人防工程竣工验收许可(结建防空地下室)	5
	人防工程施工图设计审批	8
	人防工程易地建设审批	98
水　利	河道采砂许可	9
	开发建设项目水土保持方案审批	25
	取水许可审批(申请取水许可延续)	103
	水利基建项目初步设计文件审批	1
外　经	加工贸易企业经营状况及生产能力证明服务	27
	加工贸易业务审核服务	124
	外商投资企业变更许可	33
	外商投资企业设立许可	17
卫　生	餐饮服务许可证核发	344
	供水单位卫生许可	1
	公共场所卫生许可证核发	135
	护士执业注册	90
	母婴保健专项技术服务许可	2
	医疗机构设置审批许可	5
	医疗机构执业许可变更登记	3
	医疗机构执业许可登记	3
	医师执业变更注册	53
	医师执业注册	22
文广新	包装装潢印刷品印刷企业变更名称、法人代表人或者负责人、住所或者经营场所等主要登记事项,或者终止经营活动的备案(扩权强县)	3
	变更专门从事名片印刷企业	2
	出版物零售单位设立	3

续表 45

窗口部门	事项名称	办件量(项)
文广新	互联网上网服务营业场所变更	10
	举办营业性演出的审批	30
	其他印刷品印刷企业或者申请从事其他印刷品经营活动变更(排版、制版、装订)	1
	其他印刷品印刷企业或者申请从事其他印刷品经营活动变更(其他印刷品印刷)	2
	其他印刷品印刷企业或者申请从事其他印刷品经营活动设立(其他印刷品印刷)	9
	设立包装装潢印刷品印刷企业或者申请从事包装装潢印刷品印刷经营活动的审批(扩权强县)	1
	设立专门从事名片印刷企业	2
	音像制品零售出租单位设立	1
	娱乐场所变更(电子游戏游艺类)	1
	娱乐场所变更(歌舞类)	5
	娱乐场所设立(电子游戏游艺类)	1
	娱乐场所设立(歌舞类)	7
消　防	公众聚集场所使用或开业前的消防安全检查	2
	建筑工程竣工消防验收(建筑工程消防验收)	5
	建筑工程竣工消防验收(建筑工程消防验收备案)	14
	建筑工程竣工消防验收(内部装修消防验收)	3
	建筑工程竣工消防验收(内部装修消防验收备案)	5
	建筑工程消防设计防火审核(建筑设计防火审核)	11
	建筑工程消防设计防火审核(建筑设计防火审核备案)	19
	建筑工程消防设计防火审核(内部装修设计防火备案)	9
	建筑工程消防设计防火审核(内部装修设计防火审核)	1
烟　草	烟草专卖零售许可证	328
质　监	计量检定人员资格核准	12
	小型锅炉房建造设计方案核准	24
	制造、修理计量器具许可证签发	1
	组织机构代码证(换证)	604
	组织机构代码证(变更)	455
	组织机构代码证(年检)	2281
	组织机构代码证(申领)	1584

【行政服务中心搬迁】 2010年5月,县行政服务中心(公共资源招投标管理委员会办公室)搬迁至县城迎春南路258号国资大厦5楼、6楼,5楼为行政服务中心,6楼为招投标中心,办公场地7000余平方米。行政服务中心设办公区、办事区、休息区、商务区,审批服务增加10个临柜窗口;招投标中心设开标大厅2个、洽谈室2个、评标室6个、会议室3个,增设土地出让、建设工程、政府采购、交易证办理、保证金收退、报名咨询、中介代理和公证处窗口。

桐庐县行政服务中心办事大厅

【网上行政服务中心】 2010年,县行政服务中心整合资源,开设集"网上受理、网上办理、网上反馈、网上监督"于一体的网上行政服务中心。全县464项审批事项650项子项实现外网预受理,其中行政许可事项100%实现外网预受理,相关表格均可在网上下载。外网受理成功后,即时以短信形式提醒申报者,建立一站式、全天候网上服务窗口。工作人员需在规定时间内在网上填写审批意见、作出许可决定,操作时间、填写内容由计算机记录在案,全程留痕、不可逆转。需部门业务科室和领导审查、批准的环节,在同一网站上操作,实现一网式协同办公。新增网上联审功能及多证联办网上运行通道。无缝对接市、县"数字监察"系统和市行政服务中心网站,数据同步流转,节点实时映射,强化群众外部监督,办事群众可通过县网上政务大厅或直接访问行政服务中心门户网站,了解事项全程办理情况。

【窗口服务】 2010年,环保窗口简化环评手续,推出政府投资项目"打包"环评和建设项目批后调整备案制。财政(地税)窗口合并缴税系统,实现税收缴纳"一卡通",改变契税缴纳需到建设银行窗口支付现金、其他税收在窗口POS机刷卡现状。公安窗口改革临时身份证办理程序,将临时身份证缴费改在派出所办理,通过人口系统提交相关信息,办事群众只需跑1次窗口,办证时间由3个工作日缩短到1个工作日。国土窗口改革对土地证申请遗失补证和初始登记,由登报遗失声明后需公告3个月申报遗失补证缩短到公告15天即可申请办理,减少原需要公告15天的初始登记公告环节。

【项目代办】 2010年,县代办中心(含乡镇、街道)受理项目729个,办结708个,上门服务3251批次3976人次,联系审批部门3550家次,参加协调会议319次,解决疑难问题333个。配合县委组织部制定挂职干部轮换方案,进行第三批代办员轮换、衔接、业务培训。通过上门对接等方式对每个项目按照倒计时要求制定个性化推进时间表,开展为项目集中解难活动,对老大难项目实行"三步走"(即对一般的进度迟缓项目,及时发出"温馨提示";对于"温馨提示"发出一定时间仍没有实际行动的项目,发出项目建设督办函;对督办函仍置之不理的项目,发出项目履约清理通知书),采取"全场紧逼、人盯人"战术,推动项目建设。实现与审批系统对接,打通网上服务通道。推广外网申报,由代办员在网上进行申报,审批情况在网上行政服务中心实时查询,导入代办服务系统,实现动态管理。

【招投标工作】 2010年,县招投标服务中心办理各类交易830项,累计成交金额42.72亿元,其中建设工程(包括交通、水利)538项,成交金额12.92亿元;政府采购134项,成交金额0.66亿元;土地交易130项,成交金额28.55亿;矿产交易13项,成交金额0.35亿元;产权交易15项,成交金额0.24万元,节约资金3.56亿元,增值13.05亿元。经过前期调研和梳理,出台拍卖公司管理办法;联合县监察局、建设局制定出台新的评决标办法(对施工造价在200万元以下项目采用合理低价法,通过随机抽取确定中标单位;对施工造价在200万元以上项目实行综合评估法,分别对技术、商务、资信进行评审,按一定权重计算得出总分最高者为中标单位),联合县建设局制定出台工程建设项目竞争性谈判管理实施办法,联合县财政局出台协议采购实施细则,联合县林业局出台林木资源流转办法,招投标监管长效机制逐步建立。引入建设工程评标专家语音通知系统,杜绝评标信息泄密情况;安装改进专家门禁系统、评标专家指纹签到系统,对评标专家评标过程实行封闭式管理;提升改善监控系统,对评标室进行实时声像监控。引进电子辅助评标系统,提高评标效率,增强评标公正性。协调新增发改部门进驻统一平台,参与招标前期管理。健全联席会议长效机制，全年召开3次联席会议，听取招投标管理工作情况汇报，协商解决突出问题。深化联合执法机制，全年查处招投标违法违规案件4起，处理投标企业6家、5人。组建标后检查工作小组，对政府性投资项目标后监管，对合同履约、施工（监理）单位班子成员到岗履职情况、工程变更、资金拨付等进行检查，全年检查51项。联合县监察局检查桐庐县小额公共资源交易情况，规范县小额公共资源交易行为。

（卢飞燕）

·侨务工作·

【概况】 2010年，全县侨汇收入350万美元，比2009年减少200万美元；折合人民币2282万元，比2009年减少1466万元。

是年，接待到桐考察开发区和迎春商务区建设客人4批23人次；组织企业和有关部门参加浙江省旅外乡贤聚会、2010海外华商投资洽谈会、海外杭州人联谊大会等省、市组织大型活动；为2010年浙江·杭州国际人才交流与合作大会提供人才和项目支持，推荐桐庐籍海外有意参会带资金、带项目的高科技人才3名、项目3个；走访侨资企业30余家次，与企业主交流与沟通，帮助协调解决生产、生活中存在问题。2010年，瑶琳镇永安村在永安村“侨之家”基础上，创成全县第3个杭州市侨法宣传示范点。华侨福利基金会全年无新增会费收入，至年底，基金会会员51户，基金本金12920元，基金余额63207元。

全年，有23篇稿件被县以上新闻媒体、内部简报录用，其中，国家级2篇、省级4篇、市级8篇、县级9篇。

【为侨服务】 2010年，为侨胞侨眷服务200余人次，帮助海外侨胞、归侨侨眷解决子女就学、建房矛盾等20余件次。走访、慰问、探望困难和因病归侨侨眷58户次，送补助、慰问金和慰问品1万余元。受理侨务信访、来访、来电21件（次），结案率100%。被杭州市侨办推荐参加2010年浙江省侨务信访工作先进集体评选。5月，组织侨界人士参加全省侨联系统“书画怡情、品位生活”书画比赛，其中侨眷吴望生的硬笔书法作品获优秀奖。9月，组织归侨侨眷、留学生家属、侨界政协委员代表30多人，参观富春江镇芦茨村“风情小镇”建设。

【县留学生和家属联谊会】 2010年5月，杭州市留学生和家属联谊会工作会议及市留学生和家属联谊会主席会议，分别在桐庐巴比松米勒庄园和芦茨土屋召开。10月，组团参加杭州市留联系统JASONWOOD杯羽毛球比赛，获团体冠军，汪宁、郑志兴等3人获运动员风采奖；11月，组队参加县统战系统运动会。

【侨务培训】 采取“以会代训”方式，利用侨联联席会议、侨务工作研讨会、学习会等，组织县侨联委员、侨界政协委员、乡镇侨联委员、社区侨之家负责人培训，2010年培训4批80余人（次）。3月，选派县侨务干部朱云和永安村村官皇甫鑫良等参加由杭州市侨办、侨联和杭州市委党校联合举办的侨务干部培训班；选派多名侨务干部参加县委统战部举办的学习和培训，增强侨务干部政治和业务水平。

【侨界委员履职】 2010年，县侨联、侨办为增强侨界委员履职能力，组织专题学习4次；与县台办、县城管执法局等部门对口联系2次；开展宗教、卫生、民族等专题视察4次；组织界别活动各1次；到慈溪、绍兴、滨江、富阳等兄弟县（市）区调研、交流3次；到台湾专项考察台侨工作。是年，侨界政协委员就发展农村集体经济、加强宗教整治和农村劳动力转移等课题专题调研，撰写《关于大力发展我县村级物业经济》《关于加强我县宗教场所安全管理》等3篇调研报告。“两会”期间，提议（提）案26件，侨界代表、委员提议（提）案率100%。潘胜华等侨界委员2个提案被县政协评为优秀提案；侨界盛瑶委员被评为“双好”委员。

（施宇昕）

·机关事务管理·

【公务接待　会务保障】 配合桐庐第二届山花节、中国抽纱刺绣名家名品展等大型活动，食宿安排、人员接送、礼品采购环节无差错。完成国家环保部检查生态建设示范区建设、国家审计署、全国政协科教文委、国家农业部、中央党校省部级领导进修班、海外华文媒体中国行、省级示范文明县城调研考核等接待服务；承担国家环保部、审计署和省纪检工作会议、省农村生活污水治理工作现场会、浙江树人大学与桐庐县合作办学签约仪式等会务保障。至2010年12月20日，接待来宾922批24820人次，比2009年同期上升7.7%和2.1%（其中省部级218批4285人次、地市级286批9769人次、区县级412批10635人次、外宾6批131人次）。县政府会议中心接待各类会议和活动480场次5.6万人次。

【基建维修】 做好县府机关大院日常水电、基建维修维护工作，确保大院内设施设备运行正常和24小时水电供应正常，2010年更换各类球阀、闸阀、水龙头150余只，修理空调110台，更换灯泡532只，更换节能灯、日光灯539只,更换门锁插销98把,更换开关、插座46只,大院墙体刷白5500平方米。完成人才及劳动力市场搬迁装饰1300平方米,维修5号楼10个会议室,完成国资大厦装饰11000平方米并通过竣工验收。

【卫生绿化】 2010年,创建清洁型机关大院,推行星级化服务管理,采取全天候卫生巡回保洁服务,制定卫生保洁工作考核制度,开展保洁工作月评季考活动。针对重点区域走市场化道路,落实专业化保洁。加强日常绿化管理,定期拔草、剪枝、施肥、浇水,做好会议室、县四套班子领导办公室、交流干部宿舍以及公共场所等地鲜花和盆景摆放。配合桐庐县建设局完成县府大院、传达室及绿化景观改造工程,绿化率保持在98%以上。

【安全保卫】 加强大院安保工作,做好出入登记、保卫值班、协调上访、车辆入院管理、综合治理等工作,制定《火灾扑救应急预案》《重点目标防护抢修方案》《群众上访应急预案》和《防空突发演练方案》等多项应急预案,完善各类规章制度21项,强化机关秩序管理,坚持24小时值班巡逻,形成“人防、技防、物防”的监控动态安全防范体系。2010年,出入门卫登记人数1440人次,发放车辆通行证1750余张,协调上访240批次,治安消防实现零事故目标。

【食堂管理】 坚持“卫生防疫标准化、职责任务具体化、征求意见经常化、花样品种多样化”目标要求,加强内部管理,规范操作流程,践行微笑服务与细节服务相结合原则,在加强食品卫生监督、保障餐饮安全的基础上,围绕“健康饮食”创造特色,提高食堂膳食质量,为600余名机关干部职工提供服务。

【节能工作】 县级机关事务管理局与73家机关事业单位签订2010年度节能目标责任书,建立节能联络员制度。开展以“争做节能表率,践行绿色办公”为主题的能源紧缺体验活动,是年8月30日至9月30日,对机关大院内空调电梯限时启用、公车限时限次使用。投资28万元用于更换环保节能型电开水器和部分空调、照明设备。2010年,全县公共机构用水用电量比2009年同期下降4%,县政府大院能耗下降4.5%。

(林　琳)

·档案事业·

【档案目标管理认定】 2010年,旧县街道办事处被命名为浙江省第二批社会主义新农村建设示范乡镇(街道)、首批示范数字档案室,并通过省一级档案工作目标管理认定;供销合作总社通过省二级档案工作目标管理认定。旧县街道办事处和桐庐县供销合作总社被浙江省档案局命名为首批浙江省规范化数字档案室。县发展和改革局等15个单位被命名为首批桐庐县规范化数字档案室。是年,桐庐县档案局获浙江省档案系统推进“平安浙江”建设先进单位。

【行政村社区规范化档案室建设】 2010年,全县60多个村参加申报行政村社区规范化档案室培训和验收,桐君街道办事处下洋洲村等14个行政村被命名为“浙江省行政村示范档案室”;富春江镇大洋坪社区被命名为“浙江省社区示范档案室”;桐君街道办事处梅蓉村等38个行政村获“杭州市示范档案室”称号;合村乡瑶溪村等3个行政村通过县级规范化档案室验收。

【档案征集接收】 2010年,桐庐县档案局接收计生再生育审批和特批档案5368件,桐君街道退休档案574卷、房改档案13459卷,司法矫正档案583卷;征集人物档案(王三一)40余件;征集图书资料135册、特种载体光盘4只;征集县域内11个姓氏宗谱68册。继续开展民国档案抢救,完成268卷。至年底,桐庐县档案馆馆藏212个全宗,76940卷(册)、55750件,资料2196种10664册,录音、录像带58盒,照片4900张,底图3040张。

【档案编研】 2010年,收集整理著名画家叶浅予、著名剪纸艺术家胡家芝、越剧“梅花奖”得主谢群英等14位桐庐名人资料,报送省档案馆;收集整理“雪水云绿”茶叶、“蜂之语”蜂产品和“桐庐旅游”等3件档案资料,报送省档案馆为“浙江之最”备选材料。利用原桐庐、分水境内70多个宗谱、族谱、家谱材料,姚朝其编著37.5万字的《桐分碟谱》,由中国档案出版社出版。是年,《桐分谱牒》入选2010年浙江省“百项档案编研精品工程”预选项目。

【档案窗口服务】 2010年,桐庐县档案馆完成馆藏100万页档案数字化,按照规定程序把数据导入数字档案馆系统,其内容可直接通过窗口计算机检索,并直接打印,提高档案服务效率。全年档案服务窗口接待5300人次,查阅档案5632卷、复印7970页,编写档案利用实例50则。

【民生档案资源整合】 2010年,桐庐县政府首次把档案工作纳入县级机关和企事业单位年度重点工作考核范畴,并确定县财政在今后5年内每年安排20万元资金,奖励民生档案资源整合和数字化工作成效显著单位。是年,完成县劳动和社会保障局、民政局、环保局、房改办、供销局、计生局、卫生局、残联、司法局等10个单位15种民生档案约40万个影像页扫描，数据库为426G，刻录光盘116张。

【档案法制化建设】 2010年，县档案局加强档案依法行政工作，确立县域内重点建设项目档案专项验收行政执法主体地位。11月12日，县监察局、县发改局和县档案局联合组成2010年重点建设项目档案专项执法组检查组，抽查12个县级重点建设项目(以政府投资项目为重点)。检查结束后对抽查单位存在的问题，以联合执法组的名义发出抄告单，要求项目主管单位督促项目业主整改，并以书面形式反馈。12月15日，牵头组织省级重点建设项目05、16省道档案专项验收。

2010年12月15日，桐庐县05、16省道改建工程档案专项验收会召开

【档案业务培训】 2010年，举办乡镇和县级机关企事业单位档案员继续教育、行政村社区规范化创建工作和重点建设项目档案业务培训3期档案业务培训班，受训300多人次。针对县旅游局"旅游创强"、林业局"林权改革"等重大活动进行专门档案业务指导。利用档案学会开展学会协作小组活动，进行业务交流、档案年检、评比。9月、10月，分别组织部分学会会员到上海、大连市档案馆考察。

【电子文件和数字档案登记备份】 2010年，县电子文件和数字档案登记备份中心成立，挂牌在桐庐县档案局。是年，根据《关于开展电子文件和数字档案登记备份工作的通知》和《桐庐县电子文件和数字档案登记备份工作实施方案》，县委办、县政府办、县检察院等20多个单位启动电子文件和数字档案登记备份工作。

(田虎云)

·住房公积金管理·

【公积金归集】 2010年，桐庐县归集住房公积金19486.08万元，同比增长3.73%，累计归集122188.65万元。新增住房公积金缴存人数3071人，净增1763人，同比增长9.59%。至年底，全县住房公积金建账单位936个29273人，其中正常缴存575个单位20153人，封存361个单位9120人。

【公积金支取】 2010年，全县住房公积金支取5757人次14503.07万元，同比下降17.39%，其中退休人员支取429人次1294.98万元，购(建)房支取1557人次7048.74万元，还贷支取3130人次5505.79万元，工作调离、死亡、下岗等销户支取641人次653.56万元。历年累计支取50725人次77020.12万元。至年底，公积金累计归集余额45168.54万元。是年，同城工作调动转移住房公积金718人次791.26万元。

【公积金增值收益】 2010年，住房公积金业务收入2035.87万元，其中公积金存款利息收入31.15万元、委托贷款利息收入1935.33万元、增值收益利息收入69.39万元。业务支出960.09万元，其中公积金利息支出843.47万元(含付杭州市住房公积金管理中心调剂款利息175.73万元)、公积金转商业贴息贷款利息支出38.53万元、公积金归集手续费支出0.68万元(含购支票等费用)、委托贷款手续费支出77.41万元。年增值收益总额1075.78万元，年增值收益率为2.46%。计提公积金正常管理费220万元(其中专项经费75万元)。增值收益分配：按年末贷款余额5%差额提取贷款风险准备金，至年底无需计提；收支净额全部转到城市廉租住房建设补充资金855.78万元。至年底，累计提取贷款风险准备金2535.20万元，提取城市廉租住房建设补充资金3126.85万元。

【公积金贷款】 2010年，为配合国家宏观调控政策，对一部分住房公积金贷款政策进行调整，主要有：将二套房的首付比例由原先的30%提高到50%；提高住房公积金缴存额与贷款额挂钩比例；恢复执行"住房公积金贷款还清一年以上方可申请第二次贷款"政策；暂停对购买非改善型第二套住房家庭的公积金贷款；停止住房公积金第三次贷款。是年发放住房公积金贷款285户，金额7106.20万元、户均24.93万元，累计发放贷款7212户，金额98468.25万元、户均13.65万元。年末公积金贷款发放余额占公积金余额108.78%。支持职工购房3.76万平方米房价款16297.20万元，累计支持购买住房86.38万平方米房价款198522.38万元，贷款占房价款49.60%。当年结清475户3153.80万元，累计结清3969户43811.67万元。公积金贷款余额49135.20万元3243户，年回收率99.99%。当年新增9个楼盘开通公积金贷款业务。2010年为公积金贷款户免费代办“三证”(房产证、土地证、契证)579户，免收代办费11.58万元，累计免费代办“三证”2843户、免收代办费56.86万元。

【公积金转商业贴息贷款】 2010年，为缓解资金压力，与工商银行桐庐县支行合作，推行个人住房公积金转商业贴息贷款业务(为满足公积金中心阶段性资金短缺的需求，公积金中心与银行合作，银行根据公积金中心确定的贷款额度，先行向公积金贷款借款人发放商业性个人住房按揭贷款，对银行商业性住房按揭贷款与公积金贷款的利息差由公积金中心按月向借款人进行贴息，待公积金中心有资金时，再向银行置换借款人剩余借款额)。是年，发放住房公积金转商业贴息贷款417户，金额9085万元、户均21.79万元。当年结清1户，至年底余额为416户7852.56万元。

【住房制度改革】 2010年，全县住房资金总量为6920.45万元，其中单位住房基金1988.90万元，占总量28.74%；住房维修基金2746.75万元，占总量39.69%；租赁保证金3.10万元，占总量0.04%；应付住房维修基金利息525.73万元，占总量7.60%；历年增值资金1655.97万元，占总量23.93%。是年，归集单位住房基金15.52万元，住房维修基金3.24万元。动用住房资金34.20万元，均用于住房货币补贴。银行存款利息收入121.12万元。业务支出63.95万元，其中利息支出63.93万元、手续费支出0.02万元。业务收支相抵，年末未分配增值净收益为57.17万元，其中提取住房发展基金28.58万元、风险准备金28.59万元。2010年审核办理购房货币补贴58人次，实际发放补贴资金104.72万元，累计办理2904人3204.22万元。出售公有住房14套(其中补足产权13套)，面积55平方米，累计出售公有住房10336套(包括单位自建房、非成套住房)面积67.85万平方米。审核房改房上市交易364户面积2.57万平方米成交金额6620.83万元，累计审核2622户面积18.82万平方米成交金额29068.66万元。办理减免契税114户1.26万平方米37.02万元，累计减免3295套41.77万平方米544.11万元。为87家单位房改房共用部位维修，面积1.49万平方米，动用维修经费58.13万元，受益184户，累计对全县839个单位12.18万平方米的房改房共用部位进行维修，受益14376户。

【房改货币补贴方式调整】 自2010年7月1日起，桐庐县对2001年以后参加工作的干部职工取消每月住房公积金增加5个百分点的房改补贴方式，改按每人每月50元定额补贴。调整后的住房公积金计提公式为：应缴住房公积金＝[应计提住房公积金工资基数×12%＋50元]×2。所缴存住房公积金总额中50%由用人单位承担，50%由干部职工个人承担。

(尹　丽)

·政协桐庐县委员会·

【县政协七届四次会议】 2010年1月17日至20日在桐庐县城举行。会议应出席委员188名，实到184名，列席101人。市政协副主席张鸿建到会指导并在开幕式上致词。县委、县人大、县政府领导和县人武部、县法院、县检察院领导应邀出席开幕式、大会发言、政情交流和闭幕式；县委副书记徐小林代表县委在开幕式上讲话；县委副书记、县长陈国妹听取委员大会发言后讲话。会议审议并通过竺泉海代表政协桐庐县第七届委员会常务委员会所作工作报告、王志炎代表常务委员会所作关于七届三次会议以来提案工作情况报告。与会人员列席县十四届人大四次会议，听取和讨论县政府工作报告以及其他重要报告。会议通过县政协七届四次会议决议、提案征集和初审情况报告，增选1位副主席和补选秘书长。会议表彰2009年度24名“双好”(本职工作好、政协工作好)委员、政协工作先进集体和积极分子、优秀提案和优秀社情民意、优秀调研报告、提案办理工作先进单位和先进个人。会议期间，举行“破解七难，改善民生”专题政情交流会，委员们与7个部门负责人开展互动式交流。18名委员作大会口头发言，15篇材料作书面发言。170位委员提出意见建议224件，拟立案222件，收到社情民意反映件45则。

【七届政协常委会会议】 2010年1月7日，第18次会议在县府会议中心第六会议室举行。县委常委、常务副县长程春明，县人大常委会副主任潘晓萍应邀到会。会议专题协商讨论《政府工作报告》，听取县政府关于县政协七届三次会议以来提案办理情况通报；审议通过关于召开政协桐庐县第七届委员会第四次会议决定；协商通过增设县政协委员学习和工作联络委员会工作机构决定以及委员调整和人事事项；审议通过政协桐庐县第七届委员会第四次会议议程和日程

（草案）；审议通过提交县政协七届四次会议常委会工作报告、提案工作报告及两项报告报告人；审定2009年度“双好”政协委员名单。通过县政协七届四次会议正副秘书长名单、列席人员名单、分组召集人名单、常委值日名单。

1月17日，第19次会议在金鑫宾馆二楼1号会议室举行。会议听取县政协七届四次会议大会秘书处负责人有关七届四次全会筹备工作情况汇报，部署召开县政协七届四次全会各项安排，对开好全会提出要求。

1月18日，第20次会议在金鑫宾馆二楼1号会议室举行。会议听取县政协七届四次会议各小组有关讨论情况汇报；讨论提出《选举办法（草案）全称》；协商提出增补县七届政协副主席、秘书长候选人建议名单；协商提出总监票人、副总监票人和监票人建议名单。

1月20日，第21次会议在金鑫宾馆二楼1号会议室举行。会议听取县政协七届四次会议各小组有关讨论情况汇报；通过《选举办法（草案）全称》；确定增补县七届政协副主席、秘书长正式候选人；通过总监票人、副总监票人和监票人建议名单；审议通过县政协七届四次会议决议（草案）、提案征集和初审情况报告（草案），决定将各类名单和两项草案提交全会审议通过。

3月26日，第22次会议在大奇山景苑度假村会议室举行。会议传达全国政协十一届三次会议主要精神；邀请杭州市委党校教授张晓理作“低碳经济”知识专题讲座。会议同意林加松辞去县政协第七届委员会副主席职务请求。

6月10日，第23次会议在县府会议中心第六会议室举行。县委常委、副县长濮明升应邀到会。会议专题协商讨论桐庐块状经济转型升级问题，政协工业经济组、医药卫生组作专题调研发言，审议通过《关于加快我县传统块状经济转型升级的若干建议》。会议协商通过《政协桐庐县委员会各专门委员会工作职责》。

8月2日，第24次会议在县财政地税局辅楼会议室举行。县委常委、纪委书记姚吉锋向与会常委通报全县反腐倡廉工作情况。会议听取县财政（地税）局局长俞谷关于2010年上半年财政收支运行情况通报；听取秘书长王维棕关于县政协2010年上半年工作情况通报。

8月18日，第25次会议在县府会议中心第六会议室举行。县委常委、副县长施清宏，县人大常委会副主任方志远到会。会议专题协商讨论发展壮大桐庐县村级集体经济问题，农业科技组、民宗台侨组作专题调研发言，审议通过《关于发展壮大村级集体经济的若干建议》。

12月8日，第26次会议在县府会议中心第六会议室举行。会议协商通过《政协桐庐县委员会常务委员会关于调整桐君街道行政区划的建议》和《政协桐庐县委员会常务委员会关于对凤川镇撤镇设街的建议》；协商通过委员调整及有关人事安排事项。

12月30日，第27次会议在县府会议中心第六会议室举行。副县长毛根洪到会。会议专题协商讨论《政府工作报告》，书面通报关于县政协七届四次会议以来提案办理情况。会议审议通过关于召开政协桐庐县第七届委员会第五次会议决定；协商设立政协委员会乡镇（街道）工作委员会机构、委员调整和人事事项；审议通过政协桐庐县第七届委员会第五次会议议程和日程（草案）；审议通过提交县政协七届五次会议的常委会工作报告、提案工作报告及两项报告报告人；审定2010年度“双好”政协委员名单。通过县政协七届四次会议正副秘书长名单、列席人员名单、分组召开集人名单、常委值日名单。

【七届政协主席会议】 2010年，县政协举行主席会议7次。2月24日，召开七届政协第32次主席会议，协商县政协2010年度重点调研课题，拟定专题视察项目，审议工作要点（草案），修订专委会活动小组年度工作考核细则，商定年度重点提案和主席督办分工，决定摄影书画会、联谊会有关人事事项。4月2日，召开七届政协第33次主席会议，商讨《关于对部门工作开展民主评议的意见（讨论稿）》《关于统一选派政协委员担任民主监督员的实施意见（意见稿）》，审议通过《政协桐庐县各专门委员会工作职责（草案）》。5月20日，召开七届政协第34次主席会议，讨论通过《县政协统一选派民主监督员工作方案》，讨论修改《关于统一选派政协委员担任民主监督员的实施细则（试行草案）》。听取《加快桐庐县传统块状经济转型升级》课题调研进展和乡镇污水处理工程建设运行情况视察准备汇报。8月10日，召开七届政协第35次主席会议，会议协商讨论《桐庐文化博览园详细规划设计方案》；听取发展农村集体经济课题调研情况汇报，讨论《关于发展壮大村级集体经济的若干建议（讨论稿）》；协商确定县七届政协第二十五常委会议议程和召开日期。9月26日，召开七届政协第36次主席会议，与会人员视察城北公园山渔民村、洋塘惠民小区和富春江镇金家村保障性住房建设工作。会议听取题为《关于城镇保障性住房建设与管理情况的调研报告》和《我县农村困难家庭危旧房和农村住房改造情况调研报告》发言，协商讨论《关于进一步加强保障性住房工作的若干建议(草案)》。11月17日,召开七届政协第37次主席会议,会议协商调整县七届政协主席会议成员分工,讨论通过开展2010年度总结评比工作安排方案,确定开展县政协委员"界别活动周"实施方案。部署召开县政协七届五次会议有关准备工作。12月28日,召开七届政协第38次主席会议,审议年度"双好"政协委员推荐名单,审定通过2010年度各类先进名单,讨论确定《2011年县政协专委会活动小组年度工作考核细则(草案)》,协商讨论《县七届政协常委会工作报告(讨论稿)》、《县七届政协常务委员会关于七届四次会议以来提案工作情况的报告(讨论稿)》,提出两项报告人建议名单;协商讨论增补委员事项,同意将设立政协桐庐县委员乡镇(街道)工作委员会决定(草案)和有关人事事项提请常委会审议。会议协商讨论召开县七届政协五次会议有关事项,决定七届政协常委会第27次会议议题和召开日期。

【专题调研】 2010年,县政协确定"桐庐县传统经济转型升级""农村集体经济发展"和"保障性住房建议"分别为常委会议、主席会议重点调研课题。县政协组织委组和委员经调研,撰写《关于加快分水制块状经济转型升级的调研报告》《关于横村针纺织转型升级的调研报告》《发展壮大村级集体经济的调研报告》《大力发展村级物业、巩固村级集体经济》《关于城镇保障性住房建设与管理情况的调研报告》《我县农村困难家庭危旧房和农村住房改造情况的调研报告》等调研报告6篇。经常委会议、主席会议协商,向县委、县政府提交《关于加快我县传统块状经济转型升级的若干建议》《关于发展壮大村级集体经济的若干建议案》和《关于进一步加强保障性住房工作的若干建议》3件建议案。

【提案办理】 县七届政协四次会议以来,委员提出意见建议241件,审查立案231件,交48个相关职能部门、人民团体、乡镇(街道)承办。231件提案中,所提意见建议解决和基本解决的89件,占提案总数38.53%;被采纳或并列入计划逐步解决的133件,占提案总数57.58%;留作研究参考的9件,占提案总数3.89%。经调查反映,提案者对提案办理情况表示满意216件,基本满意15件,满意和基本满意率为100%。《关于积极稳妥地推动低碳经济发展的建议》等14件提案被评为优秀提案。县建设局、县经贸局、县交通局、县劳动和社会保障局、县教育局等5单位被评为办理提案先进单位;12人被评为承办提案积极分子。

【文史和社情民意反映】 2010年,编纂出版《桐庐富春山水名画精选》,完成市政协文史协作课题《杭州市开发区发展史料》征集任务。是年,收到社情民意123则,编报《社情民意》专刊77期,其中上报杭州市政协5件,报县委、县政府2件。机关编发政协简报12期、大会特刊3期、派驻各单位民主监督员工作专题特刊2期、情况反映专号4期。

【视察议政】 2010年,县政协常委会、主席会议,组织乡镇污水处理、学前教育、森林城市、乡镇综治中心工作4个视察。组织视察乡镇(街道)工业经济和招商引资、法院、检察院、公安、税收、人事工作,及县城滨江景观工程、杭州潇洒休闲运动公园项目推进情况。各委组结合县政协调研课题和自身特点开展视察调研,分别组织政协委员视察宗教寺庙安全管理、垃圾收集与焚烧处理、交通建设、数字化城管、中医院改扩建、下轮区块拆迁以及上海桐庐籍快递企业发展等,全年开展委组视察活动22次,撰写视察报告9篇。

【协商监督】 2010年3月,按照《关于建立健全县政府与县政协联系协商相关制度的若干意见》要求,举行县政府与县政协第2次联席会议。8月至10月,组织开展评议县风景旅游局工作活动,针对旅游发展存在的薄弱环节和人民群众关注的热点问题,在旅游产业定位、品牌宣传、硬件建设、人员培训等方面提出评议意见,为县委县政府和旅游职能部门提供较为全面参考。11月,组织委员开展"界别活动周"活动,围绕编制"十二五"规划和加快推进全县城乡统筹发展问题献计献策。各专委会加强与政府职能部门对口联系,分别就土地整理开发、城市管理、电力迎峰度夏、发挥工会组织作用、加强组织工作等问题进行沟通协商,并形成书面意见建议。

【自身建设】 2010年1月,根据《中共杭州市委关于进一步加强人民政协工作的意见》和《中共桐庐县委关于进一步加强人民政协工作的意见》精神,增设"委员学习和工作联络委员会"政协内设机构;12月,在全县各乡镇(街道)成立政协桐庐县委员会乡镇(街道)工作委员会。是年,继续开展政协工作机制探索,建立政治协商、民主监督、参政议政、自身建设等4个工作研究小组,围绕有效履行3大职能和加强自身建设4个方面,撰写理论研讨文章10余篇。出台《政协桐庐县委员会各专门委员会工作职责》,规范工作。出台《关于统一选派政协委员担任民主监督员工作的实施细则(试行)》,成立派驻8个单位(部门)政协民主监督小组。

(洪芳良)

【责任编辑 张 红】

民主党派　群众团体

·农工民主党桐庐总支部委员会·

【农工民主党成立80周年纪念活动】 围绕中国农工民主党成立80周年和邓演达诞辰100周年，农工民主党桐庐总支部举行系列纪念活动：编印《农工党桐庐县基层组织参政议政文选（1987～2009）》。举办"潇洒桐庐·山水富春"书画展览，编印《"潇洒桐庐·山水富春"书画作品集》。组织全体党员到杭州参加省委农工党成立80周年纪念大会，到上海参观农工党一干会址、中共一大会址、上海世博会等进行革命传统教育、爱国主义教育和党性教育，培养政治共识。10月11日，农工党浙江省委、杭州市委领导、桐庐县主要领导和全体农工党员及社会各界人士在县叶浅予艺术馆集会，举行纪念农工党建党80周年启动仪式、纪念农工民主党成立80周年座谈会。和农工民主党杭州市委一起结对帮扶富春江镇卫生院。和农工党临安市委会联合开展到临安潜川镇牧亭村为山乡农民送春联、迎新年活动。

【参政议政】 农工民主党桐庐总支部提交3件集体提案，其中《关于加快实施桐庐县中医院扩建工程的建议》获县政协七届四次会议优秀提案；党员崔晓明在县第十四届四次人代会提交的《关于要求加快县学前教育发展的建议》获好议案建议二等奖；袁承楠反映的社情民意《建议及时消除迎春桥下通道安全隐患》获县政协七届四次会议优秀社情民意。

完成3项调研课题：《总结经验、乘势而上，将商务区建设进行到底》《我县转制医疗卫生单位存在的突出问题及处置建议》《我县食品安全现状与对策》。其中，《我县转制医疗卫生单位存在的突出问题及处置建议》得到县政府采纳，直接推动桐庐县"乡村卫生服务一体化管理"工作的实施。

是年，农工民主党桐庐总支部民主监督工作新增4名党员受聘担任县政协民主监督员，2名党员分别担任对口联系工作组长。2名党员担任新一届行风政风监督小组负责人。徐嘉卫主委担任组长的政协派驻卫生局民主监督小组获评先进集体。

是年，农工民主党桐庐总支部有党员34名（其中新吸收3名同志正式入党）。农工民主党桐庐总支部获农工党杭州市委志愿服务先进集体和农工党浙江省委社会服务先进基层组织。

（王一行）

·县总工会·

【概况】 2010年，全县隶属于县总工会的镇（街道、开发区）总工会4家、工会工作委员会16家、教育工会1家，全县有基层工会1767家，涵盖单位3342家，会员104837人。是年，新组建非公企业工会67家、涵盖单位100家，其中规模企业43家、组建率98%。新发展会员3600人，其中农民工会员2400人。县职工维权帮扶中心全年接待职工来访59起、111人次，主要是咨询政策、催讨拖欠工资和有关社会保险劳动保护等内容，涉及金额100余万元。

【工会全委会议】 2010年，县总工会召开全委会议4次。2月5日，县总工会十三届七次全体委员会议召开，会议选举产生替补委员、常委4人。3月4日，召开县总工会十三届八次全委（扩大）会议，总结回顾2009年工作，部署2010年任务。7月27日，召开县总工会十三届九次会议，选举产生替补常委2人。会后，第十次全委（扩大）会议召开。

【联席会议】 2010年，县政府与县总工会召开联席会议2次。1月15日，召开县政府与县总工会第八次联席会议。会议同意从2010年开始将劳动关系和谐企业创建工作纳入县委、县政府对乡镇（街道）工作考核内容，并明确企业社会责任建设情况作为劳动关系和谐企业、企业主劳动模范和各类先进评选前置条件；讨论加速服务性行业协会建设；提出县工人文化宫整修为江北老城区"一宫三中心"（工人文化宫、老年活动中心、青少年活动中心、职工文化中心）设想。12月23日，召开县政府与县总工会第九次联席会议。县总工会建议从2011年开始，将企业社会责任建设工作纳入乡镇（街道）、开发区年度综合业绩考核；提议在凤川—江南新城筹建"职工文化家园"（暂名），并将建设项目列入"十二五"发展规划；工会经费税务代征。3项建议都得到县政府支持。

【劳动关系和谐企业创建】 2010年,县委、县政府将和谐劳动关系创建列入对乡镇(街道)考核评价体系。全县1309家企业参加创建活动,达标812家,达标率62%。其中浙江春风米兰鸥服饰有限公司等8家企业获杭州市创建劳动关系和谐先进企业。

是年,全县1439家企业建立集体协商和集体合同制度,集体合同签订面为92.4%。12月21日,分水镇制笔行业签订全县第一份集体协商工资,为全地区同行业中同类工种、工序设定统一指导性报酬的区域性行业性工资集体协商试点。

【"工人先锋号"创建】 2010年8月20日,召开全县创建"工人先锋号"工作推进会,县交通局、县供电局、工商银行桐庐支行等单位汇报"工人先锋号"创建工作开展情况、交流创建工作经验和体会。会议邀请浙江省总工会、杭州市总工会有关领导现场指导"工人先锋号"创建工作。是年,全县有1111家企业近1.5万名职工投身"工人先锋号"创建,创建活动通过与节能减排、安全生产、提升服务、和谐劳动关系等相结合,取得良好社会效益和经济效益。

【企业民主管理】 2010年,以《浙江省企业民主管理条例》颁布实施为契机,推进厂务公开民主管理工作。9月,召开学习宣传贯彻《浙江省企业民主管理条例》动员暨培训大会,邀请省总工会干部学校专家为全县100多名企业工会干部和企业管理人员讲解《浙江省企业民主管理条例》。10月~12月,对基层50家试点企业建立健全厂务公开和职工代表大会制度进行专项指导。至年底,全县事业单位和公有制企业的厂(事)务公开和职工代表大会建制率100%,非公企业厂务公开和职工代表大会建制率为88%。

【劳动模范评选】 2010年2月~4月,开展推荐、评选劳动模范、模范集体工作。推荐桐庐中学高级教师邬小鹏、桐庐南方水泥有限公司码头工段组长张红伟等9人参加市级劳模评选,县供电局乔林集控站、县农业行政执法大队等5个集体参加市级模范集体评选;评选出钟雅仙、赵永红等县级劳模20名;县青少年体育学校、桐庐县公路管理段飞腾公司工程队等县级模范集体8个。杭州达利富丝绸染整有限公司的王玉来被评为全国劳模。

【学习型班组评选】 2010年,开展"创学习型班组,争做知识型职工"活动,评选出桐庐南方水泥有限公司等47个学习型组织、杭州达利富丝绸染整有限公司技术开发部等65个学习型班组、施毅军等117名知识型职工。在杭州市"创学习型班组,争做知识型职工"活动中,桐庐县文化馆被评为先进单位,桐庐瀚威健身器材有限公司被评为先进班组,张苏平被评为先进个人。

【百日劳动竞赛】 2010年5月25日,全县职工"百日劳动竞赛"启动。县供电局配电营业工技能大赛、首届新型农民技能大赛、金融系统点钞比赛、建筑业砌筑技能比赛、卫生系统护理技术比赛等14个大项比赛相继展开。全县3万多职工参加比赛,600多人参加决赛,78人获奖,其中县供电局吴培兴、桐庐农村合作银行殷樟丽、县中医院朱芝英等13名选手被授予桐庐县"技术能手"称号,24人参加杭州市农网配电工、绿化工、足浴按摩等6项职工技能比赛,县供电局获杭州市农网配电工技能大赛团体二等奖。

【"安康杯"百日安全竞赛活动】 2010年3月,启动"安康杯"百日安全竞赛活动。活动以"查身边隐患,提整改建议"为主要内容,以边查边改方式开展安全竞赛,全县156家企(事)业单位3232名职工参加,查出隐患36处,提出整改建议53条,查出的隐患全都得到有效防范和治理。

【送温暖工程】 2010年,发放特困职工救助证71户,救助特困职工14万元。元旦、春节期间,慰问困难职工595户53.55万元,救助困难劳模47人4.23万元,救助突发急难62人次4.5万元。六一前夕,慰问18户困难职工家庭22名儿童,送食品、学习用品和5500元慰问金。7月~8月,开展"夏季送清凉"活动,为47家企业1973名一线职工送清凉饮品和防暑用品。8月,开展"金秋助学"活动,救助困难职工子女37名7.4万元;为安置就业困难人员再就业,扶持桐庐瀚威健身器材有限公司等16个"11211"工程(在全杭州市举办100场就业招聘会,创建100个创业就业基地,为2万名就业困难人员职业介绍,为1万名就业困难人员职业培训,帮助1万名就业困难人员实现再就业)创业就业基地30万元。11月,开通职工心理咨询电话"64673456",免费为全县职工提供心理咨询服务,重点关注新生代务工青年心理健康。

【关爱外来员工】 2010年春运时节,为202名外来员工订购回乡火车票。2月8日,举行"新桐庐人"春节团拜会,邀请100余名在桐庐过年外来职工共度佳节。3月4日,《新桐庐人之声》专题节目在桐庐广播电台92.8兆赫开播,从每周一至周五20:00至21:00播出,每周邀请一位"新桐庐人"到演播室讲述在桐庐工作、创业和生活经历。4月,开展"百名优秀外来员工"评选,100名优秀外来员工受表彰。

2010年2月8日，“新桐庐人”新春团拜会在富春江国际会务中心举行

【缓解企业招工难】 2010年初，桐庐县企业普遍出现招工难问题。2月26日，凤川镇工会工作委员会牵头在凤川镇举办春季就业推介会，23家规模企业参加用工招聘，推出岗位2100多个，当场达成就业意向1190人，530余人签订就业合同。3月9日，县总工会与县劳动和社会保障局联合在海陆世贸中心人力资源市场举行用工招聘会，70余家企业进场摆摊设点，推出岗位5000余个，463人达成就业意向。

【支持低碳经济】 自2009年组织全县企业职工开展“我为企业节能减排献点子”活动，到2010年3月，征集到“金点子”356个。通过专家评审，杭州泛亚水暖器材有限公司李小松的“丙烷(碳3)焊接枪嘴改造及燃气替换”、桐庐供电局变运工区乔林集控站“压板式接地信号反馈装置”发明、昊华中意玻璃钢有限公司杭州瑶琳分公司牛亮华的“节料环”发明获一等奖，并评选二等奖6名、三等奖10名、优秀奖18名。3月4日，以桐庐经济开发区工会工作委员会为代表向全县广大职工发出倡议，号召全县职工参加“十万职工大行动、低碳经济立新功”活动。全县3000多家单位8万职工参加。

【职工培训】 2010年，县总工会组织对443名企业职工专业技术等级免费培训，其中高级钳工、高级汽车驾驶员、高级数控车床工330名；中级汽车维修工、中级电工、中级电焊工113名。筹建创办职工学历教育大专班，出台减免学费政策，鼓励低收入企业骨干和工会干部参加学历教育。8月8日，杭州市职工业余大学桐庐分校成立，44名企业骨干和工会干部通过成人高考成为该校工商管理专业大专班学员。

【职工文化家园】 加大“职工文化家园”“职工书屋”建设扶持力度，帮助建设有自身特色企业文化。2010年，在全县企(事)业单位中开展职工文化建设“六个一”(一个企业精神，一个企业宣传栏(窗)，一张企业报(刊)，一个职工书屋(角)、一个职工培训场地，一个职工娱乐室)创建活动。至年底，有94家企(事)业单位完成创建任务。

继续开展“新桐庐人文化家园”建设。是年，新增“新桐庐人文化家园”20家、职工电子书屋48家。其中桐庐经济开发区、桐庐县国税局职工电子书屋被确定为杭州市职工电子书屋示范点；瑶琳镇工业园区(皇甫村)和杭州霍普曼电梯有限公司被确定为“新杭州人文化家园”。

【职工活动】 2010年1月1日，桐庐县总工会、桐庐县直机关党工委联合主办“费翔茗茶”杯机关干部书法展，40余幅书法作品在叶浅予纪念馆展出。春节前夕，组织全县书法爱好者送春联2000多对到社区、乡镇的居民家中。3月21日，杭州、桐庐两地30多位知名书画家参加山花节“杭州·桐庐职工书画笔会”，创作作品30余幅。3月24日，桐庐县工人文化宫举行“迎接浙江省‘陆维钊奖’第三届书法篆刻展”，中国书协理事、浙江省书协副主席赵雁君为全县30多名书法爱好者作品点评。5月，组织职工参加杭州市职工乒乓球等级联赛。8月，组织桐庐县优秀企业参加首届杭州市企(事)业歌比赛，桐庐县东芝水电股份有限公司的《东芝水电之歌》获优秀奖。9月，组织“放歌天堂”声乐大赛海选。10月，开展“放歌富春江”声乐大赛。是年，职工艺术团和总工会电影放映队开展“十场文艺下基层，百场电影进企业”活动。

【工会自身建设】 2010年，以全县非公企业工会主席为重点，适应性上岗培训35人次。4月，与浙江省总工会干部学校联合举办乡镇(街道、开发区)工会主席、工委主任、女职委主任等工会干部培训班，32人参加培训。选送1名县总工会副主席到全国总工会法律民主管理部学习锻炼两个月，选送1名工会工作者到省总工会组织部学习锻炼半年。继续推行非公企业工会主席工作业绩考核评价制度，从党政满意度高、组织建设健全好、民主管理完善好、维护职工权益好、工会活动效果好5个方面进行考核，经各级工会申报，确立121家符合条件的非公企业工会主席为考核对象，通过考核组评价验收，评出浙江中大鳄鱼服饰有限公司工会主席洪雪飞、浙江桐庐汇丰生物化工有限公司工会主席陈流强等优秀工会主席79人、良好单位工会主席31人。

【工会财务和经费审查】 加强工会经费审查监督,对县总工会年度经费预算进行审议通过,定期对年度、半年度经费使用情况审计。2010年,对12家单位工会财务收支情况进行审计;对全县7个乡镇(开发区)总工会、工委主席(主任)、1个县教育工会主席、2个机关工会主席离任经济责任进行审计,提出意见建议30余条。10月9日,举办乡镇(街道、开发区)总工会、各工委、县教育工会经费审查委员会主任培训班。11月26日,邀请老师为100余名财务和经审干部讲解新《工会会计制度》。11月,开展工会经费计拨大检查,1767家单位参加自查、互查,补缴经费20余万元。

【女职委工作】 2010年,参加杭州市总工会女工部举办庆祝“三八”节100周年活动,杭州桐庐尖端内窥镜有限公司刘萍获杭州市岗位成才奖。5月11日~12日,在杭州市总工会统一安排下,邀请杭州迪安医学检验中心专家为全县200名困难女职工免费妇科疾病体检。6月10日,县总工会女职委组织全县各乡镇、部门女职委主任参加浙江省总工会干部学校《工会女职工委员会工作条例》培训。是年,为全县171家单位6589名女职工办理安康保险,为200名困难家庭女职工免费投保妇科疾病险。

(朱学琳)

·共青团桐庐县委·

【概况】 2010年,全县有共青团员13875人,直属团组织54个,其中乡镇(街道)13个、学校团组织6个。全年新增非公企业团组织75家;新增国有企业团组织1家(国资公司),符合建团条件的国有企业团组织100%全覆盖;符合建团条件的12家非学历教育培训机构,建团11家;团属新社会组织2家,全部建团。是年3月,竞争性选拔桐君街道、莪山畲族乡、旧县街道、横村镇4个乡镇(街道)团(工)委书记,其中2个职位专门面向村干部、大学生“村官”。

【组织格局创新】 2010年9月,团县委、县委组织部联合下发《桐庐县乡镇(街道)共青团组织格局创新工作实施方案》。团组织格局创新主要内容是选拔各领域青年能人到基层团工作岗位担任编制外副书记,一般增配编制外团(工)委副书记2~3人,原则上不超过4人,整体委员数在7~11人之间。在选配结构上,坚持编制内和编制外相结合原则,扩大选拔面,面向各领域优秀青年党员或团员选拔。年龄一般不超过35周岁,非公职人员一般不少于团(工)委副书记总数二分之一。至年底,所有乡镇(街道)团(工)委完成组织格局创新工作。

【联合建团】 2010年,对一些建团条件不成熟的组织采用联合建团或村组织与企业联合建团方式,加强团组织建设。建立县机关大院团组织,下设4个支部,消灭传统领域团建空白点。5月初,团县委以园区和外来青年集聚地为重点,以党建带团建机制探索成立桐庐经济开发区社会工作委员会,隶属于桐庐经济开发区党委,具体负责经济开发区、凤川—江南新城企业党团组织建设日常工作,并以此为依托成立开发区团员青年俱乐部,负责经济开发区所辖140家企业共青团和青年工作。

【“一团一品”项目运作】 2010年3月,团县委推出“一团一品”共青团项目化运作机制,即每个基层团组织结合自身特点,自主设计,创建有影响、具长效性品牌活动项目,并列入当年度共青团工作考核项目。各基层团组织围绕共青团基层组织建设、未成年人思想道德建设、志愿服务、服务民生、服务青年就业创业等方面,上报70多个项目。经过前期调研、初审、征求意见等过程,最终确定“团内CEO制度”等20大重点项目,并编印下发《桐庐县共青团系统“一团一品”重点项目书》。

【“村村好青年”人才发展计划】 2010年,桐庐县开展“一村一名好青年”评选,通过层层推荐选拔,从每个村评选出1名或是好品德或是能创业或是能吃苦的在某一个方面有代表性的好青年183名。好青年纳入县农办农村青年人才库,加强后续跟踪培养;团县委、县劳动和社会保障局、县委党校联合对选拔出的好青年和部分创业大学生村官进行首批SYB培训。瑶琳镇皇甫高和凤川镇宋懋鎏分获杭州市“十佳”、优秀好青年。

【大学生“村官”创业联盟】 2010年,团县委、县委组织部、人事局联合成立大学生“村官”创业联盟组织,大学生“村官”可以在组织中广泛获取各方面信息资源,协调相关职能部门成立大学生“村官”创业专家服务团,把专家团联系方式印制成大学生“村官”创业服务卡,提供政策咨询、技术指导、市场信息等服务,举办专场项目推介会,为创业搭建平台。强化对大学生“村官”政策扶持,出台大学生创业资助资金实施细则、大学生“村官”创业贷款管理暂行办法等。

【首届青年创意创业项目大赛】 围绕桐庐县委、县政府提出的创建充分就业县和创业型县战略部署,2010年9月至11月,团县委、县劳动和社会保障局等单位联合举办首届桐庐县青年创意创业项目大赛,以激发青年创业热情，拓宽青年创业思路，培育更多创业主体。通过前期报名、实地走访、专家初评、复赛、网络投票和总决赛，评选出天然植物纤维服装及服饰等10个项目为金、银、铜和潜力奖。获奖项目获得最高5000元现金奖励、创业助推金奖励及其他政策支持。

【第五届公益集体婚礼】 2010年5月7日上午，第五届“汇丰生化”外来创业青年公益集体婚礼在县城中心广场举行，20对从异乡到桐庐创业的青年男女，在众多市民见证下喜结良缘。县领导戚哮虎、陈国妹、徐小林，团市委副书记李忠誉等出席。第五届公益集体婚礼包括“穿越中国风、弘扬民族情”中式古典婚礼和“相约岚庭下、情定女儿塔”中式主题活动两项内容。

【青工百日岗位技能大比武】 2010年5月25日，团县委、县总工会、县劳动局联合在县供电局举行青年职工“百日劳动竞赛”活动启动仪式暨配电营业工操作技能比武开幕式。百日岗位技能竞赛组织开展农配电工线路装表接电、金融系统点钞、砌筑技能、护理操作、导游技能、汽车节油、汽车维修、数控操作、烹饪、计算机文字录入、足部按摩、电焊工、制笔装配、信息实战应用等14个项目职工（青工、农民工）技能比赛，1100余人参赛。至8月结束。

【希望工程】 2010年5月31日，在县城大润发门口举办公民爱心日活动，募集资金4万余元，书籍近1000册，全部发放到桐庐县民工子弟学校以及部分贫困学生手中。8月26日，举行2010年帮困助学暨关爱低收入农户青少年公益活动，现场为289名困难家庭学生发放助学金45.1万元，并通过在《今日桐庐》开辟专栏《寻访身边的寒门学子》和拍摄助学专题片等，募集爱心助学资金50余万元，资金主要来源是部分爱心企业家和个人捐款。

【志愿服务活动】 在3月5日浙江省志愿者日和12月5日国际志愿者日期间，集中开展各类志愿服务行动，其中在国际志愿者日期间给创业学校476名农民工子弟送学习用品、衣服玩具等，带领参观非物质文化遗产中心、叶浅予记念馆。组织9160人次志愿者参与上海世界博览会安全保卫，团县委分别获得杭州市、县世界博览会安全保卫志愿服务先进集体。3月，向遭遇特大旱灾的贵州兴义市白碗窑镇和乌沙镇捐助12万瓶矿泉水。玉树发生地震后，志愿者在全县发出倡议，并在县城主要地段建临时捐助点3个，大学生志愿者通过义卖服装为灾区筹款。

全年新成立禁烟、税收、城市管理等11支专业志愿服务队伍，组织各级志愿服务培训20余次，围绕扶贫济困、绿化洁美、便民利民、低碳禁烟等各类社区志愿服务主题开展活动130次，参与志愿服务2000余人次。

【公益夏令营】 7月至8月，结合“雏鹰争章”金奖评选活动，举办2010年暑期公益夏令营暨首届“雏鹰争章”金奖挑战营，进行内务整理大比拼、出警装备训练等挑战，30多名少先队员参加，并在活动和实践中评选推荐出杭州市少先队火炬金奖候选人10名。来自全县各个乡镇的500多名外来务工家庭子女和留守儿童参加“农业夏令营”“手拉手夏令营”“文博夏令营”“科技夏令营”等12场不同主题夏令营活动。

【青少年活动中心】 2010年，县青少年活动中心主办、承办、参与各类活动49项，参与人数27320万人次。才艺培训开设器乐、舞蹈、声乐、书画、语言表演等26个项目，414个班级，参与培训学员7106人次，其中为15名困难家庭子女减免学费。学员获奖87次，126名学员在全国星星火炬大赛、全国故事大赛、中小学生书法大赛、市星星火炬比赛、市天堂儿歌比赛、省市县中小学生科技节、县中小学生演讲等比赛中获奖。

（金　晶）

·县妇女联合会·

【概况】 2010年，全县有乡镇（街道）妇联13个；机关（事业）单位妇委会11个，其中新增县财政（地税）局妇委会和县经济开发区管委会妇委会；村妇代会183个；社区妇联13个；企业妇代会5个。乡镇（街道）妇联主席经考核合格，享受待遇9人。

以“双学双比”、巾帼建功、庭院整治等活动为载体，组织动员广大妇女参与新农村建设，统筹推进城乡妇女发展；以落实《桐庐县“十一五”妇女发展规划》《桐庐县“十一五”儿童发展规划》为主导，维护妇女儿童合法权益；以特色家庭创建、“三八”节纪念等文明创建活动促进和谐社会建设；通过加强家庭教育工作，促进未成年人健康成长；举办全县基层妇女组织建设培训，提高服务大局、服务妇女能力。

是年，县妇联被全国妇联宣传部评为妇女舆论宣传阵地先进单位；桐庐县中心广场被评为全国妇女健身示范站点；县妇联、江南镇妇联、百江镇妇联被评为2009～2010年度杭州市妇女工作先进集体；徐梅秀、王芬、邓慧萍3人被评为2009～2010年度杭州市优秀妇女干部。

【《桐庐县“十一五”妇女、儿童发展规划》落实】 至“十一五”期末，《桐庐县“十一五”妇女发展规划》涉及妇女发展的6大领域、18项主要目标、41项可量化监测指标中,有37项达标,4项未达标,达标率90.2%(见表46)。未达标的4项指标中,农村妇女医疗参保率、3～5周岁学龄前女童入园率和对已婚育龄妇女技术服务随访率3项指标均比市妇女《规划》指定的指标高,完成情况比照市《规划》指标均已达标;另一项妇幼经费占卫生经费比例是桐庐县有别于市《规划》的指标,为创新和自加压力的举措。

《桐庐县"十一五"儿童发展规划》中有6大实施项目,到2010年底,5个实施项目完成,1个妇女儿童活动中心正在落实当中。涉及儿童发展的4大目标、63项可量化指标中,有61项达标,达标率96.8%(见表47)。

表46 **桐庐县"十一五"妇女发展规划监测指标达标情况**

指标名称	目标要求	2010年完成情况	达标情况
一、妇女就业与社会保障			
妇女就业人数占从业人员的比例	45%	46.5%	★
残疾妇女就业率	60%	68%	★
城镇职工生育保险覆盖率	95%	100%	★
农村妇女医疗参保率	95%	91.5%	☆
二、妇女参与决策和社会管理			
县级人大女代表	22%	21.56	
政协女委员比例	22%	27.57	
县管后备干部中女干部所占比例	20%	27.27%	★
县党政职能部门领导班子中已配备女干部的比例	50%	68.57%	★
乡镇领导班子中女干部配备率	100%	100%	★
乡镇领导班子中配有正职女干部的比例	20%	21.42%	★
企业职工代表中女性比例	50%	50%	★
村民代表中女性比例	20%	20%	★
发展党员总数中女性的比例	28%	36.63%	★
三、妇女与教育培训			
学前三年女童入园率	98%	95.61%	☆
小学适龄女童入学率	99.9%	100%	★
初中适龄女童入学率	99.9%	100%	★
初中毕业女生升入各类高中的比例	90%	99.31%	★
三类残疾女童入学率	99.5%	100%	★
进城务工人员子女中适龄女童入学率	99%	100%	★
四、妇女与健康			
妇幼经费占卫生事业经费的比例	4%	3%	☆
母婴保健专项技术人员培训率	100%	100%	★

续表 46

指标名称	目标要求	2010 年完成情况	达标情况
孕产妇系统管理率	94%	98.11%	★
孕产妇住院分娩率	99%	100%	★
孕产妇死亡率	＜14/10 万	0.00/10 万	★
孕产妇因产科出血死亡率	＜25%	0	★
孕妇中、重度缺铁性贫血发生率	＜40%	1.56%	★
高危孕妇住院分娩率	99%	100%	★
产前筛查覆盖率	100%	100%	★
婚前保健服务率	90%	100%	★
计划生育知识知晓率	90%	100%	★
育龄妇女技术服务随访率	100%	98.57%	☆
节育手术并发症发生率	＜6/万	0	★
育龄妇女避孕知情选择率	90%	99.2%	★
五、妇女与法律保护			
平安家庭创建率	90%	100%	★
社区妇女维权站覆盖率	100%	100%	★
农村妇女维权站覆盖率	100%	100%	★
六、妇女与环境			
城市垃圾无害化处理率(县城和中心城镇)	85%	100%	★
农村生活垃圾收集率	80%	100%	★
城市生活污水集中处理率(县城和中心城镇)	58%	79.2%	★
城市空气质量二级标准天数	＞300 天/年	332 天/年	★
城区绿地覆盖率	30%	43.37%	★

注:★表示已实现目标;☆表示未达标。

表 47　**桐庐县“十一五”儿童发展规划达标情况**

大类目标	分项子目标	目标要求	2010 年完成情况	达标情况
健康保健	婚前保健服务率	90%	100%	★
	新生儿疾病筛查率	90%	100%	★
	新生儿听力筛查率	70%	98%	★
	孕产妇系统管理率	94%	98.11%	★
	孕产妇住院分娩率	97%	100%	★
	孕产妇死亡率	＜14/10 万	0	★

续表 47

大类目标	分项子目标	目标要求	2010 年完成情况	达标情况
健康保健	孕产妇重度缺铁性贫血患病率	<40%	1.56%	★
	婴儿死亡率	<10‰	4.0‰	★
	婴儿低出生体重发生率	<3%	3.67%	☆
	科学喂养知识普及率	90%	93.60%	★
	4 个月婴儿母乳喂养率	92%	93.2%	★
	3 岁以下儿童系统管理率	95%	98.61%	★
	5 岁以下儿童死亡率	<12‰	5.2‰	★
	5 岁以下儿童重度营养不良患病率	<2%	0.69%	★
	7 岁以下儿童保健覆盖率	95%	98.76%	★
	儿童五苗接种率	97%	99.69%	★
	合格碘盐食用率	100%	100%	★
	托幼机构符合卫生保健标准合格率	86%	97.14%	★
	儿童龋齿发病率	<50%	21.84%	★
	中、小学生体育达标率	98%	98.01%	★
培训教育	学前三年幼儿入园率	95%	96%	★
	学前四年幼儿入园率	50%	52.63%	★
	乡镇中心幼儿园创建率	100%	100%	★
	全县九年义务教育覆盖率	100%	100%	★
	全县优质高中教育覆盖率	90%	100%	★
	小学适龄儿童人数入学率	100%	100%	★
	小学适龄儿童人数巩固率	100%	100%	★
	小学实施小班化教育率	60%	87%	★
	初中毕业接受高中段教育率	95%	99.01%	★
	初中实施小班化教育率	50%	85.7%	★
	外来流动人口子女适龄儿童入学率	99%	100%	★
	有学习能力的三类残疾儿童义务教育阶段入学率	100%	100%	★
	幼儿园专任教师合格率	100%	98.41%	☆
	小学专任教师合格率	100%	100%	★
	初中专任教师合格率	99.5%	99.69%	★
	高中专任教师合格率	98%	98.45%	★
	幼儿园具有高一层次学历教师比例	70%	70.1%	★
	小学具有高一层次学历教师比例	85%	89.65%	★

续表 47

大类目标	分项子目标	目标要求	2010 年完成情况	达标情况
培训教育	初中具有高一层次学历教师比例	80%	82.68%	★
	乡镇以上中小学、幼儿园家长学校办学率	80%	100%	★
	家长家庭教育知识知晓率	98%	100%	★
成长环境	重点污染源工业废水排放达标率	95%	100%	★
	重点污染源废气排放达标率	95%	100%	★
	县城生活污水集中处理率	58%	88%	★
	县城生活垃圾无害化处理率	85%	100%	★
	农村生活垃圾收集率	80%	100%	★
	城市环境噪声达标区覆盖率	80%	100%	★
	城市空气质量优良的天数	300 天/年	332 天/年	★
	城区绿地覆盖率	30%	43.37%	★
	农村自来水普及率	95%	99.81%	★
	农村改水受益率	98%	100%	★
	农村卫生厕所普及率	70%	99.94%	★
	“雏鹰行动”实施率	70%	100%	★
	环保知识纳入学校教育计划率	100%	100%	★
	青少年环境教育普及率	90%	100%	★
法律保护	中小学生接受普法教育率	100%	100%	★
	未成年人犯罪人数占犯罪总人数的比例	<9%	3.00%	★
	违法青少年帮教好转率	>90%	94.1%	★
	中小学警校共建率	100%	100%	★

注：★表示已实现目标；☆表示未达标。

【巾帼文明岗创建】 2010 年 3 月中旬，县妇联举办巾帼文明岗负责人培训班，136 人参加培训。至年底，创建“巾帼文明岗”16 个，其中，桐庐县国家税务局办税服务厅为全国巾帼文明岗；县财政(地税)局城关税务分局办税服务厅、杭州住房公积金管理中心桐庐分中心归集计财科为浙江省巾帼文明岗；县行政服务中心(招管办)等 6 家单位为杭州市巾帼文明岗；县供电局城北营业厅等 7 家单位为县级巾帼文明岗。

【姐妹帮扶工程】 2010 年，县妇联将姐妹帮扶行动扩大至乡镇(街道)妇联及村妇代会层面，继续组织巾帼文明岗、女经纪人、女企业家及农村女致富带头人为帮扶对象提供力所能及的服务和帮助，在原有 135 对姐妹帮扶结对基础上，新增帮扶对子 393 对。继续开展“女性健康促进工程”，为 36154 名妇女免费健康体检，查出病例 9330 例，其中癌症 4 例。为推动城乡女性创业，县妇联与县农村合作银行联合发放巾帼创业贷款 3208.3 万元，207 名妇女得到贷款支持。

【来料加工】 2010 年 4 月底，县妇联组织 20 位来料加工女经纪人参加杭州市农村来料加工女经纪人培训，联合县农办将 5 位优秀女经纪人纳入县实用人才库。10 月中下旬，与县农办联合举办绣花鞋来料加工培训，为桐庐及宁波、温州、绍兴地区 65 名学员进行绣花基本技能辅导。10 月中旬，举办分水制笔装配技能大赛，34 位制笔装配来料加工从业人员参加比赛。配合全县制笔业“厂站结对”工作，县妇联利用原有来料加工网点，发挥来料加工女经纪人当中女党员作用,实现厂站结对与来料加工工作有机结合。以基地建设为重点,扩大来料加工规模。至年底,全县有女来料加工经纪人740人,其中2010年新发展优秀女来料加工经纪人50人;培育来料加工重要基地3个,带动全县55653名妇女从事来料加工。全年实现加工费3683.7万元,其中累计向940名低收入农村妇女发放加工费339万元。是年,桐庐县妇联被评为杭州市来料加工工作显著单位(一等奖);7个乡镇妇联、22人被评为杭州市推进来料加工进低收入农户工作先进乡镇妇联、优秀村妇女干部。

【庭院整治】 2010年初,庭院整治工作纳入全县对乡镇(街道)新农村精神文明考核范畴。县妇联通过制定乡镇(街道)妇联工作目标责任制,完善县、乡、村3级考核体系,利用公开栏、横幅、宣传窗、广播电视等宣传阵地以及乡、村女子文艺队伍,加大工作宣传力度。完善巾帼清洁志愿者队、庭院环境监督队、庭院环境评比委员会3支队伍,实施庭院整治动态管理,将庭院整治工作与清洁桐庐、五好文明家庭评选等载体有机结合,促进庭院整治长效机制落实。12月,桐庐县妇联被评为杭州市庭院整治示范单位(一等奖);富春江镇、凤川镇被评为杭州市庭院整治工作先进单位;百江镇双坞村等12个村被评为杭州市庭院整治示范村(社区)。

【婆媳文化】 2010年4月,在全县开展好婆媳评选,评选出桐君街道阆苑村吴田英、尤正秀婆媳等"十佳"好婆媳,其中横村镇横村村黄桂娟、陈英婆媳被评为杭州市"十佳"好婆媳。4月至5月,举办"婆媳文化节",先后举办横村婆媳针织技能大比武、合村婆媳绣花鞋制作技能比赛。

【特色家庭】 4月,启动"低碳家庭·时尚生活"主题活动,倡导全县家庭实行低能量、低消耗、低开支、低代价的低碳生活方式。成立由30名妇女组成的"低碳家庭"志愿者队伍。6月,评选出10户家庭为桐庐县低碳家庭(绿色家庭)、20户家庭为桐庐县学习型家庭。横村镇黄跃清等7户家庭被评为杭州市低碳家庭(绿色家庭),县委宣传部徐永茂等14户家庭被评为杭州市学习型家庭。8月至9月,开展助廉家庭、廉政文化进家庭先进单位评选,11户家庭被评为桐庐县助廉家庭,申屠妙琴、周海静两家庭被评为杭州市助廉家庭;桐庐县财政(地税)局被评为杭州市和桐庐县廉政文化进家庭先进单位。桐君街道下杭社区、横村镇阳山畈村被评为杭州市平安家庭创建活动示范社区(村),刘菊君等3户家庭被评为杭州市平安家庭创建活动模范户。

【家庭教育】 2010年4月17日,县妇联邀请国内家庭教育问题研究实践专家、杭州市"家庭教育阳光计划"报告讲师团讲师何振、孟长学到桐,为老年大学、县实验幼儿园教育集团、洋洲小学、分水初中教育集团学生家长授课;10月23日,杭州市家庭教育讲师团成员到富春江小学、分水实验小学东溪分校、东辉小学、分水初中教育集团、富春江初中,为学生家长授课。县家庭教育讲师团到乡镇(街道)中心学校、幼儿园,围绕隔代教育、单亲家庭教育等家长需求热点,全年为5000余位家长授课。分水镇东溪小学家长学校、洋洲小学家长学校被命名为杭州市示范家长学校。

【"三八"节纪念活动】 2010年3月8日,桐庐县纪念"三八"国际劳动妇女节100周年暨"国土资源杯"激情飞扬千人歌咏大赛在县体育馆举行。来自全县机关部门、乡镇(街道)23支队伍、1000余名妇女参加比赛。县教育局、富春江镇、县第一人民医院代表队获一等奖。县人大常委会主任、县委书记戚哮虎为庆祝第100个"三八"国际劳动节提词。县妇联领导走访慰问县部分妇女代表,为她们送上节日的鲜花及祝福。3月3日,县妇联、县政法委、县公安局、县司法局、县卫生局、县劳动保障局、县科协、团县委等多家单位联合开展送关爱、送法律、送维权、送平安、送科技、送健康、送岗位、送家政等8项服务活动。并在报纸、网络、电视等新闻媒体开辟"庆百年妇运　展巾帼风采"专栏,采用逐日推出一位妇女典型人物的方式

2010年3月8日,纪念"三八"国际劳动妇女节100周年暨"国土资源杯"激情飞扬千人歌咏大赛在县体育馆举行

进行主题宣传。

【党建带妇建】 2010年6月，出台《关于在全县妇联组织和妇联干部中开展创先争优活动的实施方案》；10月，县委组织部、县总工会、团县委、县妇联联合出台《关于推进党群共建创先争优的通知》，开展“巾帼建新功、岗位争优秀”的“春江女儿争先锋”主题活动。按照“党的基层组织建到哪里、妇联基层组织就跟进到哪里”要求，针对非公企业妇女组织建设薄弱现状，通过调研走访、以点代面抓创建等形式，在桐庐恒如服饰有限公司、立山皮件有限公司、杭州腾宇光电有限公司、杭州市桐庐医疗光学仪器总厂、富春织造有限公司5家企业中建立妇女代表会。

【基层组织建设】 2010年12月，在村妇代会等阵地基础上，把“五好妇代会”、妇女维权站、妇女心灵驿站、妇女学校、家长学校等资源合而为一，在全县199个村(社区)挂牌成立“妇女之家”。是年，横村镇被认定为首批浙江省妇联基层组织建设示范乡镇(街道)；旧县街道母岭村等4个村(社区)被认定为首批浙江省妇联基层组织建设示范村(社区)；旧县街道妇联等17个基层妇女组织被认定为杭州市妇联基层组织建设示范单位。

【妇女维权】 2010年，以预防和制止家庭暴力为主题，成立桐庐县预防和制止家庭暴力委员会，制定《关于在全县贯彻预防和制止家庭暴力条例的意见》，开展《杭州市预防和制止家庭暴力条例》宣传。9月，70余名基层妇女干部参加《杭州市预防和制止家庭暴力条例》宣传辅导；10月，40余名机关及乡镇(街道)、社区妇联干部参加反家庭暴力条例专题培训。县妇联到乡镇、社区，为350余名党员代表和楼道长宣讲《杭州市预防和制止家庭暴力条例》。12月，桐庐县12338妇女维权服务热线开通，市民可以通过拨打“12338”进行事关妇女儿童权益保护的投诉，从而进一步拓宽妇女儿童群众的利益诉求渠道。是年，通过妇女权益保障联席会议解决来信来访19件；县妇联接待来访102件，其中反映家庭暴力、配偶有外遇等婚姻家庭问题占64%，人身权益等问题占22%，农嫁女、农嫁农以及离婚时夫妻间财产权益问题占14%，处结率100%。吴晓燕被评为浙江省妇联系统信访先进个人。

(田玲秀)

·县工商业联合会·

【概述】 2010年，县工商业联合会有会员1252个，其中团体会员2个、个人会员16个、非公有制会员1234个。是年新增会员109个。有基层商会13个，其中装饰装修商会2010年换届。在桐君、江南、富春江、凤川、新合、旧县、钟山、莪山、合村、瑶琳10个乡镇(街道)工业办公室建立工商联活动小组，组织会员开展活动。发挥工商联界别24名政协委员作用，在县经济形势分析会、政治协商座谈会上阐述工商业联合会对后金融危机时期企业界关心的热点、难点等方面的意见和建议。全年提交提案31件次，社情民意12件。围绕加快提升桐庐全面发展主题，组织人员到会员企业和有关乡镇、部门听取意见和建议。在调研的基础上，撰写《关于加快分水制笔块状经济转型升级的调研报告》和《积极探索新形势下基层商会建设的建议》，其中《关于加快分水制笔块状经济转型升级的调研报告》获杭州市工商联系统2010年度重点调研文章二等奖。完成2009年度全国上规模民营企业调研，获杭州市工商联2009年度“全国工商联上规模民营企业调研”工作组织奖。

【组织开展会员培训】 2010年5月，县工商联会同县委组织部、县经贸局在县委党校和浙江大学经济管理学院举办为期4天的“民营企业经营管理高级研讨班”，县工商联组织执常委、基层商会会长和秘书长50余人参加研讨班学习。10月，工商联兼职副主席、执常委、基层商会会长和秘书长、会员138人参加上海浦东干部学院、清华大学、省市社会主义学院和地方高等院校学习培训。指导县内135家民营企业参与新农村建设，村企结对183个，并以文件形式明确帮扶责任制。全年实施项目163个，到位资金2081万元，安置农村劳动力5240人。继续做好会员企业定点联系和宣传工作。全年，被国家、省、市、县级报刊、杂志采用信息17篇。2010年12月桐庐县工商业联合会(总商会)主办《桐庐工商联》内刊首期发行2000份。县工商业联合会(总商会)网站发表会员企业信息、活动和管理经验等103篇。

【商会活动】 2010年12月28日，召开会员新春团拜会，邀请县四套班子领导和180余名会员企业参加；组织60余名执常委分4批到江苏、新疆、上海世博会、广西等地学习考察；牵头协调组织申通、圆通、韵达、中通、汇通、希依艾斯6家快递公司和教育部门，就快递行业问题、教育培训、企业需求、学生就业作出调研和提出意见；继续开展为会员生日送祝贺活动；2010年开始，县工商联与接口的乡镇钟山乡就指导大学生创业进行对接，通过立项并申请到杭州市工商联补助资金，解决部分大学生创业困难；同县司法局签定法律服务协议，向企业送(法律)服务5次；继续组织“优秀社会主义事业建设者”评选。为鼓励企业创业精神,县工商业联合会在全县非公有制经济人士中开展第四届“优秀社会主义事业建设者”评选活动。经各乡镇推荐,县评比领导小组办公室审核和评比,评选出丁国忠、徐明尔等10名县级优秀社会主义事业建设者,章征天、赵丹等4名市级优秀社会主义事业建设者;继续开展“双爱双评”活动。杭州达利富丝绸染整有限公司、杭州泛亚水暖器材有限公司和王维杭、王斌两名员工受到杭州市总工会表彰。

【推进非公企业“创先争优”】 2010年,县工商联通过调研、走访和推进会形式,配合县委组织部、县委统战部做好非公有企业“创先争优”活动。9月,组织召开非公企业“创先争优”交流推进会,杭州泛亚卫浴有限公司等5家非公企业党组织分别介绍所在党组织开展创先争优的经验。杭州泛亚卫浴有限公司开展“五帮五带”活动,即党支部帮企业谋划发展,帮企业协调各种关系,帮企业排查并化解矛盾纠纷,帮企业做思想工作,帮职工解决实际困难;党员带头贯彻执行企业规定,带头学习理论和管理知识,带头刻苦钻研生产技术,带头创一流业绩,带头弘扬企业精神,树立党组织、党员在企业和职工中的新形象。杭州蜂之语蜂业有限公司在全体党员干部职工中开展“创先争优”主题征文、主题辩论、技能比武等活动。桐庐县制笔行业推广“厂站结对”活动,组织制笔企业在农村设立党支部服务站(套笔点),至年底在镇域范围内设立167个套笔点,平均每月发放工资70余万元,使老百姓在家门口实现就业、增加现金收入。杭州中水水力发电设备有限公司开展“三比”活动,比学习看自身素质、比工作看办事效率、比作风看群众评价。杭州霍普曼电梯有限公司开展“两培养、三提升”主题活动,即把企业骨干和优秀员工培养成党员,把党员培养成企业骨干和优秀员工;提升党员素质修养,提升党员服务能力,提升党员发展活力。

【中国民营快递之乡申报】 2010年1月,县工商联在对有关民营快递企业调查研究的基础上,编制申报资料,向北京中国快递协会申报“中国民营快递之乡”。4月,中国快递协会在桐庐红楼国际大酒店召开“中国快递之乡”研究课题论证会,对“关于授予桐庐‘中国快递之乡’的可行性报告”进行论证。中国快递协会,各省、市、自治区快递行业协会有关领导和专家参加评审论证。2010年10月20日,中国快递协会正式授予桐庐县“中国民营快递之乡”称号。

【桐庐义乌商会成立】 2010年12月2日,桐庐义乌商会在义乌市天恒国际大酒店宣告成立。20世纪80年代初,义乌小商品市场刚刚兴起,桐庐人就走进义乌做生意,并很快站住脚跟。随着经济社会的发展,桐庐商人在义乌国际商贸城做贸易人数增多,加上在义乌经营快递业、针织围巾业、餐饮业、文化产业的企业和商户,在义乌国际商贸城形成了颇具影响力的“桐庐商帮”。由义乌市申通快递有限公司、义乌市迪玛有限公司、义乌市万川物业服务有限公司3家桐庐人创办的规模企业发起筹建成立桐庐义乌商会,商会会员企业涉及物流、饰品配件、鞋业、服装、工艺品贸易、日用百货贸易等多个行业。经义乌桐庐商会第一届会员大会选举,邓德庚、王伟权、俞玉华、赵玉平、赵力、濮文胜、赵指洲、章伟峰、叶建华、方泉海、贾华、葛洪斌、项伟青、唐逸、柯杰、程宏琳、柴荣标、洪爱芳、卢素鹏、吴成、朱国平、王永东、陈醇、朱红伟、应玎、潘立新26人当选为首届理事会理事,陈扬迅、胡小明当选为监事,邓德庚当选为会长,赵玉平当选为监事会主席,王伟权当选为秘书长。

【光彩事业】 2010年3月,青海玉树地震发生后,县工商业联合会组织会员企业捐助资金100余万元。2010年的“春风行动”中,全县民营企业捐助善款300余万元,其中桐庐县上海商会捐助40万元,喻渭蛟个人捐助20万元。“六一”节前夕,上海商会企业家们到江南镇荻浦小学看望和慰问该校学生,并送上3万元助学款。8月底,全县会员企业开展捐资助学活动,其中倪烈等9名企业家捐助15万元。

(古红春)

·县残疾人联合会·

【残疾人基本生活保障工程】 2010年,全县贫困残疾人中有2566人纳入最低生活保障,其中农村低保人员2232人、城镇低保人员334人;有1030人纳入基本生活保障,其中农村884人、城镇146人,基本做到“应保尽保”。继续对1026名生活不能自理、常年卧床不起的一级重度残疾人,在享受低保的同时给予每年1200元的专项补助,补助资金123.12万元。

【重度残疾人托(安)养工程】 2010年,县残疾人联合会重点对托养机构进行有计划的无障碍改造。继前两年百江镇、瑶琳镇、新合乡敬老院完成无障碍改造后,分水镇、横村镇、合村乡敬老院于2010年完成无障碍设施改造。至年底,有171名重度一级且生活不能自理的残疾人纳入托(安)养工程,其中集中托养85名、日间照料46名、居家安养40名,发放专项补助经费87.94万元。

【残疾人基本康复工程】 至2010年底,桐庐县建有36个乡镇(街道)、村(社区、居委会)残疾人康复指导站，配备康复协调员41名。建有工(农)疗站5个，98名精神残疾、智力残疾人员一人一档，登记在册，接受“三疗一教育”(工疗、药疗、娱疗，心理教育)。是年，完成白内障复明手术322例(其中光明行动245例)、低视力配用助视器30例、验配助听器80台、0～6周岁儿童抢救性康复10名(其中脑瘫儿童3名、智残儿童1名、自闭症儿童1名、聋儿语训4名、人工耳蜗1名)、肢残者免费安装假肢20例、提供残疾人辅助用具39个品种，供应总件数387件(其中赠送轮椅203辆)、租赁和转介服务112人次，80名肢体残疾人得到不同程度的康复训练，智残儿童康复训练10名。

【扶贫帮困】 2010年元旦、春节期间，县残疾人联合会慰问贫困残疾人家庭539户，发放慰问金48.51万元；临时救助因病、因灾致困的残疾人44户，赠送慰问品和慰问金折合人民币4.32万元。扶持桐庐县特教学校4万元，并慰问智残儿童50名，送去衣物、牛奶和饼干，价值9935元。扶持县福利院2万元。残疾学生及残疾人困难家庭子女考取大学补助11人，发放助学金3.35万元。继续开展“助残安居”工程，为解决农村困难残疾人住房问题，提出“发现一户，改造一户”。2010年县残疾人联合会经过对全县残疾人危房家庭走访和现场踏勘核查，助残安居148户，改造面积13320平方米，投入补助资金353.72万元。

【就业服务】 2010年，县残疾人联合会加大按比例就业工作执法力度，推进残疾人劳动就业。5月，县残疾人联合会、县财政(地税)局联合下发《关于2010年残疾人就业保障金征缴工作的通知》，对残疾人就业年审时间安排、年审地点、所需资料等加以详细说明，为用人单位参加年审工作提供方便。经对651家企事业、行政单位安置残疾人就业情况确认，全县安置残疾人就业1439人，其中集中安置单位26家，安置471名残疾人就业。开办残疾人职业技能培训班，在全县分片举办2期种养殖实用技术培训班，培训200余人。输送10名残疾人参加杭州市残疾人联合会举办的盲人按摩、电脑培训班。选送9名残疾人参加杭州市举办的残疾人技能大赛。组织12名残疾人报考全国盲人医疗人员考试。出台《桐庐县残疾人就业创业帮扶工程实施意见》，对桐庐县农村残疾人种养殖业大户、种养业基地、自主创业实体及创新项目制定扶持补助标准，重点扶持县级农村残疾人种养殖业基地3个、扶残基地2个、农村残疾人种养殖业40户、残疾人经济合作社2个，扶持资金20.2万元。争取上级补助资金，钟山乡残疾人白茶基地验收为市级残疾人种养业示范基地，以奖代补4.2万元；瑶琳镇残疾人菜竹基地验收为市级扶残助残基地，以奖代补8万元；享受市级种养业、手工业、加工业扶持48人，补助9.6万元。开展残疾人小额贷款贴息管理工作，对30户残疾人种养殖业、个体户、加工业发放扶贫贷款贴息11.4万元。

【残疾人文艺体育】 2010年4月，桐庐县组团32名运动员参加杭州市第八届残疾人运动会，获20枚金牌、13枚银牌、5枚铜牌，列杭州市金牌总数第三、团体总分第四。6月，在浙江省第八届残疾人运动会上，郑泳祺获游泳项目6块金牌，宋懋鋆取得游泳项目6枚金牌和1枚银牌，江晓兰夺田径项目2金1银。12月，在广州举办的第十六届亚州残疾人运动会中，桐庐籍3名运动员获3金1银，其中郑泳祺在男子100米蛙泳－SB12以1分14秒96打破亚洲纪录并夺金牌。是年，桐庐县残疾人联合会获杭州市“十一五”期间残疾人体育工作先进单位荣誉。

【助残活动】 2010年，县残疾人联合会围绕助残日活动，在横村镇举办大型“爱心助残捐赠活动”，将全县机关干部职工捐赠的日常生活用品分发给困难残疾人家庭；组织县司法、农业、科技、卫生等部门组成“流动服务台”，开展法律、科技、卫生三下乡活动；开展法律援助专项行动，为21名残疾人提供法律咨询和助残维权行动；邀请江南片残疾人代表32人，召开残疾人代表座谈会，了解残疾人需求。中秋节，县残疾人联合会与桐庐七里人家餐饮管理有限公司联合举办第二届“金秋送月”爱心助残活动，为福利院的老人、孩子和培智学校师生们送月饼。第53个国际聋人节，桐庐县聋人协会组织19名聋人代表到上海参观世博会。10月15日国际盲人日，桐庐县盲人协会组织部分骨干到绍兴市学习交流。

(方素珍)

·桐庐县科学技术协会·

【概况】 2010年，县科学技术协会有县级学(协)会22家、会员4013人，乡镇(街道)科协13家，企业科协13家，阳山畈蜜桃专业合作社科普惠农服务站和白云村高山蔬菜基地科普惠农服务站为市级科普惠农服务站。

是年，县科学技术协会以“春江先锋”创先争优活动为契机，全面实施《全民科学素质行动计划纲要》。以科技(科普)周和全国科普日等活动为载体，开展“低碳”科普宣传，培育公民“低碳”意识。组织开展科普示范乡镇、村(社区)创建，合村乡、富春江镇金家村、桐君街道南门社区分别被省科协命名为省级科普示范乡镇、示范村、示范社区;瑶琳镇、瑶琳镇东琳村和桃源村分别创成市级科普文明示范乡镇、市级科普文明示范村;瑶琳镇桃源、东琳、后浦、何宋、舒家、皇甫、毕浦和永安等8个村被认定为县级科普文明示范村。桐君街道南门社区被命名为杭州市"崇尚科学、反对邪教"示范社区。横村镇白云村高山蔬菜基地被评为浙江省科普惠农兴村先进单位。

是年,桐庐县被浙江省科协评为"全省科协工作先进县";县科学技术协会获杭州市科普工作先进集体,在杭州地区5县(市)科协工作考核评比中获第1名。

【《科学素质纲要》实施】 2010年,桐庐县在实施《全民科学素质行动计划纲要》(简称《科学素质纲要》)中,结合推进新农村建设,举办各类农民培训322期,培训20917人。实现农村劳动力转移就业3672人,转移率96%。结合推进企业转型升级,开展二三产业劳动力技能培训、高技能人才培训、SYB创业培训,以及失业、失地和外来人员技能培训等,全年培训城镇劳动人口2246人次。结合推进学校素质教育,继续开展创建"绿色学校"和"十个一、六个小"(读一本科普读物、听一场科普报告、讲一个科学家的故事、画一张科学幻想画、看一部科普影视、出刊一期科技小报黑板报、做一个科学小实验、参观一次科普展览、提一条科技创新"金点子"、参加一项科技竞赛;参加小发明、小论文、小制作、小实验、小种植、小养殖)活动。县实验一小城南校区等3所学校被评为"市级绿色学校"。开展"送科普进校园"活动30次,直接受教育3000人次以上。组织开展青少年科技创新大赛,其中迎春小学钟赛兴老师指导开展的"'走进豆腐世界'科学调查体验实践活动"获全国青少年科技创新大赛三等奖;邀请省科技馆到迎春小学开展"科普大篷车进校园"活动;引进举办"奇妙的三维立体世界"科普展,吸引3000多名未成年人前往参观;邀请杭州《小火炬·奇奇看世界》杂志社专家到县实验小学等10所小学开展以"万人同心、共护地球"为主题科普讲座活动。结合加强干部队伍建设,将提高领导干部和公务员科学素质工作列入《桐庐县干部教育培训规划》,继续在县委党校开展"科普进党校课堂"活动,全年举办干部培训班18期,培训1256人。

是年,经对桐庐县公民科学素质状况1200个样本抽样调查显示,2010年桐庐县公民具备基本科学素质比例为7.4%,高于全国(平均3.27%)、全省(平均5.6%)水平。

【第24届科普宣传周活动】 5月14日,桐庐县2010年科技活动周暨县第24届科普宣传周活动开幕。开幕式上,科技工作者代表宣读"打造低碳城市、共建潇洒桐庐"倡议书;县政府与九三学社浙江省委就建立长期科技服务合作签约;桐庐县相关部门及企业与上海同济大学、浙江大学就产学研基地建设、新产品研发等6个项目签约;举办桐庐县企业技术创新成果、职工技能创新成果以及"低碳"宣传科普3个专题图板展,20余家县级学(协)会250余名科普志愿者开展现场科技咨询服务。活动周期间,开展重点科技科普活动12项,160余家单位开展活动80余项;赠送科普读物3万余册(份),设置咨询台85个,展示图板660块,举办各类科技培训班16个,累计受益人数6万余人。

【大学生"村官"兼任科普员】 2010年,县科协在前期试点和调研论证基础上,向县委、县政府报送《关于构建大学生"村官"科普队伍助推新农村建设的思考》一文,引起县委重视。4月7日,县委组织部、县科协联合下发《关于做好聘任大学生"村官"兼任科普宣传员工作的通知》,要求全县各乡镇党委、街道党工委做好大学生"村官"科普员聘任管理工作。11月10日,杭州市大学生"村官"兼任科普员工作现场会在横村镇政府召开,市委组织部、市科协、市农办和各兄弟县(市)组织部、科协、农办的领导以及大学生"村官"兼任科普员代表80余人出席会议。会议组织参观横村镇白云村高山蔬菜基地"科普惠农服务站"和由瑶琳镇永安村大学生"村官"皇甫鑫良创办的油茶种植基地。

【"金桥工程"项目】 2010年,全县"金桥工程"项目立项8个,其中浙江蜂之语公司科协搭桥的"三元片研制"项目和分水镇科协搭桥的"中药材引种示范推广"项目被列入县级重点项目;新合乡科协搭桥的"野生香榧的嫁接利用"项目、富春江镇科协搭桥的"香茶菜仿野生栽培技术示范"项目、旧县街道科协搭桥的"生猪新品种苏白引育示范推广"和"东北林蛙新品种引育示范推广"项目、横村镇科协搭桥的"'一竹三笋'高产技术示范推广"项目和杭州洁康药业公司科协搭桥的"拉米夫定口服溶液的研发"项目被列入县级一般项目。

【农函大科技培训】 2010年,县农函大发挥成员单位作用,整合县远教专家服务队和县关工委科技服务团等教育资源,实行联合办学,依托党员远教"新视通"等平台开展网络教学,并运用"请专家上门辅导+基地示范引导"等模式开展农村适用技术培训,推动"一社一品”特色产业发展。并将培训专业向家庭生活、社区服务等方面延伸，提高公民综合素质。是年，开办1年制班29个，招收学员1010人；举办短期培训132期，培训学员7286人次；桐庐县农函大被表彰为2008～2009年全省农函大先进分校。

【学(协)会工作】 2010年，学(协)会管理和组织建设得到加强。3月，吸纳县质量技术协会为科协团体会员；12月，指导浙江春风米兰鸥服饰有限公司成立企业科协；帮助指导县农学会和县中医学会等按照章程要求完成换届。5月，县医学会举办学术年会，邀请专家对《中华人民共和国侵权责任法》《浙江省医疗纠纷预防与处理办法》进行解读讲座。团结和引导科技工作者为政府决策咨询服务，为经济社会与科技发展服务。组织开展“厂会协作”“村会协作”活动，其中“大型液压盘车设备研制”“蜂胶软胶囊防渗漏技术研究”“良种种猪技术改良培育新科技养殖推广应用”“构建大学生村官科普员队伍助推新农村建设的思考”“农村邪教产生的原因和防范对策研究”“桐庐县‘建设低碳城市、推进县域经济发展’论坛”等6个活动项目被列入县级重点学术活动项目；“构建大学生村官科普员队伍助推新农村建设的思考”和“桐庐县‘建设低碳城市、推进县域经济发展’论坛”被市科协列为重点学术交流项目。在企业科协中，开展以“节能、降耗、减排、增效”为目标的比专业水平和技能、比创新思路、比合理化建议的“讲、比”活动，浙江金帆达生化股份有限公司科协、蜂之语生产技术高技能人才创新工作室在杭州市第十三届“讲、比”活动中被评为先进集体。8月，分2批组织乡镇(街道)、县级学(协)会、企业科协优秀科技工作者36名到广西北海和山西、内蒙疗休养。组织相关科技工作者成立企业、农业两个服务小分队，到企业、基层开展会诊，提出解决方案或建议。11月26日，县科协、县人事局联合召开学术论文评审会议，对各学(协)会、企业科协初选推荐的73篇学术论文进行评审，评出优秀学术论文43篇。

【信息宣传】 2010年，在市级以上刊物和网站发表理论文章、调查报告、人物通讯和工作信息等76篇，其中《提高农民科学素质，服务农村科学发展》、《坚持“四结合”，实现“四提高”》和《浙江省桐庐县全面开展大学生“村官”科普员聘任工作》3篇被中国科协刊物《科普动态》录用。《从“低碳”视角看生态养猪场》在《中国信息报》上发表。

(乔国忠)

·县文学艺术界联合会·

【第二届“山花节”文艺活动】 2010年3月20日，为配合杭州·桐庐第二届“山花节”，县文联分别举办全省摄影赛、何水法花鸟画展和文学创作活动。通过与省、市文联联系，著名画家何水法，浙江省知名作家嵇亦工、赵健雄、孙昌建、邹园，省著名摄影艺术家吴品禾、朱卫平、吴宗其以及杭州、金华、舟山等地区摄影家到桐庐创作采风。3月20日下午，“春江花韵”何水法花鸟画展在叶浅予艺术馆举行，北京、杭州等地的艺术家和桐庐观众1000余人参加画展。作家嵇亦工、赵健雄、孙昌建、邹园分别创作《梦游桐庐阳山畈》《到横村看花去》《人面桃花相映红》《山花的纪律》，先后在《杭州日报》《联谊报》《浙江工人报》发表。

【“浙江作家看生态”到桐庐】 2010年11月24日～29日，由浙江省作家协会组织的“浙江作家看生态”创作采风团一行16人到桐庐创作采风，其中有天津市著名作家王松，浙江省著名作家楚良、许春夏、汪逸芳等。作家们先后到横村、分水、百江、富春江等乡镇采风，创作的主要作品有《千秋欲解还山意，只问江头老钓竿》《桐庐的抒情》《潇洒桐庐》《钓台》《富春江畔(三题)》《桐庐行》等诗文。

【浙江摄影采风团到桐摄影创作】 2010年9月17日，由浙江省摄影家协会主席吴品禾、杭州市摄影家协会主席吴宗其率队的浙江摄影采风团一行20人到桐庐参加为期3天的摄影活动。来自省直机关和杭州、丽水、绍兴等地区摄影家们先后参与第七届华东南瓜节、富春江水上真人CS邀请赛、印象富春江和法国民间艺术团在龙门湾举行的龙舟趣味赛等活动，现场拍摄富春江渔民生活实景等。

【黄公望、叶浅予和桐庐富春江山水研讨会】 2010年11月29日，县文联在叶浅予艺术馆举办“黄公望、叶浅予和桐庐富春江山水”研讨会，中国美术家协会理论委员会委员孙克、美术学博士赵欣歌、《中国美术教育》副主编崔卫、《美术报》编辑蔡树农、国家一级美术师江枫等国内知名学者画家参加。研讨会就“黄公望《富春山居图》与桐庐的关系”“故乡桐庐对叶浅予艺术人生的影响”等议题展开研讨。期间，举行“笔墨意象”2010中国画名家桐庐邀请展暨桐庐黄公望画院授牌仪式。

【两岸书画家共绘《新富春山居图》】 (参见党政·对台事务·《新富春山居图》采风写生创作活动)

【图书出版】 2010年10月，县作家协会会员缪建民、童水奎、黄新亮创作的《倪正刚传》由西泠印社出版社出版发行。全书9章，14万余字。该书是一部个人传记文学作品，又是一部浙江汇丰生化有限公司企业发展史。作品重点介绍汇丰公司从一个小作坊式农药厂发展到净资产上亿元集团公司的 40 年历程。12 月，由县文联主编的“潇洒桐庐人文丛书”第二辑《我和江南故事大王吴文昶》出版。全书由吴文昶生前好友和弟子写的 68 篇回忆文章组成，18 万字，由西泠印社出版社出版发行。

【CD 专辑出版】 2010 年，县民间文艺家协会会员潘晓炜首张故事演讲 CD 专辑出版。专辑由《人民日报》社原社长邵华泽题名、著名青年画家施晓颉绘制漫画肖像。专辑收录潘晓炜历年来在各类故事讲述大赛中获奖作品，有已故“故事大王”吴文昶创作的《王老太闹离婚》、汪黎明创作的《阿宝破梦》《陈毅剃头》、潘晓炜创作的《黑户姑娘寻母记》《见面礼》等作品。

【首届桐庐廉政小小说大奖赛】 2010 年 10 月 20 日，桐庐县纪律检查委员会、县文联、桐庐农村合作银行联合举办“合作银行杯”首届桐庐廉政小小说大奖赛颁奖仪式。活动收到作品 112 篇，由省作家协会党组副书记、秘书长郑晓林，省作家协会通俗文学创作委员会主任、国家一级作家金学钟和《山海经》杂志社副总编毛晓青担任评委。经评审，吴志明获一等奖，王樟松、童志萍获二等奖，魏萍等 3 人获三等奖，获优秀奖 12 篇。获奖作品编入《“合作银行杯”首届桐庐廉政小小说大奖赛获奖作品集》。

【《芦茨湾的呼唤》影评征文】 2010 年 7 月，杭州市委宣传部、市文联联合举办《芦茨湾的呼唤》影评征文比赛。桐庐县组织征文 120 篇送杭州市文联参评。瑶琳镇政府陈群的《为了谁，我的兄弟姐妹不流泪》获杭州市影评征文一等奖，县委统战部蔡海威的《民心积于细微，敬重源出关爱》、县劳动和社会保障局姚旦杰的《娘亲泪》、县文联董利荣的《我心中的呼唤》、莪山畲族乡柴丹的《〈芦茨湾的呼唤〉观后感》获二等奖，县林业局周华新的《永远的呼唤》等 9 名桐庐作者获三等奖，16 名桐庐县作者获优秀奖。县文联获杭州市影评征文比赛优秀组织奖。

【艺术展示活动】 2010 年 1 月 29 日，在叶浅予艺术馆举办“之江三家”画展和机关干部书法展；6 月 15 日，在叶浅予艺术馆举办“画在桐庐，江枫水墨”画展；10 月 1 日，在叶浅予艺术馆举办“潇洒桐庐 · 山水富春”画展；10 月 26 日，在叶浅予艺术馆举办全省中国画名家邀请展，施胜辰捐赠画展；11 月 15 日，在叶浅予艺术馆举办桐庐民间收藏精品展；12 月 20 日，在叶浅予艺术馆举办杭州上城区与桐庐国画联展；12 月 1 日，在叶浅予艺术馆举办县管领导干部书法展暨国学书画展；12 月 6 日，在富春江美术馆举办首届全县民间工艺品展览。

【《胡家芝传》研讨会与胡家芝剪纸作品捐赠】 2010 年 6 月 7 日，县文联、县文化广电新闻出版局在县博物馆联合举行《胡家芝传》研讨会与胡家芝剪纸作品捐赠仪式。研讨会上，与会者对胡家芝生平事迹进行研讨。胡家芝，桐庐县江南镇珠山村人，被誉为寿跨 3 个世纪剪纸大师，生于 1897 年，2010 年 3 月在南京去世。胡家芝的儿子袁振武代表全家按其母遗嘱，将胡家芝主要作品《丹凤朝阳》《喜迎回归》《故乡常青》等剪纸作品 103 幅、《胡家芝剪纸喜花集》《胡家芝剪纸评论集》《胡家芝剪纸作品集》《胡家芝剪纸精品选》4 本作品集捐献桐庐县博物馆。

【会员晋升】 2010 年，县书法家协会会员舒玉春加入中国书法家协会；县剪纸艺术家协会会员谢玉霞加入中国剪纸艺委会；县书法家协会会员尹祥兵加入浙江省书法家协会；县美术家协会会员朱乐群加入省美术家协会；县摄影家协会会员陈俊加入省摄影家协会；县电影电视家协会会员柳华、张小平、丁宁加入省电影电视家协会；县民间文艺家协会会员徐小龙等 4 名会员加入杭州市民间文艺家协会。

【协会文艺成果】 2010 年，县作协会员王樟松的小小说《打塘》获中国(浙江)廉政小小说大赛三等奖；歌词创作《传说》在浙江省新歌词创作大赛中获金奖；小说《故乡故人》在《青岛文学》第十期发表。作协会员董利荣的散文《桐庐无声诗，江枫有声画》在《美术报》发表。作协会员徐永茂的小说《蛋的喜剧》、《蛋蛋结》分别在《小小说世界》和《辽河文学》上发表。12 月，在浙江省作家协会组织举办的“品味新叶”全国文学创作大赛中，县作协会员孟红娟的作品《曰耕曰读曰新叶》、赵荷英的作品《青砖巷子》分别获二等奖和三等奖。

桐庐县书法家协会 11 名会员作品入展浙江省第五届书法作品中青展；9 名会员作品入展第七届全浙书法展。县戏剧家协会的越剧《花溪情歌》获中国第二届越剧节铜奖、省戏剧大赛优秀新剧目奖、杭州市新剧目汇演第一名。县摄影家协会会员陈俊的摄影作品《空洞的灵魂》入选第 23 届全国摄影艺术展、《法度庄严》获中国第十二届摄影艺术邀请展人像类金奖。在第十一届全国少儿故事大王选拔赛中，桐庐县选手吴晔彬获特等奖、邵楚儿获一等奖，并分获“全国最佳小故事大王”和“全国小故事大王”称号，陈敏珠、潘晓炜获“优秀辅导奖”。县剪纸艺术家协会会员谢玉霞作品《新农村建设》、《农林牧副渔》获首届中国农民艺术节优秀奖。县美术家协会会员王路山作品《白云源》入选“红色太行”全国山水画作品展；何璟作品

《古镇春意》在浙江省“千年古镇”剪纸大赛中获二等奖，论文《桐庐民间剪纸传承与发展思考》获一等奖。桐庐县选送的《姥姥门前看大戏》获第二十届浙江电视牡丹奖青少年节目二等奖。

【协会活动】 2010年4月，县作家协会组织部分会员到凤川镇山水农庄举行创作交流笔会；8月，县作家协会组织20余名会员到建德参加“品味新叶”全国文学创作采风活动。8月25日，县摄影家协会举办《数码相机》讲座。8月，县民间文艺家协会开展“计生故事沙龙”活动。10月，县音乐舞蹈家协会、县诗词楹联学会开展“唱响桐庐”等活动。12月，县剪纸艺术家协会开展中华最大剪纸虎“虎迎新春”活动；县美术家协会、书法家协会部分会员到富春江、江南镇等地为群众写对联；县影视家协会、县戏剧家协会到分水、合村等地开展送文化下乡活动。

（缪建民）

【责任编辑　叶　红】

政　法

·综合治理·

【平安创建活动】 2010年,桐庐县平安创建工作重点是抓创建责任落实。下发《2010年度创建"平安桐庐"工作对口协调责任分工》,明确各成员单位职责任务。每季度末分析平安创建形势,查找存在问题,落实整改措施,并对整改情况进行跟踪检查。按照"以基层平安促全县平安"工作思路,制定乡镇(街道)、村(社区)平安创建考核细则。扩大平安单位考核面,下发《关于深入推进"平安单位"创建活动的实施意见》,在"平安企业"、"平安校园"、"平安金融单位"、"平安饭店(宾馆)"、"平安景区"、"平安商场(市场)"、"平安旅行社"、"平安医院"、"平安林业"、"平安公交线路(车队)"等十大平安创建单位基础上增加"平安建筑企业"。重视平安创建宣传,向全县人民发出《平安建设人人有责》公开信,明确每个公民在平安建设工作中的责任和要求。是年10月,浙江省统计局对桐庐县群众安全感进行问卷调查,调查表明,群众安全感率为93.1%,平安创建知晓为98.1%。

【世博安保工作】 2010年3月12日,桐庐县召开世博安保动员大会,出台《桐庐县上海世博会"环沪护城河"安保工作实施意见》,明确安保工作任务。桐庐县上海世博会"环沪护城河"安保工作4月15日启动,至11月15日结束。先后有上万人次参与安保工作,投入各类资金2000余万元,世博会期间排查上报各类基础信息4万余条、矛盾纠纷3500余起、精神病人1555人、重点人员信息1590条、流动人口高危人员240名;收缴管制刀具247把;入沪实名登记37554人,发放进沪通行证1893张。对进沪人员、物品和车辆进行检查和排查,安检涉沪班车900多班次、旅客26000多人次;安检行李近60万件。未发生一起交通事故及危险品、违禁品携带上车至上海事件。是年,桐庐县获浙江省上海世博会期间平安建设工作良好县。

【基层综治规范化建设】 2010年3月,县综治委制定下发《关于开展"基层基础建设年"活动的实施方案》,以解决基层基础工作发展不平衡、措施不落实、效果不明显等问题。根据实施方案,县综治办重点抓好乡镇(街道)综治工作中心组织建设,规定"综治办主任由党委分管副书记担任,专职工作人员按3万人以上乡镇(街道)不少于3名、3万人以下乡镇(街道)不少于2名配备",至6月底,各乡镇(街道)全部配备到位。是年7月,举办全县综治(维稳)信访干部培训班,乡镇(街道)、村(社区)及综治各成员单位的综治(维稳)信访干部近300人参加培训,8月县综治办组织部分乡镇(街道)的综治干部到广州花都区参观学习乡镇(街道)综治工作。是年8月,横村镇在全县试点"一个窗口服务群众,一个平台受理反馈,一个流程调解到底,一个机制考核落实"的"一站式服务"工作模式。是年,继续推进综治"三延伸"工作,全县所有村(社区)、有400名以上职工的企业全部建立综治工作站。

【维护稳定工作】 2010年,《桐庐县社会稳定风险评估操作细则》出台。是年,4个拆迁重点项目全部进行风险评估。全年拆迁近1000户、建筑面积20余万平方米,期间未发生一起越级上访、一起群体上访或非访。根据《浙江省矛盾纠纷排查调处规程(试行)》规定,开展县、乡、村三级矛盾纠纷和不稳定因素排查,实行每月一排查上报、每月一分析制度,世博会期间实行滚动式排查、每日"零报告"制度。全年排查各类矛盾纠纷4464起,成功化解4245起,成功率95.1%。完善领导包案化解制度,世博会期间,桐庐县排查出突出信访问题和重点稳控对象24件,按照"九个一"(即一件信访问题、一名包案领导、一个化解工作小组、一次协调会办会、一套化解方案、一套稳控措施、一个解决期限、一份协调会办纪要、与信访人见面一次)要求,逐个落实包案县领导,实现世博期间重点对象"零进京"、"零入沪"滋事工作目标。修订《桐庐县处置群体性事件应急预案(送审稿)》,把"110社会联动"机制与群体性事件、恐怖活动等突发应急机制结合起来,提升快速反应处置能力。组织开展群体性事件处置演练,提高各单位协同作战和快速处置能力。2010年,桐庐县为杭州市维护稳定工作目标管理考核优秀达标地区。

【重点地区整治】　2010年，按照“哪里治安问题突出就重点整治哪里”原则，通过组织开展治安混乱地区排查整治，确定市级挂牌整治区域1个、县级挂牌整治3个。下发《桐庐县社会治安重点地区排查整治工作实施方案》，根据不同重点地区情况制定整治方案。经整治，市级重点整治地区分水镇社会治安明显好转，接处警比2009年下降12%、案件受理下降24.1%；县级挂牌整治的3个区块，桐君街道富春路美容美发一条街，26家不符合治安管理要求的美容美发、休闲足浴场所全部关闭；桐君街道洋洲地区外来人员管理工作进一步规范，刑事发案同比下降22%；富春江镇芝厦村涉黄涉赌现象明显减少，治安刑事案件同比下降20%。

【校园及周边地区整治】　2010年3月，福建南平校园血案发生后，桐庐县相继下发《关于切实做好中小学校、幼儿园安全防范工作的紧急通知》《关于集中开展校园及周边环境整治的通知》《关于进一步加强学校安全防范工作的若干意见》等，全年投入校园安保经费1000余万元，整改安全隐患429处；配备保安258人，新增报警系统及监控点600余个，配备相应防护设备，实现全县所有学校和幼儿园有专职保安、有报警系统、有防护设备。按照“定部门、定学校、定任务、定人员、定时间、定效果”要求，县综治委对全县所有中小学校和幼儿园落实挂钩部门单位和责任人，在上学和放学等高峰时段定人定点包干值勤，预防侵害师生案件发生。

【清理积案和案件评查活动】　2010年，根据中央、省、市统一部署，县委政法委集中开展清理涉法涉诉信访积案和案件评查活动，对省、市交办的6起涉法涉诉信访积案实行县委政法委领导包案化解。到11月底，6起积案全部达到省、市结案标准。是年，省、市交办案件评查数为101件，按杭州市委政法委要求全部分解到各办案部门，其中县法院60件、县公安局36件、县检察院2件、县委政法委从政法各部门抽查其中3件。制定《桐庐县党委政法委案件评查小组工作制度》，从公安、检察、法院、司法聘请11名业务骨干为专职案件评查员，并根据3件案件不同情况成立相应评查小组。通过5个多月评查，全县弥补瑕疵案48件，其中检查和诫勉4件、批评教育3件。是年，县委政法委获杭州市清理信访积案工作先进集体称号。

【县见义勇为奖励基金会表彰】　2010年9月18日2时许，易善春、卢超、王永彬、李中锋、刘斌等5人回县城春江路住处时，碰见在楼上盗窃未遂而欲逃离现场的两名犯罪嫌疑人。易善春等人立即拔打110电话报警并追赶，在抓捕过程中，易善春、卢超、王永彬被犯罪嫌疑人刺伤。其中，易善春送医院经抢救无效牺牲。是年10月，桐庐县见义勇为基金会(筹)追授易善春“桐庐县见义勇为先进人物”称号，授于卢超、王永彬“桐庐县见义勇为先进人物”，并给予易善春家属慰问(奖励)金15万元、卢超慰问(奖励)金5万元、王永彬慰问(奖励)金1万元。

(徐志林)

·公安·

【概况】　2010年，桐庐县公安局以平安世博为目标，组织开展“一查二打三整四建”(全面查控可能危害治安和影响社会和谐稳定的重点人员；严打黑恶势力等严重犯罪活动，严打侵财性等多发性违法犯罪活动；整治治安混乱的重点区域部位、整治治安复杂的行业场所、整治各类安全隐患；建立人口管理长效常态机制、建立城乡社区主动警务长效常态机制、建立信息深度应用机制、建立公正廉洁规范执法长效常态机制)综合行动，实现“发案下降、破案上升、打处有力、治安平稳、队伍无违纪”的目标。是年，桐庐县被公安部、工业和信息化部等6部门授予平安畅通县；县公安局侦破“12·08”跨境恶势力赌博团伙案专案组被公安部授予集体一等功；县公安局分别获杭州市委、市政府维护社会稳定、信访及世博安保等3项先进。

2010年9月8日，桐庐县公安局侦破“12·08”跨国境赌博团伙案专案组被授予集体一等功

富春江派出所被公安部评为一级公安派出所和全省优秀公安基层单位。

【刑事侦查】 2010年,县公安局受理刑事案件4645起,同比下降7.65%,其中刑事案件立案3045起,2009年同期持平;破获各类刑事案件1557起,破案率为51.1%,同比上升7.83%;其中命案立案6起、破案5起,命案破案率为83.3%。五类案件(放火、爆炸、抢劫、强奸、绑架)立案11起,破获11起,连续9年破案率实现100%;抓获各类犯罪嫌疑人770名,其中刑事拘留622名、逮捕470名;移诉犯罪嫌疑人631名,同比上升4.13%;抓获部网逃犯157名(其中命案逃犯1名),快速破获"2·20"杀人分尸案"9·4"绑架勒索案等一批大案要案。

【打击经济犯罪】 2010年,县公安局以世博会安保工作为中心,结合桐庐实际,受理各类经济犯罪案件60起,立案59起,破案52起;抓获经济犯罪嫌疑人42名,涉案金额6335.11万元,挽回经济损失1769.55万元。协助外地公安机关办理各类经济案件17起,其中协助调查取证26人,查封冻结账户2起。2010年1至10月会同县税务部门联合对饭店、旅馆开展打击制售假发票专项行动,缴获各类假发票41.25万元,为国家追回税款18万元。破获公安部督办"10·19"非法制造、非法出售假发票案等一批大案要案。

【治安管理】 2010年,县公安局以强化社会面动态管控为着力点,推进社会治安"打黑除恶"专项行动,开展治安巡防,提升打防控工作效能。全年受理各类治安案件4820起,同比下降26.63%;查处4395起,其中赌博案件183起同比上升25.3%;查处各类违法人员1566人,其中劳动教养18人、收容教育3人、治安拘留974人、治安罚款578人、强制戒毒37人。侦破一批社会治安案件,其中侦破桐君街道系列电动自行车被盗案,抓获犯罪嫌疑人胡某和卢某,追回被盗电动自行车10辆,价值31645元。会同有关部门化解因征地拆迁、矿产资源等各种利益冲突而引发的不稳定因素900余起,妥善处置65起群体性事件苗头。依法并规范处理51起非正常死亡事件。

【禁毒管理】 2010年,受周边环境和毒品案件从边境向内地发展影响,桐庐县涉毒人员呈上升趋势。县公安部门根据桐庐实际,加大对涉毒违法犯罪查处和宣传教育力度。全年查破毒品案件116起,同比上升9.43%。查获各类涉毒违法犯罪人员162人,同比上升8.70%;移诉20人次,同比上升25%;查处涉毒治安案件97起,同比上升29.33%;强制隔离戒毒37人,同比上升75%。全年举办禁毒展览30余场次、法制教育课20余堂,200余人接受禁毒业务知识培训,悬挂横幅40余幅,张贴宣传挂图100多处,制作并发放各种宣传光盘、资料1000多份。

【出入境管理】 2010年,县公安局受理出国、出境申请5653人次,其中出国1603人次、护照换发65人次、补发15人次;香港探亲18人次、个人旅游417人次、商务19人次;澳门个人游194人次;港澳个人游1559人次;台湾探亲15人次。参加旅行社组团出国旅游286人次,港澳旅游452人次,台湾旅游1006人次。受理外国人居留许可60人次,签证延期35人次,台胞签注延期23人次、居留签注5人次、换发通行证1人次。全年法定不准出境人员接报数630名,录入630名,收缴宣布作废证照22人次,受理中查获不准出境人员5名。该局以"涉外案事件处置规范"为蓝本,按照公安部提出的"底数清、情况明、管得住、服务好"管理目标,组织开展"三非"(非法入境、非法就业、非法居留)人员排查整治、三资企业排查专项工作。全年破获偷越国边(境)案1起,移诉1人,查处"三非"案件5起,行政处罚5人。

【流动人口管理】 2010年,县公安局抓住上海世博安保、第六次全国人口普查以及实施《浙江省流动人口居住登记条例》等时机,采取渐进式、菜单式排查方法,组织开展基础大排查,排摸整治流动人口聚集地和落脚点,摸清各辖区流动人口底数,及时发现并打击其中的违法犯罪人员。是年,登记流动居住人员72580余人、登记出租房屋1900余家;落实重点人员管控890余人,录用重要情报线索49条。通过排查,破获刑事案件302起,查处治安行政案件458起,抓获流动人口违法犯罪人员858名;其中通过流动人口管理系统和高危人员管控平台抓获逃犯31名。

【行政许可管理】 2010年初,县公安局许可科把提前办结各类审批服务事项作为全年工作目标,并确定全年提前办结率在95%以上。在办理审批服务事项中,以承诺时间为参考,尽量缩短办件时间。从8月开始,临时身份证统一到派出所缴费受理,当天通过人口信息系统提交信息,下一个工作日就可以到县行政服务中心公安窗口领取自己的临时身份证,比原先提前2个工作日。在公安窗口各类行政许可审批服务事项中,全部实行AB岗制度,即A岗人员不在岗时,其工作事项由B岗来办理,确保所有事项正常受理并按时办结。至年底,行政许可科办理各类审批服务事项8132项(需要现场踏勘、专家评审的218项),其中行政许可事项1820项、非行政许可事项6312项。提前办结事项7807项,占全部件96%。

【道路交通管理】　2010年，县公安局以查处酒后驾车、无牌无证、摩托车交通违法、工程运输车违法、客车(校车)超员、非法营运、违法超车以及违法运输危险化学品等严重交通违法行为为重点，开展路面交通秩序专项整顿。全年查处交通违法97465起，其中查处酒后驾车1118起、拘留醉酒驾驶员134人。加大事故隐患点排查治理。对全县27处道路交通事故多发点(段)和临水、临崖、高落差危险路段进行“双排查、双整治”；会同建设、路政等部门修复和增设交通设施35处；针对道路改造、桥梁施工等情况，增设交通标志标线4300平方米、标志牌30套、信号灯2组、电子警察6组，增设交通隔离设施和行人过街设施3200米。是年，全县发生道路交通事故176起、死亡51人、受伤198人、直接经济损失461701元，同比分别下降2.76%、7.27%、2.46%、7.88%；发生重大逃逸事故4起，破获4起；交通事故主要指数“零增长”。成功创建二等县级车辆管理所，交警队伍实现零违纪。11月8日，桐庐县被公安部、工业和信息化部等6部门联合授予“平安畅通县”，成为杭州地区唯一一个县级平安畅通县。

【消防管理】　2010年，县公安局消防大队接处警112起；出动消防车158辆次，消防官兵1000多人次，抢救被困人员57人，挽回经济损失28.8万元，连续3年保持火灾事故“零死亡”。全年查处消防违法单位89家，对市级重大火灾隐患单位——桐庐家园物业服务有限公司进行彻底整改。整改期间，各级消防部门领导多次带队检查，并召开协调会，解决整改中遇到的困难和问题。落实各项消防措施，确保按期整改。是年，该大队还针对全县高层建筑逐年增多，群众对高层建筑消防认识不足的情况，组织高层建筑和人员密集场所实地演练40次；举办消防安全培训4期，参训人员2148人。

【公安信访】　2010年，县公安局落实定期开门接访制，实行疑难信访领导包案督办，做好重信重访工作，实现“一控三降”(信访源头得到有效疏控，越级上访、重信重访和有责信访明显下降)工作目标，全年接受人民群众信访案件54件，查处54件：其中群众来信31件(浙江省公安厅转来1件、杭州市公安局转来14件、桐庐县政府转来16件)、群众来访23件。受理并办结县长公开电话792件，化解省、市交办的2起涉法涉诉信访积案。

【“110”社会联动】　随着社会形势发展，群众期望“110”解决问题的范围不断扩大，报警求助已超出“110”职责范围和能力。2010年，县公安局投资189万元，建立权威指挥平台，健全完善“政府主导、统一指挥、分工负责、规范运作、高效快捷”的“110”社会联动工作体系，分流部分非警务工作。工程主要包括建设和完善城际动态GSM特定信息监控系统、信息与网络安全管理、信息化建设、指挥通信建设。社会联动成员单位扩大到全县各乡镇(街道)和所有部委办局，实现网络全社会覆盖。改进后的“110”社会联动机制运行以来，接到有效报警9789起，其中调度公安机关处警7772起，占处警总数的79.4%；调度联动成员单位处警2017起，占处警总数的20.6%，并成功处置非正常死亡事件7起。是年9月，杭州市公安局在全市公安工作会议推广桐庐县110社会联动工作体系。

【执法规范化建设】　2010年，全县公安机关以“实战、实用、实效”为着力点，以标准化、流程化、精细化为切入点，从功能区改造入手，软硬并举、内外兼修，全警种、全建制、全要素推进执法规范化建设。争取乡镇(街道)党委政府支持，筹集资金200余万元，对纳入建设规划的5个派出所按照办案、办公、服务和生活四个功能区进行改造，制订派出所接处警工作、调处工作及人身检查等一系列规章制度，实行局、所两级值班领导坐堂指挥调度、案件审核、内部巡查、接待群众制度，组织开展常态化的法律知识考试和执法资格认证，全局所有民警通过初级岗位执法资格认证；采取以案说法、刑事案件接处警和现场勘查比武、游泳救生等训练方式，增强培训针对性和实效性。开辟桐庐法制信息网，研发运行涉案和非涉案财物管理系统。实行案件交叉互评制度。成立重大疑难案件集体审议委员会，办案质量和执法公信力得到提升。是年，富春江派出所获“杭州市公安局执法规范化建设示范单位”称号。

【数字勤务室】　2010年7月，县公安局交警大队城区中队交管数字勤务室建成并投入运行，为杭州地区建成使用的首个县级数字勤务室。数字勤务室投入资金16.8万元。交管数字勤务室运行以来，抓拍机动车违法停车3700起，违法停车短信提示12500条。数字勤务室主要体现以数字化研判、数字化布警、数字化施巡、数字化调度、数字化督查为主要内容，优化警力配置，扩大管控覆盖面、提升应急处突水平、多方位服务大“空间”和“时间”，提高警力和效率。

【上海世博安保】　2010年，上海世博安保工作从4月15日开始，到11月15日结束。上海世博安保工作启动后，县公安局对安保工作进行专题研究，结合桐庐实际，制定《桐庐县公安局上海世博会“环沪护城河”

安保工作实施方案》;配备工作班子,明确人员、信息收集、分析评估研判、处理上报等事项;围绕“大事不出,小事也不出”和“五个坚决防止”(坚决防止“重点人、危险物”流入上海,坚决防止发生危害国家安全和上海世博会安全的重大政治事件,坚决防止发生涉及本县(市)的暴力恐怖事件,坚决防止发生影响社会稳定的重大群体性事件和个人极端事件,坚决防止发生影响恶劣的重大刑事案件和重大交通、火灾等治安灾害事故)安保总目标要求,以“一查二打三整四建”综合行动为主线,开展基层基础大排查,强化打击现行犯罪、重点人员稳控,加强对重点场所、重点物品和重点环节管控。县公安局通过开展基础大排查,主动与上海警方对接,抽调巡特警大队民警进行安检和巡查,落实进沪通行证、进沪人员物品、人员背景审查和重点人员管控等各项安保措施。在214天里,安检涉沪班车900多班次、旅客26000多人次、行李近60万件,查获瓶装液化气、油漆等危险品97件、各类刀具等违禁品32件。期间处置涉及长途汽车站的接处警180余起,抓获各类违法犯罪嫌疑人30多名。未发生一起交通事故及危险品、违禁品携带上车至上海事件,实现安保工作总目标。

【校园安保】 2010年5月5日,县公安局会同综治办、教育、财政、人事等部门召开校园安保工作会议,对校园保安配备、防护器械配置、报警监控系统安装以及经费保障落实等进行专题研究。是年,投入校园安保经费1000余万元,全县配备保安258人,新增报警系统、监控点600余个,配备橡皮警棍215根、辣椒水187瓶、防割手套185双、盾牌160块,做到所有学校、幼儿园有保安,有报警系统,有防护设备。县公安局协调教育部门,指导督促中小学校、幼儿园落实校园安全工作校长负责制,严格落实外来人员进校登记检查和上学、放学等重点时段安排值日校领导、教师和保安到校门口值守制度,形成“技防、人防、物防”三位一体的防控网络。根据县综治委“定部门、定学校、定任务、定人员、定时间、定效果”要求,落实由县公安局担负巡逻守护任务的重点中小学校和幼儿园的警力。各派出所根据辖区实际情况,加大对未纳入重点巡逻守护校园周边的巡逻力度,提高校园周边见警率和管事率。组织开展重点人的管控和涉及师生矛盾纠纷的滚动排查,会同街道做好防范和化解工作。到年底,全县化解涉校矛盾纠纷20起。5月,县公安局开展为期2个月的校园周边治安秩序专项整治。至年底,侦破校园周边寻衅滋事及敲诈勒索犯罪团伙2个,打击处理违法犯罪人员29人,查处违法经营场所21家,消除乱点隐患39处。全县连续5年未发生有较大影响的校园群体性事件。

【海峡两岸司法合作】 2010年6月20日,桐庐警方接到杭州市公安局转交的台湾台北地方检察署通缉书,要求对当时居住在桐庐县桐君街道某公寓的台湾籍人士钱某某(女,1957年出生,涉嫌刑事犯罪)实施拘捕。经周密部署,6月21日,杭州和桐庐县两级警方联合行动,将台湾籍犯罪嫌疑人钱某某抓获。7月19日下午,根据《海峡两岸共同打击犯罪及司法互助协议》,在浙江省公安厅和杭州市公安局协助下,成功将犯罪嫌疑人钱某某移交台湾警方。

【交通事故试行人民调解】 2010年9月30日,桐庐县交通事故纠纷人民调解委员会成立。该调解组织设置在县公安局交警大队事故预防和处理中队,主要负责处理发生在桐君街道的交通事故,为杭州地区尚属首例。

为解决基层事故处理警力严重不足等问题引起的对交通事故损害赔偿纠纷调解相对形式化、简单化,而不能从根本上解决事故纠纷的现状,是年6月,县交警大队会同司法、保险等部门开始筹备交通事故调解委员会。该委员会聘任一批熟知业务、有一定法律、保险和交通事故责任认定知识的交警、司法部门退休人员担任调解员,经培训后上岗。至年底,全县聘任交通事故纠纷人民调解员5名;调解交通事故纠纷122起,调解成功112起,成功率91.8%。

【石亚明警务室成立】 2010年9月10日,桐庐县首个以民警名字命名的工作室——石亚明警务室在瑶琳镇派出所成立。石亚明,男,大专文化。1997年8月从杭州市人民警察学校毕业后,被分配到桐庐县公安局巡特警大队,1998年调至瑶琳派出所工作。12年来,他认真履行职责,4次被评为桐庐县公安局“十佳干警”、10次受到县局嘉奖,2009年被杭州市公安局评为50佳优秀巡防民警。他根据多年群众工作摸索出的“四心”(掌握基础情况须用心、对待群众要热心、办案办事凭的是公心、当警察必须要有责任事业心)工作法,2010年被浙江省公安厅推广。是年,石亚明被评为杭州市“十佳亲民警察”和浙江省“优秀人民警察”。石亚明警务室自成立以来,处理各类治安纠纷23起,其中处理群体性事件5起;办理电动车备案351辆;经常性接待辖区群众的求助和咨询。

【公安交警科技综合楼建设】 县公安局公安交警科技综合楼位于桐君街道金东路与白云源路交叉口,项目用地1.8公顷,建筑面积17600平方米,于2009年4月动工,2010年1月结顶。2010年6月,智能化、指挥中心、暖通等设备到位。是年，该综合楼投入基建及设备经费2000万元，完成土建及智能化和指挥中心及暖通设备的采购。至年底，智能化系统、指挥中心、暖通设备的安装和室内外装修仍在进行中。

【“10·19”非法制贩假发票案侦破】 2010年10月19日，桐庐县公安局经过3个月侦查，在江南镇凤鸣村查获一大型假“浙江省汽车客票道路运输车发票”印制窝点，现场缴获印刷机2台、晒板机1台、裁纸机1台等大型印制设备及电脑2台、打印机2台、扫描仪1台，缴获假“浙江省汽车客票道路运输车发票”42万余份，抓获姚某某、申屠某某等5名犯罪嫌疑人，破获公安部挂牌督办的“10·19”非法制造、非法出售假发票案。经查，自2010年5月以来，姚某某伙同申屠某某等人利用姚某某开印刷公司的便利，使用其公司印刷机器设备和专用印刷用品，非法印刷假“浙江省汽车客票道路运输车发票”8万份，由申屠某某负责在桐庐、富阳等地倒卖，到案发时，已从中获利1000余元。

【“9·4”绑架勒索案侦破】 2010年9月4日下午，居住在桐庐县城的女子章某被犯罪嫌疑人勒索钱财遭绑架，其家属被勒索50万元。案件发生后，县公安局调集警力组成专案组进行侦破。专案组针对犯罪嫌疑人提出的交易地点，分析地理位置、周边环境、交通状况，并根据犯罪嫌疑人可能路过的卡点，调取监控反复比对。最后由经验丰富的民警携款跟随章某家属与犯罪分子进行“交易”，最终锁定绑匪活动轨迹。9月5日下午，人质章某在淳安县石林镇徐坑村被成功解救，用时28小时。警方还先后抓获犯罪嫌疑人蒋某某和叶某某。

【“2·20”杀人分尸案侦破】 2010年3月29日，县公安局接到江南镇珠山村潘某某报案，称其姐潘某于2010年2月20日晚23时许离家出走，杳无音信。公安部门经初步调查认为，潘某遇害的可能性较大，即成立专案小组，实行疑似命案上案机制。专案组围绕疑似被侵害对象潘某之前的关系人广泛进行调查，针对潘某最后出现的地点(即其家中)及接触的人员反复进行勘查和查证。结合现场勘查访问及相关信息研判结果分析，基本确定潘某已遇害。在获取大量间接证据的情况下，专案组于2010年4月2日决定对潘某的丈夫俞某某先行刑事拘留。经审讯，俞某某交代2月20日晚23时许，因被怀疑有外遇，潘某生气离家出走。案件一度陷入僵局。专案组民警锲而不舍，针对案件疑点展开大量外围查证。在证据面前，4月15日15时许，俞某某终于如实交代杀害妻子潘某并分尸，将尸块埋于珠山村垃圾填埋场的犯罪事实。根据俞某某的交代，专案组找到潘某的尸块。

【系列团伙盗窃纺纱案侦破】 2009年12月、2010年2月和4月，县公安局先后接到报案，称其厂内纺纱被盗。经公安机关立案侦查，分别于2010年4月28日、5月25日、6月9日抓获犯罪嫌疑人虞某、虞某、李某。经依法查明，犯罪嫌疑人虞某、虞某、李某3人结伙先后窜至桐庐龙腾针织有限公司窃得纺纱150公斤、桐庐凌慧针织厂窃得26支黑色腈纶纱360公斤、宁航针织厂窃得48支白胚仿羊绒纱300公斤、桐庐兴雅围巾厂窃得仓库内的各类纺纱404公斤、桐庐佳滕针织加工点窃得26支黑色腈纶纱175公斤、桐庐县天中针纺织有限公司窃得黑色26支腈纶纱530公斤、桐庐梓妍针织厂窃得26支黑色腈纶纱400公斤、柳岩村吴成松倒纱车间窃得各类纺纱456.7公斤，共计价值99053元。至年底，案件移交县法院审理。

【集资诈骗案追踪】 2010年5月24日晚，桐庐县公安局经侦大队通过技术手段，在金华义乌一出租房内抓获犯罪嫌疑人朱某某和陈某某。经查，2008年4月以来，朱某某、陈某某以开厂需要资金周转为名，以承诺支付高利息方式，向社会不特定人员邵某某等20余人借款430余万元，挥霍后于2010年3月潜逃在外。是年11月22日，经县法院判决：朱某某犯集资诈骗罪，判处有期徒刑13年，并处罚金15万元；陈某某犯非法吸收公众存款罪，判处有期徒刑3年6个月，并处罚金10万元。

【非法经营烟草案侦破】 2010年6月，6名非法经营烟草的犯罪嫌疑人被抓获，桐庐县历年来涉案人员最多的一起非法经营烟草案告破。2009年10月，县烟草执法人员发现一起涉及多人的非法烟草经营案，涉案金额300余万元。以公安、烟草执法人员组成的专案组，跨浙江、上海、江苏、广东等地调查取证，历时近9个月，行程5万余公里、走访100余证人。由于主要犯罪嫌疑人反侦察能力比较强，各嫌疑人有了串供的机会与时间，并大量销毁证据，使专案组在形成有效证据链上遭遇困难。专案组成员利用手中有效资源和证据，从细节入手，与浙江、上海、广东、江苏警方合作，刑侦、经侦、狱侦、技侦多侦齐上，最终抓获6名犯罪嫌疑人。

表 48

2010 年桐庐公安机关一览

单位名称	办公地址	邮政编码	报警电话
桐庐县公安局	桐君街道迎春路 55 号	311500	110
城北派出所	桐君街道牛山坞 7 号	311500	64601110
城南派出所	桐君街道春江路 1239 号	311501	64212110
江南派出所	江南镇高山头	311507	64291110
凤川派出所	凤川镇横街	311508	64261110
富春江派出所	富春江镇富春江大街 33 号	311504	64653110
横村派出所	横村镇横富路 552 号	311502	64672110
瑶琳派出所	瑶琳镇瑶琳路 111 号	311515	64361110
分水派出所	分水镇滨江路	311519	64314110
水上派出所	桐君街道康乐路 1 号	311500	64632110
林业派出所	桐君街道小岭路 29 号	311500	64623110

(王金文)

·检察·

【概况】 2010 年,县检察院按照“围绕大局抓服务、围绕业务创特色、围绕队伍强素质、围绕考核争先进”工作思路,强化法律监督职能,提升队伍素质,推动检察工作科学发展。扎实推进三项重点工作,结合该院工作实际制定《关于深入推进三项重点工作责任分解的通知》,以工作责任分解表形式,将工作目标、工作内容进行责任分解落实。是年,县检察院在杭州市 13 个基层检察院综合业绩考评中取得第三名,被杭州市检察院评为 2010 年度先进基层检察院;承办杭州地区跨市县公诉人辩论赛并获团体第二名;在全市反贪系统岗位练兵活动中获团体三等奖。完成省检察院和省法学会调研课题各 1 个;在市级以上各类杂志和书刊上发表检察理论研究文章 39 篇,9 人次参加省级以上学术会议。

【刑事检察】 2010 年,桐庐县审查侦查机关提请批准逮捕案件 314 件 479 人,县检察院作出批准逮捕决定 288 件 432 人。受理移送审查起诉各类刑事案件 384 件 691 人,与 2009 年同期相比,案件数上升 13.3%。审查后向同级法院提起公诉 343 件 599 人,移送市院管辖 5 件 6 人。

健全无逮捕必要案件风险评估机制,全年对 23 件 43 人涉嫌犯罪但无逮捕必要、可以采取取保候审等其他措施案件,决定不予批准逮捕。推进轻微案件刑事和解制度,对 4 起犯罪嫌疑人与被害人家属达成刑事和解案件作出不起诉决定。

保持对严重刑事犯罪打击的高压态势,突出打击“两抢一盗”(抢劫、抢夺、盗窃)等多发性犯罪,依法打击涉众型、侵财型等刑事犯罪,慎重办理涉企案件,妥善办理敏感案件和矛盾易激化案件。坚持提前介入机制,对重大刑事犯罪,适时派员参加,引导侦查机关依法、正确、有效收集证据,准确打击刑事犯罪。

【职务犯罪查办】 2010 年,县检察院把群众反映强烈、案件多发易发的行业和领域作为查办重点,立案查处杭州技师学院涉及工程建设的职务犯罪窝串案 5 件 5 人,其中查办处级领导干部 3 件 3 人。反渎职侵权工作从社会关注度高、反响强烈的领域着手,立案查处利用假立功材料帮助犯罪分子逃避处罚的徇私枉法案 1 件 2 人。

健全职务犯罪办案工作机制。实行侦诉协同,公诉和侦监提前介入,提高侦查效率和办案质量。对定罪证据层层把关,针对自侦案件批捕权上提一级带来的挑战,县检察加强与上级院和其他基层院交流合作,形成合力。在查处复杂案件和查办处级以上领导干部要案过程中,通过加强与上级院间沟通联系,促进案件线索、办案经验等多种资源共享。是年,依法独立办理贪污贿赂案件8件9人。深化行贿档案查询工作，全年为有关工程建设管理部门提供查询服务900余次。

【职务犯罪预防】 2010年，以《浙江省职务犯罪预防条例》实施3周年为契机，县检察院、县纪委、县委宣传部、县直机关党工委共同组织预防职务犯罪知识竞赛，回收答卷3000余份。注重预防工作调研和案件剖析，在涉农和建设工程等领域开展预防职务犯罪调研，形成调查报告40余篇。针对职务犯罪案件发生及隐患，向有关单位发出检察建议160余份。到机关、企业、乡镇举办职务犯罪案例图片展览，发挥县检察院院预防宣教讲师团作用，全年为机关和企业上预防职务犯罪课17次，警示宣传教育140余次，受教育干部群众7300余人次。

【刑事诉讼监督】 2010年，依法监督侦查机关立案并被法院判处刑罚5件14人，监督侦查机关撤销案件8件8人，发出纠违通知书8份；在公诉环节增加罪名18项，增加犯罪事实40起，致被告人量刑升格20人次；创新审判监督方式，建立量刑比较工作机制；通过与法院沟通协调，加强审判监督。完善检察长列席审委会制度，是年，检察长列席审委会6次。走访基层派出所，着重调研加强侦查监督、引导侦查取证与规范执法行为，探索建立新形势下侦查监督前置机制；落实行政执法与刑事司法相衔接机制，建立健全行政执法与刑事司法网上衔接信息平台建设。

【刑罚执行监督】 2010年，县检察院对监管场所执行刑罚活动实行全面监督，重点检查入所、出所法律文书是否合法、齐全，有无体罚或超期羁押等侵犯人权现象，是否充分保障在押人员合法权益，是否存在"牢头狱霸"，是否存在安全隐患，是否在一个月内将罪犯交付执行等。对留所服刑、减刑、假释和保外就医是否符合法定条件进行把关，全年审查减刑15件15人、假释2件2人、保外就医3件3人，其中不同意减刑10件10人，无一年以上留所服刑人员。开展法制宣传，为在押人员上法制课4次，找在押人员谈话教育200余人次。建立公检法司联席会议制度，创新监外执行检察监督工作管理方式，推动社区矫正工作健康发展。开展监外执行执法专项检察2次，累计对全县501名监外执行罪犯进行检查。对发现的罪犯脱管、漏管和违反社区矫正规定现象，向主管部门发出书面检察建议书10份予以纠正，其中被裁定收监执行罪犯7名、治安拘留12名。

【民事行政检察】 2010年，县检察院受理民事行政申诉案件56件，向上级院提请抗诉4件，向有关部门发出检察建议15份、督促起诉书15份。与县司法局联合出台《关于民事行政检察工作与人民调解工作加强协作的实施办法》，形成对民事纠纷的调解合力。加强抗诉案件跟踪监督，加强与法院沟通协调，及时了解抗诉案件再审进展，提升再审改判率，增强监督效果。开展调处息诉工作，树立"抗诉是成绩，息诉也是成绩"理念，于申诉案件审查办理过程中贯穿调处工作。是年，有10件申诉案件成功调处。

【涉检信访】 2010年，县检察院开通"12309"全国举报统一电话，开展举报奖励工作。实施"两下移三贴近"（工作重心下移、工作力量下移，贴近社区、贴近农村、贴近群众）工作举措。建立基层检察院检察联络室，完善制度，明确工作职责和工作纪律，变坐等群众来访为主动上门走访。在开展检察长接待日制度基础上整合资源化解矛盾，实施涉检信访点名约访和专家接访工作制度，让来访者自主选择接访人员，提高来访者信任感。全年受理各类来信来访75件，无赴省及进京涉检信访。

【检察宣传和检务公开】 2010年，县检察院多次到桐君街道、分水镇、富春江镇等乡镇（街道）走访，开展检察职能宣传和法律服务，提高群众对检察工作认知度。在《检察日报》《浙江法制报》《杭州日报》等媒体上发表新闻稿件75篇。深化检务公开，与桐庐电视台联合制作《阳光检务》电视专题节目，全年播出6期。在县城所在行政区10家社区网站开设检务公开栏，架起社区群众与检察机关联系交流桥梁。制定涉检网络舆情处置预案，县检察院与桐庐新闻网等县域知名网站建立定期交流机制，及时收集涉检舆情并加强正面引导。是年，与桐庐新闻网和春江论坛等交流36次，收集涉检舆情71条次。

【检务保障】 2010年4月至7月，县检察院投资180万元改造办公大楼立面。4月至11月，投入资金30万元用于购置移动录音录像设备、心理测试仪等电子设备。12月底，投入32.7万元完成信息化工程建设，架设天融信外网防火墙、IBM服务器和远程庭审指挥系统；投入53万元完成大楼综合布线监控改造、OA办公自动化内外网站改建等。

【首次检察官宣誓仪式】 2010年6月9日，县检察院首次举行全体检察官宣誓仪式。38名检察官在县委书记、县人大常委会主任戚哮虎监督下庄严宣誓。根据2010年3月最高人民检察院颁布的《中华人民共和国检察官宣誓规定（试行）》，初次担任检察官职务、检察官晋升等次，应当以公开宣告誓词的方式，郑重承诺对国家的忠诚、对人民的热爱、对法律的尊崇和对职责的坚守,自觉接受监督。

(赵洁萍)

2010年6月9日,桐庐县举行首次检察官宣誓仪式

·法院·

【概况】 2010年,桐庐县法院新收各类案件8398件(不含旧存1005件),办结8862件,未结541件,同比收案数下降1.51%,结案数上升13.35%,未结案下降46.17%。全年法官人均办案183.92件,高出全省法官人均办案数63.41%。是年,县法院横村法庭被浙江省高级法院授予集体二等功,县法院民三庭被杭州市中级法院授予集体三等功;1名干警被授予杭州市劳动模范,3名干警分别被授予杭州市法院"十佳优秀司法警察""十佳优秀书记员"等称号。

【刑事审判】 2010年,县法院刑事审判新收各类案件341件621人,审结342件627人,收案数与2009年持平,但被告人数同比上升10.7%。在判决生效的574人中,涉及罪名46项。其中判处5年以上有期徒刑77人,同比上升30.5%;宣告缓刑172人,同比下降18.09%。因公安机关开展集中整治专项活动和社会上赌博等不良现象及青年人哥儿们义气、逞强好胜等因素抬头,造成涉众案件大量涌现,审理聚众斗殴犯罪10件89人,被告人数2倍于前4年该类案件总数。审理非法偷越国边境犯罪1件15人;审理非法吸收公众存款犯罪4件9人。未成年人犯罪人数同比上升52.94%,共判处26人,多为盗窃或聚众斗殴犯罪。在刑事审判中,贯彻"宽严相济"的刑事政策,对社会危害性不大的初犯、偶犯或过失犯及少年犯等依法从轻、减轻或免予刑事处罚;对持械聚众斗殴、抢劫、强奸等严重危及人身安全和破坏社会稳定的暴力犯罪,依法从重打击。针对全县缓刑适用比例一直偏高问题,5月开展专题调研,分析原因,研究对策,形成《关于我县适用缓刑情况的调研报告》;并与县公安局、检察院达成共识,合力从严控制缓刑适用,使调研成果与办案的法律效果、社会效果有机统一。

【民商事审判】 2010年,县法院民商事审判新收各类案件4570件,办结4592件,同比分别上升0.07%、5.42%。结案标的额10.54亿元,涉案标的同比上升47.8%。审判坚持"能调则调、当判则判、调判结合、案结事了"原则,妥善处理各种民商事法律关系,实现定纷止争。是年,以调解和撤诉方式结案1881件,调解撤诉率为40.96%。在婚姻家庭、劳动争议、损害赔偿等案件审理中,充分发挥民事审判"缓冲器"作用,特别注重对青少年权益保护,妥善处理涉及未成年人权益的民事纠纷。是年,审理婚姻家庭案501起、劳动争议38起、损害赔偿75起。加强对保险合同、涉公司类、票据类纠纷等案件审理,促进公平、诚信、安全交易环境建设。

【行政审判】 2010年,县法院受理各类行政审判案件4件,分别涉及公安、环保、建设等部门,办结4件,其中撤诉2件、判决驳回诉讼请求2件。受理非诉行政执行案件49件,同比下降43.02%,均裁定予以执行。发挥行政审判"减压阀"作用,探索建立行政诉讼协调机制,全年化解行政机关和行政相对人之间矛盾4起。依法履行司法审查职能,维护行政相对人合法权益。以纪念《中华人民共和国行政诉讼法》实施20周年为契机,组织邀请县行政机关人员旁听行政案件开庭过程1次,参加听案16人。举办规范行政执法行为专题讲座3期,受教育干部群众211人次。

【执行工作】 2010年,县法院新收各类执行案件3451件,执结3891件,涉案标的额5.68亿元,收案数同比下降4.51%、结案数上升24.67%,同期执结率列全省基层法院第一位。针对"执行难",建立健全与公安、国土、金融等部门执行联动机制,开展对被执行人可供执行财产查控工作,全年查获被执行人银行存款2216.39万元,顺利执结案件383件、部分执结722件;查控处置房地产86处、车辆49辆;建立"执行110"快速反应机制,查获躲避执行的被执行人有效信息141条。完善与金融、工商、新闻媒体的协助机制,限制被执行人融资信贷和经商行为,冻结被执行人持有的公司股权等;借助《今日桐庐》和桐庐电视台等新闻媒体，对398名被执行人进行曝光。严查利用虚假诉讼恶意侵害他人合法权益行为，全年发现涉嫌虚假诉讼案件6起，其中构成伪造证据罪1件。加大对违法失信行为打击力度，对拒不申报财产及拒不履行的257名被执行人实施司法拘留，对1名在缓刑期间有履行能力而拒不履行义务的被执行人采取撤销缓刑收监执行原判，敦促其自觉履行。有11名缓刑犯因此主动履行义务，其中4名履行全部义务。《人民法院报》对县法院该项做法予以肯定。

【信访工作】 2010年，县法院处理来信92件，接待来访720件1152人次，组织材料并上报认定无理访1件。根据省政法委统一部署，开展信访积案清理。对排查出的5起省、市政法委督办的重点积案，由院领导包案负责。至11月底，5起案件全部妥善办结。坚持院长接待日制度，全年开展院长接待日12次，接待上访群众92人次。将易引起矛盾激化的信访案件化解在初访阶段。开展定期走访回访，是年走访回访上访群众22人次。畅通群众诉求表达交流渠道。完善法官“判后答疑”工作机制，全年答疑27次，主动邀请政法委、各乡镇(街道)等相关部门配合化解矛盾，做好当事人服判息诉工作，从源头上预防和控制信访事件发生。全年判决案件上诉率为8.18%，低于全省基层法院平均数6.73个百分点。

【法治建设】 2010年，县法院参与桐庐县打击“黄赌毒”、交通安全秩序整治和夏季治安巡逻等专项活动；配合县城管执法局开展“迎世博、庆五一”等街道整治活动；开展“送法下乡、送法进社区、送法进企业”等活动23场，发放宣传资料3000余册；履行兼职法制副校长职责，组织开展法制讲课5场，现场开庭7场；加强学校周边治安治理，全年配合学校及有关部门对周边网吧、游戏厅、小卖部等检查5次；发挥基层法庭在综合治理工作中前沿阵地作用，参与辖区、乡镇集中整治专项活动，做好人民调解指导工作，维护辖区社会稳定；开展以化解社会矛盾纠纷、开拓创新能力为重点的调研活动，全年有10余篇调研文章被《法制与社会》《法制与经济》等省级以上刊物采用。

【司法救助】 2010年，县法院继续完善导诉制度和“一站式”服务，即在立案大厅设立查询咨询、立案审查、收退费、快速调解、申诉信访等窗口，采取柜台式开放办公，方便当事人诉讼。对案情简单、事实清楚、争议不大或权利义务关系明确、诉讼标的额度较小的案件，在征得当事双方同意后，采用“速裁、速调”方式审结，减少当事人的累诉。开展巡回审判工作，针对赡养纠纷、相邻权纠纷等典型案件，把法庭开到“田间床头”，全年开展巡回审判21场。关注困难群众司法需求，向老弱病残和偏远地区困难当事人畅通“绿色通道”，实行“上门办案”；对生活确有困难的当事人，依法采取救助措施，全年缓、减、免交诉讼费114件60.92万元，同比上升364%；启动执行救助程序15件14万元，同比上升60.37%。加大对企业欠薪案件执行力度，全年执结欠薪案件743件，发放执行款435.34万元。

【人民陪审员工作】 2010年，全县有人民陪审员68人。县法院组织开展人民陪审员业务培训12次，参加培训人员106人次。将陪审员分成6个小组，定期召开小组例会，探讨案情并听取陪审员意见建议，不断改进陪审工作。发挥陪审员对司法活动监督作用，拓宽陪审员职能范围，使陪审员参与案件送达、保全、审理、执行全过程。保障陪审员在审判活动中与法官享有同等的权力。全年人民陪审员参与陪审案件930件1585人次，普通程序案件参审率为96.27%。

【法庭安全防范】 2010年4月，县法院增加X光射线监测仪1台、设置安检门3扇，并设置安检告知牌和警戒线。到年底，通过安检发现并收缴菜刀等管制刀具12把。更新县法院审判楼2扇电动门，方便刑事押解和消防车辆应急畅通。在审判楼门口加设隔离墙，确保审判区域与办公区域功能完整。为防止被告人发生意外，在羁押刑事被告人的专用通道楼梯加装铁栅栏和铁拉门。投资35.15万元，增设审判楼、机关办公楼、法庭等多方位动态监控录象5处。发放相关警械具，增强警员防范能力。

【法院公众开放日活动】 2010年6月11日，县法院

2010年6月11日，县法院“公众开放日”现场

首次开展“公众开放日”活动,邀请基层人大代表、社区居民代表及在校师生等27名群众代表走进法院,通过参观法院立案区域、旁听刑事案件审理、参与座谈会讨论等活动,使群众进一步了解法院工作流程和办案过程,体会“阳光司法”。是日,县法院对一起放火案进行数字化庭审,群众代表在旁听室通过2台电视切换的画面,清晰观看案件审理全过程。

【数字法庭投入使用】 2010年6月11日,县法院首次启用数字法庭,对一起放火案件进行数字化庭审。数字法庭就是围绕开庭审判,利用计算机网络、AV集成、多媒体、数据库等先进技术,实现案件审理的数字化和流程化。其功能包括声像同步录制、庭审直播、物证展示和激励式跟踪摄录等信息化先进技术,还可为证人提供远程作证,并保护旁听群众及庭审当事人人身安全。至年底,县法院15个法庭及横村镇、江南镇、分水镇9个法庭安装并启用数字法庭。

2010年桐庐县法院刑事一审案件统计

表49　　单位(件)

单位	旧存	本年收案	合计	审结案情况				案由分类																												
				判决	移送	检察院撤诉	当庭宣判	放火罪	失火罪	破坏电力设备罪	非法持有、私藏枪支、弹药罪	交通肇事罪	非法制造、买卖、运输、储存危险物质罪	非法吸收公众存款罪	集资诈骗罪	信用卡诈骗罪	虚开增值税专用发票用于骗取出口退税抵扣税款发票罪	假冒注册商标罪	合同诈骗罪	非法经营罪	非国家工作人员受贿罪	故意伤害罪	过失致人重伤罪	强奸罪	强制猥亵、侮辱妇女罪	非法拘禁罪	非法侵入住宅罪	抢劫罪	盗窃罪	诈骗罪	抢夺罪	职务侵占罪	敲诈勒索罪	故意毁坏财物罪	妨害公务罪	招摇撞骗罪
件	9	341	350	340	1	1	230	3	2	1	1	41	1	4	1	3	1	2	1	2	1	20	1	10	1	6	1	14	136	12	4	1	2	1	1	1
人	21	621	542					3	2	1	1	43	1	9	2	4	2	3	1	6	2	29	1	10	1	11	1	23	201	18	4	2	5	2	1	1

续表51

案由分类																	判处情况											未结	罪犯中							
聚众斗殴罪	寻衅滋事罪	赌博罪	窝藏包庇罪	掩饰、隐藏犯罪所得收益罪	组织他人偷越国(边)境罪	盗伐林木罪	滥伐林木罪	走私、贩卖、运输、制造毒品罪	容留他人吸毒罪	组织卖淫罪	引诱、容留、介绍卖淫罪	制作、复制、出版、贩卖、传播淫秽物品牟利罪	贪污罪	受贿罪	行贿罪	帮助罪犯逃避处罚罪	十五年以上至二十年	十年以上不满十五年	七年以上不满十年	五年以上不满七年	超过三年不满五年	三年以下	拘役	有期徒刑拘役缓刑	并处罚金	其中剥夺政治权利	没收财产		不满十八岁	不满二十五岁	六十岁以上	女性	少数民族	累犯		
10	11	8	3	9	2	3	1	9	1	1	4	1	1	7	3	1												8								
89	20	51	4	10	32	3	1	16	1	4	6	1	2	7	3	2	2	17	20	38	55	235	35	172	372	8	13	15	20	148	6	42	8	39	58	

2010年桐庐县法院婚姻家庭、继承纠纷一审案件统计

表50

单位:件

旧存	本年收案	合计	案由分类										未结	结案情况							诉讼标的总额(万元)
			离婚	解除非法同居关系	登记离婚后财产纠纷	抚养扶养关系纠纷	抚育费纠纷	抚养费纠纷	赡养纠纷	探视子女权纠纷	分家析产	其他		判决	裁定			调解	移送	当庭宣判	
															驳回起诉	撤诉	终结				
22	479	501	442	2	5	17	18	1	12	1	1	3	17	216	1	95		170	2	102	727.5941

注:已结案案件中:判决解除婚姻关系65件,维持婚姻关系125件,调解解除婚姻关系132件,维持婚姻关系18件。

2010年桐庐县法院合同纠纷一审案件统计

表51

单位:件

旧存	本年收案	合计	合同纠纷分类																	
			买卖合同纠纷	商品房预售合同	合资、合作开发房地产合同	企业之间借款	民间借贷纠纷	借款合同纠纷	租赁合同纠纷	建设工程设计合同纠纷	建设工程施工合同	建设工程监理合同	建设工程其他合同	承揽合同纠纷	客运合同	货运合同	运输其他合同	委托合同	担保合同	居间合同
205	3594	3799	570	10	1	5	2243	229	65	1	43	1	45	164	3	6	12	2	45	1

续表51

合同纠纷分类										未结	结案情况							诉讼标的总额(万元)
保险合同	信用卡合同	经营合同	电信合同	服务合同	劳动合同	劳动保险合同	劳动争议	劳务合同	其他		判决	裁定			调解	移送	其中当庭宣判	
												驳回起诉	撤诉	终结				
25	66	29	2	23	40	10	33	79	58	203	2133	43	647	1	747	25	1752	70883.9191

2010年桐庐县法院权属、侵权纠纷及其他民事一审案件统计

表52　　　　单位：件

旧存	本年收案	合计	审结案件分类																		结案情况							未结	诉讼标的总额（万元）
			财产权属纠纷	财产损害赔偿	宅基地	相邻关系	所有权及与所有权相关其他权利纠纷	票据、证券权益纠纷	股份转让侵权	公司盈余分配权	股东权其他纠纷	道路交通事故人身损害赔偿	医疗事故损害赔偿	工伤事故损害赔偿	其他人身损害赔偿	其他人身权	雇员受害赔偿	雇佣人损害赔偿	动物致人损害赔偿	特殊侵权其他纠纷	判决	裁定				调解	移送		
																						驳回起诉	撤诉	终结	其他				
52	474	526	4	86	1	4	16	2	12	11	7	275	6	1	58	1	48	1	1	1	266	9	63	0	0	149	1	38	7410.0967

2010年桐庐县法院适用特别程序审理案件统计

表53　　　　单位：件

项类 案类	旧存	收案	结案	审结案中					未结		附项
				判决	裁定			涉案标的（万元）	件	中止	
					撤回申请	终结	其他				
认定行为能力	—	1	1	—	1	—	—	—	—	—	
宣告失踪	—	1	—	—	—	—	—	—	1	—	
宣告死亡	1	—	1	1	—	—	—	—	—	—	
申请公式催告	3	7	9	5	—	4	—	160.7612	1	—	
诉前财产保全	—	15	15	—	—	—	15	—	—	—	
破产案件	—	1	—	—	—	—	—	—	1	—	
合计	4	25	26	6	1	4	15	160.7612	3	—	

2010年桐庐县法院行政一审案件统计

表54　　　　单位：件

项类 件数 案类	旧存	收案	结案	结案方式						未结	
				判决				裁定		件	其中中止
				维持	撤诉			原告主动撤诉	被告改变具体行政行为原告撤诉		
					原告主动撤诉	驳回起诉请求	撤销				
治安	—	1	1	—	—	—	—	1	—	—	—
拆迁	1	1	1	—	—	—	—	1	—	1	—
城建	—	1	1	—	—	1	—	—	—	—	—
环保	—	1	1	—	—	1	—	—	—	—	—
合计	1	4	4	—	—	2	—	2	—	1	—

表 55

2010 年桐庐县法院执行案件统计

单位:件

案类	项类	旧存	新收案	在收案中 移交	在收案中 申请	在收案中 申请执行标的总金额(万元)	在收案中 受托	在收案中 指定执行	结案	不予执行	在结案件中 执结情况 自动履行	在结案件中 执结情况 和解	在结案件中 执结情况 强制执行	在结案件中 执结情况 终结	在结案件中 执结情况 其他	在结案件中 其中 涉外	在结案件中 执结标的总金额(万元)	拘留(人)	未结 件	未结 未结标的(万元)	未结 中止
刑事	罚金	—	—	—	—	—	—	—	—	—	—	—	—	—	—	—	—	—	—	—	—
	没收财产	1	3	—	3	148. 647	—	—	4	—	1	—	—	2	1	—	82. 2387	—	—	—	—
	附带民事	2	7	—	5	86. 8691	2	—	9	—	3	2	—	2	2	—	75. 1226	—	—	—	—
民商事	婚姻家庭	8	85	—	2284	110. 6166	2	—	89	—	63	7		9	4	—	126. 4212	1	4	23. 72	—
	合同	639	2335	—	179	54448. 6657	48	3	2747	3	762	245	424	1258	55	1	24256. 1516	129	227	22850. 9223	11
	侵权	32	187	—	10	3562. 1409	7	1	198	—	84	19	45	42	8	—	814. 5981	19	21	2049. 0005	5
	其他	—	10	—	—	5. 1943	—	—	10	—	7	1	1	1	—	—	33. . 077	—	—	—	—
行政		—	4	—	4	—	—	—	4	—	2	1	1	—	—	—	34. 9807	1	—	—	—
行政非诉	自然资源	—	7	—	7	33. 7355	—	—	7	—	5	—	2	—	—	—	114. 1544	—	—	—	—
	城建	2	—	—	—	—	—	—	2	—	1	—	1	—	—	—	—	—	—	—	—
	计划生育	11	33	—	33	175. 5378	—	—	39	—	10	5	1	23	—	—	85. 4561	3	5	24. 607	—
	其他	—	8	—	8	96. 0133	—	—	8	—	5	1	1	1	—	—	53. 9888	—	—	—	—
仲裁		13	744	—	743	426. 6171	1	—	753	—	189	9	548	4	3	—	446. 7214	—	4	14. 8845	1
公证债权文书		1	15	—	15	1125. 4814	—	—	12	—	5	—	2	5	—	—	621. 8083	1	4	420. 1128	—
其他		709	13	—	13	—	—	—	9	—	—	—	—	—	9	—	—	—	4	—	—
合计		709	3451	—	3387	60219. 5187	60	4	3891	3	1137	290	1032	1347	82	1	26744. 9495	154	269	25383. 247	17

(章彩女)

·司法行政·

【普法教育】 2010年，结合各类主题法制宣传日，开展法律服务下乡进村、法制电影下乡、知识竞赛等法制宣传教育活动。4月26日至30日，县普法教育依法治理办公室会同县委组织部、县人事局举办公务员网上法律知识竞赛，全县1973名公务员参加竞赛，参考率98%，合格率100%。全年放映法制电影52场次，观众1万余人次。开展青少年法制教育宣传，建立健全学校法制副校长工作。是年，全县48名法制副校长（辅导员），在中小学作法制报告会20余场、宣传法律法规20余部，受教育学生3万余人次。全年为老年人讲授法制课5次，开展6次法律咨询活动，接待老年人咨询500余人次。继续开展“民主法治村（社区）”创建，至年底，全县创建县级“民主法治村（社区）”131个、市级“民主法治村（社区）”29个、省级“民主法治村（社区）”4个。

【“五五”普法验收】 2010年，县普法教育依法治理办公室开展“五五”（在公民中开展法制宣传教育的第五个五年）普法验收工作。3月，制定《桐庐县“五五”普法检查验收标准》，对全县“五五”普法总结验收的内容、方法、步骤、工作要求等作出规定。4月，召开县普法依法治理领导小组办公室扩大会议，对“五五”普法验收工作作出部署。组织乡镇（街道）、部门普法骨干培训。5月由县领导带队，对全县13个乡镇（街道）、49个部门（单位）“五五”普法依法治理工作进行检查验收。经县级检查验收，全部达到验收标准。7月，全县“五五”普法通过杭州市级考核验收。

【人民调解】 2010年，继续推行人民调解“以案定补”做法。根据基层调解纠纷的难易程度和实际工作量，将“以案定补”标准从2009年的10元、15元、20元、50元分别提高到2010年的10元、20元、30元、100元。全年发放调解补助金10万余元。为配合全县重点和难点工作，2月组织调解力量进驻县城下轮拆迁指挥部，并成立临时调委会，接待被拆迁群众法律及政策咨询76人次、调解矛盾纠纷10余起，达成调解协议4份；8月，成立县医疗纠纷调解委员会，聘请3名有一定工作经验的老同志担任专职调解员，到年底，调处成功医疗纠纷10起。举办全县人民调解员业务培训班，提高调解能力，223人参加培训。健全人民调解组织网络，行政村（社区）实现“和事佬”协会全覆盖。是年，乡镇（街道）、村两级调委会调处民间纠纷7020起，调解成功率96.8%。

【“十佳人民调解员”评选】 为宣传基层人民调解员先进事迹，展示基层调解员风采，发挥典型示范作用，2010年9月14日至11月26日，县司法局组织开展全县“十佳人民调解员”评选活动。全县800多名人民调解员参加评选。经县司法局组成的评委会评选和审核，最终桐君街道陈刚、桐君街道东门社区胡晓娥、富春江镇大洋坪社区胡晓艳、江南镇周文贵、钟山乡钟山村吴培荣、瑶琳镇东琳村蒋忠良、百江镇丁堂根、分水镇程志华、分水镇城西村龚青山、横村镇城东村应荣心当选为2010年县“十佳人民调解员”。

【社区矫正警示教育基地成立】 至2010年底，全县在册矫正对象332人，其中缓刑246人、假释45人、暂予监外执行4人、剥夺政治权利37人，未成年社区矫正对象7人。强化社区矫正对象在刑意识，是年9月20日，在县看守所成立社区矫正警示教育基地。警示教育活动主要采取组织矫正对象实地参观监所服刑人员的生活劳动场所、现场听取服刑人员现身说法、进行集中公益劳动等形式。县矫正办结合“社区矫正护城河工程”相关要求，分批次组织社区矫正对象到警示教育基地接受教育矫正，防止矫正对象脱漏管及重新犯罪。

【社区矫正无缝对接】 2010年5月，首次实现社区矫正对象无缝对接，在交接过程中采取“五方到场”方式，即在法院判决生效后，由法院工作人员、县司法局矫正科工作人员、司法所工作人员、服刑人员的直系亲属及服刑人员到县法院刑庭交接，在法官宣布被告人交付执行后，由司法所工作人员当场办理矫正对象

2010年9月20日，桐庐县社区矫正警示教育基地在县看守所成立

入矫手续，宣读矫正纪律，实行法律文书和矫正对象双交接。无缝对接，实现了在第一时间对社区矫正对象的监管，避免了矫正对象在入矫过程中脱管、漏管现象的发生。到年底，完成35名社区矫正对象无缝衔接。

【未成年矫正对象判前评估】 2010年5月，出台《关于进一步推进社区矫正工作的意见》，对开展未成年社区矫正对象判前评估的组织、对象、内容、程序、方式、回避等方面作明确规定。统一制作《社区矫正对象判前调查评估表》，在规范工作开展的同时提高效率。到年底，对18名未成年被告人进行调查评估，其中3名被法院判处缓刑。

【安置帮教】 2010年，全县回籍归正人员312名(其中刑释人员310名、解教人员2名)，归正人员帮教率100%，安置率98%，归正人员重新犯罪率为1%。会同县农办组织15名归正人员参加农技职业技能培训。清楚掌握五年刑释人员数和三年解教人员数量，协助监狱劳教所完成23名归正人员回籍情况调查。

【法律援助】 2010年，县司法局与县残联联合下发《关于开展桐庐县扶残助残——法律援助专项行动工作计划的通知》，在各乡镇(街道)、社团等组织建立18个法律援助工作站，并制定法律援助工作站考核制度，为15名有残疾证的残疾人提供法律援助、40余名因交通事故等伤害致残的人(尚未办理残疾证)提供赔偿诉讼。与县信访局建立信访热线电话，为县信访局交办事项提供法律援助3件，参与信访复查案件6件、信访维稳工作10余次。是年，办理法律援助案件457件，其中刑事案件56件、民事案件401件；接待来电来访咨询2419人次。

【律师事务所管理】 2010年，全县有律师事务所4家，其中合伙制律师事务所3家、个人律师事务所1家；执业律师25名，其中专职24名、兼职1名；法律服务所3家，法律工作者13名。全县律师办理刑事辩护案件158件、代理民事案件1391件、代理非诉讼案件29件、行政案件5件，担任机关和企事业单位法律顾问224家。

【消费维权律师服务志愿团成立】 2010年，县司法局与县消费者保护委员会共同倡议，联合华茂、春江明珠、合强、李双余律师事务所组建县消费维权律师服务志愿团，分别在桐君街道南门、迎春、中杭、东门等社区设立维权工作站和律师室，向全体居民公开社区律师姓名、照片、联系方式、工作职责等信息。律师志愿团工作室律师每月固定2个半天到律师工作室上班，为社区居民委员会和居民提供法律咨询。9月15日，在南门社区开展“法律进社区”消费维权咨询活动，咨询内容涉及民法、商法以及婚姻等方面的法律知识。

【公证服务】 2010年，县公证处服务县城下轮区块拆迁重点工程，发挥现场监督公证作用，对房屋拆迁摇号产生评估机构、回迁户抽取确定顺序号、回迁户现场选房、抽房等活动程序进行全程监督。采用送达《限时选房通知书》形式，督促拆迁户及时选房。提供退伍军人安置协议公证，为50余名退伍军人与退伍军人安置办公室签订的退伍军人自谋职业协议进行公证。是年，办理各类公证2390件，其中民事类公证1284件、经济类公证670件、涉外公证436件。

【司法所建设】 2010年，招录3名司法助理员，分别安排到横村司法所、江南司法所、新合司法所工作。8月，聘用9名社区矫正协理员，到7个司法所协助开展社区矫正工作。是年，按照省厅关于司法所规范化建设要求，开展“样板司法所”创建活动，至年底，横村镇、富春江镇、钟山乡、合村乡完成司法所标识统一。分水所被杭州市司法所评为“先进司法所”。

(赵俊丽)

【责任编辑　吴爱林】

武　装

·人民武装·

【概况】 2010年，全县武装工作以军事斗争准备为龙头，加强战备基础建设，按照战备规范化要求，投入65万元完成县人武部作战值班室、战备资料室、核心机密室、防暴器材室、抢险器材库、指挥器材库建设，作战室改造方案通过评审；县联防区指挥所、112地下指挥工程建设竣工投入使用；县民兵训练基地完成征地、勘探、设计、土石方平整等前期工作。落实首长机关按纲施训42天，组织专武干部、民兵兼职教练员集训，参加省军区组织的跨区联训，分批次完成民兵军事训练。5月，首次组织民兵水上抢险救灾分队训练。加强基层规范化建设，全县13个乡镇(街道)武装部完成“两室一库”建设，1/3民兵营(连)部达到规范化建设要求。完成2010年征兵工作，批准入伍新兵中，高中以上学历占85.2%。

是年，桐庐县政府被杭州市政府、杭州警备区评为征兵工作先进单位，县人武部被杭州警备区评为安全管理先进团单位。

2010年6月7日，省军区司令员傅怡少将到桐检查民兵整组工作情况

【国防动员】 2010年，贯彻《中华人民共和国国防动员法》，规范国动委指挥机构建设，修订完善应急维稳行动预案，常态化运行机制进一步完善。1月～4月，开展民兵预备役部队整组，100%落实集中点验，退伍军人比例和专业对口率分别为60%和72%；3支民兵重点分队接受省军区拉动点验，到点率98%。组织退伍军人服预备役登记统计、国防动员潜力调查、地方与军事专业对口技术人员潜力调查，并完成数据采集录入。开展民营企业武装工作调研，探索建立武装机构和民兵组织方法途径。11月，杭州市国动委国民经济动员办公室在桐庐医疗光学仪器总厂举行省级医疗器械动员中心授牌仪式暨国民经济应急保障动员演练。

【国防教育】 2010年，组织国防教育课26次，为学校、企事业单位开展军训2453人次，组织3253人参加南京军区国防教育征文。在党员干部、企事业单位和学校中开展“缅怀革命先烈，弘扬民族精神”纪念活动。组织《中华人民共和国国防动员法》解析授课。10月，邀请国防大学教授张召忠为县委理论学习中心组成员、各乡镇(街道)机关部门主要领导和干部代表、全体人武、专武干部作《国际形势与军事热点》报告。是年4月，调整县国防教育委员会。

【参加地方“三个文明”建设】 2010年，县人武部机关开展“领导联系村、干部结对户”活动，为旧县街道鸿儒村引进项目资金10万余元，落实3万元慰问款和万余元实物。动员民兵连开展“一兵带一户、一排带一村、一连带一乡”参建工作机制。先后组织民兵预备役人员4000余人次，参与抗雪除冰、抢险救灾、治安巡逻、山林灭火、溺水人员搜救、重大活动安保等活动。配合有关部门做好涉军维权和优抚安置工作，受理涉军案件和纠纷12起。是年，县人武部部长邹建生被浙江省委、省政府、省军区表彰为“拥政爱民模范”。

【《桐庐县军事志》出版】 《桐庐县军事志》于2003年7月启动编纂，2010年3月基本完成。该志起讫时间为三国吴黄武四年(公元225年)至2005年底，记述桐庐1780余年军事组织及其活动。全志分11篇37章134节，计44.5万字，由概述、大事记及各专篇组成,各篇下设章、节,以记述为主,辅以图、表、照片等。横排门类,事以类从;纵叙发展,不断主线。

(徐伟泉)

·人民防空·

【概况】 2010年,桐庐人防工作围绕杭州市人防办(民防局)"灾有所防"指导思想和年度目标任务,继续以项目推进为抓手,以县112工程建设为重点,加大人防(民防)宣传教育和结建工程审批监管力度,加快工程建设与城市建设相结合、防空建设与防灾应急准备相融合步伐,全面开展人防(民防)各项工作。是年,县112工程先后完成地面主体工程、室外工程和地面装饰装修工程,通过省人防质监站和县建筑工程质监站竣工验收,并完成档案资料备案工作。7月,地下工程开始试运行。9月,112工程一期工程基本完工。10月,地面工程投入使用。112工程累计完成投资约1700万元,约占项目总投资55%。

防空警报建设与管理正常进行,5月12日上午,组织全县15家社会化管理单位统一试鸣防空警报,设备完好率和鸣响率100%。11月,在新人防大楼(县112工程地面建筑)房顶迁移改装电声警报1台。

县人防办依法办理人防工程平时使用证项目4个。完成全县地下(人防)工程普查,普查资料和"一图一表"上报。开展专项检查1次。组织2个单位2名管理员参加杭州市人防系统培训。组织抢险抢修、交通运输、医疗救护、防化、消防5支人防专业队36人在职训练2次,内容为队列训练、内务及人防有关专业知识等,抽查合格率100%。11月下旬,县人防办组织全体人员到新合乡参加野外爬山训练。8月,成立首支由50人参加的民防志愿服务队。

是年,经县编委同意,设立人防工程管理中心(应急救援管理中心),主要职责是负责县人防办和县政府应急办日常工作,开展人防工程监督管理,协调应急救援工作。

2010年,县人防办被杭州市人防办(民防局)评为市人防工作先进单位。

【结建工程建设与管理】 2010年,县人防办受理人防行政审批(许可)事项144件,办结率100%。审批人防结建工程项目12个。桐君街道累计审批人防结建工程项目39个,按照是年常驻人口计算,人均建筑面积超过0.9平方米;新增竣工验收人防结建项目6个,累计竣工验收项目15个,实建人防工程人均建筑面积接近0.4平方米。新增2个人防专业队工程项目通过初步设计审批。加强人防工程质量监督,年内开工建设人防工程12个,90%以上实施专业监理,100%办理人防工程专业质量监督手续。

【权力阳光运行机制建设】 2010年,根据市、县阳光办统一部署,进一步开展构建权力阳光运行机制工作,清理完成人防行政许可、行政处罚、非行政许可、行政监管、行政强制、行政征收、其他具体行政行为等行政权力。行政许可和非行政许可项目完成审批系统更新,并实行网上审批。人防行政处罚采用县通用版本,处罚系统行政权力加载调试完成,开始试运行。

【人防信息化建设与管理】 2010年,配合市人防办开展信息化条件下人民防空行动方案修编和初审工作;参加杭州市人防办(民防局)统一组织的民防应急指挥车(移动指挥所)野外拉练和操作培训5人次;将人防信息综合业务网和短波电台设备与桐庐县数字城市处置中心(县应急救援指挥中心)实现资源共享,全年召开人防系统视频会议通信8次,短波电台联络46次。9月下旬,参加以桐庐县数字城市处置中心(县应急救援指挥中心)为信息保障平台的县危险化学品事故应急演练。

(华 烨)

桐庐县人防办拉练队员徒步行军

【责任编辑 骆国庆】

教育　科技

·教育综述·

【概述】 2010年，桐庐县有中小学、幼儿园128所，在校学生57876人。其中普通高中3所，在校学生7071人；职业高中2所，在校学生2616人；初中（含九年一贯制学校）14所，在校学生13710人；小学23所，在校学生22230人；幼儿园80所，在园幼儿12215人；特殊学校1所，在校学生34人；成人文化技术学校5所。

全县教育事业继续均衡协调健康发展。学前教育快速发展，乡镇公办幼儿园覆盖率、3～5岁幼儿入园率、优质学前教育覆盖率进一步提高，民办幼儿园管理力度进一步加大。九年义务教育呈持续健康发展，入学率、巩固率稳中有升，江南镇创成杭州市现代化标志性教育强镇。普通高中教育、职业教育、成人教育稳步发展。高等教育继续发展，桐庐县政府与浙江工商大学杭州商学院签订合作办学意向。全面推进素质教育，继续开展绿色学校、特色学校等创建活动，三合初中、深澳小学被评为浙江省绿色学校，新合乡中心幼儿园被评为县级绿色学校，三合初中、县第一实验小学教育集团、洋洲小学、高翔小学被评为县首批依法治校示范校。开展"三爱"（爱生、爱教、爱校）师德师风建设活动，实施名师名校长工程，创新教师培养机制，进一步提升教师队伍整体素养。成立共青团桐庐县教育局第二届委员会，选举产生共青团桐庐县教育局第二届委员会委员11名。实施校舍改善工程、农村中小学现代远程教育工程等，改善学校办学条件，教育现代化建设水平不断提高。

是年，县教育局被评为浙江省教育系统"五五"普法工作先进集体，杭州市2010年度教育科学和谐发展业绩考核优秀单位、杭州市2010年度学校安全工作考核优秀单位，桐庐县2010年度综治（维稳）工作先进集体、桐庐县2010年度安全生产先进单位。

【"三爱"师德师风建设】 2010年，县教育系统开展以"三爱"为主题的师德师风建设活动。下发《关于开展以"爱生、爱教、爱校"为主题的师德师风建设活动实施意见》，通过暑期师德培训、师德师风承诺、师德师风自查整改、教师职业生涯发展规划、教师家访、"千名家长评学校、万名学生评老师"、师德楷模评选、师德楷模事迹宣讲等活动，加强教师思想作风建设。活动中，全县各中小学校举办师德学习培训会136次，培训教师近万人次，完成师德师风自查自评表2901份，撰写师德学习心得2660份、整改报告2567份，设计教师职业生涯规划书2463份，家访学生3万余人次。

【教育精细化管理】 继续开展"教育精细化管理"活动，2010年8月，召开全县教育系统校级领导读书会，对教育精细化管理工作作出新部署。重点是提高教师作业设计能力和减轻学生课业负担。实施《关于进一步提升教师作业设计能力的指导意见》，逐步转变教育教学理念、方式和方法，实现轻负担高质量。召开省级重点课题"区域提升教师作业设计能力"研讨活动，邀请省教科院博士王健敏、市教科所施光明到会点评并指导。修订《桐庐县学校综合目标管理考核细则》，完善《桐庐县小学、初中学科教学质量考评办法》，评选出2009学年目标管理考核优胜单位9个、良好单位27个，学科教学质量考评一、二、三等奖学校26所。转发省教育厅《关于切实减轻义务教育阶段中小学生过重课业负担的通知》，明确中小学校"减负"目标，落实"减负"措施。制定实施《桐庐县学校发展性督导评估方案》，全县各中小学校完成2009～2011学年学校发展规划制定。10月～12月，县教育局督导室对学校3年规划第一学年实施情况进行考核。

【平安校园创建】 继续抓好学生乘车安全工作。2010年，涉及学生接送车的学校28所，开通接送路线158条，设立停靠点406个，每天参与营运车辆333车次，每天接送学生7364名，全年接送学生180万余人次、63044趟次，未发生交通安全事故。

建立专职保安队伍，为学校、幼儿园配备专职保安258名，为全县所有中小学校（幼儿园）配设防护器械。为30所学校（幼儿园）476个点安装红外线报警系统，20所学校（幼儿园）203个点安装校内实时监控系统。公安部门在30所学校（幼儿园）周边安装校外实时监控系统。

继续做好食品安全工作,是年,31家校园食品安全示范商店通过复评验收,5家学校食堂获“量化分级管理A级食堂”称号,9家食堂获“食品安全示范集体食堂”称号,11所学校获“健康促进学校”称号。

12月,县“平安校园”考核组对全县中小学平安创建工作进行评估考核,42所中小学被评为“平安校园”,其中分水实验小学、毕浦中学被评为市级平安示范校园。是年,在校学生非正常死亡3人。

【“特色学校”建设】 2010年,县教育督导室对12所学校申报的特色项目进行立项批复,根据《桐庐县特色学校创建工作补充意见》精神,对首届特色学校(特色项目学校)进行特色创建复评。经过对学校特色建设持续度、深入度、影响度等检查,县第一实验小学教育集团、实验初中、窄溪小学、旧县中心学校(射击)、横村中心学校(民间剪纸)、莪山民族小学(葫芦文化)、合村小学(瓦雕艺术)、毕浦小学(石绘艺术)等8所学校通过特色学校(特色项目学校)复评验收。

【校级督导队伍建设】 2010年8月,建立由27位退离校级领导岗位的同志组成的正、副校级督导队伍。校级督导职责是对学校教育教学管理工作进行督察指导,督促学校依法办学,规范办学行为。制定《桐庐县校级督导岗位绩效考核办法》,要求督导每月至少一次深入学校,对学校教育教学工作进行督察指导,帮助学校确立发展目标,参与学校各种重大教育教学活动和师德师风建设。每学期末对校级督导实施岗位绩效考核,通过督导自评、学校考评和督导室审核,确定考核是否合格。

【未成年人思想道德建设】 2010年,开展社会主义核心价值体系教育、弘扬和培育中华民族精神教育。以学生行为规范养成教育为切入点,继续开展“三好”学生和优秀班集体评比活动。430人获县级“三好”学生、132个班集体获县优秀班级集体称号,164人获市“三好”学生、27个班集体获市先进班级集体称号。开展留守儿童关爱工程,对合村留守儿童就读情况进行调研。组织中小学生参加各级各类德育活动,凤川初中刘琴同学获全省中学生“做一个有道德的人”网上征文活动三等奖;参加杭州市“品味书香、诵读经典”暑期读书征文活动,桐庐县作品获市二等奖5篇、市三等奖5篇,春江小学获市组织奖。

【学校民主管理工作】 实行教代会、校务公开、民主评议学校领导干部制度,并将其作为“依法治校示范校”重要指标,以落实审议通过权、民主评议监督权和建立校务公开工作向教代会报告制度为重点,发挥教代会源头维护、民主监督作用,全面实施以无记名投票表决方式履行教代会审议通过权。2010年,迎春小学、三合初中、横村中心学校被评为第2批杭州市校务公开先进单位,圆通小学被评为杭州市第3批厂(事)务公开工作先进单位。4月至5月,按照《浙江省中小学校教职工代表大会工作规程》,对43所学校(幼儿园)138位正副校长(园长)、书记进行民主评议,评议结果列入校级领导班子目标考核。

【“人民满意学校”评选】 全县40所中小学参加2010年杭州市“人民满意学校”评选。发出选票15054份,其中家长层面选票13129份,回收率99.99%,选票有效率99.85%;市民层面选票1925份,回收选票1922份,回收率99.84%,选票有效率99.90%;各层面选票总回收率99.97%,选票总有效率99.85%。评选结果,学生家长和市民代表对参评学校平均满意率95.25%、平均比较满意率3.60%、平均基本满意率1.05%、平均不太满意率0.07%、平均不满意率0.01%。平均评选得分98.49分,平均综合得分98.64分。满意率较高学校有毕浦中学、横村中心学校、富春江小学、春江小学、实验初中、高翔小学、迎春小学、三合初中等。

【教育科研】 2010年,获浙江省教育科学研究成果二等奖1个,获杭州市第七届国家基础教育课程改革优秀研究成果二等奖1个、三等奖5个;获杭州市第25届教育科研优秀研究成果一等奖1个、二等奖2个、三等奖7个、合格奖6个;获杭州市第22届中小幼专题研究论文一等奖8个、二等奖7个、三等奖11个、合格奖7个。部分学科参加杭州市优质课评比,获一等奖5名、二等奖9名、三等奖4名;部分学科参加杭州市学科论文、课件等其他技能类竞赛,获一等奖5项、二等奖10项、三等奖18项。

【文体科技活动】 2010年,县教育局举办桐庐县第38届中小学生田径运动会、小学生中国象棋和围棋比赛、小学生篮球比赛、中学生乒乓球比赛、中小学生艺术节、学生科技创新大赛、中小学生税收宣传漫画大赛等文体科技活动。组织参加省市级文体科技活动,在第24届浙江省青少年科技创新大赛中,桐庐县学生科技作品获省一等奖2项、二等奖3项。其中《“走进豆腐世界”科学调查体验活动》获全国青少年科技创新大赛三等奖;在浙江省中小学生美术节比赛中,学生绘画类作品获一等奖1名、二等奖2名、三等奖5名,篆刻类作品获一等奖2名、二等奖3名、三等奖2名,摄影类作品获三等奖2名;钟山小学获浙江省课外阅读先进集体。

·学前教育·

【概况】 2010年，全县有幼儿园80所，其中教育部门和集体办园13所，占16.3%；民办67所，占63.7%；幼教教育集团1个。有省一级幼儿园2所、省二级幼儿园8所、省三级幼儿园43所，占园所总数66.3%。市挂牌示范性幼儿园16所，占园所总数20%，其中是年新增合村乡中心幼儿园、江南镇中心幼儿园2所杭州市示范幼儿园；标准化幼儿园28所，占园所总数35%。共有教学班407个，在园幼儿12215人，其中公办在园幼儿3160人，占25.9%；3周岁至5周岁在园幼儿10917人，入园率96%；等级园在园幼儿9387人，占86%。县实验幼儿园教育集团圆通园区通过省一级幼儿园初评；富春堂幼儿园等8所幼儿园通过省二级幼儿园评定。全县11个乡镇(街道)创建公办中心幼儿园13所，其中是年新增江南镇、瑶琳镇公办中心幼儿园。继续开展杭州市学前教育先进、达标乡镇(街道)创建工作。是年，新合乡被认定为杭州市学前教育先进乡镇，江南镇被认定为杭州市学前教育达标乡镇。

【包山幼儿园开工建设】 为缓解桐庐县县城幼儿入园难问题，2010年7月，县城包山幼儿园开工建设。该幼儿园属公办性质，位于县城包山路北侧，用地面积8520平方米，建筑面积5921平方米。计划投资1800万元，建设规模为18个班。预计在2011年9月投入使用，第一年计划招生6个班。

【民办幼儿园管理工作】 2010年6月，对全县74所民办幼儿园(含教学点)办园情况进行年检年审。32所幼儿园通过年检年审，31所幼儿园限期整改，责令短期内无法达到办园标准的7所幼儿园停办。制定出台《关于印发〈桐庐县民办幼儿园年度目标管理考核办法(试行)〉的通知》，首次对民办幼儿园进行年度目标管理考核，评出优秀幼儿园3所、良好幼儿园10所、合格幼儿园19所。

·九年义务教育·

【概况】 2010年，全县有九年制义务教育阶段学校37所(含民办)，特殊学校1所。小学、初中入学率、巩固率均100%，三类残疾儿童入学率100%，九年义务教育完成率100%。解决外来务工人员子女就学问题，接受4381名外来务工人员子女就读，其中小学3715人、初中666人。

是年12月，经县机构编制委员会批准，“桐庐县瑶琳初级中学”复名为“桐庐县毕浦中学”。

【家庭经济困难学生资助】 继续做好义务教育免费工作，实施中小学家庭经济困难学生资助工程、爱心营养餐工程和中等职业学校助学、奖学工程。2010年春季始，免除农村义务教育阶段学校住宿费，全县6916名学生受益，减免金额263万元。是年，中小学享受教育资助学生1191人次，资助金额154万元；享受爱心营养餐学生8594人次，资助金额153万元。高中农户奔小康学生资助190人次，资助金额12.5万元；幼儿园扶困助学资助301人次，资助金额8.9万元。

·高中阶段教育·

【概况】 2010年，全县有高中阶段学校5所，在校学生9687人。全县初升高4618人，升学率99.01%，其中普通高中招生2289(不含县外招生)，占49.08%；职业高中1581人(不含县外招生)，占33.9%；普通中专501人，占10.74%；技工学校195人，占4.18%；其他52人，占1.11%。高中阶段招生数普通教育与中职教育比例1∶1.02。是年，普通高校招生报名2230人，上线2053人，上线率92.06%，录取新生2018人，录取率90.49%。普通高职(单考单招)报名154人，上线149人，上线率96.75%，录取新生148人，录取率96.10%。本科上线1240人，上线率52.01%。

普通高中继续实施“提前招生”“特长特招”，桐庐中学、富春高级中学分别提前招生100人，分水高级中学提前招生80人，富春高级中学招收艺术特长生44人，分水高级中学招收体育艺术特长生47人。

是年6月，根据桐庐县区域经济发展结构和市场对职教人才需求特点，调整全县中职学校专业结构，重点发展旅游服务与管理(酒店服务与管理专业)、汽车运输与维修、机械加工技术、园林技术四大主体，新开设物流服务与管理专业。

【职业教育“六项行动”】 2010年，全面实施职业教育“六项行动”计划。实施“双证制”教育培训(“双证制”培训指学员完成培训后，既可以获得学历证书，也可以获得技能证书)，培训学员242名。完成省市下达310名农村预备劳动力培训任务。出台《桐庐县中等职业学校助学奖学行动计划实施办法》，2006学年～2009学年发放助学金1159.4万元、14170人受益；政府奖学金64.16万元、受益764人。9月，县职业技术学校2号实训楼(机械实训工场)建成并投入使用，1、3、4号实训楼开工建设，计划2011年9月投入使用。是年，该校创成1个省级示范性专业(机械加工技术专业)、1个市实训基地(机械加工技术)，创成杭州市优秀校外实习基地1个、市校企合作优秀职工教育培训基地1个、杭州市职工教育培训示范基地2个。桐庐县职业技术学校以租赁方式在凤川新建园林技术专业实训基地,基地占地近16.7公顷,融园林技术实训、青少年实践教育活动、农民素质培训等功能于一体。

·成人教育·

【概况】 2010年,全县有成人文化技术学校5所,教学点8个,培训84058人次,其中农业专业技能培训4797人、企业职工岗位技能培训9180人、农村劳动力转移培训9883人、农村预备劳动力培训310人、"双证制"教育培训242人,年培训率占农村劳动力人口40.2%。

【创建省市"先进示范"】 2010年,横村成校被评为2008~2009年度省优秀农村预备劳动力培训基地。富春江成校、桐君成校被认定为杭州市第五批职工教育培训示范基地。富春江社区教育中心被评为杭州市第二批示范社区学校,分水社区教育中心被评为杭州市第二批达标社区学校,江南成校被评为杭州市示范性成人文化技术学校。是年,选送17篇论文参加杭州市第13届成人教育论文评选,获一等奖2篇、二等奖3篇、三等奖4篇;省重点规划课题2个;省中职课改专业创新课教学设计比赛一等奖1人。县职成教中心《以园林实训基地为载体的农民素质培训工程》被列为2010年杭州市成人教育重点实验项目。

·师资队伍建设·

【概况】 2010年,全县教职工4322人,其中专任教师3457名,专任教师中高级职称360名、中级职称1796名。63名教师晋升为中学高级教师,124名教师晋升为中学一级或小学高级教师,2名具有研究生学历教师初定为中学一级教师,1名职工通过工程师资格评审,78名教师初定为初级职称。新引进在职教师3名,招考录用中小学、幼儿园教师51名,竞争性选拔副校长4名。

是年,产生省师德楷模2名、省春蚕奖3名,市级先进7名,县级中小学各类先进174名。

继续开展教师资格认定工作,全年受理教师资格认定申请129人,认定79人具有相应教师资格。幼儿园、小学、初中、普通高中、职业高中专任教师学历达标率分别为97.34%、100%、99.69%、98.45%、93.71%;小学教师具有大专以上学历、初中教师具有本科以上学历比例分别为89.65%和82.68%,比2009年增长0.24%和2.37%。

县第一实验小学城南校区、城关初中以及三合初中等3所学校成为桐庐县"领雁工程"教学实践基地。

【"名师名校长"培养】 2010年,继续实施《桐庐县2008年~2010年教师素养培训提升规划》和各学科省、市、县"领雁工程",重点对376名县级骨干教师、209名学科带头人、51名名师和11名特级教师分层实施梯度培养。完成省、市、县级"领雁工程"骨干教师培训86人次,新教师培训129名,幼儿园教师培训212名,班主任培训436名。组织84名小学英语骨干教师参加短期业务提高培训,选派20名初、高中英语骨干教师到英国学习深造。

实施第二期中小学校长异地挂职锻炼,选派12名小学校长到杭州市知名学校挂职培训。安排19名新录用教师到城镇义务教育学校实习锻炼2年,后分配充实到农村义务教育学校任教。选拔近10名农村学校骨干教师到城镇学校挂职锻炼1年。

【城乡互助共同体】 2010年,有22个学科60余名县骨干教师送教下乡或参与论坛活动。加大与县外名师、专家合作交流力度,桐庐中学聘请市教育局教研室主任曹宝龙、杭二中校长叶翠微、学军中学校长马里松等7人为桐庐中学顾问,杭二中、学军中学等校14名知名教师与桐庐中学中青年骨干教师结成师徒关系。

·改善办学条件·

【概况】 2010年,全县教育经费投入50371.5万元,其中财政教育事业费拨款32741.2万元、财政其他经费拨款4663.8万元;征收教育费附加7468.4万元,比2009年增加2331.9万元,增长45.4%;预算内生均公用经费,高中437.74元、初中771.52元、小学565.63元,初中、小学分别比2009年增加53.52元、54.13元。全县中小学教育技术设备累计总值10592万元,其中2010年新增教育技术设备1216万元。

【校舍改善工程】 校舍改善工程重点是实施中小学校舍安全工程,根据《桐庐县中小学校舍安全工程规划》,2010年,完成叶浅予中学新校区建设,学校新校区占地3.7公顷(2010年调整增加0.2公顷),建筑面积26600平方米,累计投入5000余万元;完成保安小学师生宿舍楼、创业学校宿舍楼、方埠中心学校3号教学楼、分水小学教工宿舍楼、横村初中老餐厅等建筑物3740平方米加固维修改造,完成城关初中、分水高中、富春江小学、严陵小学4个地质灾害点治理,完成分水高中、县职业技术学校、江南初中学生宿舍楼消防钢架楼梯建设,完成全县42所中小学288幢建筑物防雷整改。完成县实验初中教学楼4856平方米

叶浅予中学

扩建工程；完成3500平方米桐庐中学学生宿舍楼工程、1600平方米东溪小学教学楼工程；启动县职业技术学校扩建工程，完成2号实训楼建设并投入使用；启动包山幼儿园建设。

【教育技术装备】 2010年，全县中小学校新增和更新学生机464台，教师机440台，多媒体203套；新增理化生、音体美劳等普教仪器及图书、音像教材200余万元；更新部分学校网络接入交换设备和中心核心交换设备48万元。教育城域网中心学校以上学校实现全覆盖，实验室配备达二类及以上学校为100%。

表56　**2010年桐庐县各级各类学校概况**

学校类别	学校（所）	班级数（个）	毕业学生（人）	招生数（人）	在校学生（人）	教职工（人）	专任教师（人）
普通高中	3	140	2139	2289	7071	588	516
职业高中	2	74	975	1159	2616	242	175
成人文化技术学校	5	3	122	0	0	36	32
初级中学	14	316	4664	3988	13710	1126	976
小学	23	608	4190	3711	22230	1396	1227
幼儿园	80	407	3563	2987	12215	970	563
特殊教育学校	1	4	1	7	34	2(5名兼职老师)	1
合计	128	1552	15654	14141	57876	4360	3490

（潘胜君）

·科学技术·

【概述】 2010年，全县实施市级以上科技计划项目100项，其中国家级16项、省级22项、市级62项，争取科技资金1188万元；新列入国家创新基金项目3项、国家星火计划项目4项、国家重点新产品2项，列入国家科技人员服务企业项目2项；列入省重大专项1项；组织实施县级科技项目194项。与省内高校院所签订合作协议10余项。专利申请量、授权量分别为881件和969件。10次邀请专家、教授到企业调研并为企业提供技术咨询，内容涉及机械制造、医疗器械、制笔、蜂产品、石材和农业等产业。组织科技人员面向“三农”开展有关节能减排、低碳生活等科普宣传和葡萄、香榧、食用菌栽培等科技培训10多次，参训600多人次，发放宣传材料10000余份。在省市县各级报刊、杂志、网站上刊登科技信息30余篇。

9月18日，县科技局承办“中国航天低温技术专业网2010年学术研讨会”。

【科技扶持政策】 2010年，县科技局制订《桐庐县科技计划项目管理暂行办法（试行）》《桐庐县科技计划项目绩效考核办法（试行）》《桐庐县企业高新技术研究开发中心认定管理办法》《桐庐县科技型中小企业认定管理办法》《桐庐县新农村建设科技示范点认定管理办法》《桐庐县网上技术市场签约项目奖励办法》《桐庐县专利技术产业化奖励办法》《桐庐县专利示范企业管理办法》《桐庐县专利资助管理办法》《桐庐县十佳科技创新人才评选办法》等10个相关配套扶持政策和实施细则。是年，桐庐县通过省级科技强县复评。全年高新技术产业销售产值40.32亿元,同比增长14%;高新技术产业利税总额4.81亿元,同比增长26.8%;新产品产值74.98亿元,同比增长86.42%。

【权力阳光运行机制】 2010年初,在杭州市率先建设科技项目网上申报系统。科技项目申报系统主要流程:网上公告→公开征集→企业用户网上注册→用户审核→项目申报→项目初审→专家评审→立项审核→合同申报→合同审核→项目验收与绩效考评→查询统计→资料存档。该系统拥有项目申报监控功能,可以随时对所有项目申报及审核情况进行全程监控。并留有WebService接口,可以与政府网上政务大厅进行无缝对接。该系统的运用,体现出在科技项目申报与立项中公开、公平、公正和便捷高效的特点。是年,该项工作被市阳光办列为全市典型加以推广。

【科技活动(科普宣传)周】 2010年5月14日～21日,县科技活动(科普宣传)周围绕"携手建设创新型城市——倡导低碳生活、打造低碳城市"主题,突出宣传增强自主创新能力。活动周期间,省内高校院所与桐庐县有关部门、单位签订7项合作协议;举行科研基地授牌仪式;组织百名科技人员现场咨询服务活动;组织科普知识竞答和科普图板展览、开展科技创新成果展示宣传、"走进科技馆"低碳科普体验、科普书画创作、低碳科普进校园等系列活动。据统计,科技(科普)周期间组织开展全县性重点科技科普活动12项,乡镇(街道)及部门开展活动80余项。县级有关部门、乡镇(街道)以及县级学(协会)、企业、学校、社区等160余家单位参加活动。赠送科普书籍和资料3万余份,设置咨询台85个,展示科普图板660块,为群众义诊580人,举办各类科技培训班16个,累计受益6万余人。

桐庐县2010年科技活动(科普宣传)周开幕式

【科技、文化、卫生"三下乡"活动】 2010年12月12日,科技、文化、卫生"三下乡"活动在莪山畲族乡举行,现场进行科技咨询和专家义诊活动,杭州市科技局、九三学社杭州市委等有关领导以及浙江大学、浙江农林大学、杭州市农科院等高校院所,在杭各大医院专家、教授,桐庐县各农民专业合作组织和农业生产大户参加。活动提供咨询600余人次,专家义诊100余人次。

【科技平台建设】 2010年,新认定市级以上企业研发中心5家,其中省级4家;公共创新平台建设有序推进。4月,浙江大学研究生孵化创业基地正式落户桐庐裕华科技企业孵化器有限公司。6月,分水镇制笔行业技术研究开发中心列入杭州市首批示范性行业技术研发中心,新培育县级研发中心26家。开展行业研发中心专项服务,是年完成《我县特色城镇工业功能区行业技术研发中心现状与创新能力提升对策》调研报告,提出通过提升行业技术研发中心科技创新功能,助推工业功能区持续发展基本思路与措施。帮助企业加快科技创新和转型升级,在危中求机,乘势加快发展。开展"科技小分队走进行业技术研发中心"系列活动,落实市派科技指导员到桐庐县行业研发中心进行"一对一"对接活动。

【科技型企业培育】 2010年,全县新认定市级以上高新技术企业11家,其中国家重点支持高新技术企业2家;新认定省科技型企业14家。注重科技型初创企业培育,实行市县联动培育,首批列入市"雏鹰计划"科技型初创企业9家,市种子资金项目立项支持7家,县级科技型企业14家。

表 57

2010 年度桐庐县科技型中小企业名单

序号	企业名称	属地	序号	企业名称	属地
1	桐庐通洲实业有限公司	分水镇	8	桐庐奋飞实业有限公司	桐君街道
2	桐庐一搏制笔厂	分水镇	9	桐庐荣升机电设备有限公司	富春江镇
3	桐庐丛容服饰有限公司	江南镇	10	杭州恒春机械有限公司	富春江镇
4	桐庐永栋塑料制品厂	江南镇	11	桐庐顺风丝绸有限公司	瑶琳镇
5	桐庐新发笔业有限公司	百江镇	12	桐庐永盛针织机械有限公司	横村镇
6	桐庐康兴茶叶有限公司	百江镇	13	杭州金鹤来食品添加剂有限公司	横村镇
7	杭州丽晓丝业有限公司	百江镇	14	杭州麦祺服饰有限公司	横村镇

【新农村科技示范】 2010 年，出台《桐庐县新农村建设科技示范点认定管理办法》，并于年初启动实施县级新农村建设科技示范工程。新农村建设科技示范工程主要标准：具有一定地方特色、代表性和发展基础，发展经验在其所代表的类型内具有推广意义；科技发展条件相对较好，科技工作特色明显，在经济和社会发展中作用和贡献较为显著；农民科技意识较强，科学素质较高，参与新农村建设积极性较高。形成“领导重视、有人管事、有钱办事、齐抓共管”政策措施和工作机制。是年，富春江镇金家村、富春江镇象山桥村、横村镇香山村、瑶琳镇舒家村、分水镇儒桥村、新合乡松山村列入县级科技示范村。新认定桐庐钟山食品有限公司、桐庐庞龙养殖加工厂、杭州和蜂园保健品有限公司等 3 家企业为市级现代农业科技型龙头企业。

【产学研合作】 2010 年，桐庐县政府与九三学社浙江省委签署协议，九三学社浙江省委将为桐庐县发展规划论证、科技咨询、科技成果转化、科普宣传和人才培训以及协助联系沟通有关高校、科研机构等方面提供科技服务与支持；县有关部门、企业与中国科学院、上海核工程设计研究院、上海同济大学、浙江大学等单位就共建研发平台、孵化基地、新产品开发等项目进行合作；开展“产学研用”科技对接活动，落实浙江大学 15 名研究生到桐庐特种耐火材料厂等 10 家企业挂职锻炼。

【知识产权保护】 2010 年，全县专利申请量 881 件，同比增长 0.80%，其中发明 61 件、实用新型 364 件、外观设计 456 件。专利授权量 969 件，同比增长 14.54%，其中发明 37 件、实用新型 399 件、外观设计 533 件。新列入省级专利示范企业 1 家。新认定县级专利示范企业 5 家。组织实施县级专利产业化项目 5 项。做好宣传和培训，制作制笔、医疗器械、纺织、机械制造、蜂产品等专利保护宣传图板宣传；在分水镇开展“4·26”世界知识产权日现场咨询活动，发放资料 200 余册。邀请省知识产权局专家到桐为 40 多位高新技术企业负责人和乡镇（街道）分管领导讲授知识产权实务知识。全年开展专利行政执法 12 次，10 起获得专利涉嫌证据，1 起专利无效，8 起近似侵权，1 起未获得相关证据。

（沈　磊）

【责任编辑　骆国庆】

文化　体育

·文化·

【“文化惠民”工程】 2010年，完成新合乡、桐君街道等7乡镇(街道)综合文体站的新建和改扩建工程，建筑面积均在1000平方米以上，全县所有行政村建成100平方米以上文化活动室。开展省、市、县级文化示范单位创建工作，新增省级文化示范村瑶琳镇皇甫村1个，市级文化示范乡镇瑶琳镇、莪山畲族乡2个，市级文化示范村(社区)钟山乡钟山村等10个，县级文化(体育)特色村新合乡松山村等7个。全年开展各类大型群众文化活动30场；举办艺术展览展示活动32场；送戏下乡122场；举办各类文化艺术培训班57期，培训人数2300余人次；举办“桐江人文讲堂”10期；开展乡镇图书馆分馆试点工作，建立11个图书分馆，送书下乡40000册；免费放映电影2438场；新建健身苑点80处；举办县级体育活动30场。

【杭州潇洒休闲运动公园】 作为城市综合体建设项目，2010年工作继续推进。酒店建设完成主体建设20%工程量，2号地块住宅建设完成40%主体工程，女足训练基地项目完成30%。项目总投入4.81亿元，2010年投入2.95亿元。

【节日活动】 2010年2月26日至28日，在桐庐经济开发区梅林溪公园举行“魅力桐庐，活力新城”元宵系列活动，活动由开幕式、“狮王争霸”表演、灯谜、艺术灯展等组成，3万余人次参加。

9月20日晚，在大奇山景苑度假村举行2010“潇洒桐庐”中秋吟唱会。吟唱会以“吟桐庐诗、唱桐庐歌”为主题，其中有5首是“潇洒桐庐、唱响明天”新创作的歌曲首唱，杭州市知名歌唱家、杭州歌舞团歌手及桐庐县歌手联袂登台，现场观众对歌曲进行投票，评选最受欢迎歌曲。

【非物质文化遗产保护和传承】 收集整理桐庐县优秀民间文学资源，2010年启动《桐庐县非物质文化遗产大观——民间文学卷》编纂工作。6月10日，举办第5个“文化遗产日”活动，期间开展乡镇(街道)非物质文化遗产图板赛展，13个乡镇(街道)的80块图片参展。富春江传说、项氏内家拳、竹器制作技艺、杭州传统民居营造技艺和钟山豆腐干5项被列入杭州市第4批非物质文化遗产名录；莪山畲族乡被命名为第3批杭州市民族民间艺术之乡；《富春江的传说》等11个项目被列入第4批桐庐县非物质文化遗产名录；谢玉霞等12人被评为第1批桐庐县非物质文化遗产传承人；胡家芝被评为浙江省荣誉传承人；王德林被评为第3批杭州市民族民间艺术家。

【文化馆】 2010年，开展各类群众文化活动30场，下基层演出20场，举办培训班50期、培训人员2000人次，推出各类艺术展19场。原创广场舞蹈《剪》在第五届杭州市“风雅颂”民间艺术展演、浙江省新农村建设舞蹈大赛中双获金奖。

【图书馆】 2010年，图书馆新、老两馆接待读者253057人次；书、刊、碟流通329517册次；办、补证2591本；持证读者16500人；新购图书23315册，购书经费56.15万元；书目分编进入流通29181册；修补图书4930本；订阅报刊15.5万元，计1286种；出读者园地和黑板报39期；编印《图书通讯》与《科技与咨询服务》6期，600余份；开展各类大型社会活动10余次；举办“桐江人文讲堂”10期；举办图片图板展12期；开展送科技下乡和业务辅导150余次。建立分水镇等图书分馆11个，所有行政村均建立村级图书室。

【杭州越剧二团】 2010年，新排越剧原创新剧目《花溪情歌》，6月获第五届“西湖之春”艺术节·2010年杭州市新剧节目汇演第一名，并获优秀剧作奖、优秀导演奖、优秀表演奖等14个单项奖；10月参加中国第二届越剧艺术节决赛演出，获剧目类铜奖，王健获“十佳演员”奖；12月参加浙江省第十一届戏剧节决赛阶段演出，获优秀新剧目奖。11月8～12日组织举办“梅红春江”暨桐庐越剧周系列活动——庆祝杭州越剧二团建团60周年，单仰萍、谢群英、陈晓红、陈雪萍、王杭娟、孟科娟6位“梅花奖”得主到桐庐，并参加8日晚演出。连日演出5场，观众3000余人次。是年，剧团组织送戏下乡演出112场，观众近10万人次。

【桐庐剧院】 2009年，桐庐剧院承接各类剧团商业演出及会议20场；举办政府部门组织的演出及各类商

2010 年 11 月 8 日～12 日，举办"梅红春江"暨桐庐越剧周系列活动

务会议 15 场；电影放映 38 场；组织广场演出 17 场次。

【桐庐时代电影大世界】 2010 年，完成桐庐新世纪影城改造，更名为桐庐时代电影大世界。桐庐电影发行放映有限公司投资 880 万元对影城 6 个数字影厅进行全面改造，其中 3D 影厅 2 个，改建面积为 3000 平方米。更新升级放映设备，加入浙江时代院线，实行统一品牌、统一供片，统一管理的现代电影院线制流通方式。改造后的桐庐时代电影大世界为五星级影院，能同步上映所有中外影片。配合县委、县政府中心工作，做好影片《芦茨湾的呼唤》放映，全县放映 20 场，观众 5000 人次。到农村放映公益电影 2438 场，观众 35000 人次。

【文化市场】 2010 年，全县有文化、广电、新闻出版、文物、体育经营单位 699 家，其中文化经营单位 233 家(网吧 55 家，音像制品零售、出租、放映、批发经营单位 30 家，歌舞 60 家，电子游戏房 8 家、书报刊经营单位 47 家，文艺演出团体 8 家，画廊 9 家，营业性演出场所 3 家，艺术培训 4 家，电影放映 6 家，文物商店 3 家)；印刷经营单位 202 家(出版物印刷 2 家，包装装潢印刷 48 家，其他印刷品印刷 96 家，打字复印 56 家)；体育经营单位 256 家(棋牌 209 家，台球 21 家，健身 12 家，探险 6 家，游泳 4 家，射击 1 家，跆拳道 3 家)；卫星电视广播地面接收设施单位 8 家。

【文化文物执法】 2010 年，县文化市场行政执法大队出动检查 1412 人次，检查文化经营单位 2455 家次，收缴各类非法出版物 678 本，非法音像制品 1671 张，非法印刷品 1200 多件，卫星电视地面接收设备 5 套。受理各类投诉举报 29 个(其中"12318"受理 11 个、县长公开电话 14 件、政府网在线投诉 3 件、县长信箱 1 件)，投诉举报率同比下降 50%，为历年最低。行政处罚案件立案 52 件，结案 52 件，收缴罚没款 20.75 万元。

·文物·

【农村历史建筑综合保护工程】 2010 年 4 月 22 日，成立桐庐县农村历史建筑综合保护工程领导小组，启动桐庐县农村历史建筑综合保护工程。4 月底印发《桐庐县农村历史建筑保护的实施意见》，提出通过 5 年时间对全县农村历史建筑进行抢救性维修，确保农村历史建筑较好地保存、开发和利用。6 月，县政府办公室印发《桐庐县 2010 农村历史建筑维修计划的通知》，县财政安排 600 万元对江南镇荻浦、深澳、徐畈、环溪村及新合乡的 135 幢历史建筑实施维修。7 月，县政府与全县各乡镇签订农村历史建筑保护管理责任书。12 月底，完成荻浦村历史建筑维修工程，完成深澳历史建筑维修施工工程招投标工作。

【方家洲遗址】 2010 年 3 月 13 日，浙江省考古所对方家洲遗址进行考古试掘，4 月 6 日完成试掘。试掘出土大量打制石核、亚腰石器，磨制石斧、石锛、石凿、石刀、石钻具、穿孔器、砺石等器具以及加工过程中留下的大量碎片、残器、原料等，并在第三文化层发现墓葬，出土具有马家浜文化特征的陶豆、陶釜及柱状鼎足、牛鼻形器耳等陶片。11 月，经国家文物局同意，省考古所正式对方家洲遗址进行考古发掘。除试掘发现的大量石制器、石器具和典型文化特征的红陶之外，还出土玉管、玉玦、玉钻芯、玉核等玉制器和玉器具。根据试掘和后期考古发掘结论，确定方家洲遗址是迄今为止长江流域第一处考古发掘的新石器时代玉器石器加工场，大体包含距今 5000 年前崧泽文化和距今约 6000 年前马家浜文化晚期特征的遗存。

【展览宣教】 2010 年 3 月 20 日，"春江花韵——何水法花鸟画展"在叶浅予艺术馆举行，展出中国著名花鸟画家何水法近年作品 76 件。6 月 7 日，叶浅予艺术馆举行中国抽纱刺绣名家名品展，中国四大名绣苏绣、蜀绣、湘绣、粤绣，还有杭绣以及萧山花边、山东花边两大抽纱产业代表的 130 余件名品名作参展。邀请各地名家大师讲解抽纱刺绣发展历史和工艺技术，并进行现场表演，展示抽纱刺绣技法。10 月 28 日，"梦圆桐庐·春华秋实浙江中国画名家邀请展施胜辰先生捐赠画展"在叶浅予艺术馆举行，画展展出 70 名浙江中国画名家的140件精品力作和施胜辰的36幅捐赠画。5月18日博物馆日，举办民间收藏免费鉴宝活动，邀请省、市博物馆文物鉴定专家，为200多位收藏爱好者近300件收藏品进行免费鉴定。5月29日，举办桐庐县首届民间收藏品展，展出各类民间藏品80件。6月，举办“文化遗产日”宣传系列活动，在县城大润发超市门口进行文物法律、法规宣传和第三次文物普查成果图片展，发放文物保护宣传资料1000余份、宣传纪念品广告衫500余件。开展青少年第二课堂活动：2月15日至28日，举办第一届青少年学生艺术品展，展出圆通小学书画58幅、莪山小学葫芦彩绘30件、毕浦小学石绘32件、横村小学剪纸作品55幅；4月1日，在胡家芝剪纸艺术馆举办追忆剪纸大师胡家芝悼念活动，县城各中小学校的学生代表及县民间剪纸艺术协会代表参加；与杭州历史博物馆开展夏令营交流活动，7月，杭州的近50名学生及家长参观了桐庐博物馆、胡家芝剪纸艺术馆和国家历史文化名村深澳村，活动中，学生们还现场学习制作剪纸作品；8月，博物馆组织30名小学生参观杭州历史博物馆、浙江省博物馆和杭州动物园，并在杭州历史博物馆参加小小考古家和雕版印刷活动；9月9日至15日，引进杭州市科技交流馆“奇妙的三维立体世界”科普展览，展览主要展出青少年学生喜闻乐见的科普图片，通过运用麦吉全真(MAGIC3D)立体技术，将普通的平面图像由二维转变为三维，使图像更加真实、生动、直观反映实物。

·体育·

【基层体育设施建设】 2010年，全县新建健身苑点53个、篮球场52个、乒乓球场(室)88个，新增省级小康体育村20个、市级小康体育特色村10个。分水、富春江、横村3个体育强乡镇通过杭州市体育局复检。莪山畲族乡和桐君街道迎宾社区创建为省、市体育强乡(镇)和先进社区。至是年，全县11个乡镇(街道)成为省级体育强乡镇。

【全民健身活动】 2010年8月8日全民健身日，围绕“绿色低碳，亲近自然，健康从脚下开始”主题，开展千人健身走、中国象棋和围棋比赛、乒乓球、足球邀请赛、羽毛球精英赛、3人制篮球比赛、健身腰鼓、花式团体操、健身球操、自行车环城骑行、体育成果展示、有奖国民体质监测、科学健身知识宣传等体育活动，指导、协助乡镇(街道)、机关、企事业单位开展全民健身活动。4月1日至14日，指导、训练残疾人运动员，带队参加杭州市第八届残疾人运动会，获金牌榜第三名、团体总分第四名；指导莪山畲族乡创建省级体育强乡镇和开展全民运动会，带领莪山畲族乡运动员参加省全民健身浙北片区运动会；指导训练县国税局运动员参加杭州市公务员体能测试；指导并协助卫生系统、财税系统、合作银行、检察院等单位开展职工健身运动会。开展各类全县性体育比赛活动17次。

【361°中国乒乓球俱乐部超级联赛】 8月11日晚，2010年361°中国乒乓球俱乐部超级联赛桐庐赛区比赛在县体育馆进行。该次比赛为联赛第一阶段第15轮比赛，宁波海天塑机俱乐部主教练刘国栋率领现役国手、奥运冠军马琳及吴颢、王建军迎战四川邮储银行·先锋汽车俱乐部教练陈宏宇带领的世界冠军邱贻可及许锐锋、金义雄。最终，宁波海天塑机俱乐部以3∶1击败四川邮储银行·先锋汽车俱乐部。2000余名市民观看比赛。

2010年8月11日晚，361°中国乒乓球俱乐部超级联赛桐庐赛区比赛在县体育馆举行

【国际篮球邀请赛】 9月29日晚，2010“豪尚豪”杯中美篮球对抗赛桐庐赛区比赛在县体育中心举行，比赛由桐庐县体育局主办，豪尚豪餐饮有限公司赞助，桐庐县社会体育发展指导中心承办。广厦队以75∶72胜北美明星队，2000余名市民观看比赛。

【体育彩票】 2010年新增电脑体育彩票点15家，全县体育彩票点共有41家。全年体彩实现总销售额4020万元。

【竞技体育】 2010年，在浙江省第14届运动会上，桐庐县运动员获得金牌26.16枚、银牌14枚、铜牌16.5枚，列全省区、县(市)金牌榜第9名。桐庐县输送的运动员沈怡在新加坡举办的第一届青少年奥林匹克运动会女子3人制篮球赛获冠军；吴永芳夺得第16届亚运会龙舟比赛3枚金牌；在广州亚洲残疾人运动会上，郑雄鹰参加中国女子坐式排球比赛获金牌，郑泳祺获男子100米蛙泳SB12级决赛冠军，并打破亚洲纪录，宋懋丹获男子400米混合泳接力S8级冠军。桐庐县竞技体育取得历史性突破。

2010年桐庐县参加市级以上比赛获奖情况

表58

序号	比赛名称	日期	比赛地点	姓名	项目	名次
1	杭州市中小学生田径运动会	4月8～9日	杭州	何丽珊	初中女子200米	第一名
				何丽珊	初中女子400米	第一名
				翁金璇	小学女子800米	第三名
				翁金璇	小学女子400米	第三名
				赵梦洁	初中女子800米	第四名
				赵梦洁	初中女子1500米	第四名
				章　璐	初中女子100米	第五名
				刘之初	初中男子400米	第六名
				徐钱浩	小学男子手榴弹	第八名
				孟　霞	初中女子标枪	第五名
2	杭州市中小学生乒乓球比赛	4月24～26日	富阳	胡锦豪	乒乓球男子乙组单打	第八名
				周浩东	乒乓球男子丙组单打	第六名
				吴子琪	乒乓球女子丙组单打	第七名
3	杭州市中小学生武术套路比赛	5月15～16日	杭州	焦鑫鑫	乙组女子长拳	第一名
				焦鑫鑫	乙组女子刀术	第三名
				焦鑫鑫	乙组女子棍术	第一名
				张龙飞	乙组男子长拳	第一名
				张龙飞	乙组男子南棍	第二名
				张龙飞	乙组男子枪术	第二名
				周　婧	乙组女子枪术	第一名
				周　婧	乙组女子剑术	第一名
				周　婧	乙组女子太极剑	第一名
				郑梦轩	丙组自选器械	第一名
				郑梦轩	丙组规定拳	第一名
				郑梦轩	丙组基本功	第一名
				徐鹿婷	丙组自选器械	第三名
				徐鹿婷	丙组规定拳	第三名
				徐鹿婷	丙组基本功	第三名

续表 58

序号	比赛名称	日期	比赛地点	姓名	项目	名次
3	杭州市中小学生武术套路比赛	5月15～16日	杭州	高程程	丙组自选器械	第六名
				高程程	丙组规定拳	第八名
				高程程	丙组基本功	第六名
				张龙飞	乙组男子剑术	第二名
4	“金桥杯”全国射击射箭重点城市射箭比赛	5月26～30日	厦门	夏云龙 孙恒初 徐　涛	男子乙组单轮团体	第二名
				夏云龙	男子乙组单轮全能	第五名
5	杭州市小学生游泳比赛	6月5～6日	杭州	王浩然	男子9岁组400M自由泳	第一名
				王浩然	男子9岁组自由泳全能	第二名
				宋子恒	男子11岁组400M自由泳	第一名
6	2010年第七届浙江国际传统武术比赛	7月9～12日	杭州	张建豪	幼儿组一路长拳	金牌
				钟佳童	儿童组一路长拳	金牌
				钟佳童	儿童组规定长拳	铜牌
				陈家骏	儿童组一路长拳	金牌
				陈家骏	儿童组规定长拳	铜牌
				朱金鑫	儿童组翻子拳	银牌
				朱金鑫	儿童组一路长拳	铜牌
				徐邱桐	少年组夜行刀	金牌
				徐邱桐	少年组小洪拳	银牌
				徐邱桐	少年组八极拳	铜牌
				方小琥	少年组春秋大刀	金牌
				方小琥	少年组规定长拳	铜牌
				胡杭超	少年组翻子拳	银牌
				胡杭超	少年组一路长拳	铜牌
				王侃成	少年组一路长拳	银牌
				王侃成	少年组规定南拳	铜牌
7	第一届世界青年奥运会	7月	新加坡	沈　怡	女子三人制篮球	第一名
8	第十四届浙江省运动会(柔道)	8月18日	嘉兴	叶　颖	青少年57KG	第二名
9	第十四届浙江省运动会(射击)	8月	嘉兴	邱烨晗	女子甲组小口径运动步枪60发卧射	第一名
				邱烨晗	女子甲组小口径运动步枪3×20	第一名

续表 58

序号	比赛名称	日期	比赛地点	姓名	项目	名次
9	第十四届浙江省运动会(射击)	8 月	嘉兴	邱烨晗	女子甲组气步枪 40 发	第一名
				王臻辉	男子甲组 10 米气步枪 60 发	第一名
				孙丽丹 戚鑫榆	女子乙组 10 米气手枪 40 发团体	第一名
10	第十四届浙江省运动会(水上项目)	8 月	嘉兴	王嘉雯	帆板米氏甲组女子长距离	第五名
				王嘉雯	甲组女子场地赛	第五名
				王嘉雯	甲组女子障碍赛	第二名
				陈小玲	赛艇女子甲组 2000m2	第一名
				陈小玲	赛艇女子甲组 6000m2	第一名
				钱佳萍	皮艇女子乙组 6000m2	第五名
				钱佳萍	皮艇女子乙组 500m2	第四名
				吴云龙	赛艇男子甲组 2000m2	第六名
				吴云龙	赛艇男子甲组 6000m2	第五名
11	浙江省第二届少儿象棋等级赛	8 月	杭州	李炳贤	中国象棋男子 14 岁组	第一名
12	杭州市青少年摔跤比赛	9 月 24～25 日	杭州	潘世炉	古典式男子甲组 50 公斤级	第一名
				徐勇强	古典式男子甲组 55 公斤级	第一名
				郑青文	自由式女子组 44 公斤级	第一名
				雷盛婷	自由式女子组 48 公斤级	第一名
				方钰安	自由式女子组 44 公斤级	第二名
13	杭州市青少年柔道比赛	9 月 25～26 日	杭州	徐祝安	女子甲组 52 公斤级	第一名
				朱雅翠	女子甲组 48 公斤	第三名
14	第十四届浙江省运动会(射箭)	9 月	嘉兴	温知柏	男子甲组单轮全能	第一名
				温知柏 王　君	男子甲组单轮团体	第一名
				夏云龙	男子乙组 30 米	第一名
				徐　涛 雷旭晨	男子乙组单轮全能团体	第一名
				王俊杰 汪　成 洪林波 章柳刚	男子丙组 18 米单轮团体	第一名
				章华青 汪金云	女子甲组单轮全能团体	第一名
				戴佳乐	女子乙组单轮全能团体	第一名

续表 58

序号	比赛名称	日期	比赛地点	姓名	项目	名次
14	第十四届浙江省运动会(射箭)	9月	嘉兴	季钰露 沈郑楠 郭梦飞	女子丙组18米单轮全能团体	第一名
15	杭州市跆拳道比赛	10月9～19日	桐庐	张　迅	男丙30—36公斤	第二名
				邱　天	男丙30—36公斤	第五名
				陈威涛	男丙42—48公斤	第三名
				胡静懿	男丙30—36公斤	第三名
				王　涛	男丙42公斤	第五名
				徐　晨	男丙48公斤＋	第二名
				方昌桢	男乙50公斤	第三名
				王晨阳	男乙60公斤＋	第三名
				王可儿	女丙40—46公斤	第一名
				项马青	女甲60公斤	第一名
				周丝绮	女甲65公斤	第一名
				吴　凡	女乙56公斤＋	第一名
				王校杰	男乙60公斤	第二名
16	杭州市中小学生射击比赛	10月30～31日	萧山	江玉浩	县(市)组男子个人	第五名
				钟澄洁	县(市)组女子个人	第四名
				蓝章静	县(市)组女子个人	第六名
17	杭州市中小学生射箭比赛	11月6～7日	桐庐	夏云龙	中学组男子反曲弓30米	第一名
				徐　涛	中学组男子反曲弓30米	第四名
				雷旭晨	中学组男子反曲弓30米	第六名
				戴佳乐	中学组女子反曲弓30米	第四名
				王　蕾	中学组女子反曲弓30米	第五名
				钟如雪	中学组女子反曲弓30米	第六名
				夏云龙	中学组男子反曲弓18米	第三名
				徐　涛	中学组男子反曲弓18米	第四名
				雷旭晨	中学组男子反曲弓18米	第五名
				戴佳乐	中学组女子反曲弓18米	第四名
				王　蕾	中学组女子反曲弓18米	第五名
				钟如雪	中学组女子反曲弓18米	第六名
				夏云龙	中学组男子反曲弓单轮全能	第二名

续表 58

序号	比赛名称	日期	比赛地点	姓名	项目	名次
17	杭州市中小学生射箭比赛	11 月 6～7 日	桐庐	徐　涛	中学组男子反曲弓单轮全能	第四名
				雷旭晨	中学组男子反曲弓单轮全能	第五名
				戴佳乐	中学组女子反曲弓单轮全能	第四名
				王　蕾	中学组女子反曲弓单轮全能	第五名
				钟如雪	中学组女子反曲弓单轮全能	第六名
				洪林波	小学组男子反曲弓 18 米双轮	第一名
				汪　成	小学组男子反曲弓 18 米双轮	第二名
				章柳刚	小学组男子反曲弓 18 米双轮	第三名
				项江龙	小学组男子反曲弓 18 米双轮	第四名
				季钰露	小学组女子反曲弓 18 米双轮	第一名
				郭梦菲	小学组女子反曲弓 18 米双轮	第二名
				沈郑楠	小学组女子反曲弓 18 米双轮	第三名
18	“永康杯”2010 年浙江省传统武术锦标赛	10 月 29～31 日	永康	方小琥	少儿组春秋大刀	第一名
				方小琥	少儿组规定长拳	第一名
				方小琥	少儿组翻子拳	第一名
19	第十六届亚运会	11 月	广州	吴永芳	女子龙舟 1000 米直道竞速	第一名
				吴永芳	女子龙舟 500 米直道竞速	第一名
				吴永芳	女子龙舟直道竞速 250 米	第一名
20	杭州市中小学生田径运动会	4 月 8～9 日	杭州	桐庐	田径(初中组)	第八名
21	杭州市小学生篮球比赛	4 月 14～16 日	杭州	桐庐	男子篮球	第二名
					女子篮球	第二名
22	杭州市中小学生乒乓球比赛	4 月 24～26 日	富阳	桐庐	乒乓球	第六名
23	杭州市中小学生武术套路比赛	5 月 15～16 日	杭州	桐庐	武术套路	第二名
24	杭州市小学生游泳比赛	6 月 5～6 日	杭州	桐庐	游泳	第八名
25	浙江省小学生足球比赛	7 月 23～26 日	宁波	桐庐	足球(男子乙组)	第一名
					足球(女子乙组)	第一名
26	杭州市青少年摔跤比赛	9 月 24～25 日	杭州	桐庐	摔跤	第三名
27	杭州市青少年柔道比赛	9 月 25～26 日	杭州	桐庐	柔道	第四名

续表 58

序号	比赛名称	日期	比赛地点	姓名	项目	名次
28	杭州市小学生跆拳道比赛	10 月 9～10 日	桐庐	桐庐	跆拳道	第二名
29	杭州市中小学生射击比赛	10 月 30～31 日	萧山	旧县中心学校	射击	第四名
				横村中心学校	射击	第五名
30	杭州市中小学生射箭比赛	11 月 6～7 日	桐庐	桐庐	射箭	第一名

·广播电视管理·

【广播电视对农栏目】 2010 年,在浙江省广播电视局、浙江省农业和农村工作办公室、浙江省财政厅 2010 年度全省广播电视对农节目服务工程建设考核中,桐庐县广播对农栏目、电视对农栏目分别获优秀奖。电视对农栏目《柳青帮忙》获杭州市一等奖、广播对农栏目《田园之声》获杭州市二等奖、电视对农专题《走进新农村·望江南》获杭州市二等奖。

【农村电影"2131 工程"】 2010 年,继续实施农村电影"2131 工程"("2131 工程"指 21 世纪初一村一月放映一场电影,为国家广电总局和文化部提出的一项跨世纪农村电影事业发展战略目标),免费放映电影 2438 场,实现"一村一月放映一场电影"目标任务。

【安全播出】 2010 年元旦、春节、全国"两会"期间、5 月小长假、上海世博会、第 16 届亚运会等期间,组织相关部门对县广播电视台、桐庐华数数字电视有限公司进行安全播出检查演练。对敏感期、重要保障期、长假实行一日一报"零报告"制度,全年安全播出正常有序。

【广电低保工程】 2010 年,实施广播电视"低保工程",为全县低保户发放"减免卡",协调县华数电视公司,为低保户家庭办理有线电视入网费和 168 元/户全年有线电视基本收视维护费减免相关手续,免有线电视基本收视费 4872 户。

(章勤玉)

【责任编辑　叶　红】

新　闻

·广播电视·

【概况】 2010年，桐庐县广播电视台播发电视新闻5121条、广播新闻5753条；采制广播电视专题、专栏4017期。是年，县广播电视台加大品牌栏目培育力度，电视对农栏目每周由2档增加到3档，配置相应资源。在全省对农节目考核中，广播、电视对农节目双双进入“十佳”；在杭州市新农村建设优秀影视作品评比中，《柳青帮忙》获电视栏目一等奖，《望江南》获电视专题二等奖，《田园之声》获得广播栏目二等奖；全年，有30余件作品获杭州市政府奖，其中有10件作品获二等奖以上奖项。广播主持作品《英雄乡长，你在哪里》和电视重大主题报道《留住桑园》分别获省政府奖二、三等奖。《长三角小城镇牵手世博》《强化村务监督，筑牢反腐防线》《乐在重阳，爱在重阳》等报道在中央电视台新闻联播节目中播出。

【重大主题报道】 2010年，县广播电视台围绕县委、县政府工作重点，策划播出“喜迎两会”“拓市场、保增长、强工业”“转型升级、创新发展”“森林桐庐，共建共享”“学习实践科学发展观”“送温暖献爱心”“庆百年妇运，展巾帼风采”“共建示范文明，共享品质生活”“关注世博会”“共创全国生态县、省级示范文明城”“劳模风采”“争当春江先锋，推动科学发展”“全民参与、节能降耗”“人才强县”等重大主题报道56个，报道数量1000余篇。

【舆论监督】 2010年，县广播电视台策划播出《公交车一年吞进假币四万枚，呼唤诚信乘车》《土地证“变脸”，购房户讨说法》《半小时的文明账》《香樟花园的管道煤气还是没通》《春江西路存在交通隐患，村民希望尽快改善》等报道，发挥媒体舆论监督作用。8月，针对美凯西姆房产擅自调价导致购房户强烈反响一事，《春江视点》和《大刘热线》先后以新闻专题、连续报道等形式，对事件作全面真实反映，批评房产商不良行为，对规范房产市场经营提出意见和建议。最后，在县有关部门努力下，问题得到解决。

【节目调改】 2010年3月4日起，广播电台推出新栏目《新桐庐人之声》，栏目在每周一到每周五20:00～21:00播出，以服务外来务工人员为主；5月17日起，《桐庐新闻》《大刘热线》集中时段播出，《桐庐新闻》首播时间从原来的18:35提前到18:30，时长12分钟；《大刘热线》首播时间从原来的19:30提前到18:45，时长10分钟，并从每周五档增加到每周七档，实行日播，新闻总时长22分钟。新闻信息量加大，民生新闻时效性增强，实现新闻资讯集中播报。6月3日起，新增一档电视对农栏目《富春乡韵》，栏目在每周四19:35首播，以反映桐庐县农村群众精神文化生活及桐庐的历史、人文、风土人情等方面内容为主。

桐庐电视台节目时间表

表59

时间	周一	周二	周三	周四	周五	周六	周日
7:00	台标、节目预告、广告						
7:02	重播《桐庐新闻》						
7:14	广告						
7:17	重播《大刘热线》						
7:27	广告						
7:30	快乐生活	春江视点	农民之友	桐庐大地	富春乡韵	农民之友	桐江警视
7:45	广告						

续表 59

时间	周一	周二	周三	周四	周五	周六	周日
7:50	重播昨晚电视剧(4 集)						
10:50	广告						
12:00	重播《桐庐新闻》						
12:12	广告						
12:15	重播《大刘热线》						
12:25	广告						
12:30	快乐生活	春江视点	农民之友	桐庐大地	富春乡韵	农民之友	桐江警视
12:45	广告						
12:50	电视剧(5 集)						
16:35	广告						
17:50	开机广告						
18:00	天气预报						
18:02	动画片					春江少儿	春江少儿
18:25	广告						
18:30	首播《桐庐新闻》						
18:42	广告						
18:45	首播《大刘热线》						
18:55	广告						
18:58	天气预报						
19:00	转中央电视台《新闻联播》						
19:30	广告						
19:35	春江视点	农民之友	桐庐大地	富春乡韵	农民之友	桐江警视	快乐生活
19:50	广告						
20:00	电视剧(2 集)						
21:30	广告						
22:00	重播《桐庐新闻》						
22:12	广告						
22:15	重播《大刘热线》						
22:25	广告						
22:30	天气预报						
22:32	电视剧(2 集)						
24:02	广告						
24:20	全天节目结束						

表 60

桐庐人民广播电台节目时间表

（2010 年 5 月 13 日起实行）

时间	周一	周二	周三	周四	周五	周六	周日
5:55	呼号　预告节目						
6:00	桐广新闻						
6:15	君山晨钟						
6:30	转播中央人民广播电台《新闻和报纸摘要》						
7:00	转播浙江人民广播电台《浙广早新闻》						
7:25	气象与广告						
7:30	桐广新闻						
7:45	光明行	金土地	劳动保障时空	城建纵横	交通战线	光明行	廉政之声
8:00	汽车生活						
9:00	梦达百宝盒						
10:00	健康专题						
10:15	音乐与广告						
10:30	田园之声						
11:00	桐广新闻						
11:15	烟草之声	财税广角	绿色家园	生态与环保	人口与计生	健康直通车 1	健康直通车 2
11:30	纪实 60 分						
12:30	广告　健康专题						
13:00	环球旅行家						
13:30	音乐与广告						
14:00	边走边听						
15:30	健康专题						
16:00	音乐与广告						
16:15	烟草之声	财税广角	绿色家园	生态与环保	人口与计生	健康直通车 1	健康直通车 2
16:30	田园之声（重播）						
17:00	晓炜讲故事					春江小喇叭	春江小喇叭
17:30	光明行	金土地	劳动保障时空	城建纵横	交通战线	光明行	廉政之声
17:45	音乐与广告						
18:00	桐广新闻（首播）						
18:15	音乐与广告						
18:30	转播浙江电台《浙江新闻联播》						
19:00	健康专题						
19:30	黄金剧场						
20:00	新桐庐人之声					音乐排行榜	音乐排行榜
21:00	桐广新闻						
21:15	音乐与广告						

续表 59

时间	周一	周二	周三	周四	周五	周六	周日
21:30	晓炜讲故事(重播)						
22:00	转浙江省文艺台节目						
23:00	音乐　全天播音结束						

【活动比赛】 2010 年 1 月,县广播电视台与中国电信股份有限公司桐庐分公司联合举办"电信杯"魅力星主播桐庐电视台签约主持人选拔赛,大赛参赛选手以主持为主,兼顾才艺、形象气质等元素,最终选拔出 6 名桐庐籍主持新人,并聘为桐庐电视台《快乐生活》等栏目主持人;4 月,县广播电视台与钟山乡政府、桐庐县电影电视家协会合作举办桐庐县第二届山花节系列活动之"老庙杯"蜜梨宝宝评比活动,经过海选、初赛、复赛、决赛,评选出 20 位才艺出众、活泼可爱的优秀宝宝;9 月,县广播电视台与县教育局、县文联合作举办第三届"故事宝宝"选拔赛,经过 3 个多月比赛,决出 30 位"故事宝宝"。

【基础建设】 2010 年,县广播电视台投入 130 多万元对设备进行更新、升级。8 月,投资 46 万元的双回路供电项目正式投入使用,该项目按 10 千伏用电负荷要求配备,新增高压开关柜、进线柜、出线柜 5 台,敷设高压电缆 465 米,与原有自备发电机发电、不间断电源(UPS)供电共同形成 4 套供电系统,保障广播电视节目安全播出。9 月,经过项目设计、招投标等程序,广电食堂建设项目进入施工阶段。

(滕新华)

·县信息传媒中心·

【概况】 2010 年,县信息传媒中心运用《今日桐庐》、桐庐新闻网、桐庐手机报三个载体,做好县内各项重大工作和活动宣传。《今日桐庐》对开四版,免费赠阅,平均每期发行量 1.2 万份,出版 247 期,总发行量 296.4 万份。9 月起《今日桐庐》推出《春江月末》版,月末版为八开小报,在每月最后一期刊出,内容上注重对桐庐人文历史挖掘。桐庐新闻网入选浙江省最具人气门户网站,5 月 13 日点击率 57510 人次,创建站以来最高;5 月 23 日,独立 IP4885,创历史最高。桐庐手机报用户 2000 余户。开展第三届读者节问卷调查活动,近 500 位读者参与,并为县信息传媒中心发展提出"金点子"。全年对外媒体发表宣传桐庐稿件(图片)80 篇(幅)。

【主题报道】 2010 年,县信息传媒中心围绕全县中心工作和县委、县政府重要部署,采取报网联合方式,先后推出"深入学习科学发展观""创先争优""共创国家生态县、示范文明城""创建省级森林城市"等主题报道。尝试经济报道长期策划,从加大商务区招商力度、推进大项目招商、深化服务企业机制、政策引导和加快转型升级等角度立体解构全县 2010 年工业经济和招商引资工作重点、方向,以"技改撬动传统产业转型升级"做专题深度报道,全年刊发经济类报道 400 余篇。围绕加强城乡区域统筹、加快形成城乡区域新要求,策划推出"大手笔规划舒展城乡发展大框架""以产业为纽带市县城乡共繁荣""支农惠农促进资源要素一体化配置""推进城乡生态一体化建设""让城乡居民共享公共服务资源""立足民生,让城乡居民人人有保障"一组报道,反映全县在实现"六个一体化"方面的现状和具体举措,发挥媒体舆论引导作用。

【民生新闻】 2010 年,在《今日桐庐》二版开设"民生民情"栏目,每周五定期推出"热线扫描"专版,传媒热线"64281890"由固定民生记者接听采访,全年刊发民生类稿件 260 余篇。从群众关心的问题着手,"热线扫描"专刊推出"一次性消毒餐具让人放心吗""三轮车,一道褪色的风景线"等稿件。利用网络平台,开设曝光台。11 月,网友曝光一组县城拾荒者盗窃窨井盖连拍图片,经县信息传媒中心策划采访,刊发"网友曝光盗窃窨井盖引热议"文章。在派出所抓获盗窃人后又作相关报道并配发言论,网上相关报道跟贴 240 余帖。

【网络平台建设】 2010 年,桐庐新闻网对桐庐县第五届新桐庐人集体婚礼、山花节开幕式等重大活动,采取图文直播和专题制作相结合方式,多角度反映活动内容。发动网友与新闻网互动,组织新年到福利院献爱心、君山论坛第二届怡合青笋宴活动、寻找《富春山居图》创作实景活动等 20 余次网友互动活动,并在网络上开展"年历宝宝"评选活动,提升新闻网人气。与县质量技术监督局联合推出质监局长在线访谈,为新闻网与部门联合举办首次直播活动。桐庐新闻网还开通桐庐黄页、桐庐房产网、桐庐农家乐等服务性频道,服务广大网民。

(陶　元)

【责任编辑　叶　红】

卫生事业

·医疗卫生·

【概况】 2010年，全县设有医疗机构303家，其中公立医疗单位17家，纳入乡村卫生服务一体化管理社区卫生服务站78家，村卫生室102家，个体办村卫生室、社区卫生服务站52家，个体诊所、厂矿学校医务室、民办医疗机构等54家。新审批设置医疗机构186家，注销医疗机构执业许可证133家，暂缓校验2家。是年，对235家中小医疗机构经依法执业分级监管，规范医疗机构18家、合格216家、不合格1家。其中，乡镇卫生院（社区卫生服务中心）13家，规范11家、合格2家；社区卫生服务站42家，规范1家，合格41家；村卫生室135家均合格；民营医院5家，合格4家、不合格1家；诊所、门诊部29家，规范3家、合格26家；其他医疗机构12家，规范3家、合格9家。6月，核定乡镇卫生院（街道社区卫生服务中心）事业编制520人（即新增220人）。

2010年，4家县级医院爱心门诊接诊13680人次，惠民病床收治病人730人，减免医药费1256031.9元。完成高校招生体检2375人及征兵体检工作。县第一人民医院、县第三人民医院和桐君街道社区卫生服务中心被命名为县级“绿色医院”。受理120呼救电话15900次，出车4178次，救护病人3606人。

表61　　2010年桐庐县卫生系统医疗机构基本情况

单位名称	实际开放床位（张）	职工人数（人）	卫技人员数（人）
桐庐县第一人民医院	487	629	426
桐庐县第二人民医院	140	230	180
桐庐县中医院	136	258	227
桐庐县妇幼保健院	50	175	155
桐君街道社区卫生服务中心	20	52	41
旧县街道社区卫生服务中心	0	20	19
横村中心卫生院	80	117	105
江南中心卫生院	10	63	60
凤川中心卫生院	15	73	57
富春江中心卫生院	32	39	35
百江中心卫生院	5	20	18
钟山乡卫生院	0	16	16
分水镇卫生院	4	33	32
莪山畲族乡卫生院	0	14	14
瑶琳镇卫生院	0	29	26
合村乡卫生院	0	14	14
新合乡卫生院	0	11	11
合　　计	988	1793	1436

表 62

2010 年桐庐县新审批设置医疗机构名单

医疗机构名称	负责人	设置时间	地址
桐庐县横村中心卫生院九岭村社区卫生服务站	钟炉青	2010.12.25	横村镇九岭村外濮
桐庐县横村中心卫生院胜峰村社区卫生服务站	钟炉青	2010.12.25	横村镇胜峰村柴家边
桐庐县横村中心卫生院香山村卫生室	黄珑霞	2010.12.25	横村镇香山村
桐庐县横村中心卫生院双溪村卫生室	钟炉青	2010.12.25	横村镇双溪村
桐庐县横村中心卫生院上塘村卫生室	钟炉青	2010.12.25	横村镇上塘村
桐庐县横村中心卫生院后岭村社区卫生服务站	陈洪军	2010.12.25	横村镇后岭村
桐庐县横村中心卫生院孙家村社区卫生服务站	洪双琴	2010.12.25	横村镇孙家村
桐庐县横村中心卫生院凤联村社区卫生服务站	黄秋良	2010.12.25	横村镇凤联村喻家
桐庐县横村中心卫生院城东村社区卫生服务站	蓝水洪	2010.12.25	横村镇城东村双湖
桐庐县横村中心卫生院龙伏村社区卫生服务站	吴银生	2010.12.25	横村镇龙伏村
桐庐县横村中心卫生院横村村社区卫生服务站	章汉民	2010.12.25	横村镇横村村
桐庐县横村中心卫生院白云村卫生室	钟炉青	2010.12.25	横村镇白云村石青桥
桐庐县横村中心卫生院杜预村卫生室	吴　锋	2010.12.25	横村镇杜预村
桐庐县横村中心卫生院宅里村卫生室	何林娜	2010.12.25	横村镇宅里村
桐庐县横村中心卫生院柳岩村卫生室	余春根	2010.12.25	横村镇柳岩村
桐庐县横村中心卫生院湾下村卫生室	姚尤铭	2010.12.25	横村镇湾下村
桐庐县横村中心卫生院阳山畈村卫生室	钟炉青	2010.12.25	横村镇阳山畈村
桐庐县横村中心卫生院元村村卫生室	邓　云	2010.12.25	横村镇元村村
桐庐县横村中心卫生院东南村卫生室	王荷娟	2010.12.25	横村镇东南村庙下
桐庐县横村中心卫生院板头村卫生室	钟炉青	2010.12.25	横村镇板头村
桐庐县横村中心卫生院华凤村卫生室	钟炉青	2010.12.25	横村镇华凤村
桐庐县横村中心卫生院浪石村卫生室	陈英郎	2010.12.25	横村镇浪石村瑶丹
桐庐县横村中心卫生院柳茂村卫生室	卢恩志	2010.12.25	横村镇柳茂村
桐庐县江南中心卫生院横山埠村卫生室	申屠泉富	2010.12.25	江南镇横山埠村
桐庐县江南中心卫生院金茂村卫生室	钱秋程	2010.12.25	江南镇金茂村
桐庐县江南中心卫生院徐畈村卫生室	徐小霞	2010.12.25	江南镇徐畈村
桐庐县江南中心卫生院环溪村卫生室	周小军	2010.12.25	江南镇环溪村
桐庐县江南中心卫生院华丰村卫生室	申屠如雪	2010.12.25	江南镇华丰村
桐庐县江南中心卫生院荻浦村社区卫生服务站	叶张民	2010.12.25	江南镇荻浦村
桐庐县江南中心卫生院珠山村社区卫生服务站	徐景珑	2010.12.25	江南镇珠山村
桐庐县江南中心卫生院彰坞村社区卫生服务站	徐钜汉	2010.12.25	江南镇彰坞村

续表 62

医疗机构名称	负责人	设置时间	地址
桐庐县江南中心卫生院锦江村社区卫生服务站	唐高生	2010.12.25	江南镇锦江村
桐庐县江南中心卫生院窄溪村社区卫生服务站	宋玉峰	2010.12.25	江南镇窄溪村
桐庐县江南中心卫生院凤鸣村社区卫生服务站	姚绍荣	2010.12.25	江南镇凤鸣村
桐庐县江南中心卫生院青源村卫生室	申屠青碧	2010.12.25	江南镇青源村
桐庐县江南中心卫生院梧村村卫生室	陈莲玉	2010.12.25	江南镇梧村
桐庐县江南中心卫生院石泉村卫生室	吴生明	2010.12.25	江南镇石泉村
桐庐县江南中心卫生院莲塘村卫生室	胡仙霞	2010.12.25	江南镇莲塘村
桐庐县江南中心卫生院舒川村卫生室	龚建增	2010.12.25	江南镇舒川村
桐庐县江南中心卫生院小潘村卫生室	奚升弟	2010.12.25	江南镇小潘村
桐庐县桐君街道社区卫生服务中心鑫鑫社区卫生服务站	廖小妹	2010.12.25	桐君街道小岭路 78 号
桐庐县桐君街道社区卫生服务中心洋塘社区卫生服务站	兰　飞	2010.12.25	桐君街道洋塘路 142 号
桐庐县桐君街道社区卫生服务中心南门社区卫生服务站	兰　飞	2010.12.25	桐君街道开元街 180 号
桐庐县桐君街道社区卫生服务中心迎宾社区卫生服务站	兰　飞	2010.12.25	桐君街道劳动路 106 号
桐庐县桐君街道社区卫生服务中心圆通社区卫生服务站	季晓英	2010.12.25	桐君街道杨梅山一弄 4 号
桐庐县桐君街道社区卫生服务中心阆苑村社区卫生服务站	郑龙珍	2010.12.25	桐君街道阆苑村白桥头
桐庐县桐君街道社区卫生服务中心梅蓉村社区卫生服务站	王凌强	2010.12.25	桐君街道梅蓉村龚家
桐庐县桐君街道社区卫生服务中心浮桥埠村社区卫生服务站	殷柏富	2010.12.25	桐君街道浮桥埠村浮桥埠
桐庐县桐君街道社区卫生服务中心麻蓬村卫生室	兰　飞	2010.12.25	桐君街道麻蓬村麻蓬
桐庐县桐君街道社区卫生服务中心君山村卫生室	兰　飞	2010.12.25	桐君街道君山村坞泥口
桐庐县桐君街道社区卫生服务中心濮家庄村卫生室	濮梅娟	2010.12.25	桐君街道濮家庄村濮家庄
桐庐县新合乡卫生院新合村社区卫生服务站	叶普选	2010.12.25	新合乡新合村坑口
桐庐县新合乡卫生院新四村卫生室	潘三根	2010.12.25	新合乡新四村湖田
桐庐县新合乡卫生院松山村卫生室	钟文堂	2010.12.25	新合乡松山村
桐庐县新合乡卫生院新民村卫生室	邵建兴	2010.12.25	新合乡新民村
桐庐县新合乡卫生院引坑村卫生室	钟玉仙	2010.12.25	新合乡引坑村
桐庐县旧县街道社区卫生服务中心鸿儒村社区卫生服务站	王春法	2010.12.25	旧县街道鸿儒村

续表 62

医疗机构名称	负责人	设置时间	地址
桐庐县旧县街道社区卫生服务中心母岭村卫生室	郑柏松	2010.12.25	旧县街道母岭村
桐庐县旧县街道社区卫生服务中心合岭村卫生室	任金英	2010.12.25	旧县街道合岭村
桐庐县旧县街道社区卫生服务中心西武山村卫生室	袁智伟	2010.12.25	旧县街道西武山村
桐庐县旧县街道社区卫生服务中心旧县村卫生室	吴群群	2010.12.25	旧县街道旧县村
桐庐县分水镇卫生院里湖村卫生室	宋玉龙	2010.12.25	分水镇里湖村
桐庐县分水镇卫生院怡华村卫生室	王生喜	2010.12.25	分水镇怡华村
桐庐县分水镇卫生院盛村村卫生室	季炳荣	2010.12.25	分水镇盛村
桐庐县分水镇卫生院徐桥村卫生室	张希进	2010.12.25	分水镇徐桥村
桐庐县分水镇卫生院小源村卫生室	陈炎红	2010.12.25	分水镇小源村郎家
桐庐县分水镇卫生院高联村卫生室	洪　源	2010.12.25	分水镇高联村
桐庐县分水镇卫生院塘源村卫生室	郑林秀	2010.12.25	分水镇塘源村
桐庐县分水镇卫生院桥东村卫生室	王亚明	2010.12.25	分水镇桥东村
桐庐县分水镇卫生院外范村卫生室	章炳文	2010.12.25	分水镇外范村
桐庐县分水镇卫生院三合村卫生室	杨培根	2010.12.25	分水镇三合村石家村
桐庐县分水镇卫生院东溪村社区卫生服务站	朱金泉	2010.12.25	分水镇东溪村
桐庐县分水镇卫生院儒桥村社区卫生服务站	查朝明	2010.12.25	分水镇儒桥村
桐庐县分水镇卫生院天英村社区卫生服务站	何砚耕	2010.12.25	分水镇天英村天英庙
桐庐县分水镇卫生院城西村社区卫生服务站	查丽芳	2010.12.25	分水镇城西村西关村
桐庐县分水镇卫生院大路村社区卫生服务站	邹忠宝	2010.12.25	分水镇大路村村口
桐庐县分水镇卫生院富源村社区卫生服务站	刘　娟	2010.12.25	分水镇富源村富家村
桐庐县分水镇卫生院砖山村卫生室	方月萍	2010.12.25	分水镇砖山村
桐庐县分水镇卫生院后岩村卫生室	许福英	2010.12.25	分水镇后岩村
桐庐县分水镇卫生院三槐村卫生室	阙余良	2010.12.25	分水镇西华村
桐庐县分水镇卫生院新龙村卫生室	徐炎生	2010.12.25	分水镇新龙村臧家边
桐庐县分水镇卫生院朝阳村卫生室	郎崇德	2010.12.25	分水镇朝阳村
桐庐县分水镇卫生院三溪村卫生室	郑树林	2010.12.25	分水镇三溪村
桐庐县分水镇卫生院太平村卫生室	刘青松	2010.12.25	分水镇太平村
桐庐县分水镇卫生院武盛村卫生室	洪　源	2010.12.25	分水镇东关移民村
桐庐县凤川中心卫生院柴埠村社区卫生服务站	钟庆根	2010.12.25	凤川镇柴埠村
桐庐县凤川中心卫生院园林村社区卫生服务站	吴渠华	2010.12.25	凤川镇园林村

续表 62

医疗机构名称	负责人	设置时间	地址
桐庐县凤川中心卫生院翙岗村社区卫生服务站	高敏	2010.12.25	凤川镇凤新村
桐庐县凤川中心卫生院西庄村社区卫生服务站	李雅娟	2010.12.25	凤川镇西庄村
桐庐县凤川中心卫生院潇源村卫生室	皇甫阿福	2010.12.25	凤川镇潇源村
桐庐县凤川中心卫生院大源村卫生室	沈士林	2010.12.25	凤川镇大源村
桐庐县凤川中心卫生院外源村卫生室	李美洋	2010.12.25	凤川镇外源村上店村
桐庐县桐君街道社区卫生服务中心东门社区卫生服务站	夏志娟	2010.12.25	桐君街道天目路 186 号
桐庐县桐君街道社区卫生服务中心迎春社区卫生服务站	季　婷	2010.12.25	桐君街道迎春街 2 幢
桐庐县凤川中心卫生院三鑫村卫生室	戴志明	2010.12.25	凤川镇三鑫村
桐庐县合村乡卫生院后溪村社区卫生服务站	徐高德	2010.12.25	合村乡后溪村前柏
桐庐县合村乡卫生院三源村社区卫生服务站	何新民	2010.12.25	合村乡三源村茆源
桐庐县合村乡卫生院瑶溪村卫生室	王建良	2010.12.25	合村乡瑶溪村瑶溪口
桐庐县合村乡卫生院高凉亭村卫生室	项英	2010.12.25	合村乡高凉亭村大溪
桐庐县合村乡卫生院合村村卫生室	王建良	2010.12.25	合村乡合村村合强
桐庐县莪山畲族乡卫生院中山村社区卫生服务站	王根土	2010.12.25	莪山畲族乡中山民族村中门
桐庐县莪山畲族乡卫生院塘联村卫生室	王根土	2010.12.25	莪山畲族乡塘联村
桐庐县莪山畲族乡卫生院新丰村卫生室	王根土	2010.12.25	莪山畲族乡新丰民族村铁砖石
桐庐县莪山畲族乡卫生院尧山村社区卫生服务站	应云松	2010.12.25	莪山畲族乡尧山村
桐庐县莪山畲族乡卫生院龙峰村卫生室	王根土	2010.12.25	莪山畲族乡龙峰民族村双华
桐庐县莪山畲族乡卫生院沈冠村卫生室	王根土	2010.12.25	莪山畲族乡沈冠村沈家
桐庐县莪山畲族乡卫生院莪山村卫生室	王根土	2010.12.25	莪山畲族乡莪山民族村山阴湾
桐庐县瑶琳镇卫生院舒家村社区卫生服务站	颜金龙	2010.12.25	瑶琳镇舒家村盛家
桐庐县瑶琳镇卫生院永安村社区卫生服务站	汪建伦	2010.12.25	瑶琳镇永安村上王家
桐庐县瑶琳镇卫生院潘联村卫生室	皇甫玉祥	2010.12.25	瑶琳镇潘联村潘家
桐庐县瑶琳镇卫生院毕浦村卫生室	朱卫民	2010.12.25	瑶琳镇毕浦村毕浦
桐庐县瑶琳镇卫生院何宋村卫生室	朱君玉	2010.12.25	瑶琳镇何宋村高坎
桐庐县瑶琳镇卫生院后浦村卫生室	袁炎生	2010.12.25	瑶琳镇后浦村后浦
桐庐县瑶琳镇卫生院百岁村社区卫生服务站	叶智勇	2010.12.25	瑶琳镇百岁村金竹坞口
桐庐县瑶琳镇卫生院琴溪村社区卫生服务站	张　熠	2010.12.25	瑶琳镇琴源溪村珠村

续表 62

医疗机构名称	负责人	设置时间	地址
桐庐县瑶琳镇卫生院桃源村社区卫生服务站	蒋正乾	2010.12.25	瑶琳镇桃源村洞前
桐庐县瑶琳镇卫生院文源村社区卫生服务站	李湘平	2010.12.25	瑶琳镇文源村吴家
桐庐县瑶琳镇卫生院皇甫村社区卫生服务站	皇甫金标	2010.12.25	瑶琳镇皇甫村皇甫
桐庐县瑶琳镇卫生院姚村村社区卫生服务站	姚其照	2010.12.25	瑶琳镇姚村
桐庐县瑶琳镇卫生院元川村社区卫生服务站	林亦龙	2010.12.25	瑶琳镇元川村元川
桐庐县瑶琳镇卫生院大山村卫生室	陈强平	2010.12.25	瑶琳镇大山村大山
桐庐县钟山乡卫生院陇西村社区卫生服务站	马琦悍	2010.12.25	钟山乡陇西村
桐庐县钟山乡卫生院钟山村社区卫生服务站	吴勇平	2010.12.25	钟山乡钟山村下邵村
桐庐县钟山乡卫生院大市村社区卫生服务站	杨慧娟	2010.12.25	钟山乡大市村
桐庐县钟山乡卫生院城下村社区卫生服务站	杨荣其	2010.12.25	钟山乡城下村
桐庐县钟山乡卫生院魏丰村卫生室	沈学林	2010.12.25	钟山乡魏丰村
桐庐县钟山乡卫生院中一村卫生室	潘瑞根	2010.12.25	钟山乡中一村
桐庐县钟山乡卫生院仕厦村卫生室	滕雪康	2010.12.25	钟山乡仕厦村
桐庐县钟山乡卫生院夏塘村卫生室	何云成	2010.12.25	钟山乡夏塘村
桐庐县钟山乡卫生院歌舞村卫生室	陈贤康	2010.12.25	钟山乡歌舞村
桐庐县钟山乡卫生院高峰村卫生室	齐渭林	2010.12.25	钟山乡高峰村
桐庐县百江中心卫生院苎坑村卫生室	徐建荣	2010.12.25	百江镇苎坑村
桐庐县百江中心卫生院联盟村社区卫生服务站	周连生	2010.12.25	百江镇联盟村
桐庐县百江中心卫生院松村村社区卫生服务站	徐兰英	2010.12.25	百江镇松村
桐庐县百江中心卫生院翰板村社区卫生服务站	刘斯清	2010.12.25	百江镇翰板村
桐庐县百江中心卫生院罗山村社区卫生服务站	范松青	2010.12.25	百江镇罗山村
桐庐县百江中心卫生院双坞村卫生室	杨雷英	2010.12.25	百江镇双坞村
桐庐县百江中心卫生院金塘坞村卫生室	赵梅仙	2010.12.25	百江镇金塘坞村
桐庐县百江中心卫生院百江村卫生室	江华娟	2010.12.25	百江镇百江村朱门
桐庐县百江中心卫生院后河村卫生室	赵生林	2010.12.25	百江镇后河村
桐庐县百江中心卫生院钱家村卫生室	胡关榴	2010.12.25	百江镇钱家村
桐庐县百江中心卫生院郭村村卫生室	徐水根	2010.12.25	百江镇郭村
桐庐县百江中心卫生院小京村卫生室	詹良根	2010.12.25	百江镇小京村
桐庐县百江中心卫生院乐明村卫生室	徐建荣	2010.12.25	百江镇乐明村
桐庐县百江中心卫生院奇源村卫生室	徐建荣	2010.12.25	百江镇奇源村
桐庐县富春江中心卫生院严陵村社区卫生服务站	方胜宇	2010.12.25	富春江镇严陵村

续表 62

医疗机构名称	负责人	设置时间	地址
桐庐县富春江中心卫生院俞赵村社区卫生服务站	戴发松	2010.12.25	富春江镇俞赵村
桐庐县富春江中心卫生院芝厦村社区卫生服务站	袁伯阳	2010.12.25	富春江镇芝厦村
桐庐县富春江中心卫生院茆坪村社区卫生服务站	胡昌林	2010.12.25	富春江镇茆坪村
桐庐县富春江中心卫生院横山村社区卫生服务站	张建民	2010.12.25	富春江镇横山村宅前
桐庐县富春江中心卫生院石舍村卫生室	方胜宇	2010.12.25	富春江镇石舍村
桐庐县富春江中心卫生院大庄村卫生室	方胜宇	2010.12.25	富春江镇大庄村
桐庐县富春江中心卫生院金家村卫生室	蔡凌敏	2010.12.25	富春江镇金家村
桐庐县富春江中心卫生院七里泷村卫生室	方胜宇	2010.12.25	富春江镇七里泷村
桐庐县富春江中心卫生院象山桥村卫生室	方胜宇	2010.12.25	富春江镇象山桥村
桐庐县富春江中心卫生院上泗村卫生室	程仁富	2010.12.25	富春江镇上泗村
桐庐县富春江中心卫生院孝门村卫生室	董仁林	2010.12.25	富春江镇孝门村
桐庐县富春江中心卫生院里董村卫生室	沈关棋	2010.12.25	富春江镇里董村
桐庐县富春江中心卫生院渡济村卫生室	方胜宇	2010.12.25	富春江镇渡济村
桐庐县富春江中心卫生院芦茨村社区卫生服务站	黄雪松	2010.12.25	富春江镇芦茨村
桐庐县桐君街道社区卫生服务中心下杭社区卫生服务站	申屠爱芳	2010.12.25	桐君街道金堂山路 18 号
桐庐县桐君街道社区卫生服务中心中杭社区卫生服务站	杨瑞娟	2010.12.25	桐君街道朝霞路 155 号
桐庐县桐君街道社区卫生服务中心大丰村社区卫生服务站	戴　慧	2010.12.25	桐君街道大丰村
桐庐县桐君街道社区卫生服务中心金溪村社区卫生服务站	林明春	2010.12.25	桐君街道金溪村乌枫塘
桐庐县桐君街道社区卫生服务中心湾里村社区卫生服务站	余邵振	2010.12.25	桐君街道湾里村
桐庐县桐君街道社区卫生服务中心仁智村社区卫生服务站	汪　勃	2010.12.25	桐君街道仁智村
桐庐县桐君街道社区卫生服务中心春江村社区卫生服务站	钟玉萍	2010.12.25	桐君街道春江村江头
桐庐县桐君街道社区卫生服务中心下洋洲村社区卫生服务站	吴林荣	2010.12.25	桐君街道下洋洲村
桐庐县桐君街道社区卫生服务中心滩头村社区卫生服务站	毕根军	2010.12.25	桐君街道滩头村
桐庐县桐君街道社区卫生服务中心金东村社区卫生服务站	尹国平	2010.12.25	桐君街道金东村

续表 62

医疗机构名称	负责人	设置时间	地址
桐庐县桐君街道社区卫生服务中心金联村社区卫生服务站	余红华	2010.12.25	桐君街道金联村
桐庐县桐君街道社区卫生服务中心岩桥村社区卫生服务站	王　芳	2010.12.25	桐君街道岩桥村
桐庐县桐君街道社区卫生服务中心东兴村社区卫生服务站	柯新民	2010.12.25	桐君街道东兴村
桐庐县桐君街道社区卫生服务中心乔林村卫生室	方根平	2010.12.25	桐君街道乔林村
桐庐县桐君街道社区卫生服务中心金牛村卫生室	郑明娟	2010.12.25	桐君街道金牛村
桐庐县桐君街道社区卫生服务中心金中村社区卫生服务站	朱银霞	2010.12.25	桐君街道金中村
桐庐县桐君街道社区卫生服务中心上洋洲村社区卫生服务站	李跃莉	2010.12.25	桐君街道上洋洲村
桐庐县桐君街道社区卫生服务中心桑园村卫生室	李　雷	2010.12.25	桐君街道桑园村
桐庐县桐君街道社区卫生服务中心兰田村卫生室	吴静芳	2010.12.25	桐君街道兰田村
桐庐县桐君街道社区卫生服务中心新建村卫生室	柯国富	2010.12.25	桐君街道新建村
桐庐方杭英口腔诊所	方杭英	2010.9.26	桐君街道富春路 323 号(323～325 营业房)
桐庐杜春梅口腔诊所	杜春梅	2010.2.12	桐君街道尖端路 96 号(94～98 号营业房)
桐庐王关火中医诊所	王关火	2010.1.8	桐君街道金溪村中联
桐庐吴言恒中医诊所	吴言恒	2010.11.29	江南镇窄溪西路 88 号
桐庐何知脉中医诊所	何知脉	2010.1.20	分水镇武盛街劳动巷 47 号
桐庐刘俊口腔诊所	刘俊	2010.9.21	横村镇锦华路 553 号

表 63　**2010 年桐庐县注销医疗机构名单**

医疗机构名称	负责人	注销原由	注销日期
桐庐县凤川镇柴埠村卫生室	皇甫阿福	已纳入一体化管理	2010.12.25
桐庐县凤川镇园林村卫生室	李美洋	已纳入一体化管理	2010.12.25
桐庐县凤川镇园林村卫生二室	戴志明	已纳入一体化管理	2010.12.25
桐庐县旧县街道西武山社区卫生服务站	袁智慧	已纳入一体化管理	2010.12.25
桐庐县旧县街道母岭村卫生室	郑柏松	已纳入一体化管理	2010.12.25
桐庐县旧县街道鸿儒村卫生室	王春法	已纳入一体化管理	2010.12.25

续表 63

医疗机构名称	负责人	注销原由	注销日期
桐庐县新合乡引坑村卫生室	钟玉仙	已纳入一体化管理	2010.12.25
桐庐县新合乡新四村卫生室	潘三根	已纳入一体化管理	2010.12.25
桐庐县新合乡松山村卫生室	钟文堂	已纳入一体化管理	2010.12.25
桐庐县新合乡新合村卫生室	潘纪培	已纳入一体化管理	2010.12.25
桐庐县富春江镇严陵村卫生室	沈关棋	已纳入一体化管理	2010.12.25
桐庐县富春江镇俞赵村卫生室	戴发松	已纳入一体化管理	2010.12.25
桐庐县百江镇小京村卫生室	詹良根	已纳入一体化管理	2010.12.25
桐庐县百江镇钱家村卫生室	胡关榴	已纳入一体化管理	2010.12.25
桐庐县百江镇联盟村卫生二室	杨雷英	已纳入一体化管理	2010.12.25
桐庐县百江镇联盟社区卫生服务站	周连生	已纳入一体化管理	2010.12.25
桐庐县百江镇钱家村卫生二室	徐兰英	已纳入一体化管理	2010.12.25
桐庐县百江镇东辉村卫生二室	徐水根	已纳入一体化管理	2010.12.25
桐庐县百江镇翰坂村卫生室	刘斯清	已纳入一体化管理	2010.12.25
桐庐县莪山畲族乡尧山社区卫生服务站	马雪红	已纳入一体化管理	2010.12.25
桐庐县合村乡三源村卫生室	何砚耕	已纳入一体化管理	2010.12.25
桐庐县合村乡后溪村卫生室	徐高德	已纳入一体化管理	2010.12.25
桐庐县合村乡岭源村卫生室	方水祥	已纳入一体化管理	2010.12.25
桐庐县合村乡合村村卫生室	郑志龙	已纳入一体化管理	2010.12.25
桐庐县合村乡合村村卫生二室	王仁龙	已纳入一体化管理	2010.12.25
桐庐县瑶琳镇皇甫村卫生室	皇甫金标	已纳入一体化管理	2010.12.25
桐庐县瑶琳镇舒家村卫生室	颜金龙	已纳入一体化管理	2010.12.25
桐庐县瑶琳镇姚村村卫生三室	皇甫玉祥	已纳入一体化管理	2010.12.25
桐庐县瑶琳镇元川村卫生室	林亦农	已纳入一体化管理	2010.12.25
桐庐县瑶琳镇百岁村卫生室	张长龙	已纳入一体化管理	2010.12.25
桐庐县瑶琳镇后浦村卫生室	袁炎生	已纳入一体化管理	2010.12.25
桐庐县瑶琳镇何宋村卫生室	朱君玉	已纳入一体化管理	2010.12.25
桐庐县瑶琳镇永安村卫生室	汪建伦	已纳入一体化管理	2010.12.25
桐庐县瑶琳镇桃源村卫生二室	陆桥贤	已纳入一体化管理	2010.12.25
桐庐县瑶琳镇姚村村卫生室	姚其钊	已纳入一体化管理	2010.12.25
桐庐县瑶琳镇桃源村卫生室	蒋正乾	已纳入一体化管理	2010.12.25
桐庐县桐君街道浮桥埠社区卫生服务站	殷柏富	已纳入一体化管理	2010.12.25
桐庐县桐君街道麻蓬村卫生二室	吴珠秀	已纳入一体化管理	2010.12.25

续表 63

医疗机构名称	负责人	注销原由	注销日期
桐庐县桐君街道大联村卫生二室	方岑	已纳入一体化管理	2010.12.25
桐庐县分水镇东溪村卫生室	朱金泉	已纳入一体化管理	2010.12.25
桐庐县分水镇新龙村卫生室	徐炎生	已纳入一体化管理	2010.12.25
桐庐县分水镇三合村卫生室	蔡炳根	已纳入一体化管理	2010.12.25
桐庐县分水镇大路村卫生二室	丁翠花	已纳入一体化管理	2010.12.25
桐庐县分水镇富源村卫生室	刘　娟	已纳入一体化管理	2010.12.25
桐庐县分水镇桥东村卫生室	王亚明	已纳入一体化管理	2010.12.25
桐庐县分水镇小源村卫生室	陈炎红	已纳入一体化管理	2010.12.25
桐庐县分水镇徐桥村卫生室	张希景	已纳入一体化管理	2010.12.25
桐庐县分水镇盛村村卫生室	季炳荣	已纳入一体化管理	2010.12.25
桐庐县分水镇太平村卫生二室	郑树林	已纳入一体化管理	2010.12.25
桐庐县江南镇徐畈村卫生室	徐小霞	已纳入一体化管理	2010.12.25
桐庐县江南镇青源村卫生室	周小军	已纳入一体化管理	2010.12.25
桐庐县江南镇横山埠村卫生二室	钱秋程	已纳入一体化管理	2010.12.25
桐庐县江南镇横山埠村卫生室	申屠泉富	已纳入一体化管理	2010.12.25
桐庐县江南镇舒川村卫生室	龚建增	已纳入一体化管理	2010.12.25
桐庐县钟山乡陇西村卫生室	马琦悍	已纳入一体化管理	2010.12.25
桐庐县钟山乡高峰村卫生室	齐为林	已纳入一体化管理	2010.12.25
桐庐县钟山乡夏塘村卫生室	何云成	已纳入一体化管理	2010.12.25
桐庐县钟山乡大市社区卫生服务站	杨慧娟	已纳入一体化管理	2010.12.25
桐庐县钟山乡中一村卫生室	潘瑞根	已纳入一体化管理	2010.12.25
桐庐县分水镇塘源村卫生三室	郑林秀	已纳入一体化管理	2010.12.25
桐庐县分水镇儒桥村卫生室	陈　力	已纳入一体化管理	2010.12.25
桐庐县桐君街道新建村卫生室	柯国富	已纳入一体化管理	2010.12.25
桐庐县桐君街道湾里村卫生二室	余邵振	已纳入一体化管理	2010.12.25
桐庐县桐君街道濮家庄村卫生室	濮梅娟	已纳入一体化管理	2010.12.25
桐庐县桐君街道阆苑村卫生室	郑龙珍	已纳入一体化管理	2010.12.25
桐庐县桐君街道圆通社区卫生服务站	高敏	已纳入一体化管理	2010.12.25
桐庐县桐君街道梅蓉社区卫生服务站	王凌强	已纳入一体化管理	2010.12.25
桐庐县分水镇朝阳村卫生室	郎崇德	已纳入一体化管理	2010.12.25
桐庐县分水镇里湖村卫生室	宋玉龙	已纳入一体化管理	2010.12.25
桐庐县分水镇塘源村卫生室	查朝明	已纳入一体化管理	2010.12.25

续表 63

医疗机构名称	负责人	注销原由	注销日期
桐庐县分水镇大路村卫生室	邹忠宝	已纳入一体化管理	2010.12.25
桐庐县分水镇塘源村卫生二室	沈月莲	已纳入一体化管理	2010.12.25
桐庐县分水镇武盛村卫生室	林　理	已纳入一体化管理	2010.12.25
桐庐县分水镇太平村卫生室	刘青松	已纳入一体化管理	2010.12.25
桐庐县分水镇怡华村卫生室	王生喜	已纳入一体化管理	2010.12.25
桐庐县分水镇后岩村卫生室	许福英	已纳入一体化管理	2010.12.25
桐庐县分水镇外范村卫生室	章炳文	已纳入一体化管理	2010.12.25
桐庐县江南镇珠山村卫生一室	徐景珑	已纳入一体化管理	2010.12.25
桐庐县江南镇小潘村卫生室	潘华全	已纳入一体化管理	2010.12.25
桐庐县江南镇彰坞村卫生室	徐钜汉	已纳入一体化管理	2010.12.25
桐庐县江南镇梧村村卫生室	陈莲玉	已纳入一体化管理	2010.12.25
桐庐县江南镇石泉村卫生室	吴生明	已纳入一体化管理	2010.12.25
桐庐县江南镇深澳村卫生二室	申屠如雪	已纳入一体化管理	2010.12.25
桐庐县江南镇莲塘村卫生室	胡仙霞	已纳入一体化管理	2010.12.25
桐庐县江南镇窄溪社区卫生服务站	黄建初	已纳入一体化管理	2010.12.25
桐庐县江南镇锦江社区卫生服务站	宋玉峰	已纳入一体化管理	2010.12.25
桐庐县江南镇珠山村卫生三室	奚升弟	已纳入一体化管理	2010.12.25
桐庐县钟山乡仕厦村卫生室	滕雪康	已纳入一体化管理	2010.12.25
桐庐县钟山乡魏丰村卫生室	沈学林	已纳入一体化管理	2010.12.25
桐庐县钟山乡子胥村卫生室	陈贤康	已纳入一体化管理	2010.12.25
桐庐县钟山乡城下社区卫生服务站	邵玉能	已纳入一体化管理	2010.12.25
桐庐县瑶琳镇琴溪村卫生二室	吴克仁	已纳入一体化管理	2010.12.25
桐庐县桐君街道仁智村卫生室	汪渤	已纳入一体化管理	2010.12.25
桐庐县桐君街道金牛村卫生室	郑明娟	已纳入一体化管理	2010.12.25
桐庐县横村镇后岭村卫生室	陈洪军	已纳入一体化管理	2010.12.25
桐庐县横村镇孙家村卫生室	洪双琴	已纳入一体化管理	2010.12.25
桐庐县横村镇凤联村卫生室	黄秋良	已纳入一体化管理	2010.12.25
桐庐县横村镇龙伏村卫生室	吴银生	已纳入一体化管理	2010.12.25
桐庐县横村镇横村村卫生室	章汉民	已纳入一体化管理	2010.12.25
桐庐县横村镇九岭村卫生室	姚尤铭	已纳入一体化管理	2010.12.25
桐庐县横村镇柳岩村卫生室	余春根	已纳入一体化管理	2010.12.25
桐庐县横村镇宅里村卫生室	何林娜	已纳入一体化管理	2010.12.25

续表 63

医疗机构名称	负责人	注销原由	注销日期
桐庐县横村镇柳茂村卫生室	卢恩志	已纳入一体化管理	2010. 12. 25
桐庐县横村镇元村村卫生室	邓　云	已纳入一体化管理	2010. 12. 25
桐庐县横村镇东南村卫生室	王荷娟	已纳入一体化管理	2010. 12. 25
桐庐县横村镇浪石村卫生室	陈英郎	已纳入一体化管理	2010. 12. 25
桐庐县百江镇罗山社区卫生服务站	范松青	已纳入一体化管理	2010. 12. 25
桐庐县新合乡新合社区卫生服务站	胡亚英	已纳入一体化管理	2010. 12. 25
桐庐县瑶琳镇桃源社区卫生服务站	潘纪明	已纳入一体化管理	2010. 12. 25
桐庐县桐君街道金东村卫生室	尹国平	已纳入一体化管理	2010. 12. 25
桐庐县桐君街道金溪村卫生二室	申屠爱	已纳入一体化管理	2010. 12. 25
桐庐县桐君街道春江村卫生室	钟玉萍	已纳入一体化管理	2010. 12. 25
桐庐县分水镇砖山村卫生室	方月萍	已纳入一体化管理	2010. 12. 25
桐庐县桐君街道金溪村卫生三室	林明春	已纳入一体化管理	2010. 12. 25
桐庐县桐君街道湾里村卫生室	余红华	已纳入一体化管理	2010. 12. 25
桐庐县瑶琳镇文源村卫生室	李湘平	已纳入一体化管理	2010. 12. 25
桐庐县瑶琳镇皇甫村卫生二室	戴加桢	已纳入一体化管理	2010. 12. 25
桐庐县瑶琳镇毕浦村卫生室	朱卫民	已纳入一体化管理	2010. 12. 25
桐庐县瑶琳镇琴溪村卫生室	张　熠	已纳入一体化管理	2010. 12. 25
桐庐县桐君街道迎宾社区卫生服务站	何月娟	已纳入一体化管理	2010. 12. 25
桐庐县百江镇东辉村卫生室	邵乾真	已纳入一体化管理	2010. 12. 25
桐庐县瑶琳镇东琳村卫生室	童建军	已纳入一体化管理	2010. 12. 25
桐庐县瑶琳镇东琳村卫生二室	童武夫	已纳入一体化管理	2010. 12. 25
桐庐县江南镇珠山社区卫生服务站	吴锡廷	已纳入一体化管理	2010. 12. 25
桐庐县瑶琳镇大山村卫生室	陈强萍	已纳入一体化管理	2010. 12. 25
桐庐县社会福利中心医务室	季晓英	暂缓校验期满仍不能通过校验	2010. 4. 1
桐庐县钟山乡歌舞村卫生室	陈伟华	暂缓校验期满仍不能通过校验	2010. 12. 30
桐庐袁伯阳中医诊所	袁伯阳	暂缓校验期满仍不能通过校验	2010. 6. 25
桐庐张素娥西医诊所	张素娥	暂缓校验期满仍不能通过校验	2010. 6. 29
桐庐蓝水洪西医诊所	蓝水洪	歇业	2010. 8. 19
桐庐县百江镇松村村卫生室	麻祺庆	歇业	2010. 12. 30
桐庐县合村乡三源村卫生二室	何宇财	歇业	2010. 12. 30
桐庐皇甫治中医诊所	皇甫治	歇业	2010. 12. 30

【省市名院协作】 2010年,县卫生局与九三学社浙江省委医委会签订协作协议,建立省市名院协作平台。县第一人民医院与浙江大学医学院附属第一医院、浙江大学医学院附属第二医院、浙江医院、浙江大学医学院附属妇产科医院、杭州市第一人民医院等8家省市名院12个临床科室建立协作关系,县妇幼保健院与浙江大学医学院附属妇产科医院建立协作关系,县中医院与杭州市中医院建立协作关系,县第二人民医院与杭州市第三人民医院建立协作关系。是年,通过与省市名院协作,安排专家对136例危重疑难病例及时会诊,开展急、重症、疑难病远程会诊30余次;15名专家开展医学新进展系列讲座4次,600余人参加学习;指导《生存素在胃癌发生机制中作用的初步研究》《桐庐县老年认知功能障碍发病状况调查及可行性干预的探索》等科研课题拟题、申报、评审;选派县级医院机构各学科培养对象13人到协作医院进修学习。

【医疗纠纷人民调解委员会成立】 2010年8月,桐庐县医疗纠纷人民调解委员会成立,办公地址位于桐君街道圆通路51号,配备3名工作人员。该调解委员会由县司法局负责业务指导及人员、经费管理,医疗纠纷调解不收取费用。医疗纠纷发生后,医患双方可自行协商解决(索赔在1万元以上的,公立医疗机构不得自行协商处理;索赔超过10万元的,必须进行医疗事故技术鉴定),也可寻求医疗纠纷"第三方调解",即向医疗纠纷人民调解委员会申请调解。医疗纠纷人民调解委员会调解不成的,可向卫生行政部门申请医疗事故争议行政处理,或者向人民法院提起诉讼。是年,调处成功医疗纠纷10起。

【医学科研】 2010年,完成省级科研课题立项1项、市级2项、县级23项。其中姚梦华主持的《改变农村中医药人员执业环境对策研究》被确定为2010年浙江省中医药管理局科研项目,许振主持的《名中医处方在城乡基层中医人员培养中的作用探讨》和石斐主持的《延续护理对农村地区慢性阻塞性肺疾病患者的影响》被列入市卫生局科研项目,方玉红的《儿童呼吸道肺炎支原体感染流行病学研究》等23项列入县级科研项目。根据《桐庐县医学重点专科管理办法》,对全县17个医学重点专科项目进行考核。实施卫生系统内年度科技创新奖评选和优秀论文奖评选,参评项目115个。全年发表二级以上论文128篇,其中Ⅰ级期刊16篇。

【中医药事业发展】 2010年,制定出台《桐庐县中医事业专项资金管理暂行办法》,每年以100万元专项资金用于中医药科技、重点专科、人才培养、适宜技术推广等项目专项补助。推进"名院、名科、名医"工程,是年,县中医院改扩建工程完成相关论证,县中医院省级重点专科中医骨伤科、市级中医名科中医妇科和中医内科通过周期考核进入下一轮建设,1名医生被评为市级名中医、6名医生被评为杭州市首批基层名中医、5名医生参加中医学术继承培养。7月,举办桐庐县中医中药大比武,42人参赛。是年,承办杭州市第11期西学中培训班桐庐班的教学任务,学制两年,于12月12日开班,县内96名学员参加培训学习。

【结对帮扶】 2010年,继续实施"万名医生下基层"活动。下发《关于继续实施万名医师支援农村卫生工程工作的通知》,建立县乡对口协作关系,4家县级医院与13个乡镇卫生院签订对口协作协议,县级医院长期派驻对口支援单位的医务人员不少于1名。推进"十名专家、百名医生"下基层、进社区、进家庭活动,对全县百名因病致贫、因病返贫且仍未痊愈特困户送医送药送健康处方,根据病情及双方约定每年家访4次以上,平时提供健康咨询并给予必要帮助。是年,52名专家下乡到病人家中随访550次。

【卫生信息化】 2010年,继续参与国家"十一五"科技重大支撑项目"数字卫生关键技术和区域示范应用"课题,参与第四子课题和第七子课题专家组工作。至年底,全县有电子化家庭健康档案137058份,个人电子健康档案373483份,体检记录267597份,电子化管理高血压18744人、糖尿病2817人、精神病1894人、肿瘤患者445人、冠心病276人、脑卒中336人。参与国家"十一五"科技重大专项"重大传染病社区综合防治"项目,成为该项目示范区。开展基线调查和评估,建立结核病、乙型肝炎、艾滋病专项电子档案和传染病专项问诊表,计算机录入传染病专项问诊表70452人,管理结核病专项电子档案741人,乙肝调查62570人,其中HbsAg阴性62570人、HbsAg阳性5049人,阳性率7.4%,艾滋病调查约4万人,没有发现HIV阳性个体。实施村卫生室一体化管理,完成局信息中心机房软硬件部署和180家一体化村卫生室(社区卫生服务站)软硬件部署,全部村卫生室实现合作医疗刷卡报销。是年,卫生局信息中心采用虚拟化技术,迁移老旧服务器,对重要服务器进行备份,缩短故障恢复时间。制订《桐庐县卫生局中心机房应急预案》,提高应急响应规范性和故障处理速度。

【优质护理服务示范工程】 2010年,桐庐县第一人民医院在全市县级医院率先开展"优质护理服务示范工程",确定骨科病区为优质护理服务示范工程"模式病房"。病人住入"模式病房"后由责任护士负责护理工作，从基础护理、心理护理到生活护理，除病人能自理的，均由责任护士或辅助护士、护工完成，护工在护士指导下工作。护理项目根据分级护理要求在病区公示，并明确告知病房工作流程和作息时间、探视时间，以便病人家属配合和监督护理工作落实。“模式病房”个性化陪护方式，可减少因护理工作不到位或陪护不当造成并发症，提高医疗护理质量，也是老龄化社会住院病人陪护模式新探索。

【医疗业务数据】 2010年，全县公立医疗单位业务总收入4.70亿元，比2009年上升21.90%，其中县级医院4.16亿元，比2009年上升24.38%；中心卫生院3656.25万元，比2009年上升23.76%；乡镇卫生院1649.4万元，比2009年下降20.62%；门诊总数165.42万人次，比2009年上升7.51%，其中县级医院106.11万人次，比2009年上升9.47%；13家公立乡镇卫生院(社区卫生服务中心)59万人次，比2009年上升4.18%。公立医疗单位全年出院24227人次，总住院25.65万床日，其中县级医院22.76万床日、乡镇卫生院(社区卫生服务中心)2.89万床日；全县平均病床使用率78.53%，其中县级医院病床使用率96.14%、乡镇卫生院(社区卫生服务中心)病床使用率48.38%。

表64　**2010年桐庐县卫生系统医疗单位主要业务指标**

金额单位:万元

指标类别 \ 医院分类		县级医院	中心卫生院	乡镇卫生院	合　计
业务收入	2010年	41698.98	3656.25	1649.4	47004.63
	2009年	33524.47	2954.39	2080.46	38559.32
上升幅度(%)		24.38	23.76	−20.62	21.90
业务支出	2010年	41986.67	4955.02	3069.76	50011.45
	2009年	34090.59	3208.50	2459.29	39794.38
上升幅度(%)		23.16	54.43	24.82	25.67
业务收支结余	2010年	−287.72	−1298.76	−1420.34	−3006.82
	2009年	−584.11	−254.10	−414.81	−1253.02
上升幅度(%)		50.84	−411.12	−242.41	−139.96
全年平均职工人数		1241	225	183	1649
门诊人次(人次)	2010年	1061062	336352	256768	1654182
	2009年	969282	276495	292805	1538582
住院床日(床日)	2010年	225456	28963	0	254419
	2009年	203965	27743	172	231880
人均业务收入	2010年	33.60	16.25	9.01	28.5(平均)
	2009年	28.31	17.86	14.44	26.87(平均)

注:1. 本表统计范围为公立医疗机构。业务收入不包括财政补助和其他收入。

2. 2008年及以前的收支结余包含财政补助。

【基本建设】 2010年，全县卫生系统投资2500万元，资金来源为中央资金、财政拨款和自筹，当年竣工面积8765平方米。其中，桐庐县中医院作为2010年度县政府重点投资项目，于5月启动改扩建工程。该工程总建设用地1.46公顷，规划建筑面积1.2公顷，由现门诊、急诊楼用地、原果品公司用地和邮电路拆迁的0.7公顷3块项目用地组成。按“一次规划，分期实施”原则，一期实施病房医技综合楼、辅助商用房和地下停车场，总建筑面积39357平方米；二期建设门诊、急诊综合楼（包括国医馆）以及地下停车场，总建筑面积15121平方米。改扩建工程总投资约1.98亿元，工程实施代建制管理。12月底，项目破土动工，实施旧房拆除和“三通一平”等基础性工程。

是年，县立医院加大设备投入。1月，县中医院东芝16层CT机投入使用。3月，县第二人民医院血液透析中心投入运行，配备3台血液透析仪，每天可以为9人提供血液透析治疗，全年接待病人1070人次。6月，随县第一人民医院江北门诊部开设，该院投入300余万元购置DR、彩超等新设备。

表65

2010年桐庐县卫生系统医疗机构基本建设投资情况

建设单位	项目名称	总投资（万元）	本年完成额（万元）	资金来源（万元）		竣工面积（平方米）
				自筹	补助	
桐庐县第一人民医院	扩　建	4442	2346	2346		5695
桐庐县桐君街道社区卫生服务中心	改　建	297	154	129	25	3070
桐庐县中医院	改扩建	19806	—	—	—	—
桐庐县第二人民医院	急诊楼	310	—	—	—	—
合　　计	—	24855	2500	2475	25	8765

【人才队伍建设】 2010年，全系统推出105个岗位公开招聘，472人报名竞聘。经资格审查、笔试、面试、体检、考察及公示等程序，102人被录用，其中本科学历41人，引进硕士研究生2人。公立医疗卫生单位有职工1603人，其中编内正式职工1442人、编外人事代理161人；本科以上学历455名，占29.6%；大专学历562名，占36.6%；高级职称94名，占6.1%；中级职称458名，占29.8%。4月，开展系统内竞争性调动，调动31人。

是年，新增本科学历102人、专科学历90人，新增正高职称1人、副高职称35人、中级职称41人。社区卫生服务机构全科医师岗位培训率98.73%，社区护士岗位培训率100%。加强学科带头人管理，发挥学科带头人带教、示范作用，县第一人民医院被评为县“十佳重才爱才单位”，胡昔城被评为县“十佳人才”。

【绩效工资】 从2009年10月1日起，15家公共卫生与基层医疗卫生单位开始实施绩效工资。绩效工资总量由相当于单位工作人员上年度12月基本工资的额度和规范后的津贴补贴构成，绩效工资水平由县人事、财政部门按照与县事业单位工作人员平均工资水平相衔接原则核定。绩效工资分基础性绩效工资和奖励性绩效工资两部分，其中基础性绩效工资占60%，设生活补贴、岗位津贴、工龄补贴3个项目。在考核基础上，由单位确定奖励性绩效工资分配方式和办法。2010年，在职人员绩效工资水平为43100元，退休人员生活补贴为27480元。

【县乡卫生人才一体化改革】 2010年，县卫生、财政、人事部门联合制定《桐庐县县乡卫生人才一体化改革实施办法（试行）》。要求50周岁以下在岗医生每3～5年必须到上级医疗卫生单位轮训3个月以上。继续委托省医学高等专科学校定向培养农村社区医生35名，提高农村社区卫生服务能力。加强结对帮扶，乡镇卫生院留取1～3个专业技术岗位由结对帮扶县级医院长期选派思想作风好、业务水平高、管理能力强，具有中级以上职称或临床经验丰富的住院医师指导开展工作，岗位纳入编制管理，人员根据需要轮换，轮换时间不少于1年。深化基层服务，除特殊专业卫技人员外，县级医院卫技人员晋升中、高级职称前到乡镇卫生院服务累计3个月以上。

【干部保健】 2010年，县政府继续安排干部保健经费16万元和干部体检经费73.5万元用于各级干部日常保健和体检工作。是年，1047位干部参加全面体检，占应体检干部84%。继续对干部健康状况实行电脑动态管理，副县级以上干部建立电子信息化健康档案，会员可通过互联网随时查阅更新。在以往体检基础上，根据不同保健对象需求，适当增加一些有诊断价值的体检项目，提高体检质量和满意度。体检后选派保健专家组成员，分批上门发送体检报告，对体检结果给予解读分析，并做好健康教育及提醒复诊工作。

·无偿献血·

【概况】 2010年，组织无偿献血76次，其中乡镇31次。无偿献血6212人次，无偿献血量1240.56升，临床用血1155.7升，无偿献血总量是临床用血总量的107.34%(见表66)。县政府下发《桐庐县2010年无偿献血工作意见》，县文明委连续第8年将无偿献血工作列入年度精神文明考核目标，县财政划拨宣传经费10万元，通过广告、媒体宣传、健康知识进校园等活动，提高市民无偿献血意识。7月2日，县委组织部、宣传部、县直属机关党工委、县献血领导小组办公室联合举办“我为七一献热血”活动，108名机关事业单位工作人员无偿献血26560毫升。

【临床用血管理】 2010年，县卫生局印发《2010年公立医疗卫生单位目标考核细则》，加强医疗机构临床用血管理。执行《桐庐县临床用血互助金管理办法》规定，加强用血互助金管理工作，是年收取用血互助金25.501万元。定期检查各单位临床用血工作组织、制度、设备、资料等，督促成立相关科室，落实专职人员。11月29日，县献血办聘请专家对全县医务人员就如何科学合理用血进行培训，减少不合理用血及人情血使用。

表66 **1999～2010年桐庐县无偿献血及临床用血情况**

年份	献血人次	献血量(L)	用血量(L)	无偿献血占临床用血百分比(%)
1999	325	65	917	7
2000	851	171	1012	17
2001	3120	625	1010	62
2002	3468	693	722	95
2003	3818	770	714	108
2004	4385	877	787	111
2005	4905	981	814	120
2006	4410	882	856	103
2007	5231	1046	923	113
2008	5611	1122	1002	111
2009	5760	1149	1102	104
2010	6212	1241	1156	107

·初级卫生保健·

【实施国家基本药物制度】 2010年2月25日，13家公立乡镇卫生院(社区卫生服务中心)启动实施国家基本药物制度。基层医疗卫生单位全部使用307种国家基本药物、省增补的150种非基本药物目录药品、桐庐县自定的50种增补药品，除此以外的药品不得使用，所有药品实行零差率销售。其中307种国家基本药物执行全省统一采购价，即所有药物按采购价销售，不得加价。实施基本药物制度后，国家基本药物目录药品全部纳入城镇职工基本医疗保险、城镇居民基本医疗保险和新型农村合作医疗报销范围，让利1377.92万元，药品价格平均下降31%。

【乡村卫生服务一体化管理】 2010年，县、乡镇(街道)分别成立乡村卫生服务一体化管理工作领导小组，组织协调实施一体化管理工作。制定出台《桐庐县社区卫生服务发展规划(2008～2010)》《桐庐县加快卫生室和社区卫生服务站建设工作意见》《桐庐县村卫生室和社区卫生服务站建设资金拨付管理办法》，按新建社区卫生服务站10万元、村卫生室7万元和改建6万元、3万元标准给予补助。全县投入3200余万元新(改)建村卫生室、社区卫生服务站180家，并投入650万元配备设施设备，实行统一机构设置、统一人员管理、统一药械管理、统一业务管理、统一财务管理、统一制度管理的“六统一”管理。10家转制单位按照政府要求进行沟通处置，县城下轮、上杭社区因村、社区整合不再设置。纳入一体化管理的13家乡镇(街道)卫生院、180个新(改)建村级医疗机构全部实施国家基本药物制度、药品零差率销售、开通新农合刷卡，乡村一体化管理率为94.74%。成立卫生会计结算中心，对纳入一体化管理的乡镇、村二级医疗机构实行收支两条线管理。

【免费农民健康体检】 2010年，全县135506名农民接受两年一次的免费健康体检，体检率48.97%(135506/276692)。体检项目包括专项问诊、物理体检(内、外科)、心电图、空腹血糖、血常规、乙肝表面抗原(含GPT，国家重大传染病防治课题组要求)、B超(肝、胆)、HIV(60岁以下)，对于专项问诊有结核病可疑者必须拍胸片，已婚育龄妇女增加妇科检查和白带常规。查出患病人数47090人，其中高血压10604人、糖尿病2761人、恶性肿瘤43人、良性肿瘤519人、胆囊炎(胆石症)6783人、乙肝表面抗原阳性者总数4467人、GPT升高者2941人。

【中医药进社区】 2010年，巩固浙江省农村中医工作先进县创建成果，建立中医进社区考核机制，推进基层中医工作。制定出台《桐庐县中医进社区工作考核细则》，将社区中医药工作列入医政考核及中医专项资金项目考核。乡镇全面普及农村中医药，引进推广中医药适宜技术5项，参加人员150余名。以乡镇为单位建立适宜技术联络员，对适宜技术推广进行跟踪和实践指导。

【精神病防治】 2010年，全县有精神病人2547人，其中当年新发现138人，检出率6.3‰。监护病人数2547人，监护率100%。其中精神分裂症1138人，检出率为2.9‰；情感性精神障碍213人；精神发育迟滞650人；其他精神障碍552人。显好病人数2247人，显好率88%；参与社会病人数2247人，参与率88%。全县420名重性精神病患者得到免费门诊用药，全年实施规范化治疗免费用药15万元。对持低保证患者实施惠民政策，减免相关费用。

·爱国卫生·

【健康城市创建】 2010年，通过县内媒体定期向市民播出健康知识，专题宣传《杭州市公共场所控制吸烟条例》内容和控烟知识；发挥桐庐县健康讲师团作用，全年巡讲230余场；围绕法定纪念日和卫生防病日及“淡化时节、文明过节”卫生下乡等开展宣传、义诊咨询，发放手足口病防治宣传、甲型H1N1流感、疾病预防各种宣传资料10.26万份。贯彻实施《杭州市公共场所控制吸烟条例》，设立200名单位控烟监督员和105名控烟志愿者。开展健康单位培育，经县爱卫办审核，从全县20家申报单位中确定桐庐县妇保院等7家单位为2010年健康单位。开展无烟医疗卫生单位创建，2010年，桐君街道社区卫生服务中心等10家医疗卫生单位积极创建无烟医院。举办市民健康生活大奖赛。

【第22个爱国卫生宣传月】 2010年4月，在全县开展以城乡环境卫生整治、普及健康知识、加强控烟宣传、除“四害”为主的第22个爱国卫生月活动。桐君街道结合“清洁桐庐”活动，检查各村环境卫生，将存在问题制作成录像带，召集村干部和驻村干部观看，落实整改任务。各村清除死角60余处，清运垃圾50余吨，疏通污水沟1800余米；旧县街道开展卫生整治，清理垃圾40吨；富春江镇组织村、社区、单位大扫除，清理卫生死角和“牛皮癣”，发动居民对家门前或者楼道堆积物进行清理；瑶琳镇加强《浙江公民健康素养99条》和《杭州市公共场所控制吸烟条例》宣传，收集整理有关传染病预防、控烟等健康卫生知识，发放到村、学校、企业；江南镇向全镇党员干部发送健康知识短信，举办健康教育讲座培训；凤川镇举办“清洁家园、禁烟控烟、促进健康”宣传活动，进行健康知识图板展览，发放宣传资料300余份，义务为市民量血压50余人；钟山乡在乡辖区范围内组织开展1次大面积统一灭鼠，1次灭蚊、灭蟑活动；莪山畲族乡组织500多名党员干部参加集镇环境卫生整治。

表67 **2010年桐庐县卫生创建名单**

浙江省卫生乡(1个)	合村乡
浙江省卫生社区(1个)	东门社区
省级卫生单位(8个)	中国电信股份有限公司桐庐分公司
	桐庐电力开发有限公司
	杭州市桐江职业技术学校
	桐庐县青少年体育学校
	浙江桐庐农村合作银行
	桐庐县窄溪小学
	桐庐县合村乡社区卫生服务中心
	莪山畲族乡社区卫生服务中心
浙江省卫生村(16个)	江南镇徐畈村
	江南镇青源村
	江南镇梧村村
	江南镇环溪村
	旧县街道西武山村

续表 67

浙江省卫生村(16个)	横村镇白云村
	横村镇香山村
	分水镇城西村
	分水镇外范村
	瑶琳镇何宋村
	瑶琳镇舒家村
	百江镇郭村村
	凤川镇大源村
	钟山乡仕厦村
	钟山乡子胥村
	合村乡三源村
杭州市卫生单位(3个)	杭州同仁豫实业有限公司
	莪山畲族乡莪山畲族乡人民政府
	杭州杭州裕美保健品公司
杭州市卫生村(33个)	桐君街道湾里村
	桐君街道金联村
	桐君街道春江村
	桐君街道仁智村
	桐君街道乔林村
	桐君街道下洋洲村
	旧县街道母岭村
	横村镇方埠村
	横村镇东南村
	横村镇凤联村
	江南镇华丰村
	江南镇石泉村
	江南镇凤鸣村
	江南镇石阜村
	江南镇珠山村
	江南镇金茂村
	江南镇环溪村
	富春江镇里董村
	富春江镇上四村

续表 67

杭州市卫生村(33个)	富春江镇渡济村
	分水镇小源村
	分水镇盛村村
	分水镇徐桥村
	分水镇高联村
	分水镇怡华村
	瑶琳镇潘联村
	瑶琳镇毕浦村
	瑶琳镇大山村
	百江镇乐明村
	百江镇金塘坞村
	百江镇后河村
	新合乡新合村
	库区管委会富源村

【改水改厕】 2010年，县爱国卫生运动委员会办公室(以下简称爱卫办)、县水利局联合举办农村供水管理员水质监测和消毒培训，下发《关于规范农村饮水安全工程消毒管理的通知》，要求所有农村供水站(点)使用CL缓释消毒器，保障农村饮水安全。根据《桐庐县农村生活饮用水监测方案》，继续实行农村集中式供水站(点)免费监测制度，至12月底，县疾病预防控制中心完成农村集中式供水站水质采样393只，完成监测393只；乡镇卫生院开展每季度一次全覆盖消毒效果余氯监测，余氯合格率100%；继续采用改厕项目村形式，结合农村生活污水治理等工程，争取中央农村改厕项目。全县有50个行政村实施农村改厕项目，其中36个行政村实施2010年中央农村改厕项目。是年，全县农村新、改建无害化户厕10041座(其中中央农村改厕项目7167座)，清除露天粪缸39只、简易棚厕265座。在项目村继续推行“三统一”，即统一人员、统一施工、统一标准。

【除“四害”】 2010年，县城公共环境除“四害”(鼠、蝇、蚊、蟑)工作经评审由杭州巾帼西丽服务管理有限公司和桐庐卫邦有害生物防治有限公司中标。5月，县爱卫办在各社区推行除“四害”亮牌服务，在社区上墙公开两家消杀公司联系电话、服务人员和社区监督电话，根据《县城公共环境病媒生物控制市场运作监管实施方案》加强日常监管。县爱卫办、县农业局联合下发《关于开展春季除四害活动的通知》和《关于开展秋季灭鼠活动的通知》，在全县投放鼠药5321公斤。开展灭蝇先进县城复查迎检工作，印发灭蝇宣传单10000份、海报200份发放到各单位、居民、社区；开展培训，提高防蝇、灭蝇技能；组织卫生监督所工作人员对县城餐饮单位防蝇、灭蝇工作督查。11月3日，桐庐县灭蝇先进县城通过杭州市爱国卫生运动委员会考核验收。

【实施"清洁桐庐"三年行动计划】 2010年，桐庐县围绕杭州市打造"国内最清洁城市"活动，以创建省级示范文明县城为契机，继续深化"清洁桐庐"三年行动计划。通过省级示范文明县城考核，成功创建杭州市"国内最清洁城市"示范点1个(桐庐天目溪公园)，继续实行农村保洁补助30元/人，全年发放1001.506万元。召开全县"国卫"复评、"清洁桐庐"年度工作总结表彰暨省级示范文明县城创建工作动员会，号召全县干部群众巩固成果、落实长效，全面改善城乡环境面貌。加快农村三格式户厕改造，加强改厕与污水治理工程衔接，推进实施金联村、春江村等45个行政村生活污水治理和老八野生鱼味馆、百江清水湾等26家农家乐污水治理工作。继续实行暗访考核、排名公示制等长效管理机制，开展3次暗访检查，将暗访成绩在《今日桐庐》上按乡镇、集镇、最清洁村进行前后十名排名公示。

·医学会·

【学会年会】 根据浙江省《社团管理办法》和《桐庐县医学会章程》有关规定，2010年5月19日在金鑫宾馆召开桐庐县医学会2009年度年会，参加会议代表60余人。会上表彰2009年度内科、护理、放射3个先进学组及吴国平、吴震宇、潘斐彩等12名先进个人。选举调整县医学会班子成员，聘任郑国新为县医学会秘书长，郑国新、吴国平为常务理事。

【论文评选】 2010年，县医学会收到申报2009年度医药卫生科技优秀论文73篇，经评审，一等奖空缺；二等奖5篇：县一院徐建平的《闭式和开放式内括约肌侧方切断术治疗陈旧性肛裂疗效比较》、县一院翁文进的《厄贝沙坦治疗原发性高血压伴高尿酸学症疗效观察》、县中医院董美珍等的《丙泊酚复合七氟醚全麻用于癫痫患儿手术的有效性及安全性分析》、县疾病预防控制中心虞精明的《工作场所空气中二甲基甲酰胺的检测方法进展》、济民康复中心臧明的《"治未病"贴膏辩证选穴冬病夏治治疗支气管哮喘疗效观察》；三等奖15篇；优秀奖4篇。

【科技成果】 2010年，完成县级科研课题申报并立项26项，其中省级1项、市级2项、县级23项。完成科研项目鉴定11项。评选产生2009年度医药卫生科技创新项目，其中县第一人民医院姚战束等的《氧分压与血氧饱和度计算氧利用率的对比研究》和吴震宇等的《肝部分切除术治疗肝内胆管结石的临床研究》2个项目获一等奖；县第一人民医院钱红萍等的《孟鲁司特钠治疗毛细支气管炎的疗效和预后随访的研究》等5个项目获二等奖；县第一人民医院余秋根的《经皮微创气管切开术在重型颅脑外伤中的临床应用》等15个项目获三等奖。

【学术讲座】 2010年，举办国家级继续医学教育项目2项，分别是国家级继续医学教育项目《重大感染性疾病的防控策略和对应措施》和卫生部《县级医院慢性乙型肝炎规范化诊疗培训项目》；市级继续教育项目《心血管疾病诊治新进展知识讲座》1项；邀请省市专家开展《合理使用抗生素》和《糖尿病规范化治疗》等各类学术讲座10余次，组织全县医务工作者参加培训。

【专业学组活动】 2010年，内科学组联合省级专家开展心律失常新进展培训。护理学组组织全县护理安全与管理培训3次，开展护理技能竞赛及"三基"(基本知识、基本理论、基本技能)培训。检验学组开展实验室质量控制学术交流及对便携式血糖监测仪质量控制管理、鉴定。放射学组继续组织开展全县放射技术人员业务知识及实践操作比赛。五官科学组完成县残疾人联合会助残"光明行动"白内障复明手术260余人次，办理以及更换视力、听力残疾人证约200余份。

·疾病控制·

【机构概述】 2010年，县疾病预防控制中心核定编制35人，现有职工42人，其中在编职工35人、临时工(含退休返聘、人事代理)7人。专业技术人员35人(高级职称5人、中级职称8人、初级职称22人)，本科以上学历22人。中心设综合办公室、质量管理室、疾控科(艾滋病性病防治科)、卫生监测科、检验科、门诊科、健教科(所)。至年底，固定资产680.91万元，财政新增经费90.8万元，其中地方财政投入5万元、上级转移支付56.7万元、上级业务专项29.1万元。实验室配备A类仪器设备79台(件)，达标率90.17%；配备B类仪器设备88台(件)，达标率78.19%；中心实验室开展A类检测项目107项，占90.68%；开展B类检测项目49项，占80.3%。

【传染病管理】 2010年,全县报告法定乙、丙类传染病16种2138例,报告发病率534.79/10万。其中乙类传染病11种903例,发病率225.87/10万;丙类传染病5种1235例,发病率为308.92/10万。无甲类和按甲类管理的乙类传染病报告,无乙类传染病暴发疫情。全年传染病自动预警信息系统发出预警信号6种209条,响应及时率99.52%,经调查分析,均排除聚集性疫情。全年审核传染病报告卡3179张,删除卡片793张,已终审卡片2386张,审核及时2386张,审核及时率100%;报卡及时2386张,报卡及时率100%。

是年,新发现HIV阳性病例6例,接受管理的艾滋病感染者和病人8例(感染者7例、病人1例,其中1例为孕产妇,实施母婴阻断措施)。确诊结核病312例,其中,确诊肺结核病240例(阳性肺结核病人95例,新涂阳病人86例)、阴性肺结核病人145例、结核性胸膜炎及肺外结核病人72例,肺结核年发病率60/10万。报告手足口病323例,发病率80.79/10万。县疾病预防控制中心犬伤专科门诊处理动物咬伤患者7592例。未发生疯狗群体伤人事件,无狂犬病例发生。全县累计麻风病人93例,尚有存活病人31例。

【应对突发事件】 2010年,县疾病预防控制中心对19例重点传染病进行流行病学个案调查和处理,其中报告疑似麻疹15例,经实验室确诊病例4例、排除11例;报告疑似副伤寒2例,确诊1例、排除1例;报告流行性出血热1例,经实验室确诊;疑似狂犬病1例。7月2日,全县17家医疗卫生单位参加"肠道传染病防控应急演练。

9月,根据卫生部等5部委文件要求,在全县范围内开展麻疹疫苗强化免疫活动,应种人数15123人,实种14673人,接种率97.02%。

【性病 艾滋病防治】 2010年,全县有1家艾滋病初筛中心实验室、4家艾滋病初筛实验室、3个VCT咨询点。全年对手术病人、孕产妇、公共娱乐场所从业人员、婚检者等25883人进行HIV抗体筛查,对772名自愿咨询者进行艾滋病个案咨询和免费检测,对外来婚嫁女、外来务工人员、外出返乡务工人员、从业人员的高危人群及被监管人员等5类重点人群检测3501人次。对11名男男同性恋进行动员检测,检出艾滋病病毒抗体阳性3例;对926人进行行为干预。

组织建设工地工人,公共娱乐场所法人代表、老板、业主和党政领导干部开展艾滋病防治知识培训。全年发放干预资料8万余份,安全套4000余只,成人艾滋病、性病防治知识知晓率85%以上。

【免疫规划】 2010年,对360名常住适龄儿童接种情况进行调查,儿童建卡率100%,建证率100%,"九苗"(卡介苗、乙肝疫苗、脊灰糖丸、百白破、麻疹疫苗、麻腮风、甲肝、流脑、乙脑疫苗)全程合格接种率99.14%,卡证符合率98.57%;对2004年1月1日～2009年12月31日出生、在桐庐居住3个月以上的65名流动儿童接种情况进行调查,建卡率95.38%,"九苗"合格接种率96.98%。报告疑似预防接种异常反应35例,调查处置率100%。

是年,在全县开展凭证入学入托。查验幼儿园、小学、初中155家,10322人,查验率100%,无证人数623人,补证人数623人,补证率100%。对县第一人民医院、县第二人民医院和富春江中心卫生院3家医院开展AFP病例报告情况主动搜索,查门诊和住院病例56631人次,未发现AFP病例。

【规范化预防接种门诊】 2010年,13个乡镇(街道)卫生院(社区卫生服务中心)和县妇保院在完成规范化接种门诊的基础上,桐君街道社区卫生服务中心申报创建五星级规范化预防接种门诊,百江中心卫生院、江南中心卫生院、凤川中心卫生院申报创建三星级规范化预防接种门诊,11月通过市级卫生行政部门初审。

【地方病防治】 1. 碘缺乏病防治。2010年,县疾病预防控制中心采集县盐业公司盐样108份,合格108份,合格率100%。完成桐君街道、分水镇等9个乡镇(街道)36个行政村288户居民盐样采集,合格碘盐273份、非碘盐10份、不合格碘盐5份,合格率94.79%,中位数28.6毫克/公斤。对1888名8岁～10岁学生,用触诊法检查甲状腺,查出Ⅰ度肿大24人,肿大率1.27%。随机抽取100名学生尿样进行尿碘检测,尿碘含量中位数为209微克/升,大于50微克肌酐占95%,<20微克/升的有2人。对241名小学生和64名家庭妇女碘缺乏病防治知识知晓率调查,结果知晓率95%以上。开展碘营养状况调查,是年调查336户1326名居民,采集30份水样、336份盐样、1173份尿样检测,并对1101人进行甲状腺B超检查,查出B超异常185人,全县甲状腺肿大率为16.8%。

2. 疟疾防治。全年对16例疟疾病人进行抗复发治疗,发现"三热"病人(疟疾病人、疑似疟疾病人、不明原因发热病人)3627人,实际血检3625人,血检率99.94%。发现间日疟3例,进行规范治疗和疫点处理。

3. 血吸虫病监测和防治。开展“4·10”查螺日活动,70余人参与,查螺面积约7000平方米。常年开展流动人口血吸虫病监测,全年监测362人,无阳性病人。对3个乡镇180名当地居民进行饮食习惯问卷调查和采血检测肝吸虫病,发现1例阳性病例。

【慢性非传染性疾病防治】 1. 慢性病患病情况。全县有高血压病人20229人,建档管理人数19681人,规范分级管理人数18807人,规范管理率92.97%;糖尿病人3322人,建档管理人数3254人,规范化随访管理人数3086人,规范管理率92.90%;肿瘤患者1857人,建档管理人数1740人,规范化随访管理人数1538人,规范管理率82.82%。据《浙江省慢性病监测信息管理系统》统计,2010年全县新增心脑血管疾病717例、糖尿病940例、肿瘤1409例,死亡病例2584例。

2. 慢性病网络直报、死因监测情况。2010年,对全县17家医疗单位进行慢性病和死因漏报调查,覆盖率100%。调查门诊、住院登记47971人次,查出应报死亡数1429例,实报1409例,漏报20例,漏报率1.39%;肿瘤115例,实报114例,漏报率0.87%;糖尿病166例,实报157例,漏报率5.42%;心脑血管61例,实报44例,漏报率27.87%。漏报病例均补报。

3. 35岁以上内科首诊病人测血压。全年内科门诊总病例数392087例,其中首诊病例155136例,测血压146338例,测血压率94.32%。血压异常病例数9658例,其中非高血压患者异常人数1719例,血压异常复查人数1212例,血压异常确诊人数443例。

4. 死因统计。全年报告死因卡2584张,复核死亡个案548例,其中547例符合、1例不符合,主要是根本死因错误,订正上报。

【水质监测】 2010年,桐庐县作为省级农村生活饮用水水质监测项目县,完成20个监测点120份水样监测任务,其中,出厂水20份、管网末梢水60份,总体合格率55%。检测405份水样,其中城镇集中式供水193份,检测3996项次,合格3946项次,项次合格率98.75%;二次供水12份,合格率100%;农村集中式供水200份水样,检测3420项次,合格3042项次,项次合格率88.95%,不合格项目主要集中在细菌指标和消毒剂指标。每月对县城生活饮用水进行监测并在新闻媒体上公告,结果均符合国家生活饮用水卫生标准。

【公共场所和食品卫生监测】 2010年,对旅店业、浴室业、理发业等31家公共场所进行卫生监测,监测样品133件,合格122件,合格率91.72%。监测食品样品235件,合格207件,合格率88.08%;餐(饮)具298件,合格286件,合格率95.97%。

【职业卫生】 2010年,对桐庐红狮水泥有限公司、桐庐远东汽车销售服务有限公司等18家企业开展职业卫生技术服务,其中职业病危害因素检测与评价10家、工作场所职业病危害日常检测8家。全县通过职业病(含农药中毒)网络直报报告农药中毒64例,死亡3例;作业场所职业病危害因素监测卡22张;有毒有害作业工人健康监护卡58张;无职业卫生突发公共卫生事件报告。全年对53家次企业688名工人进行职业健康检查,发现职业禁忌1人,未发现疑似职业病。收集17家医疗单位177人放射个人剂量计送杭州市疾病预防控制中心检测,174人在正常范围,对结果异常3人进行调查。

【消毒质量监测】 2010年,对49家医疗机构开展消毒质量监测,采样品数556件,合格491件,合格率88.31%。其中4家县级医院上、下半年各监测1次,覆盖率100%,样品数182件,合格171件,合格率93.96%;监测社区卫生服务中心、卫生院13家,覆盖率100%,采样品147件,合格132件,合格率89.80%;监测社区卫生服务站、村卫生室、个体医32家,覆盖率20.13%,采样品数213件,合格178件,合格率83.57%。

【实验室管理】 2010年,县疾病预防控制中心实验室检测45类样品19462件,检测项目总参数65207项次。全年发放新标准和法规等文件39种105本,收集质量监督记录68份,发现轻微不符合工作项8项;实验室信息管理系统出具检验报告1130份,检验报告无结论性差错,全年无客户投诉。11月上旬,开展实验室管理体系内部审核,发现10个不符合项,均在规定时间内完成整改。参加上级机构组织的各类室间比对、能力验证和盲样考核12次,33件样品、24个项目,考核结果均为满意;与建德市、淳安县疾病预防控制中心实验室开展室间比对,比对项目为奶粉中蛋白质、水样中汞及食品中菌落总数测定,结果均满意。

【健康教育】 1. 健康单位创建。2010年,申报创建杭州市“居民健康学校”2所、全民健康生活方式行动“一二一”示范单位2家;创建7家杭州市“健康单位”通过验收达标。

2. 社会健康教育。围绕各种卫生宣传日开展宣传咨询,发放宣传折页和单页7种6.8万份;发放手足口病、甲型H1N1流感等疾病预防宣传资料10.26万份。

3. 人群健康知晓率调查。2010年,根据《桐庐县居民基本卫生防病和重点卫生防病知晓率调查工作方案》要求,开展全县居民健康知识知晓率和行为形成率调查问卷,发出1400份,有效收到1397份。经统计分析,城镇居民健康知识知晓率88.2%,行为形成率76.1%;农村居民健康知识知晓率85.6%,行为形成率72.3%;企业职工健康知识知晓率87.2%,行为形成率71.5%;机关干部健康知识知晓率88.6%,行为形成率79.7%;学生健康知识知晓率91.5%,行为形成率86.2%。

【疾病预防控制科研】 2010年,《桐庐县居民艾滋病健康教育需求情况调查及对策研究》通过县科技局立项。3项课题通过验收,其中杭州市科技发展计划项目"控制抗生素滥用健康促进项目"通过市级专家组评审验收;桐庐县科技发展计划项目"乙肝疫苗免疫对阻断乙肝病毒母婴传播效果评价"和"桐庐县青少年健康危险行为现状的调查研究"通过县科技局评审验收。

【控制抗生素滥用健康促进项目】 2010年,成立桐庐县控制抗生素滥用健康促进项目领导小组,采用统一设计的基线调查问卷,按流行病学调查方法,对社区、学校开展现场抽样问卷,抽查医疗机构处方。通过媒体宣传、社区讲座、公共场所发放资料、开展咨询、医院候诊处放置健康教育处方等方式,开展抗生素知识传播和干预。终末调查显示,人群抗生素合理使用核心知识知晓率提高23.6%,群体抗生素不合理使用行为减少12.8%,医生处方中抗生素使用率降低16.2%。7月12日,控制抗生素滥用健康促进项目经杭州市级专家组评审通过验收。

·卫生监督·

【概况】 2010年,县卫生监督所核定编制41人。至年底,有在职人员29人,其中卫生专业技术人员19人(中级职称6人、初级职称13人)。科室设置为综合办公室和城南、城北、江南、分水、横村5个分所。

该所以食品安全整治为重点,结合打击违法添加非食用物质和滥用食品添加剂、重点职业病危害专项整治、游泳场所、化妆品、集中式供水专项整治等,全年出动卫生监督员8076人次,监督检查各类被监督管理对象18881户次,抽检食品及健康相关产品524件。监督销毁假冒伪劣、过期食品及不符合卫生要求食品40公斤,取缔无证经营(超范围经营)23户次,实施罚款以上行政处罚78件,罚款15.7万元,没收违法所得2.55万元;调离"五病"从业人员38名。其中,对餐饮消费环节实施卫生行政处罚59户,罚款人民币13.35万元,检查各类食品经营单位13250户次;抽查化妆品444件,查处化妆品违法案件1起。

是年,选送2件案件参加全市优秀案件评审,1件(叶加兴经营禁止生产经营的食品等案)获杭州市行政处罚案件"十佳"案件。全年无行政处罚案件、卫生行政许可行政复议、行政诉讼,全县没有重大食物中毒等突发事件发生。

【食品安全整治】 2010年节日期间,以集体聚餐监管为重点,开展餐饮业食品原料采购、贮存、加工制作过程、熟食卤味、生食水产品、违禁生食水产品、餐具消毒、人员健康状况等监督检查,检查餐饮单位328家。打击违法添加非食用物质和滥用食品添加剂,全年检查1504家相关单位,204家餐饮单位及学校幼儿园食堂将食品添加剂使用情况报县卫生监督所备案。开展"地沟油"和不合格一次性筷子专项整治,对69家餐饮单位使用散装食用油进行监督抽检,对7家使用不合格菜油单位立案查处。推进小餐饮整治和规范,重点加大对小餐饮环境卫生、餐饮具消毒保洁、生熟食品工具(用具)、健康证和从业人员卫生状况以及是否使用禁止经营食品的检查力度,至9月底,检查小餐饮4682家次,取缔无证59家,查处违法案件196起,罚款金额25.786万元,发放卫生监督意见书、整改通知书1423份,小餐饮规范率为99.7%。开展餐具集中消毒服务单位专项整治,餐具集中消毒服务单位从整治前的6家竞争淘汰至4家,其中江南镇大园里餐具消毒服务部等3家单位通过市级验收。全年监督指导餐饮单位集体聚餐299户次,保障参加宴请各类人群6.69万人次;对农村集体聚餐申报督导1092户次,164836人次。2月1日~2月10日、9月20日~9月27日,两次紧急排查问题奶制品、清缴问题乳粉,均未发现问题乳粉及乳制品。

【食品安全风险监测】 按照2010年度浙江省餐饮服务食品安全监督性抽检计划要求,开展桐庐县餐饮服务食品安全监督抽检工作。对餐饮服务环节中的大米、米线、食用油、调味料、熟肉制品、豆制品、蔬菜、鲜榨果蔬汁、生食水产品、糕点、餐盒、一次性筷子等17个品种,524件样品中的铅、镉、汞、无机砷、酸价、过氧化值、沙门氏菌、金黄色葡萄球菌、志贺氏菌等20余个检验项目进行抽样检测,合格率95.03%。抽检场所涵盖学校食堂、建筑工地食堂、小餐饮单位、大型餐饮单位、集中消毒餐具单位等297家,监督抽检覆盖率为16.74%。

【饮用水卫生】 2010年,对辖区内7家集中式供水单位、3家二次供水单位进行专项督查。从5月起,每月定点对22个管网末梢水采样点进行监督采样。1月～11月，抽检水样8次，采水样207件，其中水源水14件，供水单位水源水质抽检结果均符合有关国家水源水质的规定；出厂水20件，抽检合格率85%(3件水样部分指标不合格)；末梢水173件，抽检合格率80.92%(33件水样部分指标不合格)。3家二次供水单位抽检结果均符合国家饮用水卫生标准。对6家集中式供水单位开展卫生监督量化分级评定工作，A、B、C级各2家。查处饮用水供水单位违法案件1起，桐庐县分水自来水厂的出厂水、渝佳饭店的末梢水PH值、锰、锌、铁、浑浊度不符合GB5749－2006生活饮用水卫生标准，对其处以罚款3000元整，同时责令立即改正违法行为的行政处罚。

【医疗机构和传染病防控监管】 2010年，对医疗服务市场、医疗机构病原微生物实验室生物安全、临床用血、医疗废物处置、艾滋病实验室、发热门诊、肠道门诊和手足口病定点医疗机构进行专项检查，对医疗机构内镜消毒灭菌效果进行监督监测。出动监督检查人员426(993)人次，检查799(868)家次，受理查处投诉举报7起，取缔无证行医3个，立案处罚4件，罚没款14450元人民币。8月～11月，在公立医疗机构推行医疗废物处置规范化管理，4家县级医疗机构和富春江中心卫生院、桐君街道社区卫生服务中心等11家乡镇卫生院(社区卫生服务中心)达到规范级，钟山乡卫生院、新合乡卫生院2家乡镇卫生院为合格。

【打击非法行医和非法采供血联动机制】 2010年5月，县卫生、公安部门联合成立打击非法行医和非法采供血联动机制，主要工作职能：召开联席会议，实行通报制度；设立公安驻卫生局联络室；公安派出所日常治安管理中注意发现和搜集非法行医信息，并协助卫生行政部门依法查处非法行医；公安部门配合卫生行政部门在查处非法行医行动中遇到查处困难及阻碍执法的行为；卫生行政部门和公安机关在执法过程中，发现涉嫌非法行医违法犯罪线索相互通报。

【公共场所卫生】 2010年4月、7月，3次对辖区内唯一一家社会性人工游泳馆即桐庐游泳馆游泳池水和浸脚池水水样进行水质监测，其中7月8日水样中游泳池池水余氯未达标。7月14日经复查，现场监测2份游泳馆池水，测得余氯浓度为0.48毫克/升、0.5毫克/升，符合国家卫生标准。7月，对县城内10家大中型宾馆、饭店客房空气和公共用品进行监督采样，金鑫宾馆、潇洒楼大酒店、华光宾馆所抽检空气和客房用品符合《旅店业卫生标准》要求；浙江红楼国际饭店、红月亮宾馆、佳日宾馆、天马宾馆、金龙宾馆、宏都宾馆所抽检空气细菌总数超标；宏都宾馆床上卧具(床单)细菌总数超标；新悦宾馆所抽检口杯、床单、毛巾细菌总数超标；10家宾馆空气CO_2含量符合《旅店业卫生标准》要求。对234家住宿、1家游泳场所、38家沐浴场所、32家专业美容院进行量化分级。开展节日期间公共场所及生活饮用水卫生监督检查，检查各类公共场所经营单位1906家次，对17家违法经营单位给予行政处罚，罚款金额11600元。

表68

2010年桐庐县公共场所卫生量化分级

项目	住宿场所		游泳场所	沐浴场所	专业美容院
	星级宾馆	普通旅馆			
辖区总数	7	262	2	41	44
发放许可证数	7	262	2	41	44
应量化分级数	7	227	1	38	42
已量化分级数	7	227	1	38	32
其中：A级	1	2	0	0	0
B级	6	24	1	5	0
C级	0	201	0	33	32
不予评级	0	0	0	0	0
量化分级率%	100	100	100	100	76.19
已信息公示数	7	227	1	38	32
信息公示率%	100	100	100	100	100

【控烟专项执法】 2010年3月1日,《杭州市公共场所控制吸烟条例》实施。县卫生、工商、烟草专卖、公安、城市管理等部门联合对机关单位、餐饮单位、住宿场所、医院、学校、商场(超市)、车站、网吧、文体场所等各类禁烟、控烟场所开展多次联合执法活动,出动监督人员1147人次,检查2118户次,对15家公共场所提出整改意见、对4家公共场所实施警告、对2家公共场所实施罚款,处罚金额1000元。

【职业卫生】 2010年,全县存在职业病危害项目企业283家,职工12165人,接触有害物质岗位工人2358人。年初起,在全县范围内开展用人单位作业场所职业危害网上申报工作,65家企业网上申报。

开展职业病危害监控,对78家单位、326处岗位进行检测,合格率89.3%;196家用人单位开展职业健康体检,检出职业禁忌人员46人、疑似职业病人6人。申请诊断新增尘肺病人1人。在汽修、印刷、建筑装饰、电镀、化工、石材矿山等行业开展粉尘与高毒物品危害专项整治,检查粉尘与高毒物品危害企业478户次,发现问题或隐患389项,责令当场改正28项、限期改正361项,提出书面卫生监督意见书94份,发出书面警告6份。

全年174家粉尘与高毒物品危害企业签订职业病防治责任书,签订劳动用人合同与职工参加工伤保险。135家粉尘与高毒物品危害企业成立工会组织。治理基本达标企业78家,达标率44.8%。至年底,开展职业卫生台账管理企业201家,在高毒、矽尘等重点职业病危害企业中实施台账管理率100%。

【投诉举报】 2010年,县卫生局卫生监督所接到投诉举报43件,其中食品类卫生投诉26件、医疗机构卫生11件、公共场所卫生2件、职业卫生1件、化妆品卫生1件、生活饮用水卫生2件。投诉举报查处率100%,反馈率100%,反馈满意率100%。处罚案件7件,罚款金额23611元,实施举报奖励350元。

【宣传培训】 2010年,县卫生监督所采取集中培训、分片轮训等形式,组织各类食品安全培训26期,培训学校食堂、工地食堂、大中型餐饮单位、小餐饮单位从业人员和农村土厨师近1800人,发放《中华人民共和国食品安全法》、《从业人员知识》、《食物中毒预防》等宣传培训材料2000余份;以《中华人民共和国食品安全法》《中华人民共和国职业病防治法》宣传周等宣传活动为载体,通过横幅、展板、发放宣传材料、接受群众咨询等形式,开展宣传活动4次,发放宣传材料5000余份,接受群众咨询500余人次。是年,向省、市卫生监督信息网站各投稿92篇,均刊发;在杭州卫生监督报上发表信息2篇。

【监督信息公示】 2010年,在全县各餐饮单位中实施监督信息公示,信息公示率99%以上。公示牌中,卫生状况等级以卡通的笑脸、平脸、哭脸表示好、一般和较差,并写明责任监督员姓名、联系方式。食品卫生安全承诺、食品卫生制度、卫生管理人员、从业人员健康信息、投诉举报公开电话,均张贴在餐饮单位内醒目处,消费者可通过信息公示牌了解餐饮店卫生状况等情况。

【餐饮服务环节食品安全知识竞赛】 2010年6月28日至7月16日,结合《中华人民共和国食品安全法》实施1周年,卫生监督所、县餐饮协会联合组织开展食品安全知识竞赛活动。15家单位参加竞赛,通过动员发动、报名、笔试初赛、决赛等程序,永隆代表队获一等奖,金鑫和桐中代表队获二等奖,七里人家、德诚火锅店、红楼代表队获三等奖。

·妇女保健·

【妇保指标】 2010年,全县管理孕产妇2481例,建卡2480例,系统管理2434例,系统管理率98.11%。住院分娩2481例,住院分娩率100%。新法接生2481例,新法接生率100%。继续开展县级高危孕产妇筛查及追踪管理工作,全年组织中级职称以上妇产科、内科医生270人次到基层进行高危筛查,筛查孕妇2460例,高危筛查率99.15%,经筛查评定高危孕妇1248例,100%实行追踪管理。全年产前筛查1994例,筛查率80.94%。筛选出69例高风险孕妇,其中33例通过追踪到省产前诊断中心进一步会诊,确诊缺陷儿8例,均终止妊娠。全县各接产点分娩产妇3596例,其中县内产妇2699例、县外流动人口产妇897例,分娩活产数3611例,全年无孕产妇死亡发生,新生儿破伤风发生数为0。继续开展围产儿死亡及出生缺陷监测工作,全年各接产单位上报死胎12例、死产2例,7天内新生儿死亡6例,围产儿死亡率5.54‰。出生缺陷儿35例,出生缺陷发生率8.28‰。

【妇女病检查】 2010年,普查已婚育龄妇女37037人,检查率56.65%;查出患妇科病人数11698人,其中阴道炎5181例,治疗5106例;宫颈糜烂5194例,治疗3589例;尖锐湿疣10例,宫颈癌3例,均已治疗。

【婚前医学检查】 2010年,继续实行免费婚检制度,结婚登记2822对,参加婚检2571对,婚前医学检查率91.11%;婚检查出患病率17.93%(患疾病人数922人),治疗率100%。

【健康教育】 2010年,每月定期向基层发放母子画报，全年累计469份。向基层发放免费婚前医学检查宣传单、产前筛查宣传单和各类健康教育处方累计32157份。县妇幼保健院每月定期举办孕妇学校，全年开设48期，1526人参加。孕妇受教育率100%。全年组织群众性宣传活动3次，并在桐庐广播电台“健康直通车”上直播妇女保健知识5期。

【科研培训与指导】 2010年，举办妇女保健和妇幼卫生信息培训班10期，325人参加；24名围产保健医生参加市级培训。妇幼保健院全年在国家二级杂志上发表论文5篇。开展新技术新项目2项，分别为“ABO母儿血型不合的产前诊断及中西医结合治疗”“超声骨密度的检查在妇保门诊的应用”。县妇保院医生定期下基层进行业务指导，全年84次。

【“五免一补助”项目】 2010年，根据《桐庐县农村孕产妇住院分娩补助项目实施方案》《桐庐县农村妇女增补叶酸预防神经管缺陷项目管理方案》《桐庐县免费产前筛查和新生儿疾病筛查实施方案》，开展免费叶酸增补、免费产前筛查、免费新生儿疾病筛查、免费孕期保健和儿童保健及农村孕产妇住院分娩补助项目。农村孕产妇住院分娩补助标准人均500元。全年免费发放叶酸2211人，分娩补助2238人，免费孕检1033人，免费产前筛查1278人。

·儿童保健·

【儿保指标】 2010年，全县0～6岁儿童总数19551人，受检19308人，体检覆盖率98.76%。0～6岁儿童系统管理19259人，系统管理率98.5%，其中0～2岁儿童7609人，当年系统管理7503人，系统管理率98.6%，标准系统管理7135人，标准系统管理率93.77%。全县调查登记0～3岁流动儿童1539人，实际系统管理1519人。桐庐籍5岁以下儿童死亡13例，其中婴儿10例(包括新生儿7例)、1～4岁儿童3例，全县5岁以下儿童死亡率5.2‰，婴儿死亡率4‰。新生儿死亡率2.8‰，与2009年相近。全县6个月内婴儿母乳喂养率93.2%，纯母乳喂养率79.3%，与2009年基本相近。

【体弱儿管理】 2010年，县政府对全县户籍人口实施0～36个月婴幼儿健康体检。0～3岁儿童筛查出佝偻病152例，佝偻病患病率1.51%；肥胖儿411例，患病率4.08%；营养不良儿童141人，营养不良患病率1.40%；0～6岁儿童测血色素16569人，查出贫血儿童1880人，贫血患病率11.35%，除贫血患病率较2009年明显下降外，其他与2009年基本相近；5～6岁儿童测视力7005人，右眼视力小于等于0.8的331人，左眼视力小于等于0.8的356人。

【新生儿疾病筛查】 2010年，桐庐县对全县户籍人口实施免费新生儿疾病筛查。全县接产活产数3611人，新生儿疾病筛查3613人，新生儿疾病筛查率100%。筛出可疑患儿55人，召回51人，召回率92.7%，确诊先天性甲状腺功能低下患儿2例。在全县继续开展27项遗传代谢病筛查。全县儿童听力筛查3561人，其中新生儿听力筛查3540人，新生儿听力筛查率98%，较2009年稳步提高，初筛未通过224例，最终11例确诊为听力异常，2例配戴助听器，其余在进一步诊治。

【托幼机构管理】 2010年，对全县学前教育专管员、幼儿园保健老师和园长134人进行《幼儿膳食与管理》《电脑营养分析知识》培训1次；举办1期保育员培训班，参加人数48人，经考试合格，发给保育员上岗证；联合杭州市妇幼保健院举办1期保健老师知识更新班，58人参加培训并通过考试。开展幼儿园工作人员上岗前及定期健康检查，全年体检888人，查出单纯性ALT升高16例、梅毒1例、霉菌性阴道炎11例、滴虫性阴道炎5例，以及高血压等常见病。查出患传染病者均隔离治疗，复查合格后，发给健康证上岗。

开展幼儿园预防性消毒监测，采样本416份，合格369份，合格率88.7%，其中乙级以上幼儿园合格率91.4%。68所幼儿园被确定为2010年卫生保健合格幼儿园。

(方　丽)

·红十字会·

【组织机构】 2010年1月，根据市委办公厅、市政府办公厅《关于对理顺红十字会管理体制工作中存在问题进行整改检查的通知》精神，县红十字会由县政府委托卫生局管理到正式机构独立，财政独立核算，办公场所独立，并设专职副会长1名、公务员编制3名、临时工2名。5月26日，县红十字会召开第四届红十字会会员代表大会，选举产生第四届理事会，有理事31名，县政府副县长周建英当选为会长，并聘请县委书记戚哮虎和县长陈国妹担任名誉会长。11月，在桐君街道洋塘、圆通、南门社区成立首批社区红十字会组织。至2010年12月，县红十字会有团体会员单位19个，基层红会组织45个，成人会员5903人，青少年会员2.8万余人，红十字志愿者127名。

【博爱送温暖】 2010年，县红十字会开展“博爱送温暖”活动。春节期间，分别向分水镇、合村乡、百江镇、库区管委会165户困难户发放5.8万元现金和0.8万余元物资。为桐庐县"感动杭城十大人物"朱周云老师送去慰问金2万元,并为朱老师募得杭州银行桐庐支行捐款5万元。县红十字会还为云南、贵州、四川等地小学生捐出1125双童鞋。捐出价值6万余元的运动服给莪山畲族乡困难人群。全年,县红十字会向困难户送出慰问金8万余元,救助困难师生慰问金16.5万元,送出慰问物资价值7.8万元。

【抗灾救灾】 2010年,中国先后发生西南旱灾、青海省玉树地震、舟曲泥石流等自然灾害。县红十字会联合各幼儿园、县广播电视台、家电百货等单位开展"情系灾区、奉献爱心,为玉树人民祈福"活动;利用"老庙黄金杯"蜜梨宝宝电视选拔大赛平台,在节目现场开展募捐活动;与桐庐红黄蓝亲子园在桐庐中心广场联合开展祈福活动,向社会各界募得救灾款137万余元。7月15日,全县各乡镇(街道)因降大雨不同程度受灾。县红十字会争取杭州市红十字会支持,分别为钟山乡中心幼儿园和百江镇小京村下拨10万元和5万元灾后重建款。12月10日,富春江镇芦茨村胡申烈、许开钰两户村民家发生火灾,县红十字会每户送上1000元慰问金和棉被等物资。是年,县红十字会被杭州市委、市政府授予杭州市红十字抗灾救灾组织奖。

【救护培训】 2010年,县红十字会继续在杭州技师学院、桐江职业技术学校开展初学驾驶员卫生救护知识培训工作,培训机动车驾驶学员10633名。对全县公安民警、长途车驾驶员等特殊行业进行专项培训,100多名民警和3家物流公司的45名驾驶员参加培训。到桐庐供电局为送电项目部职工开展卫生救护知识培训。

【青少年红十字工作】 2010年,在玉树地震捐款中,县教育红会动员全县42所高中、初中、小学学校红十字会开展募捐,为玉树地震募得救灾款70余万元。县教育红十字会被杭州市委、市政府授予杭州市红十字抗灾救灾先进集体。是年,县春江小学、分水初中教育集团被杭州市红十字会、杭州市教育局评为杭州市红十字示范学校。至年底,桐庐县有6所学校被评为杭州市红十字示范学校。桐庐县实验初级中学姚郑雯被杭州市红十字会、杭州市教育局、共青团杭州市委员会评为杭州市红十字优秀青少年。

【造血干细胞捐献】 2010年5月7日,为纪念"世界红十字日",县红十字会在县第一人民医院门口开展红十字知识大型宣传咨询暨造血干细胞捐献血样入库活动,当日有62例造血干细胞入库,至2010年底,桐庐县有415例造血干细胞入库。

(汪丽群)

【责任编辑　叶　红】

社会事业

·民政事业·

【最低生活保障】 2010年10月1日起，城镇居民低保标准从312元提高到360元，农村居民低保标准从190元提高到216元。开展低保专项清理整顿工作，清退321户不符合条件的低保家庭，对371户低保家庭的补差标准予以调整。至12月底，全县有低保对象5226户、9451人，其中，城镇601户、1166人，农村4625户、8285人。全年发放低保金1222万元，其中城镇202万元、农村1020万元。低保人均补差城镇每人每月184元，农村每人每月120元。

【避灾工程】 2010年，投入资金95万元建成新合乡新合村、富春江镇上泗村、旧县街道旧县村、横村镇杜于村、莪山畲族乡莪山村、瑶琳镇何宋村、百江镇松村村、合村乡三源村8个村级避灾所，总面积2250平方米，可转移安置受灾群众480人。全县累计建成避灾场所34个。

【访贫问苦】 2010年，发放困难群众物价上涨补贴246万元，为684户、1591名因病因灾致贫的群众发放临时救助金117.74万元，为5名外来务工人员发放应急救助金0.9万元，发放冬令、春荒等救灾救济款62万元。

【慈善事业】 2010年第十次"送温暖献爱心"活动，共募集慈善资金914万元。春节期间，走访慰问各类困难家庭7025户，发放慰问金647.6万元。制定出台《关于建立健全"送温暖献爱心"活动长效机制的意见》，健全完善资金募集机制、捐赠激励机制、工作保障机制。11月25日，在县城中心广场动工建造"慈善爱心碑"。该碑由中国美院设计，县建设局承建，投入资金99.5万元，以紫铜锻造，表面饰金漆烤漆制作，高6米。开展青海玉树地震和甘肃舟曲特大泥石流灾害社会捐赠活动，募集社会各界捐款191.1万元，其中，捐往玉树灾区108.7万元、舟曲灾区82.4万元。为131名困难家庭学生发放慈善助学金51.7万元，其中，县慈善总会27万元、洪涛慈善助学14.7万元、申通快递助学10万元。

【社会福利】 完成农村五保供养机构事业单位法人登记工作。至2010年底，全县有五保集中供养人员799人，集中供养率91.2%。3月，县社会福利中心改建工程开工，至年底，一期主体工程基本完工，收养弃婴(儿童)50人，寄养社会老人40人，被评为浙江省文明单位、全县优良作风基层站所、全县首届政风行风十佳创新举措单位。县政府出台《关于进一步促进社会福利企业发展的若干意见》，为桐庐县福利企业的发展壮大和残疾人就业提供政策保障。至年底，全县有福利企业29家，安置残疾职工610人，安置率42.4%，实现销售额13.3亿元，县民政局被评为杭州市社会福利企业管理目标考核优秀单位。中福在线全年完成销售额1480万元，为全县募集福利彩票公益金148万元。全年为293名精减职工、农婚老知青、"三老"人员发放生活补助金147.95万元。

【拥军优属】 2010年春节、中国人民解放军建军节期间，开展走访慰问驻桐部队活动，送去慰问金74.6万元，为4名抗日老战士和3名现役军人家属发放慰问金1.3万元，为296名在部队立功授奖义务兵发放奖励金23.3万元。首次组织30名在乡复员军人、烈士遗属等重点优抚对象代表到省荣军医院进行短期疗养。

【优抚工作】 2010年义务兵家庭优待金标准从每户每年8000元提高至8600元，为650户义务兵家庭发放优待金617.1万元，为32名从内地调防到西藏地区的义务兵补发家庭优待金60.7万元，为1890名重点优抚对象发放优抚金1475.4万元，为1838名重点优抚对象发放医疗补助金127万元，为112名生活困难退役军人发放临时生活补助金12.3万元，为137名优抚对象解决纳入医疗补助"一站式"即时结算服务系统问题。

【安置工作】 2010年，接收转业士官和退伍士兵265人，其中，符合城镇安置条件的103人中有101人自愿办理自谋职业手续，自谋职业率为98%；对164名农村退役人员实行城乡一体化安置。全年发放安置补偿金和生活补助费278.45万元，安置率100%。举办首届退伍军人专场招聘会，有650名退伍军人进场求职，195人达成就业意向协议。

【移民工作】 2010年,向3.49万移民发放直补资金2095万元,核减不符合条件的直补对象205人;扶持项目259个,拨付扶持资金1886万元。完成中央直属水库移民遗留问题处理6年规划绩效评估和大中型水库移民后期扶持规划监测评估工作,评估总体情况良好。

【殡葬管理】 2010年,县殡葬改革管理委员会更名为县生态殡葬工作领导小组,并充实调整成员单位,成立县殡葬执法大队。出台《桐庐县殡葬基本服务项目免费办法》,规定从2011年1月1日起,对县域内遗体接运、3天内遗体冷藏存放、遗体火化、一年内骨灰存放4项殡葬基本服务项目予以免费。全年迁移、绿化坟墓3480穴,新一轮“三沿五区”(“三沿”,指铁路沿线,公路(国道、省道)沿线,江河堤坝、通航河道沿线;“五区”,指风景名胜区、文物保护区、经济开发区、旅游度假区、引用水源保护区)坟墓整治率73.7%,查处乱葬乱埋和老坟新修违规行为16起。完成浙江树人大学桐庐校区范围内的坟墓搬迁工作,完成江南镇横山埠村、横村镇板头村等7个小型化、园林化、艺术化市级生态墓地示范点建设,桐君街道仙人洞生态墓地由8000穴扩建为20000穴。县殡仪馆改建工程焚化车间投入使用,综合办公楼、业务主楼完工。全年火化遗体2646具,火化率继续保持100%。

【村民自治组织建设】 (参见乡镇街道·瑶琳镇·村级组织换届试点)。

【社区建设】 2010年,全县13个社区居委会进行换届选举,其中有8个社区实行直接选举,直选率为62%。有8457名社区居民参与投票,参选率92%。桐庐县被评为杭州市第四届社区居委会换届选举工作先进县。桐君街道迎春社区成功创建浙江省“和谐社区”;富春江镇黄坡岭社区,横村镇近江、独山社区成功创建杭州市“和谐社区”;全县“和谐社区”创建达标率77%。完成3个乡镇社区服务中心和60个村级社区服务中心建设,其中,村级示范型社区服务中心15个,全县累计建成6个乡镇社区服务中心、125个村级社区服务中心。是年,桐庐县被评为杭州市农村社区建设先进区(县、市)一等奖。

【区划地名】 2010年,完成原桐君街道分设桐君、城南两个街道区划调整和分水镇玉华、分江两个社区设置工作。开展“平安边界”活动,与20个县域边界村签订“平安界线”责任协议。更新县城168块路牌。完成2010年度全县标准地名信息发布和县城迎春南路地名管理示范路创建工作。全年命名地名57件、设置地名标志牌7170块,发放门牌证7684本。

【社会组织管理】 完成2009年度社会组织年检工作,有119家社会团体、175家民办非企业单位参加年检,年检合格率97%。开展社会团体“小金库”专项治理工作,至2010年底,全县有社会团体126家、民办非企业单位180家。

【婚姻 收养登记及救助站管理】 2010年,办理结婚登记3426对,离婚登记1067对,补领结婚证793对,出具无婚姻登记记录2860件;依法办理收养登记46件;救助生活无着的流浪乞讨人员142人次。婚姻登记、收养登记合格率均保持100%。

(盛星环)

·人口和计划生育·

【概况】 2010年,全县出生2891人,人口出生率7.43‰;计划生育率96.96%;出生婴儿性别比103.87,统计误差率控制在1.5%以内。是年,桐庐县获全国计划生育优质服务先进单位、杭州市人口计生工作优秀单位称号。规范依法行政,在法定期限内做好再生育审批工作。是年审核审批850件,特殊情况生育审批92件,审批合格率100%。征收社会抚养费346.84万元。建立以县指导站为龙头、中心站为骨干、普通站为依托、服务室为基础计划生育技术服务体系。县计划生育指导站通过ISO 9001质量管理体系认证年度复审,全县13个乡镇(街道)计生服务站完成标准化建设,197个行政村(社区)村级计生服务室全部达到“四优一满意”(环境优美、技术优良、服务优质、管理优秀、群众满意)规范化标准。充实县、乡、村3级计生工作队伍,计生指导站新增事业编制2名,公开招考5名执业助理医师充实到基层一线。至年底,全县从事计生工作专职干部100名,183个行政村和14个社区有计生服务员391名。

【统计信息核查】 2010年,通过对2000年以来全县出生情况梳理核对,核查出当地出生34796人、补增外出流动人口出生1510人、补增外来流动人口出生2473人,外省协查1011人;核对公安、卫生、教育等部门采集预防接种数据6万多条,教育信息1.4万余条,公安信息3万余条,规范计划生育信息管理;启动全员人口信息数据库建设,完成人口信息的全面核查、录入、差错修改、补录等工作,全员信息管理率90%以上。

【流动人口管理】 推行流动人口公共服务均等化,实行流动人口综合治理。2010年,桐庐县外来和外出流动人口建档登记率和服务率均在97%以上,查环、查孕正确率均在99%以上。各乡镇(街道)探索服务管理新方法。桐君街道为外来企业职工开通查环、查孕、查病、手机短信服务，并设立新居民计生服务室，为外来流动人口提供与户籍人口同等的服务。

【宣传教育】 2010年3月开展首届“桐庐县人口计生公益大使”评选活动，从156名乡镇干部、大学生村官、计生服务员、农民等各行各业人选中评选出10名计生公益大使；举办“5·29”计生协会会员活动日暨创建国家计划生育优质服务先进单位大型文艺演出活动；在桐庐新闻网君山论坛开设“‘性’福港湾”版块，科学提供各种医疗保健、心理咨询，并将人口计生相关政策以及生殖健康保健知识与育龄群众进行沟通交流；在桐庐新闻网君山论坛设“青春飞扬”版块，开通青春期性健康求助热线，普及青春期知识；组建桐庐县“计划生育大篷车”进村入户宣传，送晚会下乡30余场。

【利益导向】 调整计划生育公益金补助范围，提高长效节育措施补助标准，每例放环补助100元，每例结扎补助1000元。2010年累计向1770人发放农村部分计划生育家庭奖励扶助金127.44万元，向130人发放计划生育家庭特别扶助金31.2万元，发放独生子女奖励金130余万元。为村级计生联系员购买人身意外伤害保险，投入13万余元为全县13057名0～14周岁独生子女购买当年度平安保险。

【村(居)民自治】 2010年，全县百人以上企业建立计划生育协会率73.5%，100%的村(居委会)计划生育协会开展计划生育村(居委会)民自治工作。在村(居委会)民自治章程修订中，强化计划生育优先优惠政策。推行计划生育“村为主”工作机制，完善工作运行模式，人口计划生育服务管理重心向村级转移。

【优生优育优教工作启动】 2010年，以红黄蓝亲子园儿童早教中心为依托，在桐君街道进行“三优中心”试点工作，为新婚夫妇、怀孕夫妇和0～3周岁婴幼儿抚养人开展优生优育优教培训。

【业务知识培训】 2010年，选派指导站业务骨干1人到省妇保医院进修，组织乡镇计划生育服务站人员到县计划生育指导站进行轮训，提高计划生育技术服务水平。7月，对全县计划生育工作系统100人次集中培训，邀请人民大学教授对当前中国人口形势、政府职能转型进行专题讲座。

(杜凤姣)

·人民生活·

【城镇居民生活】 2010年桐庐县城镇居民人均可支配收入24025.8元，比2009年增长10.3%；人均消费支出13970.9元，比2009年增长12.1%(见表69)。

表69

2010年桐庐县城镇住户抽样调查主要数据

单位:元/人

项目	2010年	2009年	增长(%)
一、家庭总收入	25683.69	23030.59	11.5
其中:可支配收入	24025.8	21790.94	10.3
1. 工资性收入	17083.44	15566.61	9.7
2. 经营性收入	4088.98	3899.92	4.8
3. 财产性收入	352.71	646.01	−45.4
4. 转移性收入	4158.56	2918.04	42.5
二、家庭总支出	17679.76	15512.15	14.0
其中:消费支出	13970.91	12467.93	12.1
1. 食品	5117	4436.62	15.3
2. 衣着	1919.61	1517.35	26.5
3. 居住	1030.13	795.51	29.5
4. 家庭设备用品及服务	950.76	1266.94	−25.0

续表 69

项目	2010 年	2009 年	增长(%)
5. 医疗保健	1055.85	1398.13	－24.5
6. 交通和通信	1948.42	1010.2	92.9
7. 教育文化娱乐服务	1690.04	1545.98	9.3
8. 其他商品和服务	259.11	497.2	－47.9

拉动城镇居民收入增长的主要因素是工薪收入稳步增长。2010 年城镇居民人均工资性收入为 17083.44 元,比 2009 年增长 9.7%,占人均可支配收入比重 71.1%。是年,城镇居民总收入中,人均转移性收入 4158.56 元,比 2009 年增长 42.5%,占人均可支配收入 17.3%。

2010 年,人均消费支出 13970.91 元,比 2009 年增长 12.1%,在八大类(上表所列 8 类)消费中,"衣、食、住、行"同步增长,消费支出呈现"五增三减"的态势。一是食品支出增长。2010 年居民人均食品消费 5117 元,比 2009 年增长 15.3%,恩格尔系数由 2009 年 35.6%上升到 36.6%。二是衣着用品消费比 2009 年增长 26.5%。城镇居民人均购买衣着支出 1919.61 元。三是居住消费支出呈上升趋势。2010 年人均居住消费支出 1030.13 元,比 2009 年增长 29.5%。至年底,人均住房建筑面积 35.77 平方米,比 2009 年增长 3.4%。四是交通和通信支出快速增长。2010 年人均交通与通信消费 1948.42 元,比 2009 年增长 92.9%。至年底,每百户居民家庭拥有家用汽车 14.75 辆,比 2009 年增长 26.4%。五是教育文化娱乐人均消费 1690.04 元,比 2009 年增长 9.3%。六是家庭设备用品及服务支出 2010 年比 2009 年下降 25.0%。七是政府加强医疗机构管理和医疗保险政策,减轻居民看病负担。2010 年城镇居民家庭人均医疗保健支出 1055.85 元,比 2009 年下降 24.5%。八是杂项商品和服务支出下降。2010 年为人均 259.11 元,比 2009 年下降 47.9%。

【农村居民收入】 据 200 户农村住户抽样调查显示,2010 年全县农村居民人均纯收入 11665 元,比 2009 年增长 12.1%,扣除物价因素,实际增长 8.6%。其中工资性收入 6368 元,比 2009 年增长 19.2%,占家庭收入 54.6%,对总纯收入贡献率 81.8%;家庭经营收入人均 3981.6 元,与 2009 年持平;非经营性收入 1315.5 元,比 2009 年增 20.6%,其中离退休养老金、家庭非常住人口寄回带回、无偿扶贫扶持等转移性收入分别为 405.6 元、98.3 元、64.6 元,比 2009 年分别增 75.1%、108.8%、7.3%;财产性收入中其他股息红利及投资收益、租金收入分别为 209.2 元、106.7 元,比 2009 年增 27.7%、58.1%;集体分配股息加红利收入、银行利息和土地征用补偿收入人均分别为 83.3 元、32.4 元、19.4 元,比 2009 年减少 30.1%、41.5% 和 44.1%。

表 70　　**2010 年桐庐县农村居民基本人均收入构成数据**

单位:元/人

收入基本构成名称	2010 年	2009 年	增减(%)
工资性收入	6368	5341	19.2
家庭经营第一产业纯收入	775.2	884	－12.3
家庭经营二、三产业纯收入	3226.4	3094.3	4.3
非经营性收入	1315.5	1090	20.7

【农村居民消费】 2010 年,全县农村居民人均生活消费支出 8088 元,比 2009 年增 11.3%,其中服务性消费 2734 元,比 2009 年增 10.3%,占生活消费性支出 33.8%。农民生活消费呈八个特点:一是食品消费支出仍为主体,恩格尔系数下降。2010 年农村居民食品消费支出增长一成,人均 2947.1 元,比 2009 年增长 10.1%,恩格尔系数为 36.4%,比 2009 年回落 0.4 个百分点。二是衣着消费支出明显增加。2010 年农村居民人均衣着消费支出 551.4 元,比 2009 年增长 16.1%。三是住房面积继续扩大。2010 年农村居民

住房面积人均69.6平方米，比2009年增加1.3平方米，其中钢筋混泥土面积56.3平方米，占总住户面积的80.9%。四是家庭设备用品再度升级。2010年末，全县农村每百户家庭拥有洗衣机92台、电冰箱101台、空调91.5台、微波炉32.5台、电脑40.5台、小汽车7辆。五是人均交通和通讯消费支出1122.7元，比2009年增长41.7%。每百户手机拥有量220部，比2009年增长10%。六是文化教育、娱乐消费支出780.9元，比2009年增长15.1%。学杂费支出人均450.6元，增长36.1%，占全部文化教育、娱乐消费支出的66.4%。七是农村居民医疗保健消费人均支出735.6元，增长64.1%。其中药品支出138.5元，增长9%；医疗保健服务人均支出585.6元，增长88.5%。八是其他商品和服务支出96.2元，比2009年增长31.2%。

（方玉珍）

·民族宗教工作·

【民族工作】 2010年，桐庐县有38个少数民族，少数民族人口13416人，约占全县总人口的3%，其中畲族6396人。是年8月，桐庐县《关于进一步加快莪山畲族乡经济社会发展的若干意见》出台。《意见》要求从2010年起，县财政每年安排100万元专项资金，用于对莪山畲族乡基础设施、文化建设等项目扶持和上级有关扶持项目配套，并视财力状况逐年增加；各类财政性建设资金、专项建设资金和政策性银行贷款，按照“优先安排、优先计划、提高标准”原则向莪山畲族乡倾斜。

是年，县民族宗教事务局重点扶持民族乡村发展，全年协助少数民族乡村申报发展项目18个，争取上级帮扶资金133万元，其中省级35万元、市级49万元、县级配套资金49万元；编制《2010～2012年桐庐县少数民族村发展项目库》，收录7个村18个发展项目。从是年起，省、市、县少数民族扶持资金项目将从项目库中选取。8月，对民族乡村2007～2009年省、市、县少数民族资金使用及账目规范情况进行核查，重点检查民族资金专款专用、票据规范及监管制度建立情况，要求少数资金使用不够规范村进行整改，并实地验收相关项目完成情况。

以“民族之家”为平台，关爱外来少数民族。1月，到杭州泛亚水暖器材有限公司和杭州立山皮件有限公司“民族之家”慰问外来少数民族职工，并向4名生活贫困的外来少数民族职工送去慰问金。4月，组织两企业“民族之家”少数民族职工代表参加莪山节庆活动，并邀请杭州市下城区少数民族艺术团参加“三月三”畲族文化节开幕式演出。6～8月，先后在杭州飞腾针纺有限公司、杭州阿富足道连锁有限公司、杭州宏华工贸有限公司成立“民族之家”。至年底，全县5个“民族之家”开展各类联谊活动6次。

是年，莪山畲族乡中门民族村、横村镇湾下畲族村创成省民族团结进步小康村；莪山畲族乡中门民族村两委获“杭州市民族团结进步先进集体”。横村初级中学畲族运动队代表杭州市参加第四届浙江省少数民族传统体育运动会蹴球、高脚竞速项目比赛。县委统战部、县民族宗教事务局撰写的《加强外来少数民族人员服务管理的调查及建议》获杭州市统战理论调研二等奖。

表71

2010～2012年桐庐县少数民族村发展项目库

村名	项目名称	实施内容	计划完成时间	投资额（万元）				预期效益
				市财政	县配套	村自筹	其他	
桐庐县横村镇湾下民族村	湾下村——白云村联村道路拓宽硬化	对湾下村——白云村大会山的联村3.5公里道路进行拓宽和硬化，预计投资75万元。	2010年6月至2011年6月	15	15	25	20	进一步改善湾下村交通状况，便利村民出行。特别是便于经济作物的生产运输，提高农业生产销售效益。预计年节资20万元。
桐庐县横村镇湾下民族村	湾下渔塘水库环库道路拓宽及护栏修护工程	对湾下水库的道路拓宽硬化，并在渔塘水库周边修筑护栏。水库周长约1200米，预计投资20万元。	2011年8月至2012年8月	6	6	6	2	改善村庄道路交通状况，更好发挥渔塘水库经济效益。预计年提升经济效益2万元。

续表 71

村名	项目名称	实施内容	计划完成时间	投资额(万元)				预期效益
				市财政	县配套	村自筹	其他	
桐庐县百江镇金塘坞民族村	村民下山集居及中心村整治工程	拟安置12户村民,并进行土地平整、路、电等基础设施建设,预计投入70万元。	2010.5~2012.12	20	20	15	15	推进农民下山集居,促进中心村建设,优化村庄就业生活及投资环境,工程完工后,预计年提升经济效益10万元以上。
桐庐县百江镇金塘坞民族村	村路灯建造工程	在6公里村道上,修建约120只路灯,预计工程总造价9万元。	2010.5~2010.11	3	3	0	0	改善村庄道路交通环境,促进经济产业的运输管理,优化村庄投资环境。
桐庐县百江镇金塘坞民族村	村道硬化工程	道路硬化1.8公里,一期工程11万元左右,二期工程8万元,工程总价19万元。	2010.5~2011.6	5	5	5	4	改善全村道路状况,便于全村农业产业的运输管理,提升工农产业经济效益,预计年节资10万元以上。
桐庐县富春江镇大庄民族村	村主干道拓宽工程	村庄道路过于狭窄,拟加宽并筑石坝。	2011.2~2011.10	5	5	6	2	改善村主干道路状况,便于全村农业产业的运输管理,提升工农产业经济效益。项目完工后,预计年节资15万元以上。
桐庐县富春江镇大庄民族村	农民下山集居,下山脱贫工程	大庄村现仍有高山农户12户,38人。拟在2010年12月前集聚到大庄中心村。	2010.5~2010.12	10	12	15	3	提升中心村集聚化程度,提高农民居住条件,有助于促进全村经济发展。
桐庐县富春江镇大庄民族村	扶育毛竹山350亩项目	平整山地,砍柴草,除挖柴根,培育种植23.3公顷毛竹。	2012.3~2012.5	2	2	1		充实山林,提高村集体经济效益,预计成熟后将增加收入15万元以上。
桐庐县莪山畲族乡龙峰民族村	生活污水处理工程	实施覆盖全村的污水处理工程,包括改水改厕、生活污水处理,新建污水池、铺设污水管网,实施人工湿地污水处理工程。预计总投资86.8万元,在2010年11月完成。	2010.3~2010.11	16	42.6	8.2		受益农户480户,人口1438人,清洁美化整个村庄,提高农村生活品质。预计年减少卫生医疗费用15万元以上。

续表 71

村名	项目名称	实施内容	计划完成时间	投资额(万元)				预期效益
				市财政	县配套	村自筹	其他	
桐庐县莪山畲族乡龙峰民族村	尧山坞白里湾至中门通村道路	拓宽道路2.5公里,宽7米,投资48万元(包括青苗费和征地费);硬化道路2.5公里,宽4～6米,投资43.2万元。整个项目预计投资91.2万元,在2011年7月完成。	2010.3～2011.7	15	37.5	18.7		受益农户278户,人口786人,方便农户生产、生活和农业生产的管理运输等;提高农业生产及农产品销售效益,使农民切实得实惠。项目完工后,预计年节资10万元以上。
桐庐县莪山畲族乡龙峰民族村	尧山坞水洪畈低产田改造工程	该畈改造面积58.4公顷,实施方案是开通生产道路3000米,水渠3800米,以及土质的改造等,总投资约37.8万元,在2012年10月完成。	2012.1～2012.10	10	10	12	8	完成改造后使路渠配套,可实行机械化作业,降低农业生产成本,提高生产产量。受益农户183户,640人。预计提高粮产量88吨。
桐庐县莪山畲族乡莪山民族村	莪山民族村自来水安装工程	在全村安装自来水,包括铺设自来水管道、修筑蓄水池、安装水表,预计项目需投入87万元。	2010.3～2011.6	10	10	37	30	工程完工后,将有627户2300余村民能够用上自来水,将显著改善民族村居民生活质量,预计年减少医疗卫生支出10万元以上。
桐庐县莪山畲族乡莪山民族村	莪山村畲民下山脱贫二期工程	引导畲民下山居住,在宅基地整理、污水管道铺设、道路硬化、环境卫生整治等方面约需投入97万元	2010.8～2012.8	15	20	30	32	将有11户高山畲民在此项工程中受益,有利于提升中心村积聚程度,改善畲民就业居住环境,促进经济发展。
桐庐县莪山畲族乡新丰民族村	新丰村污水处理工程	1.建造污水池15座,计605立方米;2.铺设大小排污管道12公里;3.安装其他配件。	2010.3～2010.12	15	25	25	15	通过建设,新丰民族村285户850人,全部实现污水无害化处理,达到新农村建设标准,年减少医疗卫生费用15万元以上。
桐庐县莪山畲族乡新丰民族村	新丰村乌龙茶基地建设	培育现有乌龙茶基地10公顷,新种植乌龙茶基地13.3公顷。	2010.2～2011.12	10	10	6	10	1.新种植乌龙茶基地13.3公顷,五年投产,每亩效益为3000元,计增效60万元,以后每年以20%递增。2.应用新技术强化培育现有乌龙茶基地10公顷,力争每年每亩增效6000元,计90万元。两项合计,年增效150万以上。

续表71

村名	项目名称	实施内容	计划完成时间	投资额(万元)				预期效益
				市财政	县配套	村自筹	其他	
桐庐县莪山畲族乡新丰民族村	新丰村无公害茶基地建设	1.强化培育现有油茶基地53.3公顷;2.发展新种植优质高效油茶基地33.3公顷;3.申报省级无公害农产品;4.新建油茶采收和运输林道6公里。	2010.2～2012.12	10	10	20	10	1.通过培育现有油茶基地,达到无公害标准,每亩每年增效300元,计年增效24万元。2.新种植无公害油茶基地33.3公顷,2015年每亩年产值达到500元,2020年亩产值达到2000元。3.林道建设,年节资20万元。三项合计,年增效144万元。
桐庐县莪山畲族乡中门民族村	中门民族村道路硬化及污水建设项目工程	1.硬化全村各条道路,新做道路2.8公里;2.铺设污水管道3500米,建设100立方污水处理池1座。	2010.3～2010.12	10	15	15	30	1.提高全村交通运输效率,预计年节资10万以上;2.解决全村污水排放难问题,预计减少医疗卫生支出10万元。
桐庐县莪山畲族乡中门民族村	中门村油茶林开发种植项目	1.强化培育现有油茶基地20公顷;2.发展新种植优质高效油茶基地20公顷;	2010.3～2011.12	10	10	15	15	通过培育现有20公顷油茶林基地,预计每亩每年增效300元,年增效计9万元以上;新种植高效优质油茶20公顷,2015年亩产预计500元,合计增收25万元。将进一步壮大集体经济,带动村民发展致富。
桐庐县莪山畲族乡中门民族村	中门民族文化中心建设项目	建造一座集老年活动中心、健身场等功能于一体的畲族民族特色文化休闲中心。	2010年3月至2012年12月	10	10	60	80	1.解决20人以上的村民就业问题;2.进一步优化中门村投资环境;3.充分挖掘畲族文化,提高村民生活质量。

表72

桐庐县2010年少数民族专项补助资金安排

单位:万元

扶持对象	扶持项目	省补资金	市补资金	县补资金	合 计
富春江镇大庄村	农民下山集居脱贫	12	12	3	27
莪山畲族乡中门村	油茶林种植项目	5	10	5	20
莪山畲族乡莪山村	下山脱贫及自来水安装工程	3	5	5	13
百江镇金塘坞村	村道及村路灯建筑工程	5	3	3	11

续表 72

扶持对象	扶持项目	省补资金	市补资金	县补资金	合　计
横村镇湾下村	连村道路拓宽硬化工程	4	8	3	15
莪山畲族乡龙峰村	污水处理及通村道路建设工程	3	3	3	9
莪山畲族乡新丰村	无公害茶基地建设	3	8	3	14
莪山畲族乡政府	民族文化中心项目			15	15
旧县街道鸿儒村（大山湾）	村道硬化及亮化工程			1	1
分水镇小源村（陈家）	村道硬化工程			0.5	0.5
钟山乡中一村（青南山）	村道硬化亮化工程			0.5	0.5
外来少数民族	外来少数民族服务			7	7
	合计	35	49	49	133

【畲族文化标志推广】 是年，县委统战部、县民族宗教事务局投入资金3万余元，借鉴畲族传统文化特征，设计制作一批包括凤凰、麒麟图案的路灯刀旗、办公室标识牌等民族标志物。在横村镇湾下畲族村、富春江镇大庄畲族村、百江镇金塘坞畲族村3个少数民族村进行安装推广。

畲族文化标志物

【宗教工作】 2010年，全县有宗教活动场所81处，其中，佛教活动场所28个，有僧人40名、居士1600名；基督教活动场所52个，有教职人员201名；天主教活动场所1个；全县有宗教团体4个。是年，水口禅寺、桐君街道基督教堂等25家宗教场所获评杭州市第二批“和谐寺观教堂”，华林禅寺、桐庐教堂等5家宗教场所获杭州市创建“和谐寺观教堂”称号。宗教内人士为青海玉树地震灾区募捐近10万元。

5～7月，县委统战部、县民族宗教事务局组织全县宗教场所安全整治，清查宗教及民间信仰场所157处，对86处存在安全隐患场所提出限期整改要求，对12处安全隐患较大场所做出与其他场所合并决定，对3家存在重大安全隐患又无登记场所依法予以取缔。

【县基督教两会换届】 2010年7月，桐庐县基督教两会在桐庐县基督教堂举行第5次代表会议。会议听取和审议县基督教三自爱国运动委员会、县基督教协会第四届常务委员会工作报告和财务报告；选举产生“两会”第五届委员会常委会委员；举行“两会”常委会第一次会议，明确“两会”新一届常委职责分工。施真光当选为县基督教三自爱国运动委员会主席，申屠建荣当选为县基督教协会会长。

（贝　原）

·老龄事业·

【概况】 2010年，全县有60周岁以上老年人68446人，占总人口的17.01%，其中90周岁以上老年人

646位(百岁老人5人)享受长寿保健补助84.8万元。是年,制发老年优待证8100余张。

全年创建"农村星光老年之家"69家,至年底,全县创成322家。瑶琳镇皇甫村、江南镇窄溪村前村、钟山乡钟山村老年活动室被评为杭州市"三星级"老年活动中心;桐君街道大联村、瑶琳镇沈村等10个"农村星光老年之家"被评为杭州市"百佳星光老年之家"。

"桐庐县老年基金会"更名为"桐庐县老龄事业发展基金会",全年筹集资金122.1万元,发放60.26万元,主要用于资助老年电大建设、"农村星光老年之家"建设和开展困难老人慰问等。

【居家养老服务】 2010年1月始,桐君街道迎春社区试点居家养老服务,向社区60岁以上老人提供家政、理发、家电维修等8个低偿、无偿服务项目,并对社区老人开办首家老年食堂。11月15日,县政府出台《关于开展社区居家养老服务工作的实施意见》,居家养老服务工作在全县15个城镇社区推广。

在农村,确定江南镇荻浦村、钟山乡大市村、瑶琳镇沈村、横村镇富乐村等4个村作为居家养老服务工作试点村。5月18日,第一个农村居家养老服务试点项目"江南镇荻浦村托老服务中心"开张运行。

【"银龄互助"活动】 2010年,桐庐县确定瑶琳镇姚村、横村镇富乐等12个村作为首批"银龄互助"(低龄、健康老人帮助高龄、困难老人)活动试点村。各试点村根据各自特点组织开展互助活动,钟山乡大市村成立生活照料组、维权调解组、文体娱乐组等服务小组,为村里的困难老人提供上门服务;百江镇联盟村将行动不便的老年人和邻居结对,并在结对双方家里安装"爱心电铃"相互照应;分水镇儒桥村按照"性格相近、爱好相似、住址相邻"等原则进行互助结对。至年末,各试点村有银龄互助志愿者430余人,为独居、空巢、高龄和失去生活能力老人提供无偿服务1250余人次。

【养老机构建设】 2010年,全县乡镇敬老院在确保农村"五保户"和城镇"三无"人员集中供养的基础上,开始面向社会老人提供寄养服务。全年有13位社会老人接受敬老院自费寄养服务。6月,县福利院改建,工程投资5050万元,总床位400张;12月,城北老年公寓改建,工程投资500万元,总床位52张。至年底,全县有机构养老床位1421张,平均每百位老人拥有床位2.1张。

【老年文体】 2010年是"杭州市老年体育组织基层建设年"活动的收官之年。是年,桐庐县举办各类老年体育培训班8期,633人参加,其中选送省、市培训5项12人。全县举办单项竞赛8次,开展展示交流活动4次,县境内外交流8次。8月8日"全民健身日",1200余位老年人参加桐庐县"千名老年人健身走"活动。在杭州市第七届老年人运动会上,桐庐县代表团参加全部12个比赛项目,有9个项目获名次奖,25人获体育道德风尚运动员奖。旧县街道创建为杭州市首个"浙江省老年体育特色之乡——健身球操之乡"。3月16日,桐庐县老年书画研究会成立。是年,组织开展老年书画展8次,展出作品600余件。

【老年维权】 2010年,建立以县法律援助中心为"主干",各乡镇(街道)法律援助联络工作站为"分枝",各村(社区)法律援助联络点为"叶"的法律援助网络。县法律援助中心开展法律服务下乡进村活动,为老年人讲课10次,开展法律咨询活动6次,接待老年人咨询500余人次,现场受理法律援助5件,到村里开庭3次。全年办理"涉老"提案4件,处理老年人来信7件,接待来访18批38人次,办理率和满意率均100%。

【老年健康】 2010年,桐庐县各行政村(社区)独建或合建(改建)180个村(社区)卫生室(站)并启用,为老年人提供预防、医疗和保健服务。第三轮(2010～2011年)农村健康体检全面启动,全县26895名参加新型农村合作医疗的老年人参加免费健康体检,占应检人数的48.2%。对体检中发现的高血压、糖尿病等重点慢性病患者,按规定定期跟踪随访和健康指导。对全县64864名老人建立健康档案,建档率98%,且均纳入电子健康档案动态管理。

【第23个老人节活动】 2010年10月16日是浙江省第23个老人节,该月为全国首个"敬老月"。期间,桐庐县组织开展以"歌颂潇洒桐庐大好河山、人文景观、民俗风情"为主题的老年书画摄影展,收到全县各乡镇(街道)105位老年人书画摄影作品358件,评出书法、绘画、摄影获奖作品36件;组织开展"庆祝全国首个'敬老月'暨浙江省第23个老人节文艺汇演",由分水镇选送的扇子舞《好运来》、县教育局选送的老年时装表演《春江晚情》、县老年人体育协会选送的《24式太极拳》等13个节目参加演出;开展慰问活动,在杭州市老龄事业发展基金会出资13.5万元基础上,桐庐县老龄事业发展基金会出资10万元,由各乡镇(街道)对470位困难老人进行慰问。在第23个老人节期间发放慰问物资263万元,受益老年人5万余人。

【老年电大】 2010年4月始,为弥补老年电大没有师资力量的缺陷,桐庐县老龄办和桐庐县社区教育领导小组办公室联合开展"红色讲坛"进基层活动,从县委党校抽出师资力量为基层老年人授课38次。组织杭州市“百场万人”老年人健康知识讲座8次。至年底，桐庐县有老年电大学员4800余人，老年大学学员560人，老年人入学率占老年人口的8.1%。

（彭智军）

·关心下一代工作·

【概况】 2010年，县关工委争取资金6.7万元，用于资助贫困学生。8月，县关工委和团县委、县工商联联合启动“帮困助学圆梦行动”，900名大学生和中小学生获得助学资金38万元。暑假期间，组织320名贫困家庭子女、留守儿童参加“科技夏令营”“农业夏令营”“文博夏令营”，通过桐庐电视台制作留守儿童节目1期，呼吁社会关心关爱贫困学生留守儿童。“六一”前夕，组织老干部、老同志向孤儿院、培智学校180多名儿童送书籍、文体用品等，价值6000余元。

以节日为载体，开展革命传统和爱国主义教育。14个“五老”（老干部、老专家、老战士、老教师、老劳模）宣讲团，全年宣讲122场次，受教育青少年4.5万人次；开展革命传统教育活动98次，受教育青少年3.8万人次，印发宣传材料7688份；县关工委科技服务团采取课堂培训与现场指导相结合方式，组织下乡指导、培训63次，为“五老”科普基地送新技术、新品种33次，给青年农民送科技资料1100册；开办农函大短期农业科技培训班25次、培训农民1300人次。开展低碳科普进学校、进社区、进农村、进企业、进机关活动47场。在全县19所中小学校开展科普教育和科技活动53次，参加学生7400人次。

（华　俊）

【责任编辑　叶　红】

乡镇 街道

·桐君街道·

【概况】 2010年，桐君街道以工业化、城镇化和新农村建设为重点，加快城乡统筹发展，完成工农业总产值135.4亿元，财政收入3.27亿元，农民人均纯收入12901元，比2009年增加11.1%。人口计生率97.6%。全街道排查各类矛盾纠纷549起，调处成功524起，其中调处非正常死亡引起经济赔偿纠纷15起。受理来信来访123件，“12345”公开电话730件，办结率100%。处理各类拖欠职工工资和工伤事故纠纷20余起。是年，该街道获浙江省旅游强镇、杭州市工业强镇（乡、街道）综合经济效益考核前十名等荣誉。

表75 2010年桐君街道情况数据库

项　目	单　位	合　计
地域面积	平方公里	160.84
耕地面积	公顷	1235.2
行政村	个	25
居委会	个	1
社区	个	9
总人口	万人	10.57
工业总产值	万元	1310750
农业总产值	万元	43685
财政收入	万元	32744
农村居民人均纯收入	元	12901

【农业生产】 2010年，街道粮食播种面积1549公顷，粮食总产量9341吨。投资700多万元完成剪溪坞水库和临村山塘水库主体工程，治理溪堤5.5公里，新浇渠道2.5公里，清理渠道15公里，新建机耕路1.8公里，修复排涝站机埠3座，抓好县重点工程排山洪三～四期政策处理、万亩节水灌溉政策处理工作。投资260余万元，完成麻蓬村低产田改造20公顷，新增耕地流转面积36公顷，复耕抛荒粮田18公顷，发放农民种粮直补资金107余万元。组建专业合作社1家（桐庐新联蔬菜合作社），创建县级特色农业示范园区1家（桐庐洋洲蜂场蜂业示范园区）、市级规范化农民专业合作社1家（桐庐兴农茶业合作社）、县级规范化合作社2家（桐庐梅蓉蜂业专业合作社、桐庐碧于天蜂业专业合作社）。组织开展各类技能培训1172人次，其中农民适用技术培训484名、务工农民岗位技能培训600名、绿色证书培训82名。推进浙江农民信箱万村联网工程建设，滩头、春江村被评为2010年度市级示范网站。

【工业经济】 2010年，街道完成工业销售产值128.2亿元，比2009年同期增长8.4%；其中规模以上工业销售产值81.1亿元，增长10.4%；工业固定资产投资8.3亿元，增长8.4%，其中限上工业投资4.98亿元；招商投入9.56亿元，增长17.6%；招商引资4.01亿元，其中实到市外内资4.68亿元；协议外资1200万美元，实到外资800万美元；外贸出口交货值42.5亿元，其中自营出口1.2亿美元。

【重点项目推进】 2010年，街道确定的12个重点工业项目全部开工建设，其中南方水泥磨项目、富昌健身、伟邦印刷、舒泰卫生品、华龙针织竣工投入生产。桐庐红狮水泥码头项目工程建设启动；鼎昊新能源主厂房结顶，生产设备部分到位；中豪管桩2个项目1.6万平方米主厂房施工有序推进；富力纺织70%设备到位，进入安装调试阶段；富春发电设备部分已到。重点项目开工率100%，竣工投产率41.6%。

【招商引资】 2010年，街道履约清理土地6.28公顷。投资800万美元的美国科德公司超微晶高效节能电机配件项目、投资300万美元的香港美利德公司高档针纺织组合时装生产线项目、投资7000万元的桐庐华鹰高新技术有限公司水轮机组配件项目、投资4200万的杭州舒泰卫生用品有限公司婴儿拉拉裤项目相继签约。投资1亿欧元的法国玛德（葡萄酒）庄园项目于5月29日在桐庐草签协议。投资4500万元的低辐射玻璃深加工项目和投资3.5亿元的太阳能电池项目与桐庐经济开发区对接成功并落户。

【林权制度改革】 2010年，街道林权制度改革全面展开，参股农户12013户，享受分利人员股数36095股，核准颁发股权证12013本，到户面积5000公顷，核实确定全街道山林总面积7653公顷，各村统管山面积6280公顷；签订毗邻协议书1509份，县内插花山勘界协议书120份；对有山无证和在2006年被漏发证的223公顷41块宗地申请补发权证；对126公顷190块宗地已被征用林地申请注销林权证。

【城镇规划建设】 2010年，根据县城总体规划要求，新增金溪村、湾里村、仁智村鲍戴家和西坞里村庄建设规划编制，做好待置换用地农转用报批工作。加快农居点建设，县农房改造重点项目滩头村农居点完工37户；大丰农居点、东兴村农居点结顶；新建村30套公寓房于年初结顶；金中农居点一期21户结顶，二期8户正在审批中；江联农居点28户住户陆续入住；溪里农居点49户全部完工，农户基本入住。完成春江村墩头区块安置点规划，14户拆迁户（共18户）签约并完成宅地基挑选；城南西路（金中路）拆迁签约21户（共22户）。加大对违法建筑查处，查处违章建筑166户，涉及面积8302.9平方米；组织集中拆违76次，拆除95户，面积4348.9平方米；查处后处于停建状态49户，面积2685.2平方米；处理临时过渡用房11户，827.1平方米；抢建结顶11户，面积441.7平方米。投入450余万元完成坞泥口沈家公路、浮桥埠村高杨联网公路、坞泥口村机耕路拓宽、高山公路拼接和金山村联网公路建设，硬化高山、金山、三联、东兴、桑园等农村道路近6公里。

【县重点工程协调服务】 2010年，街道按照县委、县政府要求，配合抓好县重点项目工程建设。完成下轮区块拆迁改造前期工作，签约率、腾空率、房屋拆除率100%，完成杭黄高铁建设前期勘察设计、拆迁范围、拆迁户调查摸底和安置点选择等工作；完成浙江树人大学桐庐校区公墓整体搬迁2000穴，并扩建天井坞公墓。10月22日，举行浙江树人大学桐庐校区建设指挥部挂牌仪式，校区建设进入实质性阶段；投入5000余万元，完成剪湖项目总工作量90%以上；荇塘坞区块拆迁全面完成；芝溪垅区块拆迁接近尾声。

【社会保障】 2010年，街道落实低保798户，92%以上农村“五保”和城镇“三无”人员入住敬老院集中供养。慰问困难群众1822户，发放慰问金107.76万余元。办理各类家电、车辆补助2805件，补助资金近170万元。推行新型城乡居民养老保险，参保人数2万余人，其中9000余人按月领取养老金；对76名3～4级精神残疾人员和201名1～2级残疾人登记核实，并申报最低生活保障；完成农民合作医疗和城镇居民医保工作，参保率分别在97%和92%以上。

【文体建设】 2010年，投资550万元，建成集图书阅览、教育培训、健身排练、非物质文化遗产传承展示等功能于一体的街道综合文化大楼，建筑面积2195平米。新增上洋洲、下洋洲、上杭、大联等14个村级图书流通点，新增东门、圆通、鑫鑫3个社区图书流通点，各流通点添置图书500册；春江村图书室增添电脑1台，实行图书一卡通借阅。组织开展群众文化体育活动200余场，街道被全国妇联评为全国妇女健身示范站点；《桐君中药文化》《阆里棕毛龙》分别申报省、市级非遗名录，钱林法、朱仲甫等被评为桐庐县第一批非物质文化遗产项目传承人。

【社区两委会换届】 2010年，街道完成9个社区、1个居委会换届选举。选举产生社区、居民委员会成员49名，其中45岁以下28人，占57.1%；大专以上学历41人，占83.7%；女性36人，占73.5%。产生社区、居委会党（总）支委员50名，其中45岁以下的28人，占56%；大专以上学历的30人，占60%；女性20人，占40%。

【“春江扬帆”中小企业信托基金】“春江扬帆”首期中小企业信托基金是由桐君街道办事处联合杭州银行股份有限公司、中投信托有限责任公司、浙江华昌担保投资有限公司共同出资建立的，该基金旨在通过该扶持基金，帮助中小企业缓解融资难、融资手段单一等问题，以推动企业产业结构调整和转型升级步伐。桐君街道有50余家企业申报，经过3个月调查摸底、评审筛选、银监审核，最终确定杭州富力纺织有限公司等18家企业为首批5000万元信托基金获贷企业。2010年6月18日，桐君街道举行“春江扬帆”首期中小企业信托贷款基金发放仪式。

春江扬帆中小企业信托基金首发仪式

表74

2010年桐君街道各行政村基本情况

村　名	村党委(总支、支部)书记	村委会主任	人口(人)	年人均收入(元)
金东村	毕为民	叶萍莉	2010	9883
金溪村	郑学云	朱双林	3345	12210
金中村	叶众兴	方周青	1750	10731
金牛村	童志新	徐新民	1303	10300
金联村	王维樟	赵良浩	2621	10122
春江村	张卫良	郑根柱	2250	10440
湾里村	戴路金	邵一意	2577	10000
岩桥村	王木娟(女)	王小明	2086	10179
仁智村	张永平	周秋良	2785	10584
兰田村	姚援朝	姚云海	409	10301
乔林村	邢伟勇	宋国良	956	13346
新建村	余桂花(女)	胡泽建	542	10952
大丰村	徐旭明	朱世林	1087	11979
滩头村	孙锡春	王升华	2370	9903
东兴村	袁顺良	程雪根	2635	9913
上洋洲村	陈士国	朱君弟	2015	9460
桑园村	赵有金	王晓清	774	8458
下洋洲村	朱永平	施才平	1980	9006
下轮村	吴雪平	吴新华	742	12097

续表 74

村　名	村党委(总支、支部)书记	村委会主任	人口(人)	年人均收入(元)
梅蓉村	戚潜虎	王云仓	3085	10356
濮家庄村	濮晓南	江义高	1312	9660
君山村	朱建群	闻荣荣	970	9078
浮桥埠村	叶建松	宋树良	1558	10800
麻蓬村	王　辉	濮剑平	1723	12715
阆苑村	闻　龙	罗宗兴	2833	9901

(洪学良)

·旧县街道·

【概况】 2010 年,旧县街道以"打造桐庐后花园,构建和谐新旧县"为建设目标,实现工农业总产值 19.1 亿元,同比增长 13.7%;财政收入 3085 万元,同比增长 12.1%;农民人均纯收入 12669 元,同比增长 9.6%。人口计生率 96%。全年发生各类矛盾纠纷 220 起,调解成功率 99.8%。受理群众信访、效能投诉 77 件。是年,该街道获浙江省防灾减灾示范街道、浙江省示范数字档案室、浙江省老年体育特色项目之乡、浙江省食品安全示范街道、杭州市文明街道、杭州市"十一五"计划生育协会工作先进集体等荣誉。

表 75　　**2010 年旧县街道情况数据库**

项　目	单　位	合　计
地域面积	平方公里	33.5
耕地面积	公顷	504
行政村	个	5
总人口数	万人	0.86
工业总产值	万元	185309
农业总产值	万元	5419
财政收入	万元	3085
农村居民人均纯收入	元	12669

【农业经济】 2010 年,旧县街道粮食生产面积 601 公顷,粮食总产量 3530 吨,油料复种面积 262.6 公顷,产量 506 吨。完成低产田改造 20 公顷、水果低产田改造 20 公顷,新增毛竹林 7.1 公顷;完成低产林改造 28 公顷、抚育幼林 18.8 公顷、建设生态公益林 754.5 公顷。完成土地流转面积 14.6 公顷。投资 93 万元,完成寺坞坑、东坞坑林道建设农发项目。投资近 70 万元,完成西武山排山洪工程。投资 150 万元的旧县村寺坞坑河道改造工程接近尾声。完成旧县、母岭废弃工矿复垦改造面积 5.4 公顷。完成合岭村造田、造地 4.07 公顷,通过宅基地整理和造田造地,实现耕地占补平衡。

【工业经济】 2010 年,旧县街道完成工业销售产值 18.31 亿元,同比增长 13%;实现规模以上工业销售产值 11.65 亿元,同比增长 13%;全社会固定资产投资完成 1.91 亿元,同比增长 19.4%,其中工业生产性投入完成 1.5 亿元。新增规模企业 9 家。自营出口 540 万美元。工业招商 6471 万元,其中市外内资 4808 万元;新引进项目 5 个,在建项目 12 个。投资 8000 万元的杭州华晨矿业有限公司、投资 3000 万元的杭州四通管业有限公司开工建设。落户迎春商务区招商项目 2 个,协议资金 9000 万元,投入 840 万元。工业技改投入 13515 万元,其中 800 万元以上项目 10 个。

【农村生活污水治理】 2010年,旧县街道被县政府列入农村生活污水治理整体推进街道,投入治理资金700余万元,采用生态湿地相结合模式,开展农村生活污水集中处理。工程铺设管网56172米,新建、改建污水池63只,新建窨井1034只,改厕778户,实现污水生态处理全覆盖。鸿儒村在池体环境绿化基础上,在污水处理池上配套建设农民健身场所。是年,该街道被评为桐庐县农村生活污水治理优秀乡镇(街道)。

【城镇建设】 2010年,完成以旧县浦里、鸿儒新村农居点改建为重点住房改造160户,其中浦里农居点建成三线(供电线、电话线、闭路线)入地、雨污分流、大理石侧石花板新型农村小区。完成旧县四联、上峰,母岭、合岭农居点规划论证。硬化路面14000平方米,安装路灯144套、自来水及雨污管道4000米、护栏790米,完成合岭、鸿儒、旧县、母岭4个村自来水提升工程及旧县、西武山2个村生态公墓建设。街道农贸市场主体竣工。鸿儒村省级待整治村、大山湾县级重点整治村项目通过验收。完成下山移民43户、169人。

【社会保障】 2010年,旧县街道采取村民代表民主评议方式取消低保15户、15人,现有低保户214户、272人,其中残疾户124户,发放低保金38万元。发放特殊困难户临时救助资金5万余元。17家规模企业主与旧县中心学校17名家庭困难中小学生结成“一对一”助学对子。受理职工维权案件21件、劳资纠纷19件,为职工追回工资47.82万元;调解工伤事故纠纷1起。8198人参加新型农村合作医疗保险,参保率98.2%。

【计划生育】 2010年,旧县街道已婚育龄妇女1814人,出生婴儿51人(2人为抱养),其中政策内出生49人,符合政策生育率为96.1%。审核农村计划生育家庭奖励扶助对象,新增15人,发放独生子女奖励费215人。办理独生子女平安保险314人、生育证45本、独生子女父母光荣证217本、流动人口婚育证明256本。全面落实优生两免(免费婚前医学检查、免费孕前优生检测)政策,两免检查率为100%。

【旧县防洪堤建设】 2010年底,旧县洲地畈堤防工程竣工。该工程位于旧县街道旧县溪出口至九堡里段,于2009年1月9日开工,总投资1000万元,全长1780多米,防洪标准为20年一遇,动用土石方16万立方米、砌石0.4万立方米、混泥土0.42万立方米。该工程完工,可使河道左右大部分防护林地及53公顷滩地农田和工业功能区内企业免遭洪水侵袭,并把沿江地带城市功能与景观功能相结合、防洪功能和环境功能相结合,提升街道城镇建设品位。

【老年体育特色项目之乡创建】 2010年,旧县街道有60岁以上老人1627人。为丰富老年人精神生活,街道和村共同出资,购置运动器材,成立腰鼓队、健身球操队、排球队、门球队等特色项目,培训教练员、辅导员、裁判员等骨干队伍39人,带动900多名老年人参加体育健身活动。是年,街道成功创建桐庐县首个浙江省老年体育特色项目之乡。

【档案管理】 2010年,旧县街道整理档案4141(卷、件)。其中文书档案200卷2279件(其中党员志愿书492件),民生档案(主要包括民政、社会保障、计生、综治)228卷160件,工程档案27卷,会计档案392卷,实物档案115件,照片档案11卷154张。建立永久、长期保管数字化档案5类2968条电子目录,全文图片23572个影像页。根据实际建立入党志愿书,计生、婚姻、山林延包、社会保险、综合治理等民生档案及平安街道创建专题数据库。是年,该街道成功创建桐庐县首个社会主义新农村建设档案工作示范街道、浙江省档案目标管理省一级、浙江省规范化数字档案室、浙江省示范数字档案室。

表76

2010年旧县街道各行政村基本情况

村　名	村党委(总支、支部)书记	村委主任	人口(人)	年人均收入(元)
西武山村	王良忠	王秀林	286	14161
旧县村	杨智华	徐为民	4196	13961
母岭村	吴明高	邵双贤	1378	12010
鸿儒村	张新宇	周国兴	1585	10808
合岭村	李　华	邵小龙	879	10410

(麻灵芬)

·富春江镇·

【概况】 2010年,富春江镇实现工农业总产值54.77亿元;财政收入2.74亿元,同比增长16.45%;税收贡献居全县第一;农村居民人均纯收入11680元,比2009年增1022元。人口计生率96.64%。全年受理各类纠纷1283起,调处成功1280起。辖区刑事案件135起(件),破案130起,抓获涉及学生寻衅滋事、敲诈勒索犯罪团伙2个,无恶性和重特大犯罪刑事案件发生。15个行政村、2个社区建设成为县级民主法制村,其中象山桥村被评为杭州市民主法制村。是年,该镇获县年度乡镇(街道)综合考评优秀单位。

表77

2010年富春江镇情况数据库

项 目	单 位	合 计
地域面积	平方公里	198.89
耕地面积	公顷	876
行政村	个	15
居委会	个	2
社区	个	2
户籍人口	万人	2.61
工业总产值	万元	524303
农业总产值	万元	23410
财政收入	万元	27424
农村居民人均纯收入	元	11680

【农业经济】 2010年,富春江镇粮食播种面积1249.8公顷,粮食总产量8744吨。种植香榧13.3公顷、毛竹20公顷,毛竹低产林改造26.67公顷,新增七里泷村溜江滩、横山村石马龙水果基地38.46公顷。完成市级低产田改造40公顷。桐庐严陵粮油专业合作社、俞赵水果专业合作社、富春江蔬菜专业合作社为县级规范化农民专业合作社。里董村创建成市级全面小康建设示范村和市级园林绿化村,石舍村创建成为省兴林富民示范村,芝厦村被评为杭州市动物防疫示范村,金家村被评为省级科普示范村。

实施农民素质提升工程,培训人数877人,其中农业培训630人,其他247人。完成林权制度改革山林面积16000公顷,涉及农户4961户,发放股权证书4961本,15976股。新增耕地流转40公顷。

【工业经济】 2010年,全镇实现工业销售产值51.7亿元,同比增长18.7%,其中规模工业企业完成销售产值41.08亿元,同比增长19.2%。固定资产总投资8.05亿元,同比增长10.3%,其中工业投资7.43亿元,同比增长10.7%;限额以上工业投入7.04亿元,同比增长8.7%。实到市外内资2.48亿元。新引进项目9个,协议投资4.9亿元。实施2000万元以上项目9个。浙江迅和机械、浙江永誉机械、杭州康鹏机械等一批大中型水电设备配套企业竣工投产,以浙

浙江富春江水电设备股份有限公司的10米数控卧车

富股份、东芝水电、龙生股份为龙头的机械制造业产值占全镇工业总产值70%以上。净增规模企业6家。新增9亿元企业1家(浙江富春江水电设备股份有限公司),新增8亿元企业1家(东芝水电设备(杭州)有限公司),新增2亿元企业1家(杭州长富金属制品有限公司);新增9000万元税收企业1家(浙江富春江水电设备股份有限公司);新增5000万元税收企业1家(东芝水电设备(杭州)有限公司);新增从1000万元到2000万元税收企业2家(浙江龙生汽车部件股份有限公司、杭州白云源水电发展有限公司);新增2000万元税收企业1家(杭州长富金属制品有限公司);新增千万元税收企业1家(杭州长源电力实业有限公司)。

【工业重点项目建设】 2010年,总投资8648万元的浙江富春江水电设备有限公司第五期项目开工建设,其中设备投资8006万元、基建投资642万元。东芝水电设备(杭州)有限公司完成投资7990万元,其中设备投资7730万元、基建投资260万元,模拟水压试验台设备进入安装阶段,计划2011年投入使用。浙江龙生汽车部件股份有限公司计划投资8800万元进行技改和扩建工程,已新建厂房10000平方米、设备投入6918万元,至年底完成投资7869万元。浙江迅和机械制造有限公司完成投资5580万元,大型设备全部安装到位并投入生产。浙江永誉机械制造有限公司完成投资2393万元,购置T6920数控铣镗床、GR35数控加工中心、G4228数控加工中心等设备。投资8254万元的杭州康鹏机械制造有限公司二期7000平方米厂房完工,1万吨油压机竣工投产。

【村镇建设】 2010年,完成里董、芝厦、严陵、上泗行政村村庄规划修编工作,完成全镇15个行政村生活污水治理工程和行政村卫生站(室)建设工作,完成5493户农户三格式化粪池建设。处理违章建筑96起,发放《限期改正通知书》138份,责令停止建设143家,自行拆除3家,强制拆除15间。投入专项资金123.55万元,完成48户住房困难户危旧房改造。完成农村住房改造430户,民建公助项目10个,其中芝厦村下山集聚和芦茨村风情小镇建设列为重点项目。实施旧城改造和新城开发工程,完成冷冻厂地块大洋豪庭房产项目主体工程;钓台路开发土地出让报批;完成红旗畈7号地块出让;完成渡济田园家居地块项目方案设计和审批;完成清渚江边休闲公园建设及春江路美化、亮化工程。污水管网三期工程建成启用,镇区污水处理覆盖率85%以上。完成建设用地复垦项目6个,整理规划总面积7.19公顷。土地开发垦造耕地5公顷,实施优良工程项目2个。做好地质灾害防治工作,确定专项治理点6个,应急排险点14个,搬迁避让1个,重点监测点7个。

【社会保障】 2010年,对一级、二级残疾人及三级、四级智力残疾和精神残疾对象实行低保,全镇538人做到应报尽保。走访慰问困难户、低保户328户,发放救济慰问款42.38万元,救济物资8万余元。完成茆坪、芝厦、大庄、渡济农村社区服务中心建设。新江、祝家两个自然村"星光老年之家"落成并通过验收。完成新型城乡居民医疗保险21334人,其中居民医保15672人、县内参加职工养老3886人、参加省保职工养老1776人,完成率为105.47%。完成职工养老保险4201人、工伤保险参保6321人、城乡居民社会养老保险8010人。15个行政村和2个社区均建立标准化劳动保障服务室。全年处理劳资纠纷及工伤事故43起,涉及人数151人,金额180余万元。其中劳资纠纷35起,涉及人数143人,金额116万余元;工伤事故8起,涉及人数8人赔偿64万元。20人享受农村计划生育家庭奖励扶助政策;827名0～14周岁儿童参加独生子女平安保险。

【文体事业】 2010年,镇综合文体中心开工建设,工程投资1100万元,面积3300余平方米。镇图书室、陈列室、阅览室、多功能活动室、培训室、乒乓室全年接待活动人员1000余人次。镇15个行政村、2个社区均拥有100平方米以上文体活动室,配齐相应健身设施。举办各类文艺晚会28场。开展文化下乡,义务送书2000余册,送电影、送戏40余场。组织健身球操、广场舞、小故事员、体育、剪纸等培训活动30余次,其中村级图书管理员、社会体育指导员培训2次;墙景画、书画、剪纸等各项展览活动4次;低碳生活、节能降耗等征文读书活动3次;健身球操、健美操、广场舞等体育健身活动20余次。培育健身球、剪纸等特色文化,富春江初级中学为浙江省剪纸基地。富春江成校获杭州市第五批职工教育培训示范基地和杭州市示范社区学校称号。俞赵村创建成市、县文化特色示范村,茆坪村、里董村为县文化扶持村,渡济村、金家村为杭州市体育特色村。是年,省级体育强镇通过复检,获市级全民健身工程建设先进单位称号,镇图书馆被评为杭州市优秀一证通工程。

【村容环境改善】 2010年,完成芝厦、严陵省级待整治村以及芦茨双源、七里泷祝家、里董小庄重点整治村建设。芦茨区块农家乐新建污水处理设施5套,采用太阳能微动力处理模式,保护区域水质安全。里董小岩山、金家桐坞口、大庄高山村村民下山集聚,涉及农户39户130人。投资248万元，完成芦茨、茆坪、石舍、象山桥农民安全饮用水工程，受益群众2824人。结合“清洁家园”活动，组织环境卫生大整治，清理垃圾400余吨，清洁河道1500余米。完成道路改造、堰坝修复工程等30个，工程交易额369万余元。

【社区组织换届试点】 2010年3月23日，富春江镇党委在黄坡岭和大洋坪社区开展党组织换届“公推直选”试点工作。大洋坪、黄坡岭社区分别有114名、122名党员参与推荐测评，占党员总数86%和87%，近300名社区居民群众参与“公推直选”，党员大会到会率分别为92%和87.3%。选举产生新一届社区党委班子，其中社区党委书记均为45岁以下、大专以上文化、具有较强双带能力。大洋坪、黄坡岭社区分别通过户代表和选民直选方式，产生新一届社区居民委员会。

【杭州新迪农业发展有限公司】 杭州新迪农业发展有限公司成立于2005年，由浙江新迪国际食品有限公司投资组建，以富春江镇为蔬菜种植基地，集生产、包装、产品研发、销售、科研于一体农业综合性企业，是杭州市农业龙头企业。公司拥有生产基地5个，种植面积250多公顷。公司投入600万元，引进装备，改造基础设施，平整土地47公顷，改良土地100公顷；建设大棚及喷、滴灌33.3公顷；引进大型拖拉机、高压喷雾机等大型农机具35台。至2010年底，公司实现机耕率、机械植保率、机械灌溉率、设施育苗率4个百分之百。公司实行订单农业，市场需要什么，基地就生产什么。除为杭州大型超市按订单搞配送外，还为浙江新迪蔬菜出口公司提供原料和蔬菜初加工产品。公司先后通过浙江省无公害蔬菜基地认证和有机基地认证，获浙江省出口创汇农产品示范基地、浙江省高效农业示范基地、杭州都市农业示范区、杭州市农业科技示范区等称号。

【芦茨风情小镇建设】 2009年，芦茨被确定为桐庐县首批风情小镇创建对象之一，规划期限为3年(2010～2012年)。风情小镇规划建设范围包括芦茨、茆坪、石舍行政村范围，总面积134.74平方公里，其中以芦茨中心村区和芦茨湾文化创意基地(含大母山和严陵坞)为核心规划区，面积约25.76公顷。按照“宜业、宜居、宜文、宜游”建设目标，以发展特色生态旅游业为建设内容，以古村落、古民居、旧遗址保护和人文景观挖掘传承和利用为载体，结合村庄整治、休闲旅游、文化创意开发，形成历史村镇建设与自然人文资源保护交融为一体，具有新农村建设特色风情小镇。2010年，投资1423万元，先后启动中心村区立面改造、牌坊等区块基础工程建设。

【俞赵村老年大学】 2010年末，俞赵村有老年人591人。为实现老有所养、老有所学、老有所乐、老有所为，是年9月3日成立俞赵村老年大学，首期学生40名。老年大学活动场地约280平方米，配有棋牌室、阅览室、活动室等，配置电脑、电视机、无线话筒等教学设施。老年大学邀请两位从教老师担任授课讲师，按老年电教要求编制教学计划，每周2节课，一学期40课时制，每周星期六为学习日。教学课程根据中老年人特点和兴趣设置，开设卫生保健、历史、时政、农村实用科技等课。

2010年富春江镇各行政村基本情况

表78

村　名	村党委(总支、支部)书记	村委主任	人口(人)	年人均收入(元)
横山村	祝柏青	方国荣	1424	13200
七里泷村	邵雪宝	吕建民	2254	12398
俞赵村	应海龙	祁宝云	3334	12400
渡济村	沈阿平	李锡明	635	10651
上泗村	余炎松	程金康	796	11585
严陵村	江发根	江明吉	1535	10956
里董村	陈建功	陈柏春	1279	10589
大庄村	钟志联	李荣泉	519	10808
象山桥村	潘继生	蒋国华	603	11499
芝厦村	柯越强	吴　昊	1670	12536

续表 78

村　名	村党委(总支、支部)书记	村委主任	人口(人)	年人均收入(元)
孝门村	刘国忠	孙忠伟	1700	12082
金家村	刘根林	陶先跃	793	10294
芦茨村	方宗和	章红华	1291	10904
茆坪村	胡昌金	胡宗扬	1279	12254
石舍村	曹茂洪	朱灯松	877	9633

(华雪芬)

·江南镇·

【概况】 2010 年,江南镇实现工农业总产值 64.84 亿元,同比增长 69.5%;财政收入 15039 万元,同比增长 78%;农民人均纯收入 11003 元。人口计生率 95.9%。全年接待办理群众来信来访件 343 件,调处矛盾纠纷 300 余起起,其中重大矛盾纠纷 9 起。是年,该镇获省级综治工作先进集体、省级经济普查先进集体、市体育强镇、市土地承包经营权流转十佳乡镇、市基层信访和 12345 工作先进单位,成功创建市现代化标志性教育强镇、市“十小行业”整规特色镇街、市食品安全示范乡镇。

表 79　　**2010 年江南镇情况数据库**

项　目	单　位	合　计
地域面积	平方公里	78.2
耕地面积	公顷	1775
行政村	个	20
总人口	人	50041
农业总产值	万元	17010
工业总产值	万元	631404
财政收入	万元	15039
农村居民人均纯收入	元	11003

【农业产业化建设】 2010 年,江南镇发展水产、植保、粮油等特色种养殖业,实施锦江(市级)和莲塘、石泉(县级)粮油功能区建设。创建规范化农业专业合作社 3 家(市级 1 家、县级 2 家),创建市级新农村建设标兵村 1 个(华丰村),培育县级农业龙头企业 1 家(百草滩水产养殖场),申报农技推广基金项目 1 个(奚根军水产养殖场)。凯伦、珠峰、学明茶叶、升平水产、莲珠鳖业、前村水产合作社通过无公害农产品及产地认定;石泉村被评为市级动物防疫示范村,寺山家禽专业合作社动物尸体无公害化尸窖建设通过市级验收,5 家规模养猪场(吴家王增明、石伍方加民、前村徐群会等)排泄物污染综合治理项目通过验收。完成土地流转面积 143.5 公顷。创建江南镇市级现代农业产业化状元乡镇。

【农业基础设施建设】 2010 年,投资 117 万元完成市级低产田改造项目 1 个(彰坞)、县级 3 个(梧村、莲塘、板桥),改造面积 73 公顷。投资 1012 万元完成深塘弄水库保安工程及 6 座临村山塘、5 座小山塘除险加固和宋家溪三期治理工程,实施农田水利工程建设 18 处,完成河道清理 80.6 公里。江南水乡项目排涝渠改造工程完成 60%。

【工业经济】 2010 年,江南镇实现工业销售产值 63.01 亿元,同比增长 74.85%,其中规模工业销售产值 47.56 亿元,同比增长 105.6%;财政收入 1.5 亿元,同比增长 78.1%。净增规模企业 11 家。实现规模销售产值 23.86 亿元,占全镇规模总量 50.17%。自营出口 2250 万美元,完成年度目标 160.7%。全社会固定资产投资 6.6 亿元,同比增长 17.9%,其中工业投资5.5亿元，同比增长19.6%；工业功能区基础设施投入2037万元。完成招商投入5亿元，同比增长13.6%；工业招商4.5亿元，其中实到市外内资2.8亿元，实到外资1053万美元。投入1550万元完成工业功能区基础设施建设，24家规模企业落户镇工业功能区和桐庐经济开发区江南区。12个列入县重点推进工业项目全部开工建设，11个项目竣工；全年新增销售产值5亿元企业2家、2亿元企业1家、1亿元企业5家，新增税收5千万元企业1家、3千万元企业1家。

【工业产业结构调整】 调整工业支柱产业，由原镍铁、针织箱包玩具、机械制造3大行业调整为以有色金属、机械制造、针织箱包、新型建材、医药化工为主导特色产业，推动全镇工业经济发展。有色金属和机械制造业规模销售产值从2005年5.44亿元增长到2010年34.36亿元，5年增长536.6%，在全镇规模销售产值中占比从49.37%提高到72.81%，对全镇工业经济增长贡献率79.86%。引进和培育先进制造业和高新技术产业，新增省、市级高新技术企业2家，先进制造业7家。2010年，引进新项目13个，涉及装备制造、金属压延、新型建材等新兴产业；技改投入3.78亿元。

【新农村建设】 2010年，完成3个省级待整治村（古城、枝茂、石阜）、8个县级重点整治村（石伍、奚家、黄程、孙家、西坞、严坞、蒋坞、古城）考核验收，创建省级卫生村4个（青源、徐畈、环溪、梧村村）、市级卫生村5个（金茂、石泉、华丰、凤鸣、珠山、石阜村）。荻浦村成功创建杭州市"一绕六线"（杭州绕城、沪杭甬、杭宁、杭金衢、杭浦、杭新景、杭徽高速公路）新农村建设示范点。投资475万元，完成环溪、石泉、横山埠、梧村村农村生活污水治理工程。完成对5家农家乐（富春人家、江滨、富春江野生鱼馆、渔塘湾、同富饭店）污水治理。完成横山埠、会山、青源、坞聪、石合、莲塘村8242人农村饮用水安全工程。完成深澳村县级农民饮用水改造提升项目并通过市、县验收。全镇新增安全饮用水人口12401人。实施农村住房改造300户、困难户危旧房改造25户，成立桐庐县第一个农村居家养老服务中心——荻浦村托老服务中心。

【社会保障】 2010年，开展低保清理工作，退保27户，新增325户429人，全镇有低保对象813户1316人。救助临时困难户33户，发放资金59800元；办理困难群众、优抚对象医疗救助164户，落实救助资金708742元。完成城乡居民合作医疗保险98.6%、农村居民养老保险9820人、政策性农户住房保险工作参保率为98.6%。调处劳资纠纷、工伤等案件25起，涉及职工75人，调处金额48.6余万元。

【江南新城建设】 2010年，江南镇依据城镇总体规划及控制性详细规划，对全区道路、管网、绿化、亮化进行系统设计和建设。投入3159万元建成高山路、振兴路、市场路、中心大道、窄溪路，城市大框架初步显效；实施城中村改造，拆迁陈庄、前村、大元里、雅泉等自然村，在窄溪村新建83000平方米多层公寓房安置；搬迁企业5家；引进房地产项目3个，至年末，全镇有房地产公司11家。投资3000万元的江南农贸市场基本完工。查处城镇违章建筑167起，发送停建通知书72份。杭黄高铁江南段前期拆迁安置满林、双义、邓家、荻浦、石丰、石联、枝茂7个村230户。江南镇列入杭州市20个统筹城乡中心镇建设之一。

【文化体育】 2010年，江南镇投入44万余元，组织和举办各类文体活动38场次，直接参加人员4460人次，观众9万余人次；举办江南镇第二届贺新春篮球友谊赛和首届排舞大赛，开展江南—瑶琳文艺交流晚会。举办梅花锣鼓、女子腰鼓、排舞培训班，参加人员260人次。小潘村"十二生肖"申报县第四批非物质文化遗产保护名录，县第一批非遗项目传承人陈根良、徐雪标、申居永清制作非遗图版获县最佳图版奖。

【桐庐县首个乡镇托老服务中心成立】 2010年5月18日，江南镇荻浦村托老服务中心正式投入运行。托老服务中心以服务高龄、孤寡、空巢、困难四类老人为重点，开展社会化为老服务工作。该村有60岁以上

2010年5月18日，荻浦村托老服务中心开业

老年人350多人，托老服务中心成立后，70岁以上空巢老人可集中到服务中心休息、娱乐、就餐，老年食堂将为空巢老人提供两餐，“爱老服务商店”定时向老年人了解日常生活需购情况，及时送货上门服务敬老理发室定期为70岁以上空巢老人免费洗头，对生活不能自理老年人提供上门理发服务。

【江南中心幼儿园】 2010年，由江南镇政府和县教育局共同出资350万元收购原窄溪中心幼儿园，在原址改建成江南镇中心幼儿园。中心幼儿园占地面积2160平方米，按桐庐县特级幼儿园标准建设，设计规模12个班，可接纳幼儿300名，有幼儿教师及工作人员20名。9月1日，中心幼儿园正式投入使用，窄溪片10多个村幼儿入园问题得到解决。

【历史文化名村深澳古建筑修缮】 2010年，深澳、荻浦、环溪和徐畈村古建筑修缮一期工程开工建设，工程涉及农户301户。其中深澳村实施项目为村标及古建筑标志设置、街道整治、古水系全貌恢复；荻浦村实施项目为申屠宗祠修复、保庆堂修复、村西公路建设；环溪村实施项目为爱莲文化中心广场修建、古水系治理、爱莲休闲公园修缮、仿古步行桥建造、爱莲文化长廊建设；徐畈村实施项目为明清特色一条街、古文保点修缮、护栏修筑、道路建设、水系整治。项目预计投入资金1.09亿元。

【杭州市示范性成人文化技术学校创建】 江南镇成人文化技术学校占地0.28公顷，校舍建筑面积1248平方米，有专、兼职教师29人，其中8位专职教师均有大专以上学历。该校每年通过长、短班培训7000多人，培训人数占全镇农村劳动力人口25%。打破区域性成校范围局限，创建消防培训、养殖种植、劳动实践等多个基地，向社会输送各种岗位人材。2010年11月，该校通过市教育局考核评估，成功创建市级示范性成校。

表80 **2010年江南镇各行政村基本情况**

村　名	村党委(总支、支部)书记	村委主任	人口(人)	年人均收入(元)
青源村	吴增成	潘琴华	2038	11021
环溪村	周忠平	周忠平	2054	11077
徐畈村	朱国华	申屠祖青	1284	10989
深澳村	申屠永军	申屠永龙	4138	11127
荻浦村	申屠冬升	申屠冬升	2258	10885
华丰村	许源雄	许源雄	1142	11014
凤鸣村	钟海群	俞六中	3266	11094
金茂村	姚永树	王增平	1726	11285
石泉村	吴宏华	吴宏平	1418	11059
梧村村	李柏尧	李柏尧	1508	11077
彰坞村	徐阿勇	徐毛娜	3186	11083
小潘村	潘连火	潘仲毅	1348	10540
珠山村	王建明	徐学军	4206	10936
石阜村	方炳春	方君初	3767	11052
舒川村	赵惠平	龚元林	1302	10868
莲塘村	徐立明	徐群伟	1607	11093
窄溪村	沈雪炎	徐升源	6942	11105
锦江村	黄祥升	胡江平	4265	10856
横山埠村	钱柏军	王　洪	1093	10120
渔业村	潘昊健	孙木生	119	10030

(郭金飞)

·凤川镇·

【概况】 2010年，凤川镇实现工农业总产值21.3亿元；财政收入4476万元；农民人均纯收入10537元，同比增长9.6%；人口计生率95.17%。全年，排查各类矛盾纠纷127件，调解成功126件。受理各类信访169件，办结164件，化解信访积案3起。建立110社会联动工作站，投入40多万元，安装视频监控报警器11只。是年，该镇获杭州市社会治安综合治理工作先进单位、杭州市食品安全示范乡镇、杭州市庭院整治先进乡镇、杭州市城乡社区卫生应急管理规范化乡镇、杭州市无偿献血促进单位、杭州市基层信访和"12345"工作先进单位等称号，通过杭州市文明镇复评，获县年度乡镇(街道)综合考评优秀单位。

表81

2010年凤川镇情况数据库

项　目	单　位	合　计
地域面积	平方公里	151.93
耕地面积	公顷	862
行政村	个	8
总人口	万人	1.83
工业总产值	万元	199632
农业总产值	万元	12965
财政收入	万元	4476
农村居民人均纯收入	元	10537

【农业产业化】 2010年，凤川镇继续执行《关于加快农业农村发展的若干扶持政策》，创建翙岗村梅山、大源溪县级粮食功能区，三鑫村雷坞粮食功能区通过市级复评。新增雷坞山核桃专业合作社和外源粮油专业合作社，小源山农庄、雷坞山核桃专业合作社、梅山粮油专业合作社、康源养殖场、永升养殖场、兴丰水产养殖专业合作社、倬林生态农业有限公司通过省级无公害农产品产地认定，雷坞粮油专业合作社、梅山粮油专业合作社、外源农庄、建明养殖场通过省级无公害农产品认证。钟山中意豆制品、钱塘绿源农产品获中国农产品品牌博览会金奖。钱塘绿源农产品被评为浙江省有机食品。完成3家养殖场无害化处理工程，完成农家乐污水治理3家、改造提升2家。举办农业实用技术培训班12期，培训人数823人。

继续做好农业基础设施建设，投入320万元，完成大源溪13个标段水毁工程和肖岭防洪堤修复加固工程。完成翙岗村徐家坞、园林村建设用地复垦3公顷；完成西庄村、外源村、翙岗村、三鑫村垦造耕地项目4个，新增耕地面积7.3公顷；完成凤源、华家塘中低产田改造23.3公顷；恢复甘竹等"8·13"洪灾水毁耕地1.13公顷。清理大源溪河道48912米。新增土地流转68公顷。

完成集体林权制度改革，以"均股均利"为主要形式，落实集体统管山利益分配。完成8个行政村、45个村民小组、999户林权勘界工作，核发林权证4626本。完成绿化造林26公顷，低产林改造18公顷，幼林抚育97公顷，公益林抚育6489公顷。

【工业经济】 2010年，凤川镇实现工业销售产值19.38亿元，同比增长35.7%，其中规模以上工业销售产值14.92亿元，同比增长38.5%；全社会固定资产投资7.96亿元，同比增长20%，其中工业投资6.12亿元，同比增长19.5%；新引进项目20个，协议资金15.5亿元，同比增长220.2%；招商投入5.96亿元，同比增长8.8%；工业招商4.43亿元，其中协议外资2020万美元，实到外资1405万美元，同比增长66.5%；外贸出口6850万美元，同比增长25.3%。唯美机械、欧泰链条等15个新项目相继开工，冠燕汽车、祥炜电器等12个项目完成投入，辰德科技、永杰研磨等8个项目竣工投产。依法收回方盛实业、铁路铁科、伊都箱包、双龙印刷等10个项目闲置土地16公顷，智能电网、智腾电气等新项目落户。通过转让、租赁形式，引进美恩特科、赛思节能等新项目5个，盘活闲置工业用地7.7公顷。申报省、市、县级高新技术企业10家，科技项目25个，专利项目6个。补助资金210万元,用于扶持传统行业改造和中小企业转型升级,新增规模企业14家。对19家高能耗企业实施停产、轮产、限电措施。

【第三产业发展】 2010年,凤川镇三产投入1.47亿元,同比增长29.2%。投资7800万元的省重点服务企业——大运物流中心,完成一期主体工程并投入试运行。工业区第一批商贸用地17816平方米成功出让;投资3660万元的嘉威商务中心和嘉威商厦开工建设,建筑面积30000平方米。桐庐汽车城项目完成前期规划设计。12月,浙江工商大学杭州商学院落户意向性协议签订。

【新城区块建设】 坚持建区造城并重原则,调整凤川—江南新城规划。2010年,投入1亿元,建设城市基础设施项目20个,其中18个项目竣工。支付各类征地青苗款416万元。配合浙江工商大学杭州商学院做好土地征用及土石方平整工作,征地95.4公顷,涉及农户620户,迁移坟墓2836穴,解决因土石方平整爆破引起农房开裂538户,处理矛盾纠纷80余起;完成杭黄高铁凤川段前期调查、地质勘探及安置点青苗款赔付,旺家弄、上喻、梅山3个安置点规划和土石方平整等工作基本完工。

【新农村建设】 2010年,完成镇土地利用总体规划和集镇建设控制性详细规划修编。投入470万元,建设4300平方米农贸市场;投入600万元,完成集镇集污纳管工程2770米,将城东工业园区和集镇生活污水纳入县城统一处理。在集镇环城西路规划农民集聚建设用地3.3公顷,调整园林村、外源村2个中心村规划。完成农民住房改造160户、危旧房改造10户。继续推进三鑫村竹桐坞旧村整治和西庄“空心村”改造。完成外源省级待整治村和凤源、松香坞、甘竹“十百工程”建设。筹资440万元,完成翙岗村农民安全饮用水工程和肖岭村改水工程。投入500万元,完成大源村、外源村、潇源村农村生活污水治理工程,建造污水处理池31只,铺设管网32874米,设置窨井1155个,农户改厕528户。投入130万元,改造大源村、翙岗村5座危桥。投入70万元,完成集镇南路、园林村朴仁堂2条联村公路硬化。

【社会保障】 2010年,凤川镇低收入农户235户405人,基保户30户30人,医疗救助54户12万元,困难群众临时救助28户3.89万元,慈善助学10人2.23万元,低收入妇女来料加工33户8.97万元。2643名60周岁以上符合条件老年人领取养老金,慰问80周岁以上老年人420名,新办理老年人优待证410张,创建华家塘、西毛、雷坞等5个“星光老年之家”。创建8个充分就业行政村。成立凤川镇劳动仲裁庭,调处劳资纠纷27起。城乡居民基本医疗保险参保率99.23%。

【文体卫生建设】 2010年,以翙岗妇女腰鼓队和戏迷协会为代表开展村村种文化活动,组织农村妇女排舞大赛等各类文体活动13次。承办县第二届老年人门球赛。投资38万元,完成中小学平改坡、立面改造等基础设施工程。农村卫生实行一体化管理,完成8家村级卫生服务站(室)建设,生活垃圾基本实现户集、村收、镇中转、县处理,垃圾无害化处理率90%以上。

【庭院整治】 2010年,凤川镇以“清洁凤川三年行动计划”为基础,按照庭院整治标准要求,以先整治、后规范工作思路,开展农村庭院环境卫生大整治。调整庭院整治工作领导小组,制订实施意见,召开专题清洁工作动员大会,落实各片片长和驻村干部工作职责制;举办卫生知识讲座和保洁员工作培训,组织村干部外出到庭院整治先进村学习考察。开展卫生集中整治,投入人力13000余工,动用挖机等机械350余工,清运处理垃圾2600余车。建立督查机制,每月抽调人员开展卫生检查,每季召开专题分析通报会,查漏补缺。开展“清洁示范户”和“清洁先进户”评选活动,评选出凤川镇“最清洁示范户”11户、“最清洁先进户”90户。是年,成功创建杭州市庭院整治先进乡镇。

【杭州市食品安全示范乡镇创建】 2010年,成立食品安全示范乡镇创建工作领导小组,制定《凤川镇食品安全示范乡镇创建工作方案》和《凤川镇重大食品安全事故应急预案》。发放《关注食品安全、共创健康生活》倡议书和食品安全宣传册3100余份。建立镇、片、村三级食品安全监管网络,成立村食品安全协管员队伍。开展食品安全知识竞赛、食品安全宣传进校园等活动,提高群众对食品安全知识知晓率。结合“十小”行业整治,坚持日常监管和突击检查相结合,加大节日期间食品、餐饮检查力度。增加农产品安全检测次数28批次。申报无公害农产品单位4家,申报产量1956.2吨。是年,成功创建杭州市食品安全示范乡镇。

【首届就业推介会】 为解决农村剩余劳动力求职需求和企业用工难问题,2010年2月26日,凤川镇举办首届就业推介会,36家企业推出112个工种、1100余个岗位,590人达成就业意向。该镇根据企业技术工人需求情况,与大专院校联系,召开校企座谈会,拓宽技术人才引进渠道;组织参加各类人才招聘会,外出招收中层管理人员、专业技术人员、大学生等;通过农民素质培训、委托技校、职高代培等形式进行专业技术培训,提高农村求职人员劳动技能。

2010 年 2 月 26 日,凤川镇首届就业推介会现场

【美庐花园开盘】 美庐房地产公司是凤川镇 2009 年引进的首家房地产公司,美庐花园系该公司承接第一个项目,建筑面积 23373.39 万平方米,容积率 1.88%,规划 167 户,户型面积 80 平方米~190 平方米。规划欧式建筑风格多层住宅 6 幢,中心花园约 2000 平方米,一条中轴景观大道贯穿南北,中央花园与小区其他景观通过各条小路组团相串联,组合绿化、小品、广场、草地、亭台等多重景观要素,配备休闲设施。项目一期、二期楼盘于 2010 年 9 月至 11 月开盘,销售态势良好。

表 82 **2010 年凤川镇各行政村基本情况**

村 名	村党委(总支、支部)书记	村委会主任	人口(人)	年人均收入(元)
翙岗村	吴小明	方巨聪	4719	10619
园林村	戴柏名	李余存	3146	10547
柴埠村	华红义	皇甫红英(女)	1701	10529
西庄村	华建国	华方清	1437	10540
三鑫村	吴为英(女)	吴加进	1768	10419
外源村	钟 良	郑洪良	1455	10527
潇源村	黄国亮	申屠仁良	1222	10488
大源村	毛顺根	毛凤阳	2119	10423

(谢静峰)

· 新合乡 ·

【概况】 2010 年,新合乡以生态立乡、工业强乡、农业富乡、旅游活乡为目标,实现工农业总产值 38236 万元,财政收入 1063 万元,农民人均收入 9660 元。2010 年新合乡出生婴儿 54 人,计生率 100%;办理各类信访案件 88 起,办结率 100%,化解信访积案一件。是年,该乡获全国环境优美乡镇、中国绿色名乡、省级防灾减灾示范乡镇、省级兴林富民示范乡镇、市级食品安全示范乡镇等荣誉称号。

表 83 **2010 年新合乡情况数据库**

项 目	单 位	合 计
地域面积	平方公里	74.21
耕地面积	公顷	256
粮食生产面积	公顷	184
粮食总量	吨	1263

续表 83

项 目	单 位	合 计
行政村	个	5
总人口	万人	0.53
工业总产值	万元	35203
农业总产值	万元	3033
财政收入	万元	1063
农民人均纯收入	元	9660

【农业经济】 2010年,新合乡粮食播种面积187公顷,总产量1325吨,茶叶总产量64吨,各类蔬菜产量3090吨。推广优良粮食品种(中浙优一号、两优培九)种植面积122公顷;发展抗病蔬菜品种46公顷;种植茶叶20公顷,茶园低改23.3公顷;新增耕地流转面积8公顷。完成绿化造林53.3公顷、毛竹造林1.3公顷、毛竹低产林改造32公顷,育林160公顷。推进集体林权制度改革,按"均股均利"方式,核发股权证1530本。完成彩坞、田毛坞、杜家坞山塘除险加固工程。

新增农业专业合作社3家(桐庐德农蔬菜专业合作社、雅源蛋鸭专业合作社、桐庐群林茶叶专业合作社),创建三星级(省级)规范化茶叶专业合作社1家(桐庐雪冰云绿茶叶专业合作社),县级规范化竹业合作社1家(桐庐兆丰毛竹专业合作社)。全乡有各类农业专业合作社22家,其中桐庐新引粮油专业合作社、桐庐兆丰竹业专业合作社,新合乡大畈农庄成功申报杭州市无公害农产品和产地认证。

【工业经济】 2010年,新合乡实现工业销售产值3.48亿元,其中规模企业2.33亿元;完成全社会固定资产投资7675万元,其中工业生产性投入5395万元,限上工业投资4117万元。建立电子商务平台企业3家,新增规模企业3家。工业招商4643万元,新引进项目4个,在建项目10个。完成飞地招商引资项目2个(福朗特机电科技有限公司和桐庐皇家餐饮管理有限公司),福朗特机电科技有限公司落户凤川,计划投资2.6亿元;浙江恒大数空机床制造有限公司投资3000万元,落户乡工业功能区,正着手基础建设。

企业技改力度加强,投入4477万元对传统工艺进行技术提升。浙江茂丰工艺品有限公司、桐庐新合电镀制品有限公司、桐庐亚华制尺有限公司相继投入2600万元,桐庐通运五金厂、百力锁具厂、三龙五金厂等企业投入600余万元调整产业结构,新上水晶加工项目。

【香榧产业基地】 新合乡是桐庐县林业三大产业之一香榧的核心基地。按照县林业"十一五"规划,在以新合为中心东南部发展万亩香榧产业,至2010年底,全乡拥有香榧种植面积367公顷,其中钟早荣、钟为旦等大户投资50余万元,种植大苗香榧13.3公顷。成立桐庐兆丰香榧专业合作社,有社员56人,联系农户125户。为确保造林一块、成林一块、见效一块,乡政府组织种植户外出考察、培训,并得到县林业局、科技部门支持,通过人工授粉等技术方式,使通常需要30～50年才能结果的香榧树在树龄5～6年时结果。预计到2012年,全乡有20公顷香榧可投产。

【新农村建设】 实施生活污水治理、自来水提升改造、"十百工程"建设等项目整乡推进工程。2010年,全乡建造污水处理池52只、污水处理站1座,铺设污水管道29273米、窨井1200余个;建造自来水蓄水池8座,铺设管道46553米,安装水表1304只,惠及群众3272人;对各村进村主干道安装路灯170盏;硬化村道3000平方米;完成住房改造67户、危旧房改造14户,完成新合村省级待整治村建设和何家、高枧县级重点整治村建设,引坑村成功创建市级全面小康建设示范村。引坑村、松山村被评为省级卫生村,新四村为市级卫生村。

【社会保障】 2010年,开展低保劳动力调查,全乡140名18周岁～60周岁低保人员中具有劳动能力的12人。申领就业援助证3本,申办灵活就业人员社保补贴2人次,帮助再就业4人。农村新型合作医疗覆盖率98%。救助困难群众32户,救助资金5万余元;85户困难户享受最低生活保障、30名残疾人得到残疾基本生活保障,落实28名残疾人就业,12名"五保"人员集中供养,41位村干部享受定期离任补助,60岁以上农村老人100%享受基础养老金待遇。

【庭院整治】 2010年,新合乡5个行政村开展庭院整治工作,根据清洁整齐、绿色生态、健康卫生、文明和谐工作要求,制定宣传、保洁、监督、考核评比等长效管理机制,出台《关于进一步加强庭院整治长效管理的实施意见》,与各农户签订庭院整治"门前三包"责任书。组建巾帼清洁志愿者队、庭院环境监督队、家庭环境评比委员会,对庭院整治工作实施监督和管理。巾帼清洁志愿者在节假日开展集中卫生清扫12次,庭院环境监督队每季度对村内农户庭院环境进行督查。是年,全乡有1387户家庭达到庭院整治合格标准,占家庭总数80.1%;347户家庭被评为庭院整治示范家庭,占开展庭院整治工作家庭总数20%。

【中国绿色名乡创建】 新合乡有山林面积6857.2公顷,森林覆盖率89.2%。2009年起,该乡把绿色名乡创建工作细化到村,责任到人。实施生活污水治理、自来水提升改造、"十百工程"等项目整乡推进工程;结合"清洁乡村"行动,建立和完善卫生长效管理机制,投资50余万元建立垃圾中转站,实行生活垃圾集中收集、处理;投入30万元对旧庄溪、松山溪小流域进行综合整治;结合新合山水、人文景观发展生态旅游;完成绿化造林53.3公顷,抚育新造林160公顷。2010年3月,新合乡被中国绿色推介委员会评定为中国绿色名乡。

【省级兴林富民示范乡镇创建】 新合乡位于桐庐县境内东南部,东南北三面与诸暨、浦江、富阳毗邻,是边陲山区乡。全乡总面积74.2平方公里,其中耕地面积200公顷、山林6857.2公顷。从2006年起,该乡围绕实施兴林富民,倡导绿色养老,建设生态文明战略思路,不断调优产业结构,实现科技兴林,推进以香榧、毛竹等林业特色产品为主导经济林产业发展。到2010年,种植香榧367公顷、毛竹800公顷;毛竹总产量18000吨,比2006年增加41.5%,产值1440万元。全乡从事香榧、毛竹生产、专业贩销农户420户,成立林业专业合作社5家,入会社员760人。合作社推行"企业+基地+农户"模式,形成"产、供、销"一条龙服务。运用香榧、毛竹高产稳产培育新技术,低产林改造、病虫害防治等新技术,改善生产条件,推进规模集约经营。是年10月,成功创建省级兴林富民示范乡镇。

【非物质文化遗产——新合大马】 新合大马原起于新合乡新四村湖田自然村,又称湖田大马,起始于清初期。大马用木头、竹篾和铅丝扎成各种动物形状骨架,骨架外全身用桃花纸糊面,再用彩色纸剪成毛须,按毛发生长规律顺势而贴,头上缀以五彩杨梅球等做装饰。大马体大如马,装在一特制木架上,架子底盘下有四个轮子,可推马滚轮前行。每只"大马"背上骑一木雕人偶,人偶均为古代历史人物。大马造型以五彩大马、狮子、大象、犀牛、麒麟等吉祥动物为主,多在喜庆节日之际表演。表演时两面开锣开道,五面长旗随后,紧接着是大马队,再后依次是鼓乐队、旗牌队、火铳队。表演阵法主要有铁索阵、双门阵、柴箍阵、梅花阵、游步阵、元宝阵、剪刀阵等。2010年,擅长制作大马的新合乡新四村村民钟潮江被评为第一批桐庐县非物质文化遗产项目代表性传承人。

新合大马

【党员服务中心多功能厅】 2010年7月,位于新合乡综合文体中心的党员服务中心多功能厅投入使用。多功能厅投资17万余元,配有多功能电脑、投影仪、音响、灯光、会议桌椅等设施,可为无活动场地党组织提供活动场所,为机关单位、村、企业提供会议、培训、娱乐等项目服务。至2010年底,多功能厅提供会务服务21次,培训5次,承办晚会1场。

表 84 2010 年新合乡各行政村基本情况

村　名	村党委(总支)书记	村委会主任	人口(人)	年人均收入(元)
新四村	阮如芬	周文正	1439	9326
新民村	楼春霄	钟本岳	892	9125
新合村	潘武军(～2010.10) 潘云谷(2010.10～)	潘云谷	1435	9515
松山村	郭土金	钟旭民	791	9646
引坑村	钟云龙(～2010.10) 钟建国(2010.10～)	钟建国	751	9786

(陈　琳)

·横村镇·

【概况】 2010 年,横村镇实现工农业总产值 95.95 亿元;财政收入 14336 万元;农民人均收入 12807 元,比 2009 年增加 1237 元。人口计生率 97.79%。全年调处矛盾纠纷 741 件(其中镇级 53 件、村级 688 件),处理信访 529 件(其中县级 416 件、镇级 113 件),调处劳资纠纷 106 起,调解成功率 85%。是年,该镇成功创建中国出口毛衫制造基地、浙江省首批风情小镇、杭州市社会主义新农村风情小镇,通过中国针织名镇复评,举办杭州·桐庐第二届山花节。

表 85 2010 年横村镇情况数据库

项　目	单　位	合　计
地域面积	平方公里	117.64
耕地面积	公顷	2797.13
行政村	个	24
总人口	万人	4.06
工业总产值	万元	933391
农业总产值	万元	26211
财政收入	万元	14336
农村居民人均纯收入	元	12807

【农业经济】 2010 年,横村镇粮食播种面积 2376 公顷,粮食总产量 14302 吨;建设生态公益林 35186 公顷,发展竹林、山核桃、香榧等经济林 73 公顷,低产林改造 57 公顷,高山蔬菜 20 公顷,水果 26 公顷;全年培训适用技术 1197 人。村级集体经济可分配收入增长 5%以上,5 万元以下的薄弱村减少 12%以上,村级债务减少 5%。

农业产业化发展提升。新增农民专业合作社 4 家(城方粮油专业合作社、元村毛竹专业合作社、方兴农机专业合作社、百步岗山羊专业合作社);培育县级农业龙头企业 2 家(明凯农业、鑫顺水产);获浙江省无公害农产品产地认定 5 家(桐庐青山畈粮油专业合作社、桐庐里柴竹笋专业合作社、桐庐罗溪樱桃专业合作社、桐油庐鑫怡水产专业合作社、桐庐艺海生猪有限公司);新增土地流转面积 92 公顷。林地流转 100 公顷。

【农业基础设施建设】 2010 年,投资 700 余万元,完成湾下、大坑、官塘、高山门、水堆丘、高塘山、毛立山、七亩畈 8 座病险水库除险加固和龙伏溪(龙伏段)、九岭溪(双溪段)小流域治理工程;完成龙伏溪(杜于段)疏浚工程,九岭溪(双溪段)、龙伏溪(龙伏段)堤防加固工程;修复"3·6""7·15"洪灾水毁工程 50 处,修建水库灌溉渠、田间灌排渠道 15 公里。上浦滩堤防工程开工建设。完成宅里 35.3 公顷、胜峰 38 公顷 2 个市级中低产田改造和方埠 23.3 公顷、华凤 10 公顷县级中低产田改造。引进高速插秧机、油菜收割机、机动喷雾机等新型农机具 73 台(套)。完成安装高节竹微喷灌设施33.3公顷,设立统防统治点5个,面积297公顷。

【工业经济】 2010年,全镇实现工业总产值93.33亿元,其中规模以上企业54.14亿元,同比增长9%;工业销售总产值91.56亿元,规模以上企业53.25亿元,同比增长8.6%。全社会固定资产投资7.72亿元,其中工业投资6.56亿元,同比增长8.9%。自营出口1.18亿美元,服务业增加值1.78亿元。签订招商引资项目17个,协议资金5.1亿元,招商投入5.3亿元,协议引进外资720万美元,实际利用外资500万美元。新增销售收入1亿元企业3家(桐庐宏基源混凝土有限公司、桐庐华艺针织有限公司、杭州游龙针织有限公司)。重点建设项目杭州安瑞服饰、桐庐倚人针织、杭州华亮化工建材建成投产,杭州立威化工、桐庐韦士雅针织、新梦园针织等9个项目开工建设。

【传统产业转型升级】 2010年,横村镇以中国针织名镇复评和中国出口毛衫制造基地创建为契机,对48家针织传统企业实施技改,购入全自动电脑横机628台,其中进口电脑横机53台、手套机70台,传统产业投入技改资金6435万元。注重品牌建设,新增市级名牌产品4个,被中国纺织工业协会评为优质产品9个。企业创新能力增强,新增省级高新技术企业2家、市级2家,市级科技型龙头企业2家,县级科技型企业3家,培育市级研发中心1家、县级研发中心4家,通过国家创新项目1个、省级科技重大专项1个、市级星火项目1个、县级科技项目20项,推荐县级企业创新团队3家。企业管理更趋规范,5家企业获ISO 1400环境体系认证,2家企业获测量管理体系认证,2家企业获标准化良好行为认证。

【工业功能区建设】 2010年,横村镇工业功能区建设总投资1050万元。其中,投资354万元,完成深畈区块、东区土方围填32万立方米;投资286万元,完成宏信路、深畈西路道路建设1000米;投资60万元,完成深畈区块、上浦滩涵道建设480米;投资350万元,完成工能区污水管网工程。

【城镇建设】 2010年,修编完成《横村镇土地利用总体规划》《老横村区块控制性详细规划》《阳山畈风情小镇规划》。总投资800余万元的横村消防队营房、横村车管所投入使用,近江花园、锦绣公寓、红鑫祥和人家、广晟祥和家园、云卢新天地等房地产项目,完成建筑面积10.8万平方米;富润家园小区正在建造中。徐家埠区块拆迁一期161户房屋签约工作完成,安置小区的选址、立项、审批工作已完成。富乐农居点建设基本完成,整个农居点集聚了周边农户51户,180余人。

【新农村建设】 2010年,建成县级重点整治村5个(白云村郑城、东南村小外塘、胜峰村里柴、元村半山、凤联村宋家);建成省级待整治村2个(九岭村、双溪村);板头村被评为市级"十百工程"示范村,后岭村被评为市级动物无害化处理示范村,上塘县级园林绿化村通过验收,阳山畈村风情小镇建设一、二期工程如期完成。落实联乡结村帮扶项目11个,帮扶资金201.8万元。完成6个行政村生活污水治理和农村改厕工程。根据农民下山集聚扶持政策,有276户1087人下山集聚。

【社会保障】 2010年,全镇完成新型农村合作医疗保险38921人,参保率为98%;城乡居民养老保险为14429人。做好低保户审查清理工作,清理不符规定43户,新增84户,确定低保户714户。向困难户、低保户发放救济款31.6万余元。为31名白内障患者做复明手术、12名耳聋患者安装助听器、3名缺肢者安装假肢,完成46户困难户住房改建工程。

【横村获评浙江省首批风情小镇】 2010年3月,由浙江日报、浙江省首批风情小镇评选组委会联手发起"上海世博会、风情看浙江——寻找世人向往的浙江省首批风情小镇"推选活动。经过10个月推选,综合30万人次热心读者提名和投票,结合专家意见,在全省1500多个乡镇(街道)中最终推选出16个乡镇(街道)为浙江省"风情小镇",横村镇为其中之一。

【第二届山花节】 2010年3月20日上午,杭州·桐庐第二届山花节在横村镇阳山畈村开幕。山花节从3月20日持续到7月中旬,除启动桃花、梨花、油菜花

2010年3月20日,杭州·桐庐第二届山花节开幕式现场

等山花观光游之外，还举办摄影采风、何水法花鸟画展、百车自驾游、横村三月初八庙会赶集、蜜梨开摘仪式。围绕山花节主题，县旅游部门推出浪漫山花风情游、特色文化休闲游、品茗踏青休闲游、动感瑶琳体验游、民族风情美食游、农特产品采摘游、异域乡村风情游等7条特色旅游线路。据旅游部门统计，山花节期间，横村镇、钟山乡两地接待赏花观光游客20万人次。

【杭州市首批风情特色示范村——阳山畈村】 2009年，阳山畈村被列入杭州市首批8个风情特色示范村创建村之一。根据创建目标，横村镇和阳山畈村委托浙江东华规划建筑园林设计单位，以阳山畈近200公顷桃园为基础，设计一带、五区、多点规划格局。一带，指以沿16省道尖山脚至浪石路段东侧视线范围内，遍植各种类型桃树和油菜，形成黄、红两色主基调，将南来北往游客引入阳山畈；五区，把整个村子分成入口景观区、生态果园展示区、村容村貌参观区、自然生态风貌区、吃住行游购娱农家乐区等5个风情特色区块；多点，指把分布在5大功能区内20余个自然和人文景观点进行有机串联，形成一个特色风情园。2009年至2010年，累计投入2200余万元建设阳山畈村各个景观区块基础设施，硬化山花节主会场、大塘头至主会场道路、16省道阳山畈村入口拓宽、绿化及村口牌楼建设、三线入地一期工程、景观长廊建设等一、二期工程。

【村级党组织书记跨村任职试点】 2010年6月，横村镇党委在村级班子战斗力薄弱、凝聚力涣散、无合适人选的元村和上塘村推行党组织书记跨村任职试点工作，经过推荐—初选—考察—提出候选人—征求意见—任免—备案7个程序，原凤联村党委书记调任元村村党委书记，原浪石村党总支书记任上塘村党委书记，新上任的两位跨村任职书记与镇党委签订任职承诺书，并在村民代表大会上进行任职承诺。

【横村镇获中国出口毛衫制造基地称号】 横村镇自2004年被中国纺织工业协会授予“中国针织名镇”称号以来，毛衫产业集群效应明显。到2010年，有针织企业1295家，占全镇工业企业77%，其中规模企业81家，占全镇规模企业68%；年产值亿元企业6家、5000万元以上企业10家(不含亿元6家)；实现工业总产值57.1亿元，占全镇工业总产值61%；外贸出口39亿元，占全镇外贸出口70%。上缴税金0.87亿元，占全镇税收58.5%。2010年，横村镇被中国毛纺织行业协会授予中国出口毛衫制造基地称号。

表86 **2010年横村镇各行政村基本情况**

村　名	村党委(总支、支部)书记	村委主任	人口(人)	年人均收入(元)
湾下村	王火金	毛樟良	299	13190
横村村	王新岗	—	4167	14158
杜于村	俞小金	王　林	1351	13530
城东村	王明全	张红明	3714	13670
龙伏村	王顺强	邵金土	988	12670
阳山畈	滕国芳	滕海炎	855	12100
板头村	郑水生	陈庆良	725	12145
柳岩村	陈东升	李世洪	1587	11660
双溪村	朱建福	叶建忠	1154	12060
方埠村	俞荣祥	章关根	1497	12700
孙家村	杨柯忠	许海峰	1740	12340
华凤村	曹　标	俞伟军	1008	10110
浪石村	陈　林	陈怀庆	587	11585
上塘村	沈益民	—	1690	11340
元村村	林建平	—	1436	10980

续表 86

村　名	村党委(总支、支部)书记	村委主任	人口(人)	年人均收入(元)
九岭村	濮良龙	徐小来	1407	10785
胜峰村	卢小明	王关先	2928	10768
东南村	方志明	吴炉力	1783	11234
柳茂村	洪福强	汪海林	1470	10712
宅里村	赖中华	王文汉	1230	10682
香山村	周建伟	陈金根	1052	10980
白云村	林雪标	袁国华	1543	9640
后岭村	楼美龙	游水明	1649	9000
凤联村	孙小洪	—	2430	8940

(董　莹)

·莪山畲族乡·

【概况】 2010年,莪山畲族乡以打好民族牌、走好特色路、办好民生事为工作目标,实现工农业总产值7.8864亿元;财政收入1469万元;农民人均纯收入9593元,比2009年增加801元。全年排查各类矛盾纠纷221起,调处成功217起,纠纷受理率100%,调处成功率98%;接待处理群众来信来访65件、市(县)长公开电话42件,群众满意率100%。7月,徐七线公路莪山段开工建设,工程投资6500余万元,涉及4个行政村,拆迁农房31户、企业12家、电站1家,征用土地13.3公顷,过境全长5公里,预计2011年年底竣工。是年,该乡获浙江省体育强乡、杭州市体育强乡、杭州市民族民间艺术之乡、杭州市文化示范乡镇等称号,成功举办杭州畲乡首届"三月三"畲族文化节。

表 87

2010年莪山畲族乡情况数据库

项　目	单　位	合　计
地域面积	平方公里	28.73
耕地面积	公顷	645.4
行政村	个	7
工业总产值	万元	73568
农业总产值	万元	5296
财政收入	万元	1469
农村居民人均纯收入	元	9593

【农业经济】 2010年,全乡实现农业总产值5296万元。粮食生产面积553.3公顷,其中杂粮生产面积173.3公顷,粮食总产量3750吨;油料复种面积203.3公顷,产量382吨。造林44.9公顷,完成竹林低产林改造72.8公顷,生态公益林建设1200公顷,幼林抚育54.9公顷;扩建茭白基地6.8公顷、杨梅基地3.4公顷,新种茶叶基地15.3公顷,低改杨梅基地20.7公顷,发展蜂群120箱,完成低产畈农田改造30.13公顷。投入资金300余万元,对申荫寺、野家湾、老虎洞水库实施除险加固。成功申报省级示范化合作社1家(中门茭白专业合作社)、市级规范化园区1家(桐庐石青山土鸡专业合作社)。推广农业科技发展项目4个(省级土鸡标准化养殖推广示范项目、市级高节竹优质高效集成技术应用示范与推广项目、县级优质梅山猪杂交繁育及配套技术示范与推广项目、县级毛竹覆盖春笋早出技术示范项目)。民乐粮油、

大冈山竹笋被评为无公害农产品生产基地，石青山土鸡被评为杭州市十大名鸡。组织农民素质培训12期，参加人数664名，其中已就业农村劳动力技能培训306名、农业适用技术244名、绿证培训33名、新型产业技能培训71名。发放科技资料5000份，各类书籍1000册。全乡农民注册农民信箱384名，其中新增加52名，网络技术培训2期15人次。

【工业经济】 2010年，全乡实现工业总产值7.36亿元，同比增长24.9%，其中规模企业4.15亿，同比增长24.9%；工业销售产值7.27亿元，同比增长22.2%；全社会固定资产投资10231万元，同比增长53.1%；工业固定资产投资7547万元，同比增长54.1%，其中限上(500万元)以上项目6364万元，同比增长96.5%；技术改造投资2860万元，同比增长13%；新增规模企业2家。新引进项目3个，协议资金4745万元，招商投入3950万元，实到市外内资1190万元。2009年通过飞地招商落户江南镇的杭州兴科机械有限公司2010年再投资2421万元进行续建工程；投资411万元的杭州天沐生态旅游开发公司落户中门民族村并动工建设；桐庐裕美保健有限公司、桐庐吉盛针纺织品有限公司、桐庐锐宇针纺有限公司、杭州清华针织服饰有限公司、桐庐宏盛针织制衣有限公司、杭州市飞腾针纺有限公司、桐庐泽辉针织厂等10个项目正在续建、扩建中。投入85万元，完成乡民族工业功能区自来水管网铺设、道路、绿化、亮化工程及污水管网铺设工程。

【村镇建设】 2010年，投入120余万元，完成同心桥至旧县街道母岭村2.7公里联网公路莪山段建设；成功创建潘山桥至潘龙坞口3.7公里和尧山至沈家2.3公里文明示范样板路工程；争取补助资金85万余元，完成中门民族村4公顷土地开发任务；争取资金320余万元，完成莪山民族村、新丰民族村建设用地复垦1.5公顷，完成沈冠村建设用地复垦1.8公顷；投入30余万元，做好困难群众危房改造工程，受惠农户12户40人，面积1020平方米；投入资金300余万元，完成莪山民族村周田农居点、中门民族村农居点和尧山村农居点基础设施建设，受惠农户75户。全年审批农房89户。

【体育强乡创建】 2010年，莪山畲族乡投入体育设施经费335万余元，完成1000平方米文体活动中心建设及灯光篮球场修建、动工新建800平方米标准门球场，7个行政村新建健身点16个、篮球场9个、室外乒乓球场22张。全乡群众体育场地面积3.6万平方米，人均2.1平方米。《畲乡棍凳》参加杭州市新型农民技能表演及展示。是年，成功创建浙江省体育强乡。

【污水处理工程】 2010年6月底，投资80余万元的垃圾压缩中转站投入使用；全乡完成改厕1217只，建造污水处理系统77个，其中人工湿地加无动力厌氧组合模式76个、太阳能微动力1个。321户污水接入乡污水处理站，全乡实现农村污水处理全覆盖。

【高节竹优质高效集成技术推广】 2010年，莪山畲族乡以新丰民族村作为高节竹优质高效集成技术推广基地，通过农技人员指导和村经济合作社推行"合作社＋基地＋农户"为一体的服务生产组织形式，组织社员280户850人，竹林面积192.3公顷，开展高节竹高效集成技术推广。应用高节竹低改技术和"一竹三笋"经营管理技术，开展喷滴灌设施安装，提高抗旱能力。是年，高节竹产量由原每亩1.8吨提高至2.4吨，总产量4176.85吨，产值592.5万元，人均高节竹纯收入5960元，占农民人均纯收入的86.4%。

【首届"三月三"畲族文化节】 2010年4月16日，杭州畲乡首届"三月三"畲族文化节在莪山畲族乡开幕。文化节分"三月三"畲族文化节开幕式、欢乐畲乡民族联欢活动挖笋节、山歌嘹亮畲歌大赛、绿野畲乡摄影和文学创作大赛、"谷基杯"杭州地区民间武术邀请赛5大主题活动，并举办投资环境推介暨经贸洽谈及畲乡农特优产品展销会。文化节为期7天，接待游客6000余人次。

莪山集镇全景

表 88

2010 年莪山畲族乡各行政村基本情况

村　名	村党委(总支、支部)书记	村委会主任	人口(人)	年人均收入(元)
塘联村	吴成	郭生潮	1294	10095
莪山民族村	姚良明	蓝志炎	2007	9667
尧山村	姚世庆	刘尧星	1066	9695
沈冠村	姚征伟	沈启渭	1480	9429
龙峰民族村	徐樟富	傅木生	1473	10076
中门民族村	叶大兴	姚潮水	1040	9421
新丰民族村	朱成祥	钟春培	852	9450

(江　昱)

·钟山乡·

【概况】 2010 年,钟山围绕工业强乡、特色富民工作思路,抓好工业经济、基础项目建设、生态特色农业、新农村建设等各项事业,实现工农业总产值 17.9 亿元;财政收入 10455 万元;农民人均收入 10596 元,比 2009 年增加 874 元。人口计生率 95.4%。全年排查矛盾纠纷 672 起,调处 672 起,调处成功 662 起;处理各类信访件 152 件,其中市长公开电话 30 件、县长公开电话 109 件、来信访 13 件;调处劳资、工伤纠纷 60 余起。是年,该乡获杭州市文明乡镇、杭州市经济普查先进集体、杭州市食品安全示范乡镇、杭州市"十小"整规先进乡镇、杭州市平安畅通乡镇等称号。

表 89

2010 年钟山乡情况数据库

项　目	单　位	合　计
地域面积	平方公里	107.79
耕地面积	公顷	1179.5
行政村	个	11
总人口	万人	2.14
工业总产值	万元	166643
农业总产值	万元	12988
财政收入	万元	10455
农村居民人均纯收入	元	10596

【农业经济】 2010 年,钟山乡粮食播种面积 1510.5 公顷,粮食总产量 7969 吨;完成造林 91.3 公顷,其中毛竹 8.7 公顷、山核桃 82.7 公顷。扶持农业特色基地,完成歌舞山核桃专业合作社生态化现代园区建设。实施歌舞山核桃、钟山蜜梨省级现代农业发展项目,完成歌舞旱粮、魏丰山茶油无公害一体化建设项目申报。卢苑茶业合作社被新认定为省级示范性专业合作社,钟山蜜梨专业合作社被评为省级百强专业合作社,歌舞山核桃、钟山坊粮油、歌舞旱粮专业合作社被命名为县级示范农业专业合作社。开展农民素质培训,实施各类培训班 13 期 861 人次,其中农业适用技术培训 7 期 402 人次、绿色证书培训 1 期 42 人次、企业务工岗位技能培训 5 期 417 人次,内容涵盖蜜梨、山核桃种植,企业安全生产,气象灾害防御、石材企业职业病防控、大型起重机使用等各类实用性知识。继续做好农业基础设施建设。投资 250.2 万元,完成石坞坑水库保安工程和大湾里等 3 座临村山塘加固工程及中塘湾、陈坞山塘加固除险工作。对寺坞

水库干渠等5条3830米灌溉渠道进行修、改建。完成河道清理任务47603米。完成城下村珠边畈县级中低产田改造20公顷。投资140万元,完成大市溪小流域水土流失治理。完成大市、歌舞等11个行政村57个水毁工程修复。完成歌舞溪、大市溪等小流域治理工程5处,新建防洪堤1395米。

【工业经济】 2010年,全乡实现工业销售产值16.5亿元,其中规模以上工业销售产值12.6亿元,同比增长42.1%;全社会固定资产投资1.36亿元,其中工业生产性投入8046万元,限上工业投资7550万元;规模以上工业企业实现增加值1.6亿元;新增规模企业3家;新引进项目5个,协议资金1.4亿元;在建项目11个,工业招商5590万元,其中市外内资2200万元。飞地招商项目5个,亿华电气项目落户凤川镇,生产多层共挤片材食品包装生产线;金属窗帘杆系列项目落户江南镇;金属窗帘杆工艺品项目、电动车电机生产项目、板房生产项目落户县经济开发区。节能降耗规模企业万元增加值能源消耗从0.386吨标煤下降到0.19吨标煤,下降率50.78%。

【生态环保建设】 2010年,继续实施生态修复三年行动计划,完成立夏山矿山复绿10公顷,完成中一村灰塘坞、钟山村塘湾、大市村石亩山、城下村金子山、陇西村前山等5处废弃矿山复垦10.6公顷。整村推进高峰、陇西、歌舞村农村生活污水治理工程,新建污水处理池30只,改建15只。投资100余万元,完成乡集镇生活污水处理站建设及周边污水截污纳管工程。

【民生工程建设】 2010年,完成仕厦、高峰和歌舞村农居点109户农户住房改建,其中仕厦村农居点被评为全县示范农居点;完成13户农村困难群众危旧房改造。完成中一、青南山、龙家山、新村、仕厦、珠边畈农村"十百工程"建设。完成9个建设用地复垦项目,新增耕地面积10余公顷;实施4个造地项目,新增造地面积20余公顷。

完善低保动态管理机制,对全乡低保户、困难户进行清理整顿,取消低保户14户,新增优抚对象4人。推进新型农村合作医疗保险,村民参保率98%以上;工伤保险完成参保1419人。治理消除地质灾害点9处,转移群众79名。

【文教卫事业】 2010年,钟山乡投资35万余元,完成1100平方米乡综合文体站改扩建工程,并于11月投入使用;启用桐庐图书馆钟山分馆,新增图书1500册、报刊杂志20余份;开通高峰村图书流通点。举办各类大型活动5场,接待市县文化下乡演出3场,电影下乡160余场,村级文体队伍开展各类活动150余场。完成学前教育资源整合,设立歌舞、子胥、城下3个公办幼儿园村级教学点,配备校园专职保安8名,安装报警系统6套。启用10家村卫生服务室(站),初步实现乡村卫生服务一体化。

【桐庐第二届山花节闭幕式暨钟山蜜梨节】 2010年7月,桐庐第二届山花节闭幕式暨蜜梨采摘仪式在钟山乡大市村举行。钟山乡是桐庐蜜梨主产区、杭州市最大蜜梨生产基地、省级无公害农产品生产基地,拥有蜜梨种植面积668公顷,品种以翠冠、清香、新世纪、圆黄、黄花梨为主,年产量在11000吨以上,产值3050万元,蜜梨经济是钟山农业经济发展主力军。蜜梨节期间,开展游富春山水、品钟山蜜梨、兴百姓经济、展农村新姿、享品质生活为主题梨花摄影、蜜梨评比、观光采摘游等活动。据统计,山花节和蜜梨节期间,横村镇、钟山乡两地接待赏花观光游客30万人次,吸引杭州、义乌等客商到桐庐商洽农业领域合作发展事宜。

【徐七线改建工程拆迁】 2010年7月1日,县道徐七线(横村至钟山段)改建工程开工。工程投资1.6亿元,全长11.43公里,由东北往西南途经横村镇、莪山乡、钟山乡、富春江镇和建德市钦堂等乡镇。该项目属省级重点工程项目,是杭州市"交通西进"整体工程重要组成部分。工程计划工期为24个月。为配合徐七线改建工程,钟山乡在沿线村悬挂宣传横幅,张贴宣传标语、拆迁公告,给征地拆迁户发开公信。在道路放样确定红线范围后,着手开展涉户实物调查工作,做到不遗漏一户、不耽误一户,再三清查核对实物数据,并由户主在清单上确认签字后进行公示。至7月23日,该乡提前一周完成改建拆迁工作,拆迁房屋33户,安置90人,迁移坟墓20座,赔偿青苗89户。

【石材行业综合整治】 石材产业是钟山乡传统支柱产业,全乡有石材企业103家,从业人员2000多人,年销售额4.5亿元。在经济增长背后,石材产业环境污染问题逐渐凸显。2010年8月,钟山乡开展石材行业综合整治活动,以堵疏结合、扶优汰劣、整合提升、综合治理为原则,对所有石材企业生态环境逐个评估,安排专业人员对企业进行整改督查。针对一些企业污水、污泥胡乱排放现象,聘请专业施工队伍设计图纸,建造污水池、沉淀池等配套装置,提高污水、污泥处置效率。要求生产一线工人佩戴防护口罩、眼镜等防护工具,以防粉尘吸入危害身体健康。与企业主签订环境保护责任书,实行百分制考核,加强石材企业环境保护长效管理。

表 90

2010 年钟山乡各行政村基本情况

村　名	村党委(总支)书记	村委会主任	人口(人)	年人均收入(元)
中一村	胡方兴	邵荣正	2304	10750
钟山村	毛正国	吴加贤(～2010.7)	4554	10865
陇西村	陈火(～2010.9) 翁朝阳(2010.9～)	陆根洪	1626	9889
城下村	洪华军	王建生(主持工作)	2289	11583
仕厦村	陈忠生	骆金培	1166	9757
大市村	方成根	陈新照(主持工作)	2587	10586
魏丰村	吴三荣	刘立泉	1044	7441
高峰村	吕文胜	麻根青	1015	9501
子胥村	滕国忠(～2010.5) 杜根友(2010.5～)	陈贵荣	1711	9994
歌舞村	张明星	方洪星	1829	9138
夏塘村	刘雪军(～2010.4) 虞茂玉(2010.4～)	张联根	646	10245

(沈　丹)

·分水镇·

【概况】 2010 年,分水镇实现工农业总产值 57.8 亿元,同比增长 18.7%;财政收入 7768 万元,同比增长 13%;农民年人均纯收入 10868 元。人口计生率 98.45%,全年刑事案件与 2009 年下降 11.2%;调处各类矛盾纠纷 1263 起,调解成功率 98%;办理信访件 62 起,受理县市长公开电话 314 起,办理结案率达 100%。

是年,该镇获杭州市土地承包经营权流转"十佳乡镇"、省级平安创建工作先进单位,列入浙江省首批 27 个小城市培育试点镇。

表 91

2010 年分水镇情况数据库

项　目	单　位	合　计
地域面积	平方公里	299.43
耕地面积	公顷	1991.3
行政村	个	26
总人口	万人	5.12
工业总产值	万元	537944
农业总产值	万元	40450
财政收入	万元	7768
农村居民人均纯收入	元	10868

【农业经济】 2010 年,分水镇粮食播种面积 1933 公顷,粮食总产量 12000 吨。投资 150 万元,建成大路村省级粮食功能区;投资 50 万元,完成里湖村县级粮食功能区国家级提升项目;投入 65 万元,完成大山黄

花菜213公顷基地建设;投入87万元,创建怡合蚕桑基地为省级优质农产品基地。发展以保安片为核心中药材基地66.7公顷。恒龙公司农业开发项目规划小源片山油茶种植面积61公顷,当年种植31公顷。投入40万元,完成保安村市级低产田改造20公顷;投入30万元,完成大路村、三溪村县级低产田改造41公顷。完成土地流转100公顷,其中种植黄花菜流转8公顷、中药材种植流转53公顷、山油茶种植流转20公顷、粮油种植流转13.3公顷、苗木种植6公顷。

【工业经济】 2010年,分水镇实现工业销售总产值52.4亿元,其中规模以上企业18.7亿元;全社会固定资产投资7.1亿元,其中工业投资5.1亿元,限上投资2.98亿元;完成工业招商3.06亿元,其中实到市外内资1.7亿元,协议外资1060万美元,实到外资500万美金,自营出口5000万美元。新引进项目15个,在建项目50个。重点工业项目开工率80%以上,杭州一洲健身器材有限公司、桐庐丹可装饰品有限公司、杭州诚捷液压泵有限公司、杭州爱加文具有限公司等项目相继开工。新增规模企业14家,全镇规模企业101家,新增亿元企业1家(雅多家具)。

【城乡统筹】 2010年,启动分水镇城镇总体规划、分水新城概念规划修编和百岁坊、儒桥、保安3个中心村建设规划修编,完成新一轮土地利用总体规划编制。完成招投标项目180项,工程造价2670万元。投入2530万元,完成东门路拓宽改造、武盛街东延、桥东商贸大街南延、老城区里弄小巷改造等工程,完成城西入城口、污水处理厂、定向移民安置点景观绿化2.6万平方米,完成南门路亮灯工程,启动滨江路延伸工程、滨江绿化景观工程建设;投资480万元,完成分水行政审批服务中心土建工程建设;完成分水江休闲旅游度假区配套公共管网工程可行性研究报告、施工图设计及滨江段一期工程建设。推进东门小区搬迁安置房建设、分水镇中心幼儿园、05省道与16省道连接线工程建设。投入700万元,以民建公助改造模式,完成农村住房改造592户;硬化大路、桥东、朝阳等村级联网公路27公里;完成建设用地复垦面积9.7公顷,垦造耕地面积93公顷;完成下山移民812人。

分水镇江滨公园

【生态环境建设】 2010年,投入150万元,完成新龙、百岁坊、高联省级待整治村建设;投入300万元,完成大路、里湖、塘源、武盛、三合、桥东、保安、小源、百岁坊、高联重点整治村建设。投入550万元,完成外范、高联、百岁坊、三溪、盛村、朝阳6个行政村农村生活污水治理建设,新建人工湿地池71只、污水井2321只,铺设污水管网101公里。大路、外范、盛村、百岁坊、高联村实施中央补助地方公共卫生专项资金农村改厕项目工程。完成分水污水处理厂前溪护岸、围墙、绿化等附属工程建设,建成化验室、中控室并投入正常运行。

【分水制笔科技创新服务中心】 分水制笔科技创新服务中心是分水区域经济发展中一个重要公共技术平台,担负着核心共性技术攻关、技能培训、技术服务等职能。2010年,为企业开展新产品设计、制笔模具设计加工、产品检测、技术培训、信息服务200余项次;与中国计量学院、浙江科技学院、杭州电子科技大学等14所高校组织制笔创意设计大赛,获"创意杭州"工业设计大赛最佳组织奖。申请专利262件,完成产品检测95批次。与高等学校开展产学研合作项目1个,申报国家级项目2个、省级项目1个、市级科技项目2个、县级科研项目13个,申报县级新产品4个。申请市级高新技术企业1家,县级研发中心1家,县级科技型企业1家。中国笔乡网有注册会员单位186家,各类会员682个,发布供求信息10600多条。是年,桐庐分水制笔科技创新服务中心被认定为杭州市示范行业研发中心。

【"五云山"成分水制笔区域品牌】 2010年6月23日,"五云山"集体商标被国家工商行政管理总局商标局正式核准注册,分水制笔业品牌正式确立。分水镇有制笔企业551家,80%以上没有自主品牌。2009年上半年,分水镇政府组织开展征集分水制笔区域品牌商标设计活动,7月15日组织分水镇制笔区域品牌最佳备选名称民意征求,最终选定"五云山"为分水镇制笔区域品牌。五云山为唐代状元、开发澎湖第一人施肩吾求学深造之处,既具浓厚文化底蕴，又具分水制笔区域产业特色，且适应分水文化创意产业发展趋势，“五云山”三字简约上口，符合品牌要求。根据“五云山”区域商标使用规定，凡是分水制笔企业，其产品只要品质过关，都可以使用“五云山”商标。

【五云山烈士墓修建工程】 2010年3月30日，分水镇五云山革命烈士墓修缮工程全面竣工。五云山烈士墓是桐庐县爱国主义教育基地和重点文物保护单位，始建于1954年，坐落在分水高级中学校内，受当时条件限制，墓地比较简陋，纪念广场仅20平方米。2009年底，分水镇出资100多万元，重修烈士墓。修建后的烈士墓占地面积400平方米，保护范围1000多平方米，墓四周地面、墙体、人行道全部铺贴花岗岩石，纪念广场一次可容纳300多人悼念。

【印度蓝孔雀落户分水】 蓝孔雀为珍稀半草食性珍禽，主要分布在江西等地。其外表雍荣华贵，具较高观赏价值，成年孔雀做标本每只售价5000元左右。其肉质属高蛋白、低脂肪、低热量和低胆固醇，具滋阴补肾、祛毒养颜功效。2010年，孔雀肉市场销售40元/500克～70元/500克、种蛋100元/个。2008年6月，分水镇盛村村民陈根泉从外地引进170只印度蓝孔雀种苗，进行适应性养殖。2010年4月，母孔雀产蛋70多枚，并孵出第一批小孔雀。

表92

2010年分水镇各行政村基本情况

村 名	村党委(总支、支部)书记	村委会主任	人口(人)	年人均收入(元)
武盛村	孙关友	—	4508	13266
城西村	阮禾丰	龚青山	1658	13360
天英村	卢福荣	李锡文	3043	12095
塘源村	陈 鑫	朱樟华	2090	11481
里湖村	孟桥良	程雪舟	1888	12924
儒桥村	吴慧星	赵应军	1607	12061
大路村	查正文	罗铁其	2759	11547
桥东村	张小富	丁都君	1286	13078
东溪村	林土根	程军祥	3627	13245
三合村	谢炳朝	朱雪强	1732	12147
新龙村	叶小明	何忠强	1324	12076
怡华村	徐勤(女)	杨根全	773	8165
百岁坊村	张生华	童火根	2336	9615
外范村	华 亮	汪恕清	1768	8026
高联村	毛春宝	李金亮	1110	8074
保安村	曹忠银	张国豪	1954	9079
小源村	刘青云	雷立东	2121	8147
徐桥村	王培良	张小华	1176	8627
盛村村	王荣华	徐坤荣	1394	8886
三溪村	汤梅珍(女)	周国清	782	8088
朝阳村	郎一元	柯金炎	1158	8610
太平村	储国良	季雷成	1382	8166

(王金金)

·瑶琳镇·

【概况】 2010年,瑶琳镇围绕打造经济增长极、打响生态旅游牌、共建富裕和谐镇总体目标,实现工农业总产值21.8亿元,财政收入39678万元,农民人均纯收入10511元。新生婴儿229人,计生率97.3%,征收社会抚养费35万余元,二轮“三查”(查病、查环、查孕)率98%以上。是年,投资旅游业3800万元,完成瑶琳仙境“后三厅”改造、垂云通天河地下大峡谷安全设施改造、瑶琳森林公园铁索桥项目开发、红石湾景区龙隐洞延伸和绿化工程,接待游客190余万人,三产增加值1.57亿元。

2010年,该镇获中国绿色名镇、杭州市文化示范乡镇、杭州市村务公开民主管理示范乡镇、杭州市安全生产工作先进单位、杭州市“人口计生阳光统计信息之星”单位、杭州市科普示范文明乡镇等称号。

表93 **2010年瑶琳镇情况数据库**

项目	单位	合计
地域面积	平方公里	216.6
耕地面积	公顷	1775.7
粮食生产面积	公顷	26509
粮食总产量	吨	9660
行政村	个	16
总人口	万人	3.55
工业总产值	万元	190500
农业总产值	万元	27320
财政收入	万元	39678
农民居民人均纯收入	元	10511

【农业经济】 2010年,全镇农作物种植面积1787公顷,粮食总产量9721吨。培育桃源水产养殖基地,高翔、后浦莱竹基地,百岁吊瓜基地,毕浦、永安蚕桑基产业基地;完成琴溪山茶油、农家土鸡无公害农产品一体化认证;新增县级规范化农民专业合作社3家(惠农粮油、洪武山辣椒、明君蚕桑)。投资1059万元,完成坞口水库和官塘水库“千库保安”工程;投资200余万元,完成皂垳、考坑、碧岭3处临村山塘除险加固工程;投资600余万元,完成元川、毕浦小流域治理和百岁溪农发项目建设。投资120万元,完成大洲畈省、市级粮食功能区和桃源溪畈县级粮食功能区基础设施建设。申报土地流转项目6个,新增土地流转面积107公顷。绿化造林80公顷,林道路建设16公里,生态公益林管护7540公顷,幼林抚育304公顷。申报村集体创收项目2个、低收入农户增收项目8个,村集体收入增加26.5万元,村级债务减少56.9万元,5万元以下薄弱村减少12%。举办农民素质培训12期941人次;完成525户低收入农户调查审核上报工作,人均收入3800元;农业政策性保险参保率100%。

【工业经济】 2010年,全镇实现工业总产值19.05亿元,同比增长26%,其中规模以上工业总产值7.47亿元,同比增长40%;新增规模企业5家;全社会固定资产投资3.16亿元,同比增长21.5%;工业固定资产投资2.11亿元,同比增长16.2%,其中限上(500万元)以上项目1.56亿元,同比增长15.6%;新增亿元企业1家(浙江明恒电缆有限公司)。完成招商投入1.72亿元,同比增长14.3%;工业招商1.49亿元,其中实到市内外资0.98亿元,完成协议外资600万美元、实际利用外资300万美元。招商项目涉及生物、机械、旅游、房产等8个领域。重点工业项目7个,其中列入县政府跟踪推进项目5个。杭州恩施葆微生物工程有限公司、杭州格致机械有限公司、行动者服饰有限公司开工建设、杭州中宝电缆有限公司、浙江震寰电气电缆有限公司、杭州侨伦铝业有限公司完成基建即将投入试生产；杭州霍普曼电梯三期工程完成基础建设。

杭州霍普曼电梯有限公司厂区夜景

【村镇建设】 2010年，启动林场至洞前道路整体改造工程计划；完成俞毕线地质灾害治理工程；完成9家养殖场省、市级禽畜排泄物污染治理验收；实施3个省级待整治村（潘联村、后浦村、东琳村）和6个重点整治点（东琳村2个点、百岁村2个点、文源村1个点、潘联村1个点）建设；完成东琳、后浦、元川村农村生活污水治理整村推进；完成300户农户住房改造、26户危困房建设。完成中央补助地方公共卫生专项资金农村改厕项目892座。舒家、何宋村创建省级卫生村，潘联、大山、毕浦村创建市级卫生村。

【中心村建设】 2010年，瑶琳镇结合规划调整和省市重大基础设施布点，确定永安村、桃源村、元川村、琴溪村为中心村。其中，永安村、桃源村被县委、县政府确定为“5+4”（5个重点中心村，4个特色村）重点工程建设中心村，拟投资9863余万元用于新安置点排屋建设、村庄规划红线外拆迁、新安置点基础设施建设、公共基础配套设施建设等项目，计划拆迁建筑面积70745平方米，新建安置点集聚人口1125人，可复垦宅基地面积18.7公顷；琴溪村拟投资2295万元用于中心村建设，将集聚人口465人，集约节约土地6.7公顷；桃源村拟投资8150万元用于中心村建设，将集聚人口370人，集约节约土地6.6公顷；元川村拟投资6505万元用于中心村建设，将集聚人口350人，集约节约土地15公顷。

【社会保障】 2010年，对全镇575户低保户进行清理整顿，保留464户，取消111户，发放救助金82万元；临时困难群众救助36户，发放救济款8万元；整治原生态墓5处，新建生态墓地2处；全镇参加农村合作医疗保险33000人，参保率98.5%；5759位60岁以上无社会保障老年人按时领足生活补助；处理劳资、工伤纠纷9起，涉及金额1.3万元。

【村级组织换届试点】 2010年10月至12月，桐庐县村级组织换届工作在瑶琳镇进行试点。完成16个村党组织“公推直选”、村委会“自荐直选”工作。产生村两委成员117名，其中村党组织成员68名、村委会成员59名，交叉兼职10名。村两委成员平均年龄从45.8岁下降到43.3岁，初中及以下文化程度所占比例从上届37.4%下降到23%，高中以上文化程度从上届67人增加到89人；村委会成员中女性成员从上届7人提升到19人，达到每个村委会班子配备1名女性干部的要求。

【中国绿色名镇创建】 瑶琳镇拥有有森林面积16667公顷，森林覆盖率75.6%。该镇以创建绿色学校、绿色家庭、环保家庭为载体，结合巩固省卫生强镇、清洁家园、“十百工程”建设，在农村家庭中开展植绿护绿、门前三包、门内达标等活动，先后在全镇范围内评选卫生达标户、最清洁家庭户，开展十村百点千户万人、“三清”（清垃圾、清路障、清污泥）等环境卫生大整治活动。舒家村被评为杭州市打造国内最清洁村示范点和县级生态村，桃源村蒋家、后浦村大庙成为市级生态村，永安村、桃源村通过市级农村生活污水处理示范工程和市级农村生活垃圾收集示范工程验收。继续加大对无公害、绿色生态有机农产品基地建设。建成省市林业示范园区1个，面积315公顷；吊瓜基地1个，面积133.3公顷；建成省级无公害农产品基地7个；建成市、县级农业专业特色村9个；建成县级农业示范园区6个。建成省级粮油示范园区1个，面积133.3公顷。投资3000余万元，打造生态休闲旅游品牌。加大景区生态建设力度，关停一批对景区周围有污染企业；投入90万元，用于废弃矿山绿化治理。创建天峒山省级生态公园、琴溪香谷市级生态公园，瑶琳仙境、垂云通天河被评为国家AAAA级景区。2010年3月被中国绿色推介委员会评定为中国绿色名镇。

表 94　**2010 年瑶琳镇各行政村基本情况**

村　名	村党委(总支、支部)书记	村委会主任	人口(人)	年人均收入(元)
潘联村	徐洪展	周根水	835	9485
姚村村	张君良	向移苟	2979	12349
皇甫村	熊勇军	皇甫根洪	2726	12458
桃源村	叶荣昌	刘柏荣	2368	12230
东琳村	童冠平	皇甫权国	4648	11007
毕浦村	王金木	钱　勇	1566	9897
永安村	江高平	林国荣	1815	9625
何宋村	蔡文华	储成荣	2029	9170
大山村	詹寿根	陈建华	1038	10771
文源村	何金泉	郑联华	1486	9549
舒家村	胡卫平	皇甫高	979	13462
百岁村	刘正荣	赵荣炳	2863	9605
后浦村	王罗标	袁德琴	1552	11002
元川村	赵炳生	袁庆生	1435	10169
高翔村	刘森荣	陈昕平	2713	8798
琴溪村	王晓军	姚士泉	3245	8761

(罗　静)

·百江镇·

【概况】 2010 年,百江镇围绕生态立镇、工业兴镇、旅游活镇、绿色富民、和谐建镇发展战略,实现工农业总产值 73323 万元;财政收入 1004 万元;农民人均收入 9135 元,同比增长 12.3%;人口计生率 96.36%。全年调处各类纠纷 408 起,其中口头调解 246 件、一般纠纷 147 件、重大矛盾纠纷 15 件;承办信访 91 件,办结率和反馈率 100%。是年,该镇获全国环境优美乡镇、浙江省兴林富民示范乡镇等荣誉。

表 95　**2010 年百江镇情况数据库**

项　目	单　位	合　计
地域面积	平方公里	235.03
耕地面积	公顷	943
行政村	个	15
总人口	万人	1.97
工业总产值	万元	63080
农业总产值	万元	10243
财政收入	万元	1004
农村居民人均纯收入	元	9135

【农业经济】 2010年，百江镇粮食生产面积1016公顷，总产量4769吨。完成罗山村市级低产田改造49公顷，奇源村、东辉村县级低产田改造33.3公顷，申报标准农田提升工程253公顷；完成百江村方家畈县级粮油园区建设。完成山塘除险加固工程4个(罗山村塘边坞、松村村智明坞、乐明村由坞，后河村仰家)，村级防洪堤工程2个(双坞村、百江村)。完成造林62公顷，板栗低产改造22公顷，毛竹林低产改造110公顷，新增重点公益林1990公顷。完成市级林道建设9公里，县级林道建设9公里。全年新增土地流转面积83公顷。创建县级规范化农民专业合作社2家(桐庐百兴板栗专业合作社、桐庐翰丰山核桃专业合作社)，培育农业专业合作社1家，获无公害农产品认证3个、有机食品认证2个，注册农产品商标1个。组织实施农民素质培训11期665人。

【工业经济】 2010年，百江镇实现工业总产值6.3亿元，其中规模企业2.1亿元，增长20.6%；完成工业固定资产投资4908万元，其中限额(500万元)以上工业投资1940万元；自营出口1536万美元，增长73.8%；服务业增加值4526万元，增长16.3%；技改投入2067万元；新增规模企业1家，总数为10家；新增工业企业专利7个。新引进项目3个，协议资金1.76亿元；在建项目9个，招商投入4905万元。完成招商引资5205万元，其中工业招商3395万元，实到市外内资1810万元、外资418万元。重点项目稳步推进，杭州准提实业有限公司高性能轮胎帘子线生产项目实到资本1017万美元，投资1800万元的杭州丽晓丝业有限公司投产生效；飞地招商项目杭州桐芯微系统公司投资9000万元，进入实质建设阶段(落户县城滨江区块)；奇源农业综合开发项目投资1.7亿元，继续推进。规划和启动百江工业功能区扩容工程，新增土地8公顷。

杭州丽晓丝业有限公司生产车间

【村镇建设】 2010年，完成镇土地利用总体规划修编和15个行政村建设规划编制。完成县级重点整治村项目3个(联盟杨村、百江朱门、乐明村)，东辉村省级待整治村通过验收。金塘坞等7个行政村生活垃圾实现村收、镇集、县处理。实施奇源村、联盟村4.8公顷造田造地项目。完成宅基地整理项目4个，涉及11个村、32个点、整理面积3.8公顷；对18户受泥石流、山体滑坡等地质灾害威胁户实施搬迁。完成住房困难对象救助25户，农村住房改造299户；移民下山45户174人。继续推进百江至乐明联村公路建设，完成郭村至翰坂道路拓宽，翰坂、奇源村路面硬化工程，实施邵舍埠桥、东辉桥、小京许家桥、智明坞桥危桥改造工程，新建完成东辉坑口、塔岭2个港湾式候车亭。完成双坞、联盟、小京、东辉4个村农民饮用水改造提升工程，受益人口1380人。实施东辉、双坞、翰坂、奇源4个村生活污水整村推进工作，完成双坞、奇源、钱家、东辉4个村农村改厕工作；开展省级规模化养殖场污染治理7家，农家乐污水治理3家。

【联乡结村】 2010年，杭州市联乡结村帮扶集团成员单位市林水局、市畜牧局、市土地储备中心、市体育发展集团、市公共交通集团有限公司与百江镇结对，实施低收入农户致富奔小康、朱门农村住房改造、百富公路安保工程、罗佛溪生态河道建设(二期)、9公里林道建设、百江小学塑胶跑道建设、杨村鹿坞自然村道路改建、百江集镇提升改造工程8个帮扶项目，落实帮扶资金288.5万元。为366家农户落实扶持措施和发展项目，低收入农民人均纯收入提高到3234元，比2009年增加395.5元。

【民生保障】 2010年，开展低保户清理工作，清退不符合条件人员8户10人，新增低保户34人；新增残疾人基本保障人员61人；实施残疾人康复、托安(养)工作，集中托养4人、日间照料2人、居家安养3人。实施乐明、松村、苎坑、郭村、百江村村级社区服务中心建设。启动奇源村、东辉村生态公墓建设，后河村生态公墓通过县验收。全镇参加养老保险3780人、职工养老保险1650人、工伤保险1082人，新型农村合作医疗参保率98%。

【省兴林富民示范乡镇创建】 百江镇拥有林业用地面积20066公顷,省、市级生态公益林1067公顷。大力实施“林业三年行动计划”,重点扶持林业“三产二低改”(山核桃、竹、香榧产业,毛竹、板栗低产林改造),至2010年末,有板栗1067公顷、山核桃1000公顷、毛竹1467公顷、香榧23公顷,为该镇林业四大龙头产业。培育以东辉片为中心山核桃基地,创建翰坂村翰丰山核桃合作社为县级规范化合作社,林农年收入增加3000元。开展《加工型板栗新品种引进、栽培技术集成与示范推广》科研项目;举办香榧、毛竹、山核桃等栽培管理技术培训班16期,受训800余人次,发放科技政策资料2000余册。开展双坞紫燕山毛竹示范区、翰坂山核桃示范区、小京杨梅示范区建设;罗山天子地景区成功创建市级森林公园。是年,百江被评为浙江省第四批兴林富民示范乡镇。翰板村、乐明村被评为浙江省第四批兴林富民示范村。

【新型防火板材厂落户百江】 2010年12月29日,桐庐朝发装饰材料厂开张。该厂生产的国家新型防火板材曾被选为2008年北京奥运会主会场国家体育场“鸟巢”工程防火材料,以秸秆为填充料与无机矿物质经过特殊工艺聚合而成,防火级别为国家GAA2004新规定。该厂于2009年8月开始筹建,总投资500多万元,主要生产聚合防火绿色、环保、节能多用板材,适用于商场、酒店、医院、学校、家庭等场所。

【“7·15”洪灾】 2010年7月15日凌晨3点至中午12点,百江镇普降暴雨,降雨量121毫米,镇区域内溪流、水库水位迅速上涨,大部分村庄发生洪涝灾害,罗山、后坞等地发生山体滑坡。全镇8200人受灾,受淹农户37户,转移人口138人;冲毁防洪堤126处6986米、堰坝5处、机埠1座,冲毁林道26.8公里、自来水水池14座、水管795米;冲毁道路130处5008米,倒塌桥梁9座、房屋20间(其中住房8间);淹没农田346公顷,成灾307公顷、绝收39公顷,冲毁农田27公顷;水产损失52万元,畜牧业损失13万元;电力、通讯设施损失23万元;企业受灾19家,经济损失89.4万元。全镇直接经济损失3000多万元。

表96　**2010年百江镇各行政村基本情况**

村　名	村党委(总支、支部)书记	村委主任	人口(人)	年人均收入(元)
双坞村	张国英	潘志敏	582	8991
联盟村	臧献萍(2010.1～2010.9) 魏志芳(2010.10～2010.)	陈六根	3006	10233
金塘坞村	朱荣根	雷慧英(代)	345	8948
百江村	吴法生	黄爱民	3170	8866
奇源村	彭义永	王金土	871	8900
苎坑村	江春法	刘毛火	761	8355
乐明村	谢恩华	朱洪平	116	8521
罗山村	杨东明(2010.1～2010.6主持工作, 2010.7～2010.任书记)	黄卸平	1138	7830
松村村	邓樟富	刘樟财	1491	7612
钱家村	王樟寿	钱洪涛	1278	8732
小京村	詹良根	林柏根	1286	9780
后河村	张春梅	尹根强	962	8597
东辉村	叶水根	杨荣寿	1625	9000
郭村村	张生平	叶根良	745	8188
翰坂村	徐让军	刘春龙	888	9212

(吴亦亚)

·合村乡·

【概况】 2010年,合村乡实施生态立乡、绿色富民发展战略,实现工农业总产值2亿元,财政收入446万元,农村居民人均纯收入9205元。人口计生率96%。全年处理各类矛盾纠纷194件,调处成功190件;受理来信来访93件,12345公开电话36件,办结率100%。化解信访积案2起。是年,该乡成功创建全国环境优美乡、浙江省卫生乡、浙江省民间艺术之乡、浙江省科普示范乡、杭州市文明乡。

表97　　**2010年合村乡情况数据库**

项　目	单　位	合　计
地域面积	平方公里	122.24
耕地面积	公顷	538.7
行政村	个	6
总人口	万人	1.04
工业总产值	万元	10477
农业总产值	万元	9526
财政收入	万元	446
农村居民人均纯收入	元	9205

【农业经济】 2010年,全乡实现农业总产值9526万元。完成粮食播种面积854公顷,总产量4326吨;山核桃1200公顷(投产800公顷)、竹林2667公顷、桑园267公顷(春蚕饲养量8000余张)、茶园300公顷,种植番薯200公顷。实施省级现代林业发展项目1项(岭源山核桃)、市级农业发展资金项目2项(大溪竹笋、后溪蚕桑),申报省级主导产业示范园区1个(岭源山核桃)、精品园区1个(大溪竹笋)。发展特色林业基地100公顷(省级73公顷),新增生态公益林1467公顷,毛竹低产林改造47公顷。推广"强桑一号"新品8万余株。完成岭源市级中低产田改造560公顷和后溪县级中低产田改造780公顷。创建市级粮食功能区1个(诸家粮食功能区)。完成集体林权制度改革5937公顷,均股均利1641户。新办流转山林权证15本,山林流转面积1166公顷。投入200余万元,完成麻境水库除险保安工程。

【工业经济】 2010年,全乡实现工业销售产值1.03亿元,其中规模企业销售产值4529万元,同比增长10.9%;全社会固定资产投资6684万元,其中工业固定资产投资2488万元,三产投资1937万元,完成目标142.4%;新引进项目3个,协议资金3200万元,同比增长79%;在建项目4个,招商投入2967万元,工业招商1668万元,引进市内外资金2967万元。新增规模企业1家。

【新农村建设】 2010年,完成瑶溪里陈家、高凉亭大溪农居点建设规划,合村琅干农居点建设规划正在编制中。投资100余万元,完成对乡集镇及农贸市场、文体中心、公共厕所、集镇主干道改造提升;实施农村住房改造71户,其中农村困难家庭住房救助12户;投资50万元,建成压缩式垃圾中转站、垃圾中转收集房,实现户集—村收—乡转运—县处理环卫一体化模式。完成80公里河道清理。

【联乡结村】 2010年,杭州市联乡结村帮扶集团成员单位上城区政府、杭州市城管办、杭州娃哈哈集团、杭州移动公司、上城区清波街道、杭州东华链条集团、浙江百诚集团、杭州光明中学与合村乡结对,实施残疾人仁爱家园建设、合村琅玕下山移民、绣花鞋保护和发展、低收入农户产业扶持、乡中心幼儿园建设、农村住房改造"民建公助"试点等联乡结村项目6个,帮扶资金206万元。其中,合村乡中心幼儿园计划总投资450万元,建筑面积1795平方米,可容纳6个班入托。是年,浙江百诚集团股份有限公司捐助建设资金100万元,合村乡中心幼儿园冠名为桐庐合村百诚幼儿园。

【省级卫生乡创建】 2010年,合村乡制定创建省级卫生乡工作实施方案,明确各阶段工作计划,落实创建工作任务和责任。乡自来水普及率99.17%,农村生活饮用水卫生合格率98%,生活污水集中处理率95%,危险废物处置率100%;卫生厕所普及率99.83%,其中无害化三格式卫生厕所普及率86.17%;实现全乡生活垃圾户集—村收—乡运转—县处理环卫一体化模式,无害化处理率100%。重点工业污染源排放达标率100%,新型农村合作医疗参合率96%,农民健康档案建档率98%,群众对卫生状况满意率保持在90%以上。是年,成功创建省级卫生乡。

【2010浙江省民间手工艺——“虎头鞋”创意邀请赛】 2010年5月6日,由浙江省非物质文化遗产保护办公室、浙江省群众艺术馆主办,浙江省民间艺术研究会、桐庐县文化创意办公室、桐庐县文化广电新闻出版局、桐庐县合村乡人民政府承办的第二届浙江省民间手工艺——“虎头鞋”创意邀请赛在桐庐县合村乡举行。比赛从征集作品、作品评审、作品展览历时4个多月,征集“虎头鞋”实物作品35组、95件,设计图65幅,相关内容论文27篇。经省专家组从创意、实用、做工、材质等方面评审,评定实物作品金奖3件、银奖5件、铜奖10件,设计图金奖3件、银奖5件、铜奖6件,论文一等奖3名、二等奖5名、三等奖11名、优秀奖7名。单位组织奖4名,个人优秀组织奖6名。合村绣花鞋研发中心选送的五子登科、实用虎头鞋分获实物作品金、银奖。6月,合村绣花鞋受邀参加上海世博会——“物华天工”浙江周展示活动。

【大溪闯滩风景区项目】 大溪闯滩风景旅游区位于桐庐县合村乡境内,总面积20平方公里,系第四纪冰川遗址峡谷胜景。景区包括主流激流闯滩和支流极限冲浪,主流河道全长8公里,垂直落差198米,由墨影谷、红枫峡、白鹭滩三段风景各异的自然峡谷组成;支流河道全长5公里,落差300米,河紧流窄,巨石跌宕。2009年,武汉阳光文化广告公司投资3000万元开发大溪风景旅游区项目。至2010年底,基本完成大溪峡激流闯滩项目建设,计划于2011年5月对外营业。

合村大溪闯滩漂流项目

(吴林芳)

·分水江工程管理局(库区管委会)·

【概况】 2010年,库区水稻总播种面积33.33公顷,平均亩产460多公斤;桑树种植面积126.67公顷,饲养蚕茧4000余张,产量16万余公斤;生猪出栏近8000头,存栏5490头;砖山村生猪合作社动物尸体无害化处理通过市级验收,砖山村市级动物防疫示范村通过县级验收;无害化处理畜禽47头(羽),政策性保险理赔18户,金额20000元。落实生态公益林管护网络,完成24013亩公益林管护,全年查处林业案件5起;完成毛竹低改150亩;推进林权改制,完成邻界签订工作。

是年,出生22人,无计划外出生。计生“三查”率98.85%,长效节育率87%,避孕节育措施落实率90%以上。完成建设用地复垦项目3个,整理面积7.6公顷,其中新增耕地面积6.3公顷,通过市级验收;垦造耕地立项1个,整理面积7.2公顷。审批建房25户,发放土地证31户,会同分水国土所为16户后靠移民补办土地证。

完成三槐村、富源村“十百工程”及4个村安全饮用水工程,完成农村住房改造64户。全年新增低保户14户,退出低保1户;新增退伍军人定期定量补助1人,临时救助3人,发放义务兵优待金24000元;确定困难群众住房救助对象4户13人,其中1户完成房屋置换、3户完成新建;新增残疾人基本生活保障13人,5名特困残疾人纳入残疾人托(安)养工程;完成3家星光老年之家创建,启动富源村居家养老试点工作;开展生态公墓集中整治。

【天溪湖休闲旅游项目】 2010年,分水江工程管理局建立每周项目服务提前对接制度,协助业主做好各项审批代办、协调服务工作,累计上门服务40余次,解决自来水和污水管网走向确定、印渚加油站水池及电杆搬迁、外迁移民返库区建房整治、用地性质调整报批、用电线路规划设计、外运土石方选点联系、紧急入口道路开口报批工作,协助完成4－1、4－2、4－3地块出让,处理4次近300人阻碍施工问题。实施湖中取土工程,植树3万株复绿场地,新一轮酒店建筑设计方案递交相关部门审查,完成投资19300万元。

【电站运营管理】 2010年,分水江电站发电量6927万千瓦时,上网电量6850万千瓦时,产值收入3695万元。毕浦电站发电量4070万千瓦时,上网电量

3950万千瓦时，产值收入1939万元。按照程序化、标准化、规范化要求，全年开展电站职工队伍安全生产教育及岗位技能培训12期，举行消防演练2次，健全电站管理制度，做好毕浦电站蓄水、机组启动验收准备工作。至12月31日，分水江电站累计连续安全生产无事故运行1826天。

【防洪度汛】 完善防汛应急预案，编制《2010年分水江水库运行控制运用计划》和《毕浦电站防御洪水预案》；储备抢险草包、编织袋10000只及其他防洪度汛用品；严格防汛值班制度，汛期领导带班，双休日专业人员报汛，监测雨水情；加强防汛督查，对山塘水库进行5次大规模全面检查，督促山塘水库监管责任人上岗到位，泵站管理员24小时到岗到位；做好控制库水位在汛限水位以下，富家、后岩两村庄防护堤内126户386人有随时转移安置方案；汛前加强设备消缺维护，杜绝防洪设备带险入汛；开展小流域治理，完成对沙坝塘、大塘、张家坞、东秋坞山塘水库和500米小流域治理，浇筑后岩、三槐、砖山村3000余米渠道；逐级明确防汛责任，建立健全局、村两级防汛工作领导机构和应急分队5支90人，拉练应急队伍2次。

【清洁库区】 2010年，建立健全村容办、保洁员、监督员3支队伍，完善全天候保洁、网格化管理、保洁员考核制度，实现保洁工作常态化、网格化、规范化。加强漂浮物打捞，全年打捞漂浮物600余吨、动物尸体560余头；加强渔政巡查，没收渔船6条、竹筏10只及电瓶、鱼网、雷管等物资一批；采取以鱼养水等生物综合防治措施，改善库区水质，全年投放鱼苗70万尾；整治库区生活污水处理池28只，并落实相关运行管理维护制度，出台运行维护管理考核办法。

【社会治安综治管理】 2010年，调处各类民事纠纷99起，处理各类群众来信来电53件；化解涉及群众切身利益的信访矛盾9件，未出现越级访、群体访、重复访事件和重大刑事案件；在开展上海世博会安全保卫工作期间，做好与临安市乐平乡联防联调工作，推动分水江休闲旅游度假项目建设过程中相关问题、库区渔业资源及环境保护、桑叶渍害补偿等问题解决处理，维护边界稳定；加强校园、宗教活动场所及重点人群、流动人口安全管理，开展平安村、平安家庭等创建活动，所属行政村全部通过县级平安考核验收。

（周美玉）

表98

2010年库区基本情况数据库

项目 / 行政村	基本情况							主要经济指标（万元）				
	村民小组（个）	自然村（个）	总户数（户）	劳动力（个）	耕地面积（公顷）	园地面积（公顷）	山林面积（公顷）	区域面积（平方公里）	经济总收入	工业收入	农业收入	服务业收入
砖山村	8	4	329	420	37	65	453	8.65	1850	522	707	208
富源村	13	4	508	653	72	86	442	10.81	2307	427	508	24
三槐村	15	4	275	405	80	106	480	14.87	1941	641	263	140
后岩村	4	2	184	262	28	42	194	3.13	1199	15	198	266
合计	40	14	1296	1740	217	299	1569	37.46	7297	1605	1676	638

表99

2010年库区管委会各行政村基本情况

村　名	村党委（总支、支部）书记	村委会主任	人口（人）	年人均收入（元）
砖山村	郑根法	柴春跃	998	9048
富源村	王关友	方海忠	1403	9930
三槐村	季国红	诸立铭	860	9081
后岩村	沈柏潮	沈柏潮	540	9166

（周美玉）

【责任编辑　叶雪珍】

文　　献

·重要文件目录·

表 100

中共桐庐县委文件

序号	文　号	文　件　标　题
1	县委〔2010〕2 号	中共桐庐县委　桐庐县人民政府关于印发《桐庐县现代服务业发展三年行动计划(2010～2012 年)》的通知
2	县委〔2010〕3 号	中共桐庐县委　桐庐县人民政府关于印发《桐庐县六大特色潜力行业发展行动计划(2010～2012 年)》的通知
3	县委〔2010〕12 号	中共桐庐县委　桐庐县人民政府关于加快农村住房改造建设的实施意见
4	县委〔2010〕28 号	关于进一步加强非公有制企业党建工作的意见
5	县委〔2010〕29 号	关于进一步加强社区党建工作的意见
6	县委〔2010〕30 号	关于加强新社会组织党建工作的意见
7	县委〔2010〕33 号	中共桐庐县委　桐庐县人民政府关于推进市县联动加快区域一体化发展的实施意见
8	县委〔2010〕36 号	中共桐庐县委　桐庐县人民政府关于深化医药卫生体制改革的实施意见
9	县委〔2010〕39 号	中共桐庐县委　桐庐县人民政府关于加快传统农业转型升级发展现代农业的若干政策意见
10	县委〔2010〕40 号	中共桐庐县委　桐庐县人民政府关于创建覆盖城乡全民共享的充分就业县的实施意见
11	县委〔2010〕42 号	中共桐庐县委　桐庐县人民政府关于以新型城镇化为主导加快推进全县城乡统筹发展的实施意见
12	县委〔2010〕44 号	中共桐庐县委　桐庐县人民政府关于实施桐庐县农村住房置换县城公寓房的试行办法
13	县委〔2010〕46 号	关于进一步加强和改进机关党的建设的意见

表 101

桐庐县人民政府文件

序号	文　号	文　件　标　题
1	桐政发〔2010〕5 号	关于印发《桐庐县财政专项资金审计监督暂行办法》的通知
2	桐政发〔2010〕6 号	关于印发《桐庐县审计意见建议整改落实办法》的通知
3	桐政发〔2010〕39 号	关于印发《桐庐县 2010 年政府投资项目计划》的通知
4	桐政发〔2010〕46 号	关于印发《桐庐县 2010 年重点建设项目计划》的通知

续表 101

序号	文　号	文　件　标　题
5	桐政发〔2010〕52 号	关于开展农村历史建筑保护工作的实施意见
6	桐政发〔2010〕59 号	关于切实抓好粮食生产的若干意见
7	桐政发〔2010〕60 号	关于提请审查桐庐县域总体规划(2006～2020 年)的请示
8	桐政发〔2010〕61 号	关于进一步促进社会福利企业发展的若干意见
9	桐政发〔2010〕74 号	关于公布第四批桐庐县非物质文化遗产名录的通知
10	桐政发〔2010〕75 号	关于印发《桐庐县省级食品安全示范县创建工作实施方案》的通知
11	桐政发〔2010〕77 号	关于印发《徐七线(横村至钟山段)改建工程有关政策处理意见》的通知
12	桐政发〔2010〕79 号	关于进一步加快建筑业发展的实施意见
13	桐政发〔2010〕85 号	关于进一步加强资产收储(收购)监管工作的实施意见(试行)
14	桐政发〔2010〕90 号	关于加大力度支持莪山畲族乡经济社会发展的通知
15	桐政发〔2010〕96 号	关于印发《桐庐县限制养犬暂行规定》的通知
16	桐政发〔2010〕100 号	关于印发《桐庐县乡村卫生服务一体化管理实施意见(试行)》的通知
17	桐政发〔2010〕102 号	关于加强应急队伍建设的实施意见
18	桐政发〔2010〕113 号	关于鼓励和扶持文化创意产业发展的意见
19	桐政发〔2010〕118 号	关于加快现代物流业发展的若干意见(暂行)
20	桐政发〔2010〕123 号	关于进一步加强和改进 110 社会服务联合行动工作的意见
21	桐政发〔2010〕127 号	关于印发《桐庐县殡葬基本服务项目免费办法》的通知
22	桐政发〔2010〕128 号	关于开展社区居家养老服务工作的实施意见
23	桐政发〔2010〕134 号	关于印发《桐庐县计划生育公益金管理办法》的通知
24	桐政发〔2010〕135 号	关于进一步加强物业管理工作的若干意见
25	桐政发〔2010〕140 号	关于 2008～2010 年水库除险加固项目完成情况的报告

表 102　　中共桐庐县委办公室文件

序号	文　号	文　件　标　题
1	县委办〔2010〕1 号	关于印发《戚哮虎同志在县委十二届七次全会暨县政府十四届七次全体(扩大)会议上的讲话》的通知
2	县委办〔2010〕21 号	县委办公室　县政府办公室关于进一步加强乡镇(街道)综合文体站建设和管理的实施意见
3	县委办〔2010〕24 号	县委办公室、县委宣传部关于印发《中共桐庐县委理论学习中心组 2010 年学习计划》的通知
4	县委办〔2010〕27 号	县委办公室　县政府办公室关于印发《桐庐县 2010 年度干部、人才培训计划》的通知
5	县委办〔2010〕28 号	县委办公室　县政府办公室关于深入推进以“四民工作法”为重点的“网格化管理、组团式服务、片组户联系”工作的通知

续表 102

序号	文　号	文　件　标　题
6	县委办〔2010〕32 号	县委办公室　县政府办公室关于印发《2010 年桐庐生态县建设主要工作任务》的通知
7	县委办〔2010〕36 号	县委办公室　县政府办公室关于印发《桐庐县创建省级示范文明县城任务分解》的通知
8	县委办〔2010〕42 号	县委办公室　县政府办公室关于转发县总工会等单位《关于开展第五届“百名优秀外来员工”评选活动的实施意见》的通知
9	县委办〔2010〕47 号	县委办公室　县政府办公室关于深化电子商务进企业工作的实施意见
10	县委办〔2010〕48 号	县委办公室　县政府办公室关于完善重大工业问题协调例会制度的通知
11	县委办〔2010〕49 号	县委办公室　县政府办公室关于举办杭州·莪山首届“三月三”畲族文化节的通知
12	县委办〔2010〕52 号	县委办公室　县政府办公室关于印发《2010 年桐庐县固定资产投资和项目建设工作计划》的通知
13	县委办〔2010〕53 号	县委办公室　县政府办公室关于印发《2010 年度破解“七难”问题重点目标任务分解表》的通知
14	县委办〔2010〕60 号	县委办公室　县政府办公室关于印发《2010 年桐庐县落实党风廉政建设责任制、打造“廉洁桐庐”、完善惩防体系工作的组织领导和责任分工》的通知
15	县委办〔2010〕61 号	县委办公室　县政府办公室关于开展园区整合提升年行动的实施意见
16	县委办〔2010〕62 号	县委办公室　县政府办公室关于开展技术改造见效年行动的实施意见
17	县委办〔2010〕63 号	县委办公室　县政府办公室关于开展工业项目推进督查年行动的实施意见
18	县委办〔2010〕64 号	关于印发《中共桐庐县委关于对派驻(出)纪检监察机构实行统一管理的实施意见(试行)》的通知
19	县委办〔2010〕67 号	县委办公室　县政府办公室关于印发《桐庐县实施国家基本药物制度工作方案(试行)》的通知
20	县委办〔2010〕68 号	县委办公室　县政府办公室关于印发《桐庐县城乡居民社会养老保险实施意见》的通知
21	县委办〔2010〕69 号	县委办公室　县政府办公室关于印发《县委、县政府领导 2010 年度调研课题》的通知
22	县委办〔2010〕76 号	县委办公室　县政府办公室关于 2010 年社区党组织和社区居民委员会换届选举工作的意见
23	县委办〔2010〕91 号	县委办公室　县政府办公室关于加强宗教活动场所安全管理的意见
24	县委办〔2010〕93 号	县委办公室　县政府办公室关于印发《桐庐县 2010 年节能工作考核办法》的通知
25	县委办〔2010〕96 号	县委办公室　县政府办公室关于印发《桐庐县 2010 年度信访与县长公开电话工作目标管理考核办法》的通知
26	县委办〔2010〕97 号	县委办公室　县政府办公室关于印发《桐庐县 2010 年～2011 年构建惩防体系制度建设工作计划》的通知
27	县委办〔2010〕99 号	关于转发《县委组织部、县委宣传部关于深入开展以学英雄、当先锋,贴民心、促发展为主题的“春江先锋”创先争优活动的实施意见》的通知
28	县委办〔2010〕101 号	县委办公室　县政府办公室关于下达 2010 年综合考评社会评价意见整改目标的通知

续表 104

序号	文　号	文　件　标　题
29	县委办〔2010〕102 号	县委办公室　县政府办公室关于转发《杭州市信访重点乡镇(街道)、单位管理办法(试行)》的通知
30	县委办〔2010〕105 号	县委办公室　县政府办公室关于印发《2010 年度县级机关、直属单位考核评价实施细则》的通知
31	县委办〔2010〕106 号	县委办公室　县政府办公室关于印发《桐庐县品牌发展三年行动计划(2010 年～2012 年)》的通知
32	县委办〔2010〕107 号	县委办公室　县政府办公室关于开展桐庐县制笔业厂站结对工作的实施意见
33	县委办〔2010〕108 号	县委办公室　县政府办公室关于推进中心镇扩权强镇工作的实施意见
34	县委办〔2010〕110 号	县委办公室　县政府办公室关于印发《2010 年度县级机关、直属单位重点工作目标任务》的通知
35	县委办〔2010〕113 号	县委办公室　县政府办公室关于印发《桐庐县创建省级旅游经济强县实施方案》的通知
36	县委办〔2010〕114 号	关于印发《关于推进学习型党组织建设的实施意见》的通知
37	县委办〔2010〕119 号	关于印发《戚哮虎同志在县委十二届八次全会暨县政府十四届八次全体(扩大)会议上的讲话》的通知
38	县委办〔2010〕120 号	县委办公室　县政府办公室关于印发《2010 年县级机关各单位招商引资目标任务》通知
39	县委办〔2010〕121 号	县委办公室　县政府办公室关于下达 2010 年度杭州市对我县综合考评目标任务和责任分解方案的通知
40	县委办〔2010〕123 号	县委办公室　县政府办公室关于下达 2010 年市域网络化大都市和新城及城市综合体建设工作责任分解的通知
41	县委办〔2010〕126 号	县委办公室　县政府办公室关于印发《2010 年度乡镇(街道)考核评价实施细则》通知
42	县委办〔2010〕127 号	县委办公室　县政府办公室关于进一步加强学校安全防范工作的若干意见
43	县委办〔2010〕129 号	关于印发《2010 年“法治桐庐”建设工作责任分解》的通知
44	县委办〔2010〕130 号	县委办公室　县政府办公室关于印发《桐庐县“数字兴农”工程实施方案》的通知
45	县委办〔2010〕131 号	县委办公室　县政府办公室关于做好重点网站网民留言办理工作的意见
46	县委办〔2010〕132 号	县委办公室　县政府办公室关于开展电子文件和数字档案登记备份工作的通知
47	县委办〔2010〕151 号	县委办公室　县政府办公室关于印发《中国动漫万里行走进杭州·桐庐暨“潇洒桐庐”首届文化创意节活动方案》的通知
48	县委办〔2010〕159 号	县委办公室　县政府办公室关于分解落实以新型城镇化为主导加快推进城乡统筹发展工作任务的通知
49	县委办〔2010〕160 号	县委办公室　县政府办公室关于加强企业社会责任建设的实施意见

表 103

桐庐县人民政府办公室文件

序号	文　号	文　件　标　题
1	桐政办〔2010〕4 号	关于印发《进一步加强迎春南路精品示范街区管理工作实施方案》的通知
2	桐政办〔2010〕7 号	关于印发《桐庐县服务业统计工作实施方案》的通知
3	桐政办〔2010〕14 号	关于印发《县汽车南站、交通局整体搬迁涉及资产处置问题专题会议纪要》的通知
4	桐政办〔2010〕15 号	关于印发《浙江树人大学桐庐校区征地补偿及公墓搬迁工作专题协调会议纪要》的通知
5	桐政办〔2010〕18 号	关于商贸企业开展商业广场促销活动的实施意见
6	桐政办〔2010〕23 号	关于下发 2010 年度新农村建设村级项目实施计划的通知
7	桐政办〔2010〕24 号	关于要求做好 2010 年市政府为民办实事工作的通知
8	桐政办〔2010〕25 号	关于进一步加强食品安全监督管理工作的若干意见
9	桐政办〔2010〕26 号	关于印发《桐庐县农民安全饮用水供水长效管理工作考核办法》的通知
10	桐政办〔2010〕28 号	关于开展国有土地出让金清欠和项目用地履约清理专项行动的通知
11	桐政办〔2010〕29 号	关于公布 2009 年桐庐县新产品的通知
12	桐政办〔2010〕30 号	关于下达 2010 年全县工业经济主要指标的通知
13	桐政办〔2010〕39 号	关于印发《2010 年桐庐县爱国卫生工作任务书》的通知
14	桐政办〔2010〕48 号	关于公布 2010 年度农村五保供养标准的通知
15	桐政办〔2010〕56 号	关于印发《桐庐县关于进一步深化平安畅通县创建工作实施意见(2010～2011 年)》的通知
16	桐政办〔2010〕64 号	关于印发《桐庐县 2010 年节能工作实施方案》的通知
17	桐政办〔2010〕71 号	关于印发《桐庐县基本农田保护补偿试点工作方案》的通知
18	桐政办〔2010〕77 号	关于印发《桐庐县药品安全专项整治工作方案》的通知
19	桐政办〔2010〕79 号	关于加强农民专业合作社财务管理工作的指导意见
20	桐政办〔2010〕83 号	关于印发《2010 年全县“十小”行业质量安全整治与规范实施意见》的通知
21	桐政办〔2010〕84 号	关于下达《桐庐县 2010 年规划编制计划》的通知
22	桐政办〔2010〕87 号	关于印发《桐庐县 2010 年依法行政考核工作实施方案》的通知
23	桐政办〔2010〕94 号	关于印发《桐庐县生态文明建设规划编制工作方案》的通知
24	桐政办〔2010〕95 号	关于印发《2010 年桐庐县整治违法排污企业保障群众健康环保专项行动工作方案》的通知
25	桐政办〔2010〕97 号	关于印发《桐庐县创建浙江省森林城市工作方案》的通知
26	桐政办〔2010〕113 号	关于印发《桐庐县构筑社会消防安全“防火墙”工程工作方案》的通知
27	桐政办〔2010〕114 号	关于推进生猪定点屠宰行业规范化建设的实施意见
28	桐政办〔2010〕119 号	关于印发《桐庐县农业“三位一体”公共服务体系建设实施方案》的通知
29	桐政办〔2010〕127 号	关于印发《桐庐县油气回收综合治理工作方案》的通知
30	桐政办〔2010〕141 号	关于进一步推进土地开发整理工作的若干意见
31	桐政办〔2010〕142 号	关于印发《关于建立桐庐县医疗纠纷人民调解委员会工作意见》的通知

续表 103

序号	文 号	文 件 标 题
32	桐政办〔2010〕145 号	转发县文广新局、县财政局关于《桐庐县广播电视低保工程实施意见》的通知
33	桐政办〔2010〕146 号	关于转发县劳动和社会保障局《2011 年度城乡居民基本医疗保障组织实施方案》的通知
34	桐政办〔2010〕147 号	关于进一步加强政府投资工程建设项目标后监管工作的若干意见
35	桐政办〔2010〕156 号	关于印发《桐庐县迎春商务区招商入驻项目认定及申报实施细则》的通知
36	桐政办〔2010〕159 号	关于印发《全县喷塑行业查处违法经营保障安全生产专项整治行动方案》的通知
37	桐政办〔2010〕161 号	关于印发《桐庐县人民政府数字化城市信息处置中心系统运行工作实施意见》的通知
38	桐政办〔2010〕163 号	关于印发《桐庐县医药卫生体制改革 2010 年度主要工作安排》的通知
39	桐政办〔2010〕165 号	关于印发《桐庐县农村生活污水处理工程运行维护管理考核办法》的通知
40	桐政办〔2010〕167 号	关于建立桐庐县社会保障工作联席会议制度的通知
41	桐政办〔2010〕168 号	关于印发《桐庐县公民权益依法保障行动计划 2010 年度实施计划》的通知
42	桐政办〔2010〕171 号	关于印发《桐庐县集体林权制度改革工作验收办法》的通知
43	桐政办〔2010〕181 号	关于印发《桐庐县城区营业性人力三轮车规范化管理工作方案》的通知
44	桐政办〔2010〕183 号	关于印发《桐庐县现代服务业考核实施办法》的通知
45	桐政办〔2010〕184 号	关于印发《桐庐县十佳科技创新人才评选办法》的通知
46	桐政办〔2010〕187 号	关于印发《桐庐县“助力农村信息化、送无线座机下乡”和“助力企业信息化、百条专线宽带进企业”活动方案》的通知
47	桐政办〔2010〕189 号	关于印发《桐庐县发展现代农业若干政策意见实施办法(项目化管理类)》的通知
48	桐政办〔2010〕190 号	关于印发《桐庐县发展现代农业若干政策意见实施办法(非项目化管理类)》的通知
49	桐政办〔2010〕194 号	关于印发《桐庐县养蜂业风险救助基金管理办法》的通知
50	桐政办〔2010〕203 号	关于印发《建立健全全县“十小”行业质量安全监管长效机制意见》的通知
51	桐政办〔2010〕206 号	关于印发《桐庐县政府投资项目竣工验收管理办法(试行)》的通知
52	桐政办〔2010〕207 号	关于印发《旧县街道东坞坑矿区采矿问题专题协调会议纪要》的通知
53	桐政办〔2010〕208 号	关于印发《瑶琳锡安城度假村项目建设有关问题协调会议纪要》的通知
54	桐政办〔2010〕212 号	关于印发《桐庐县全民健身工程设施维修更新管理办法》的通知
55	桐政办〔2010〕217 号	关于印发《桐庐县打击侵犯知识产权和制售假冒伪劣商品专项行动实施方案》的通知

·重要文件辑录·

中共桐庐县委　桐庐县人民政府
关于印发《桐庐县现代服务业发展三年行动计划(2010～2012年)》的通知

县委〔2010〕2号

各乡镇党委、人民政府,各街道党工委、办事处,县级机关、企事业各单位:

发展现代服务业,是加快调整产业结构、转变发展方式的有效途径,是完善城市功能、提升城市竞争力的重要举措,是"共建潇洒桐庐、共享品质生活"的内在要求。为贯彻落实杭州市"服务业优先发展"战略,建设"服务业强市"要求,根据《中共杭州市委、杭州市人民政府关于加快现代服务业发展的若干意见》,结合桐庐实际,特制定本行动计划。

一、总体思路

以杭州建设"服务业强市"为契机,以市场化、产业化、社会化为方向,创新发展思路,改革体制机制,壮大优势服务业,扶持新兴服务业,优化服务业内部结构,提高服务业整体水平,打造"中国知名休闲旅游目的地、长三角生态宜居城市、杭州西郊商贸物流中心",努力实现我县服务业的跨越式发展。

二、发展目标

围绕"业态转型、产业提升、品牌打响、服务做优",进一步夯实服务业发展基础,完善各项扶持政策,优化服务业发展环境,加快建成一批具有较强带动和辐射作用的现代服务业重点项目,着力提升一批现有服务业项目的能级,积极储备一批现代服务业优质项目。力争在三年内初步形成以生产性服务业为重点,以公共性服务业为特色,以生活性服务业为基础的现代服务业产业体系。主要发展目标为:

——提升总量。到2012年,全县服务业增加值力争达到74.5亿元以上,服务业增长速度高于生产总值增长速度,服务业增加值占生产总值比重力争达到32%以上。

——优化结构。旅游、商贸、房地产等传统优势服务业的竞争力得到进一步增强;生产性服务业、新兴服务业增加值比重明显上升,服务业内部结构得到明显优化,现代物流、文化创意、金融服务、信息服务、社区服务、中介服务等新兴服务业快速发展。

——促进就业。拓展产业发展领域,增强就业吸纳能力,服务业从业人员占全社会从业人员的比重不断提高,到2012年,全县服务业从业人员达到11万,占全社会从业人员的比重达到28%。

——完善布局。形成"一城集聚、一心协同、两带辐射,五点支撑"的服务业发展格局。县城作为全县服务业核心的功能和地位得到进一步突出和提升,对周边的辐射带动作用明显,各乡镇、街道形成特色鲜明、优势互补的发展格局。

三、具体实施目标和任务

(一)旅游业(牵头单位:县旅游局)

1. 行动目标

到2012年,实现旅游产业增加值占GDP的比重达到5%以上,年均增长12%以上,旅游总收入达到35.4亿元,接待国内外游客585万人次,年均增长8%以上。基本建成长三角地区旅游产业发达、旅游设施完善、旅游产品丰富、旅游服务优良的旅游休闲目的地,实现浙江省旅游经济强县。

2. 主要任务

开发休闲度假基地。着重开发建设天溪湖运动休闲度假基地、大奇山休闲度假基地、富春江滨水旅游基地、红灯笼乡村风情基地、瑶琳国家公园森林氧吧基地和剪湖杭州潇洒运动休闲公园。

实施老景点(区)改造提升工程。重点对瑶琳仙境、大奇山、白云源、红灯笼乡村家园、严子陵钓台、浪石金滩等老景点(区)进行改造提升,使全县AAAA以上景区达到3个。

建设高星级酒店。建成桐庐励骏大酒店、天溪湖度假酒店、东方君山宾馆、桐庐开元名都大酒店、海陆世贸酒店、大奇山郡度假酒店等高星级酒店,积极引进国际国内知名品牌酒店管理公司参与经营管理,全面提升桐庐旅游接待能力和国际化水平。

培育"六大特色潜力行业"。通过规划引导、政策扶持、产业辐射,着力培育美食、茶楼、演艺、疗养保健、运动休闲、工艺美术等特色潜力行业。

规范发展乡村旅游。整合乡村旅游资源,规范提升农家乐,发展农家体验、户外拓展、休闲观光农业等旅游产品,启动风情特色村、镇建设。

推进旅游综合体建设。充分利用县城滨江区块、分水江库区、剪溪坞区块的资源和区位优势,培育融生态、运动休闲、商务、文化等要素为一体的旅游综合体。

加快旅游商品开发力度。培育旅游商品市场、购物中心和特色街区，推出一批具有地方特色、符合市场需求的旅游商品。

（二）商贸服务业（牵头单位：县经贸局）

1. 行动目标

到2012年，实现商贸服务业增加值占GDP的比重达到7%，年均增长12%，实现社会消费品零售总额64.8亿元、年均增长12%，巩固和完善农村现代流通网络，力争把我县建设成为业态齐全、结构完整、布局合理、功能完善的杭州西郊商贸流通中心。

2. 主要任务

实施迎春南路商务区及中心商业区、购物街建设。建成桐庐商业广场、利时品牌百货、富春时代广场等大型主题商场，扶持现有限额以上批零、餐饮和其它服务企业发展，改造提升农贸市场，促进传统商贸流通与服务业提档升级。大力发展节能降耗型商贸流通业态。加强农村现代流通网络和特色商业街区建设。完成并巩固农村连锁超市行政村全覆盖，同时向自然村延伸，优化农村消费环境；推进茶楼、美食、美容、健身等特色潜力行业发展，打造生活品质示范街（区）。

（三）房地产业（牵头单位：县建设局）

1. 行动目标

到2012年，实现房地产业增加值占GDP的比重达到5.5%以上，年均增长12%，县城城镇居民人均居住面积达到38平方米。房地产业形成“供需基本平衡、结构基本合理、价格基本稳定、调控稳妥有效”的房地产发展格局，增强“潇洒桐庐”和“人居佳境”的房产品牌优势。实现常住人口户均拥有或租住一套住房，加快建设以廉租房、经济适用房、人才公寓为重点的住房保障体系，逐步解决困难家庭的住房问题。

2. 主要任务

根据县域、县城总体规划，坚持以建区与造城并举，坚持变镇为城的规划思路，按照总量与项目相结合，住房建设与产业发展、城市建设相协调的原则，对县城和凤川——江南新城的商品住宅进行合理布局。将城东区块、滨江区块、大奇山区块作为新增住房建设重点发展地区。大力发展生态、景观和精品房产，积极培育物业管理和服务企业，提升物业管理和服务水平，发展旅游房产和楼宇经济，形成梯级消费，积极发展住房二级市场和房屋租赁市场。进一步推广省地节能住宅，实施旧城有机更新和城中村改造，完善设施配套，形成特色。

加强政府宏观调控，加强商品住房开发建设管理，逐步规范市场秩序，加强保障性住房建设与管理，逐步扩大保障范围。

（四）文化创意产业（牵头单位：县文创办、文广新局）

1. 行动目标

到2012年，实现文化创意产业增加值占GDP的比重达到8%以上，年均增长12%，把文创经济培育成为我县新的经济增长点，初步形成以文化产业集团和文化企业为支撑的大文化产业格局。

2. 主要任务

营造文创经济发展环境，构建政府调控市场、市场引导企业的文化产业运行模式，建立适应市场经济体制要求的文化产业体系。加强特色文化创意产业的培育和发展。集聚一批文化创意企业，逐步形成若干个特色鲜明、优势突出的产业基地。重点培育我县设计服务业、民俗工艺品业、文艺演出业、运动休闲业、现代传媒业等特色潜力行业，并积极引进创意产业项目。

通过政府引导，积极构建公共服务平台。提供相关技术指导、信息服务、经营管理和政策扶持等，组织交流、展览、展示和市场推介服务，举办各类大型创意设计赛展和文化艺术宣传活动，营造文化创意产业发展良好氛围，激发创意人才创造力，促进创意产业发展。实施教育现代化工程，大力发展教育培训业。整合各类教育资源，提升教育督导和管理能力，发挥教育培训功能，面向社会，广泛举办各类文化知识培训和器乐、声乐、舞蹈、语言表演、书画美术等艺术培训，培养各类文化艺术人才，不断提高全民科学文化素质，为社会输送人才。

高起点规划、高标准建设好桐庐文博园，争取2012年初步形成规模。

（五）金融服务业（牵头单位：县人民银行）

1. 行动目标

到2012年，实现金融业增加值占GDP的比重达到4%，年均增长15%。全县金融机构本外币存款余额达到200亿元、本外币贷款余额达到165亿元，不良资产率降至2%以内，着力提升辖内金融业的整体实力和综合竞争力。

2. 主要任务

加快金融改革步伐，优化金融生态环境。以打造“信用桐庐”为契机，加快社会信用体系建设。做好农村合作银行、小额贷款公司等政策指导，加大新金融机构的引进力度，通过三年努力，力争引进3家股份制商业银行来桐设立支行。

配合地方政府推进企业上市,扩大直接融资比重。通过三年努力,力争境内外上市公司达到3至5家。进一步完善信用担保体系建设,做大做强信用担保机构的担保能力,争取再成立小额贷款公司1家,扶持现有小额贷款公司向村镇银行转变,切实为辖内中小企业融资服务。

完善金融服务体系,有效防范金融风险。通过优化资源配置,积极发展金融信贷产品,提升金融服务能力。加强对金融(保险)机构、金融(保险)市场的监管,着力提高金融产业对社会经济发展的贡献率。

(六)信息服务与软件业(牵头单位:县发改局)

1. 行动目标

到2012年,实现信息服务与软件业增加值占GDP的比重达到1.5%以上、年均增长12%。信息服务业业务收入达到7.1亿元,软件产业和集成电路设计产业销售收入(技工贸收入)达到0.5亿元。初步形成结构合理、便捷高效、功能完善的城乡一体化信息服务体系。

2. 主要任务

全面建设电子政务、便民服务等软硬件服务平台,实施"数字城管"和"数字社区"试点工作,完成县城及覆盖全县70.0%地区的无线宽带网络建设,宽带用户达到5.8万户,数字电视用户达到10.5万户,固定电话用户达到10万户。

优化信息服务和软件业发展基础,以高新技术产业园为主平台,建立特色鲜明的信息服务与软件产业集聚区,主要开发和推广为各行业信息化提供服务的软件产品。

推进开发区和工业功能区电子信息产业信息化示范点建设,新增信息港备案企业6家。

(七)现代物流业(牵头单位:县交通局)

1. 目标任务

到2012年,实现现代物流业增加值占GDP的比重达到3%、年均增长12%。

2. 主要任务

到2012年,引进、培育3~5家有较强影响力和示范作用的现代物流重点企业,引导传统物流企业向现代物流企业转型;加强物流基础设施建设,县域交通网络基本形成,外部运输通道比较畅通,以重点物流企业为龙头的公共物流信息服务平台和数据交换平台初步建成;县域现代物流框架基本成形。

(八)中介服务业(牵头单位:县工商分局)

1. 行动目标

到2012年,实现中介服务业增加值占GDP的比重达到1%,年均增长12%。基本形成种类齐全、分布合理、运作规范的现代中介服务业体系。

2. 主要任务

全面提升改造传统中介服务业,大力发展与我县经济发展相适应的中介服务企业,力争中介服务企业达到1000家。

(九)科技服务业(牵头单位:县科技局)

1. 行动目标

到2012年,实现科技服务业增加值占GDP的比重达到0.5%、年均增长15%。

2. 主要任务

大力发展高新技术企业,重点巩固科技企业孵化器,提升行业技术研发中心功能,着力培育发展多类型的科技服务机构。拓展科学研究、技术开发服务推广、工程(设计、装璜、测绘)、规划管理、监测评估、地质勘查业、风投和其他科技服务。加快形成完善的产业创新链。

(十)社区服务业(牵头单位:县民政局)

1. 行动目标

到2012年,实现社区服务业增加值占GDP的比重达到0.1%、年均增长15%,社区服务业企业达到25家以上,新建社区服务设施面积2000平米以上,全县社区服务业基础设施进一步完善,服务功能进一步提升,服务体系进一步健全。

2. 主要任务

完善政府扶持、社会参与、市场运作的现代社区服务发展机制,逐步建立管理效益优良、群众踊跃参与、服务手段先进、覆盖范围广泛和服务门类齐全的社区服务业网络。

健全社会福利、社会救助、社区就业、社区治安、社区文体科教、社区医疗卫生、社区家政物业等服务体系;11个社区全部成立社区互助协会、老年协会、体育协会和法律援助协会;85%以上的社区建立"社区居家养老服务站",新增社区服务项目5项。

发展社区公益性和经营性服务,加强服务设施建设,增强服务功能,提升服务水平,满足居民多样化需求。90%的社区公共服务工作站配备热线电话、因特网网站、桐君e家人信息服务、电子阅览室等现代信息技术服务能力,80%的社区安装安保电子监控系统,社区服务的人员、场所、设施符合规范化建设要求。

四、空间布局和重点项目

依托区位优势、地理环境和资源条件,科学规划,合理布局,强化项目支撑,突出要素保障,促进产业集聚，打造若干个产业特色鲜明的现代服务业功能区。

（一）旅游业

1. 三大旅游板块项目提升及配套工程建设

（1）丰富富春江旅游板块。以县城为中心，充分利用富春江山水优势，重点抓好滨江区块、杭州潇洒运动休闲公园旅游综合体及大奇山旅游度假区等休闲度假项目建设。挖掘圆通寺历史文化内涵，提升景点品位。对中国历史文化名村深澳进行深度挖掘与保护，策划旅游线路，形成开发基础。做好富春江水文章，进行富春江大坝以下河段及沿岸旅游资源开发和保护的规划工作。提升和完善严子陵钓台景区、白云源景区，强化芦茨乡村旅游功能，大力发展乡村休闲旅游。

（2）拓展瑶琳旅游板块。依托瑶琳仙境品牌优势，整合瑶琳仙境、红灯笼、天目溪漂流、垂云通天河、瑶琳森林公园等景点，建立新瑶琳景区，形成乡村度假、溶洞观光、休闲体验于一体的休闲度假区。依托瑶琳天峒山资源优势，完善国家级瑶琳森林公园设施建设，推出森林氧吧、绿色疗养休闲度假产品。

（3）开发分水旅游板块。依托分水江库区资源优势，重点抓好分水江天溪湖旅游度假区综合体建设，加快绿色疗养、山地运动、乡村俱乐部等项目开发。整合百江天子地景区、百江紫燕山庄和合村大溪漂流等资源，积极开展生态野趣游和乡村旅游。

2. 旅游综合体项目(1) 分水江库区旅游度假区综合体。位于分水江库区及沿库区周边地区，由富春江旅游度假区开发有限公司投资，计划总投资13亿元，占地2205亩，建设集五星级酒店、绿色疗养、山地运动、休闲体育等于一体的综合性休闲旅游度假区。预计2012年主要项目竣工。

（2）桐庐滨江区块商住旅游综合体。位于县城新区滨江区块，东至梅林溪，西至龙潭溪。由县滨江区块建设指挥部建设，占地1641亩，计划总投资18.75亿元(基础建设部分)，建设融市民休闲、商贸旅游、文化娱乐、高尚住宅、高档酒店、特色餐饮等功能为一体的城市活动空间和滨江绿色长廊。项目于2009年启动建设，为远期建设项目。

（3）剪溪坞杭州潇洒休闲运动公园旅游综合体。位于县城西南桐君街道剪溪坞区块。项目由杭州市体育局、西子联合控股和宋都房产联合投资，占地2000亩，计划总投资11亿元，建设包括浙江杭州女足训练基地、五星级酒店、高档住宅及含赛马场、山地自行车、攀岩、网球场等运动休闲场所。

（二）商贸服务业

1. 发展主城区商业街

——迎春南路现代商业街

把迎春南路打造为以高档零售商业为龙头、休闲服务业为支撑、现代商务服务为特色，兼具金融、展示与商务功能为一体，省内有较高知名度的现代化都市景观商业街。并融合传统人文景观与现代化建筑、集商务与服务功能为一体、汇名店和名品于一身的现代商贸服务区块，并逐步成为县域现代服务业的集聚区、区域企业总部的集聚区、人才科技资金等要素资源的集聚区。

——春江路综合商业街

以景文百货、世纪联华和家景广场为轴心，向东西延伸。把春江路建设成集购物、餐饮、娱乐和休闲于一体的综合商业街。

——滨江路休闲度假、观光特色街

按商业步行街的要求对城南滨江路沿江进行高起点商业业态规划。以形成茶楼(咖啡吧)、酒吧、品牌店、专卖店并存的格局，适量增加特色风味小吃、土特产品、工艺品、古玩字画等，将其建设成为市民和外来游客休闲度假赏景的绝佳去处——“休闲、购物、观光长廊”。

——迎春路精品服饰特色街

着力发展高档服饰专业特色，引进经营服饰精品、品牌鞋类等专业店，在2012年前按特色街(区)的要求做好迎春路沿街商贸设施建设。

2. 发展“一副、五极”商贸中心

——分水镇商贸中心

三年内建成南门路与九龙路交汇处的城南农贸综合市场，以经营农副产品、百货商品为主，并作为分水镇城南的商业中心；规划东门路为综合商业街，建设成为精品商务街，重点配置大型超市、便利店、餐饮和文化娱乐等设施；借助分水江秀美景观，建设滨江路休闲街。

——江南镇商贸中心

建成以三联大道、江南路交叉口为核心的商贸圈。东南侧依托窄溪深厚渔文化底蕴发展餐饮特色街，西北侧结合“汇金·江南府”房地产和董家山区块开发，打造精品楼盘、建设大型超市，发展商贸步行街；规划建设江南路与市场路之间的商业街区、江南路和三联大道交叉口的四星级宾馆、富春江滨江休闲特色街；建成江南农贸市场。

——富春江镇商贸中心

以富春江大厦为标致性建筑，布置商业建筑、宾馆等，形成一定规模的商务中心。规划建设旅游商品一条街——春江路、小商品一条街——钓台路、商贸一条街——富春江大道。

——瑶琳镇商贸中心

瑶琳镇规划建设标准超市、旅游商品综合市场。

——横村镇商贸中心

在横村区块和方埠区块发展商贸中心。横村区块在锦华路区域形成商贸中心,提升改造横村农贸市场,建设标准超市。方埠区块的商贸以桐千路与北环路交叉口为核心商圈辐射发展,重点配置标准超市、餐饮、宾馆、文化娱乐等设施。依托景秀农贸市场,发展商贸步行街。建设横村镇针织品市场和物流汽车交易市场。

——凤川镇商贸中心

以松林头拆迁、农贸市场重建为抓手,重点保护、开发翙岗老街区,在旧街路原有基础上,逐步完善凤川镇老城区特色商业街。以凤川大道、江南里公路为轴线,发展中部工业区商贸中心,加快桐庐现代物流中心及其配套设施建设,促进新区综合商场建设,配置标准超市、餐饮、宾馆、文化娱乐等设施。以建设凤川新城为契机,发展北部滨江新城,加快商业、办公、超市、娱乐、邮电中心等综合性商业设施建设,促进富春江沿线房地产业发展。

(三) 房地产业

着重将城东区块、滨江区块、大奇山区块作为住房建设的重点,实施旧城有机更新和城中村的改造,建设政府保障性住房。完善城市居住配套建设。

其他区块:利用良好的自然环境,结合城市规划,建设居住区。

(四) 文化创意产业

围绕县委、县政府提出的"一新城三综合体"总体发展布局,文化创意产业主要分布在"一街一江一新城,二湖二园二古村"区块。

以富春江及两岸观光区块为中心发展工艺品业和演艺业。以富春江为实景,桐君山为衬托,老码头文化为铺垫,杭越二团为龙头,打造精品演出,大力发展演艺业,展现桐庐特色文化。集聚中药古玩字画艺术品行业,培育工艺品业的自由交易区。

以剪湖区块为依托发展体育休闲业。发展剪湖休闲运动区块,投资建设女足训练基地、跑马场、运动主题公园、酒店、房产以及户外体育类运动场所等,建成集运动休闲、旅游、会议、住所等于一体的全国最高档综合场所之一。

以省级经济开发区为核心,以制笔文化园区和针织服装园区为两翼,发展设计服务业。重点发展外观创意设计和功能研发,加大专业设计人才引进,提升设计能力,提高研发水平,实施品牌战略,进一步壮大分水制笔文化园区和针织服装园区。

以深澳和芦茨古村落为主体发展文化旅游业。依托资源优势,发展集探古怀旧、欣赏传统文化、体验民俗风情于一体的文化旅游度假区。

以文博园为核心,依托现代产业基础,适时发展民间博物馆、工艺品及相关产业。

以名人名家为核心发展创作基地。依托胡家芝故居、叶浅予艺术馆、王伯敏剪纸工作室(弘越文化艺术中心),加强创意人才引进,开展创意作品研发,加强对外宣传,实现社会价值和经济价值的双丰收。

(五) 金融服务业

以城北老区为依托,城南商务中心构建金融保险服务区,引进外地银行设立分支机构。鼓励发展区域性中小企业担保公司,适度发展典当业。

(六) 信息服务与软件业

传统信息服务业:依托现有的信息产业基础,改造提升传统信息服务业,重点实施无线宽带、IP 城域网优化等工程,逐步实现全覆盖。

电子信息服务业:着力培育电子信息服务业和电子信息制造业。重点实施全县 3G 网络、电视数字化等工程。

软件业:规划建设桐庐高新科技产业园,使之成为以高新产业为主体,以现代服务业为支撑,以自然生态环境和高端配套服务功能为特色,兼具生态型、综合型、开放型高新技术产业园区;积极引进软件开发、服务外包等企业入区入园,逐步成为杭州、上海大都市软件开发基地。

(七) 现代物流业

加快桐庐现代物流中心及其配套项目建设。建成桐庐水运物流中心(综合码头)、横村物流中心和其他乡镇物流配送基地,与桐庐现代物流中心相结合,构成发散型的现代物流配送网络。进一步增强经济开发区物流配套功能,引导和鼓励物流企业开发应用信息化系统,推动物流信息化管理,加快发展商务会展、电子商务、服务外包、邮政快递等新型服务业态,构建与我县工业经济发展相适应的生产性服务业体系。

(八) 中介服务业

县城主城区:在中心城区重点发展法律、财务、信息咨询、中介交易等中介服务业。在商务区域着力建设成为融传统人文景观与现代化建筑、集商务与服务功能为一体的新兴商贸服务街区,形成"高增值、具活力、强辐射”的城市经济新增长点。

分水镇等其它乡镇街道：重点发展商务代理、转口贸易、仓储服务、政策咨询、人才交流等中介服务业。

（九）科技服务业

以县城为中心，开发区、富春江镇、横村镇、分水镇、江南镇、凤川镇为点，以点促面，重点巩固科技企业孵化器，提升行业技术研发中心功能，着力培育发展多类型的科技服务机构。拓展科学研究、技术开发服务推广、工程（设计、装璜、测绘）、规划管理、监测评估、地质勘查业、风投和其他科技服务。

（十）社区服务业

以桐君街道为中心，重点发展社区卫生、社区文化、物业管理等相关产业，实现乡镇（街道）、村卫生服务网络全覆盖。重点建设桐庐县社区服务业发展中心、桐庐县家政培训基地等项目。

五、保障措施

（一）强化组织领导。成立县发展现代服务业领导小组，由县政府主要领导任组长，县分管领导任副组长，各相关职能部门主要负责人为成员。领导小组下设办公室，设在县发改局，具体负责日常工作。现代服务业十大产业牵头部门成立相应的机构和分办公室，明确责任，配备工作人员，其他部门和单位密切配合，形成发展现代服务业的合力。各乡镇（街道）也要设立相应机构，配备必要人员，形成县与乡镇联动推进现代服务业发展的新局面。领导小组及办公室要加强对全县现代服务业发展的跟踪、监测和调研，适时或定期召开县发展现代服务业领导小组会议，研究制定发展中的重大战略问题和相关政策的调整。建立与各产业相对应的行业协会，健全各项管理制度，发挥行业协会的桥梁、纽带作用。

（二）强化政策保障。明确行业主管部门是推进行业发展的责任主体，完善十大产业规划。全面梳理、整合现有政策体系，制定扶持发展现代服务业“十大产业”等专项政策，包括对投资导向、用地、项目审批、税收优惠、贴息贷款、用电、用水、用气价格等方面的政策进行细化。设立现代服务业发展引导资金，县财政每年扶持现代服务业发展的财政专项资金不少于1000万元，全年安排项目用地应占全县土地总指标的30%以上。全县每年召开一次现代服务业发展表彰奖励大会，重奖成绩显著的单位和个人。

（三）强化统计考核。一是要加强统计。全县各级各部门要把加快发展服务业摆上重要议事日程，要像重视工业那样重视服务业。构建各部门、镇乡、街道的服务业工作网络，配足配强专人，加强服务业监测预测和统计工作，加强统计分析，及时提供真实、完整的统计数据和信息，建立服务业发展情况季度运行分析和情况通报制度，为领导决策提供参考。二是要强化考核。在制定和完善服务业发展考核指标体系及相应考核办法的基础上，服务业发展领导小组要定期和不定期的对各部门开展服务业工作进行督查，尤其要加大服务业优化环境、招商引资实绩的考核，形成鲜明的工作导向。要经常组织召开服务业发展工作会议，研究解决服务业发展中的问题，明确下一步工作的目标任务。建立现代服务业统计调查制度，科学地设立统计指标体系，如实反映我县现代服务业发展的全貌，为县委、县政府决策参考。

（四）优化发展环境。动员全社会共同关心和支持现代服务业的发展，形成发展现代服务业的良好氛围。强化各级服务意识，对涉及现代服务业发展的立项登记备案、规划、土地审批、工商登记等，要进一步完善“一站式”服务，对重大项目优先实行审批代办制，进一步简化手续、缩短流程，实行网上审批。加大招商引资力度，针对现代服务业发展的重点领域、新兴行业和我县的短腿，着力引进国内外大集团、大企业投资信息服务、现代物流、旅游饭店、医疗卫生、资产评估、物业管理等高端产业，满足消费需求，推动消费结构升级。进一步清理准入条件，除国家有特殊规定外，所有投资领域放宽管制、规范管理、降低门槛、减少收费、改善服务。

（五）品牌人才支撑。提升专业化服务，促进服务品种和服务方式创新。重点支持一批服务水平较高、管理理念较新、经营规模与业绩在行业中排名前列的现代服务业企业，打造省、市知名品牌。开展现代服务业示范企业的认定和奖励工作，积极培育上市企业，促成合资、联合、并购形式，推动名牌、名店和上市公司的连锁经营和集团化发展。引进现代服务业紧缺人才，构筑服务业人才培育机制，要吸引职业经理、信息技术、国际贸易、现代物流管理、会展策划与管理、高级职业技能、旅游服务等方面高素质的专业人才和经营管理人才，建设人才创业公寓，设立创业投资引导基金和人才特别贡献奖，组织实施服务人才能力培训工程，全面推进职业资格证书制度和职业培训市场化建设。

中共桐庐县委　桐庐县人民政府
关于印发《桐庐县六大特色潜力行业发展行动计划(2010～2012年)》的通知

县委〔2010〕3号

各乡镇党委、人民政府，各街道党工委、办事处，县级机关、企事业各单位：

培育发展特色潜力行业，是实施“服务业优先发展”战略，加快发展现代服务业和文化创意产业的重要举措，是“共建潇洒桐庐、共享品质生活”的内在要求。根据《杭州市人民政府关于培育发展十大特色潜力行业的若干意见》《杭州十大特色潜力行业发展规划(2007～2020年)》，结合桐庐实际，特制定本行动计划。

一、指导思想

为进一步落实科学发展观，围绕“共建潇洒桐庐、共享品质生活”目标，坚持政府、企业、市场三力合一，以资源为基础、市场为导向，立足美食、茶楼、保健疗养、运动休闲、工艺美术、演艺等特色潜力行业的产业基础，通过规划引导、政策扶持、产业辐射，推动我县特色潜力行业的规模化、品牌化、规范化，丰富桐庐市民生活，提高桐庐旅游的美誉度，为桐庐现代服务业的繁荣发展提供产业支撑。

二、发展现状

桐庐有着丰富的山水和人文资源，具有较好的产业发展基础，是中国优秀旅游名县。拥有瑶琳仙境、严子陵钓台、垂云通天河等精品旅游景点景区，2009年接待游客477万人次，实现社会旅游业总收入25亿元。桐庐旅游业的蓬勃发展，推动了美食等特色潜力行业的发展。

1. 美食行业。桐庐饮食文化历史悠久，“十六回切”等地方饮食影响深远。桐庐美食行业近几年发展迅速，出现了七里人家、永隆饭店等本地饮食龙头企业，推出了桐庐酱肉方等十大名菜和农家布袋鸡等十大特色菜，受到本地和外地客人的青睐。目前，全县餐饮企业共有1600多家，其中限上餐饮企业82家，从业人员6000余人，中华餐饮名店1家，市级餐饮名店2家，餐饮品牌特色企业1家。桐庐土菜在本地稳步发展的同时，也逐步走进杭州、上海等大中城市，影响力逐步增强。此外，桐庐农产品丰富，盛产梨、板栗、兔、鳖、蜂蜜、螃蟹等优质农副产品，依托农业资源生产的钟山豆腐干、畲乡红曲酒、合村青笋干等特色风味食品种类繁多。

2. 茶楼行业。桐庐是杭州地区的主要产茶区之一，雪水云绿茶享誉国内，荣获国际茶文化博览会金奖。近几年，县城茶楼业发展迅速，现有各类茶楼70多家，县城开元街、天目路、中杭路等地段为茶楼聚集区。茶楼业品牌意识不断增强，新茗茶馆、天茶地酒茶楼被评为“杭州品质茶楼”。

3. 保健疗养行业。中药文化源远流长，桐君山是我国中医药鼻祖桐君老人结庐采药之处。桐君老人著有《桐君采药录》，其中药处方格律君、臣、佐、使，沿用至今。我县曾成功举办过三届华夏药祖朝圣节，并成立了国医馆。现拥有中医特色的推拿保健诊所26家、足浴场所49家。桐庐生态良好，气候宜人，拥有各类宾馆、饭店、度假村和培训中心307家，疗养行业发展潜力巨大。这些设施主要分布在县城和大奇山旅游度假区，产业发展基础较好。

4. 运动休闲行业。在县城建有拥有2800个座位的新体育馆、1700多个座位的江北体育场、一座国家标准的游泳馆及一批专业体育设施。近年来，户外拓展旅游发展迅速，拥有神仙峰、桃源谷等近十个规模户外运动基地，引进国内目前运用镭射战斗最先进的装备，具有一定的规模优势和品牌影响力。红楼国际饭店、岚庭度假酒店、励骏大酒店等一大批高星级酒店的建成和建设，为休闲度假旅游提供了日益完善的配套设施。

5. 工艺美术行业。桐庐民风淳朴，剪纸、毛绒玩具、水晶制作等工艺品自成特色。2003年被国家文化部命名为“中国民间艺术(剪纸)之乡”，现有剪纸开发基地9个，剪纸研究会1个，剪纸艺术馆2个，2004年以来先后三次承办了神州风韵全国剪纸邀请赛。

6. 演艺行业。桐庐文化源远流长，越剧、故事、小品等民间艺术自成特色，龙灯、竹马、舞狮、高跷、露台等民间艺术十分丰富。特别是越剧，堪称杭州越剧摇篮；现有国家高级专业技术职称演员2名，中级专业技术职称演员21名，初级专业技术演员4名，培养了单仰萍、谢群英、陈晓红、陈雪萍等知名的梅花奖演员。全县注册文化经营单位9家，拥有1万多平方米的桐庐剧院于2006年正式落成运营。

三、发展目标

到2012年，通过三年的精心培育，逐步使六大特色潜力行业形成配置合理、特色明显、形式多样、有序发展的行业发展格局，营造与“潇洒桐庐、品质生活”相媲美的休闲环境。

1. 进一步做大做强美食行业企业，重点培育桐庐餐饮10强，推动走出去发展连锁经营，打响具有桐庐地方特色的美食品牌。

2. 成立桐庐茶文化研究会，挖掘桐庐茶文化，推出一批优秀茶艺师；加大桐庐名茶的对外交流与品牌提升，推进茶楼业的品牌化建设。

3. 充分依托中医资源，积极推动中医保健与其他保健服务的融合，通过整合提升，加大招商和开发力度，建设一批功能齐备、特色鲜明的疗养项目。

4. 利用山水资源优势，积极发展山地、水上休闲运动，使桐庐成为长三角地区重要的运动休闲旅游目的地之一。

5. 开发一批具有桐庐地方特色的工艺美术品，通过工艺美术品资源的整合，丰富桐庐旅游纪念品种类。

6. 打造一批定位合理的文化娱乐场所，整合演艺行业资源，推进文化艺术表演，丰富桐庐夜游内涵。

四、行动计划

积极培育和发展特色潜力行业是发展现代服务业的重要着力点，对于提升桐庐生活品质、旅游环境具有积极意义，为更好的推动潜力行业发展，特制订以下行动计划。

（一）美食行业（牵头单位：县经贸局；协办单位：县卫生局、县建设局、县农业局、县农办、县环保局、县劳动保障局）

1. 推进“餐旅联合”，加大县城及大奇山、芦茨湾等景区特色农家乐餐饮美食推广力度，挖掘、开发、推广桐庐传统菜肴，吸引更多中外游客，打响“游潇洒桐庐、品桐庐美食”品牌。（责任单位：县经贸局）

2. 培育发展市级以上餐饮名店和餐饮品牌特色企业，开展“桐庐餐饮10强排行”年度评定发布活动。开展桐庐名菜、桐庐农家特色菜、桐庐创新菜肴的评选活动，认定培育一批桐庐本地代表性菜肴。（责任单位：县经贸局）

3. 培养一支技术过硬的烹饪“大师”、“名师”、品牌服务员、高级服务师队伍，开展“桐庐十大名厨”、“桐庐十大品牌服务员”评选活动。（责任单位：县经贸局）

4. 加快美食特色街区的规划实施。编制实施桐庐县城（城南）美食特色街区建设规划，2012年建成桐庐县城（城南）具有地方特色的美食街区。（规划编制责任单位：县建设局；实施责任单位：县经贸局、县卫生局、县工商局）

5. 扶持和引导农产品加工企业，开发具有桐庐特色的地方特色休闲食品。（责任单位：县农办）

6. 建设门类齐全，功能完善的桐庐美食行业信息平台。利用相关网站建立网上桐庐美食专栏。（责任单位：县信息中心、县经贸局）

7. 表彰奖励为桐庐餐饮业发展作出重要贡献的企业、社会组织和个人。（责任单位：县经贸局）

（二）茶楼行业（牵头单位：县经贸局；协办单位：县农办、县农业局、县建设局、县劳动保障局）

1. 依托桐庐“雪水云绿”茶产业品牌，开展大众品茶鉴茶大赛、茶艺表演会、茶具鉴赏活动，积极参与杭州国际茶文化博览会等国际性茶文化赛事，促进桐庐茶文化、“雪水云绿”品牌对外交流合作与提升。（责任单位：县农业局）

2. 完善茶楼业网点布局规划，引导茶楼业逐步集聚发展。（责任单位：县经贸局、县建设局）

3. 开展桐庐茶楼星级评定工作，推进茶楼业的品牌化建设，引导茶楼业参与“杭州品质茶楼”、“桐庐县最佳休闲去处”等品牌争创活动，打造桐庐十大茶楼。（责任单位：县经贸局）

4. 加强人才队伍建设，推进茶艺员、茶艺师、评茶师的培训认证、执证上岗工作。开展茶楼业优秀人才评选活动、服务员等级评定活动及茶艺技能竞赛，推出一批优秀茶艺师。（责任单位：县茶文化研究会、县劳动保障局）

5. 引导茶楼增加茶道、民乐等表演，提升茶楼文化内涵，加强宣传和推介，促进茶楼行业健康发展。（责任单位：县茶文化研究会）

（三）保健疗养行业（牵头单位：县卫生局；协办单位：县风景旅游局、县农办、县农业局、县国土局、县建设局、县食品药品监管局、县公安局）

1. 加强蜂产品的研发和推广，开展对蜂产品保健功能的研究。（责任单位：县农办）

2. 打造以桐庐第一人民医院为龙头的现代医疗保健服务中心，积极引进先进技术人才，深化现代医疗保健服务行业建设。（责任单位：县卫生局）

3. 积极引进品牌休闲保健企业，引导足浴等保健行业健康、有序发展。（责任单位：县经贸局）

4. 加强针灸、推拿、足浴等保健行业培训，开展行业从业人员资质认定工作，举办业务技能大赛，提高行业服务水平。（责任单位：县卫生局、县经贸局）

5. 以瑶琳森林公园等森林资源为依托，加快瑶琳森林公园、阆苑温泉休闲度假区建设，推出贴近自然的森林疗养产品。（责任单位：县风景旅游局）

6. 建成东方君山宾馆，推出休闲度假、康体保健

等项目。(责任单位:县风景旅游局)

(四) 运动休闲行业(牵头单位:县文广新局;协办单位:县风景旅游局、县交通局、县水利水电局、库区管委会、桐君街道、瑶琳镇、合村乡)

1. 以富春江、分水江优质水资源为依托,进行合理规划和整合开发。2012年前,建成分水江天溪湖旅游度假区;发展印象富春江、天目溪漂流、浪石金滩、合村大溪激流闯滩和江南龙门湾水上休闲运动。(责任单位:县风景旅游局、库管委)

2. 2011年前,以森林山地资源为依托,结合瑶琳镇鸡笼山、合村乡高凉亭等乡村旅游点,提升山地户外拓展运动档次,扩大户外拓展运动目的地知名度。(责任单位:县风景旅游局、县体育局、瑶琳镇、合村乡)

3. 以富春江沿线的主要民俗风情、人文历史和山水景观为吸引物,规划沿江公路为风景通道,建设完善富春江南岸沿江风景通道(横山埠—芦茨),2011年前开展富春江山水画廊自行车、自驾车休闲运动。(责任单位:县交通局)

4. 加快建设杭州潇洒休闲运动公园,到2012年初步建成集女足训练基地、跑马场等为一体的运动主题公园、户外体育运动场所。(责任单位:县文广新局)

5. 合理布局健身场馆建设,组织举办健身操、跆拳道、健美、台球等比赛;依托桐庐体育场馆,适时举办游泳等体育比赛,开展网球、室内攀岩、壁球等现代流行的休闲体育运动;利用水产养殖资源,适时举办垂钓比赛。(责任单位:县体育局)

6. 加强运动休闲行业社会体育指导员的资质评定,开展社会体育指导员技能水平再提高培训,加大行业监管力度,确保运动休闲行业健康、安全、有序发展。(责任单位:县体育局)

(五) 工艺美术行业(牵头单位:县文创办;协办单位:县文广新局、县经贸局、县风景旅游局、县劳动保障局)

1. 弘扬桐庐民间剪纸艺术,发掘和整理民间剪纸文化。加强剪纸艺术行业人才的培养,将剪纸技艺列入职工技能培训,注重民间剪纸工艺品的开发。(责任单位:县文广新局)

2. 提升钟山石雕、深澳毛绒玩具、合村绣花鞋、芦茨水晶、瑶琳美玉及丝绸花边、红豆杉系列产品等工艺品的制作工艺和档次,适时转化为旅游纪念品,推向旅游消费市场。(责任单位:县文创办)

3. 积极发展和培育艺术品、收藏品展销市场。(责任单位:县经贸局)

4. 继续组织举办剪纸邀请赛等国际性大赛,进一步提高潇洒桐庐知名度。(责任单位:县文广新局)

(六) 演艺行业(牵头单位:县文广新局;协办单位:县风景旅游局)

1. 按照严格控制总量、优化布局、提升档次的原则,积极引导演艺经营场所的建设。(责任单位:县文广新局)

2. 利用杭州越剧二团、文化体育场馆等资源,充分挖掘地方特色文化,开拓桐庐演艺市场。依托滨江亲水平台,以富春江、桐君山为背景,结合地域特色打造一台演艺晚会,丰富桐庐夜间文化生活。(责任单位:县文广新局)

3. 挖掘民族民间表演艺术,丰富莪山畲族、红灯笼等旅游景点文艺演出的内涵。(责任单位:县文广新局、县风景旅游局、莪山乡)

4. 加强演艺队伍建设,开展有效的管理、服务和监督,加强教育培训工作,积极鼓励演艺人员节目创新,组织开展公益性演出。(责任单位:县文广新局)

5. 拓展越剧演艺市场,大力培养越剧艺术人才。(责任单位:县文广新局)

五、保障措施

1. 加强领导,强化协调。为保障六大特色潜力行业的统筹发展,县政府成立由分管领导为组长,县府办、文创办、风景旅游局、食品药品监管局、发改局、经贸局、文广新局(体育局)、卫生局、工商分局、农业局、农办、财政局、工商联、公安局、环保局、建设局、国土局、劳动保障局、水利水电局、交通局、民政局、信息传媒中心、广播电视台、信息中心等部门负责人为成员的县特色潜力行业发展领导小组(附件),强化协调,细化责任,着力解决六大特色潜力行业发展中存在的突出问题。进一步引导六大特色潜力行业成立行业协会,建立健全合理和高效的潜力行业管理机制,提高行业自治能力。

2. 编制规划,统筹发展。深入开展调研,着力编制六大特色潜力行业专项规划,进一步明确六大特色潜力行业的发展目标、功能布局、工作重点和培育举措。

3. 完善政策,加大扶持。完善和出台六大特色潜力行业相应的配套政策,加大政府对潜力行业发展的财政引导力度,用于六大潜力行业的内涵挖掘、人才培养、品牌打造和扶持奖励,确保潜力行业健康、有序、快速发展。

4. 加强培训,营造环境。大力引进特色潜力行业专业人才，开展行业培训工作。以加快城市化进程为契机，完善城市旅游功能，重要城建项目、大型建设工程和文化设施的建设，要充分考虑潜力行业的发展。通过软、硬件的提升，打造我县六大潜力行业品牌。

中共桐庐县委　桐庐县人民政府 关于深化医药卫生体制改革的实施意见

县委〔2010〕36号

各乡镇党委、人民政府，各街道党工委、办事处，县级机关、企事业各单位：

根据《中共浙江省委、浙江省人民政府关于深化医药卫生体制改革的实施意见》（浙委〔2009〕81号）、《关于开展农村医疗卫生服务体制机制改革试点的通知》（浙政办发〔2009〕176号）和《中共杭州市委、杭州市人民政府关于深化卫生体制改革的实施意见》（市委〔2009〕38号）精神，为加快推进我县医药卫生体制改革工作，结合实际，特制订如下实施意见。

一、指导思想

以邓小平理论和“三个代表”重要思想为指导，深入贯彻落实科学发展观，围绕“共建潇洒桐庐、共享品质生活”的总体目标，着眼于实现人人享有基本医疗卫生服务，深化省级卫生强县的创建成果，着力破解“看病难、看病贵”问题。坚持公共医疗卫生的公益性质，强化政府责任和投入，完善健康政策，健全制度体系，加强监督管理，创新体制机制，建立健全覆盖城乡居民的基本医疗卫生制度，不断提高全县人民健康水平，促进社会和谐稳定。

二、总体目标

基本医疗保障制度全面覆盖城乡居民，基本药物制度有效实施，城乡基层医疗卫生服务体系进一步健全，基本公共卫生服务全面普及，基本医疗卫生服务可及性明显提高，优质医疗资源分布及功能设置趋于合理，卫生服务能力明显提升，有效减轻居民就医费用负担，实现“小病不出社区、大病确有保障”“医疗质量上去、医疗费用下来”，切实缓解“看病难、看病贵”问题，让人民群众“看得了病、看得起病、看得好病”。

三、基本原则

——坚持以人为本、以民为先。坚持医药卫生事业为人民健康服务的宗旨，以保障人民健康权益为中心，以人人享有基本医疗卫生服务为根本出发点和落脚点，把基本医疗卫生制度作为公共产品向全民提供，努力实现全县人民病有所医，真正做到“医改为了人民、医改依靠人民、医改成果由人民共享、医改成效让人民检验”。

——坚持注重公平、创新创优。强化政府在基本医疗卫生制度改革中的责任，维护公共医疗卫生的公益性，促进公平、公正。坚持解放思想、实事求是、勇于变革、勇于创新，探索适应时代要求和人民愿望的医药卫生体制新理念、新思路、新举措。注重发挥市场机制作用，鼓励、引导社会力量参与有序竞争，满足人民群众多层次、多样化的医疗卫生需求。

——坚持突出重点、强化基础。坚持重点突破，有序推进农村卫生改革和基本药物制度试点工作，有效解决基层卫生薄弱环节，夯实基础、强化基层、确保基本，提高医药卫生服务的可及性、功效性，确保医药卫生体制改革取得重大进展。

——坚持统筹兼顾、系统推进。统筹城乡发展，正确处理各方面关系，兼顾各方利益，注重预防、治疗、康复三者有机结合，既着眼长远，创新体制机制，又立足当前，着力解决医药卫生事业中存在的突出问题，系统综合，分步实施，系统推进。

四、完善医药卫生四大体系

（一）全面加强公共卫生服务体系建设。建立健全公共卫生服务网络，加强疾病预防控制、健康教育、妇幼保健、精神卫生、应急救治、卫生监督和计划生育等专业公共卫生服务机构建设；完善公共卫生服务功能，整合公共卫生服务资源，完善以基层医疗卫生服务网络为基础的医疗服务体系的公共卫生服务功能；明确公共卫生服务范围，高标准落实省、市公共卫生服务项目，健全公共卫生服务规范，扩展公共卫生服务内涵，开展健康城市建设，加强健康促进与教育，深入开展爱国卫生运动，改善城乡环境卫生面貌。

（二）进一步完善医疗服务体系。坚持非营利性医疗机构为主体、营利性医疗机构为补充，公立医疗机构为主导、非公立医疗机构共同发展的办医原则，建设结构合理、覆盖城乡的医疗服务体系。健全以县级医院为龙头、乡镇卫生院（社区卫生服务中心）和村卫生室（社区卫生服务站）为基础的三级医疗卫生服务网络。加快县第一人民医院三期和中医院改（扩）建工程建设，推进乡镇卫生院、村卫生室标准化建设。

转变社区卫生服务模式,健全社区责任医生制度,逐步承担起居民健康“守门人”的职责。深入实施“万名医师下基层”“大手拉小手”“名医名院”和“名院合作”工程,促进优质医疗资源合理流动,不断提高基层卫生服务水平和服务质量。扶持和促进中医药事业发展,不断增强我县中医药特色优势。

(三)加快完善医疗保障体系。完善覆盖城乡居民的基本医疗保障体系,健全责任明确、分担合理的多渠道筹资机制,逐步加大财政补助力度,继续推进城镇职工基本医疗保险和城镇居民基本医疗保险参保扩面工作,巩固和稳定新型农村合作医疗参合率,不断提高医疗保障水平。继续完善城乡医疗救助制度,办好惠民医院、爱心门诊和惠民病房。深化“光明行动”和“春风行动”系列活动,逐步扩大困难群众救助范围,不断加大财政投入力度和对困难家庭的医疗救助力度,提高城乡医疗救助水平和效率。鼓励医疗互助和商业健康保险发展。

(四)配套健全药品供应保障体系。全县13个乡镇卫生院(社区卫生服务中心)以及实行人、财、物一体化管理的村卫生室和社区卫生服务站,全面实施国家基本药物制度,统一通过浙江省药品集中采购平台网上集中采购中标的基本药物和省增补的非基本药物目录药品,全部药品实行零差率销售。其他各类医疗机构要根据上级要求逐步将基本药物作为首选药物并确定使用比例,规范基本药物使用。基本药物全部纳入基本医疗保障药物报销目录,报销比例逐步高于非基本药物。

规范零售药店准入条件,开放药品零售市场,开展药品质量规范化管理。扩大药品连锁经营,建立健全农村药品供应网,完善药品储备制度。加强药品不良反应监测与评价体系建设,健全药品安全预警和应急处置机制。

五、改革创新医药卫生体制机制

(一)探索建立基层医疗机构管理服务新机制。充分发挥县级医院在农村医疗卫生服务网络中的龙头作用,强化县级医院在医疗服务、人才培养和业务管理等方面的传帮带功能,推动县乡卫技人员双向流动。乡镇、村医疗卫生机构实施一体化管理。突出乡镇卫生院(社区卫生服务中心)的枢纽作用,促进乡镇、村两级卫生服务机构协调互补发展,实现卫生资源优化配置和有效利用,做到“六统一”管理:即统一机构设置、统一制度管理、统一人员管理、统一药品管理、统一业务管理、统一财务管理。乡镇卫生院(社区卫生服务中心)实行定性定编改革,确定机构性质,落实人员编制。乡镇卫生院(社区卫生服务中心)为财政适当补助的社会公益性事业单位,以社区卫生服务为主要职能,开展健康教育、预防、保健、康复、计划生育技术指导和基本医疗等服务,原则上不得向医院模式发展。根据《浙江省农村社区卫生服务中心机构设置和编制标准实施意见》和实际工作需要,现阶段乡镇卫生服务机构的人员编制,原则上按服务人口的万分之13～15标准配备,设床位的按每床位0.7人的标准相应增加编制。人口偏少、工作难度大的乡镇,可适当增加编制数,但增加幅度一般不超过总编制的10%。编制总数以县为单位,县域内统筹管理,人员分步到位。新进人员的招聘录用,主要面向高校毕业和专业技术人员。积极推进乡镇卫生院(社区卫生服务中心)纳入财政预算管理,合理确定人员编制、工资水平和经费标准。开展社区首诊制试点,建立双向转诊制度。完善公立医疗机构内部运行机制,建立以服务质量和服务数量为核心、以岗位责任与绩效为基础的考核和激励机制。

(二)建立政府主导的多元卫生投入机制。确立政府在提供公共卫生服务和医疗服务中的主导地位。公共卫生服务主要通过政府投入提供,基本医疗服务由政府、社会和个人三方合理分担费用,特需医疗服务由个人直接付费或通过商业保险支付。政府卫生投入增长幅度要高于经常性财政支出增长幅度,逐步提高政府卫生投入占经常性财政支出的比重和政府卫生投入占卫生总费用的比重,有效减轻居民个人基本医疗卫生费用负担。

专业公共卫生服务机构的收支纳入同级政府财政预算,按规定取得的收入应上缴财政,按规定所需配置的基本建设、设备购置等发展建设支出由财政足额安排,人员经费、业务经费和公用经费根据人员编制、经费标准和业务工作完成及考核情况由财政全额预算安排。

建立公立医疗机构政府公共财政补助政策,主要用于公立医疗机构的基本建设、设备购置、重点学科发展和人员经费、公共卫生服务项目经费及突发公共卫生事件处置任务经费等。对符合条件的非政府举办的医疗机构承担的公共卫生服务,可采取政府购买服务的方式给予补助。

(三)建立严格有效的医药卫生监管体制。强化政府医药卫生监管职能,理顺健全医药卫生监督执法体系,加强城乡卫生监督机构能力建设。加强医疗卫生服务行为和质量监管,完善医疗卫生服务标准和质量评价体系,严格实施统一的疾病诊疗规范,健全医疗卫生服务质量监测网络，建立卫生执法责任制，重点加强社会公共卫生的监管。加强对药品研究、生产、流通、使用、价格和广告的监管，严格实施药品生产、经营质量管理规范。加大药品不良反应监测和重点品种的监督抽验力度，健全农村药品监督网。加强对医疗机构药品和医疗器械使用的监督管理，规范药品临床使用，保证药品和医疗器械的安全有效，维护人体健康和生命安全。建立信息公开、社会参与的监管和绩效评估制度，加强行业自律，提高医药卫生服务满意度。

（四）建立可持续发展的医药卫生科技创新机制和人才合理流动机制。实行县乡卫生人才一体化改革，县域编制内卫生人才统筹使用，促进卫生人才县乡之间的柔性流动，对新招聘的医学毕业生，实行县域内统筹使用、统一调配，先进行规范化培训，然后不定向安排到农村社区卫生服务机构，定期流动，变“单位人”为“行业人”。建立健全各类对口支援制度，继续实施“万名医师支援农村卫生工程”、“县级医院牵手社区行动”。完善县级医疗机构和疾病预防控制机构医生晋升中高级职称前需到农村服务等相关政策。加大医学科研投入，加强重点专科专病建设。加强全科医学教育和在岗培训，尽快实现基层医疗卫生机构都有合格的全科医生。加强医德医风建设，重视医务人员人文素质培养和职业素质教育，增进医患沟通，优化医务人员执业环境和条件，完善医疗纠纷处理机制，保护医务人员的合法权益，努力构建健康和谐的医患关系。

（五）建立实用共享的医药卫生信息系统。以国家数字卫生试点工作为基础，加快区域卫生信息化建设，完善以疾病控制网络为主体的公共卫生信息系统、应急指挥系统，构建以统一的居民电子健康档案为重点的卫生信息网络平台，推进医院管理信息化建设和电子病历应用。加强城镇职工基本医疗、城镇居民基本医疗、新型农村合作医疗和医疗救助信息系统建设，实现与省、市医疗保险信息系统联网，逐步将医保服务网络平台延伸到基层社区，方便参保人员就医。完善药械监管、检验检测、不良反应监测信息网络。

六、保障措施

（一）加强领导，密切配合。要充分认识到医药卫生体制改革工作的重要性、复杂性、艰巨性，为切实加强组织领导，县政府成立由县长担任组长的深化医药卫生体制改革工作领导小组，负责医药卫生体制改革的协调、指导等工作。发改、人事、财政、卫生等部门要加强协作，密切配合，形成合力，共同推进医药卫生体制改革工作。

（二）优化结构，加大投入。积极争取国家、省、市的资金支持，建立完善卫生事业发展的投入机制。要调整优化支出结构，转变投入机制，改革补偿办法，切实保障医药卫生体制改革的各项资金及时到位。

（三）广泛宣传，营造氛围。加大宣传力度，进一步提高广大群众对医药卫生体制改革重要性的认识，增强人民群众对深化医药卫生体制改革的理解和支持，充分调动广大群众参与的积极性，形成全社会支持和参与医药卫生体制改革的良好氛围。

中共桐庐县委　桐庐县人民政府
关于加快传统农业转型升级发展现代农业的若干政策意见

县委〔2010〕39 号

各乡镇党委、人民政府，各街道党工委、办事处，县级机关、企事业各单位：

为进一步加大统筹城乡发展力度，夯实农业农村发展基础，推进传统农业转型升级，加快现代农业发展步伐，实现农业增效、农民增收，特制定以下政策意见。

一、明确现代农业发展方向

1. 指导思想目标要求

坚持以党的十七大精神为指导，全面贯彻落实科学发展观，以推进现代农业发展和农民增收为主要任务，以现代农业理念为引领，加快发展特色优势农业，调整优化空间区域布局，培育壮大现代农业生产经营主体，突出科技支撑，加强基础建设，完善服务体系，着力机制创新，加快传统农业转型升级，努力建设特色优势明显、产业布局合理、技术装备先进、生态循环可持续的现代农业新格局。

2. 确立现代农业发展理念

——农业功能多元化的理念。增强农业的食品供给功能，提高农产品综合生产能力；扩大农业的增收就业功能，促进农民持续增收；拓展农业的休闲旅游功能，丰富人们的生活内容和方式；发挥农业的文化传承功能，保护弘扬地方传统农耕文化，传播现代农业科学知识。

——生产经营产业化的理念。应用现代工业理念组织农业生产和经营,以国内外市场为导向,以提高经济效益为中心,优化组合各种生产要素,进行标准化、专业化、规模化生产和品牌化经营、社会化服务、企业化管理,提高农业产业化经营水平。

——空间布局区域化的理念。充分发挥各地区资源优势和生态优势,重点扶持发展特色优势产业,集中支持开发建设一批连片规模生产基地和现代农业园区,加快形成农业产业的区域化布局。

——生态循环低碳化的理念。将农业资源开发、清洁生产和废弃物综合利用融为一体,推动不同生物共生互利、资源多层次循环利用,大力发展有机农业、绿色农业,以最小的资源和环境成本取得最大的经济和社会效益。

——安全优质精品化的理念。积极推进农产品质量追溯管理,逐步建立开放式、动态化、全过程管理的农产品质量追溯系统;加快以扩大农产品数量为主向以提升农产品品质为主转变,大力培育发展高品质、高安全、高效益的高端农产品,促进农业向精品化方向发展。

二、强化农业产业特色优势

3. 努力稳定粮食生产。坚持粮食生产的现代农业基础地位,以粮食功能区建设为载体,完善各项扶持政策,提高生产管理水平,充分发挥其在粮食生产中的主体作用,严格落实粮食生产责任制,确保完成粮食播种面积和粮食总产目标任务,切实保障粮食安全。县政府每年安排专项资金用于扶持粮食生产。

4. 发展壮大优势特色产业。适当扩大规模面积,着力提升质量效益。继续执行茶叶、蚕桑原有扶持政策,有重点地调整和实施扶持蜂业、茶叶、蚕桑、水果、竹业、山核桃、香榧、油茶、中药材等农业产业发展新的政策,进一步培育和强化特色优势。

——蜂业。对新增蜂群 50 群以上的蜂农,经相关部门备案审核,每群给予一次性补助 80 元;鼓励蜂产品加工企业在县外出资建立养蜂基地,对新建蜂群 300 群以上的基地,经有关部门审核备案,每群给予一次性补助 50 元。县财政每年安排 20 万元专项资金建立养蜂业风险救助基金,对参加救助的会员蜂农在生产一线遭遇不可抗拒的重大灾害和突发性灾难事故开展风险救助。

——水果。当年新发展或高位嫁接蜜梨、蜜桃连片 30 亩以上,每亩给予一次性补助 100 元。

——竹业。当年新建竹林基地连片面积 30 亩以上的,每亩给予一次性 120 元的补助,其中在采伐迹地营造竹林基地连片面积 50 亩以上的,每亩给予一次性 200 元的补助。对毛竹低产基地通过垦复、蓄水灌溉、辅助作业道建设等措施实施提升改造,连片面积 100 亩以上的高效示范基地建设项目,每亩给予 600 元的补助。

——山核桃。当年新建山核桃基地 10 亩以上的,每亩给予 120 元的补助,其中在采伐迹地营造山核桃基地连片面积 30 亩以上的,每亩给予 200 元的补助,并从次年开始给予每年每亩 50 元的抚育补助,连补两年。

——香榧。当年利用 2+3 苗新建香榧基地连片面积 10 亩以上的,每亩给予 500 元的补助;利用香榧大苗(2+4 苗以上)在采伐迹地高标准营造香榧基地连片 30 亩以上的,每亩给予 1000 元的补助;并从次年开始给予每年每亩 50 元的抚育补助,连补 5 年。

——油茶。对新发展良种油茶基地或低产改造油茶连片 30 亩以上的,分别给予每亩 200 元、150 元的补助,并对新发展基地从次年开始给予每年每亩 50 元的抚育补助,连补 2 年。

——中药材。新发展中药材基地连片 30 亩以上的,每亩给予一次性补助 80 元。

5. 大力发展休闲观光农业。积极鼓励依托现有各类农业特色产业基地、园区,充分挖掘农业生产、生活、生态和文化功能,建设完善旅游服务配套设施,发展田园观赏、瓜果采摘、休闲垂钓、农耕体验、农家餐饮、科普教育等休闲观光农业项目、园区、农庄;积极鼓励利用山地、水面、未利用土地等自然资源,结合新一轮土地利用总体规划修编,投资开发建设一批高品位的、生产与休闲观光功能相互融合的现代农业综合体。县财政每年安排不少于 50 万元专项资金,用于扶持休闲观光农业发展。

三、优化农业发展区域布局

6. 切实抓好粮食功能区建设。制定并实施粮食功能区建设规划,建设一批省、市、县级粮食生产功能区,完善基础设施,开展地力培肥,提高设施装备水平,使之成为旱涝保收的稳产区、高产高效种植模式的示范区、先进技术的应用区、"统一"服务的先行区。整合相关政策和项目资金,集中用于粮食功能区建设。县财政每年安排专项资金,对当年建成的县级粮食功能区给予每个一次性补助 6 万元~10 万元。

7. 集中力量建设现代农业园区。立足资源区位条件和产业发展基础,在特色优势产业相对集中连片的区域,按照"一次规划、分项实施、逐年建设、滚动发展”的要求，集中力量建设1个相对集中连片面积2万亩以上，产业布局合理、要素高度集聚、生态循环生产、一二三产业联动发展的省级现代农业综合区；建设5个突出某一主导产业，布局集中连片的省级主导产业示范区；建设15个产品特色鲜明、竞争优势明显、品牌效应突出的省级特色农业精品园。县财政涉农各相关政策和专项资金优先安排用于支持园区建设，有关部门优先向上推荐申报项目争取支持，县财政视情况给予适当配套。每年建设5个县级特色农业园区，对每个园区给予一次性补助5万元。

四、培育壮大现代农业主体

8. 大力开展农业招商引资。鼓励各地依托农业资源优势，加快土地承包经营权、林权流转，建立农业招商引资项目库，吸引县内外农业企业、工商企业等民间主体投资现代农业开发建设。对新建固定资产投资100万元以上或本县农民、大学生创业且固定资产投资50万元以上的种养项目、农庄项目、农产品加工项目，按照生产性基建投资额的2%给予补助。对单个项目投资1000万以上的，实行一事一议。属外来投资项目的，投资额计入乡镇（街道）招商引资年度考核实绩。

9. 规范提升农民合作组织。对新认定的县级规范化农民专业合作社，按一、二、三星级分别给予1万元、2万元、3万元奖励（升级补差）。每年评选十佳农民专业合作社，给予每家一次性奖励1万元。当年被命名或评选为国家、省、市级示范性合作社的，分别给予一次性奖励10万元、3万元、2万元。鼓励同类专业合作社的联合与兼并，对重组并经工商重新登记，入社农户在100户以上、带动农户500户以上的合作社，给予一次性奖励2万元。鼓励农民专业合作社与本县社员签订保护价订单合同，年收购县内农产品数量在100万元以上的县级规范化农民专业合作社（含蚕茧、竹笋加工企业），按认定的补助基数给予1%的补助，单个合作社最高补助10万元。对县级规范化农民专业合作社引进大专以上毕业生就业的，每人每年给予1.2万元补助，连补3年，上级有补助的，实行补差。

10. 做大做强农业龙头企业。加快培育一批辐射面广、带动能力强的骨干农业龙头企业，鼓励农产品加工企业加大技改投入，对总投资在100万元～300万元、300万元～500万元、500万元以上（其中设备投资不少于70%）的技改项目，经相关部门联合验收确认后，按投资额分别给予3.5%、4.5%、6%的技改补助。对首次年销售收入突破1亿元的农产品加工企业（含税收、销售统计在本县的控股企业），给予一次性奖励2万元，销售收入1亿元以上的，每新增1亿元，奖励2万元。当年新命名为国家、省、市、县级农业龙头企业的，分别给予一次性奖励50万元、10万元、3万元、1万元；每年评选十佳农业龙头企业，每家给予一次性奖励1万元。

五、着力转变生产经营方式

11. 积极推行标准化生产。加大力度实施农产品质量标准和生产操作规程，加快标准化技术示范推广，规范农产品生产行为。对通过GAP（良好农业操作规范）、ISO9001（质量管理体系）、QS（食品质量安全）认证的企业和单位，分别给予一次性奖励1万元。对国家、部、省级尚无标准的农产品，鼓励制定地方试行标准和生产操作规程。对承担县级农业标准规范制（修）订并通过审查的第一起草单位，给予一次性补助1万元，标准升级为国家、省、市级的，再分别追加10万元、5万元、2万元。

12. 大力推动品牌化经营。实施农业品牌战略，培育优势农产品品牌，通过品牌发展提升农产品附加值，扩大农产品市场竞争力。被新确认为国家级、省级、市级名牌产品或著（驰）名商标的，分别给予一次性奖励100万元、20万元、5万元，中国驰名商标通过司法途径认定的，给予奖励30万元；取得省级区域名牌认定的，给予行业协会20万元奖励；被新确认为“桐庐名牌”或“县知名商标”的，给予一次性奖励1万元。对通过原产地域认证和获得证明商标的，每只产品给予一次性补助10万元；注册集体商标的，一次性奖励3万元；获得国家地理标志产品保护的企业，给予一次性奖励10万元。

13. 继续推进社会化服务。努力建设覆盖全程、综合配套、便捷高效的农业生产社会化服务体系。鼓励专业大户、合作社等生产经营主体开展植保统防统治、水稻机插、油菜机收等社会化服务，按作业面积给予相应的补贴。对统防统治、水稻机插、油菜机收面积1000亩以上的，再给予1万元奖励。加强农业行业（专业）协会建设，发挥行业协会的行业自律、服务维权、沟通协调、品牌宣传等优势，每年通过考核评定3家县级优秀农业行业协会，给予每家1万元奖励。

14. 大力发展生态循环农业。积极推广农牧种养结合、肥药减量增效、农业废弃物资源化利用等的农作模式及配套技术，加快发展循环农业和清洁农业。对常年存栏生猪200头以上的农牧结合型生态养殖场，经有关部门验收合格的，给予配套建设的沼气池、管网设施等费用20%的一次性补助，最高不超过10万元。鼓励投资建设利用养殖场排泄物生产加工有机肥企业、畜禽粪便收集处理中心,按投资额的20%给予一次性补助,最高不超过30万元。对利用废弃桑枝、梨枝、桃枝年栽培食用菌1万棒以上的业主,给予每棒一次性补助0.3元。

15. 切实加强农产品质量安全。积极推进农产品质量安全追溯管理工作,健全农产品质量安全标准和生产技术规程,加快实施农产品质量安全检测和农业投入品管理,逐步实现从田头到餐桌的安全控制。继续鼓励和支持农产品质量认证,对通过有机食品、绿色食品、无公害农产品(或森林食品)认证的,分别给予一次性奖励3万元、3万元、1万元。当年被认定为省级无公害农产品产地或森林食品基地的,给予一次性奖励1万元。

六、突出现代农业科技支撑

16. 深入实施种子种苗工程。积极引进和推广良种、良苗、良种畜禽新品种,抓好良种繁育示范基地建设,完善繁育推广体系。引进国内外领先良种,建立连片30亩以上良种、良苗繁育推广基地的,经验收确认后,给予一次性补助3万元。对新办并取得省一级、市级、县级(含省二级)《种畜禽生产经营许可证》的种畜禽企业(基地),分别给予一次性补助5万元、3万元、1万元。

17. 大力发展设施农业。按照实用、实效,设施与农艺相配套的要求,以优势特色产业为重点,集中连片,规模建设,着力发展大棚温室栽培设施、喷(滴)灌设施和养殖配套设施,扩大设施农业应用面。对新建连片10亩以上标准钢架大棚、连片50亩以上喷(滴)灌设施的,分别给予每亩一次性补助2000元、600元;鼓励发展设施养殖业,对新建标准化畜禽舍、温室1000平米以上的,给予造价2%的补助;设施农业单个项目补助总额不超过30万元。

18. 加快发展农业机械化。鼓励、扶持农民和农业生产经营组织购置使用先进适用的农业机械,促进农业机械化,提高农业装备水平。对购置符合省、市购机目录农业机械的实行"购机补助"政策,按省、市补助标准1∶1给予配套补助。

19. 推广应用农业先进技术。以农业科技成果转化应用为重点,进一步加强与高校科研院所农业技术项目合作,加大支持力度,提高合作实用性、实效性;完善农技推广体系,加快乡镇(街道)农(林)技人员队伍更新,落实农(林)业首席专家、责任农(林)技员科研经费,创新推广服务机制,提高优良品种和先进成熟技术的普及率。加大对农业科技项目的支持力度,每年县科技创新、示范推广、成果转化项目资金用于农业的比例不低于30%。

七、大力拓展农产品市场流通

20. 培育发展现代农业物流业。加强农产品物流基础设施建设,培育和壮大农产品物流主体,大力发展农产品连锁经营、物流配送和电子商务等新型业态。支持建设设施先进、功能完善的农产品专业市场,固定资产投资在200万元(含)以上的新办农产品专业(物流)市场,按实际投资额2%给予补助,单个项目最高补助30万元。对固定资产投资20万元~50万元、50万元(含)~100万元、100万元(含)~200万元的新办农产品物流中心、产地集散市场等农产品物流节点,分别给予一次性奖励1万元、2万元、3万元。

21. 加大农产品宣传推介力度。加强对名优特农产品的集中宣传,扩大市场影响力,抓好多种形式的农产品促销会展平台建设,对农业企业参加县统一组织的展览会、博览会等活动的,展位费由县、乡镇(街道)财政分别承担40%、30%,境外参展最高补助1.5万元,境内参展最高补助1万元。对县农产品集中展示展销和推广平台建设财政给予适当补助。对年度"十佳农产品营销大户(农村经纪人)",每户给予一次性奖励0.5万元。在县外设立营销分公司、专卖店,经申报确认后,分别给予一次性奖励1万元、0.5万元。参加县统一组织的国家级农产品展示展销、评比活动并获奖的,给予一次性奖励1万元。

22. 大力扶持农产品扩大出口。加快农产品"走出去"步伐,积极参与国际市场竞争。农业龙头企业和农民专业合作社经批准设立境外贸易公司、办事处的,给予一次性奖励1万元;对获得商务部、浙江省和杭州市重点支持出口品牌的农产品,给予一次性奖励8万元、3万元、1万元。对当年农产品自营出口首次超过200万美元且增幅高于10%的农业企业,奖励2万元;首次超过500万美元且增幅高于10%的,奖励5万元。

八、切实加强农业基础建设

23. 强化耕地保护和建设。以提高农业综合生产能力为目标,加大力度实施土地开发整理和中低产田改造项目,切实提升新开垦耕地地力等级;实施标准农田质量提升工程,以地力培育为重点,在现有标准农田中,开展标准农田质量提升工作,实行项目化管理,对申报的项目在省市补助的基础上给予一定的配套补助。加大督查力度,坚决制止耕地抛荒,鼓励专业大户、合作社等生产经营主体流转抛荒耕地,用于发展农业生产。对当年流转经营常年性抛荒耕地

30亩以上，流转合同期5年以上的经营户，在享受土地流转奖励政策的同时，另外再给予每亩一次性100元的补助。

24. 完善农业配套基础设施。支持开展小型农田水利设施建设，加强小型水源、灌区渠系、排水沟渠等小型农田水利设施建设、修复、配套和改造，提高农田旱涝保收能力。在水利专项资金内安排300万元用于小型农田水利设施项目的补助。加强林道等林区基础设施建设，对符合规划建设要求并列入当年建设计划的林道给予每公里1.5万元的补助。

九、健全现代农业服务体系

25. 加大金融支农力度。鼓励支持金融机构增加对“三农”的信贷投入，落实涉农贷款增量奖励政策，各金融机构新增涉农贷款作为“金融支持地方经济发展贡献奖”的考核任务和奖励依据；建立涉农贷款担保机构，对担保放大倍数达到2倍以上的，给予日均担保余额1%的风险补助。允许有条件的农民专业合作社开展信用合作，进行农村资金互助社试点，县财政对试点单位给予一次性2万元的经费补助。拓展农村抵押担保物范围，开展大型农用生产设备抵押贷款、农民土地承包经营权抵押贷款试点；积极开展林权抵押贷款，创新林业融资渠道，县财政对林农用于生产经营的林权抵押贷款给予财政贴息。进一步完善风险保障机制，逐年增加政策性农业保险品种，扩大保险覆盖面，实现农(林)业主要品种全覆盖。

26. 加快推进农业信息化。加强建设农产品产地编码信息查询系统、动物防疫检疫管理系统、“三品”生产质量安全监督管理查询系统、农产品电子商务系统、气象信息和灾害性天气预警信息系统等农业公共管理和公共服务信息化平台，对建成投入运行的系统，每年安排一定的工作经费，列入建设单位年度财政预算。拓展农民信箱等信息服务平台的功能，实施农民信箱“万村联网工程”，推进信息进村入户。

十、积极推进现代农业机制创新

27. 加快土地承包经营权流转。加强土地承包经营权、林权流转的信息收集与发布、合同签订与鉴证、政策咨询、纠纷调解等服务体系建设，充分发挥村、乡镇两级组织的引导推动作用。对林地流转合同期限不少于10年，流转面积在300亩以上，按规定签订书面流转协议，登记备案手续齐全，并取得林权证，且开发经营面积在100亩以上的，按实际开发经营面积对林权流出方、林权流入方各给予每亩一次性补助50元。对粮食功能区内流转土地用于种植粮食500亩以上的粮油专业合作社，在现有奖励政策的基础上再给予一次性奖励5万元。

28. 落实用好农业生产配套设施用地政策。制定具体实施办法，落实省市政策，解决农业生产配套设施“用地难”。凡流转期限5年以上并签订流转合同、经营面积100亩以上的专业大户、农民专业合作社、现代农场和农业企业等，因生产需要，在不破坏耕作层的前提下，履行相应的审批、备案程序后，允许利用其流转面积0.5%以内的土地建造仓(机)库、生产管理用房、晒场等临时农业生产配套设施。

29. 进一步优化整合财政支农资金。不断加大对“三农”的投入，确保县级财政对农业投入增长幅度不低于财政经常性收入增长幅度，形成财政支农投入稳定增长的长效机制。改进和创新财政资金支农扶农方式方法，除了普惠制的支农政策性补贴资金和奖励资金以外，支持产业化发展和基础设施建设资金原则上实行项目申报管理制度，更多地以按照实际投资比例补助和贷款贴息形式予以补助，更好地发挥财政资金的导向性作用，带动民间资本、工商资本等社会多元投入力量参与农业产业开发。建立联席会议制度，以项目为龙头，整合相关专项资金，防止同一项目内容多头申报、重复扶持，提高财政资金扶持绩效。

30. 强化现代农业发展目标任务考核。围绕促进农业转型升级发展现代农业，调整优化部门、乡镇(街道)考核目标任务设置，根据不同乡镇制定差别化的考核目标任务，适当提高一些农业重点乡镇和山区乡农业农村考评在整个考评中的权重，充分发挥部门、乡镇(街道)年度考评机制对发展现代农业的推动和促进作用。

十一、附则

31. 上述各项奖励补助，实行就高不就低原则，不重复计奖、补助。同一内容与县内其他政策不重复享受，已经获得奖励(补助)，再获得高一级奖励(补助)的，实行补差奖励(补助)。

32. 本意见规定的实际投入均不包括土地价、房屋(场地)租金、交通运输工具投入，并以工程结算财务实际支付额为准。

33. 本意见明确的具体政策暂行三年，自2010年1月1日起执行。县政府以前制定的文件与本意见不符的，以本意见为准。各项政策的具体实施细则另行制订。本意见由县农办负责解释。

中共桐庐县委　桐庐县人民政府
关于以新型城镇化为主导加快推进全县城乡统筹发展的实施意见

县委〔2010〕42 号

各乡镇党委、政府，街道党工委、办事处，县级机关、企事业各单位：

为深入贯彻落实科学发展观，加快形成城乡发展一体化新格局，根据市委、市政府《关于以新型城市化为主导，进一步加强城乡区域统筹发展的实施意见》(市委〔2010〕17 号)，结合我县实际，现就加快我县城乡统筹发展提出如下意见。

一、指导思想

以邓小平理论和"三个代表"重要思想为指导，深入贯彻落实科学发展观，以加快转变经济发展方式为主线，以新型城镇化为主导，以改革创新为动力，坚持规划共绘、设施共建、产业共兴、环境共保、品质共享，促进城乡融合互动、优势互补，加快实现城乡经济社会一体化发展的新格局。

二、基本原则

(一) 解放思想、创新发展。坚持以解放思想为先导，加大改革创新力度，鼓励支持有利于破除城乡二元结构、促进城乡统筹发展的创新和实践，加快形成有利于城乡发展一体化的体制机制。

(二) 以人为本、和谐发展。坚持以民主促民生，把工作着力点放在发展农村经济、改善农村环境、完善社会保障、增加农民收入、推进基本公共服务均等化上，不断提高农村居民生活品质，促进农村社会和谐稳定。

(三) 主动承接、融合发展。大力实施融入战略，加快融入杭州大都市步伐，坚持城乡互动、区域联动、优势互补，充分吸收杭州市区在产业、资金、市场、科技、人才、信息等方面的优势，变郊县为郊区，实现城乡区域融合发展、共同繁荣。

(四) 以城带乡、统筹发展。坚持以新型城镇化为主导，按中等城市要求规划建设县城，按小城市要求规划建设中心镇，做大城市、做新农村，增加居民、减少农民，走"增城减乡、增居减农"的城乡一体化发展路子。

(五) 因地制宜、特色发展。坚持特色发展，构建以绿色低碳为方向，以高新技术为先导，以集群发展为特征，以现代服务业和先进制造业为支柱的现代产业体系。坚持新型城镇化与新农村建设相结合，逐步缩小城乡差距，有序推进城乡一体化。

(六) 生态优先、绿色发展。坚持把生态保护放在首位，正确处理城乡建设、产业发展与生态保护的关系，实现经济社会发展与生态保护的有机统一。

三、总体目标

到 2015 年，初步形成全县城乡规划建设、产业发展、要素配置、生态保护、公共服务、民生保障一体化新格局，全县综合实力显著增强，经济发展速度明显加快，主要经济指标占全市的比重明显提高；城乡居民收入差距缩小，全县农村居民人均纯收入达到 17500 元、低收入农户人均纯收入达到 6000 元以上；新型城镇化进程加快，建成以富春江山水风光为特色的现代化宜业宜居宜游城市，全县城市化率达到 68%；城乡基本公共服务均等化领先全省，农村教科文卫体等社会事业加快发展，城乡统筹的劳动就业和社会保障体系进一步健全，农村文明程度显著提升；城乡经济社会发展一体化体制机制基本建立，以土地使用制度改革为核心的农村改革取得实质性进展，城乡统筹的生产要素配置市场进一步健全，全县发展动力活力显著增强。

四、主要措施

(一) 加快实施融入战略，促进借势借力发展

1. 加快融入步伐。按照"全面融入、主动对接、合理分工、借势发展"的要求，充分发挥我县的环境、区位、交通和产业优势，加快与杭州大都市的规划共绘、交通共联、市场共构、产业共兴、品牌共推、环境共建、社会共享步伐，努力建成与全市产业相配套的先进制造业基地、特色农产品基地和现代服务业集聚区。各部门、各乡镇(街道)要抓住政策机遇，从规划建设、基础设施、土地开发、产业发展、要素配置、生态建设、社会事业、社会保障等方面入手，结合"十二五"规划，积极谋划城乡一体化发展项目，努力争取上级最大支持。

2. 积极主动对接。以基础接轨和产业承接为重点，加快推进杭黄铁路、临金高速、钱塘江"黄金水道"、富春江船闸扩建改造工程等重大基础设施项目，积极争取轨道交通纳入全市规划，推进二三级客运网络整合改造，开通县城至杭州主城区的城际公交线路，中心镇至杭州主城区实行客运班线公交化运营，不断优化综合交通体系，承接杭州主城区功能转移。建立我县与相关城区对口协作制度，主动与相关城区对接融合，加强与城区工业项目的产业链合作和差异

化发展，积极共建区县协作产业集聚平台，引进产业梯度转移项目，形成“双赢共兴”局面。建立与对口城区的乡镇结对制度，深化“联乡结村”活动，加强“村企结对”工作，明确帮扶重点，增强经济薄弱乡镇、村的“造血”功能。

（二）加快新型城镇化进程，促进城乡融合发展

3. 统筹城乡区域规划。按照城乡经济社会一体化发展的要求，制定集产业发展、城乡建设、土地利用为一体的发展规划，构建“中等城市（县城）—小城市（中心镇）—特色镇—中心村—特色村”梯次衔接、功能配套、以大带小、节约土地的网络化空间结构体系，形成以省级开发区、重点工业功能区、现代服务业集聚区、现代农业园区、旅游综合体等为支撑的产业布局体系，促进空间拓展、产业集聚、人口集中、资源节约、生态优化。启动新一轮镇、村规划修编，完善农民集中居住定点规划，制定集中居住区配套规划，完善覆盖城乡的交通、给排水、环保、电力、通讯、社区管理等基础设施规划和公共服务设施规划，实现新型城镇化的科学布局。

4. 加快中等城市建设。按照中等城市要求规划建设县城，促进县域产业集聚、人口集中，到2015年，县城人口规模达到20万人以上。通过空间布局的整合，进一步拉开城市框架，推动桐君街道、旧县街道、开发区、新城的协调发展，构建以富春江为轴，南北片区为两翼的城区框架格局。加快推进城中村拆迁改造和城郊村改造，积极实施浮桥埠区块和洋塘西路改造工程，加快城市有机更新，丰富城市内涵，提升城市品位。加快推进迎春商务区和滨江、剪湖综合体建设，规划建设高校综合体和高铁综合体，大力发展楼宇经济、总部经济、文创经济，建成现代服务业集聚区。注重县城与开发区、凤川一江南新城建设的统筹，抓好规划衔接、功能互补和基础设施建设的协同推进，优化公共交通网络，促进互动发展。

5. 推进镇乡集聚发展。按照小城市定位推进分水、横村、富春江、江南等中心镇建设。明确发展要求，分水镇要发挥副中心优势，进一步打造桐庐西部区域中心型小城市，到2015年镇区常住人口规模超过5万人；横村镇和富春江镇要利用邻近县城的区位优势，承接县城的辐射带动，打造城郊卫星城，到2015年镇区常住人口分别达到3万人和2万人。江南镇要以绿色低碳工业和现代服务业为主导，增强集聚力和辐射力，到2015年镇区常住人口达到3万人。深入推进中心镇强镇扩权改革，认真落实县以上赋予中心镇的各项政策措施，各中心镇可根据人口规模、经济总量和管理任务等情况，在额定编制总数内统筹安排机构设置和人员配备。理顺县与中心镇的财力分配关系，财力适度向中心镇倾斜，县土地出让金净收益县留成部分返还用于中心镇建设；在中心镇征收的其他规费，除按规定上缴中央和省以外，原则上留给中心镇。加大中心镇范围内农村土地综合整治力度，对中心镇建设用地指标给予倾斜，支持中心镇成立土地整治和城镇投资开发公司，着力破解用地和资金难题。推进特色乡镇和风情小镇建设，优化完善其他乡镇建设和管理机制，争取使更多的乡镇建设成为特色乡镇。

6. 加快美丽乡村建设。以建设“美丽乡村”为目标，加快中心村、特色村建设步伐，到2015年，建成32个中心村和若干个特色村。以中心村为重点，以保留村为基础，深入推进“十百”工程、“城中村”改造、沿路沿江（河）环境综合整治、农村住房改造建设、农村历史建筑保护、下山移民、生态村建设、农村庭院整治和农村社区服务中心建设等工程。加快中心村配套基础设施建设，搭建农民集中居住平台，完善公共服务体系，引导人口向中心村集聚，建成一批人口规模在1000人以上的农村新社区。

7. 统筹城乡基础建设。加快实施“一环（桐庐县城的过境公路）、四纵（临金高速公路桐庐段、16省道桐庐段、县道柴雅线、县道桐郑线）、八横（杭新景高速公路桐庐段、320国道桐庐段、05省道桐庐段、县道徐七线、县道钟洛线、县道分老线、桐庐县疏港道路、县道桐常线）”主骨架公路建设，全面实现“对外快速化、对内网络化”和“县域40分钟交通圈”。力争到“十二五”末，新增一级公路29.96公里，二级公路46.9公里，新（改）建农村联网公路150公里。开通中心镇至县城公交，加快农村客货运发展，完善农村客运站、候车亭建设，繁荣农村运输市场；加大公路安全保障设施的投入，全面提升公路服务水平。加快“黄金水道”建设，实施富春江和分水江综合整治等重大项目，加快沿线码头和综合作业区建设，大力发展“黄金水道经济”。加快公用设施向农村延伸，以中心镇、特色镇和中心村、特色村建设为重点，加快供电、供水、通信、信息等公用基础设施和网络向农村延伸、覆盖，到2015年初步建立覆盖城乡市政公用基础设施网络体系。

8. 推进土地集约利用。围绕推进“工业向园区集中、居住向社区集中、农业向规模经营集中”，大力推进土地综合整治，2011～2015年，全县土地综合整治面积达到3.55万亩，土地复垦面积年均达到3000

亩以上。建设用地复垦获得的建设用地指标在保证新农村建设项目的基础上,在全县范围内有偿调剂使用。对农村土地综合整治后建设用地规模明显缩减的村庄,探索建立多种模式的农村集体经济发展留用地制度。积极开展农民以土地承包经营权置换城镇社会保障、以农村宅基地和农民住房置换城镇产权住房、以集体资产所有权置换股份合作社股权改革,积极探索跨自然村、行政村甚至跨乡镇、街道集聚建设农民住宅小区的模式和途径,提高土地利用率。健全农村土地承包经营权流转机制,加大农业招商引资力度,加快推进适度规模经营,提高农业规模化经营和组织化水平。到2015年,全县以土地流转为主要形式的规模经营面积达到10万亩以上。

9. 提高人口集聚水平。明确人口集聚的方向和措施,加快农民集中居住新社区的规划建设,加大村庄整治、农村土地综合整治和农房改造力度,积极引导农村人口向中心城区、中心镇、中心村集聚。探索外来务工人员集中居住区建设,增强城镇人口吸纳能力。按照"移得下、富得起、稳得住、建得好"要求,加快推进"下山移民",到2015年,全县新安置下山移民1万人。有序推进城乡户籍管理制度改革,开展以具有固定住所、稳定职业或生活来源为落户条件,按照实际居住地实行一元户口登记试点,对已登记为城镇户口,且已置换宅基地和土地承包权的进城农民,应在就业、教育、社会保障等方面享受与城镇居民同等的待遇。

(三) 加快转变发展方式,促进产业特色发展

10. 推进现代农业发展。适应城乡一体化的发展要求,坚持走组织化、规模化、现代化的农业发展道路。以粮食功能区建设为载体,严格保护耕地,稳定粮食生产。深化农业产业结构战略性调整,大力发展都市农业、生态农业、观光农业、设施农业、外向型农业等现代农业,积极提升蜂业、茶叶、蚕桑、水果、竹业、山核桃、香榧、蔬菜、水产等特色优势产业,大力发展油茶、药材等新兴农业产业,优势特色产业产值占全县农业总产值比重稳定在65%以上。大力推进农业布局结构调整,集中力量建设现代农业园区,到2015年,建成一个以上省级综合现代农业园区、5个以上省级主导产业园区、15个省级特色农业精品园,每个乡镇至少建有一个特色现代农业园区(基地)和一个粮食生产功能区。大力扶持农业龙头企业和农民专业合作经济组织,培育壮大现代农业经营主体,做大做强农产品精深加工业,延伸拉长农产品产业链,积极发展农产品现代物流,实现贸工农、产供销一体化,提高农业产业化水平和组织化程度。建立"三位一体"农业公共服务体系,加强农业科技自主创新、引进吸收、集成利用和转化推广,全县农业科技进步贡献率达到60%以上。抓好动植物疫病防控,加强以质量追溯和投入品管理为重点的农产品质量监管工作。加快农产品标准化建设,培育和提升农产品品牌,增强农产品市场竞争力。

11. 促进工业转型升级。坚持工业向园区集中,以"一区七园"为重点,进一步优化工业产业结构,积极发展新能源、新材料、生物产业、信息产业、节能环保、高端装备制造等战略性新兴产业,培育新的经济增长点;培育壮大发电设备制造、医疗器械、汽车配件等优势产业,改造提升针纺服装、皮件箱包、制笔等传统产业,加快形成发电设备制造中心、医疗器械制造中心、笔类出口基地、纺织服装生产基地等现代产业集群。积极落实拓展区三年行动计划,增加杭州市国家级试点和基地的拓展区;以凤川—江南新城建设为契机推动"城东新兴产业区"建设,争取纳入市级空间开发新平台;以经济开发区的扩容提质为基础推动"一区七园"的整合提升,积极申报国家级经济技术开发区和省市级高新技术产业园区。

12. 加快第三产业发展。坚持大力发展新兴服务业与改造提升传统服务业、加快发展生产性服务业与提升发展消费性服务业、推动服务业在城市集聚发展与积极发展农村服务业并举,着力推动服务业加快发展。加快服务业集聚区建设,规划建设县城迎春商务区、开发区科创园区、凤川物流园区等生产性服务业集聚区,打造服务业产业集群,走集中、集聚、集约化发展道路。加快发展现代物流、商务服务、科技服务、信息服务、服务外包、会议会展等新兴服务业,积极推动文化创意产业发展。以"旅游西进"和"旅游国际化"为契机,加快发展乡村游、生态游、文化游、休闲度假游、"农家乐"、"古村落"等特色旅游,加强与杭州城区旅游业衔接互动,融入市域一小时半旅游圈、经济圈。加快发展农村连锁经营,完善农村商品流通网络,构建市、县、乡(镇)一体化的物流配送体系,提升商贸服务业发展水平。到2015年,全县服务业增加值占全县生产总值比重达到40%以上。

(四) 加快推进社会共享,促进城乡和谐发展

13. 发展农村集体经济。健全农村集体资金、资产、资源管理制度,用足用好留用地资源,大力发展村级物业经济,确保集体资产保值增值。深化农村社区股份合作、土地股份合作、农业专业合作改革,鼓励和支持三大合作组织以多种形式参与工业化、城市化和

新农村建设。实施新一轮薄弱村扶持工程，将集体经济年收入低于10万元的村全部列为扶持对象，进一步扩大扶持覆盖面。

14. 统筹资源要素配置。加大财政支持力度，县乡两级财政每年筹集10亿元以上资金用于支持城乡统筹建设。深化投融资体制改革，引导工商资本、社会资本投入城乡一体化建设。大力推进农村金融制度创新，积极发展村镇银行、小额贷款公司等新型农村金融机构，探索开展农村资金互助社和农民专业合作社信用合作试点，支持有条件的乡镇设立政府创业投资引导基金。完善农村信用担保机制，推进农村住房、林权等抵押贷款，努力缓解农村“贷款难”、“担保难”等问题。加强集体建设用地、农民承包地、资本、技术、人才等生产要素市场建设，搭建各类要素流向农村的平台。

15. 推进生态文明建设。编制桐庐县生态文明规划，制定出台相关政策意见，发展生态经济、改善生态环境、培育生态文化，统筹推进城乡生态文明建设。大力发展绿色经济、低碳经济，淘汰落后产能，推广清洁生产和节能技术，全面推进节能减排减碳。加强富春江、分水江的水资源保护，加强山地丘陵植被保育，深入实施小流域综合治理、重要堤防加固、生态公益林建设、数字林业建设，2010年基本建成国家级生态县，2011年创成国家级生态县，2015年城市绿化覆盖率达到45%以上。加强以农村为重点的环境综合整治，深入实施“十百”工程，继续推进“清洁桐庐”创建和庭院整治，以高速公路、国省道为重点大力实施整村、整镇、整河、整路和区域性连片环境整治，加快推进农村道路硬化、污水治理、水沟治理、卫生改厕、路灯建设、绿化建设、改厨改房等工作，完善农村垃圾集中收集和无害化处理的“户集、村收、镇运、县处理”系统，建设一批绿色城镇、美丽乡村和农村新社区，改善农村人居环境。加强区域环境联合执法，建立城乡一体的污染防治监控管理体系，逐步建设覆盖城乡的数字环保工程。

16. 统筹社会事业发展。加大农村基础教育投入，合理调整农村学校布局，改善农村办学条件，提高农村教师待遇，积极支持农村发展学前教育，大力发展职业教育，深入推进农村中小学骨干教师“领雁工程”，全面提升农村各类教育发展水平和发展质量。到2015年，全县城乡高水平普及15年教育，建成覆盖城乡的终身教育体系。加强对县域民间民俗文化资源、文物和非物质文化遗产、历史文化名镇名村的发掘、整理、保护和开发。以推进乡镇综合文化站建设为抓手，加大文化资源向农村的倾斜，实施农村基础文化设施标准化工程，完善三级公共文化设施网络，丰富群众文化生活。推进电信网、互联网和广播电视网“三网融合”，实施“数字兴农”工程，全面完成数字电视转换工作。贯彻落实国家医药卫生体制改革方案，重点推进公立医院医疗服务提升工程、与省市大医院对口协作工程、公立医院牵手社区工程，建立健全基层医疗卫生人才培养制度，实施基层医疗机构达标行动。加强乡村卫生服务一体化建设，健全城乡医疗卫生服务网络。

17. 促进城乡劳动就业。建立健全城乡统一的公共就业服务体系，以城镇下岗失业人员、大学毕业生、农村转移劳动力、外来务工人员四类群体为重点，深入实施覆盖城乡、全民共享的“充分就业县”和“创业型县”创建工作，实现城乡就业机构、就业登记、就业培训、就业市场“四个一体化”。加强农村劳动力转移技能培训、进城务工农民就业指导和权益维护，促进城乡劳动者平等就业、稳定就业。坚持非农就业和产业内就业“两轮驱动”，拓宽农民就业渠道，鼓励农民转移就业，到2015年，城镇登记失业率控制在4%以下，新转移农村劳动力2万人，农村非农就业劳动力比重达到85%以上。

18. 完善城乡社会保障。以建立覆盖全县、制度间可续接、城乡一体的社会保障制度为目标，研究制定农村住宅置换城镇产权住房、土地承包经营权置换城镇社会保障的土地流转农民参加社会保险办法，整合养老保障制度，完善城乡养老保障有效衔接办法。探索城乡居民医疗保险新措施，加大政府对城乡居民医疗保险参保人员的补贴力度，逐步提高城乡居民医疗保险待遇。发放“市民卡”，推动与杭州市区异地医保网络化结算“一卡通”工作，到2011年实现城乡参保居民在杭州市域范围内就医结算“一卡通”。全面实施低收入农户奔小康工程，深入开展“一户一策一干部”“1+X”结对帮扶等活动，逐步提高农村低保救助标准，加强“三级救助圈”建设，全面落实面向农村困难家庭的各项优惠政策。完善养老服务体系，推进城乡居家养老服务。

19. 加强农村社会管理。在乡镇、社区(村)深化实施“公推直选”制度。加强基层党务工作者队伍建设，在乡镇配备组织员。优化农村党组织设置，加强农村基层党建工作保障，通过财政补助、党费拨付等办法，落实农村党建工作经费和农村党员活动经费。积极推进以“四民主两公开”为主要内容的村级民主政治建设，到2015年，全县所有村(社区)建成“民主法治村(社区)”。推进镇村两级社区服务中心建设,加强镇村(社区)工会和小型非公企业工会组建工作,推进社会矛盾纠纷大调解机制建设,加强城乡治安防控体系建设。坚决查处党员干部违纪违法案件,切实解决农民群众反映强烈的突出问题,保障农民群众民主权利,维护农民群众切身利益。

五、组织保障

加强组织领导。加强城乡统筹、形成城乡发展一体化新格局,事关我县改革开放和经济社会发展全局,各级各部门要高度重视,加强组织领导,形成规范化、制度化、常态化的工作机制。县委县政府成立城乡统筹发展工作领导小组,由县委、县政府主要领导和分管领导任组长、副组长,县有关部门主要负责人为成员,负责全县统筹城乡工作的组织协调、综合规划、政策制定和检查指导。领导小组办公室设在县农办,具体负责日常工作的协调推进,加强与市统筹办公室和对口城区统筹办公室的工作联系。各乡镇(街道)要成立专门领导机构,党政一把手亲自抓,及时研究解决统筹城乡发展中的重大问题,形成强大的工作合力。

健全工作机制。各乡镇(街道)和开发区要根据本实施意见制订实施方案,各有关部门要根据本实施意见制订实施细则,将实施意见中的相关任务和实施项目纳入年度工作计划,并确保落实。有关部门要围绕城乡统筹发展要求,精心编制“十二五”国民经济和社会发展规划。领导小组办公室每年要将重点工作和重点项目分解落实到各级各有关部门,并纳入县委、县政府重点工作考核。

加强检查考核。建立健全体现城乡统筹工作实绩的科学评价体系,完善相应统计制度和考核管理办法,统筹城乡发展成效与县直机关和乡镇(街道)综合考评挂钩,作为年终考核的重要依据。领导小组办公室定期对重点工作推进情况进行督查,及时总结工作经验和成功做法,切实把推进统筹城乡发展工作落到实处。

中共桐庐县委　桐庐县人民政府
关于实施桐庐县农村住房置换县城公寓房的试行办法

县委〔2010〕44 号

各乡镇党委、人民政府,街道党工委、办事处,县级机关、企事业各单位:

为鼓励和引导农民向中心城区集聚,节约集约用地,加快推进县城人口集聚,根据杭州市委、杭州市人民政府《关于农村住宅置换城镇产权住房土地承包经营权置换城镇社会保障的若干意见》精神,现就全县范围内农村住房置换县城公寓房制定如下试行办法。

一、工作目标

2011 年,全县计划启动建设农民集聚置换公寓小区规模 1200 亩,引导农户集聚超过 1 万户、3 万人。

二、置换原则

(一) 坚持以人为本原则。按照人口集聚、功能配套、生产发展、生活改善要求,让农房改造集聚政策惠及农村居民,改善居住环境,提高生活水平。

(二) 坚持自愿置换原则。充分尊重农民意愿,实行公开公正、自愿有偿置换,通过政策激励,引导农民居住向中心城区集聚。

(三) 坚持优先置换原则。已经脱离农业生产和农村生活的农户、宅基地符合复垦条件户以及联户成片置换户,优先安排置换住房。

(四) 坚持节约集约原则。严格执行拆旧建新和宅基地复垦规定,实现土地资源的节约集约利用。

三、置换地点

由桐庐滨江建设有限公司在县城龙潭小区西侧地块建设置换公寓小区(一期),规划面积约 200 亩。在县城东面结合杭黄高铁综合体拆迁安置点建设置换公寓小区(二期),规划面积 300 亩。

四、置换对象

凡具有本县常住户口的农村居民户,并同时具备以下条件可以申请换房:

(一) 有合法的、具备复垦条件的农村宅基地;或在县城规划区、县经济开发区核心区内具有合法农村宅基地及无宅基地但符合建房审批条件的;

(二) 具有集体经济组织成员资格;

(三) 自愿永久放弃全部农村宅基地(含自留地)。

五、置换房型

对符合条件并经批准的换房户,换取置换公寓小区的公寓房,建筑设计户型面积分为 60 平方米左右、90 平方米左右、100 平方米左右、135 平方米左右四种。

六、人口认定办法

按户籍(以居民户口簿记载为准)确定家庭在册集体经济组织成员人口。下列人员可计入家庭在册集体经济组织成员人口数：

(一) 已领取本县有效农村《独生子女父母光荣证》且子女未婚嫁,其独生子女可按 2 人计算。两户以上共同赡养的老人可分摊进行计算；

(二) 户口外迁的全日制大中专学校的在校学生(需凭有效证明)；

(三) 因土地征用而户口转为城镇居民的人员(已享受过福利分房或经济适用房的除外)；

(四) 户籍关系外迁或被注销的现役义务兵和符合国家有关规定的一、二期士官(已转干的军官除外)；

(五) 户籍关系外迁或被注销的被判处徒刑的服刑人员；

(六) 符合法律、法规、规章和国家、省有关规定的其他人员。

七、置换政策

(一) 换房的标准面积和价格确定

1. 标准面积。换取的标准面积为每人 45 平方米,每户换房数量不得多于 2 套,总面积不超过 270 平方米。

2. 价格确定。换取的公寓房标准面积内部分的价格按房屋建安成本价核定。(具体由项目建设工作组核定后报县政府审定后公布)

3. 因受置换公寓房房型限制,可置换面积之外每户最多可再按市场优惠价购买 20 平方米面积。其他超过面积部分按签约时同地段商品房价格。(由项目建设工作组核定后报县政府审定后公布)

4. 房屋楼层、户型差价系数在选房结算办法中另行明确。

5. 小区公寓房配套车位价格与分配办法另行制定。

6. 置换房建筑面积少于可置换面积的,少于部分按 1500 元/平方米奖励。

(二) 换保障政策

1. 住房置换户入住后,享有城市居民子女教育、职业培训、就业服务的同等权利,在尚未享受城镇居民社会保障待遇前可继续享有原居住地村集体经济组织除申请宅基地以外的其他权益,五年内继续享受农村居民的计划生育政策。

2. 在住房置换的同时选择以承包经营权换社会保障的农户,经营权换保障政策另行制定。

3. 各乡镇(街道)和有关部门要加快推进土地流转和农业园区建设,促进承包地和林地向规模经营集中。土地流转金、各类政策性奖补资金等收益由村集体经济组织按年度和土地流出的农户结算。

(三) 搬迁和拆除农村住房奖励

1. 按政策认定的人口每人补助 1 万元。

2. 对原农村住房合法实际建筑面积给予适当补偿,具体补偿标准参照农户所在乡镇(街道)补偿标准执行(桐君街道农户按照县城征用集体土地房屋拆迁补偿评估基准价标准执行)。

3. 对现有宅基地的农户,按现状户每户给予 5000 元的贷款利息补助。

4. 符合联户成片置换条件的,享受县政府规定的相关奖励政策。

5. 除以上奖励外,置换户若符合杭州市农村住房置换政策补助申请条件的,可按规定申请享受相关政策。

6. 换房户退还村级集体组织的全部宅基地,由乡镇(街道)负责复垦,复垦所得指标统一归各乡镇(街道)使用,也可申请县政府予以回购统筹。县财政安排一定资金用于各乡镇(街道)置换宅基地的启动拆迁和宅基地整理工作,乡镇(街道)与开发主体之间资金结算管理办法另行制定。

(四) 国有土地(出让)使用权证和房屋所有权证办理

1. 换房户与建设单位签订换房合同,付清房款,由项目建设主体负责办理相关手续后进行产权登记,并按规定办理房屋所有权证、国有土地使用权证和契证。置换后的公寓房允许上市交易。

2. 住房置换户办理房屋所有权证所缴契税地方财政留成部分,第一套公寓房的全额返还奖励。

(五) 信贷支持

1. 有关金融机构要采用个人住房按揭贷款、专业机构担保、联保体担保等形式,为住房置换户提供多样化信贷服务,支持农房改造集聚。

2. 对参加本县住房公积金制度的职工,符合条件的按规定给予政策性住房贷款。

八、置换程序

(一) 申请。符合条件的住房置换户向所在村村民委员会提出申请,填写《桐庐县农村住房置换县城公寓房申请表》,申请户须承诺家庭成员及今后新出生与娶入人员自愿永久放弃全部宅基地、自愿拆除原有住房(含生产用房及地面附属设施),年满 16 周岁、具有完全民事行为能力的全部家庭成员签名(未满 18

周岁、不具有完全民事行为能力的成员由其监护人代签)。

(二)公示。所在村受理申请后,报乡镇(街道)初审,初审基本符合条件的,在村务公开栏公示,公示时间为7天。

(三)报批。经公示后,符合条件的住房置换户相关申请资料,由村汇总后一并报乡镇(街道),经乡镇人民政府(街道办事处)审核同意后,确定专人汇总报县统筹办统一办理置换住房相关手续。

(四)签约。经批准的换房户与所在村、乡镇(街道)及县统筹办签订三方换房协议。如原已取得合法建房许可而未建造的户,同时申请办理注销手续。

(五)预付建房款。换房协议签订后15日内办理预付房款相关手续。换房面积在135平方米(含135平方米)以下的,每户须预付房款5万元;135平方米以上的,每户须预付房款8万元。

(六)选房和签订换房合同。在办理预付建房款手续时,安排已签约户统一进行选房(选房方式由项目建设单位另行制定)并签订换房合同,合同签订时由乡镇(街道)代为收回原住房的农村集体土地使用证、经营权证书等相关证件,并报县有关部门依法注销,土地使用权相应收归集体组织。同时给予每户12个月的自行临时过渡安置补助,标准为县城规划区内每人每月200元,县城规划区外每人每月100元。

(七)交付手续。迁出地乡镇(街道)在住房置换户领取置换房钥匙前做好旧房拆除(包括地面附属物清理)、宅基地复垦的审核等工作,报县国土资源、规划建设部门确认,并向县统筹办提供验收、确认等相关证明。手续齐全后,县城乡住房改造开发有限公司凭县统筹办的入住通知书与住房置换户进行结算,办理入住手续。换保障人员次月起享受相应保障政策待遇。在取得公寓房产权之日起30日内办理户口迁移手续。

九、工作职责与分工

成立县城农民集聚工程工作组具体负责县城农民集聚置换公寓房建设统筹协调、指导服务和督促检查等工作。下设两个专项工作组,一是工程建设组,具体负责置换公寓房建设日常工作;二是政策组,具体负责宣传发动、人口确认、政策把关、工作指导等工作(具体名单详见附件)。

县建设局负责县城置换小区的建设规划审批等工作。

县国土局负责落实县城置换小区建设用地,认定住房置换户合法宅基地复垦面积,把好审批关,协助做好相关工作。

县国有资产经营投资有限公司具体负责多渠道筹措,保障项目建设所需资金。

县劳动和社会保障局负责换保障的日常管理工作。

各金融机构要积极主动地为住房置换户提供灵活便捷的信贷服务,支持农房改造向县城集聚。

县发改、财政、监察等部门按照各自职责,加强检查督促,协同做好相关工作,规范有序推进县城置换小区建设。

各乡镇人民政府、街道办事处和各行政村要通过多种形式,广泛宣传农村住房置换县城公寓房的政策措施,引导和鼓励农村住户建房向中心城区集聚。

十、严肃纪律

迁出地乡镇(街道)和村对住房置换户的置换条件、建筑面积、原宅基地面积认定等,负有直接责任。对利用不正当手段取得置换住房或认定不实的,一经查实,收回住房,取消奖励,一切损失由住房置换户自负,并追究相关人员责任,情节严重的追究法律责任。

十一、附则

(一)因城镇建设、重点工程和工业项目建设列入拆迁改造范围的,按照相关拆迁政策执行,不享受上述优惠政策。

(二)县城置换小区物业管理、社区管理办法另行制定。

(三)本办法实施期限至2011年12月31日止,时间以签约日为准。

(四)各中心镇结合各地实际,参照本办法制定农村住房置换公寓房的具体细则。

(五)本办法由县统筹城乡发展工作领导小组办公室负责解释,自发文之日起施行。

桐庐县人民政府
关于开展农村历史建筑保护工作的实施意见

桐政发〔2010〕52号

各乡镇人民政府、街道办事处，县政府各部门、各直属单位：

我县农村历史建筑包括明、清古建筑和近现代史迹建筑两部分，是我县的重要历史文化遗产。为进一步加大农村历史建筑保护力度，按照杭州市农村历史建筑保护工作要求，结合我县实际，特制定如下实施意见：

一、指导思想

通过五年时间对全县农村历史建筑的抢救性维修，确保农村历史建筑较好地保存、开发和利用，推动和深化文化名县建设，进一步提升潇洒桐庐的文化品质，促进全县经济社会和文化全面协调可持续发展。

二、保护的范围和措施

全县农村历史建筑按历史价值、腐损程度等因素分为重点维修和一般维修两类，并根据实际需要采取不同形式的保护维修措施。

1. 重点维修的农村历史建筑：县级以上文保单位所涉古建筑、国家历史文化名村深澳村、县级历史文化街区凤川镇翙岗老街区以及列入县重点保护古建筑名录的已发生腐损的农村历史建筑，分五年进行一次全面的抢救性维修。

2. 一般维修的农村历史建筑：对已列入县重点保护古建筑名录且目前保存较完整，以及全县一般保护的农村历史建筑中已发生轻微腐损的予以翻漏维修和电器线路套管改造。

三、农村历史建筑的确认和实施修缮的主体

1. 农村历史建筑的确认：本意见所称的历史建筑，是指我县建于1912年以前，具有历史、科学、艺术价值，体现桐庐传统风貌和地方特色，或具有重要的纪念意义、教育意义的建筑物。所有列入五年维修计划的历史建筑均须经县文物主管部门认定。

2. 实施修缮的主体：全县农村历史建筑保护修缮的实施主体分两个层面：一是县级以上（含县级）文物保护单位的修缮由县文广新局和文保单位所在的乡镇（街道）作为实施主体；二是未列入各级文物保护单位（点）的历史建筑修缮由所在乡镇（街道）或行政村作为实施主体，县文广新局提供技术指导和相关服务，并组织专家进行验收。

四、资金补助标准

为切实减轻乡镇（街道）、村的负担，并调动各方积极性，农村历史建筑修缮保护资金以县财政投入为主，乡镇（街道）及农村历史建筑所有权人适当配套。设立县农村历史建筑修缮保护专项资金，对列入县农村历史建筑修缮保护计划并如期完成修缮任务的，经县文广新局验收合格后，补助修缮资金总额的80%，其余部分由乡镇（街道）负责筹措。2010年安排一定的农村历史建筑保护启动资金，同时，积极争取上级有关部门的资金支持，该资金必须专款专用，滚动使用。农村历史建筑修缮保护账目必须在所在乡镇（街道）、行政村进行公示，接受当地群众监督。农村历史建筑修缮保护与农村危房改造工作有机结合，同一建筑不重复补助。具体的补助办法由县文广新局和财政局共同制定。

五、工作要求

1. 提高思想认识。农村历史建筑是历史文化遗产的重要组成部分，是不可多得的宝贵财富。加强农村历史建筑的维修和保护是贯彻落实科学发展观的具体举措，是以人为本、执政为民的具体体现。各乡镇（街道）和部门要本着对历史负责的精神，进一步规范农村基础设施建设，充分认识到加强农村历史建筑的维修和保护对建设社会主义新农村具有重要的意义和推动作用，切实增强农村历史建筑保护的紧迫感和责任感，认真做好农村历史建筑维修的保护工作。

2. 加强工作配合。各乡镇（街道）和有关部门要确定专人负责农村历史建筑的修缮保护工作，对施工设计、招投标、质量监管、竣工验收、资金拨付和使用等各个环节要从严把关，保质保量按时完成修缮任务。县文广新局要切实承担起实施农村历史建筑修缮保护的牵头协调、指导和监督等职责，县财政局要及时拨付补助资金并加强资金使用的监管，县农办、建设、审计等部门要按照各自职能加强配合，县广播电视台、信息传媒中心等新闻单位要加大农村历史建筑修缮保护工作的重要性和必要性的宣传，营造浓厚的保护氛围，提高全社会对农村历史建筑的保护意识。

3. 加大惩处力度。县公安局、县法院、县文化执法大队等执法单位对偷盗、拆除等破坏农村历史建筑的违法犯罪行为，要加大查处力度，确保农村历史建筑不被人为破坏，为农村历史建筑保护工作保驾护航。

本意见自发文之日起实施，以前文件与本意见有不同之处的，以本意见为准。

桐庐县人民政府
关于切实抓好粮食生产的若干意见

桐政发〔2010〕59号

各乡镇人民政府、街道办事处,县政府各部门、各直属单位:

为进一步稳定粮食生产,确保粮食安全,根据《浙江省人民政府关于抓好2010年粮食生产的通知》《浙江省人民政府办公厅关于加强粮食生产功能区建设与保护工作的意见》《杭州市人民政府办公厅转发市农业局市财政局关于杭州市粮食生产功能区建设项目(2008~2010年)管理办法的通知》精神,结合本县实际,特提出如下意见:

一、指导思想

以科学发展观为指导,认真贯彻十七届三中全会和中央、省、市农业农村工作会议精神,以粮食增产、农民增收为目标,以粮食生产功能区建设为抓手,以科技应用和百村千户示范活动为手段,加大考核力度,完善扶持政策,优化品种结构,推广先进技术,推进粮食生产规模经营,努力提高粮食单产和组织化程度,确保粮食生产各项任务圆满完成。

二、目标任务

确保耕地保有量35.6万亩、基本农田31.9万亩、标准农田14.03万亩、粮食播种面积21万亩以上,粮食总产量8.7万吨以上;以粮食功能区建设为重点,创建8个省、市级粮食功能区(其中2个省级粮食功能区)、10个县级粮食功能区、400个科技示范户;全面开展粮食高产创建活动,力争粮食单产增长2%以上。

三、政策措施

1. 坚决制止耕地抛荒

各乡镇(街道)要加大耕地抛荒检查力度,坚决制止全年性耕地抛荒,减少季节性抛荒。县农业部门要组织开展专项检查,对全年连片抛荒面积超过10亩或季节性抛荒面积超过30亩的,要及时进行通报,督促进行整改。抛荒的农户不得享受相关支农扶持政策。

2. 进一步提高规模化组织化水平

依照"农民自愿,政府引导,积极扶持,规范管理"的原则,积极推进土地流转工作,促使土地向种粮大户、专业合作社、农业龙头企业集中,加大对土地流转发展粮食规模经营的补贴和奖励。加快推进粮食生产社会化服务,培育粮食、农机、植保专业合作社,提高粮食生产全程机械化生产水平。

3. 扎实推进粮食功能区建设

继续实施农田基础设施建设和中低产田改造。重点建设2个省级粮食功能区、8个市级粮食功能区和10个县级粮食功能区(集中连片面积500亩以上)建设,通过开展基础设施、地力培肥、机制创新和科技提升等建设,使之成为旱涝保收的稳产区、高产高效种植模式的示范区、先进适用技术的应用区、解决季节性抛荒的带动区、"统一"服务的先行区。水利、国土、农业综合开发等相关部门的项目资金要优先支持粮食生产功能区建设。水稻机械化插秧、病虫害统防统治等优先在粮食生产功能区实施,粮食收购订单优先落实在粮食生产功能区内。对验收达标的市级粮食功能区,县财政给予每个8万元的补助;县级粮食功能区根据建设资金投入和服务成效,县财政给予每个6万元~10万元的补助。粮食功能区建设项目实施细则另行制定。

4. 全面开展粮食高产创建活动贯彻落实农业部和省政府"粮食高产创建活动"要求,继续开展以引进优良品种和应用先进适用技术等为内容的粮食优质高产示范方竞赛和示范户评比活动,对连片种植面积在100亩以上,小麦示范方平均亩产达300公斤以上、油菜示范方平均亩产达150公斤以上、早稻示范方平均亩产达450公斤以上、单季晚稻示范方平均亩产达580公斤以上的高产示范方,经县农业、统计等相关部门验收合格,县财政给予每个示范方实施主体(大户或服务化组织)奖励5000元,每年最多不超过10个;对优秀科技示范户前50名各奖励500元。

5. 继续实行粮油种植大户直接补贴政策

对种粮大户(指全年稻麦种植面积20亩及以上的农户)县财政给予种粮大户每亩10元的补贴;对种植早稻10亩以上的农户,再给予80元/亩的补助。

6. 继续实施订单粮食收购和奖励政策

县粮食收储有限公司按订单收购县内种植户生产的稻谷,凡市场价低于收购价的,按最低收购价收购;高于最低收购价的,按市场价收购。对订单粮食继续实施奖励和补贴政策。订单早稻谷的奖励标准是:种植大户、粮食专业合作社社员按每交售50公斤奖励20元,最高每亩140元;一般农户按订单每交售50公斤奖励10元,最高每亩70元。订单晚稻谷价外补贴和奖励标准在晚稻播种前另行公布。粮食部门要继续做好订单粮食预购定金发放工作，优化服务，方便农民售粮。

7. 完善农机购置和作业补贴政策

按照"总量控制、优化结构、分级扶持、包干使用"和"公开、公正、农民直接受益"的原则，对购置补贴产品目录内农业机械的农民和农业生产经营服务组织给予补贴。进一步扩大补贴机具种类，加大对插秧机、烘干机等机具的推广力度。继续对应用水稻机械化插秧、油菜机械化收获作业的农民，给予每亩次40元的补贴；对接受具有一定规模（服务面积达到500亩以上）的植保、粮油、农机等合作社病虫害统防统治的农民，给予每亩40元的补贴。上述补贴以"农机作业券"的形式发放，其中省承担40%，县承担60%。

8. 继续实行粮油政策性农业保险

保险对象为水稻种植面积20亩及以上的种植大户、农业龙头企业、农村经济合作组织、农民专业合作社等；保障范围为台风、暴风雨、洪水、冻害和常见病虫害等造成的灾害。

9. 加大考核力度，激励先进

粮食生产列入县政府对乡镇年度综合考核，并对完成全年粮食生产目标任务，解决农田抛荒，开展农业技术创新，扶持粮油生产且成效突出的乡镇（街道）给予奖励：一等奖1名，奖励2万元；二等奖1名，奖励1万元；三等奖2名，各奖励0.5万元。

四、工作要求

1. 加强领导，明确目标

粮食生产工作事关经济社会稳定发展，各乡镇（街道）要高度重视，把粮食生产作为一项重要的政治任务来抓，加强对粮食生产工作的领导，认真落实粮食生产和粮食安全的行政首长负责制，签订粮食生产责任书，将粮食生产任务层层分解到乡镇、村，落实到农户。切实加强粮食生产统计工作，确保完成粮食生产任务。

2. 部门联动，强化服务

县农业部门要重点搞好技术指导，加强技术培训和信息服务，加快高产技术推广；县供电部门要保证农业用电；县水利、国土等部门要加强农田设施建设，提高防灾抗灾能力；县经贸、供销等部门要对柴油等紧缺物资及早作出安排，优先安排农业耕种需要；县植保、气象等部门要及时发布病虫、气象灾害预警预报，指导农民科学防控；县粮食部门要扩大粮食订单的收购和粮食订单预购订金的发放；县金融机构要对信用好、具有还贷能力的农户加大信贷支持力度。

3. 开展执法，强化监管

建立救灾种子储备制度和化肥、农药应急储备制度。加强农资质量检查，强化源头管理，杜绝假冒伪劣农资坑农害农，确保粮食生产安全。

第四批桐庐县非物质文化遗产名录

桐政发〔2010〕74号

序号	项目名称	责任单位
一、民间文学		
1	富春江的传说	县非遗保护中心
2	范蠡的传说	分水镇
3	娘岭古驿道的传说	旧县街道
4	刘秀的传说	百江镇
二、民间舞蹈		
5	阆里棕毛龙	桐君街道
6	小潘生肖竹马	江南镇
三、民间传统手工技艺		
7	竹器制作技艺	横村镇
8	索面制作技艺	新合乡
9	黄豆酱制作技艺	合村乡
四、游艺、传统体育与竞技		
10	项氏内家拳	瑶琳镇
11	畲乡武术	莪山畲族乡

桐庐县人民政府
关于鼓励和扶持文化创意产业发展的意见

桐政发〔2010〕113号

各乡镇人民政府、街道办事处，县政府各部门、各直属单位：

为进一步推进我县文化创意产业发展，加快构建现代产业体系，根据《杭州市人民政府办公厅关于统筹财税政策扶持文化创意产业发展的意见》(杭政办函〔2008〕122号)精神，结合我县实际，特制定如下政策意见。

一、扶持范围

以《杭州市非公有资本投资文化创意产业指导目录》为指导，鼓励和扶持符合我县文化创意产业发展规划，从事信息服务业、动漫游戏业、设计服务业、现代传媒业、教育培训业、文化休闲旅游业、艺术品业、文化会展业等八大门类的文化创意企业和创意产业园区。

二、扶持条件

1. 依法在本县范围内注册，具有独立法人资格，实行独立核算的文化创意企业或其他依法设立的文化创意单位和组织；

2. 在本县国、地税部门税务登记并依法纳税，认真履行劳动保障和社会责任；

3. 符合国家产业政策和杭州市文化创意产业导向要求；

4. 无非法生产经营行为，未发生安全生产责任死亡事故，未发生违反环保法规受到行政处罚的事件或环境污染事件。

三、扶持资金

县财政每年安排500万元专项资金，以资助、贴息、奖励等方式扶持重点文化创意产业项目、活动、企业、单位和组织。

四、扶持政策

1. 培育发展产业园区。鼓励文化创意产业的集聚和发展，对新引进县文化创意产业园区的企业，自设立之日起三年按当年租价的100%、50%和30%给予补贴，享受租金补贴面积不超过200平方米，每年补助资金不超过5万元。三年内企业实际入库的增值税、企业所得税、营业税(不含不动产销售和出租所缴纳的税收)留县部分全额奖励给企业，第四、第五年度减半奖励给企业。

2. 大力扶持重点项目。县文化创意产业领导小组每年从公开申报的文化创意项目中确定若干个项目进行重点扶持。单个项目补助额度不超过项目固定资产投资额的10%，总额不超过20万元。

3. 加大重大活动扶持。由民间投资举办，在杭州市、浙江省乃至全国有重大影响、市场潜力较大、能产生较好经济和社会效益的节庆、表演、会展等重大文化创意活动，经公开申报，由县文化创意产业领导小组进行综合评定给予资助。每年资助的活动不超过10个，总额不超过100万，单一活动资助额度不超过直接投资的20%，总额不超过10万元。

4. 积极引进成长型企业。对新引进并经认定需培育的文化创意企业，自设立之日起前两年产生税收对地方财政贡献部分的50%给予资助，后三年按照新增对县财政贡献的50%给予资助。

5. 鼓励融资担保服务。支持和引导担保机构为我县中小文化创意企业的融资提供担保，对年日均担保额达到一定规模以上的，参照桐政〔2007〕3号文件第41条给予风险补助。

6. 对原创影视、动画、出版作品给予奖励。在中央电视台首次播出的动画片按每分钟1000元给予奖励，总额不超过60万元，地方电视台(5个地市级以上电视台)首次播出的动画片按每分钟500元给予奖励，总额不超过30万元。在中央台、省市级电视台首次播出的电视连续剧(每部二十集以上、每集40分钟以上)，给予每集3万元和1万元奖励总额分别不超过90万元和30万元。电影作品(单部90分钟及以上)在国内影院首播，按每一部30万元给予奖励。对在省级以上出版机构出版发行的原创影视、动漫、文学作品(转让作品不在此列)，发行量在5万册以上的，一次性给予5万元奖励。

7. 鼓励企业创建品牌。打造具有竞争力的品牌产品和品牌文创企业。对获得国家、省、杭州市级名牌产品、著名商标(驰名商标)、知名商号(老字号)的文化创意企业参照县有关商标、品牌奖励办法给予奖励。

8. 鼓励文化创意企业加大技术开发投入。企业研究开发新产品、新技术、新工艺所发生的研发费用，按150%在企业所得税税前加计扣除；企业用于研究开发的仪器和设备，单位价值在30万元以下的，可一次或分次计入成本费用。

9. 对文化创意企业及其从业人员从事技术转

让、技术开发和与之相关的技术咨询、技术服务业务取得的收入，免征营业税、城建税、教育费附加和地方教育附加。企业、事业单位进行技术转让，一个纳税年度技术转让所得不超过500万元的部分，免征企业所得税；超过500万元的部分，减半征收企业所得税。

10. 重视文化创意产业人才培养和引进。每年在县文化创意产业专项资金中安排一定的资金用于开展文化创意人才的学习、培训和交流等活动。

11. 由政府部门组织的有关文化创意产业的重大宣传活动、招商引资、展示展销、课题研究、评选奖励、项目评审论证等相关管理费用，经县文化创意产业办公室批准，县财政局审核后，从专项资金中列支。

五、附则

1. 对我县文化创意产业发展具有重大带动作用的新注册企业，其鼓励和扶持标准实行一事一议。

2. 企业获得县其他同类财政资助（奖励）的，按就高不就低原则，不重复资助（奖励），各项奖励总额原则上与企业对县财政的贡献相挂钩。

3. 凡经年度审计发现有不符合资助或奖励条件的，予以追回资金。

4. 本文所涉及的有关税收的优惠规定，如遇国家税收政策调整，按调整后的税收政策执行。

5. 本意见自2010年1月1日起施行，期限暂定三年。意见实施过程中的有关具体问题由县文化创意产业办公室和县财政局负责解释。

桐庐县计划生育公益金管理办法

桐政发〔2010〕134号

第一章　总　则

第一条　为切实解决计划生育特殊困难群体的后顾之忧，建立计划生育利益导向和社会保障机制，引导群众自觉实行计划生育，促进人口经济社会可持续发展，根据《浙江省人口与计划生育条例》及《桐庐县贯彻实施〈浙江省人口与计划生育条例〉办法》的有关规定，结合我县实际，特制定《桐庐县计划生育公益金管理办法》（以下简称“办法”）。

第二条　县人口和计划生育局负责计划生育公益金的日常管理工作，接受县财政、审计等部门的检查和监督，定期向县人口和计划生育工作领导小组汇报相关情况。

第三条　计划生育公益金管理遵循下列原则：

（一）公开、公平、公正；

（二）保障计划生育家庭基本生活；

（三）政府保障和社会救助相结合。

第二章　公益金来源和使用

第四条　公益金来源：

1. 财政预算安排资金；

2. 社会捐赠的资金；

3. 上级财政和有关部门补助的资金；

4. 利息收入；

5. 其他资金。

第五条　公益金补助对象：

1. 独生子女（该独生子女未婚或已婚未育的）意外伤残并不能成为正常劳动力（不能成为正常劳动力指符合《中国残疾人实用评定标准（试用）一至二级标准》）或意外死亡的家庭；

2. 农村和城镇失业职工计划生育家庭，因计划生育手术导致确定为手术后遗症，且基本丧失劳动能力的；

3. 独生子女当年患有重大疾病的家庭；

4. 独生子女父母当年双方或一方，发生意外严重伤残或死亡的家庭；

5. 其他计划生育特殊情况需补助的。

第六条　公益金补助标准：

1. 符合本办法第五条第1款规定条件的家庭，给予每年5000元的补助；

2. 符合本办法第五条第2款规定条件的家庭，一般给予每年1000元的补助；符合本办法第3～5款规定条件的家庭，具体补助标准由县人口和计划生育领导小组研究决定；

3. 公益金补助收入不计入低保家庭收入。

第三章　公益金审批

第七条　符合本办法第五条规定的家庭，可向所在村（居）民委员会、社区或单位提出申请，领取并填写《桐庐县计划生育公益金补助申请表》，经村（居）民委员会、社区或单位初审、乡镇（街道）审核并公示7天后，报计划生育公益金管理组织机构（县人口和计划生育局）审批同意后，择时上门发放或委托各乡镇（街道）上门发放。

第八条 符合本办法第五条第1、2、3、4款规定条件的家庭,在填报《桐庐县计划生育公益金补助申请表》时,需附有关部门或县级以上医疗单位出具的相关证明。

第九条 计划生育公益金一般于每年年底集中批办一次。

第四章 公益金管理、监督和检查

第十条 计划生育公益金纳入县财政专户,实行收支两条线管理。公益金财政专户账号向社会公开,接受社会捐助。县人口和计划生育局设立公益金支出账户,核算由县财政专户核拨的公益金支出,做到专款专用,专项管理。

第十一条 县财政、人口和计划生育部门要建立健全财务管理规章制度,严肃财政纪律。人口和计划生育局建立计生公益金会计核算制度,实行集体研究审批制度,财会人员对各项支付、汇拨和报销的凭证必须齐全,对不符合规定的支出,财会人员有权拒绝办理支付和报销手续,并自觉接受县财政、审计部门的监督和检查。对违反本办法,截留、挪用、贪污、虚报冒领补贴等行为的单位和个人,除追回其补助的公益金外,还将视情节轻重,根据国家法律法规的有关规定,严肃处理。

第五章 附 则

第十二条 本办法由县人口和计划生育局负责解释。

第十三条 本办法自发文之日起实行。桐政发〔2006〕25号文件同时废止。

【责任编辑 叶雪珍】

名　录

·2010年县级主要机构及负责人·

·中共桐庐县委·

书　记:戚哮虎
副书记:陈国妹(女,副厅级)　徐小林
常　委:戚哮虎　陈国妹(女,副厅级)　徐小林
　　周媛玉(女)　程春明　吴玉凤(女)　濮明升
　　姚吉锋　郑书文　周建杭　邹建生　施清宏
委　员:(按姓氏笔画为序排列)
　　王丽华(女)　王金才　毛旭红　毛根洪
　　刘　波　吴玉凤(女)　吴金富　邹建生
　　陈国妹(女,副厅级)　竺泉海　周建杭
　　周媛玉(女)　郑书文　胡建高　俞　谷
　　俞建华　姚吉锋　徐小林　徐海初　戚哮虎
　　程春明　储志林　童　明　游　宏　楼跃杰
　　蓝少华　雷国兴　潘爱琴(女)　濮明升
　　濮樟明
候补委员:徐志勇　潘立铭　赵新华　王先勇
　　张正良　宋宪儿

·县委工作部门·

【办公室】
主　任:徐海初(～2010.11)
　　华　健(2010.11～)
副主任:赵华丰　金焕梁　潘胜华(～2010.11)
　　喻昌国(2010.11～)　金世勇　方飞燕(女)
　　蒋晓敏(2010.12～)

【政策研究室】
主　任:潘胜华(～2010.11)
副主任:余志明

【县委台湾工作办公室(县政府台湾事务办公室)】
主　任:徐海初(～2010.11)　华　健(2010.11～)
副主任:李振荣

【组织部】
部　长:郑书文
常务副部长:周一明
副部长:叶玉明(～2010.12)　江波均(女)　余荆棘

【宣传部】
部　长:吴玉凤(女)
常务副部长:孙建新
副部长:仰忠明　叶剑铭
文化创意产业办公室主任:仰忠明
文化创意产业办公室副主任:徐海燕

【统战部】
部　长:周媛玉(女)
常务副部长:汪玉成
副部长:李玉标　蔡海威

【县委政法委(县社会治安综合治理委员会办公室)】
书　记:徐小林
副书记:程春明　周建杭　赵华丰
　　陈柏其(2010.1～)
综治办主任:赵华丰
综治办副主任:俞鸥鸣(～2010.11)
　　濮樟平(2010.12～)

【县委防范和处理邪教问题领导小组办公室(县政府防范和处理邪教问题办公室)】
主　任:赵华丰

【县直属机关党工委】
书　记:周政洪
副书记:董晓华
纪工委书记:钟荣祥

【老干部局】
局　长:叶玉明(～2010.11)
副局长:姚春英(女)　华　俊

【县委县政府信访局(县长公开电话受理中心)】
局　长:金焕梁
副局长:阮亭富　钟关贤　吴文萍(女)
　　何惠红(女,2010.12～)
县长公开电话受理中心主任:金焕梁
县长公开电话受理中心副主任:钟关贤(～2010.12)
　　何惠红(女,2010.12～)

【县委县政府农业和农村工作办公室】
党组书记、主任:喻昌国

副主任:彭利民(～2010.11)　徐江宏　王华杰
王红春(2010.11～)
纪检组长:皇纯健(～2010.6)
县纪委驻县农办纪检组长:皇纯健(2010.6～)

【县委党校(行政学校)】

校　长:徐小林
常务副校长:方劲松
副校长:江波均(女)　鲍力行(～2010.11)
李言坤(2010.12～)　王兴春
党校纪委书记:王兴春

【党史研究室】

副主任:郑萍萍(女)

【县广播电视台】

台长、党委书记:江华军(～2010.11)
赵雄军(2010.11～)
党委副书记、副台长:董亦民
副台长:王域明(2010.1～)
纪委书记:江月平

【县信息传媒中心】

党组书记、主任:赵雄军(～2010.11)
党组副书记、副主任:石樟全(2010.11～)　徐向国
副主任:何志英(女,2010.12～)

·中共桐庐县纪律检查委员会·

书　记:姚吉锋
副书记:申屠涛英(女)　姚　民(2010.12～)
常　委:姚吉锋　申屠涛英(女)
姚　民(2010.12～)　潘小英(女)
徐树功(～2010.12)　潘爱琴(2010.12～)
裴　昶　余哲华　陈忠民　张利民

·桐庐县人民代表大会常务委员会·

主　任:戚哮虎
党组书记、副主任:游　宏
党组副书记、副主任:郑为民
副主任:方志远　严兴华　潘晓萍(女)
徐海初(2010.1～)
委　员:黄建军(～2010.11)　陆永平(～2010.11)
虞星华　崔晓明　李　艺　华权有
向训英(女)　胡晓明　孙　毅　章金华
严根巨　姜春龙　周一明　郑荣秀(女)
滕　青(2010.1～)

·县人大办事机构·

【办公室】

主　任:黄建军(～2010.11)　潘胜华(2010.11～)
副主任:毛余正　曹洪平(～2010.1)　吴柏存

【法制工作委员会】

主　任:严根巨

【财政经济工作委员会】

主　任:华权有

【教科文卫工作委员会】

主　任:章金华

【代表工作委员会】

主　任:虞星华

【城建环保工作委员会】

主　任:姜春龙

【农业和农村工作委员会】

主　任:滕　青(2010.1～)
副主任:朱建余(2010.1～)

·桐庐县人民政府·

党组书记、县长:陈国妹(女,副厅级)
党组副书记、副县长:程春明
副县长:濮明升　周建英(女)　王金才　童　明
雷国兴　施清宏　毛根洪(2010.1～)

·县政府工作部门及所属企事业单位·

【办公室(法制办公室)】

主　任:毛根洪
党组书记:毛根洪(～2010.11)
申屠群雄(2010.11～)
副主任:申屠群雄(2010.11～)　刘仲勋
王维洪(2010.1～)　仰富友　方培泉
吴红庭　邵黎明　俞　放(～2010.1)
郑　玲(女,～2010.12)　张祖庆
余晓群(女,2010.12～)　刘建钟
贾安琪(女,2010.12～)
蒋晓敏(2010.12～)
法制办公室主任:毛根洪(～2010.11)
申屠群雄(2010.11～)
法制办公室副主任:王玲玉(女)

【发展和改革局(粮食局)】

党委副书记、局长:张正良
党委书记:范　鹤
党委副书记:方仕民(正局级)

副局长:方仕民(正局级)　谢　棣
余红坚(2010.12～)　夏　军(～2010.12)
杜玉玉(女)
纪委书记:殷书金
物价局局长:张正良

【经济贸易局】

局　长:孙峰民
党委书记:姚昌苏(女)
党委副书记:孙峰民　石樟全(～2010.11)
副局长:石樟全(～2010.11)　陈伟琴(女)
岑洪伟(2010.12～)
纪委书记:方志凯
乡镇企业局局长:孙峰民

【教育局】

局　长:陆端平(～2010.11)　黄建军(2010.11～)
党委书记:裘关良
党委副书记:陆端平(～2010.11)
黄建军(2010.11～)　皇甫秋宏
副局长:季建平(～2010.1)　濮樟虎
李如林(2010.1～)
纪委书记:皇甫秋宏(～2010.6)
县纪委驻县教育局纪检组长:皇甫秋宏(2010.6～)

【科学技术局】

党组书记、局长:赵新华
副局长:徐忠胜　李言坤(～2010.12)
朱卫英(2010.10～)

【民族宗教事务局】

局　长:汪玉成
副局长:王国富

【公安局】

党委书记、局长:周建杭
党委副书记、政委:朱华能
党委副书记、常务副局长:柯汉根
副局长:陈柏其(～2010.6)　施　伟　汪　东
许国宏(2010.1～)
纪委书记:吴有良

【监察局】

局　长:申屠涛英(女)
副局长:潘小英(女)　裴　昶(2010.1～)
方　中(2010.1～)

【民政局】

党委副书记、局长:冯贤良
党委书记:张惠娟(女)
党委副书记、纪委书记:倪国平
副局长:童雪荣　程晓华　夏爱云(女)

【司法局】

局　长:陈关松(～2010.11)　汪丽俊(2010.11～)
党组书记:陈关松(～2010.11)　陆永平(2010.11～)
副局长:郑波(2010.1～)　王　华

【财政(地税)局】

党委副书记、局长:俞　谷
党委书记:胡爱民(～2010.11)
副局长:项丽珠(女)　毕文浩　申屠逸清(2010.1～)
纪委书记:黄亚琴(女,～2010.6)
县纪委驻县财政局纪检组长:黄亚琴(女,2010.6～)
地税局局长:俞　谷
地税局副局长:胡怡生

【人事局(机构编制委员会办公室)】

党组书记、局长:江波均(女)
副局长:应振雨(～2010.11)　郭左云(女)
机构编制委员会办公室主任:江波均(女)

【劳动和社会保障局】

党组副书记、局长:胡建高
党组书记:王丽华(女)
副局长:李明潮　朱红卫

【国土资源局】

党委书记、局长:徐志勇
副局长:申屠庆良(2010.1～)
李国珍(女,～2010.1)　邵　政　樊　琳(女)
纪委书记:王域明(～2010.1)
李国珍(女,2010.1～)

【建设局】

党委副书记、局长:华　健(～2010.11)
陆端平(2010.11～)
党委书记:王建国
党委副书记、副局长:倪金夫
副局长:杨洪平(2010.1～)　曾　斌(2010.1～)
唐秋权(2010.1～)　徐社红(～2010.1)
纪委书记:何明松(～2010.6)
县纪委驻县建设局纪检组长:(2010.6～2010.11)

【交通局】

党委副书记、局长:濮樟明(～2010.11)
蓝少华(2010.11～)
党委书记、副局长:倪天震
党委副书记:王金法
副局长:董永泉　方新东(2010.1～)
纪委书记:张劲辉(～2010.6)
县纪委驻县交通局纪检组长:张劲辉(2010.6～)

【农业局】
党委副书记、局长:蓝少华(~2010.11)
党委书记、副局长:余关平
副局长:朱兴荣　程国明　柳江虹(女)
纪委书记:方财荣

【林业局】
党委副书记、局长:周华新
党委书记:何关火
副局长:徐社红(2010.1~)　毛来洪　申屠福军
纪委书记:钟樟兴(~2010.6)
县纪委驻县林业局纪检组长:钟樟兴(2010.6~)

【水利水电局】
党委副书记、局长:徐志奎
党委书记、副局长:汪来宝
副局长:吴建生　陈　民(2010.1~)　汪　勇
纪委书记:王潮洪(~2010.6)
县纪委驻县水利水电局纪检组长:王潮洪(2010.6~)

【文化广电新闻出版局(体育局)】
局　长:王樟松
党委书记:吴旗平(2010.11~)
党委副书记:王樟松　吴旗平(~2010.11)
　郑　玲(女,2010.12~)
副局长:董利荣　吴旗平　余晓群(女,~2010.12)
　郑　玲(女,2010.12~)
纪委书记:吴斌生

【卫生局】
局　长:吴志忠
党委书记:宋健民
副局长:蒋之华　方　中(~2010.1)
　唐　赟(2010.1~)　孙樟萍(女,2010.11~)
纪委书记:罗关梅(女,~2010.6)
县纪委驻县卫生局纪检组长:
　罗关梅(女,2010.6~2010.12)
　方　娟(女,2010.12~)

【人口和计划生育局】
党组副书记、局长:申屠妙琴(女)
党组书记:申屠海荣(~2010.11)
　申屠妙琴(女,2010.11~)
副局长:彭永炳　唐根云(~2010.1)
　方　娟(女,2010.1~2010.12)
　陈志明(2010.1~)　林　群(女,2010.11~)

【审计局】
局长:潘爱琴(女)
党组书记:徐树功(~2010.11)
　潘爱琴(女,2010.12~)
党委副书记:潘爱琴(女,~2010.12)
副局长:徐　华　李卫军

【统计局(国家统计局桐庐调查队)】 2010年12月,根据浙组批〔2007〕163号文件要求,撤销县统计局党组,建立桐庐县统计局、国家统计局桐庐调查队党组。
局长:毛振农
县统计局党组书记:毛振农(~2010.12)
县统计局、国家统计局桐庐调查队党组书记:毛振农(2010.12~)
副局长:余德泉　方君萍(女,2010.1~)
　盛　梅(女,2010.12~)
国家统计局桐庐调查队队长:毛振农
国家统计局桐庐调查队副队长:王樟云(2010.3~)

【环境保护局】
局　长:吴金富
党组书记:许国荣
党组副书记:吴金富　汪文清(女)
副局长:汪文清(女)　林柱友
纪检组长:袁建芳
总工程师:徐建宏(副局级)

【安全生产监督管理局】
党组书记、局长:丁有理
党组副书记:吴国强(正局级)
副局长:吴国强(正局级)　徐长兴
　虞忠伟(2010.11~)

【城市管理综合行政执法局(城市管理综合行政执法大队)】 2010年12月,因工作需要,撤销县城市管理综合行政执法局(城市管理综合行政执法大队)党组,建立县城市管理综合行政执法局(城市管理综合行政执法大队)党委和纪委。
局　长:卢　强
党组书记:姚　民(~2010.12)
党委书记:卢　强(2010.12~)
党组副书记:卢　强(~2010.12)
副局长:潘根龙(~2010.1)　杨利民(~2010.1)
　徐建平　林志明(2010.1~)
纪委书记:徐　强(2010.12~)

【公共资源招投标管理委员会办公室、行政服务中心】
2010年12月,因“桐庐县行政审批服务中心”更名为“桐庐县行政服务中心”,撤销桐庐县公共资源招投标管理委员会办公室、桐庐县行政审批服务中心党组和纪检组,建立桐庐县公共资源招投标管理委员会办公室、桐庐县行政服务中心党组和纪检组。

党组书记:程春明(2010.12～)
党组副书记、主任:潘武伟(2010.12～)
副主任:吴海林(2010.12～)
邢旭芳(女,2010.12～)
张利民(2010.12～)
纪检组长:应龙天(2010.12～)

【桐庐县行政审批服务中心】 2010年12月,更名为"桐庐县行政服务中心"。

党组书记:程春明(～2010.12)
党组副书记、主任:申屠群雄(～2010.11)
潘武伟(2010.11～2010.12)
副主任:邢旭芳(女,～2010.12)
张利民(～2010.12)
纪检组长:应龙天(2010.1～2010.12)

【对外贸易经济合作局】

党组书记、局长:钟一平
副局长:潘其君

【桐庐经济开发区(凤川—江南新城建设)管理委员会】

党委书记:濮明升(～2010.2)　程春明(2010.2～)
主　任:濮明升(～2010.2)　毛根洪(2010.2～)
党委副书记:毛旭红　朱小昌　储志林　王先勇
常务副主任:毛旭红
副主任:潘武伟(～2010.11)　姚伟明　孙叶华
纪委书记:王明亚(女)

【风景旅游局】

党委书记、局长:钱潮力
副局长:来　力　赵小玲(女)

【移民局】

局　长:冯贤良
副局长:孙宽明

【杭州住房公积金管理中心桐庐分中心】

主　任:方鸣华(～2010.11)　申屠海荣(2010.11～)

【保密局】

局　长:申屠莹(女,～2010.12)
周春儿(女,2010.12～)

【档案局】

局　　长:朱文珍(女)
副局长:向志平(副局级)

【县级机关事务管理局】

党组书记、局长:仰富友
副局长:吴田金(副局级)　陈　刚(副局级)
县委县政府接待办主任:仰富友(正局级,2010.11～)

【县政府侨务办公室】

副主任:赵剑尔(～2010.11)

【供销合作总社】

党委书记、主任:袁建刚
副主任:鲁成水(正局级)　罗关梅(女,2010.12～)
俞友根
纪委书记:朱峰群

【外贸总公司】

党委副书记、经理:章征天

·政协桐庐县委员会·

党组书记、主席:竺泉海
党组副书记:王六堂
副主席:周媛玉(女)　王六堂　王志炎　陆文虎
林加松(～2010.3)　俞建华
濮樟明(2010.1～)
秘书长:王维棕(2010.1～)
副秘书长:王维棕(～2010.1)　叶林茂
常　委:(按姓氏笔画为序排列)
王培良　韦雪林　方里元　朱宝良
刘　萍(女)　严亦慈(女)　吴奕峰　余可榕
汪丽俊(女)　张银娟(女)　邵桐君　林卫红
罗关梅(女)　施真光　徐嘉卫　董利荣
潘苍秀(女)　潘志琪　潘胜华　潘箭飞
戴新蓉(女)

·县政协办事机构·

【办公室】

主　任:叶林茂
副主任:陈立新

【提案委员会】

主　任:汪树法(～2010.11)

【委员学习和工作联络委员会】

主　任:姚圣华

【城建和人口资源环境委员会】

主　任:孟祥国

【经济科技委员会】

副主任:毛有良

【社会法制和港澳台侨委员会】

主　任:李志坚

【文史和教文卫体委员会】

主　任:周保尔

·县人民武装部(部队直管单位)·

党委第一书记:戚哮虎

党委副书记、部长:邹建生
党委书记、政委:刘幼杭
副部长:罗晴军

·县人民法院·

党组书记、院长:刘　波
党组副书记、常务副院长:赵平(正局级,2010.12～)
党组副书记、副院长:余莲娟(女,正局级,～2010.12)
副院长:邵樟庆(行政级别为正局级)
　　　林卫红(行政级别为正局级)
　　　刘　平(2010.1～)
纪检组长:高克俭

·县人民检察院·

党组书记、检察长:郑建军(2010.1～)
党组书记、副检察长(代检察长):郑建军(～2010.1)
党组副书记、常务副检察长:
　　　赵　平(正局级,～2010.12)
　　　余莲娟(女,正局级,2010.12～)
副检察长:王利平(行政级别为正局级)
　　　朱卫英(女,～2010.10)
　　　方继民(2010.12～)
纪检组长:傅竹明

·县城滨江区块建设指挥部·

总指挥:王金才
党委书记:倪金夫
党委副书记:方小元
副总指挥:倪金夫　华　健(～2010.11)　方小元
　　　张富寿
纪委书记:陈柏金
【综合办公室】
主　任:盛　梅(女,～2010.12)
【工程办公室】
主　任:徐　彪(～2010.12)
【安置办公室】
主　任:吴　剑

·县国有资产投资经营有限公司·

党委副书记、总经理:俞　放(2010.1～)
副总经理:江　峰(2010.1～)　钟　竑(2010.1～)
纪委书记:裘建新

·县拆迁工作领导小组办公室·

2010年12月建立桐庐县拆迁工作领导小组办公室党组。
主　任:王维洪(2010.1～)
党组书记:王维洪(2010.12～)
副主任:杨利民　濮樟平(～2010.12)
　　　朱　云(女,2010.12～)

·群众团体·

【总工会】
党组副书记、主席:滕建明
党组书记:陆永平(～2010.11)　滕建明(2010.11～)
副主席:潘苍秀(女)　郑林平(2010.1～)
【共青团桐庐县委】
书　记:徐　雯(女,2010.11～)
副书记:徐　雯(女,～2010.11)　李昌坤
【妇女联合会】
党组书记、主席:郑荣秀(女)
副主席:许丽娟　(女)　吴海凤(女)
【文学艺术界联合会】
主　席:董利荣
副主席:徐嘉卫　何　璟
【工商业联合会】
党组书记、主席:李玉标
副主席:蒋小荣　吴海林(～2010.12)　郑玉英(女)
　　　张银娟(女)　章征天　来群力　孙　毅
　　　刘光火　方里元　赵　丹(女)　阮禾丰
　　　喻渭蛟　倪　烈　徐天松　吴土荣
　　　吴君君(女,2010.12～)
【科学技术协会】
党组书记、主席:沈雪平
副主席:张乐明
【残疾人联合会】
党组书记、理事长:林国华
副理事长:周玉琴(女)　李顺良

·双重和垂直管理单位·

【供电局】
局　长:孙济平
党委书记:曹荣兴(～2010.8)　许欣农(2010.8～)
副局长:洪　洲　杨文斌　李逸荣(2010.8～)
纪委书记:方　斌(～2010.8)　王　磊(2010.8～)
【桐庐农村合作银行】
书记、董事长:王建林
行　长:胡红群
副行长:宋哲民　丁松茂

纪委书记、监事长:赵鑫金

【烟草专卖局(烟草公司)】

党组书记、局长、经理:余卫均

副局长、纪检组长:唐玉平

副经理:朱航东

【国税局】

党组书记、局长:郦晓良

副局长:叶里青　王耀春　华　卫(2010.6~)

【食品药品监督管理局】

党委书记、局长:陈有林

副局长:严亦慈(女)　陈　彬　江来英(女)

纪委书记:江来英(女)

【杭州市工商局桐庐分局】

党委书记、局长:方志荣

副局长:王银昌　叶伟康　梅文华(~2010.1)　汪文峰(2010.1~)

纪委书记:钱　净

【质量技术监督局】

党委书记、局长:何灿华

副局长:梅晓波(女)　徐　军

纪委书记:梅晓波(女)

【桐庐电信分公司】

党委书记、总经理:陈伟春

副总经理:孙叶雾

【县邮政局】

副书记、副局长:丁国华

副局长:胡小炳

【县气象局】

局　长:徐　明

副局长:詹平华

【浙江移动通信公司桐庐分公司】

总经理:卢赛刚(~2010.11)

副总经理:潘明敏(2010.11~)

【中国联通公司桐庐分公司】

总经理:冯继红

副总经理:章振明

【人民银行桐庐支行】

党组书记、行长:戴茂青

副行长:周金祥　徐永良

【银监委浙江监管局桐庐办事处】

主　任:臧福东

副主任:李忠林

【工商银行桐庐支行】

行　长:潘箭飞

副行长:刘　瑛(女,~2010.1)　洪书清　季　文　周永江(2010.1~)

【农业银行桐庐支行】

行长:姚骁勇(2010.5~)

党委副书记、副行长:姚骁勇(~2010.5)

副行长:孟祎民　吴丹红(女,2010.5~)

纪委书记:吴丹红(女)

【建设银行桐庐支行】

行　长:谢信军

副行长:单　亮　刘向阳

【中国银行桐庐支行】

行　长:方法木

副行长:濮　繁　杨立雁(女)

【交通银行桐庐支行】

行　长:宋家强

【农业发展银行桐庐支行】

行　长:吴小娟(女)

副行长:谭　红(女,2010.1~)　杨凌军(2010.4~)

【商业银行桐庐支行】

行　长:王洪义

·乡镇(街道)和库区管委会·

【桐君街道】

党工委书记:潘立铭

党工委副书记:周海静　陈锦强(2010.12 正主任级)　江明德(2010.12 正主任级)

纪工委书记:汪晓明

人大工委主任:阙炳军

人大工委副主任:沈全林

办事处主任:周海静

办事处副主任:姚明军　陈锦强(~2010.1)　潘秋萍(女,~2010.11)　周森华(2010.1~)　周华英(女)　黄晓峰

【旧县街道】

党工委书记:徐利民

党工委副书记:李　鹏　皇甫林

纪工委书记:徐红卫

人大工委主任:徐利民

人大工委副主任:吴顺福

办事处主任:李　鹏

办事处副主任:方志凯(~2010.1)　张小明　周森华(~2010.1)　杜利民(2010.1~)

政协工委副主任:皇甫林(2010.12~)

【富春江镇】
党委书记:王优健
党委副书记:李法强　季建平
纪委书记:林　群(女,~2010.12)
陈红玉(女,2010.12~)
人大主席:向良顺
人大副主席:方鲁通(~2010.1)　王永清(2010.1~)
镇　长:李法强
副镇长:周萍英(女,~2010.1)　曹华强
马丽君(女,~2010.1)　叶向前
叶成盛(2010.1~)
政协工委主任:季建平(2010.12~)

【江南镇】
党委书记:储志林
党委副书记:姚伟明　施建华
纪委书记:吴国建
人大主席:郑宝成(~2010.1)
人大副主席:方国萍(女,~2010.1)
项小萍(2010.1~)
镇　长:姚伟明
副镇长:周跃群(~2010.1)　顾时新
曹洪平(2010.1~)　闻光平
徐红卫(~2010.1)　郑贤华
项芳农(2010.1~)
政协工委主任:施建华(2010.12~)

【凤川镇】
党委书记:王先勇
党委副书记:孙叶华　吴生明
纪委书记:雷启迪(女)
人大主席:邵明喜
人大副主席:毛土正(2010.1~)
镇　长:孙叶华
副镇长:周道宏(~2010.1)　毛铁兵(~2010.1)
郑金龙　包来顺(2010.1~)　陈学军
姚鼎文(~2010.1)　沈　彤(2010.1~)
政协工委副主任:吴生明(2010.12~)

【新合乡】
党委书记:方义成
党委副书记:郑宝成　朱红亮(2010.12~)
柴文英(女,2010.12~)
纪委书记:华　宏
人大主席:方义成
乡　长:郑宝成(2010.1~)
副乡长:吴权威(~2010.1)　柴文英(女)
杨柯忠(2010.1~)　周钰明(2010.1~)
孙华锋(2010.1~)
政协工委副主任:柴文英(女,2010.12~)

【横村镇】
党委书记:钟玉华
党委副书记:胡亚明　王维洪(~2010.1)
徐昌东(~2010.11)　施　伟(2010.12~)
朱红亮(2010.12~)
纪委书记:姚强军
人大副主席:朱建余(~2010.1)　顾海根(2010.1~)
镇　长:胡亚明(2010.1~)
副镇长:丁根旺(~2010.1)　陈红卫
袁晓良(2010.1~)　徐昌东(~2010.1)
陈红玉(女)　申屠逸清(~2010.1)
周青淼(2010.1~)　周　凌(2010.1~)
政协工委主任:施　伟(2010.12~)

【莪山畲族乡】
党委书记:张　燕(女,~2010.12)
盛春霞(女,2010.12~)
党委副书记:钟金芳(~2010.12)　雷会鑫
周新强(2010.12~)
纪委书记:何　剑
人大主席:张　燕(女)
乡　长:钟金芳
副乡长:陈伟民　郑巧丽(女,~2010.1)　方晓波
王　科(2010.1~)
政协工委主任:周新强(2010.12~)

【钟山乡】
党委书记:王国荣
党委副书记:张利军　周新强(~2010.12)
刘曙明(2010.12~)
纪委书记:方鲁通(2009.12~)
人大主席:黄有林
人大副主席:王永清(~2010.1)　方苏平(2010.1~)
乡　长:张利军
副乡长:马　聪(~2010.1)　申屠洪平
郑巧丽(女,2010.1~)
郑继红(女,2010.1~)
朱伟明(2010.1~)
政协工委副主任:刘曙明(2010.12~)

【瑶琳镇】
党委书记:吴爱群
党委副书记:申屠增标　陈伟明
纪委书记:郑　农

人大主席：王金法（～2010.1）
人大副主席：顾海根（～2010.1）　周道宏（2010.1～）
镇　长：申屠增标
副镇长：岑洪伟　毛土正（～2010.1）　胡　勇
　　杨洪平（～2010.1）　俞　峰（2010.1～）
　　胡茶花（女，2010.1～）
政协工委副主任：陈伟明（2010.12～）

【分水镇】

党委书记：邵卫华
党委副书记：江小鹏　金继民
　　周萍英（女，～2010.12）　申屠庆良（2010.12～）
纪委书记：吴权威
人大主席：陈义君（女）
人大副主席：余建民
镇　长：江小鹏
副镇长：金继民（～2010.1）　余红坚　毛杏丽（女）
　　袁跃明　吴媚玉（女，2010.1～）
政协工委主任：申屠庆良（2010.12～）

【分水江工程管理局（库区管委会）】

党委书记：王小龙（～2010.11）
局　长：徐志奎
党委副书记：徐志奎　徐昌东（2010.11～）
纪委书记：唐根云
副局长（副主任）：王小龙（～2010.11）
　　徐昌东（2010.11～）　方培群　吴建生　胡金雷
　　刘曙明（～2010.11）

【百江镇】

党委书记：徐文波
党委副书记：蔡忠明　郑建伟
纪委书记：王利华
人大主席：吴金法
人大副主席：麻建梅（女，～2010.1）
　　李永平（2010.1～）
镇　长：蔡忠明
副镇长：袁晓良（～2010.1）　陆关土
　　袁雪满（～2010.1）　叶爱军
　　柯建萍（女，2010.1～）
政协工委副主任：郑建伟（2010.12～）

【合村乡】

党委书记：盛春霞（女，～2010.12）
　　金　伟（2010.12～）
党委副书记：金　伟（～2010.12）
　　周萍英（女，2010.12～）　苏建军
纪委书记：陈利民
人大主席：仰忠明（～2010.1）
人大副主席：周道法
乡　长：金　伟
副乡长：李永平（～2010.1）　徐林云（女）　王　强
　　包丽芳（女，2010.1～）
政协工委副主任：苏建军（2010.12～）

【责任编辑　吴爱林】

专　　刊

·国家属部门颁发的荣誉称号·

表 104

获奖单位

单　　位	荣誉称号	颁奖单位	颁奖时间
桐庐县	2010年全国计划生育优质服务先进单位	国家人口计生委	2010.11
桐庐县	平安畅通县	公安部等六部委	2010.11
桐庐县	国家级生态县	环保部	2010.12
桐庐县	全国第二批地质灾害群测群防“十有县”	国土资源部	2011.1
桐庐县	中国民营快递之乡	中国快递协会	2010.10
桐庐县	2010年全国重点产茶县	中国茶叶流通协会	2010.10
桐庐经济开发区	世博之星·中国(长三角)最具投资潜力开发区	中国民(私营)经济研究会、中国高帮峰会组委会	2010.6
县公安局	侦破“12·08”跨境恶势力赌博团伙案专案组集体一等功	公安部	2010.6
富春江派出所	一级公安派出所	公安部	2010.10
百江镇	全国环境优美乡镇	环保部	2010.3
新合乡	全国环境优美乡镇	环保部	2010.3
杭州越剧二团	《花溪情歌》获中国第二届越剧艺术节剧目类铜奖	文化部	2010.11
县图书馆	国家一级图书馆	文化部	2010.1
桐庐雪水云绿茶产业协会	“雪水云绿”茶获第七届中国国际茶业博览会金奖	中国国际茶业博览会组委会	2010.9
县森林病虫害防治总站	全国村级森防员培训工作先进集体	国家林业局森林病虫害防治总站	2010.12
桐君街道	全国妇女健身示范站点	全国妇联	2010.8
县妇联	妇女舆论宣传阵地建设县(市级)先进单位	全国妇联宣传部	2010.6
县国税局办税服务大厅	全国巾帼文明岗	全国妇女“巾帼建功“活动领导小组	2011.2
县文化馆	全国第九届少年儿童卡拉OK大赛优秀组织奖	中国儿童音乐学会	2010.8

续表 104

单　位	荣誉称号	颁奖单位	颁奖时间
县中医院护理部	第二届全国中医护理先进集体	中华中医药学会	2010.1
新合乡	中国绿色名乡	中国绿色名镇推介委员会、中国县镇绿色发展论坛组委会	2010.3
县统计局调查队	2010 年农村住户调查样本轮换工作集体	国家统计局办公室	2011.2

表 105

获奖个人

姓　名	单　位	荣誉称号	颁奖单位	颁奖时间
程红胜	县第一人民医院	圆满完成中国援中非医疗队任务	中华人民共和国卫生部	2010.8
郑荣秀	县妇联	妇女舆论宣传阵地建设先进个人	全国妇联宣传部	2010.6
毕庄稼	国家统计局桐庐调查队	2010 年全国农村抽样调查样本轮换工作先进个人	国家统计局办公室	2011.2
陈早德	分水镇大路村	国家级农机大户	国家农业部	2010.5
倪中应	县农技推广中心	第一次全国污染源普查工作先进个人	国务院污普办、环保部、国家统计局、农业部	2010.3
赵　敏	县农技推广中心	2010 年科技抗灾促春管保春耕指导服务先进个人	全国农业技术推广中心	2010.12
徐立军	县农技推广中心	2010 年科技抗灾促春管保春耕指导服务先进个人	全国农业技术推广中心	2010.12
朱建生	县烟草专卖局	第二届烟草行业卷烟产品鉴别检验技能竞赛专卖组第一名	中国烟草总公司	2010.8
夏林青	县文化馆	全国第九届少年儿童卡拉 OK 大赛优秀辅导教师奖	中国儿童音乐学会	2010.8
何　璟	县文化馆	剪纸作品《水上婚俗》获中国婚俗剪纸大赛优秀奖	中华文化促进会剪纸艺术委员会	2010.8
王丽娟	县文化馆	剪纸作品《水上婚俗》获中国婚俗剪纸大赛优秀奖	中华文化促进会剪纸艺术委员会	2010.8
王　健	杭州越剧二团	“十佳演员”奖	文化部	2010.11
徐建平	县气象局	2010 年地面测报“质量优秀测报员”	中国气象局	2011.3
何忠银	县气象局	2010 年地面测报“质量优秀测报员”	中国气象局	2011.3
沈雪平	县科协	中国农函大分校优秀校长	中国农函大	2010.8
沈　怡	县青少年体校	首届青奥会三对三篮球赛冠军	首届青奥会组委会	2010.8
吴永芳	桐庐县	女子 1000 米直道龙舟竞速赛冠军	广州亚运会组委会	2010.8
吴永芳	桐庐县	女子 500 米直道龙舟竞速赛冠军	广州亚运会组委会	2010.8
吴永芳	桐庐县	女子 250 米直道龙舟竞速赛冠军	广州亚运会组委会	2010.8

·省级及省属部门颁发的荣誉称号·

表106 **获奖单位**

单　　位	荣誉称号	颁奖单位	颁奖时间
桐庐县	浙江省示范文明城市	中共浙江省委　省人民政府	2011.1
桐庐县	2010年度全省社会主义新农村建设优秀县(市、区)	中共浙江省委　省人民政府	2011.2
桐庐县	第三批浙江省示范文明县城	中共浙江省委　省人民政府	2011.1
桐庐县	2010年度市、县(市、区)信访工作目标管理考核优秀县	中共浙江省委办公厅　省人民政府办公厅	2011.1
桐庐县	浙江省旅游经济强县	浙江省人民政府	2011.1
桐庐县	浙江省森林城市	浙江省人民政府	2010.12
桐庐县	上海世博会期间平安建设工作良好县	浙江省建设平安浙江领导小组	2011.3
桐庐县	全省首批农民专业合作社规范化建设示范县	浙江省农业厅	2010.12
桐庐县	2010年度省级以上公益林建设管理先进单位	浙江省林业厅　省财政厅	2011.1
桐庐县	2010年浙江省农村饮用水工程长效管理达标县	浙江省水利厅	2010.11
桐庐县	浙江省首批“平安林区”县	浙江省林业厅	2010.7
县民政局	浙江省退役士兵安置工作先进单位	中共浙江省委　省人民政府	2010.3
桐君街道	浙江省旅游强镇	浙江省人民政府	2010.1
桐庐农村合作银行	文明单位	中共浙江省委　省人民政府	2011.1
县委宣传部	全民国防教育先进单位	浙江省国防教育委员会	2010.4
县委宣传部	2010年度浙江省优秀宣讲工作先进单位	中共浙江省委宣传部	2010.12
预备役双37高炮营	军事训练先进单位	浙江预备役师	2010.12
预备役双37炮营一连	基层先进单位	浙江预备役师	2010.12
杭州住房公积金管理中心桐庐分中心归集科	巾帼文明示范岗	浙江省妇联	2011.4
桐庐县农业局	2009年度渔船安全生产目标管理责任制考核三等奖	浙江省海洋与渔业局	2010.3
桐庐雪水云绿茶产业协会	“雪水云绿”荣获第六届浙江绿茶节金奖	浙江省农业厅	2010.5
桐君街道	动物防疫示范乡镇	浙江省农业厅	2010.1
县毕浦木材检查站	文明窗口单位	浙江省林业厅	2010.12
县科协	2010年度全省科协工作先进单位	浙江省科协	2010.12
富春江派出所	全省优秀公安基层单位	浙江省公安厅	2010.1

续表 106

单　　位	荣誉称号	颁奖单位	颁奖时间
县人民法院	全省法院纪检监察工作先进集体	浙江省高级人民法院	2010.12
县人民法院横村法庭	集体二等功	浙江省高级人民法院	2010.12
县统计局	浙江省第二次经济普查先进集体	省经济普查领导小组办公室	2010.2
县统计局调查队	2010 年度工作综合考评特等奖	国家统计局浙江省调查总队	2010.2
杭州越剧二团	《花溪情歌》获浙江省第十一届戏剧节优秀剧目奖	浙江省文化厅	2010.12
县图书馆	全国文化信息资源共享工程少年网页设计竞赛(浙江站)优秀组织奖	浙江省文化厅	2010.8
县图书馆	浙江省文化共享工程十佳网站	浙江省文化厅	2010.11
县文化馆	舞蹈《剪》获第五届杭州市“风雅颂”民间艺术展演金奖	浙江省文化厅	2010.6
县文化馆	第五届杭州市“风雅颂”民间艺术展演优秀组织奖	浙江省文化厅	2010.6
瑶琳镇皇甫村	浙江东海文化明珠文化示范村	浙江省文化厅	2010.9
合村民俗文化旅游区	浙江省非物质文化遗产旅游景点	浙江省文化厅	2010.5
县文化馆	舞蹈《剪》获浙江省新农村建设题材舞蹈大赛金奖	浙江省文化厅	2010.11
县文管办	浙江省第三次全国文物普查实地调查先进集体	浙江省文物局	2010.6
县疾病预防控制中心	2010 年度农村水质卫生监测项目工作先进集体	浙江省爱国卫生运动委员会	2011.3
合村乡卫生院	2010 年度浙江省卫生先进单位	浙江省爱国卫生运动委员会	2010.12
莪山畲族乡卫生院	2010 年度浙江省卫生先进单位	浙江省爱国卫生运动委员会	2010.12
旧县街道西武山村	浙江省卫生村	浙江省爱国卫生运动委员会	2010.11
桐庐农村合作银行	2009 年浙江银行业金融支农推进年活动创新奖	浙江银监局、省农办	2010.3
桐庐农村合作银行瑶琳支行党支部	浙江省农信系统学习型党组织建设先进单位	浙江省农信联社	2011.5
县中医院	浙江省临床微生物学室间质量评价成绩优秀	浙江省临床检验中心	2010.12
县中医院	浙江省全血细胞计数室间质量评价成绩优秀	浙江省临床检验中心	2010.12
县中医院	浙江省凝血试验室间质量评价成绩优秀	浙江省临床检验中心	2010.12
县中医院	浙江省临床免疫学检验室间质量评价成绩优秀	浙江省临床检验中心	2010.12
县中医院	浙江省常规化学检验室间质量评价成绩优秀	浙江省临床检验中心	2010.12

续表 106

单　　位	荣誉称号	颁奖单位	颁奖时间
县中医院	浙江省尿液干化学分析室间质量评价成绩优秀	浙江省临床检验中心	2010.12
县第一人民医院	浙江省临床微生物学室间质量评价成绩优秀	浙江省临床检验中心	2010.12
县第一人民医院	浙江省特定蛋白检验室间质量评价成绩优秀	浙江省临床检验中心	2010.12
县第一人民医院	浙江省临床免疫学检验室间质量评价成绩优秀	浙江省临床检验中心	2010.12
县第一人民医院	浙江省全血细胞计数室间质量评价成绩优秀	浙江省临床检验中心	2010.12
县第一人民医院	浙江省尿液干化学分析室间质量评价成绩优秀	浙江省临床检验中心	2010.12
县第一人民医院	浙江省凝血试验室间质量评价成绩优秀	浙江省临床检验中心	2010.12
县第一人民医院	浙江省常规化学检验室间质量评价成绩优秀	浙江省临床检验中心	2010.12
县妇幼保健院	2010年度浙江省全血细胞计数室间质量评价成绩优秀	浙江省临床检验中心	2010.12
县妇幼保健院	2010年度浙江省尿液干化学分析室间质量评价成绩优秀	浙江省临床检验中心	2010.12
县妇幼保健院	2010年度浙江省临床免疫学检验室间质量评价成绩优秀	浙江省临床检验中心	2010.12
县妇幼保健院	2010年度浙江省常规化学检验室间质量评价成绩优秀	浙江省临床检验中心	2010.12
县妇幼保健院	2010年度浙江省凝血试验室间质量评价成绩优秀	浙江省临床检验中心	2010.12
县疾病预防控制中心	浙江省生活饮用水监测优秀集体	浙江省疾控中心	2011.3
县国税局稽查局	省国税局税务稽查工作先进集体	浙江省国税局	2010.3
县国税局	省国税局省外税务审计工作先进集体	浙江省国税局	2010.3
县国税局	2009年文明单位	浙江省国税局	2010.3
县环保局	生态省建设成就展特别表彰单位	浙江省环保厅	2010.11
县环保局	2010年度全省环保系统政务信息工作先进单位三等奖	浙江省环保厅	2011.2
桐庐经济开发区	2010年浙江省开发区信息工作先进单位	浙江省开发区协会	2011.2
农工党桐庐县总支	社会服务工作先进基层组织	农工党浙江省委	2010.11
分水镇	省级平安创建工作先进单位	浙江省平安创建领导小组	2010.11
桐君街道	创建文明街道工作先进街道	浙江省精神文明建设委员会	2010.4

续表 106

单　位	荣誉称号	颁奖单位	颁奖时间
桐君街道	浙江省流动人口计划生育工作先进集体	浙江省人口与计划生育领导小组办公室	2010.2
县老龄办	全省优秀县(市、区)老龄办	浙江省老龄工办	2010.3
旧县街道	浙江省老年体育特色项目之乡	浙江省老年人体育协会	2010.12
旧县街道	社会主义新农村建设档案工作示范街道	浙江省档案局	2010.12
旧县街道	浙江省示范数字档案室	浙江省档案局	2011.1
旧县街道	浙江省气象防灾减灾示范乡镇	浙江省气象局	2010.12
百江镇	浙江省兴林富民示范乡镇	中共浙江省委宣传部　省林业厅	2010.1
新合乡	省防灾减灾示范乡镇	浙江省气象局	2010.12
新合乡	浙江省兴林富民示范乡镇	中共浙江省委宣传部　省林业厅	2010.12
莪山畲族乡	浙江省体育强乡	浙江省体育局	2010.12

表 107

获奖个人

姓　名	单　位	荣誉称号	颁奖单位	颁奖时间
邹建生	桐庐县人武部	拥政爱民模范	中共浙江省委　省人民政府	2010.7
姚福军	县农技推广中心	浙江省优秀科技特派员	中共浙江省委　省人民政府	2010.2
吴荣标	瑶琳镇东琳村	革命烈士	浙江省人民政府	2010.7
朱永华	县农业局	2009 年度全省农业宣传工作先进个人	浙江省农业厅	2010.6
赵志楠	县博物馆	浙江省第三次全国文物普查实地调查阶段先进个人	浙江省文物局	2010.6
许重岗	县博物馆	浙江省第三次全国文物普查实地调查阶段先进个人	浙江省文物局	2010.6
刘志方	县博物馆	浙江省第三次全国文物普查实地调查阶段先进个人	浙江省文物局	2010.6
陈淑珍	县博物馆	浙江省第三次全国文物普查实地调查阶段先进个人	浙江省文物局	2010.6
王　健	杭州越剧二团	浙江省第十一届戏剧节优秀表演奖	浙江省文化厅	2010.12
胡家芝		浙江省非物质文化遗产(剪纸)荣誉传承人	浙江省文化厅	2010.2
汪辉霞	县文化馆	《浅论群众文化艺术档案中的数字化管理》获第二届浙江省群众文化艺术档案理论征文大赛二等奖	浙江省文化厅	2010.7

续表 107

姓　名	单　位	荣誉称号	颁奖单位	颁奖时间
徐　依	百江镇	浙江省首届乡镇(街道)文化员才艺大赛银奖	浙江省文化厅	2011.1
汪辉霞	县文化馆	论文《浅析民间手工技艺的传承和产业化思路——桐庐县合村乡绣花鞋制作技艺之我见》获2010浙江省民间手工艺——虎头鞋创意大赛三等奖	浙江省非遗中心	2010.5
邓　斌	县卫生监督所	浙江省粉尘与高毒物品危害整治治理专项工作先进个人	浙江省卫生厅　省人力资源和社会保障厅　省总工会	2010.12
王丹凤	县妇幼保健医院	2010年度浙江省重大公共卫生妇幼项目先进个人	浙江省卫生厅	2011.2
邵建兴	新合乡卫生院	2010年全省优秀社区责任医生	浙江省卫生厅	2011.2
洪　英	凤川中心卫生院	浙江省基本药物制度实施工作先进工作者	浙江省卫生厅	2011.2
方立新	县卫生局	2010年度农村水质卫生监测项目工作先进个人	浙江省爱委会	2011.3
戚华平	县建设局	2009年度污染减排工作先进单位先进个人	浙江省人民政府	2010.6
吴晓燕	桐君街道妇联	浙江省妇联系统信访工作先进个人	浙江省妇联	2011.1
祝　勇	县计生局	浙江省人口计生阳光统计之星	浙江省计生委	2010.12
郦晓良	县国税局	浙江省国税系统优秀税务工作者	浙江省国税局	2010.6
卢　伟	县国税局	浙江省税务稽查工作先进个人	浙江省国税局	2010.3
石亚明	公安局瑶琳派出所	浙江省优秀人民警察	浙江省公安厅	2011.1
吴爱林	县委党史研究室	浙江省地方志系统先进工作者	浙江省地方志办公室	2010.11
张　跃	县统计局	第二次全国经济普查省级先进个人	浙江省第二次经济普查领导小组	2010.2
陆　艳	县统计局	第二次全国经济普查省级先进个人	浙江省第二次经济普查领导小组	2010.2
万　月	县统计局	第二次全国经济普查省级先进个人	浙江省第二次经济普查领导小组	2010.2
何小敏	县统计局	第二次全国经济普查省级先进个人	浙江省第二次经济普查领导小组	2010.2
吴媚玉	分水镇人民政府	浙江省"十一五"计划生育协会先进工作者	浙江省计划生育协会办公室	2011.4
钱华明	县人事局	全省人力资源社会保障宣传工作先进个人	浙江省人力资源和社会保障厅	2010.8
邹建生	县人武部	"十一五"期间全省民兵预备役部队军事训练先进个人	浙江省军区	2010.12
邹建生	县人武部	优秀共产党员	浙江省军区政治部	2010.6

续表 107

姓　名	单　位	荣誉称号	颁奖单位	颁奖时间
俞　谷	县财政(地税)局	优秀预备役军官	省委组织部　省人力资源和社会保障厅、浙江陆军预备役步兵师	2010.12
俞军华	县气象局	2009～2010 年度省防雷减灾工作先进个人	浙江省气象局	2010.12
辛燕平	县气象局	优秀气象窗口工作人员	浙江省气象局	2010.12
王建林	桐庐农村合作银行	2009 年度优秀领导干部	浙江省农村信用联社	2010.2
胡红群	桐庐农村合作银行	2009 年度优秀领导干部	浙江省农村信用联社	2010.2
姚立富	桐庐农村合作银行	杭州市农村合作金融机构先进工作者	浙江省农信联社杭州办事处	2011.1
王拥军	桐庐农村合作银行	杭州市农村合作金融机构先进工作者	浙江省农信联社杭州办事处	2011.1

·中共杭州市委　市政府颁发的荣誉称号·

表 108

获奖单位

单　位	荣誉称号	颁奖单位	颁奖时间
桐庐县	2010 年度社会治安综合治理目标管理考核结果达标地区	中共杭州市委　市人民政府	2011.1
桐庐县	2010 年度杭州市“12345”市长公开电话工作先进单位	中共杭州市委　市人民政府	2011.2
桐庐县	2010 年度杭州市信访工作先进单位	中共杭州市委　市人民政府	2011.2
桐庐县	2010 年度杭州市社会主义新农村建设综合优胜县	中共杭州市委　市人民政府	2011.2
桐庐县	“打造国内最清洁城市”工作先进县	中共杭州市委　市人民政府	2010.12
桐庐县	2010 年度信访和“12345”工作目标管理考核优秀县	中共杭州市委　市人民政府	2011.2
桐庐县	2010 年度全市外贸目标责任制考核先进单位	杭州市人民政府	2011.2
桐庐县人民政府	2010 年度全市耕地保护目标责任制考核优秀单位	杭州市人民政府	2011.1
桐庐县人民政府	2010 年度人口和计划生育目标管理责任制考核优秀单位	杭州市人民政府	2011.1
桐庐县人民政府	2010 年度杭州市工业企业长效服务工作先进单位	杭州市人民政府	2011.1
桐庐县人民政府	安全生产目标责任制考核优秀单位	杭州市人民政府	2011.1
桐庐县人民政府	2010 年度杭州市爱国卫生工作考评优秀单位	杭州市人民政府	2011.3
桐庐县	第四届社区居委会换届选举法制宣传先进区、县(市)	杭州市人民政府办公厅	2010.8

续表 108

单　　位	荣誉称号	颁奖单位	颁奖时间
桐君街道	2010 年度社会治安综合治理先进单位	中共杭州市委　市人民政府	2011.1
富春江镇	2010 年度社会治安综合治理先进单位	中共杭州市委　市人民政府	2011.1
瑶琳镇	2010 年度社会治安综合治理先进单位	中共杭州市委　市人民政府	2011.1
凤川镇	2010 年度社会治安综合治理先进单位	中共杭州市委　市人民政府	2011.1
分水镇	2010 年度社会治安综合治理先进单位	中共杭州市委　市人民政府	2011.1
钟山乡	2010 年度社会治安综合治理先进单位	中共杭州市委　市人民政府	2011.1
桐庐经济开发区	2010 年度社会治安综合治理先进单位	中共杭州市委　市人民政府	2011.1
县人民法院	2010 年度社会治安综合治理先进单位	中共杭州市委　市人民政府	2011.1
县信访局	2010 年度社会治安综合治理先进单位	中共杭州市委　市人民政府	2011.1
县综治办	2010 年度社会治安综合治理先进单位	中共杭州市委　市人民政府	2011.1
县烟草专卖局(分公司)	2010 年度社会治安综合治理先进单位	中共杭州市委　市人民政府	2011.1
县公安局	2010 年度杭州市维稳工作先进集体	中共杭州市委　市人民政府	2011.1
横村镇人民政府	2010 年度杭州市维稳工作先进集体	中共杭州市委　市人民政府	2011.1
桐君街道办事处	2010 年度杭州市维稳工作先进集体	中共杭州市委　市人民政府	2011.1
县交通局	2010 年上海世博安保工作先进单位	中共杭州市委　市人民政府	2010.11
县公安局	2010 年上海世博安保工作先进单位	中共杭州市委　市人民政府	2010.11
分水镇	2010 年上海世博安保工作先进单位	中共杭州市委　市人民政府	2010.11
百江镇	2010 年上海世博安保工作先进单位	中共杭州市委　市人民政府	2010.11
县维稳办	2010 年上海世博安保工作先进单位	中共杭州市委　市人民政府	2010.11
横村镇党委和政府	2010 年度杭州市基层基层信访和“12345”工作先进单位	中共杭州市委　市人民政府	2011.2
凤川镇党委和政府	2010 年度杭州市基层基层信访和“12345”工作先进单位	中共杭州市委　市人民政府	2011.2
桐庐经济开发区管委会	2010 年度杭州市基层基层信访和“12345”工作先进单位	中共杭州市委　市人民政府	2011.2
分水镇	2009 年度杭州市基层信访和“12345”工作先进单位	中共杭州市委　市人民政府	2010.3
桐君街道	2009 年度维护稳定工作先进单位	中共杭州市委　市人民政府	2010.3
桐君街道	2009 年度社会治安综合治理工作示范乡镇(街道)	中共杭州市委　市人民政府	2010.3
桐君街道	2008～2009 年度结对帮扶衢江区实施“低收入农户奔小康工程”工作先进集体	中共杭州市委　市人民政府	2010.5
县红十字会	杭州红十字抗灾救灾组织奖	中共杭州市委　市人民政府	2011.2
县委宣传部	2009 年度杭州市人民建议集体奖	中共杭州市委　市人民政府	2010.11

续表 108

单　　位	荣誉称号	颁奖单位	颁奖时间
县委宣传部	第十一届中国杭州西湖国际博览会宣传推广奖	中共杭州市委　市人民政府	2010.1
县环保局	2010 年度生态建设与环境保护先进集体	中共杭州市委　市人民政府	2011.1
旧县街道	杭州市文明街道(精神文明)	中共杭州市委　市人民政府	2010.4
分水镇	制笔文化创意园区	中共杭州市委　市人民政府	2010.12
分水镇	2009 年度社会治安综合治理先进单位	中共杭州市委　市人民政府	2010.1
桐庐经济开发区	杭州生物产业国家高新技术产业基地	杭州市人民政府	2010.10
县环保局	2010 年度人口和计划生育目标管理责任制考核优秀单位	杭州市人民政府	2011.1
县环保局	2010 年度全市耕地保护目标责任制考核优秀单位	杭州市人民政府	2011.1
桐君街道	2009 年度杭州市“十小”行业质量安全整治和规范工作先进单位	杭州市人民政府	2010.2
桐君街道	杭州市市级食品安全示范乡镇	杭州市人民政府	2010.12
桐君街道	2009 年度杭州市工业强镇(乡、街道)综合经济效益考核前十名	杭州市人民政府	2010.4
桐君街道	2009 年度征兵工作先进基层单位	杭州市人民政府	2010.10
分水镇	杭州市土地承包经营权流转“十佳乡镇”	杭州市人民政府	2011.2
分水镇	杭州市农业丰收项目奖一等奖	杭州市人民政府	2011.2
县农技推广中心园艺站	《杨梅优质高效标准化技术示范与推广》获 2009 年度市农村经济发展奖(农业丰收项目奖)二等奖	杭州市人民政府	2010.1
杭州银行桐庐支行	2010 年杭州市模范集体	杭州市人民政府	2010.4
县烟草专卖局(分公司)送货部	2010 年杭州市模范集体	杭州市人民政府	2010.4
县公路管理段飞腾公司工程队	2010 年杭州市模范集体	杭州市人民政府	2010.4
县供电局乔林集控站	2010 年杭州市模范集体	杭州市人民政府	2010.4
县农业行政执法大队	2010 年杭州市模范集体	杭州市人民政府	2010.4
县行政服务中心(招管办)	杭州市文明单位	杭州市人民政府	2011.3
县地税局城关税务分局	杭州市文明单位	杭州市人民政府	2011.3
杭州天厨蜜源保健品有限公司	杭州市文明单位	杭州市人民政府	2011.3
莪山民族小学	杭州市文明单位	杭州市人民政府	2011.3
杭州银行桐庐支行	杭州市文明单位	杭州市人民政府	2011.3

续表 108

单　　位	荣誉称号	颁奖单位	颁奖时间
莪山畲族乡	杭州市文明乡镇	杭州市人民政府	2011.3
桐君街道	杭州市文明街道	杭州市人民政府	2011.3
桐君街道下杭社区	杭州市文明社区	杭州市人民政府	2011.3
桐君街道迎宾社区市民学校	杭州市优秀市民学校	杭州市人民政府	2011.3
分水镇新龙村	杭州市文明村	杭州市人民政府	2011.3
江南镇彰坞村	杭州市文明村	杭州市人民政府	2011.3
莪山畲族乡中门民族村	杭州市文明村	杭州市人民政府	2011.3
钟山乡高峰村	杭州市文明村	杭州市人民政府	2011.3
横村乡双溪村	杭州市文明村	杭州市人民政府	2011.3
分水镇大路村	杭州市实施“春泥计划”活动示范点	杭州市人民政府	2011.3
江南镇环溪村	杭州市实施“春泥计划”活动示范点	杭州市人民政府	2011.3
合村乡合村村	杭州市实施“春泥计划”活动示范点	杭州市人民政府	2011.3
县体育局	2009年度杭州市全民健身工程建设先进单位	杭州市人民政府	2010.5
县文管办	杭州市第三次全国文物普查先进集体	杭州市人民政府	2010.3
县博物馆	杭州市第三次全国文物普查工作先进单位	杭州市人民政府	2010.3
县残联	“十一五”杭州市残疾人体育工作先进单位	杭州市人民政府	2010.8
桐庐农村合作银行	杭州市全民健身工程建设先进单位	杭州市人民政府	2010.3
富春江镇人民政府	杭州市全民健身工程建设先进单位	杭州市人民政府	2010.3
富春江镇人民政府	反邪教市级先进单位	杭州市人民政府	2011.2
富春江镇人民政府	综治工作市级先进单位	杭州市人民政府	2011.2
富春江镇人民政府	杭州市社会主义新农村“风情小镇”创建奖	杭州市人民政府	2010.2
钟山乡	2010年市级“十小”整规示范乡镇	杭州市人民政府	2011.1
钟山乡	杭州市水果状元乡镇	杭州市人民政府	2010.3
钟山乡	杭州市食品安全示范乡镇	杭州市人民政府	2010.12
百江镇	杭州市防汛减灾先进集体	杭州市人民政府	2010.12
百江镇	杭州市市级食品安全示范乡镇	杭州市人民政府	2010.10
百江镇	无邪教乡镇先进集体	杭州市人民政府	2010.12
桐君街道办事处	征兵工作先进基层单位	杭州市人民政府	2010.12
瑶琳镇人民政府	征兵工作先进基层单位	杭州市人民政府	2010.12
新合乡	市级食品安全示范乡镇	杭州市人民政府	2010.12

表 109

获奖个人

姓　名	单　位	荣誉称号	颁奖单位	颁奖时间
汪文清	县环保局	2010 年度生态建设与环境保护先进个人	中共杭州市委　市人民政府	2011.1
吴文萍	县信访局	2010 年度杭州市信访工作先进个人	中共杭州市委　市人民政府	2011.2
钱林君	县长公开电话	2010 年度杭州市“12345”市长公开电话工作先进单位个人	中共杭州市委　市人民政府	2011.2
邵卫华	分水镇	2010 年度杭州市基层基层信访和“12345”工作先进单位	中共杭州市委　市人民政府	2011.2
周海静	桐君街道	2010 年度杭州市基层基层信访和“12345”工作先进单位	中共杭州市委　市人民政府	2011.2
程大鹏	县委宣传部	杭州市上海世博会“环沪护城河”安保工作先进个人	中共杭州市委　市人民政府	2010.11
徐日良	县人事局	杭州市优秀农村工作指导员	中共杭州市委　市人民政府	2010.3
储志林	江南镇	2010 年度社会治安综合治理先进个人	中共杭州市委　市人民政府	2011.1
徐文波	百江镇	2010 年度社会治安综合治理先进个人	中共杭州市委　市人民政府	2011.1
钟玉华	横村镇	2010 年度社会治安综合治理先进个人	中共杭州市委　市人民政府	2011.1
丁有理	县安监局	2010 年度社会治安综合治理先进个人	中共杭州市委　市人民政府	2011.1
汪　东	县公安局	2010 年度社会治安综合治理先进个人	中共杭州市委　市人民政府	2011.1
徐志林	县委政法委	2010 年度社会治安综合治理先进个人	中共杭州市委　市人民政府	2011.1
申屠忠平	桐君街道	2010 年度杭州市维稳工作先进个人	中共杭州市委　市人民政府	2011.1
王权华	分水镇	2010 年度杭州市维稳工作先进个人	中共杭州市委　市人民政府	2011.1
潘月明	政法委	2010 年度杭州市维稳工作先进个人	中共杭州市委　市人民政府	2011.1
卢　智	县公安局	2010 年上海世博安保工作先进个人	中共杭州市委　市人民政府	2010.11
钱柏云	县公安局	2010 年上海世博安保工作先进个人	中共杭州市委　市人民政府	2010.11
黄光荣	县信访局	2010 年上海世博安保工作先进个人	中共杭州市委　市人民政府	2010.11
程大鹏	县委宣传部	2010 年上海世博安保工作先进个人	中共杭州市委　市人民政府	2010.11
徐伟军	县安监局	2010 年上海世博安保工作先进个人	中共杭州市委　市人民政府	2010.11

续表 109

姓　名	单　位	荣誉称号	颁奖单位	颁奖时间
程宇翔	县委办	2010年上海世博安保工作先进个人	中共杭州市委　市人民政府	2010.11
乔淑然	县广电局	2010年上海世博安保工作先进个人	中共杭州市委　市人民政府	2010.11
申屠忠平	桐君街道	2010年上海世博安保工作先进个人	中共杭州市委　市人民政府	2010.11
杨新忠	江南镇	2010年上海世博安保工作先进个人	中共杭州市委　市人民政府	2010.11
李宇强	横村镇	2010年上海世博安保工作先进个人	中共杭州市委　市人民政府	2010.11
王再生	瑶琳镇	2010年上海世博安保工作先进个人	中共杭州市委　市人民政府	2010.11
郑　琦	凤川镇	上海世博会"环沪护城河"安保志愿服务工作	中共杭州市委　市人民政府	2010.11
陈晓军	杭州立山皮件有限公司	2010年杭州市劳动模范	杭州市人民政府	2010.4
邬小鹏	浙江省桐庐中学	2010年杭州市劳动模范	杭州市人民政府	2010.4
王亚琴	县人民法院	2010年杭州市劳动模范	杭州市人民政府	2010.4
钟雅仙	县发展和改革局	2010年杭州市劳动模范	杭州市人民政府	2010.4
赵永红	县万里长运有限公司	2010年杭州市劳动模范	杭州市人民政府	2010.4
叶漱秋	县拆迁办	2010年杭州市劳动模范	杭州市人民政府	2010.4
张红伟	桐庐南方水泥有限公司	2010年杭州市劳动模范	杭州市人民政府	2010.4
陈美英	县合村乡岭源村	2010年杭州市劳动模范	杭州市人民政府	2010.4
彭建义	桐庐外贸冷冻食品有限公司	2010年杭州市劳动模范	杭州市人民政府	2010.4
戴道洪	县人才开发中心	杭州市大学生就业创业服务工作先进个人	杭州市人民政府	2010.6
赵　敏	县农技推广中心	《农村害鼠种类分布及发生为害动态研究》获2010年度杭州市自然科学优秀学术成果奖(优秀论文三等奖)	杭州市人民政府	2010.12
许重岗	县博物馆	杭州第三次全国文物普查工作先进个人	杭州市人民政府	2010.3
赵志楠	县博物馆	杭州第三次全国文物普查工作先进个人	杭州市人民政府	2010.3
刘志方	县博物馆	杭州第三次全国文物普查工作先进个人	杭州市人民政府	2010.3
陈淑珍	县博物馆	杭州第三次全国文物普查工作先进个人	杭州市人民政府	2010.3

续表 109

姓　名	单　位	荣誉称号	颁奖单位	颁奖时间
赵忠军	县博物馆	杭州第三次全国文物普查工作先进个人	杭州市人民政府	2010.3
戴俊婷	县博物馆	杭州第三次全国文物普查工作先进个人	杭州市人民政府	2010.3
吴旗平	县文广新局(体育局)	2009年度杭州市全民健身工程建设先进个人	杭州市人民政府	2010.5
胡应龙	县文广新局(体育局)	2009年度杭州市全民健身工程建设先进个人	杭州市人民政府	2010.5
徐　多	县社会体育指导中心	2009年度杭州市全民健身工程建设先进个人	杭州市人民政府	2010.5
许静宜	县卫生局	杭州市爱国卫生先进工作者	杭州市人民政府	2011.3
申屠妙琴	县计生局	杭州市人口计生先进个人	杭州市人民政府	2011.1
丁堂根	百江镇	反邪教先进个人	杭州市人民政府	2010.12
华雪芬	富春江镇人民政府	第四届社区居委会换届选举先进个人	杭州市人民政府	2010.8
戚小群	富春江黄坡岭社区	第四届社区居委会换届选举先进个人	杭州市人民政府	2010.8
方樟清	分水镇人民政府	2010年杭州市防灾减灾工作先进个人	杭州市人民政府	2010.12
陈柏根	分水镇人民政府	杭州市农村经营管理先进个人	杭州市人民政府	2010.5
蒋之华	县卫生局	征兵工作先进个人	杭州市人民政府	2010.9
毛克明	县公安局	征兵工作先进个人	杭州市人民政府	2010.9
徐军文	县人武部	征兵工作先进个人	杭州市人民政府	2010.9
乔胜华	凤川镇人武部	征兵工作先进个人	杭州市人民政府	2010.9
章莹菁	县气象局	粮油作物病虫害气象预警防控集成技术推广获2010年度杭州市农业丰收项目三等奖	杭州市人民政府	2011.1
赵　敏	县气象局	粮油作物病虫害气象预警防控集成技术推广获2010年度杭州市农业丰收项目三等奖	杭州市人民政府	2011.1
徐柳韵	县气象局	粮油作物病虫害气象预警防控集成技术推广获2010年度杭州市农业丰收项目三等奖	杭州市人民政府	2011.1
章莹菁	县气象局	2010年杭州市防灾减灾先进个人	杭州市人民政府	2011.1

·2010年度乡镇(街道)和县级机关、直属单位综合考评结果·

【优秀乡镇(街道)】

县开发区管委会　江南镇　桐君街道　富春江镇
凤川镇　分水镇

【良好乡镇(街道)】

横村镇　瑶琳镇　旧县街道　钟山乡　新合乡
莪山畲族乡　百江镇　合村乡　库管委

【县级机关、直属单位综合考评和非综合考评优秀单位】

县经贸局　县财政(地税)局　县人口计生局
县发改局　县劳动和社会保障局
县委宣传部(文创办)　县委组织部(人才办)
县农办　县纪委(监察局)　县法院
县直机关党工委　县委办　县政协办
县人大办　县政府办

【县级机关、直属单位综合考评和非综合考评先进单位】

县民政局　县水利局　县国税局　县人事局
县交通局　县行政服务中心(招管办)
县外经局　县老干部局　县委党校　县残联
团县委　建行桐庐支行　杭州银行桐庐支行

【县级机关、直属单位综合考评和非综合考评达标单位】

县城管执法局　县科技局　县农业局　县公安局
县工商分局　县统计局　县环保局　县建设局
县安监局　县文广新局(文联)　县质监局
县林业局　县供电局　县国土资源局　县司法局
县卫生局　县审计局　县气象局　县食品药品监管局
县住房公积金管理中心　县旅游局　县教育局
县科协　县妇联　县机关事务局　县委政法委
县总工会　县委统战部　县信息传媒中心
县档案局　县工商联　县广播电视台　县信访局
县国投公司　县委党史研究室　县拆迁办
县供销总社　县检察院　农发行桐庐支行
工行桐庐支行　中行桐庐支行　人行桐庐支行
农行桐庐支行　滨江区块建设指挥部
交行桐庐支行　县银监办　县农村合作银行

·2010年度武装工作先进单位和先进个人·

【党管武装好书记】

潘立铭　城南街道党工委书记
徐利民　旧县街道党工委书记
吴爱群　瑶琳镇党委书记
徐文波　百江镇党委书记

【武装工作先进单位】

凤川镇人民武装部
新合乡人民武装部
钟山乡人民武装部
分水镇人民武装部
合村乡人民武装部
经济开发区人民武装部

【优秀专武干部】

俞江定　城南街道人武部副部长
方志新　江南镇人武部副部长
李宇强　横村镇人武部部长
邱忠春　莪山畲族乡人武部部长
陈　华　库区管委会人武部部长

【优秀民兵连长】

舒雪明　桐君街道梅蓉村民兵连长
饶如金　桐君街道麻蓬村民兵连长
朱立兴　城南街道下洋洲村民兵连长
邓　华　城南街道大联村民兵连长
邵双贤　旧县街道母岭村民兵连长
徐忠明　江南镇窄溪村前村民兵连长
申屠荣平　江南镇荻浦村民兵连长
李　坚　凤川镇翙岗村民兵连长
钟本理　新合乡新四村民兵连长
章一祥　富春江镇七里泷村民兵连长
王垚森　富春江镇大庄村民兵连长
周小敏　横村镇城东村双湖工作站民兵连长
项建华　横村镇富乐工作站民兵连长
胡明龙　钟山乡中一村民兵连长
钟国强　莪山畲族乡新丰民族村民兵连长
林良明　瑶琳镇皇甫村民兵连长
张启勇　分水镇保安村民兵连长
林伟富　分水镇武盛村民兵连长
张生平　百江镇郭村民兵连长
杨红政　合村乡合村村民兵连长
汪宏华　经济开发区人武部副部长兼企业民兵连长
储高弟　库区管委会三槐村民兵连长

·2009～2010年度桐庐县文明单位·

【2009～2010年度桐庐县文明单位】

杭州市工商行政管理局桐庐分局
桐庐县国家税务局稽查局

杭州市港航管理局桐庐管理处
桐庐县社会体育发展指导中心
桐庐县交警大队事故处理与预防中队
桐庐县交警大队横村中队
桐庐白云源物业管理有限公司
桐庐金鑫宾馆有限公司
浙江富春江旅游股份有限公司大奇山国家森林公园分公司
桐庐农村合作银行桐君支行
桐庐县第一人民医院
桐庐县第二人民医院
桐庐县中医院
桐庐县疾病预防控制中心
桐庐中学教育集团叶浅予中学
桐庐县05、16省道有限责任公司
浙江春风米兰鸥服饰有限公司

·2010年度桐庐县文明村镇(社区)·

【桐庐县文明乡镇】

横村镇

【桐庐县文明村】

桐君街道:金联村　濮家庄村　下洋洲村　上洋洲村　君山村
江南镇:环溪村　渔业村　石阜村　窄溪村　凤鸣村
富春江镇:芦茨村　孝门村　横山村
横村镇:后岭村　孙家村　柳岩村　宅里村
钟山乡:歌舞村　魏丰村　中一村
瑶琳镇:百岁村　高翔村　琴溪村
分水镇:里湖村　城西村　大路村　高联村
百江镇:翰坂村　金塘坞村

【桐庐县文明社区】

桐君街道圆通社区
桐君街道南门社区
富春江镇黄坡岭社区
横村镇独山社区
横村镇近江社区

·信访工作先进单位和先进个人·

【信访工作先进单位】

桐君街道　分水镇　瑶琳镇　江南镇　新合乡
旧县街道　县公安局　县劳动和社会保障局
县纪委(县监察局)　县人事局

【信访工作先进个人】

潘敏峰(横村镇)　陈　兵(凤川镇)
谢汤根(百江镇)　罗素平(合村乡)
麻灵芬(旧县街道)　季建平(富春江镇)
陈　华(库区管委会)　留　锋(新合乡)
贺志刚(县农办)　宋　璐(县信访局)
项忠信(县司法局)　林志明(县城管执法局)
金世勇(县委办)　王远明(县政法委)
洪有荣(县委组织部)

·县长公开电话工作先进单位和先进个人·

【县长公开电话工作先进单位】

富春江镇　百江镇　莪山畲族乡　合村乡　县经贸局
县财政局　县民政局　县水利水电局　县国土资源局
县建设局　县发改局　县广播电视台

【县长公开电话工作先进个人】

吴洪慧(县府办)
吴权新(县教育局)
袁　盈(县公安局)
吴小平(县工商分局)
陈　捷(县建设局)
雷笑芬(县法院)
汪李忠(县供电局)
姜建军(县环保局)
孙其俊(县长公开电话受理中心)
林雪成(县人口和计划生育局)

【信访工作"三无"乡镇(街道)】

桐君街道　分水镇　瑶琳镇　江南镇　旧县街道
新合乡　凤川镇　莪山畲族乡

·综治(维稳)工作先进单位和先进个人·

【综治(维稳)工作先进单位】

县教育局　县水利水电局　县人事局　新合乡
莪山畲族乡

【综治(维稳)工作先进个人】

计先平(合村乡)
张小明(旧县街道)
郑守忠(百江镇)
方培群(滨江区块建设指挥部)
陈伟灿(县文广新局)
皇甫秋宏(县教育局)
郑林平(县总工会)
景立军(电力培训中心)
徐志林(县委政法委)

吴　巍(县林业局)

【2010年度"平安乡镇(街道)"】

桐君街道　旧县街道　富春江镇　江南镇　凤川镇　新合乡　横村镇　莪山畲族乡　钟山乡　瑶琳镇　分水镇　百江镇　合村乡

·桐庐县"送温暖献爱心"活动十大慈善集体和十大慈善人物·

【十大慈善集体】

浙江富春江水电设备股份有限公司
浙江金帆达生化股份有限公司
桐庐家禾房地产开发有限公司
浙江富春房地产开发有限公司
浙江宏兴建设有限公司
上海中通吉速递服务有限公司
杭州市桐庐苍松实业有限公司
杭州银行股份有限公司桐庐支行
浙江富春江旅游股份有限公司
桐庐县烟草专卖有限公司

【十大慈善人物】

王建国　杭州飞腾针纺有限公司总经理
徐天松　杭州桐庐尖端内窥镜有限公司董事长
喻渭蛟　上海圆通速递有限公司董事长
谢智通　杭州桦桐家私集团有限公司董事长
柳彩虹　杭州立威化工涂料有限公司董事长
丁国忠　杭州绫绣针织有限公司总经理
钟海群　浙江海兴建筑有限公司总经理
阮根尧　杭州达利富丝绸染整有限公司总经理
赵　丹　浙江中艺花边有限公司总经理
徐永平　浙江远东管桩有限公司董事长

·桐庐县第六届"百名优秀外来员工"·

成　志　杭州春江阀门有限公司
叶成良　浙江恒基建材有限公司
徐嫩波　浙江中豪管桩有限公司
潘满生　桐庐红狮水泥有限公司
张旭磊　桐庐汇丰生物化工有限公司
马松亮　桐庐南方水泥有限公司
刘彦俊　杭州达利富丝绸染整有限公司
周　勤　桐庐奔腾建材制品有限公司
柳露军　杭州桦桐家私集团
叶利生　杭州意都工艺品有限公司
李崇明　杭州芬麦特机械有限公司
吴金汤　浙江拓卡斯机械科技有限公司
方　娟　杭州维力佳食品有限公司
周国炎　杭州天丰光电科技有限公司
卢　艳　中艺花边集团有限公司
郑贵元　杭州力高旅游用品有限公司
朱立兵　中汽商用汽车有限公司(杭州)桐庐分公司
张彦林　杭州泛亚卫浴股份有限公司
周世珍　桐庐富春江织造集团有限公司
王　伟　密尔沃基(桐庐)阀门有限公司
林生裕　杭州老桐君制药有限公司
巴寿飞　桐庐瀚威健身器材有限公司
龙小玲　浙江慷源实业有限公司
曾年娇　杭州立山皮件有限公司
孟祥博　浙江汉德邦建材有限公司
杨小花　桐庐森蓝服饰有限公司
刘小征　浙江龙生汽车部件股份有限公司
向汉洲　浙江龙生汽车部件股份有限公司
王　杰　杭州中水水力发电设备有限公司
周永红　浙江迅和机械制造有限公司
邓美娜　浙江三源织造有限公司
郑秀秀　桐庐旭日鞋业有限公司
崔师安　浙江富春江水电设备股份有限公司
盛积平　浙江富春江水电设备股份有限公司
陈晓明　杭州祥龙钻探设备有限公司
钟进发　桐庐绫绣大酒店
方燕峰　桐庐新恒基旅游开发有限公司
钱卫华　桐庐七里人家餐饮管理有限公司
戴卫来　杭州阿富休闲足道连锁管理有限公司
李　陈　桐庐县永隆饭店
陶金利　桐庐大润发商业有限公司
章燕秋　桐庐景文百货有限公司
朱富堂　桐庐方圆锁业有限公司
赵作容　浙江茂丰工艺品有限公司
陈小明　桐庐三立工业电炉厂
梅　艳　杭州桐庐天锋电子器材厂
李新丽　桐庐裕泰拉链有限公司
潘建琴　桐庐太子笔业有限公司
王远平　桐庐新发笔业有限公司
苏明佳　桐庐丹可装饰品有限公司
郭广华　桐庐丹可装饰品有限公司
王仁友　杭州天厨蜜源保健品有限公司
郑钟琴　杭州天厨蜜源保健品有限公司
郭　勇　杭州新富文具制造有限公司
钱春艳　杭州新富文具制造有限公司
刘亚峰　桐庐丹霞笔业有限公司

李海章　杭州腾飞拉丝机厂
郭　耿　浙江荣业家具制造有限公司
王祖强　浙江荣业家具制造有限公司
朱宏桂　浙江春风米兰鸥服饰有限公司
张春萍　杭州桐庐凤凰针织有限公司
姜传云　杭州绫绣针织有限公司
赵恒涛　杭州立威化工涂料有限公司
贺道春　杭州立帆塑料制品有限公司
向如刚　杭州天霸电子有限公司
潭君芬　杭州宏云制衣有限公司
刘木花　杭州水晶运动机械有限公司
赵守荣　桐庐羊绒针织有限责任公司
董正洪　桐庐羊绒针织有限责任公司
韩广荣　桐庐信雅达热电有限公司
陈宗锋　桐庐金利针织有限公司
李坚剑　浙江金帆达生化股份有限公司
陶建军　浙江金帆达生化股份有限公司
廖祖荣　浙江中鹰建筑有限公司
李传江　浙江富泰建设有限公司
何春炜　桐庐华云针织有限公司
许建新　杭州市飞腾针纺有限公司
裘洪胜　浙江环益资源利用有限公司
徐　达　杭州运东建材有限公司
黄文会　桐庐富建五金电镀厂
刘　庆　杭州激活时代服饰有限公司
蓝松春　杭州升惠机械有限公司
黄金杯　浙江天一农化有限公司
陈　超　桐庐双宇塑胶制品有限公司
付勇兵　杭州科德磁业有限公司
余中宝　杭州桐庐尖端内窥镜有限公司
汪　琼　杭州恒基针织有限公司
严　斌　杭州蜂之语蜂业股份有限公司
冯建英　杭州富力纺织有限公司
张惺惺　杭州舒泰卫生用品有限公司
吴端平　浙江卓尔日用品有限公司
束传争　桐庐宏博塑料机械制造有限公司
李　新　杭州霍普曼电梯有限公司
朱凤华　杭州霍普曼电梯有限公司
伍海亚　浙江中策电缆有限公司
祝敬发　桐庐久久机械设备有限公司
赵　亮　杭州亿能电机制造有限公司
肖先平　浙江中策电缆有限公司
张文荣　桐庐恒信石材工艺厂
谢恩昆　桐庐友棠花岗石有限公司

·2010 年度先进县代表小组和优秀县人大代表·

【先进县代表小组】

桐君街道县代表第一小组
桐君街道县代表第二小组
分水镇县代表小组
江南镇县代表小组
富春江镇县代表小组
钟山乡县代表小组
莪山畲族乡县代表小组

【优秀县人大代表】

阙炳军　方　芳　柴为民　阮根尧　袁素华
丁有理　王建明　李柏尧　吴小明　潘洪江
祝柏青　章品勋　张菊秀　林建平　吴根贤
毛忠生　王金法　张君良　陈贵荣　周云香
张生华　王全法　严财华

·桐庐县第十四届四次人代会好议案·

【一等奖】

1. 提议案人:储志林等 12 代表
   案由:关于《突出增量调结构,加快开发区工业经济提质增效》的议案
2. 提议案人:沈全林等 12 位代表
   案由:关于《加快推进农村住房改造》的议案

【二等奖】

1. 提议案人:姜春龙等 12 位代表
   案由:关于要求加强“两江”码头规范整治,促进沿江生态环境保护的建议
2. 提议案人:钟玉华等 12 位代表
   案由:关于要求加快县城北入城口建设的建议
3. 提议案人:崔晓明等 11 位代表
   案由:关于要求加快县学前教育发展的建议

【三等奖】

1. 提议案人:张燕等 11 位代表
   案由:关于多措并举,实现招商引资新突破的建议
2. 提议案人:江顺正等 12 位代表
   案由:关于要求加强无物管居民住宅楼管理的建议
3. 提议案人:郑玉英等 12 位代表
   案由:关于要求调控职高人才培养结构,缓解企业用工困难的建议
4. 提议案人:李锡文等 11 位代表
   案由:关于要求加快完善农村社会养老保险政策

体系,提高农村养老保险覆盖率的建议

5. 提议案人:李鹏等10位代表
   案由:关于要求拓宽改造桐郑线洋塘至旧县段路面的建议
6. 提议案人:江小凤等11位代表
   案由:关于要求整治民间投资公司及民间放贷的建议
7. 提议案人:王樟松代表
   案由:关于要求对桐庐越剧团(杭越二团)加大经费投入,重振文化品牌的建议

·桐庐县第十四届四次人代会议案建议承办先进单位和个人·

【承办工作先进单位】

县交通局　县林业局　县水利水电局
县劳动和社会保障局　县建设局　县国土局
县数字电视公司

【承办工作先进个人】

县府办:刘建钟　袁利华
县交通局:许马儿
县林业局:俞世群
县水利水电局:扶　俊
县农办:王华杰
县劳动和社会保障局:朱红卫
县建设局:范裕和
县国土局:孙华强
县数字电视公司:姜放林
县教育局:周永恩
县卫生局:郑国新
县文广新局:宋益军
县经贸局:葛胜红

·桐庐县荣誉市民·

宋雨桂

·2010年度土地开发整理先进单位·

【土地开发整理先进乡镇】

百江镇人民政府
横村镇人民政府
分水镇人民政府
凤川镇人民政府

【土地开发整理先进村】

江南镇珠山村
合村乡合村村
瑶琳镇潘联村
富春江镇芝厦村
凤川镇外源村

【建设用地复垦先进村】

瑶琳镇何宋村
钟山乡城下村
横村镇香山村
分水镇百岁坊村
百江镇东辉村
旧县街道旧县村

·2010年度国土资源工作先进单位·

【国土资源保护与利用先进单位】

江南镇人民政府
瑶琳镇人民政府
桐君街道办事处

【基本农田保护先进单位】

旧县街道办事处

【创“国土资源执法模范乡镇”活动先进单位】

钟山乡人民政府
新合乡人民政府
富春江镇人民政府

·2010年度县新农村建设先进乡镇(街道)和标兵村·

【新农村建设先进乡镇(街道)】

一等奖:江南镇
二等奖:横村镇　桐君街道
三等奖:分水镇　富春江镇　瑶琳镇　百江镇

【新农村建设标兵村】

桐君街道桑园村
旧县街道合岭村
江南镇环溪村　彰坞村
凤川镇西庄村
新合乡引坑村
富春江镇芝厦村　七里泷村
横村镇宅里村　后岭村
莪山畲族乡塘联村
钟山乡高峰村　城下村
瑶琳镇姚村村
分水镇三溪村　大路村
百江镇奇源村
合村乡三源村

·2010年粮食生产先进乡镇·

【一等奖】
分水镇人民政府
【二等奖】
瑶琳镇人民政府
【三等奖】
横村镇人民政府
江南镇人民政府

·2010年度人口和计划生育目标管理责任制考核结果·

【优秀乡镇(街道)】
分水镇　瑶琳镇　百江镇　江南镇
【先进乡镇(街道)】
横村镇　莪山畲族乡　桐君街道
【达标乡镇(街道)】
凤川镇　旧县街道　新合乡　富春江镇　钟山乡
合村乡
【优秀部门】
库管委　财政局　开发区管委会　广播电视台
民政局
【达标部门】
公安局　卫生局　人事局　信息传媒中心
工商分局　县委党校　建设局　劳动保障局
国土局　经贸局　旅游局　交通局　教育局

·2010年度人口和计划生育工作基层基础示范乡镇和先进个人·

【基层基础示范乡镇】
分水镇
【先进个人】
郑继红　钟山乡人民政府
吴立群　江南镇人民政府
柴文英　新合乡人民政府
包丽芳　合村乡人民政府
吴来洪　横村镇人民政府
徐利群　富春江镇人民政府
孟潘洁　分水镇人民政府
姚庐琴　桐君街道办事处
许　莉　莪山畲族乡人民政府
叶伟娟　横村镇人民政府
张　敏　瑶琳镇人民政府
余力银　县政府办公室
杜凤姣　库区管委会
祝　勇　人口和计划生育局
陈晓芳　人口和计划生育局

·农民安全饮用水工程建设　管理先进单位　先进个人·

【农民安全饮用水工程建设先进单位】
富春江镇　旧县街道　凤川镇
【农民安全饮用水长效管理工作先进单位】
莪山畲族乡　百江镇　瑶琳镇
【农民安全饮用水工程建设先进个人】
吴小明　张一坤　俞良升　吴明华　徐志勤
何忠良　方茂仁
【农民安全饮用水长效管理工作先进个人】
宋夏儿　何喜庭　张国豪　杜根宝　周宝祺
潘荣春　钟胡明　方仕贤　沈炉平　周权根
陈晓峰

·2010年度县级农业龙头企业　规范化农民专业合作社和特色农业示范园区·

【县级农业龙头企业】
杭州丰元味食品有限公司
杭州莪山谷基食品有限公司
杭州保安康生物技术有限公司
桐庐山湾湾农产品有限公司
杭州农升鸭业科技开发有限公司
浙江桐庐中艺礼品厂
杭州鑫彩生物工程有限公司
桐庐逸宇水产养殖有限公司
桐庐正强纺织原料厂
桐庐县怡合双坑更新竹制品厂
【三星级规范化农民专业合作社】
桐庐鑫兴中药材专业合作社
桐庐洪武山辣椒专业合作社
桐庐大山黄花菜专业合作社
桐庐岭源山核桃专业合作社
【二星级规范化农民专业合作社】
桐庐鑫鑫蜂业专业合作社
桐庐兆丰竹业专业合作社
桐庐裕元蜂业专业合作社
桐庐盛源石笋专业合作社
桐庐大路粮油专业合作社
桐庐百兴板栗专业合作社

桐庐九岭水果专业合作社
桐庐峰坞茶叶专业合作社

【一星级规范化农民专业合作社】

桐庐柳茂粮油专业合作社
桐庐双凤蛋鸡专业合作社
桐庐里柴竹业专业合作社
桐庐青山畈粮油专业合作社
桐庐明君蚕业专业合作社
桐庐松树尖竹笋专业合作社
桐庐富源竹业专业合作社
桐庐翰丰山核桃专业合作社
桐庐盛林苗木专业合作社
桐庐严陵粮油专业合作社
桐庐俞赵水果专业合作社
桐庐森翔竹笋专业合作社
桐庐歌舞旱粮专业合作社
桐庐富祥蔬菜专业合作社
桐庐桐君粮油专业合作社

【县级特色农业示范园区】

桐庐洋洲蜂场蜂业示范园区
桐庐前村杨梅优质高效示范园区
桐庐瑶琳洪武山辣椒示范园区
桐庐县舒家毛竹示范园区
桐庐县罗塘山毛竹示范园区

·2010年度县十佳农业龙头企业和十佳农民专业合作社·

【十佳农业龙头企业】

杭州富新食品有限公司
杭州小来大农业开发集团有限公司
浙江凯胜畜产品加工有限公司
杭州仙境食品有限公司
桐庐顺风丝绸有限公司
杭州九滴久酒业有限公司
浙江省桐庐汇丰生物化工有限公司
杭州蜂之语蜂业股份有限公司
杭州丽晓丝业有限公司
杭州天厨蜜源保健品有限公司

【十佳农民专业合作社】

桐庐钟山蜜梨专业合作社
桐庐阳山畈蜜桃专业合作社
桐庐富恒蛋鸭专业合作社
桐庐分江蚕业专业合作社
桐庐富春江蔬菜专业合作社
桐庐高凉亭薯业专业合作社
桐庐石青山土鸡专业合作社
桐庐大庙菜竹专业合作社
桐庐寺山家禽专业合作社
桐庐县蚕桑专业合作社

·2010年度县级优秀农业行业协会和十佳农产品营销大户·

【县级优秀农业行业协会】

桐庐县农民专业合作社联合会
桐庐县雪水云绿茶产业协会
桐庐县木材加工行业协会

【县级十佳农产品营销大户】

百江镇联盟村季忠明(茶叶营销)
横村镇湾下村王火金(竹笋营销)
瑶琳镇琴溪村程龙军(竹笋营销)
江南镇锦江村姚连君(水产营销)
横村镇九岭村金强(水果营销)
桐君街道南门社区袁彩玲(粮油营销)
凤川镇大源村王盛陆(箬叶营销)
分水镇武盛村季柏生(干果营销)
旧县街道合岭村吴星海(瓜蔬营销)
桐君街道濮家庄村任伟(家禽营销)

·2010年度农产品加工企业重点技改项目·

桐庐外贸冷冻食品有限公司:全自动多功能油炸速冻蔬菜生产线改造项目
杭州小来大农业开发集团有限公司:酱制品腌制加工生产线改造项目
杭州蜂之语蜂业股份有限公司:新建蜂花粉和蜂胶提取生产线项目
杭州桐庐蜂源堂保健品有限公司:新建出口蜂蜜加工生产线项目
杭州碧于天保健品有限公司:新建蜂产品检测中心及150吨冷库技改项目
杭州维力佳元升食品有限公司:250毫升国产无菌纸包装饮料项目
杭州莪山谷基食品有限公司:酱腊制品加工生产线技改项目
杭州丽晓丝业有限公司:年加工650吨干茧生产线技改项目
桐庐冠华兔业有限公司:常温链营养快餐食品生产线技改项目

·2010年度政协工作先进集体和“双好”政协委员·

【先进集体】

工业经济组
社会法制组
城建旅贸组
资源环境组
政协之友联谊会一组
政协摄影书画会书法组
分水片委员联络小组

【“双好”政协委员】

包国瑾　徐文贤　申屠忠清　宓荣根　李献峰
申屠裕华　余卫均　徐晓富　钟建银　朱文珍
何明强　李国珍　许丽娟　董永泉　林卫红
龚晓杨　赵啸莎　蓝志炎　廖　猛　方赛群
夏林青　胡昔城　刘　萍　邵桐君

·2010年度政协工作积极分子·

【各专委会对口联系部门(乡镇、街道)政协工作积极分子】

桐庐农村合作银行　胡红群
县经贸局　孙峰民
县城管执法局　黄敏建
县国土局　方　湍
县政法委　赵华丰
县台办　李振荣
县文广新局　王樟松
县委组织部　方纪锋
桐君街道办事处　洪学良
分水镇政府　王　飞
江南镇政府　胡轶敏
横村镇政府　何利明

【政协工作积极分子】

李建平　吴海林　李振国　章惠君　吴艳华
洪　文　李　龙　叶晓明　楼跃杰　余金友
余建富　毛素霞　李生祥　沈海峰　陈　俊
王金雷　施艳棠　张克江　陈　艳　王剑波
陈立新　方灿丽　方新娟

·2010年度政协优秀民主监督小组·

派驻县国土资源局民主监督小组
派驻县卫生局民主监督小组

·县政协七届四次会议以来优秀提案和社情民意·

【优秀提案】

1. 提案名称:关于积极稳妥地推动低碳经济发展的建议
　提案人:汪树法委员
2. 提案名称:关于切实提升我县企业对劳动力的吸引力和竞争力的建议
　提案人:李志坚、孟祥国委员
3. 提案名称:关于建立“三农”投入资金绩效评估机制的建议
　提案人:滕青委员
4. 提案名称:关于搭建中小企业信用风险预警信息平台的建议
　提案人:潘箭飞委员
5. 提案名称:关于要求授予桐庐县中国快递之乡的建议
　提案人:喻渭蛟委员
6. 提案名称:关于依托联网公路开发农村土地资源,并以土地开发带动农村农林牧等滚动综合经营的建议
　提案人:董永泉、陈忠生委员
7. 提案名称:关于要求政府加快桐君山脚石下坞棚户区整治改造的建议
　提案人:潘银仙委员
8. 提案名称:关于要求加快江南古村落保护进程的建议
　提案人:周保尔委员
9. 提案名称:关于要求做好县城保障性住房建设工作的建议
　提案者:吴晓龙委员
10. 提案名称:关于进一步加强教育投入,提升教学水平的建议
　提案人:俞建华、周保尔委员
11. 提案名称:关于加快实施桐庐县中医院扩建工程的建议
　提案者:农工民主党桐庐县总支部委员会
12. 提案名称:关于加大被征地农民和农民工社保力度的建议
　提案人:王关忠委员
13. 提案名称:关于积极推进居家养老服务工作的建议
　提案人:徐文贤委员

14. 提案名称:关于完善医保网络的建议
    提案人:程晓华委员

【优秀社情民意】

1. 反映内容:建议拆除、改造县政府办公大楼前围墙
   反映人:城建旅贸组
2. 反映内容:建议解决公立幼儿园入学难问题
   反映人:陈伟琴
3. 反映内容:关于在杭州市范围内尽快实行医保"一卡通"的建议
   反映者:李志坚
4. 反映内容:建议及时消除迎春桥下通道安全隐患
   反映人:袁承楠
5. 反映内容:建议研究利用白云源观音尖风力资源
   反映人:李锡元

【责任编辑　吴爱林】